广义旅游学

主 编/鲁 勇
副主编/魏小安 安金明

GENERALIZED
TOURISM
SCIENCE

社会科学文献出版社
SOCIAL SCIENCES ACADEMIC PRESS (CHINA)

《广义旅游学》编委会

主　编　鲁　勇

副主编　魏小安　安金明

编　委（按姓氏笔画排列）

　　　　　王衍用　厉新建　刘德谦　刘家明　李天元

　　　　　李云鹏　张　辉　张凌云　金　准　诺木汗

　　　　　秦　宇　曾博伟　戴学锋

编委会办公室　呼建梅　姚　斌　张　静　范峻萌

　　　　　　　　哈秋华　于文涛

目录

写在前面：现代旅游"起飞"呼唤理论支撑 / 001

第一章　广义旅游的实践基础 / 001
　　第一节　基本认识 / 001
　　第二节　"五位一体"天地宽 / 008
　　第三节　广义旅游发展 / 014

第二章　广义旅游学的理论构建 / 022
　　第一节　广义旅游学的形成与发展 / 022
　　第二节　广义旅游学研究对象与基本假设 / 030
　　第三节　广义旅游学的核心概念 / 035
　　第四节　广义旅游学的研究方法 / 061
　　第五节　广义旅游学的结构体系 / 074

第三章　广义旅游资源 / 083
　　第一节　狭义旅游资源问题剖析 / 083
　　第二节　广义旅游资源内涵 / 088
　　第三节　广义旅游资源分类 / 095
　　第四节　广义旅游资源的评价 / 099

第四章 广义旅游开发 / 125

第一节 广义旅游吸引物的开发 / 127

第二节 广义旅游旅游目的地的开发 / 142

第三节 广义旅游开发的主体与投融资 / 152

第五章 广义旅游规划 / 159

第一节 原有旅游规划的问题与机遇 / 159

第二节 广义旅游规划的目标与功能结构 / 174

第三节 广义旅游规划的依存要素与对其的把握 / 182

第四节 广义旅游规划的编制 / 197

第六章 广义旅游产业 / 211

第一节 广义旅游产品 / 211

第二节 广义旅游产业 / 223

第七章 广义旅游市场 / 253

第一节 认识旅游市场 / 253

第二节 旅游目的地营销 / 267

第三节 旅游目的地品牌化与目的地形象 / 282

第四节 目的地营销中重点使用的促销宣传手段 / 288

第八章 城市大视阈下的广义旅游 / 298

第一节 城市化 / 298

第二节 城市和城市的魅力 / 299

第三节 适宜广义旅游的城市与城市的广义旅游 / 313

第四节 城市广义旅游的未来 / 321

第九章　大乡村视阈下的广义旅游 / 325

第一节　发展演变 / 325

第二节　中国城市走近乡村 / 333

第三节　城际乡村与广义旅游 / 337

第十章　大休闲视阈下的广义旅游 / 349

第一节　休闲的概念与本质 / 350

第二节　休闲概念的维度和类型 / 361

第三节　解构与建构：休闲、娱乐与旅游的"一体化" / 372

第十一章　大文化视阈下的广义旅游 / 391

第一节　研究界定：大文化与广义旅游 / 391

第二节　文化、旅游与文明的成败 / 399

第三节　中国文化 - 旅游战略 / 411

第十二章　大智慧视阈下的广义旅游 / 427

第一节　旅游信息视角下的广义旅游 / 428

第二节　旅游信息服务的大智慧 / 431

第三节　大智慧下的微创新 / 436

第四节　广义旅游下的微旅游 / 446

第十三章　大服务视阈下的广义旅游 / 462

第一节　全球经济已经步入服务经济时代 / 462

第二节　从中国制造到中国服务 / 476

第三节　广义旅游与大服务 / 488

第十四章　对应广义旅游的国际化发展 / 500

第一节　关于国际化 / 500

第二节　国际化先从自己做起 / 504

第三节　国际化发展 / 513

- **第十五章 对应广义旅游的大管理** / 530
  - 第一节 旅游大管理概述 / 530
  - 第二节 旅游大管理的背景 / 537
  - 第三节 旅游大管理的思路和方向 / 543
  - 第四节 旅游大管理的领域和方式 / 551
  - 第五节 旅游大管理的机制和机构 / 558

- **第十六章 未来的旅游和旅游的未来** / 573
  - 第一节 加速度发展 / 573
  - 第二节 未来的生活与未来的城市 / 576
  - 第三节 未来的旅游与旅游的未来 / 585

- **后 记 发展正未有穷期** / 595

写在前面:现代旅游"起飞"呼唤理论支撑

现代旅游的崛起,是社会生产力进步的标志,也是实现可持续发展的动力。早在改革开放之初,邓小平同志就敏锐地强调了抓旅游的重要性,他形象地比喻搞现代化要抓两油(游)——石油和旅游。进而明确提出[1],"旅游事业大有文章可做,要突出地搞,加快地搞"。在全面建设小康社会的伟大实践中,江泽民、胡锦涛同志都对发展旅游作出过重要指示。在向全面建成小康社会奋进的关键阶段,习近平同志进一步强调[2],"旅游是综合性产业,是拉动经济发展的重要动力","旅游是增强人们亲近感的最好方式","是传播文明、交流文化、增进友谊的桥梁,是人民生活水平提高的一个重要指标"。

全面建成小康社会,是实现中华民族伟大复兴中国梦的重要目标。小康社会有多方面特征,其中不断繁荣的现代旅游业是小康社会的重要标志,也是人民群众感受小康社会幸福生活的重要方式,更是有效促进"五位一体"建设、实现从全面建设向全面建成小康社会奋进的综合引擎。目前,我国正处在现代旅游"起飞"的重要阶段,提供有效的理论支撑将为现代旅游又好又快发展奠定重要的基础。

一 现代旅游是伴随社会生产力进步而崛起的新的生活方式

发展社会生产力,是为了满足人们日益增长的物质文化需求、最终达到共同富裕。在不同的社会生产力水平上,人们的需求有不同特

---

[1] 参见《邓小平论旅游》,中央文献出版社,2000,第5页。
[2] 参见习近平《在俄罗斯中国旅游年开幕式上的致辞》,《新华每日电讯》2013年3月23日第2版。

征。在生产力极不发达阶段，以追求"生存"为主；在生产力不甚发达阶段，以追求"生存后的温饱"为主；在生产力较为发达阶段，以追求"温饱后的发展"为主；而在生产力发达阶段，以追求"全面自由发展"为主。不同的社会生产力水平从根本上决定着人们需求的主要特征，同一社会生产力水平上的政治、文化、社会、生态诸因素都对人们的追求产生影响。

从追求"生存"到追求"温饱后的发展"，表明人们不再满足于一般意义上的"腹无饥、穿有衣、居有所"，开始追求生存条件的改善和发展能力的提升。春秋战国时期思想家墨子说："食必常饱，然后求美；衣必常暖，然后求丽；居必常安，然后求乐。"从追求"生存"转到追求"温饱后的发展"，为"发展"创造条件的社会需求显著提升，为满足这些需求的社会服务迅速崛起。现代旅游业就是在这种进程中崛起的。

旅游是人们为休闲、商务或其他目的离开惯常生活环境到其他地方访问、连续停留不超过一年的活动，旅游者不会在旅游目的地定居或就业。旅游业是为游客出游提供交通、游览、住宿、餐饮、购物、文娱等综合服务的行业。

世界旅游组织公布的数据显示，1950年全世界旅游人数大约只有0.25亿人次，旅游收入约21亿美元。2000年旅游人数达到6.89亿人次，旅游收入约4760亿美元。2012年旅游人数突破10亿人次，旅游业占全球GDP的比重达9%。从我国的实践看，1949~1978年，我国人均国内生产总值不足400美元，这一时期旅游业从属于外事接待事业，基本没有形成规模。1978~2009年，人均国内生产总值从大约400美元增长到3600多美元，这一时期旅游业逐步从服务外事接待拓展为服务国内外需要、以经营服务为主的经济性产业。数据显示，1985年我国国内旅游人数约2.4亿人次，回笼货币80亿元。1990年国内旅游人数2.8亿人次，旅游总收入170亿元。2000年国内旅游人数7.4亿人次，旅游总收入3175亿元。2008年国内旅游人数达17.1亿人次，旅游总收入8749亿元。2009年至今，人均国内生产总值从3600多美元增长到2012年的5000多美元，2012年国内旅游人数达29

亿人次，旅游总收入猛增到2.22万亿元。2000年中国境外旅游人数约1000万人次。2012年达8300万人次，境外旅游消费增长了8倍，达到2012年的1020亿美元。未来五年，中国出境旅游人数有可能超过4亿人次。现代旅游的繁荣程度，成为反映社会生产力和社会发展状态的重要标志；旅游规模的快速扩张，表明旅游已经成为我国民众不可缺少的重要生活方式。

旅游业的发展更直接促进了最终消费，带动了环境优化、经济增长和社会就业。世界旅游组织数据分析表明：旅游业已成为世界上最大的经济产业之一，每12个人中就有一个人在旅游部门就业，旅游业已占世界服务出口总量的30%。尤其是现代旅游在增强软实力、促进社会和谐稳定、满足人民群众物质文化和精神需求方面所具有的综合支撑作用和推动作用，使之成为展示一个国家和地区经济发展活力、民族文化魅力、社会稳定状况、国家软实力的重要标尺。有鉴于此，很多国家把大力发展现代旅游业作为国家的重大战略来培育和扶持。

二 不断繁荣的现代旅游业是我国建成小康社会的重要标志

目前，我们正在向全面建成小康社会奋进。实现中华民族的伟大复兴、强国富民，是实现"中国梦"的重要内容。"小康"是一种形象的表述，是对宽裕、殷实生活的描绘，反映社会生产力发展和社会生活的一定状态。邓小平同志曾指出："所谓小康社会，就是虽不富裕，但日子好过。"[①] 人们能够有财力、有时间、有保障地去旅游，正反映了经济发展、民生改善、社会和谐的进步状态。旅游业的综合带动效应，更使之在促进经济建设、政治建设、文化建设、社会建设、生态文明"五位一体"建设中具有不可替代的作用。

（一）小康社会是经济持续健康发展的社会，旅游业恰恰具有促进协调发展的特质

现代旅游业具有综合性强、关联度高、产业链长、带动面广的特点，广泛涉及并交叉渗透到许多相关行业和产业中。据世界旅游组织统计，现

---

① 见《邓小平文选》第三卷，人民出版社，1993，第161页。

代旅游业能够影响、带动和促进的行业多达110个。旅游业每收入1元，可带动相关产业增加4.3元收入；旅游从业者每增加1人，可增加相关行业4.2个就业机会。在发达国家，旅游消费支出每增加1个单位，工业产值可扩大2.71倍，国民收入扩大1.36倍，投资扩大0.25倍；在发展中国家，相关带动力可分别扩大3.7倍、2.7倍、0.9倍。以北京为例，2012年旅游业增加值占地方生产总值的比重已接近8%，新增增加值对当年经济增长贡献率接近10%。旅游购物与餐饮消费占社会消费品零售额的比重接近25%，旅游特征产业投资占当年全市固定资产投资额比重超过10%，旅游服务贸易占全国的比重超过9%，旅游业直接和间接从业人员总量约占全市就业总人数的18.5%。可以说，发展现代旅游业对于实现经济持续健康发展，特别是扩大内需、促进就业、拉动最终消费需求有着重要作用。

（二）小康社会是人民民主不断扩大的社会，旅游业恰恰具备有效沟通政府与社会的特质

国际上大量政府机构、公共机构向公众旅游开放早有先例，也成为增进政府与民众沟通的重要途径。2011年8月，北京作出了鼓励有条件的政府机构、企事业单位设立旅游开放日的决策。150多家单位旅游开放的实践表明，这一举措受到广泛的欢迎，不仅成为社会了解政府相关机构和社会单位的重要途径，还成为政府与民众沟通信息、集中民智、增进了解、消除误解的重要途径。重视开发现代旅游业的这一特有功效，已经成为积极稳妥推进人民民主的有效途径之一。

（三）小康社会是文化软实力显著增强的社会，旅游业恰恰具有有效传播文化的特质

旅游是游客与旅游目的地社会环境之间发生的一种紧密的文化联系，旅游的过程是对文化的体验过程、传播过程。文化构成了现代旅游的灵魂，旅游成为传播文化的载体。旅游与文化结合，增添了旅游的魅力；文化与旅游结合，增强了文化的活力。特别是在提升文化国际影响力方面，旅游发挥着不可替代的重要作用。任何一个成熟的民族和公众，都会对异域文化的认同感和接纳度有所评估。这种评估只有在其切身体验中才能产生应有的传播力和影响力。通过旅游传播文化是最自

然、最直接、最亲近的方式，这也是各国竞相鼓励发展出境旅游、入境旅游的战略考量之一。

（四）小康社会是人民生活水平全面提高的社会，现代旅游业恰恰是服务于人民新生活方式的重要支撑

现代旅游业是追求幸福的产业，有利于促进就业、改善民生，有利于提高人民的健康水平和自我修养能力，有利于增进社会交往、促进民族包容，有利于推进和谐社会建设。国际经验表明，人均国内生产总值达到300美元时，人们开始有国内旅游需求；人均国内生产总值达到3000美元时，将迎来一个国内游、入境游与出境游竞相繁荣的旅游时代。目前，我国人均国内生产总值已经超过5000美元，北京、上海等省市的人均国内生产总值更是超过1万美元，社会生产力的发展水平决定了我国必然迎来一个旅游大发展的黄金时期，现代旅游已经并将成为越来越多人生活水平提高后的重要生活方式。

（五）小康社会是资源节约型、环境友好型社会建设取得重大进展的社会，现代旅游业正是助推这一建设的有力抓手

现代旅游产业作为资源消耗低、综合效益好的产业，是典型的绿色产业、生态产业、低碳产业和环保产业。国际经验表明，旅游业的单位增加值能耗为0.202吨标准煤/万元，仅为工业的1/11。发展城市旅游，有利于实现保护城市历史文化、优化区域发展环境、增强社会就业三者的有机统一。发展农村旅游，有利于保护自然资源、文物资源，实现农业增收、农村发展、农民致富三者的有机统一。发展现代旅游业，是促进资源节约型、环境友好型社会建设的重要引擎。

三 现代旅游为审视和解决当前城市问题提供了新视角

一般认为，工业革命开辟了城市化的新时代。如果说第一次工业革命以前，城市的崛起主要缘于统控需要的话，那么第一次工业革命后城市的兴盛则主要取决于经济因素。资料记载，第一次工业革命前期的1800年，世界上有100万人口的城市只有1个。第二次工业革命时期的1900年，世界100万人口的城市达到16个，1990年世界上有200万人口以上的城市就达94个，超过1000万人口的特大城市也在不断涌现。历史地看，工业化使社会生产力获得极大发展,但传统工业化造成资源的过度消耗和环境破坏景况也随之而来。由于大多数城市的发展是建立在传统工业化基础上的,因此传统工业化的问题也在城市中有诸多表现,最为突出的是"城市病",包括环境污染、交通拥挤、就业困难、资源短缺、生态失衡、城乡冲突等。

以现代旅游为代表的现代服务业的崛起,开启了提升城市综合功能的新征程,为解决传统工业化带来的城市问题提供了新契机。现时代,城市的繁荣不仅取决于经济要素、第二产业,更取决于服务要素、第三产业。作为社会分工、商品流通、资源集聚、交通组织、服务多元的高地,城市要素流动成为常态。现代旅游是以人员流动、服务需求为主体的,成为综合检验城市魅力、发展活力、服务能力、保障效力的晴雨表,并为提升城市综合功能提供了新视角。

(一) 现代旅游为重新审视城市的功能定位提供了新视角

城市功能定位是在对城市自身优势、区位条件、资源特征、外部环境等进行综合分析基础上确定城市特有的位置以获得更大的城市竞争力和发展比较优势的过程。目前,大多数城市把"宜业、宜居"作为重点来关注,并没有把"宜游"作为重点来规划。正因如此,已患"城市病"的城市才又面临新挑战。

(二) 现代旅游为重新审视城市的规划建设提供了新视角

城市规划是城市规划、建设、运行三个阶段管理的龙头,是对城市未来发展、合理布局和各项建设的综合部署。按照现行国家《城市用地分类和规划建设用地标准》,城镇的规划建设是以城市的常住人口数量为基数确定的,缺乏对旅游人数的考量。而目前大多数城市的旅游接待人数远高于常住人口数量,由此带来的问题显而易见。

(三) 现代旅游为重新审视城市的环境保护提供了新视角

目前,建设"绿色生态城市"已成为共识,但从现代旅游的视角来看,城市的环境保护不光聚焦在绿色、生态等方面,更重视城市的历史风貌、人文资源、底蕴特色等内容。遗憾的是,很多城市在加速城市化过程中历史风貌减弱、文脉机理断裂、建筑风格雷同、城市特色弱化、公共设施不足,这不能不说是一大问题。

（四）现代旅游为重新审视城市的运行管理提供了新视角

随着社会生产力的进步和人民生活水平的提高，城市的"需求侧"管理成为提供公共服务、落实供需管理的主要坐标，而目前大多数城市运行管理的基点是常住人口，并没有把接待的常态旅游人数作为重点来考虑，由此也产生了交通组织、休闲保障、设施提供、环境保护等一系列城市运行、服务、管理问题。有专家指出，从城市能否有效运营旅游"观光巴士"，就能看出城市的综合实力、运行品质、管理水平，此话不无道理。

（五）现代旅游为重新审视城市的产业融合提供了新视角

实现产业融合发展是城市现代化的重要标志。现代旅游关联度高、综合带动性强、辐射面广，与其他产业在融合发展中产生价值叠加，能够带动多达110个相关行业的发展，旅游消费对住宿业的贡献率超过90%，对民航铁路的贡献率超过80%，对餐饮零售业的贡献率超过40%。但是，目前旅游与相关产业的融合发展还缺乏有效的制度保障、政策扶持，存在着管理壁垒、行业分割，远没有达到资源统筹利用、发展统筹协调的境况。

（六）现代旅游为重新审视城市的公共服务提供了新视角

2011年，国家标准化管理委员会颁布了《城市公共休闲服务与管理导则》，它是以居民为重点编制的，这是适应社会生产力进步、推动城市转型发展的积极举措。目前，各个城市都非常重视以常住人口为保障重点的公共服务体系建设，但是缺乏以大量流动着的旅游者为主要对象的公共服务体系建设。由于这一缺失，以保障居民为重点的公共服务体系将面临巨大的服务资源、服务设施等短缺的压力。

（七）现代旅游为重新审视城市的资源整合提供了新视角

目前，绝大多数旅游资源的服务设施基本处在满足一般观光游服务需求的状态，明显不适应日益扩大的大众休闲度假游等社会需求。众多旅游目的地的单体旅游项目多，旅游要素聚集区、服务区少，景区周边"一公里"范围内的环境、道路、住宿、设施、服务等不同程度地存在着不协调、不适应等问题。旅游者虽有巨大的"必购、必吃、必住、必看、必玩"消费需求，但服务能力不匹配客观上抑制了消费潜力的开发。

四　实现现代旅游的"起飞"呼唤理论的指导和支撑

有鉴于现代旅游的综合带动作用，目前全球有 120 多个国家和地区将旅游业列为本国国民经济发展的支柱产业和重要战略，加大政府主导扶持力度。2012 年，美国政府推出国家旅行和旅游战略，改进签证审批程序，扩大免签计划。法国专门成立旅游战略委员会，制定了税收优惠政策，完善了带薪休假和旅游资助政策。2003 年，日本决定实施旅游立国战略，内阁增设旅游立国担当大臣职位，制定《旅游立国行动计划》，2007 年颁布了新的《旅游立国推进基本法》。20 世纪 80 年代，韩国提出"旅游立国"并提出"全体国民旅游职业化、全部国土旅游资源化、旅游设施国际标准化"的口号。巴西政府每年向旅游公司投入一定资金，而且对旅游委员会批准建造的饭店免除 10 年的联邦税收。新加坡和泰国征收的旅游税率仅为营业收入的 10%。在以色列，只要是投资重点旅游项目，就可获得总投资额 25% 的政府补贴。在欧盟，进出各成员国统一实行免签证，出入手续十分简便。

近年来，我国对旅游业的发展越来越重视。2009 年，国务院提出了把旅游业发展成为国民经济的战略性支柱产业和人民群众更加满意的现代服务业的奋斗目标。2013 年，出台了首部《旅游法》。可见，旅游业的发展已经进入政府主导推动、市场不断开放、社会需求激增的新时代。

现代旅游的发展实践，呼唤着旅游理论的创新和支撑。传统观点认为，旅游要素主要包含"吃、住、行、游、购、娱"六要素，旅游视野主要聚焦在宾馆饭店、旅行社、景区景点，旅游学科在教育体系中也仅被列为二级学科。随着社会生产力的发展，旅游休闲大众化、旅游过程体验化、旅游需求个性化趋势显著增强，旅游规模不断扩大，旅游范围不断拓展。旅游成为人们感受幸福生活、感知美丽世界、感悟人生梦想、拉动最终消费、促进社会发展的重要路径。现代旅游的综合带动效应，使人们在旅游的体验过程中，不仅感知着旅游目的地的自然附加值、历史附加值，也感受着其中的科技、文化、教育、服务、健康、社会等附加值。人们对旅游资源的需求不再满足于一般性的景区景点，而把自然资源、历史资源、文化资源、社会资源、生产资源等都纳入旅游体验之中；对旅游内容的选择不局限在一般观光旅游层面上，休闲度假旅游、会议会展旅游、节庆文化旅游、修学求知旅游、健身养生旅游、商务奖励旅游、社会体验旅游等都成为重要的旅游内容。旅游正在从少数人的"专利"转变为越来越多的人快速增长的发展需求。

然而，目前旅游发展理论对旅游实践的指导尚显乏力。比如，要科学有效地解决旅游发展中"两高两弱、两化两转、一大一小"问题，就需要用更充分的理论、更宽广的视野、更开放的思维、更有力的改革来进一步推动。所谓"两高两弱"，即人们对旅游的需求高、期望值高和旅游管理部门统筹能力弱、旅游产业支撑弱。所谓"两化两转"，即随着社会生产力进步和人民生活水平的提高，在大众化的旅游需求激增的同时，个性化的旅游需求也快速增长，需要在旅游基础服务条件不够牢固的情况下，既要有效满足迅猛增加的大众化旅游观光需求，又必须立足长远实现旅游发展的转型和旅游服务方式的转变。所谓"一大一小"，即旅游大市场和政府管理小部门，严格意义上讲，旅游不是单一行业，推动发展需要综合运用规划、财税、建设、监管等多种手段；旅游兼具经济属性和社会属性，需要有效发挥政府、市场、企业三者的作用，特别是在现代旅游"起飞"阶段如何有效发挥政府的引导作用，更需要认真地研究解决。

现代旅游"起飞"有赖于理论的创新和支撑。在这种背景下，一批专家学者集聚在一起开始了理论探索，历经近一年的努力，形成了这部《广义旅游学》。本书立足北京旅游实践，结合国内外旅游发展，用"广义"的视角研究分析了理论基础、旅游资源、旅游规划、旅游产业、旅游市场、旅游管理等课题，以期开阔旅游发展视野、对旅游实践提供指导、对旅游教育提供支持。

当然，在现代旅游"起飞"之时，我国旅游的转型发展刚刚起步，本书的研究也只是初步的，很多观点还需要进一步推敲，理论体系还需要进一步完善。我们期待更多的大家加入现代旅游发展的研究队伍中来，更多的现代旅游践行者将实践的探索升华为指导现代旅游发展的理念乃至理论。好的成果我们将在本书的再版过程中进一步吸收借鉴。因为我们有一个共同的愿望，那就是在实现中华民族伟大复兴"中国梦"的奋进实践中，现代旅游业必将承担起重要的角色，发挥出更加突出的作用。

2012年11月，北京成为全国首个省一级的国家旅游综合配套改革试点。我们坚信也企盼着，有理论工作者的热情支持和指导，有实践工作者的大胆探索，一定能够摸索出符合现阶段旅游发展需要的理念、思路、举措，现代旅游一定能在又好又快的健康轨道上"起飞"。

鲁 勇

2013 年 6 月 7 日

第一章 广义旅游的实践基础

关于旅游，有无数的说法，莫衷一是。关于旅游，每个人都有自己的切身感受，每个人都认为自己是专家。这恰恰是旅游的特点，涵盖一切，深入人心，丰富性和多样性形成了多元性，这也是旅游的魅力所在。从广义旅游的角度出发，是短期特殊生活方式。丹麦作家安徒生曾经说过：旅行是一种生活方式。从生活方式的角度出发，旅游涉及自然和社会的方方面面。

旅游的发展不仅在实际竞争层面给各个国家和企业提出了挑战，而且在理论认识层面对研究者提出了挑战。分析世界旅游和中国旅游的发展进程，可以发现一些深层次的规律性现象，并由此形成一些新的认识。

第一节 基本认识

一 生活性

旅游是生活。旅游活动自古有之，对个人来说，是短期的特殊生活过程；对社会而言，是长存的日常生活方式。但是，作为商品化的旅游和产业化的经营，旅游则发端于近代，发展于现代，影响于长远。对应于蒸汽机时代的工业经济，商品化旅游的发展以1840年托马斯·库克组织的第一个旅行社为标志。对应服务经济，旅游活动开始了现代化大规模的高速发展；而对应网络时代的信息经济，其兴盛更是不可限量。从运行机制上看，旅游的商品化销售和产业化经营则始终是以市场经济为基础而发端、发展和兴盛的。

二　补偿性

工业化社会生活的高节奏需要相应的高情感的补偿，这已成为竞争的必要。远隔自然的生存空间，也使人们更加留恋原始、纯朴的短期生活或新奇的异质文化。求新、求异、求乐、求知、求美，成为更高层次的生理需求和心理需求，这是现代旅游产生的原因之一，也是旅游消费中既定的心理结构。

三　体验性

旅游者通过旅游活动，花费的是金钱、时间和精力，留下的是回忆，得到的是感受，增长的是阅历。所以，旅游活动也可以说是寻求美妙回忆、良好感受和丰富阅历的活动。这一中心也必然贯穿旅游的各个环节、各个地点和每一时日。从市场需求的角度来说，旅游就是创造体验，旅游者购买的是一个体验过程，最后得到的是阅历，在寻求深刻体验和丰富阅历的过程中，人们的价值观发生深刻的变化，社会也不断地进步。

四　无限性

由于旅游消费的特点，旅游消费成为弹性非常大的消费，从而为经营者留下了广阔的活动空间，使之在最大限度满足旅游者合理需求的基础上，诱发潜在需求，创造新的需求。旅游发展不是简单地适应需求，而需要一步一步地引导。这一过程是经营水平不断提高的过程，也是经济效益自然增长的过程。在这一过程中，经营和服务都成为艺术，会花钱与会赚钱、巧妙花钱与高超赚钱结合起来，供给与需求各得其所。

五　竞争性

跨地域的旅游活动和跨区域的旅游经营本身就要求一体化的市场和充分的空间，这是旅游商品化销售和产业化经营的前提。在现代经济生活中，旅游跨地域本身就内含着高度的开放性、外向性和全面的竞争性。对国际旅游经营而言，是世界性的竞争；对国内旅游经营而言，是全国性的竞争；对旅游企业而言，是全方位的竞争。

六 综合性

旅游业是产业关联度很高、综合性很强的产业。这就要求各个方面密切配合，要求旅游业与社会高度协调，这实质上是对社会各方面资源优化配置的要求。其操作上的可能性只有通过大规模多方位的等价交换才能实现。因此，在商品经济条件下，就要求市场充分发育、市场体系相应成熟。

在短缺经济条件下，论证旅游业的综合性，主要集中在对旅游发展的制约上。现在论证的角度变了，综合性已经不是旅游业的制约因素，而是旅游业的促进因素。正是在这种情况下，旅游业的发展呈现爆发性增长的特征。这种爆发性的增长是对旅游业在新发展阶段的一个新的判断。从这个角度来看，对未来中国旅游业保持高增长速度应该有信心，也就是旅游业从发展的规律性因素而言，存在持续增长的条件。

七 依托性

人们常常说旅游业是依托性很强的产业。实际上，在国民经济的产业链条上，服务经济都处于下游产业的位置，都具有一定的依托性。而旅游业依托的不仅是旅游资源的优势，更重要的是工业、农业、交通运输业和市政基础设施的发展，实质上是以国民经济总体的相对发达或高度发达为依托的，其必需的关键性因素是市场经济体制的发达。

原来旅游业作为依托性很强的产业，只能依托于社会、受制于社会。但是现在看来，尤其在现阶段的中国，社会经济环境的很多因素都发生了根本性变化，现在社会不缺少供给能力，缺的是市场需求。旅游之所以能有目前这种发展形势和局面，最根本的一点在于旅游有大的市场需求。在市场经济条件下，需求是最大的资源，市场是最大的优势，哪个行业有需求，哪个行业有市场，哪个行业就有发展，这也是旅游发展的根本保障。

八 敏感性

追求生活质量是时代的要求，也是世界经济全球化的必然趋势。旅游消费领域，集中体现了生活质量各个方面的要求，也使得旅游需求成为持续性需求，这样就使旅游具有比较强的抗风险能力。因此，不能认为旅游业是脆弱的产业，但它是敏感度较高的产业。在战后 50 多年旅游全球化的发展过程中，虽然有低谷有高潮，但是总体来看都是持续高速增长的。在几次大的波动面前，旅游反应比较敏感，但影响大，反弹也快，展现出了比较强的抗风险能力，在影响旅游发展的各类因素中，安全因素是最直接的因素，可以在旅游市场上立即形成波动。经济因素是近期因素，会形成一个相对滞后的影响，这样也构成了世界经济发展曲线与旅游发展曲线的不重合。竞争因素是长远因素，但也是基础性因素，在本质上逐步改变世界旅游竞争的格局。

九 延伸性

在世界旅游的发展过程中，旅游业一是将扩大产业面，产业领域从传统的饭店、旅行社、景区开始，扩大到社会的方方面面；二是逐步延伸产业链，从下游产业逐步延伸到上游产业，形成一个完整的产业链条；三是形成产业群，以旅游企业为基础逐步扩大，使社会其他各类企业在旅游发展过程中都有自己的一席之地，从而形成一个完整的产业群，由此形成了广义旅游的实践基础。在这样一个发展过程中，旅游业与当地的契合程度越来越高，自然而然也就成为当地经济的主导产业，甚至是主体产业。

十 加速性

在世界旅游业发展的过程中，产生了几重加速的现象。

在战后世界经济的发展过程中，前期国际贸易的增长速度低于制造业增长速度，而到了中期和后期，国际贸易的增长速度则高于制造业的增长速度，形成了第一重加速现象；同时，国际旅游的增长速度又高于国际贸易的增长速度，形成了第二重加速现象，从而使国际旅游在国际贸易中的地位越来越高；另外，在国际旅游的发展过程之中，旅游收入的增长速度又高于旅游人数的增长速度，形成第三重加速发展的现象。这三重加速发展现象的基础是世界经济的全球化发展，本质是世界财富的积累、人均收入的提高，使人均花费额越来越高。

十一 体系性

在世界商品贸易、服务贸易和技术贸易这三大块的各个市场上,国际旅游市场成为竞争最激烈的市场之一。在其他市场上,发达国家与发展中国家的分野比较鲜明,形成产业垂直分工体系,竞争分层次、范围较窄小。从产品种类来说,发展中国家提供的主要是开发度低的资源性和劳动密集型的初级产品,而发达国家提供的则是高附加值的精加工产品;在技术分工中,发展中国家大多数仍处于垂直分工系列的次要地位,难以达到与发达国家水平分工;在市场份额上,也始终是少数发达国家占有量大,而多数发展中国家只能争夺少数份额。这是过去、目前,也是今后一段时期的现实。因此,竞争的态势越来越清楚,发达国家与发展中国家的差距在扩大。就目前来看,各国旅游业在国际市场上也出现了发达国家为主导、发展中国家处于不利地位的总体格局。形成这种现象的重要原因,一是国际旅游的消费主体是发达国家的居民,需求导向重心必然倾向发达国家,迎合西方消费者的旅游需求;二是旅游发展水平不同,发达国家自身的旅游经济系统较完备,管理技术和服务水平也高;三是一些主要发达国家文化具有较多的共同性,相互之间语言和习俗等方面的障碍小,从而提高了其在国际旅游市场上的竞争力。

但与其他市场所不同的是,发展中国家的旅游业在国际市场上发展的潜力很大,发展条件较为机动,发展手段较为多样化,因此有可能较快改变目前的这种现实,而逐步与发达国家平分秋色。国际对外贸易形成和发展的基本依据是比较利益原则,商品经济的一般发展过程是从劳动密集型产品到资金密集型产品,再到技术密集型产品。在这一过程中,形成了发展阶段和分工的不同梯次,而旅游业由于其综合性,是融三种密集于一体、各个阶段并存的行业,又是以劳动密集为基础的,所以处于不同发展水平的国家可以在其中找到自身的位置和发展余地,参与竞争。在这个市场上,开发范围较广阔,贸易壁垒小,自然科学技术影响程度相对也低,有利于发展中国家的扩展。而发展中国家的旅游资源与劳动力资源较丰富,又拥有扩展的可能性。所以,旅游市场是各国都可以一展身手之处,各国也都在扬长避短,集中优势开展竞争。

十二 文化性

多年以来，文化性资源始终是中国旅游业在国际上最具比较优势的资源，文化旅游产品也是长盛不衰的产品。对旅游者来说，旅游消费的实质是文化消费或消费文化。其中文化的同质性是一个方面，而更重要的一个方面在于文化差异。一般来说，对旅游服务设施的要求是以同质文化为主，而对旅游吸引物的要求则以异质文化为主。文化差异形成吸引力，所以一切文化载体都能形成旅游吸引物。而许多文化是特定的，无可替代，对于许多发展中国家来说，这些方面都是得天独厚的，具有相对垄断性。在发展过程中，突出差异性，追求独特性，逐步成为旅游行业的共同选择。由此，将会形成文化多样性越来越强的良好局面。从本质上说，旅游者在寻求文化、购买文化、享受文化、消费文化；旅游经营者则在生产文化、经营文化、销售文化。文化品位越高，独特性越强，多样性越丰富，就越有发展前景。研究世界50年的旅游发展经验，可以说，特色是旅游之魂，文化是旅游之基，环境是旅游之根，质量是旅游之本。因此，旅游工作者要比文化工作者更重视文化的挖掘，要比城建工作者更重视城市特色的营造，要比环境工作者更重视环境的绿化与美化，要比文物工作者更重视文物的保护。加强旅游目的地的环境保护和文化多样性建设势必成为旅游发展的重中之重。

十三 公共性

随着经济和社会的进步，旅游从生活元素转变为生活要素，进一步甚至会转变为一种生活目的。这就意味着其中包含的公共性要求越来越多，公益性也开始产生。公共性要求主要集中在信息、便利和环境三个方面，需要创造旅游的公共环境、公共产品、公共项目和公共服务。旅游产品本身就具备一些公共性产品特点，因此旅游的市场营销也必然有公共性成分，这是世界各国的旅游局都把市场营销作为主体工作的根本原因。从公益性来看，公益旅游产品开始产生，即旅游过程也是一个公益活动过程，但更重要的是保障公民的旅游权利和旅游利益。即每个公民都拥有自由旅行的权利，对于弱势群体，也应提供相应的条件，使其能够享受旅游。

十四 广义性

旅游的广义性，首先在于空间的广义，即旅游者的活动范围无所不在，旅游者的行为无所不作，上天入地下海洋，吃喝玩乐求异样，追求全面体验。其次在于时间的广义，从历史到未来，追求综合体验。同时，旅游又超越现实，从未来的视角谋求发展。再次在于产业的广义，各个行业都与旅游发生关系，旅游又推动各行各业发展，提高附加值。

十五 二重性

由此，旅游在新的发展阶段，形成了新的二重性，即作为社会事业的旅游业和作为经济产业的旅游业。中国旅游业发展之初，刚刚诞生的旅游学术界曾经有过一次小小的争论，旅游是事业还是产业？持事业说者认为旅游只能是事业，国家定位旅游是外事工作的一部分，至多是"友谊为上，经济受益"。持产业说者认为这是国际通行的理念，是发展的必然。后来这个争论又演变为是文化事业还是经济产业。于光远先生是旅游经济学的首倡者，他说：旅游是经济性很强的文化事业，又是文化性很强的经济产业。1987年，国务院发展研究中心主任孙尚清先生主持"中国旅游经济发展战略"课题。对应这个问题，孙先生说：这是一个阶段性问题，现在是文化性很强的经济产业，也许过30年，就是经济性很强的社会事业。现在回想这个题目，应该有一个更深的认识，就是旅游无所谓文化性、经济性，因为旅游就是一种生活。这种生活构造了一种现象，形成了产业和事业。这几年以来，追求幸福成为主旋律，所以现在定位，旅游是创造幸福的产业，达到幸福的渠道，实现幸福的领域。对于幸福的理解是多种多样的，有主观感受，也有客观条件。但是旅游开创了新格局，如果说种植业主要是保障生存，制造业主要是解决短缺，服务业主要是提供便利，那么旅游业就是创造幸福。

现在到了回归本源的时候，旅游休闲是国民福利，旅游休闲发展将提升社会福祉。旅游要正本清源，梳理脉络，应当从以经济产业为主回归到以社会事业为主，减少功利性，强化福利性。

第二节 "五位一体"天地宽

"五位一体"的总体布局，是广义旅游的发展基础。第一是总体，这样的总体布局实际上是研究整个中华民族未来的发展战略。第二是空间布局，各类空间如何保护、如何利用。第三是产业布局，涉及国民经济总体结构的优化，包括现代服务业和旅游的发展。最终是一体化，一体化就是均衡发展的格局。

一 旅游与经济建设

第一，旅游已经形成了较大规模。2012年，全国旅游总收入2.57万亿元，同比增长14%，占GDP总量的4.5%。作为国民经济战略性支柱产业，未来仍将保持较高增长速度。第二，在结构调整中旅游会发挥重要作用，这也是各地重视旅游的出发点之一。稳增长，需要寻求新的经济增长点。调结构，首先是第三产业的发展，而旅游又是第三产业龙头。拉就业，旅游作为以劳动密集型为主的产业贡献尤其突出。第三，旅游消耗资源少，可利用面大，这与中国的国情相适应。哪个产业消耗资源少、拉动系数高，哪个产业就必有发展前景。第四，需求增加，现在提出了十年收入倍增目标，这就使旅游市场前景更加乐观。消费增长有一个规律，就是国民收入增长的边际消费倾向一定倾斜于旅游。《第三次工业革命》一书中最后的结论就是未来有三大产业，第一是信息，第二是文化，第三是游乐。因为我们生活的目的不是为了工作，但是工作的目的是为了游乐，这才是根本，这也是整个社会的发展方向。

二 旅游与政治建设

旅游对政治建设会产生良性的推动作用。政治的根本是和平，而旅游对和平的要求和追求是天然的。无论是国际还是国内，大规模的旅游者流动发生了多种效应，第一是开阔了眼界，第二是产生了比较，第三是交流了信息，第四是形成了交换，第五是融洽了感情，这是从旅游者的活动本身而言。旅游同时形成了独特的政治效应，它在国际上是外交工具和经贸工具，在国内提升了地方影响，形成了上升通道。多年以来，旅游作为外交工具的作用我们已经充分感受到了，作为经贸工具的作用现在还没有明显体现，但这是旅游未来的一个重要功能。在国内，旅游提升了地方影响，任何一个旅游地区发展起来以后迅速成名，将全面拉动当地发展。

三　旅游与文化建设

第一，文化是旅游之魂，没有文化的旅游是灵魂出窍；旅游是文化之基，没有旅游的文化是魂不附体。第二，文化是旅游的资源，旅游是文化的深化，因此会大大促进文化的发展与保护。第三，从文化进去，从旅游出来，传统文化与现代文化在旅游平台上融合，在旅游市场中表达，在旅游发展中进步。第四是文化交流，旅游有文化交流的功能，外来的旅游者，带进来外面的文化，但更重要的是把当地的文化带出去。因为旅游者来就是寻找文化差异，寻找特色，所以自然也就形成了本地文化的一种扩散。这种扩散不是简单文化意义上的扩散，而是一种综合性的扩散。至少能够增强当地人民对自身文化的热爱，对文化的自尊自信，这种文化的自尊自信在一定意义上也可以转化成生产力。而且恰恰是这种自尊自信使文化传统的保留和传承成为可能。我们都希望可以比较理想地享受原汁原味的文化，但这几乎是不可能的。因为外来的强势文化在冲击本地的文化，如果本地文化在发展过程中不能转化成利益，那么当地的老百姓对文化就缺乏自尊自信。但如果能够通过旅游这个平台转化过来，这样的文化就成为真正有生命力的文化。这里最根本的一点是要在市场机制的基础上形成利益机制，这个利益机制是对文化保护最强的动力机制。

四　旅游与社会建设

一是旅游成为扩大就业的重要渠道，就业门槛低，就业方式多，形成一种广义的就业，全国总体可以达到6000万人；二是成为扶助贫困地区发展的重要方式，上千万人通过旅游经营脱贫致富，而且立竿见影；三是提高生活品质的重要领域，成为社会的普遍追求；四是旅游形成居民组织，既有经营组织，也有需求团体，促进社会发展，这也是这些年以来在各地普遍产生的现象。比如各类自驾车俱乐部和各类户外运动俱乐部，这是需求团体。这种团体现在市场上已经发挥了极大的作用。在经营组织方面也是如此，很多地方出现这种民间经营组织，比如在乡村有乡村旅馆协会。在各地建立这样的经营组织，实际上就在社会建设的过程中奠定了更扎实的基础。而且这样的基础是正能量，不会产生负面作用。

五 旅游与生态文明建设

多年的实践证明，旅游发展与环境密切相关，而且会促进环境的改善。道理很简单，因为旅游卖的就是环境和文化，因此保护环境、挖掘文化成为旅游发展的内在动力，并由此形成了深层次的利益机制。没有一个卖服装的商人会把服装在泥里水里滚一遍再拿出来卖，发展旅游更是如此。旅游需要做祛魅的工作，在这个过程中还要强化旅游发展与保护的关系。在旅游过程中，生态文明意识普遍提升，生态旅游区域和产品逐步产生，生态旅游行为成为生活文明的触发剂。

六 一体化

总之，旅游业的发展对"五位一体"的建设起到了多功能、全方位的推动作用：在交流过程中，以游客流为载体，形成了服务流和物料流，带动了资金流和人才流，拉动了信息流和商务流，创造了文化流和科技流。流动规模越大，流动频率越高，越能体现旅游发展的意义和对各地发展的推动作用。

也可以说，能够同时对应"五位一体"的产业可能只有旅游业。比如农业、制造业、商业等，只有其单独对应的层面。"五位一体"凸显了旅游优势，开拓了旅游发展的新天地，使旅游发展地位提升、功能增强。旅游又能够促进"五位一体"建设，使之深入落实，见到实效。

过去10年，旅游发展享受了三个红利。第一是加入世贸组织，促进了旅游的开放，这个红利毫无疑问充分享受到了。但随着开放度的加大，这个红利现在已经淡化了。第二是人口红利，整个国家都是如此，在旅游领域表现得也很充分。但现在人口红利已经出现拐点，员工工资上升，成本提高，而且难招工。第三是城镇化发展的红利，推动了中国优秀旅游城市发展，一些地方还开展旅游强县和旅游小镇建设，大大提升了发展水平。

未来旅游还有三个红利，第一是城镇化发展红利，可以长期持续。第二是扩大内需的红利，在全球一体化的条件之下，扩大内需不是中国自己的事，不是内政，是全世界的事，所以中国的扩大内需会影响世界。中国内需扩大了，进口就会增加。第三是结构调整的红利。结构调整红利到现在没有挖掘出来，没有充分显现出来，有一些地方正在转化。现在说结构调整就关注产业结构调整，实际上首要的应是城市结构的调整，这样会突出旅游功能，产生一批专业化旅游城镇。然后是产业结构的调整，旅游将处于龙头。下一步，旅游仍然可以在结构调整过程中大获其益。

从发展角度看，未来旅游最大的红利就是"五位一体"，因为只有旅游具备这个综合优势，所以"五位一体"会给旅游开拓一个崭新的巨大的空间。从学术角度看，"五位一体"构建了广义旅游学的实践基础。一是"五位一体"的广度奠定了广义旅游的广度；二是"五位一体"的综合要求对应了广义旅游的综合性；三是广义旅游的目标与"五位一体"的根本目标高度契合；四是"五位一体"的总体布局需要一个过程，广义旅游恰恰能够在这个过程中谋求更大的作用。

七　"美丽中国"旅游版

"美丽中国"是新命题，是国家或整个民族新的发展目标，也是新的战略。从旅游发展角度看，第一是怎么理解美丽中国；第二是怎么落实，落点应该在哪里；第三也是最重要的是要达到什么目的。

这个命题的提出是基于生态建设背景。深入地看，生态文明建设和生态建设是两个概念，一般总容易直接理解为生态建设，就是天要蓝、地要绿、水要清，实际上这只是直接目的。说到底，首先是有没有生态文明意识，如何把握人与自然的关系，是根本。其次是生态文明制度。在生态文明的建设过程中，或者在美丽中国的建设过程之中，有没有合适的制度来推进这个建设。再次是生态文明行为，涉及各个层面。就目前而言，中国处在经济转轨、社会转型的过程之中，从世界来看，这个时期都是一个国家的创新再生性过程。在这个过程中，很多传统的东西失去了，新的东西还没有建立起来，往往这个时期也是一个国家国民行为的混乱时期。我们现在大体上就处在这个阶段，所以看到很多东西会觉得不可思议，甚至觉得不可理喻。比如人和人之间感情的冷漠，缺乏社会公德，尤其在生态方面，会看到各种各样的荒唐现象，但这只是一个过程。提出"美丽中国"的命题，实际上就是针对这一系列的情况。之所以现在提"美丽中国"，恰恰是因为我们不够美丽。现在提出尊重自然、顺应自然、保护自然，实际上是人在示弱。这个示弱是对的，因为我们对自然规律掌握得还不全面、准确。

进一步的要求是主体功能区战略，主体功能区战略要逐级形成，逐级落实。国家大部分主体功能区域已经明确，但是还涉及两个问题，第一，到县一级怎么做？比如广东增城市，是县级市，创造了一个很好的模式，对县一级而言就是创造了新的格局。增城市1680平方公里，分成三大块，北部用800多平方公里做生态涵养区，在这个范围内，一个企业也没有。但这又涉及地方发展平衡的问题，不办企业如何发展？市里面采取财政转移支付政策，保护了一片好山林。所以现在招商引资首先带着客商去看北部，看完北部以后，客商很痛快地就留下来了。中部地区是文化休闲区，基本上就是城区，各种各样的建筑都有，但是很看重城区的休闲化。南部地区是工业区，做得很出色，全世界70%的牛仔服是在那里生产出来的，最兴旺的时候有5万多个外国设计师集中在增城，再加上广本汽车制造集中在南部，所以经济照样发展。主体功能区的格局形成，使得这个城市非常有活力。按理来说，增城市离广州很近，只有40公里，对于广州这样的大城市，基本就是城郊了，可是他们保住了800多平方公里的生态区，这是一种战略，也是一种眼光。第二，专业性的主体功能区如何建设？从旅游角度来看，涉及自然保护区、风景名胜区、旅游度假区等，如果在主体功能区规划和建设中缺乏足够的重视，不能形成足够的地位，就是剥夺国民的游憩权利，削弱对幸福的追求，所以应当在旅游休闲领域建设一批主体功能区。一般而言，发展工业和旅游不矛盾，但有些人认为搞旅游就不应该搞工业，或者搞工业就不能搞旅游。实际上不矛盾，可是如果混在一起一定矛盾，所以就需要按照主体功能区来划分。

要给自然留下更多的修复空间。中国有960万平方公里的陆地面积，再加上300多万平方公里的海域面积，在这个国土空间生活13亿人，国人如果不能够集约高效地利用空间，一定会破坏得很严重。前人留下一个较大的空间，如果我们在这个空间里挥霍，那么给后人留下的必将是一个非常恶劣的空间。除了积累一点物质财富之外，只留下一个恶劣的空间，这不应当是这一代人的所为，我们的责任是应该留下一个更好的空间，所以就需要深一步研究。就国家来说，现在已经规划了各类主体功能区，随着发展，也必然产生主体功能区的转变，工业性的功能区会逐步缩减，其他适应长远需求的功能区会逐步扩大。在这个过程中，如果不规划旅游空间，不规划休闲环境，这样的城市就不是好城市，这样的乡村就不是好乡村。旅游已经融入日常生活，而且越来越变成日常生活中最重要的一个因素。判断一个人的生活质量如何，不是看他有多少钱，不是看他住多大的房子，是看他采取什么样的方式休闲，在休闲中体现什么样的质量。

现在很多地方还具有相应的发展优势。整体判断，我国一是已经进入工业化的中后期，二是已经成为中等收入国家，沿海地区大体上进入工业发展的后期，北京已经进入后工业发展阶段。在这个时候如果一味追求工业化的发展目标，显然落后于时代，落后于发展阶段。

从这个角度来看"美丽中国旅游版"，是要重新认识旅游的优势。

一是旅游的发展要求好的自然环境，着重山水汇聚之地、生态优美之地。二是追求好的人文环境，看重历史悠久之地、文化积淀之地。三是提升当地产品的附加值，形成物产丰富之地。四是超越工业化思路。旅游需要主动创造"美丽中国旅游版"，而且希望这个版本能够尽快实现。在经济总量上，旅游可能比不上一些产业，但是在生态文明建设上旅游应该走在前列，因为旅游没有包袱，是轻装上阵。

"美丽中国"的目的就是让老百姓有一个好环境，好环境的目的是过好日子。如果说，农业、制造业管"日子"，那么旅游休闲就追求"好"；如果说，温饱时期只能管"日子"，那么全面建成小康社会就必须有这个"好"。好日子是永恒的追求，如果离开旅游休闲，这种日子永远不会好，哪怕人均收入达到几万美元，没有休闲照样不行。这是一个延伸的命题，是一个发展目标，也是环境构造的一个重要抓手。

第三节 广义旅游发展

一 发展的误区

1. 导向误区

中国现在处在工业化中后期，城镇化爆炸式的发展期，过去 30 年，大体上中国的城镇化率每年提高 1 个百分点，现在城镇化率全国平均超过 50%，发达地区已经超过 70%。而且就未来而言，仍然会保持城镇化的爆炸式发展。未来 30 年中国大概有 4 亿~5 亿农民市民化，要发展多少城市才能容得下？有的人预测，中国至少还需要 10 个千万人口以上的特大城市，需要 100 个百万人口以上的大城市，但是究竟怎么发展，这里边有规律。我们不能跟着欧美模式走，它们人口少；我们也不能跟着过去的模式走，靠强力耗费资源的模式，现在很难持续。经济问题的不平衡、不协调、不可持续，是根本性的大问题。

2. 旅游的误区

从旅游的角度来说，这几年旅游大项目风起云涌，但是认真看一看，这些旅游大项目有两个趋势，一个是复古，一个是崇洋，这两个趋势现在仍然在发展。还存在规模竞争和奇异竞争。发展旅游应求真务实，不是投资越多越好，而是投资越精确越好，现在旅游项目的开发需要调整，需要导向。

3. 城市局限

工业化过程中的城市局限，一是追求规模，越大越好。二是以汽车为尺度，大马路、大高楼、大广场、大绿地。三是城市建筑之间没有关系，各是各的，各做各的，只是建筑集群，不是有机生态系统。四是资源局限，土地资源用尽，水资源枯竭，资金资源掣肘。五是文化的毁坏，不土不洋、不中不西、不城不乡、不古不今。

4. 不能做什么

现在大家关注的是做什么，其实首先应当关注的是不能做什么。一个根本性的考虑是做什么和怎么做，把握好这个关系，旅游发展才有前景。

这就需要跳出时代看时代，跳出地域论地域，跳出项目做项目。

首先，跳出时代看时代。规划就是立足现状，规划未来。搞城市建设应争取30年不落后。1995年互联网进入中国，形成了根本性的开放，到现在18年，日常生活已经离不开网络。微博是这两年的事，整个社会的信息沟通系统变了，信息发布系统变了。20年前则难以想象。这就要求跳出时代。城市建设也应该努力想，能想多远，就能做多远，吸引力就能到多远。

其次，跳出地域论地域。各地情况不同，要求不同，但是绝不能用自己的感觉来对应市场。从地域角度来看，产品对应四个层面，有地方性产品、区域性产品、全国性产品、国际性产品。研究旅游发展首先需要定位，地方性的产品所对应的市场就是周边，区域性产品对应区域市场，全国性产品对应全国市场，国际性产品对应国际市场。有的产品可能就是地方性的产品，用不着研究如何扩大范围，但需要逐步提升。有的产品可能是国际性产品，这就必须下功夫。同样道理，国际性产品对应地域范围虽大，市场未必大；而地方性产品反倒有可能对应较大范围的市场。

一般来说，用新产品巩固老市场，用老产品开发新市场。因为老产品都是比较成熟的产品，在市场上的影响也比较大，所以要用老产品开发新市场。而老市场一般是回头客，所以必须用新产品巩固老市场。从这个意义上说，除了少数主题公园类产品之外，旅游产品没有老化问题，再过千年，黄山不会老化，故宫也不会老化，旅游者一代代地成长，只有老市场，没有老产品，因此也不能简单套用工业产品的周期理论。

再次，跳出项目做项目，项目怎么跳出？说到底是路径和方法的创新，所以先研究怎么做，然后再研究做什么。这里第一要适应现实需求，第二是挖掘潜在需求，第三是引导深度需求，第四是创造未来需求。能创造未来需求，项目就可以持续，就有生命力。

二　全要素

广义旅游需要全要素的整合，综合资源奠定核心吸引，生态环境创造根本优势，产业聚集形成发展基础，主题功能确定合理区域，文化积淀构造品牌基础。规划就是财富，环境就是资本，结构就是效益。

第一类是运营要素，传统的"行、游、住、食、购、娱"这六个要素已经不够了，从转型升级的角度来说，要扩大到休闲领域，进一步提升，就需要文化、深入、慢生活、浪漫、精品和境界，即"文、深、慢、漫、精、境"，也是六要素，两者叠加，一共十二个运营要素。从运营要素来说，现在具备了好的基础，但是参差不齐、长短不一，需要填平补齐。

第二类是发展要素，涉及资源、资金、土地、人才、信息、科技、文化、管理、产权等。这是现在旅游发展最大的"短板"，多数要素市场没有形成，要素作用不足，这方面的国际化程度也低。可以看一看在日常工作里这九类发展要素的管理。旅游管一部分人才，管一部分信息、科技，只管理了一部分；管不了资源，也管不着资金，更管不了土地。发展要素决定产业发展的根本，多数要素无法管理，造成其边缘化的结局。这就需要进一步开拓领域。

第三类是社会要素，现在是三个二元结构。一是城乡二元，这是传统的二元结构。二是内外二元，随着旅游的发展，这个问题越来越突出，比如近年香港人和内地客发生矛盾，实际上就是内外二元结构的体现。三是区域二元，无论大区域还是小区域，都存在着发展的不平衡。解决起来其实很简单，把当地居民纳入旅游发展，使之能够分享旅游发展的利益，从而形成友好的社会环境，达到一体化运行。

第四类是环境要素，弥补自然环境，提升人文环境，改善经营环境，完善市容环境，强化休闲环境，优化交通环境，协调景观环境，严格保护环境，创造好的发展环境。

总体而言，现在对旅游的理解仍然较窄，工作面自然也窄，而且这些工作主要是地方政府在做。可以倡导研究一些工作方式和工作措施。比如环境要素，涉及一系列的问题，这一系列的问题怎么解决？就目前来看，旅游发展的"短板"不是资金。

三　全过程

要针对旅游者的全过程，形成旅游供给的全过程。

首先是资源。传统的资源要么是名山大川，要么是名胜古迹，这是单一观光产品，单一发展模式。新资源主要是指社会资源，包括环境旅游资源、生活旅游资源、产业旅游资源。

其次是新体系，要求从单一到复合，包括观光、商务、城市、乡村、文化、休闲、度假等。

再次，全过程说到底是两类产品，一类是目标性产品，就是传统追求的到此一游，另一类是过程性产品，追求的是深化体验。广义旅游要从目标性产品转向过程性产品。比如传统旅游讲究线路，现在要研究活动组合。比如一天是什么活动，三天是什么活动，七天是什么活动，各种各样的事情都是活动组合。

最后，扩充发展模式，简单说就是"A+B+C"。A是吸引中心。吸引中心是发展的亮点，不仅吸引游客，也吸引政府。这样的项目投入大，市场需要培育，有可能在直接经营上形成亏损局面。这一方面需要开发者的远见卓识，另一方面需要政府的政策支持。B是利润中心。目前一般形式是配套房地产建设，长远也会形成其他方式。C是文化中心，衍生发展。通过市场，聚集人气；通过政策，聚集商气；通过创意，聚集文气，最终聚集衍生产业的发展。从而延长产业链，扩大产业面，形成产业群，构造文化旅游产业聚集区的总体模式。

四　结构优化

结构问题是下一步旅游发展的重中之重，也是现在最薄弱的问题，包括花费结构、市场结构、区域结构、城乡结构、投资结构、产业结构、产品结构、组织结构、运营结构、技术结构、人才结构、国际结构。我们要做结构文章，谋长远发展。现在旅游结构的合理化已经变成了普遍性问题。

从结构的角度来说，旅游是一个非常复杂的结构体系，应达到结构的合理化和结构的高级化。但如果就事论事分析结构，很难分析出是否合理。从结果角度研究结构可能是好的路径，可以归纳为三条线。一是底线，结构合理化的底线就是行业不亏损。比如这个城市是否需要建酒店，重点看现在的经营情况，如果这个城市的酒店现在已经全面亏损就不能建了。二是中线，达到社会平均利润率，意味着投资回报的合理性。三是高线，就是通过创新，形成超额利润，达到产业结构高级化。

最后可以归纳为四句话。第一，旅游需求无穷尽。任何需求都有穷尽，但是旅游需求无穷尽。第二，旅游行为无框架，短期、异地、特殊，各种各样的行为都可以称为旅游行为。第三，旅游资源无限制，只要能转化成产品，就是旅游资源。第四，旅游产业无边界，我们不用谋求非要有一个明晰的边界。实际上产业融合是普遍性现象，任何一个产业都是这样。

五　建设体系

一是部门与产业交融体系。应发挥旅游市场优势，把握发展主动权；工作上一对多，把握主导权。二是公共服务体系，包括营销、品质、秩序、标识、服务中心、紧急救援。三是全面休闲体系，包括城市休闲、乡村休闲、休闲社区、度假社区。

政府主导形成热潮，企业跟进形成热点，市场需求形成热流。这需要研究大与小、长与短、虚与实、硬与软等多种关系。一是新意识，发展全球化，产业一体化；二是新领域，休闲拓展，低碳发展；三是新措施，基础设施、土地、金融、存量开发；四是新决心，中央与地方，互动互促；五是新现象，趁热打铁，趁势而上。

从旅游局的工作角度来说主要是以下几个方面。

第一，大对大。在落实过程中，需要开拓，关键是创造旅游部门能够主导的工作抓手，使旅游能够围绕中央决策创造性地落实。这就需要趁热打铁，出大思路、成大格局、谋大地位。

第二，联动与合作。旅游部门是一个弱势部门，和其他部门合作，一对一是弱势，但是一对多就是强势。跨地区联动、多部门合作，旅游部门主要发挥整合作用，借助其他优势，形成自身优势。产业融合要有一个过程，不是简单地和几个部门签协议，一个文件下来，就能够解决问题。核心在于市场的培育，在发展中实施。

第三，公共性。以扩大内需为主导战略，以改革开放为主线，抓四个方面，要素市场化、发展社会化、运行智能化、推进国际化。其中，公共管理、公共环境、公共产品和公共服务，就是旅游局需要做的事情。而且要调整一下观念，现在旅游已经融入大局、构造大局、融入中心、纳入主流，不能再边缘化。

六 关于《国民旅游休闲纲要》

2013年2月18日，国务院发布了《国民旅游休闲纲要》。这个纲要经十年酝酿，历四年制定。

纲要的内容很丰富。第一是转变观念。第二是保障休闲度假的时间。第三是灵活安排。第四是分出层次。第五是丰富产品，降低门槛。第六是完善服务，提高质量。

《国民旅游休闲纲要》内容丰富、要求具体、导向清楚，形成了广义旅游发展的政策基础，纲要中涉及广义旅游的方方面面，进一步会形成各项政策。

纲要是指导性文件，会推动观念的变革，形成发展的导向，引导市场的拓展，促进设施的完善，带动环境的进步和公共服务的提升。

七 法律建设

2013年4月25日，十二届全国人大第二次会议表决通过了《中华人民共和国旅游法》，国家主席习近平签署第三号主席令予以公布。经过30年的努力，两下三上，《旅游法》终于出台，这是改革开放后中国旅游发展35年的结晶，成为中国旅游发展的标志，也将成为中国旅游发展的转折点。至此，中国旅游形成了国家大法、国务院条例、部门规章组成的完整的法律法规体系，符合广义旅游发展的规律性。

《旅游法》的根本特点在于综合性。与其他专项法律相比较，《旅游法》的综合性突出，与以前发布的旅游单项规章相比较，《旅游法》的综合性更加突出。

第一是《旅游法》的市场基础。2012年，国内旅游29亿人次，入境旅游1.33亿人次，出境旅游超过8000万人次，意味着旅游成为国民生活中的要素，成为重要的社会现象。因此，在《旅游法》中，开宗明义，明确"游览、度假、休闲等形式的旅游活动以及为旅游活动提供相关服务的经营活动，适用本法"。定义在两类活动，范围极广，是广义旅游的体现。

第二是《旅游法》的产业基础。多年以来，我们常常说旅游涉及面广，关联性强，拉动力大，这正是广义旅游的表现。这就要求各个方面密切配合，要求旅游业与社会高度协调，正是在这种情况下，《旅游法》超越了小旅游的范畴，突出了大旅游的概念，严格说，旅游不仅仅是一个产业，而且是一个领域。

第三是《旅游法》的法制基础。对应于旅游的综合性，一是立法思路有根本性的调整，从旅游管理法和单项法规调整为综合法。在早期的立法过程中，往往是"部门法"的思路，各个部门通过立法争取地位和权力，最后在实践中造成"部门冲突"。《旅游法》不能走这条路，只能开拓新路。二是立法程序的变化，从传统的部门起草、国务院法制办公室建议、人大通过的程序，调整为全国人大直接立项、起草、论证、通过，在法律最高层面推动，使部门协调难度大大减少。三是本次出台的《旅游法》创造了新格局，是旅游者权益的保护法，旅游市场秩序的规范法，旅游企业行为的基本法，旅游发展的促进法。全面体现了综合法的特点。

第四是《旅游法》的认识基础，多年以来，一些旅游基本问题始终处在争论或讨论的过程之中，实际上，这恰恰是旅游综合性的体现，形成了广义旅游。但是，要把这些很难说清楚的问题通过明确的法律语言表述出来，规范下来，难度极大，《旅游法》出色地完成了这个任务。不仅在立法实际中形成了突破，在理论方面也形成了创新。

第五是《旅游法》的公共基础，随着经济和社会的进步、旅游行为的普遍化，旅游所包含的公共性要求越来越多，公益性也开始产生。但更重要的是要保障公民的旅游权利和旅游利益，即每个公民都拥有自由旅行的权利，都有过程中的利益诉求途径，对于弱势群体，也应提供相应条件，使其能够享受旅游。在《旅游法》中，这方面浓墨重彩、高屋建瓴，实现了超越。也正是因为实现了超越，才得到各方面的拥护，最终得以出台。

第六是《旅游法》的国际基础。在世界范围内，中国的旅游业是后起之秀，旅游法规的建设也是后起之作。《旅游法》的制定过程，是对世界各国旅游法规的学习、消化、吸收的过程，也是按照中国的国情，提高、创新的过程。比较而言，中国的《旅游法》更加全面，更加综合，也更具有可操作性，比如第三章"旅游规划和促进"，主要是对各级政府和各个部门的要求，在国际上是创新，在发展中将起到重要作用。

立综合法律，成广义旅游，应天时、占地利、得人和。

广义旅游已经形成了广泛的实践基础，《国民旅游休闲纲要》提供了理论和政策基础，《旅游法》形成了法制保障，希望在落实的过程中能够对老百姓的幸福感受起到实实在在的作用。

参考文献

［1］杰里米·米夫金：《第三次工业革命》，中信出版社，2012。
［2］涂子沛：《大数据》，广西师范大学出版社，2013。
［3］谢德逊：《源创新》，五洲传播出版社，2012。
［4］马克·安尼尔斯基：《幸福经济学》，社会科学文献出版社，2009。
［5］爱德华·格雷瑟：《城市的胜利》，台湾时报出版，2012。
［6］丹尼尔·贝克：《后工业化社会的来临》，新华出版社，1997。

第二章 广义旅游学的理论构建

中国共产党的十八大报告首次提出经济建设、政治建设、文化建设、社会建设和生态文明建设"五位一体"的总布局,并将其作为深入贯彻落实科学发展观、建设中国特色社会主义的基本内容。旅游行业要紧紧围绕"五位一体"的总布局,进一步解放思想,创新工作,通过促进旅游业科学发展,为中国特色社会主义建设作出更大贡献。

第一节 广义旅游学的形成与发展

一 国外旅游学研究概况

"旅游现象作为一种社会科学范围内的研究对象,国外对它的研究通常分别在学术性和业务性两个范围内进行。学术研究一般较多地通过理论途径,在不同角度和层面上对旅游现象的性质、形态、结构、特征、运行机理及其与社会的各种关系和影响作宏观或微观两方面的探讨,以阐明其意义、判明其演变、分析其态势,提出对应的见解。"国外旅游研究通常分为三个阶段,但不同学者划分的时间段有些差别。申葆嘉将进程分为:早期的认知时期(19世纪末至20世纪30年代)、中期的过渡时期(20世纪40~60年代)和近期的发展时期(20世纪60年代至今)。王德刚认为发展历程分为:经济研究阶段(19世纪末至20世纪30年代)、全面发展阶段(第二次世界大战后至20世纪80年代末)和旅游学研究向非经济领域倾斜阶段(20世纪90年代至今)。以下是国外里程碑式的旅游研究大事记。

1899年，意大利政府官员波狄奥（L. Bodio）发表了《关于意大利外国旅游者的流动及其花费》，对其本国的国际入境旅游做了分析和研究，这是目前可见的国外最早从学术角度研究旅游现象的专业文章。

1927年，罗马大学讲师马里奥蒂（A. Mariotti）出版了旅游专著——《旅游经济讲义》，首次从经济学角度对旅游现象做了系统的剖析和论证。他从对旅游活动的形态、结构和活动要素的研究中得出了一个结论，认为旅游活动是属于经济性质的社会现象。他的这种想法受到当时学术思维方法的限制，只从旅游表象着眼，单纯地把旅游者和旅游业的供需关系视为旅游活动的全部。

1935年，柏林大学教授葛留克斯曼出版了《旅游总论》一书，该书系统论证了旅游活动的产生、基础、性质和社会影响。他从旅游活动发生的渊源和基础开始研究旅游现象，认为"研究旅游现象是研究一个旅游活动的基础、发生的原因、运行的手段及其对社会的影响等问题，需要从不同学科去研究，而不只从经济学的角度去考察它"。

1942年，瑞士圣加仑大学的亨泽克尔教授（Walter Hunziker）和伯尔尼大学的科雷夫教授（Kurt Krapf）发表了名为《旅游总论概要》的专著，他们认为旅游现象本质是具有众多相互作用要素的复合体，这个复合体是以旅游活动为中心，与国民、保健、经济、政治、社会、文化、技术等社会中各种要素相互作用的产物。

1954年，德国学者克拉普特出版了《旅游消费》一书，该书对旅游消费的动力和过程进行了专题研究。

1977年，密执安大学的罗伯特·麦金托什（R. McIntosh）等著有《旅游学——要素、实践、基本原理》，对旅游学的相关理论进行了较为完整和深入的研究，涉及内容广泛，对此后旅游学的发展影响深远。

著名旅游学家、*Annals of Tourism Research* 杂志社的主编 Jafari 指出，"为理解旅游业，有必要将其作为一个整体或一个系统来研究，旅游所研究的是满足旅游者需要的产业及他们和这个产业给东道地区在文化、经济和环境等方面所带来的影响"。Jafari 认为旅游学研究的对象是一个整体系统。

二　国内旅游学研究概况

国内旅游学研究的萌芽产生于20世纪30年代，江绍原的《中国古代旅行之研究》就是在这种形势下出版的一部旅游学著作。《中国古代旅行之研究》由上海商务印书馆于1935年9月初版，1937年3月再版。它是一部关于旅游发展史的专著，作者认为作为人类旅行活动必备工具之一的旅行指南在夏朝初期即已产生，并在此后得到进一步发展，由简单走向成熟。

1978年，中国国家旅游局成立政策研究室，致力于研究国际旅游市场动向及发展规律，以结合中国旅游发展实际，探讨中国旅游业发展的方针政策。1981年编辑出版"兴旺发展的世界旅游业"丛书，系统介绍了31个国家发展旅游业的经验，为中国旅游业的发展提供了资料。之后，又编印了《中国旅游动态》《旅游调研》《旅游信息》等刊物，并发表了《国外发展散客旅游的一些基本做法》《中国旅游事业发展规划（1986~2000）》等重要文章和文件。

改革开放35年来，在旅游产业飞速发展的实践推动下，在几代旅游学人的辛勤耕耘和淬炼下，通过与相关学科的交叉、融合，旅游研究几乎从零起步实现了跨越式发展，取得了巨大的成就。总体上看，我国旅游学科已经进入一个解构与重构的新阶段，表现出几个明显特征：一是综合性学科体系不断发育，大学科群雏形日渐显现；二是在产业发展的实践推动下，应用型学科特征明显；三是成为一个不断成长、潜力无限的新兴学科，创新体系已初现端倪；四是针对独特的研究领域，已经发展成为一门相对独立的学科，并逐渐建立了大国特点、中国特色的独特研究模式、理论和方法体系。

从1978年到1988年的第一个十年，尚没有形成真正意义上的旅游学。伴随着改革开放的深入推进，旅游需求快速增长，旅游需求与旅游供给之间日益突出的矛盾吸引历史学、文化学、语言学、地理学、教育学、经济学、社会学等学科的热心人士纷纷涉足旅游学研究，汇聚成第一代旅游学者的基本力量。正是这种多学科的渗透，一方面促进旅游学从隐性学科快速提升为显性学科，为解决中国旅游业发展中的现实问题发挥了主导作用；另一方面学者群体学科的不确定性决定了旅游学术研究的无主流性，导致旅游学在中国学科体系中长期被边缘化，时至今日，这种局面尚没有改变的迹象。但大家集体无意识地从引进旅游学的概念开始，完成了旅游促进经济发展的思想启蒙。

从1989年到1998年的第二个十年，中国在引进创新中开始构筑旅游学的框架体系。随着中国旅游需求的大众化和规模化，旅游供给出现了几何倍数的快速增长，旅游业展露出产业化的端倪，第二代旅游学者开始成长起来。第二代旅游学者与第一代显著不同的特征是出现了专门研究旅游问题的职业化倾向，高等院校纷纷开办的旅游学院（系）为这种职业化倾向提供了体制性保障。具有管理学、经济学、地理学等学科背景的学者开始拓展第一代旅游学者构建的学术平台，逐步形成中国旅游学研究的中坚力量。同时，第一代旅游学者培养的硕士研究生纷纷进入旅游学研究领域，形成了一支"科班出身"的新生队伍，20世纪60年代出生的旅游学者脱颖而出，开始担当中国旅游学建设的重任，学理上和年龄上的学术代际更替显露出来，旅游学术研究也从普及旅游知识性质演变为旅游理论导入性质，图书市场上在众多传播旅游概念性常识的教材中出现了难能可贵的探索性旅游学术著作。但有一点必须清醒地认识到，第二代旅游学者在旅游学研究的功利性思想上与第一代保持高度的一致，研究旅游经济属性的热情高涨，而研究旅游社会问题的情绪低迷，直接导致了旅游学科的独立性受到广泛质疑，出现了旅游学科的边缘化危机。尽管如此，中国旅游学者队伍逐步规模化、年轻化、职业化和准专业化，高等旅游教育实现了规模化和层次化，旅游学研究尝试从翻译国外旅游学成果走向借鉴相关学科理论构筑旅游学科理论体系，旅游学者直接参与旅游业的社会实践，依然是第二个十年旅游学发展的主旋律。

从1999年到2008年的第三个十年，旅游学在自主创新中俨然成为显性学科，从而开始扩张起来。之所以这么说，是因为客观存在着五个方面的有形证据：一是旅游学者开始在管理学的旗帜下集结，成为管理学科群中的一个组成部分，高等院校中旅游学院（系）的毕业生颁发管理学学位就是证明。二是旅游学科试图集群化，出现了旅行社管理、饭店管理、景区管理、会展旅游、高尔夫运动与休闲、旅游规划与景观设计、旅游管理工程等业学科的分门别类倾向。三是旅游管理专业出现了高职高专—本科—硕士研究生—博士研究生的多层次教育体系，而且旅游管理专业教师规模和在校生规模居高不下。四是旅游学术期刊种类不断增加，发表旅游学研究论文的学术期刊越来越多，出版社纷纷加入出版旅游专业教材和著作的行列中。五是学术界、实业界和政府部门举办的旅游主题活动越来越多，借国际合作之名的旅游学术活动日益频繁。这五个有形证据是一种客观的外在表现，仿佛表明中国旅游学的成熟与繁荣，似乎证明中国旅游学搭乘了中国从旅游大国迈向旅游强国的东方快车。实际上，从学理上讲，旅游学的特定价值观、研究对象、学科性质、研究方法和学术边界等基本问题还远没有解决好，甚至仍然是"迷航之旅"，这需要旅游学者下真功夫潜心研究。遗憾的是国际国内的旅游学者同样浸染了流行的学术浮躁风气，思想上的盲从性和行动上的功利性决定了20世纪60年代旅游学者的故步自封，以及70年代年轻旅游学者的无所适从，这种学术上的二元人格直接导致旅游学术的泡沫化倾向。正如源自美国的金融海啸一样，旅游学科的边缘化危机在第三个十年里演变成"旅游学迷失"的困局。从当下旅游学被来自管理学和地理学两个学科中的学者任意切割，就不难理解这种困局的真实存在。改革开放30多年来，中国发展成为世界旅游大国，中国旅游学不论是学术精神还是学术质量却形成了"两头小、中间大"的纺锤形格局，回归旅游学是第三个十年的旅游学术遗产之一。旅游学不能迷失，也不应该迷失，旅游学术研究任重而道远。

三 中国旅游研究的破与立

有关旅游本质的研究一直是学术界关注的焦点，学者从经济、文化、体验等角度进行了研究。近年来，有关旅游的体验本质逐渐被大多数人接受，然而北京工商大学王敬武教授发表的《对旅游体验"硬核"学术地位的质疑》是对这一研究的突破。他认为旅游体验理论主要依据的是格式塔心理学，旅游心理学当中，很多人认为研究是现象学视角下的旅游研究，实际上一部分表现的是格式塔心理学，在它的创造过程中确实受到现象学的影响，但旅游体验以格式塔心理学为主要的理论依据。心理学研究的是人们心理方面的变化过程，而我们看不到这个变化过程，所以都是以假设的方式出现的。以假设方式构筑旅游体验理论，是存在问题的。

现象学是由德国籍犹太人胡塞尔在20世纪初创立的一种哲学，现象学是一切科学的基础。现象学告诉我们，以自然方式进行研究或者构筑的科学当中，可能存在问题，而现在旅游方面的研究，绝大多数是以自然思维的方式进行。研究者需要由自然思维变成哲学思维来研究旅游现象。基于现象学视角的研究，首先应该有现象。现在有关旅游现象的本质研究几乎都是推测，可信度有多大？至少不是现在说的经济学的属性、文化学的属性、仪式的属性以及旅游体验的属性。要把自然科学和人类科学结合起来，才有可能来揭示。从旅游历史发展来讲应该有现象，关于旅游起源问题的研究恰好反映了对旅游现象的认识，但旅游现象不能仅从历史上看看有没有旅游这两个字，有没有游的成分，有没有旅的成分。

另外，旅游基本规律不是在旅游体验当中出现的，因为旅游体验理论出现的规律分人、分不同背景，而旅游科学基础理论应当具有普适性，是没有这种区别的。也就是说不同文化背景的人都能满足，不管是老年人、年轻人，男性、女性，有无文化背景，都满足规律。旅游科学与休闲科学的关系，从学术规律或者基本规律上看二者实际上是统一的。

有关旅游实践方面，破，即为打破消费习惯，打破区域格局，打破政策障碍，打破思维定式，打破城乡壁垒。

旅游消费的障碍之墙随着越来越完备的旅游公共服务体系，越来越便捷的交通网络以及全社会越来越深入对旅游出行的关注而被逐步打破。消费环境的去障碍化，令旅游可以超越区域、场所和人群的障碍。欠发达地区的居民也正在通过越来越便利的旅游服务，享受到公平消费的权利，这大大推进了旅游消费的普及和升级。

哈大高铁、京广高铁等陆续开通，推动了旅游业"高速时代"的到来。许多双子座式的城市相互连通，一批城市群呈现旅游一体化形态，产生了一大批同城化旅游圈。我国正形成的高空旅行（航空）、高速铁路、高速公路"三高"网络将大城市群自然相连，各城市群内部又有高速交通形成密集网络，使"远天远地"一词成为历史，新的交通格局将重构旅游业格局。

旅游业的综合改革配套在云南、海南、北京及成都、秦皇岛、舟山、张家界等地区相继展开，各地在产业政策、土地政策、管理体制改革、城乡统筹体制改革、投融资体制改革、财税体制改革等多个领域先行先试，旅游业重新站在中国改革的前端，试图冲破体制与政策的障碍，寻求更高效的发展路径。

微旅游、泛媒体、去中心和巧生活正进入新的旅游生活之中。实践证明，旅游业既非庞大无比的项目堆积，也非耗能的产业消耗，中国正涌现的新旅游业态不仅是对传统旅游要素的拼装，更是观念、资本、用地、要素、策划、市场、工序、服务的全面创新。和我们的生活方式转变相对应，旅游业正在打破思维定式，走进"重新发明"的时代。

随着城市化进程的持续进行，旅游业亦正在打破城乡壁垒。农民旅游从无到有，目前已成为国内旅游市场构成的一部分。城市旅游与乡村旅游间的边界不再明显，城市旅游中多了乡村般的悠闲，乡村旅游多了城市般的便捷。乡村旅游令越来越多的农民脱贫致富，过上城里人一般的便利生活，也令越来越多的城里人得以偷闲数日，学做个"都市农民"。旅游不仅成为农村城市化的重要手段，也成为城市田园化的重要依托。

中国旅游业的立，表现在立本位、立本源、立智慧。

旅游业发展至今，民生的需求已经成为最本位的需求。旅游业发展的根本目的，是为了谋求更大程度的人民福利。满足民生是旅游业发展的本位需求，旅游的出游率、关注度、满意度，成为衡量旅游业发展水平的最根本标志。

旅游是经济性的文化活动，也是文化性的经济活动，旅游业发展的文化本源在国家新的发展目标下被进一步明确，旅游业发展被纳入国家文化大发展大繁荣的文化战略中，发挥更具战略性的产业功能。通过旅游，世界在了解中国，中国也在了解世界，旅游不仅让中国人睁开眼睛看世界，更让中国人迈起脚来走世界、伸出手来摸世界；反过来，旅游也让世界走进中国、感知中国。旅游更让中国人更多地理解中国、热爱文化。文化作为旅游的本源被确立起来，旅游业发展被提到了更高的平台上。

旅游与新技术的结合，令智慧旅游成为中国旅游业的热门话题，基于技术的智能旅游服务成为旅游投资的热门和重点。火热的市场背后是旺盛的需求，旅游变得可定量、可预测、可监控、可订制、可管理、可引导、可节约、可思考，这都在为中国旅游业发展埋下驱动未来的芯片。

四 广义旅游学研究走向

随着旅游学研究对象、研究内容的日益明确以及科学研究方法在旅游研究中的运用，旅游理论体系进入新的发展阶段。一方面，虽然相关学科中某些成熟的概念和理论可以用于解释旅游现象，但旅游现象所包含的矛盾的特殊性使得这些理论并非完全适用。因此随着旅游学的不断成熟，应该对这些概念和理论的适用条件重新做说明。另一方面，旅游研究日趋深入并且规范，不断形成新的、属于旅游学的专门概念以解释旅游现象，并进一步构建旅游学理论，揭示客观规律。在这一时期，从相关学科借用概念的现象逐渐减少，属于旅游学的专门概念和理论在旅游学知识体系中逐渐居主导地位，并能够更好地阐释旅游现象包含矛盾的特殊性。当前的旅游学理论体系即表现出这种特征，以"旅游"为统属的旅游学理论体系中的一些核心概念如旅游者、旅游活动、旅游业、旅游市场、旅游资源、旅游产品、旅游影响等，其内涵均是从旅游现象中总结而来，在不同程度上反映了旅游现象包含矛盾的特殊性，是属于旅游学的专门的、具有实质内容的概念，并非是从其他学科简单"移接"而来、仅仅冠以"旅游"之名的名义性概念。

旅游研究理论和方法相结合将是下一步研究的趋势。研究方法是确保理论科学性的有力保障，同时，理论创新是使用研究方法开展学术研究的目标追求，把理论研究和方法使用结合起来，是广义旅游学研究的走向。目前，我国旅游研究理论和方法是相互脱节的。以旅游研究方法为例，复杂的数学公式和计算过程已经程序化，只需将原始数据输入电脑，统计软件就会得出统计结果。统计过程已经简单化，如果不能对统计结果加以旅游理论的解读，难以得出对旅游学有价值的分析结果，对旅游问题的解决无济于事，最终整个统计过程成为一场数字游戏。尤其是在大数据时代，数据的收集、整理，决定了数据的质量，而数据基础又决定了方法的丰富性。我国旅游学研究应用一般的定量方法，只是改变了传统旅游研究的表达形式，对旅游研究内容等实质性问题影响不大。总之，广义旅游学研究的使命不仅要使用各种方法，而且要追求旅游理论的创新和旅游产业的进步，使旅游理论成为一门重要的理论，使旅游产业成为国民经济的重要产业。

第二节　广义旅游学研究对象与基本假设

一　广义旅游学的研究对象

一门学科之所以成为学科，必须要有自己独特的研究对象。国内学者针对旅游学的研究对象提出非常多的看法，不同学者从不同角度进行旅游研究时，会获得对旅游对象的不同理解，在其界定旅游学概念的种种表述中，所涉及的旅游对象也呈现多样性。

（1）旅游学就是将旅游作为一种综合的社会现象，以其所涉及的各项要素的有机整体为依托，以旅游者活动和旅游产业活动在旅游运作过程中的内在矛盾为核心对象，全面研究旅游的本质属性、运行关系、内外条件、社会影响和发生发展规律的新兴学科。

（2）旅游学就是研究旅游者、旅游业以及双方活动对旅游接待地区社会文化、经济和环境之影响的科学。

1. 传统分类

（1）旅游活动或旅游现象。余书炜认为，旅游理论研究的对象无疑是旅游现象，包括旅游活动及由其引起的各种关系与后果，对旅游现象及其背后规律的研究，包括对旅游活动规律的研究、对由旅游活动引起各种关系的研究、对由旅游活动引起后果规律的研究，就构成了旅游理论研究的内容。戴斌认为，旅游科学的研究对象是旅游实践活动。王晓云等认为，旅游学的研究对象就是旅游活动。

（2）旅游活动的基本矛盾或规律。张凌云认为，旅游理论研究的基本内容是旅游实践中所遇到的各种矛盾和问题的深层次原因以及提出各种应对方法和操作方案的理论依据。明庆忠认为，旅游学的对象，理所当然是旅游现象和过程。旅游学所研究的对象即构成旅游现象的全部要素及其关系的产生、发展、运行及相互作用的规律性现象。龙江智认为，从体验的视角来看，旅游学的研究对象就是旅游体验的内在矛盾及由此造成的影响，其中旅游者心理需求与旅游场之间的矛盾，构成旅游体验的基本矛盾。

（3）旅游现象的基本要素。康淞万认为，旅游学研究的对象是由旅游三要素内在联系而成的旅游系统或旅游综合体。这里所谓的三要素就是旅游者、旅游媒介、旅游地。马勇认为，旅游学就是研究旅游者、旅游管理者、旅游资源和旅游设施这四个要素的基本特征与相互之间的关联作用及其运行规律的科学，认为旅游学的研究对象是旅游活动及其引发的综合现象，可以构造一个系统。吴必虎认为，旅游活动实际上是一个系统。旅游学科的研究对象就应该是游憩系统。王德刚认为，旅游学的研究对象就是旅游活动、与旅游活动有关的各种社会现象及其相互关系。旅游主体、旅游客体、旅游媒体三者并不是孤立的存在，而是在一个有机整体中共存，并形成了一个相互依存、相互作用、相互促进的稳定关系。因此，旅游学还要研究如何使三者之间形成协调、平衡的良性关系，从而提高旅游者的旅游活动质量，提高旅游地的经济效益和社会效益。

2. 广义旅游学的研究对象

从研究对象来看，先前旅游学的研究对象主要有：以旅游者的旅游行为作为研究对象，其核心概念是围绕旅游经历或者旅游体验展开的；以旅游活动作为研究对象，其核心概念是围绕旅游方式或者旅游类型展开的；以旅游载体作为研究对象，其核心概念是围绕旅游空间展开的；以旅游供给作为研究对象，其核心概念是围绕旅游产业或者旅游产品展开的。广义旅游学以人类行为与社会环境之间内在运动作为研究对象，其核心概念是五位一体：旅游资源、旅游产品、旅游空间、旅游市场和旅游产业，每一种要素的变化都会对人类的旅游方式与形态产生革命，广义旅游学就是研究五个要素之间相互联系而形成的关系和规律的学科。

随着泛旅游时代的到来，与广义旅游对应的产业实践便是全域旅游。与大众观光旅游相比，泛旅游打破了传统旅游产业的界限，旅游业与其他行业之间的交叉融合日益普遍，旅游经济的带动效应得到扩散和增强。泛旅游时代的特点主要包括：第一，游客层面的旅游者泛化，每个人都可以成为"泛旅游"中的游客；第二，旅游活动的泛化，被称为无限活动，旅游活动变得更加丰富，泡茶馆、打高尔夫，甚至在河边发呆也是一种游憩或旅游活动；第三，旅游活动空间的泛化，游客在目的地的活动范围更为多样化，不再局限于景区大门之内的景点空间，城市每个角落都有可能成为旅游活动空间，被称为全景空间；第四，旅游产业的综合化，其内容不仅包括原先占统治地位的观光游览、购物娱乐，还包括会展、运动、康体、特殊兴趣等，产业链接到餐饮、运输、酒店、商业、观光农业等。旅游发展涉及的面更加宽广，需要得到支持的纵深程度也更加深入。旅游公共服务体系及目的地建设不再是旅游业一个行业的事情，现代旅游业发展需要更加完善的旅游公共服务体系的支持，需要旅游城市目的地建设整体软实力的提升。

二 广义旅游学的基本假设

广义旅游学的基本假设包括两方面的内容。

1. 人的旅游行为受社会经济与自然环境影响

自然环境和社会经济环境空间分布的不平衡性决定了人的旅游行为取向。高纬度地区的冰雪风貌，低纬度地区的热带景观，内陆干旱地区的沙漠、草原，滨海地带的大海、沙滩，亚马孙河流域的热带雨林，对来自其他环境的游客都具有吸引力。

哈佛大学的社会学家丹尼尔·贝尔（Daniel Bell）在其著作《后工业社会的到来》（1973）一书中提出现代工业社会进入一个新的发展阶段——后工业阶段。后工业社会的特点包括：经济结构从商品生产经济转向服务型经济；职业分布以技术阶层的崛起为特征；轴心原则是理论知识日益成为创新的源泉和制定社会政策的依据；未来方向是根据新的技术预测模式进行技术控制和技术评价；决策方式使新的"智能技术"诞生，随着社会的发展，人们要处理的问题越来越复杂。农业社会，与之对应的是少数人的漫游；工业社会，与之对应的是多数人的观光；后工业化社会，与之对应的则是大众的全面休闲。全域旅游延长产业链，扩大产业面，形成产业群，旅游覆盖各个方面，最终提升生活品质。旅游不仅覆盖第一、第二、第三产业，甚至超越第一、第二、第三产业，形成幸福产业。

社会经济条件为人的出行奠定了基础，一个人的收入水平，或其家庭的收入水平和富裕程度，决定其能否实现外出旅游及其外出旅游消费水平的高低，是其外出旅游活动实现的重要物质基础。旅游活动是一项消费活动，旅游者必须为此支付一定的货币，才能完成旅游。但一个人或一个家庭的收入不可能全部用于旅游，所以，最直接决定一个人能否成为旅游者并实现旅游活动的因素，是可自由支配收入。可自由支配收入的多少受多种因素的影响。首先，居民所在国的经济社会整体发展水平直接影响人们的可自由支配收入的多少。在经济较发达的国家，人们的收入水平往往较高，其可自由支配收入也较高，旅游支付能力较强。从国际范围来看，国际旅游花费较高的国家和地区基本上经济较为发达，在一国内，经济发达地区往往表现出较强的旅游支付能力。其次，居民从事的职业、社交范围的大小直接影响其可自由支配收入的多少。最后，家庭架构等因素也是一个不容忽视的因素。家庭结构比较简单、成员较少的家庭往往可自由支配收入相对较多，最终作出花费决策也相对较容易。

在研究旅游现象时，旅游内在规律及运行法则在很大程度上反映在社会发展史或者旅游发展史中。人的移动、旅行以及后来的旅游活动，一直是人类社会发展的历史现象，它的变化一直与历史的发展相联系。在人类社会进入工业化社会并向高度工业化阶段迈进的过程中，旅游的性质以及表现出来的特点也随时随地发生变化。

2. 五要素任一要素的变化都会对旅游形态和旅游方式产生影响

一门学科的成立主要涉及研究对象、基本假设、核心概念和相互关系。广义旅游学的核心概念是"五要素"：旅游资源、旅游产品、旅游空间、旅游市场和旅游产业。广义旅游学就是研究五个要素之间相互联系而形成的关系和规律的学科。这里的基本假设便是其中每一种要素的变化都会对人类的旅游方式与形态产生影响，也就是说，任一要素在整个旅游业运转中的作用都是巨大的，均会产生牵一发而动全身的效应。

在旅游资源与旅游产品开发上，要坚持以观光产品为基础，商务、度假、特种旅游产品全面发展的原则，开发具有民族特点和地方特色的旅游项目；在旅游产业发展模式上，要坚持先发展以路线为主体的入境旅游，逐步发展区域旅游，随后发展国内旅游，最终形成以国内旅游为基础，入境旅游、国内旅游和出境旅游三位一体的旅游发展格局。旅游空间和旅游产业是多数研究者所关注的问题，中国旅游发展进入新时期后，旅游的空间出现了极化现象，旅游的产业出现了融合现象，这两个现象支撑着中国旅游的转型。产业融合开辟新市场，塑造新的市场结构。游艇旅游、自驾车旅游、分时度假、演艺旅游等新需求出现，为经营商提供新的淘金地，也吸引新参与者进入，市场竞争性增强。在产业融合中发生一系列企业重大合并、收购、联合活动，市场重新洗牌，塑造新的市场结构，推动市场竞争规则的创新，也有助于更多的产业领先者出现。

随着旅游市场由观光市场为主向以复合型为主的多元市场转型，旅游需求逐渐多元化，旅游形态开始多样化。商务旅游、会展旅游、体育旅游、医疗保健旅游的比重逐渐上升，在许多地区已经成为旅游活动的主要形式。旅游市场上能够被企业识别出来的消费者需求种类越来越多，市场上开始出现各类围绕新需求产生的旅游企业类型，随着这些企业类型和数量的增多，旅游产业的边界和构成范围大大扩展，产业的微观构成基础发生根本的结构变化，即旅游产业构筑发生了转型。这种"小旅游"向"大旅游"转型，是旅游需求推动的结果，是旅游形态多样化变化的结果。

旅游产业是以旅游活动为中心形成的配置产业。凡是为旅游活动提供直接或间接服务的行业和企业，都是这个配置产业的组成部分。从1978年入境旅游起始，旅游产业构筑逐渐形成了以旅行社为龙头的旅游餐饮、旅游饭店、旅游交通、景区景点、旅游购物、旅游娱乐的行业结构；至1999年，国家假日制度的调整、可自由支配时间的延长和收入的增加，使旅游者异地观光旅游活动转型为观光与休闲相结合的复合旅游活动，导致行业结构类型增多和行业增长方式集约型转变，在吃、住、行、游、购、娱的旅游六要素构成基础上扩展了康体和修学等要素，旅游行业结构逐渐转型为由八大类型十三大行业构成的大产业构筑格局。信息技术以及旅游交通与旅游住宿行业由增长方式变革引致的垂直化结构转型，创造了在线旅游服务代理商、中央旅游预订系统提供商、旅游分销系统提供商、旅游商务情报提供商等新型业态，伴随旅游产业结构转型的升级发展，旅游行业的精细化生产分工催生了旅游规划、策划、管理、营销、投融资、景观设计和广告设计等咨询服务行业。

第三节　广义旅游学的核心概念

一　广义旅游

旅游基本概念，如同我们对旅游现象的认识一样，长期以来一直是人们讨论的问题，至今也没有一个统一的认识。对旅游定义理解上的差异，既与人们对旅游现象认识上的不同相联系，也与人们在旅游研究上所持的方法论有着直接的关系。有的是从经济学来认识旅游，有的是从文化学来认识旅游，还有的是从管理学、地理学或者市场学等方面来认识旅游，各有各的解释。究其原因，不能不说是与学科发育有着一定的关系。作为一门学科的核心概念，它的形成与学科研究以及学科建立相一致。旅游这门学科在建立初期，经济学、社会学、文化学、地理学以及市场学都程度不同地介入，都没能建立起本学科的研究体系，这使得旅游概念形成不同学科的泛化解释。

李天元教授指出，国际旅游组织以及相关学者曾给旅游下过多个定义，这些定义基本上可以划分为两类，一类是从理论抽象出发所下的定义，一类是人们出于统计工作的需要对旅游所做的比较具体的定义，而这类定义大都表现为对旅游者的定义及划分。在对旅游定义研究过程中，技术性定义是重要的，因为它是抽象定义的具体化，通过技术性定义可以对理论性定义进行工作操作。但作为学科研究，仅有技术定义是不行的，因为它不会成为学科研究的核心概念，也不能通过它来建立学科体系，我们要建立真正的学科体系，还必须有更为抽象定义的概念解释。

关于旅游的概念，张凌云撰文对于目前国际上流行的30种旅游定义和概念做了梳理和归纳，指出旅游定义的多义性，以及由此给旅游学科建设造成的"困境"。瑞士学者汉泽克尔和克拉普夫在1942年提出的定义较为流行，具有一定的代表性。他们认为，"旅游是非定居者的旅行和暂时居留而引起的现象和关系的总和，这些人不会长期居住，并且不牵涉任何赚钱的活动"。这个定义后来被旅游科学专家国际联合会采纳，习惯称为AIEST定义。这种定义是从社会学的角度来解释旅游的，强调旅游的社会属性与关系属性，从这一定义出发，旅游是一种由旅行者的活动所引起的与旅游地居民的关系所形成的现象，那么所有的旅行现象都可以纳入这一定义中去认识。英国旅游协会给出的旅游是指"人们离开日常生活和工作地任何点向目的地做暂时的移动，以及与在这些目的地做短期逗留有关的任何活动"。这个定义是将所有人的空间移动现象纳入旅游现象去认识，无论是旅游者的活动还是非旅游者的活动，只要能给目的地带来一定的相关人的流动以及由此形成一定的活动便是旅游现象。

世界旅游组织在 1980 年马尼拉会议之后，曾对旅游做了一个新的定义，认为"旅游是指人们出于非移民及和平的目的，或者出于导致实现经济、社会、文化和精神等方面的个人发展及促进人与人之间的了解与合作等目的而做的旅行"。虽然定义中明确指出了旅游是个人发展所形成的旅行现象，在某种程度上点出了旅游现象的本质，但在表述上也不尽合理和科学。

也有一些学者是从产业或经济角度来认识旅游定义的。其中比较有代表性的是奥地利经济学者 Herman Von Schullard 的观点。他认为，旅游是外国人或外地人进入非定居地并在其中逗留和移动所引起的经济活动的总和。这一定义将旅游作为一种经济现象或产业现象来认识，将旅游的本质与其延伸出来的经济现象相混淆，按此定义理解，如同文化现象就是文化经济现象一样，在逻辑上是不通的。

本书中定义的广义旅游是非定居者的生活方式，也就是移动者的生活方式。以往旅游学定义旅游主要以目的为核心。旅游作为人类的基本需要，以存在先于本质的存在主义哲学理论为指导，本质在于人们离开居住地，在空间位移过程中所追求的自在生命及其自由体验的状态。自在、自由、自得是旅游最基本的特征。同时，旅游是人在精神的自由中历经审美的、道德的、创造的、超越的生活方式，呈现自律性与他律性、功利性与超功利性、合规律性与合目的性的高度统一，是工业化和城市化下人的一种自由活动和生命状态，是一种从容自得的境界，是人对自在生命的自由体验。而在现代社会中，民生之本也由原来的生产、生活资料，上升为生活形态、文化模式、市民精神等既有物质需求也有精神特征的整体样态。

广义旅游学针对现实产业运行无法解释的很多现象进行阐述与狭义旅

游相对应，广义旅游的本源在于社会环境的影响，旅游是人流的移动，依托交通的空间转变，移动生活成为常态。本书对广义旅游的阐述是基于对广义旅游资源、广义旅游产品、广义旅游空间、广义旅游市场、广义旅游产业五个概念的界定之后，从城市、乡村、休闲、文化、智慧、服务六个视阈阐释广义旅游。城市大视阈下的广义旅游把整个城市作为旅游资源，通过旅游带动城市"有机更新"和谐发展，这样的旅游是与城市发展形成良性互动的旅游。而城市居民离开常住居所来到乡村从事的各种活动，无论是度假休闲、观光赏玩、第二居所小住，还是企业培训、商务交往，都是广义旅游的范畴，城际乡村等待的正是大乡村广阔空间中旅游发展的机会。不管何种类型的旅游活动，都需要直接消费交通、住宿、餐饮、娱乐、银行、通信、零售等与老百姓日常生活密切相关的服务业产品，从这个角度出发，广义旅游可看作是一切满足旅游者需求的服务业的总和。广义旅游活动涉及的范围很广，要想为旅游者提供满意的服务，仅仅依靠传统的饭店、旅行社、景区等企业远远不够，还需要从不同层面扩大旅游服务的范围，更好地促进广义旅游活动的开展。

旅游与休闲已经越来越趋于融合，旅游与休闲的主客体已经不再泾渭分明、非此即彼，而是呈现亦此亦彼、互相交织的发展趋势。从哲学层面审视，休闲和旅游都是一种摆脱当下、暂时遁世的生存状态，广义旅游是后工业化的一种生存状态、消费行为和社会现象，是对过度工业化的矫正。旅游过程中的文化接触，是文化交流、交融、交锋的重要平台和战场，用"旅游+休闲"的方式深刻融入世界文化体系，影响世界文化、扩散国家影响力，是最深入、最广泛的文化提升国家竞争力的方式。广义旅游是在关注旅游业关联带动效应的基础上对旅游业进行的重新审视和研究，大智慧时代下的微旅游，将无微不至的"微"汇集成无处不通的"大"，"大"又给予"微"无时不在的指导，"微"再不断创新和充实着"大"。大和微的辩证关系应用于旅游业，集中体现在旅游电子商务的发展牵动旅游活动的整个流程和各个环节的变革与完善。

专栏 2-1　微旅游

以微博的迅速兴起和普及化为代表，一个微时代已来临。微成为一种社会现象，微成为一种流行用语，比如微小说、微故事、微电影、微分析、微评论、微表情、微行为等，一切都与微联系。微旅游顺势而生，成为广义旅游的一个重要范畴。

第一，微旅游已经具备了基础。一是消费者行为变化，从急到缓，从走到停，从被动到主动。二是观念变化。社会观念的变化是从"不会休息就不会工作"到"工作是为了休闲"，开发观念的变化是从生产者主导到消费者主导，运营观念的变化是从粗放型到精细化。三是产品变化，丰富文化，树立主题，多元化发展。时间和空间的分割利用成为新潮，由此导致空间模式变化，从围墙式到开放式，从单一到复合，上午观光，下午从容，晚间高峰。时间模式变化，从有限到全天。充分的利用，提高了效益，构造了新模式。四是渠道变化，传统与新兴全面整合，团队与散客综合运作。最后是综合性变化，观光出人气，商务出财气，特色出名气；休闲出品位，度假出品质，文化出品牌。

第二，微旅游需要深入。目前在政府层面，仍然局限于传统观念，大旅游雷声隆隆，大项目层出不穷，大市场遍地开花，大文化铺天盖地。但是从市场层面来看，正在出现新态势。一是长链完善，短链创新。我们说了多年，旅游发展需要延长产业链，扩大产业面，形成产业群，现在看来，重点是完善。市场的新变化，产生了短链需求，即尽量减少中介环节，供给与需求更加直接，短链农业已经蔚然成风，短链旅游的发展自然就是微旅游。二是长时追求，短时现状。我们追求更长的甚至是整块的可自由支配时间，但现状是分割的碎片化的，这就形成了微时间，也形成了在此基础上的新旅游方式。

第三，微生活成为新型旅游生活的新要求。随着中国城镇化的高速发展，大城市产生了通病，太急了，步履匆匆；太挤了，车流滚滚；太忙了，从早到晚；太脏了，高碳生存。而且随城市规模的扩张而加剧。这就需要新的选择，人大我小，人粗我精，人急我缓，形成快速度的发展，慢节奏的生活。无论什么情况，都需要微，提倡微休闲，比如在楼群之中有适度的休闲空间，在楼宇内有微休闲项目，在忙碌中可以小憩，小而文，小而精，小而美，小生活，小享受，小趣味。这些事情，不需要资金的大投入，但是需要文化和智慧的大投入，更需要以人为本的落实。

第四，微对应。这些变化，旅游工作者应当警醒，及时对应。微是市场变化，产业与产品的对应就是分。总体而言，是市场分层，产品分级，服务分档，开发分时。从空间区分看，涉及总体布局、资源利用、发展储备。从时间区分看，涉及四季产品和四时产品。在功能区分方面，应当有不同对应和具体方式。在项目区分方面，更要细化，形成互补互促。

第五，微核心。古人云：千里之行，始于足下；九层高台，起于垒土。这是一个过程，也是一个模式，微是细节的放大，微是规模的扩大，所以强化细致入微，细节决定成败，于细微处见精神，自然是微旅游的本质。说到底是三句话：市场：细分，细分，还是细分；产品：细节，细节，还是细节；感受：细致，细致，还是细致。

旅游，在微的基础上，强调动，在消费方式上具有极高的独特性。一是旅游过程自然是动的过程，否则只是神游。二是旅游需要活动，在活动中创新产品，创造品牌。

专栏 2-2　动旅游

动旅游涵盖动态的旅游与休闲活动，是相对于静态展示的观光和局限一隅的休闲活动而言。改革开放以来中国旅游业的发展成就有目共睹，在此无须赘言。但若与国际水准相比，国民的旅游与休闲，无论在动的距离、形式还是内容方面，仍存在很大的发展空间和很好的发展机会。

首先是动的距离。近年来国内交通产业的快速发展，特别是高速公路与高速铁路全国布局的实现，为中国旅游"动起来"提供了空前的物质基础。"两小时都市圈"的范围大大延伸，国人周末旅游与休闲的活动距离大为提高。

其次是动的空间与工具。近年来中国国土空间对国民的开放幅度大为增加，包括低空空域，近海与湖泊水域，森林、山脉与沙漠等穿越活动的空间等。与此相应，国民旅游与休闲所使用的动力工具也更多样化，如小飞机、直升机、旋翼机、滑翔机、动力伞、降落伞、邮船、游艇、快艇、帆船、帆板、跑车、赛车、多功能房车、骑马等。

再次是动的内容。中国城市化的发展正进入以居民休闲为重要考量的时代，未来几年城市绿地和公园设施的建设，无论从数量与面积来看，都会有很大的发展。中国城市间的竞争会逐步告别对GDP的数量追求，而转移到城市的文化与休闲设施的建设方面，如邻里公园、郊野公园、运动公园、绿色通道、休闲步道、专用自行车道等。城市居民休闲"动起来"的内容将因此更丰富多彩，其中多样化的城市儿童参与的体育休闲活动尤其令人期待。

二 广义旅游资源

离开自己的长期居住地，去寻求自己感兴趣的事物与现象，同时得到某种程度的放松，便是生活在现代社会环境下居民出外旅游的主要目的。旅游行为的产生，一方面是工业化和城市化内在压力的存在，这是人们产生旅游行为的必要条件，另一方面是能够引起人们采取旅游行动的吸引物的存在，这是人们形成旅游行为的充分条件，旅游资源作为实现旅游行为产生的充分条件，对于旅游行为的实现具有重要意义。

资源原意是指存在于自然界的物质财富。随着社会经济的发展，资源的外延也在不断扩展，资源的概念逐渐演变为存在于自然的或社会的环境下，经过一定的组织开发和经营，能发挥经济效益和社会效益的客观事物和现象。资源概念引入旅游活动，是旅游研究和学科发展的结果。虽然，在旅游研究过程中经常使用旅游资源这个概念来解释和说明旅游吸引物的问题，然而，在旅游资源定义上以及它与旅游吸引物关系上存在较大的分歧，形成了不同的观点。

研究者之所以对旅游资源形成多种解释，在于人们的认识角度有差别。郭来喜认为，"凡是能为人们提供旅游观赏、知识乐趣、度假休闲、休息娱乐、探险猎奇、考察研究以及人民友好往来和消磨闲暇时间的客体和劳务，都可称为旅游资源"。这是从旅游资源的功能或者是从旅游资源类型的角度来认识旅游资源的。周进步认为，"所谓旅游资源，专指地理环境中具有旅游价值的部分，也即旅游者在旅游过程中感兴趣的环境因素和可以利用的物质条件"。这是从地理学角度来认识旅游资源的。从旅游者旅游动机出发认识旅游资源也常常是研究者采用的一种方法。黄辉实认为，旅游资源就是吸引人们前往游览、娱乐的各种事物的原材料。这些原材料可以是物质的，也可以是非物质的。它们本身不是游览的目的物和吸引物，是必须经过开发才能具有吸引力的事物。保继刚认为，旅游资源是指对旅游者具有吸引力的自然存在和历史文化遗产，以及直接用于旅游目的地的人工创造物。谢彦君认为，旅游资源是客观地存在于一定地域空间，并因其所具有的审美价值和愉悦价值而使旅游者为之向往的自然存在、历史文化遗产和社会现象。杨开忠、吴必虎提出，"不妨将一切参与或有利于旅游生产过程的要素与条件均视为旅游资源。它们包括自然资本资源、物质资本、人才资源、金融资本、制度资本、市场资本等"。申葆嘉认为，"旅游资源包括社会资源和专用资源，前者包括基础设施资源、自然与社会环境、可用于旅游投资的社会财力和物力，后者包括旅游服务设施、旅游吸引诸因素、旅游专业劳动力"。杨振之更将旅游资源的概念扩大到整个旅游系统，他认为，"旅游资源是关于旅游的主体、客体、介体的相互吸引的总和"，从而将旅游设施、交通设施、可进入性、旅游服务、旅行社机构、宾馆饭店、旅游商品、旅游地居民对游客的态度、旅游者等纳入旅游资源系统。

本书中定义的广义旅游资源是指能吸引人们产生空间移动的自然、社会和人文现象与事物的总和。其分类为自然旅游资源、人文旅游资源和社会旅游资源。自然旅游资源是指由地理环境和生物所构成的天然景观，它包括地貌、水文、气候和动植物。人文旅游资源是指古代人类社会的遗迹和现代人类社会活动的产物，它主要包括四大类，人文景观、文化传统、体育与娱乐、购物与饮食。社会旅游资源是指以投资环境及商业比较利益为主体的社会经济环境的状况。

按其开发程度的不同，旅游资源可以分为潜在旅游资源和现实旅游资源。潜在旅游资源是指具有一定的观赏价值，但未具备旅游观赏条件和未经过人工开发的自然和社会事物与现象。现实旅游资源是指经过开发具备各种观赏条件的自然和社会事物与现象。潜在旅游资源转化为现实旅游资源，其实质是观赏价值具备观赏条件的过程，这些条件主要有交通条件、基础设施条件和社会经济条件。因此，潜在旅游资源向现实旅游资源的转化过程，实质上是形成市场吸引力的过程。也即旅游地的经营者根据市场需求的性质，将潜在旅游资源开发为能充分满足旅游者某种旅游功能需要的技术经济过程。

从旅游资源的概念出发，旅游资源具有特指性。旅游资源与自然界和人类社会现存的各种事物与现象存在一定的联系，主要表现为自然界和人类社会的各种事物与现象。然而，旅游资源虽然来源于自然界和人类社会，但不是泛指自然界和人类社会现存的所有事物与现象，而是特指那些对旅游者具有一定吸引力的、能够引起旅游者兴趣的自然界和人类社会的事物与现象。因此，我们在研究旅游资源的内涵与外延时，不能简单地把自然界和人类社会现存的事物与现象与旅游资源等同起来。

从旅游资源的基本性质出发，旅游资源是客观存在的，是不以人们的主观意志为转移的。一个国家和地区，具有什么类型的旅游资源以及这种旅游资源所产生的旅游吸引力，不仅与这个国家和地区自然界和社会发展的历史特点相联系，也与人们旅游活动的内容以及旅游需求的趋向相联系。在这些因素的制约下，会形成旅游经济发展的地区性不平衡，这些都是由旅游资源的客观性决定的。同时，旅游资源的客观性决定了旅游经济发展的阶段性。在旅游经济运行过程中，要充分认识旅游经济发育具有一定的阶段性，寻求和建立适应特定发育阶段要求的旅游经济发展模式，促使旅游经济稳步发展。

从旅游资源的空间分布出发，旅游资源具有区域性特点。区域性是指旅游资源以特定的区域相对集合，并且存在于某个区域的旅游资源具有鲜明的区域特征，形成旅游资源的区域差异。旅游资源的区域性差异主要表现为旅游资源区域的自然差、位势差和趋势差。自然差是指由地理条件、自然条件和历史条件的不同所形成的各个旅游区域之间旅游资源的差异。由于各个地区地理条件、自然条件和历史条件的不同，旅游资源在不同地区内的集合形成明显的差异。旅游资源在空间集合上存在的这种差异性，导致各个区域内的旅游经济发育具有不同的特点；同时，这种区域旅游资源的差异，也导致不同旅游区域之间存在着一定的分工与合作。位势差是指由空间距离、消费投向等因素决定所形成的旅游资源存在地与旅游需要产生地之间的差异。一般来说，旅游资源位势差的大小对旅游地区旅游经济的发育与发展具有重要意义。相对而言，位于旅游需求产生地较近的旅游区，旅游资源的发育程度就高，旅游经济的规模就大，具有较好的旅游经济成长的区位条件；相反，位于旅游需求产生地较远的地区，旅游资源的市场发育程度就低，形成旅游经济成长的区位劣势。趋势差是指旅游区所具有的旅游资源同旅游发展趋向性质之间的差异。如果旅游地区所具有的旅游资源同旅游发展趋向之间的趋势差较小，该旅游区就具有一定的潜在发育条件和未来发展的机会；相反，如果旅游区具有的旅游资源与旅游发展趋向之间的趋势差较大，旅游区的发育就缺乏良好的条件。

旅游资源的区域性决定了旅游目的地发展的不平衡性以及发育重点的区别性。在旅游经济运行过程中，要充分发挥旅游资源的潜在功能，就要根据旅游资源的区域特点，在全国范围内合理选择旅游目的地以及各个不同旅游目的地的发展重点和发展方向。只有这样，才能充分发挥各种不同旅游资源的潜力，在全国形成重点不同、类型不同、方向各异的旅游经济空间体系。

从旅游活动的主体出发，旅游资源具有对象性特点。旅游资源虽然是客观存在的，但又与人们的审美活动存在着密切联系。旅游活动是一种人与事物之间的审美活动，作为旅游活动客体而存在的各种自然和社会事物与现象，只有与旅游者的审美活动相结合，才能成为可供旅游主体观赏的旅游资源。离开了以旅游这种形式所形成的人的审美活动，自然界和人类社会现存的各种事物与现象是不可能转化为旅游资源的。不仅如此，随着人们审美意识的发展，旅游资源的内涵与外延都会随之不断发生变化。

从旅游活动的演变出发，旅游资源具有发展性特点。在旅游活动的发展过程中，旅游资源的内涵与外延总是随着社会经济的发展以及旅游需求的变化而不断发展变化。一方面，社会经济的发展会促使旅游资源开发水平的提高；另一方面，在社会经济的作用下，旅游资源会出现不同的组合、升级和进步，旅游资源总是从低级向高级、从单一向综合、从分散向集中方向不断发展和运动。

从旅游活动的利用角度出发，旅游资源具有重复使用性特点。旅游资源与其他资源在利用方面具有不同的特点，矿产、森林等资源随着人类的不断开发利用会不断减少，同时不具有重复利用性。对于旅游活动来说，旅游者以及旅游经营者对旅游资源的利用是建立在观赏基础上的，通过旅游资源的利用，旅游者获得的仅仅是对旅游资源观赏的感受和体验，而不是旅游资源的本身，并不是对旅游资源的占有或改变。从这个意义上说，旅游资源可以长期地重复利用和使用。

三 广义旅游产品

旅游产品虽然是依据旅游地特定旅游资源经过合理组合而形成，但它更具有技术性和市场性的特点。旅游地产品生命周期的变化受旅游地产品的技术性和市场性等因素的影响，它与旅游地的资源因素没有更直接的关系。除了以人造景观为主体的旅游地之外，大多数旅游地的旅游资源是不可再生的，对这些以不可再生自然资源为基础而形成的旅游地，除了大规模的人为性破坏，一般不会出现大规模早衰现象。

从旅游资源的开发与旅游产品生产组合方面分析，我国的旅游发展以现存的自然景观与人文景观为基础，由观光型旅游资源为主向混合型旅游资源推进。因此，目前中国旅游地大多是人文景观较为丰富的地区。

从旅游组织和旅游的运作方式上分析，我国的旅游发展是以全程旅游路线为主体，由路线型产品向板块型产品推进，逐步形成以路线型产品为基础、主题型产品与特种型产品为主体的旅游产品体系。

对于旅游产品演变的研究，有两个不同的概念，一个是旅游产品的转型，一个是旅游产品的升级。旅游产品转型和旅游产品升级是有区别的，不宜不加区别地混在一起。按照一般的研究范式，客观对象"A"，在内外因素的作用下转变为"B"，它的形态、结构甚至性质等方面发生变化，我们称之为"转型"。而当"A"转变为"A+"，它的功能、作用、能级等方面得到提升和强化，可以称之为"升级"。我们所说的由观光产品为主体转向度假产品为主体的转型，是说度假产品类的数量在全部旅游产品的比例占有重要份额，是总体以及结构性变化，不能认为度假旅游是高于观光旅游的形式，因此，属于旅游转型范畴。

观光旅游是以参观、欣赏自然景观和民俗风情为主要目的和游览内容的旅游消费活动。度假旅游是以度假和疗养为主要目的和内容的一种消费活动，由以观光旅游为主体向以度假旅游为主体的转型，不仅仅是产品形态上的转型，更表现为产业形态上的转型。旅游运行方式、产业融合形式、旅游产业集合形态、旅游商业模式、旅游开发方式、旅游空间结构、旅游产业组织方式都会随着旅游产品形态的转变而发生改变，进而导致旅游产业格局与发展上的变化。

旅游产品转型改变我国旅游空间格局。就全国来说，早期以垄断性资源为主体的适合观光旅游需要的旅游地，其相对地位都在下降，如西安、南京、洛阳，而那些适合度假旅游需要的旅游地相对来说，其地位在不断上升，如山东、海南、云南、四川。在度假旅游成为旅游市场主体的状态下，适应这种潮流的地区，旅游产业将会有长足的发展，如果不能及时调整产业结构和资源结构来适应这种市场变化，其旅游产业将下降，这是一种客观事实。

旅游产品转型改变我国旅游开发的重点。观光旅游主要依托的是资源，特别是具有垄断性资源特点的地区往往成为重要的旅游目的地，而度假旅游更为强调的是环境，对自然环境和人文环境的要求更高；观光旅游与度假旅游对条件依赖的差别，导致旅游开发的重点不同，观光旅游强调的是景区开发，度假旅游强调的是目的地开发；观光旅游更关注硬件设施的建设，而度假旅游更关注软环境的建设；观光旅游考虑的是旅游线路的设计，而度假旅游考虑的是区域空间的集合；观光旅游侧重于项目配置，度假旅游侧重于生活方式与体验方式的打造。

旅游产品转型改变我国旅游产业组织。旅游产业是一个资源配置型产业，是围绕旅游方式和旅游类型而构建起来的产业。旅游产业组织围绕旅游类型形成，不同的旅游类型会形成不同的旅游产业组织。在观光旅游向度假旅游产品转型的过程中，原先适合观光旅游的经营商（如旅行社）将发生作用与地位的变化，市场相对地位开始下降；相反，现在适合度假旅游的经营商（在线旅游）的市场地位在不断上升。同时，在观光旅游为主体的环境中，不属于旅游要素的实业，在度假旅游时代，开始步入旅游产业之中，并成为旅游产业的重要组织，如高尔夫、邮轮、主题酒店、旅游营地、旅游小镇、房车、演艺、温泉等。随着度假旅游主体市场的形成，还会出现新的旅游产业组织，如旅游包机、旅游包车、旅游俱乐部等。

旅游产品转型改变我国旅游产业运行方式。以旅行社为市场主体，依托景区、景点发展旅游的"点线旅游"经济体系是观光旅游的产业运行方式，其标志是以景区开发为重心，主要依靠旅行社完成由景区、景点到旅游路线的资源配置。随着度假旅游的兴起，"板块旅游"经济体系将成为主要的旅游产业运行方式。现代化综合快捷交通体系的构建及互联网技术的广泛应用，促进旅游诸要素由景区向中心城市和旅游区域集聚，形成以旅游集散地为核心、以旅游代理商为主体、以旅游散客服务体系为重点，各种相关产业与要素相互融合的新的旅游产业运行方式。

旅游产品转型改变我国旅游产业服务属性和发展方向。观光型产品靠卖门票，休闲度假型产品靠卖服务，为此，由观光旅游向度假旅游转型，更多表现为服务能力上的提升；观光型产品功能单一，休闲度假型产品关联度高，融合性强，为此，由观光旅游向度假旅游的转型，更多表现为旅游产业融合能力上的提升；观光旅游产生经历效用，度假旅游产生体验效用，为此，由观光旅游向度假旅游转型，更多表现为后工业化时代人们一种新的生活方式，是旅游产业现代化发展的一个重要标志。

四　广义旅游空间

从旅游空间来分析，旅游活动是一种由旅游者活动所形成的旅游目的地与客源地的空间联系，旅游客源地的各种经济环境与社会环境都会对旅游需求产生影响。

由于旅游活动是围绕旅游者的活动展开的，旅游者在旅行过程以及在旅游目的地停留中，需要旅游经营单位提供各种相关的服务，以满足其旅游活动的需要。旅游活动是一项包括食、住、行、游、购、娱六项活动的综合性社会经济活动，这些活动的实现涉及国民经济和社会的众多行业和部门，形成了地区之间、行业之间和部门之间错综复杂的经济关系；同时，旅游活动不仅是一个国家内的活动，也是一个世界性的活动，当国内旅游空间不能充分满足国内旅游者需要时，当国内旅游空间进一步延伸时，旅游活动的地域也必然从一个国家范围向全球范围转变，旅游活动已不再被局限于某一国家范围，而是打破了国家界限，成为一项跨地区、跨国界的全球范围的活动。

一般来说，国际出境旅游来源于国内旅游，是在国内旅游基础上发展起来的，如果我们从旅游活动的地理空间上去研究，人们的旅游空间总是由近及远变动的。因此，国际旅游无非是国内旅游的地域延伸现象，同时，国与国之间的文化差别、制度差别也是促成旅游者跨国旅游的因素。相反，入境旅游与国内旅游之间没有必然联系，入境旅游可以依赖国内旅游的发展，也可以不依赖国内旅游发展。对于发展中国家，由于入境旅游可以形成一定的国际旅游外汇收入，这些国家在国内旅游还没形成国内居民消费倾向时，也可以通过资源的开发、旅游设施建设，建立入境旅游服务体系，形成以入境旅游为主体的旅游经济体系。但是这种体系往往出现在经济不发达的国家或者经济发展的初期阶段，随着经济的发展，最终会形成国内旅游、国际入境旅游和国际出境旅游三位一体的旅游经济发展格局。

如果按旅游目的地空间范围的大小来划分，旅游目的地可以分为旅游目的地国家、区域性旅游目的地、城市旅游目的地和景区等四种类型。旅游目的地国家是从世界旅游空间范围来划分的旅游目的地，属于国际性旅游目的地范畴，一个旅游目的地国家由多个区域性旅游目的地组成；区域性旅游目的地是从一个国家空间范围来划分的旅游目的地，通常由多个城市旅游目的地所组成；城市旅游目的地是从一个特定旅游区域空间范围来划分的旅游目的地，它由多个旅游景区所组成；景区是旅游目的地的最小单位，一般来说，"景区是独立的单位、专门的场所，以一个特色为主，划分明确，面积不大的区域"，如风景名胜区、度假区、主题公园、古代遗址等都属于景区的范围。

旅游目的地空间范围决定着旅游目的的市场范围。随着旅游目的地空间范围的延伸，空间内所涵盖的旅游景区将会增多，旅游资源数量不断增加，旅游资源类型不断扩展，旅游吸引力也不断增强，那么它的市场范围就必然扩大。同时，当空间范围扩大时，旅游目的地所吸引的客源市场不断扩大，旅游需求的规模增大数量增多，旅游需求的市场容量进一步扩张。从这个意义出发，旅游目的地空间范围决定着旅游目的地的供给规模和需求规模，从而决定着旅游目的地的旅游经济实力。同时，旅游目的地空间范围的大小也决定着旅游目的地社会分工的功能。作为旅游目的地最小空间单位的景区，主要承担旅游者参观、游览和观光的功能，一般不具有住宿的功能。而城市旅游目的地不但具有参观功能和游览观光功能，同时具有以住宿为主体的完备接待体系，并以便利的公路交通作为保证；区域性旅游目的地则是以国内航空港以及铁路中转交通为中心建立起来的旅游服务体系，在这个体系中包括多个旅游城市、若干个旅游景区，良好的进入条件、方便的客源分流体系是区域旅游地的主要经济特征；旅游目的地国家突出的功能是建立与世界主要客源地之间便利的国际航空交通，并具有向各个区域性旅游目的地分散客流的经济功能。因此，各个不同层次的旅游目的地在旅游空间体系中的分工是不同的，分工的不同决定了其功能上的差异。各个不同旅游目的地之间的合理分工，便构成了一个国家旅游空间的组织结构。

如果没有国界和人为约束，在具备一定的旅游需求条件时，在工业化完成或向工业化运动中，人们旅游空间行为会是怎样的呢？按照这种假设，虽然在全球范围内由于旅游吸引力的原因，有些地区不会成为旅游者的旅游目的地，但对于大多数地区来说，只要交通条件具备，旅游者必然会越过地区界限，在全球范围内去寻求自身的旅游满足。这时，人们旅游活动的交易行为不再是地区范围的行为，而是全球范围的行为，如果是这样也就不存在旅游国际化问题，所以说，国际化问题是相对于国界约束的旅游活动而言的。如果我们将国界因素去除，这种行为实际上是一种跨地区旅游活动行为，与旅游者在国内不同地区旅游行为没有本质上的区别，为此，促使国内旅游行为产生的各种因素都会作用于国际旅游行为。各国旅游资源的差异性是引起旅游活动国际化的主要动力。因此，旅游活动的国际化是旅游者的旅游空间范围冲破了国界约束，由于国与国之间的旅游联系以及由此而形成的经济联系，使一国旅游市场同国际旅游市场相互融合，最终向旅游无国界转变的过程。

旅游市场由入境旅游转为国民旅游，旅游主体需求不再由国外注入，而是产生于国内，于是有了旅游客源地的概念，一些经济较为发达、居民收入较高的区域成为旅游客源地。这就打破了先前全国各地都是世界旅游市场中旅游目的地的格局，出现了旅游客源地与旅游目的地两种不同经济空间。客源地的形成会进而调整我国的旅游经济空间格局。

旅游经济强调"集约"效益，旅游能量的空间集聚正符合这一要求。旅游集聚区为旅游产业与其他产业的融合发展提供了空间与基础。旅游要素空间集聚直接影响我国旅游产业的空间转型，形成聚散结合的旅游空间格局。一个突出的现象便是区域化经济中心形成。目前，我国已形成十大城市群：京津冀、长三角、珠三角、山东半岛、辽中南、中原、长江中游、海峡西岸、川渝和关中城市群。区域经济中心的形成，一定程度上改变了旅游业的空间格局，传统区域之间的长距离旅游比重有所下降，而发生在同一经济区域内的短距离旅游增多，板块旅游格局由此形成。

完善的交通运输体系是区域旅游业发展的先决条件，区域的可进入性与区内交通的发达程度及道路通行状况直接影响区域旅游业发展速度及发展水平。随着交通体系的不断发展与完善，我国逐渐形成了区域化经济多中心一齐发展的经济格局。目前，我国十大城市群随着各经济中心城市旅游集散体系的建设、完善，同一经济区域内的短距离旅游活动增多，而传统区域之间的长距离旅游活动比重有所下降，从而改变了旅游业的空间格局。如以上海为增长极的长三角城市群，随着高速交通运输体系和旅游集散中心的发展，长三角旅游经济逐渐形成了以上海为中心，从上海到长三角区域多个旅游目的地多次往返的旅游形式，从而推动旅游产业运行方式向板块旅游的方向发展。随着交通条件的改善和信息技术的发展，散客旅游崛起，打破了以传统团队旅游为主的格局。正在兴起的散客服务体系强化了板块旅游运行及组织方式的形成，长三角区域旅游"极化—飞地"的空间格局正在悄然形成。

旅游产业空间结构转型的方向与条件如下。

从政府层面来说，都期望本地区成为旅游集散地或者是旅游目的地，从而获取巨大的经济效益与社会效益。但在高速交通快速发展的今天，如果一个地区只有一些景区，那么，它就会成为别的旅游目的地或者旅游集散地的"飞地"，旅游推动社会经济的作用将会大大降低。然而，要成为旅游集散地或者旅游目的地，其条件是不同的。

旅游者之所以离开自己的常住地到目的地旅游，是因为他们认为目的地具有足够的吸引力，在旅游目的地进行闲暇消费能够得到更优效用。构成旅游目的地的各类空间要素，主要有吸引要素、服务要素、发展要素与环境要素。旅游区首先必须是拥有自然景观与文化景观的地方，具备为游客提供自然和文化差异性服务的能力；主题公园的主题各个不同，但最终要为游客创造欢乐。总的来说，旅游目的地就是提供新鲜体验和丰富阅历的地方。一个地区要成为一个区域内旅游目的地，除了具备一定的旅游资源之外，还必须具备旅游文化街区、旅游主题公园、旅游节庆、旅游文化演出四个要素。

一个地区要成为旅游集散地，除了具有旅游目的地要素之外，还必须具备较完善的散客服务体系。散客服务体系的构建应从硬件和软件两方面完善。硬件方面：设立旅游咨询中心，建立满足散客需要的咨询系统、维权系统、消费指引系统；发展旅游集散中心业态，为来访游客提供良好、顺畅的转车服务与旅游便利；创新发展旅游租车业态，为散客自驾游提供基础设施。软件方面：创新旅游服务业态多样化，不断提高旅游从业人员的素质，改进服务质量和服务方式。

从旅游空间组织方面来看，旅游空间正从行政区域向"旅游极化点—旅游飞地"模式下各旅游空间根据功能合作发展的旅游区域转型，旅游区域的形成有赖于"客源地—集散地—目的地"链条组合。旅游区域内各级旅游行政管理机构应根据自身的优势、特点以及在旅游区域中的功能来指导各类旅游企业的科学布局。随着高速交通运输体系的不断完善，原来的有些旅游目的地可能成为其他旅游目的地（"极化点"）的一块"飞地"。在这种新空间格局下，旅游企业的空间组织将发生重要的变化，"飞地"与"极化点"的资源配置存在根本的区别。例如，旅游"极化点"应构建起与各个旅游飞地之间便利、快捷的交通体系，从而形成"旅游客源地—旅游集散地—多个旅游目的地"的空间链条。以饭店的发展与布局为例，旅游"飞地"应科学规划高星级饭店的数量与布局，因为便捷的集散体系会促使大部分旅游者在游山玩水之后回到旅游集散地过夜。在旅游产业空间结构转型的驱动之下，旅游企业的扩张模式逐渐从一地经营向跨区域的连锁经营转变。

旅游客源地—集散地—目的地空间结构的形成，必然导致区域之间合作方式的转型。在传统的点线旅游运行方式下，旅游线路是连接两个区域的纽带，区域和区域之间仅存在线路合作的可能性，即区域之间围绕一个主题线路开展诸如共同促销、线路协调等合作，合作层次较低。目前的行政区划建制下，我国的旅游空间系统形成了以行政区域为主体的空间结构，在经济利益的驱使下，各个区域都想变成旅游目的地。但是，在理想的旅游空间格局中，各个旅游空间在其所处的旅游区域中，功能应是不同的，有的是区域内的客源地，有的是区域内的旅游目的地，有的是区域内的旅游集散地，还有的仅仅是旅游景区。旅游具有"区域"属性，为了区域内各地区旅游业的健康发展，旅游空间合作的方式必须转型，合作深度（不仅停留在区域旅游合作峰会讨论、签署协议阶段，应该做到分项落实）必须加大，合作维度（公共交通卡一体化、自驾游对省外车辆的交通管制、开发多功能旅游卡等）必须放宽。

客源地、集散地、目的地不同经济空间的存在，使其在旅游经济空间中形成不同的功能。根据旅游活动的特征，旅游合作将主要发生在客源地—目的地、集散地—目的地之间，而如果两个区域同为客源地或同为目的地，则空间合作的可能性较小，强行由政府推动开展合作，其成果也往往难尽如人意。例如，京津冀区域旅游合作的概念已经提出很久，但迄今为止还没有实质性的突破，其原因在于北京将自己定位于旅游目的地，同周边城市竞争大于合作。只有转变定位，将北京定位于京津冀旅游集散地，旅游合作才有基础。

空间组织的变化加大了同一区域间的旅游联系与合作、政策协调与组织协调、功能与要素布局的变化。通常有客源地与目的地的合作，目的地与集散地的合作，景区与景区之间的合作，同一主题线路的合作。这是一种新型的空间结构。所以，旅游客源地、旅游目的地、旅游集散地必须联动起来，才能推动旅游产业空间结构的转型。应考虑在目前的行政建制前提下，建立旅游区域内部以及跨旅游区的合作机制，探索一种非制度性的治理方式。由行政区域转向旅游区域，形成旅游客源地—旅游集散地—旅游目的地的新旅游空间结构，无论旅游极化点或旅游飞地都将获得最佳经济效益组合。

五 广义旅游市场

旅游市场就是实现旅游产品交换的场所，是旅游产品经营者和旅游者之间一切供求关系的总和。在这个市场上流通的旅游产品，在进入流通领域后，也被人称为旅游商品。它不同于日常所看到的工艺品、纪念品等在旅游过程中所购买的物品，而是广义的旅游产品，即旅游线路和旅游项目。这是由旅游资源、旅游设施、旅游服务等多种要素构成的综合性产品。

市场是市场经济的产物，哪里有商品生产和商品交换，哪里就会有市场。早期的旅游活动并不是以商品形式出现的，而是一种社会现象。随着生产力的发展和社会分工的深化，商品生产和商品交换得到发展，旅游活动逐渐商品化。一方面社会中出现了旅游活动的购买者，另一方面形成了专门为旅游者提供服务的行业，于是出现了以旅游者为一方的旅游需求和以旅游经营者为另一方的旅游供给，两者间的经济联系就构成了旅游市场。随着旅游商品交换的发展，旅游市场也产生并扩大。

旅游市场的概念有广义和狭义之分：广义的旅游市场，是指在旅游产品交换过程中反映的各种经济行为和经济关系的总和。在现代旅游经济中，旅游市场反映了旅游需求者与供给者之间、旅游需求者之间、旅游供给者之间的关系，集中反映了旅游产品实现交换过程中的各种经济关系和经济行为。狭义的旅游市场，是指在一定时间、一定地点对某种旅游产品具有支付能力的购买者。从这个意义上说，旅游市场是专指旅游需求市场或旅游客源市场而言的。

从旅游市场的概念看，旅游市场由旅游者、购买力、购买欲望和旅游权利四个主要因素所构成。用公式来表示：

$$旅游市场 = 旅游者 + 购买力 + 购买欲望 + 购买权利$$

首先，旅游市场的大小取决于该市场上人口数量的多少。一个国家或地区总人口多，则潜在的旅游者就多，旅游产品需要的规模就大。其次，旅游市场的大小取决于购买力。购买力是指人们支付货币用以购买旅游产品的能力，它是由旅游者的自由可支配收入水平决定的，没有足够的支付能力，旅游者便无法成行。再次，旅游市场的大小还取决于购买欲望，购买欲望是反映潜在购买力变成现实购买力的重要条件，没有购买欲望，即使有购买力也不能形成旅游市场。最后，旅游者还必须拥有购买某种旅游产品的权利，能够自由地选择各种旅游产品。对于国际旅游者而言，旅游目的国或旅游客源国单方面的限制，也会使旅游权利受阻而导致无法形成国际旅游市场。

以上四个要素是密切联系、缺一不可的。其中人口因素是前提，没有旅游者就没有市场，人口多而居民可支配收入又高的国家和地区才是真正具有潜力的市场；有了人口和收入，还必须使旅游产品符合旅游者的消费需求，引发其购买欲望，并在具备旅游权利的情况下，使潜在旅游市场转变成现实旅游市场。

1. 传统旅游市场的划分方式

中国已经从一个人口大国变成一个经济大国，在这个过程中也培育了一个旅游大国。现在来看这个旅游大国孕育了最大的市场潜力，创造出最大的市场需求。旅游的发展涉及入境旅游、国内旅游、出境旅游及这三个市场的关系。中国旅游业的基础是国内旅游，国内旅游的市场需求会持续增长，入境旅游相对持续发展，出境旅游也会持续增长，这是现在的态势。入境、国内、出境三大市场的态势是在国家层面上的认识方式，是长期以来形成的划分方式。

2. 三大市场的新认识

从旅游市场看，中国已经完成了从入境旅游一枝独秀到入境、国内、出境三大市场协调发展的阶段。在这一进程中，国内旅游因其巨大的市场潜力和对于扩大内需的独特作用，正在中国三大市场中扮演着越来越重要的角色。而出境旅游不仅对于平衡贸易、缓解经济摩擦有重要作用，同时是许多旅行社重要的利润来源；此外，中国公民在出境旅游之前和之后在国内发生的消费（比如为出境旅游而在国内购买的一些旅游用品），同样对扩大内需起到了积极作用。按照传统国家级的市场划分方式不能对应地方的实际情况，广义旅游市场新的划分方式如下。

（1）外来市场。外来市场既包括入境的旅游者，也包括外地到本地的旅游者。从消费规律来看这两部分是相同的，原来在消费层面上有差别，现在来看这个层次上的差别已经很小。商务旅游是比较高端的消费，观光旅游就是大众消费。在观光旅游层面，无论是入境的观光团还是国内的观光团，都是大众消费，从市场上把握都属于外来市场。

（2）本地市场。本地市场实际上是本地内需的一种本地释放。这些年来很多地方提"广东人游广东""河南人游河南""四川人游四川"这类口号，就是希望把本地的旅游需求尽可能多地释放在本地，这对一个地方的发展来说具有实质性的意义，相当于扩大社会的商品零售总额。

（3）出游市场。出游市场既包括本地人到外地旅游，也包括本地人出国旅游。它是本地的消费释放到了外地，乃至外国。

从国家来说，入境旅游还是第一位的，国家希望把整个国际上的旅游需求释放到中国来，这是国家层面的战略考虑；但是对于各地方而言，对促进地方的经济发展而言，新的市场划分能更明确地看出主次，即将更大的力量放在外来市场上，进一步才放在本地市场。这是在不同层面形成的不同认识，不同的认识决定了不同的系列行为。但总体上而言，市场需求总规模平衡发展、持续增长，同时市场的结构在不断地变化。

随着社会经济结构的转型，首先是作为旅游需求方的旅游市场发生结构性变动，由于市场结构的变动，微观层面的旅游企业经营范围、经营内容、竞争方式也发生结构性变动，并导致中观层面的产业组织、产业形态、产业运行方式发生变动，最终反映在宏观层面，旅游空间布局、发展模式、管理体制、功能定位发生转型。从性质上来说，中国旅游转型是由于市场自然演化引起的自然转型，受社会经济发展阶段的影响，其主要动力是旅游市场变化所产生的拉力，在政府主导的旅游发展模式下，政府的行为有一定的调节作用，但力度有限。

（1）旅游市场的转型。受经济环境变化的影响，旅游市场开始发生变动。这表现在三个方面：第一，随着经济的发展和居民消费水平的提升，我国国民旅游兴起，旅游市场由入境旅游为主转向国民旅游为主；第二，随着工业化和城市化的发展，度假旅游兴起，传统的观光旅游市场向以度假旅游为代表的多元旅游市场转型；第三，信息技术的发展和交通条件的改善，一定程度上减小了旅游市场的信息不对称问题，散客旅游兴起，传统的团队旅游市场向散客旅游市场转型。

（2）微观层面的旅游企业转型。由于旅游市场的转型，作为旅游产业微观组成的旅游企业必然发生转型。第一，经营范围的转型。由经营入境旅游向经营中国公民国内旅游和出境旅游转型，这直接改变了中国旅游企业在产业链上的地位。在入境旅游为主的条件下，中国旅游企业的主要业务是地接，处于劣势地位，经营出境旅游使中国旅游企业在产业链上的地位有所提高,并为跨国经营打下了基础。第二,产品类型转型。传统旅游企业经营的旅游产品主要是观光旅游,市场转型后旅游企业将主要转型经营度假旅游、特种旅游、商务旅游、会展旅游等新产品类型。

(3) 中观层面的旅游产业转型。产业层面的转型包括产业组织的转型和产业运行方式的转型。就产业组织来说,由于散客市场的兴起,一批基于互联网的旅游中间商将出现,其利用信息技术为散客提供旅游服务;由于旅游业与相关产业发生融合,一批基于新商业模式的旅游新业态产生,并孕育出基于新业态的旅游服务提供商。新的旅游企业将成为旅游市场运行的主体,使现有旅游产业组织的类型和结构发生根本变动,实现产业组织的转型。就产业运行方式来看,新的产业组织必然产生着新的产业运行方式。

(4) 宏观层面的旅游转型。第一,旅游空间格局的转型。传统上,中国旅游活动的组织形式是"点线型",以重点旅游城市重点旅游景区为依托。随着三大区域经济格局的形成,发生在区域内的旅游活动将上升为主流,旅游空间格局向板块型旅游区域转型。第二,旅游发展模式的转型。在旅游转型发生前以及旅游转型前期,由于市场主体的缺失,旅游发展模式主要为政府主导模式;当转型进入中后期,市场主体逐渐成长起来,旅游发展模式将逐渐向市场调节演变,实现旅游发展模式由政府主导向市场调节的转型。第三,旅游管理体制的转型。随着产业融合的深入,"大旅游"的形成将改变旅游产业组成结构、政策边界,客观上要求建立起相适应的管理体制和管理制度,实现旅游管理体制转型。第四,旅游业功能定位的转型。在中国国民旅游者成为旅游市场主流的今天,继续以经济利益为首要目标,忽略旅游发展的综合效益,忽视旅游产品的公共性、准公共性,会严重损害公共利益。长期来看,旅游业功能定位必将一定程度上向社会事业回归。

六 广义旅游产业

为了充分满足旅游者的旅游消费需求,由旅游目的地、旅游客源地以及两地之间联结体的企业、组织和个人通过各种形式的结合,便形成了旅游生产和旅游服务的有机整体,我们可以将这个有机整体称为旅游产业。旅游经济活动实际上是以市场交换关系为主的旅游供给和旅游需求相结合的活动，而这种活动的实现是通过旅游产业的运动来完成的，通过旅游产业将旅游需求和旅游供给有机地结合起来。因此，从这个意义上说，在商品经济和商品交换条件下，旅游经济运行的主体是旅游产业，旅游产业不仅是实现旅游者活动的一种供给表现，同时是推动旅游经济运行与发展的一种主体力量。

然而，旅游学者在旅游产业的问题上一直存在不同的认识。戴维森认为，旅行和旅游是为了外出经营、娱乐或私事外出的人的活动，远远不是传统意义上的"产业"，作为一种力量，它是游客或旅游者所有支出产生的效应。因此，我们实际上得到的是一个"支出推动"经济现象，而非"收入推动"经济现象。为此，他进一步指出："将旅游定义为产业是不正确的，而且这一定义有损旅游的真实状况。"旅游是一种社会经济现象，它既是推动经济进步的发动机，又是一种社会力量，旅游更像一个影响许多产业的"部门"。戴维森从旅游活动出发，具体地说是从旅游者的旅游行为出发，来讨论旅游产业性质问题，得出的非产业属性的结论是值得进一步讨论的。在国内，有关旅游是否是产业的问题也曾有过多次的争论，申葆嘉认为，旅游其实质是一个文化现象，而不是一个经济现象，经济仅仅是旅游的外壳，文化则是旅游的内涵。这种结论也是从旅游者旅游行为以及从旅游消费需求性质出发来理解旅游产业的。不可否认，旅游现象是一种社会文化现象，对于一个具体的旅游者来说，出外旅游的真实目的不是满足其经济方面的需要，而主要是满足文化和精神上的需要，从这个意义出发，谁也不会否认旅游的文化性质。但是，说旅游活动是一种文化活动，不能由此推断出作为满足消费需求的厂商活动不是一种经济活动，更不能由此得出旅游产业不成立的结论。在商品经济条件下，只要旅游活动的实现通过旅游供给来完成，只要存在着满足旅游需求的供给，就必然存在厂商活动；如果存在厂商活动并且通过这些厂商活动来满足和实现旅游者的需求，就存在经济问题，而这些也必然是经济学所要关注的问题。同时，在实现旅游者需求的过程中，社会上各个类型不同的厂商向某一特定旅游市场提供相似的产品或服务，具有某种程度的服务或活动的替代，使各个厂商之间存在竞争或合作的可能，那么，我们就可以认定这种领域中的现象便是一种产业现象。

从经济学意义上讲，产业不仅是具有某种同一属性的企业的集合，同时是国民经济以某一标准划分的部分。因此，产业概念是介于微观经济（企业）和宏观经济（国民经济）之间的一个集合概念。虽然，人们对产业集合以及划分具有不同的认识，但按同一商品或服务市场为集合划分产业是经常采用的一种方法。根据以上产业划分方法，旅游产业是一个服务性产业，是凭借旅游资源和设施，为人们的移动消费提供食、住、行、游、购、娱等服务的综合性行业。旅游产业作为国民经济诸多产业中的一个新型产业，与其他产业相对比，具有以下三方面的行业规定性。

如果从旅游产业的范围来看，旅游产业是一个跨地区、跨行业的产业。旅游产业的地区范围包括旅游客源地和旅游目的地，两地的结合组成了旅游产业的空间体系。如果旅游产业空间体系只有客源地或只有目的地，这样的旅游产业是不完整的。在一个特定的国家内，多种旅游目的地和客源地的存在，以及它们之间又可以相互成为客源地或目的地，并且各个不同的地区相互联系，共同作用于旅游产业的运行，便组成了一个国家的旅游产业空间网络。因此，旅游产业运动的全过程是各个相关地区共同作用的结果。旅游产业的行业范围是与旅游活动的形式相联系的。由于旅游产业要满足旅游者从其旅游客源地至旅游目的地旅游消费的全部需要，那么从满足需要出发的社会各个相关行业如交通运输业、饭店业、景区业、商业、饮食业、娱乐业、旅行社业等行业便成为旅游产业的组成部分。尽管这些相关的行业在旅游产业运行中承担的作用以及各自的功能有所不同，然而，在满足旅游者旅游需要方面是相同的。同时，旅游产业的相关属性，也使得旅游产业的各个行业和企业经济职能缺乏统一性，有的行业和企业虽然是旅游产业的组成部分，但其主要职能并不是旅游经济职能。

如果我们从旅游产业形成的特点分析，我们可以形成这样一个概念，旅游产业不同于其他传统的产业划分，它的产业边界没有明确的规定，也没有明确的划分，产业涉及的范围是根据旅游形式的演化进行的，因此，从这个意义上说，旅游产业是一个以旅游活动为中心而形成的配置产业。旅游产业所规定的各个行业之所以成为旅游产业的组成部分，在于这些行业和企业都具有为旅游者提供旅游服务的共同职能。从这个意义出发，即从共同为旅游者提供旅游服务出发，旅游产业概念出现了，即旅游产业是以旅游活动为中心而形成的配置产业，凡是为旅游活动提供直接或者间接服务的行业和企业，都成为这个配置产业的组成部分。

如果从产业性质上研究旅游产业，旅游产业是一个以提供劳务产品为主的服务性行业。旅游产业是为人们的空间移动消费提供服务的产业。服务是为实现旅游者在其移动过程中的消费而提供的。由于旅游者的旅游消费包括多项内容，因此，旅游产业所提供的旅游服务是一种包括直接和间接服务在内的综合性服务。在旅游产业生产的旅游服务体系中，有的服务价值物化在原有的物品之中，成为一种有形物体来满足旅游者的需要；有的服务并不物化在一个物体之中，而是体化在一种活动之中，成为一个无形物品来满足旅游者的需要。尽管旅游产业提供的产品内容和形式有所不同，但从总体上讲，旅游产业所提供的旅游产品是一种劳务产品。

本书中定义的广义旅游产业是指以旅游活动为中心而形成的产业集合，是一种配置性产业。关于旅游产业的发展，有四点认识。

认识之一：中国旅游产业发展要从"点线旅游"体系转向"板块旅游"体系，实现运行方式上的重新调整。

传统的"点线旅游"对应的需求市场是长距离的观光旅游。首先，对于长距离的观光旅游，旅游者所在地与旅游目的地之间由于空间距离的存在，便产生了旅游信息的不对称和旅游消费的不确定性，这使旅游者的出游活动受到限制。在这种情况下，通过旅行社的组团和接团的服务体系，在一定程度上解决了信息不对称和消除了旅游消费的不确定性问题。"点线旅游"经济体系往往出现在旅游产业发展初期，观光旅游成为市场主体环境下的一种产业运行体系。随着人们度假旅游的兴起、人们旅行距离的缩短，以及旅游者与旅游目的地市场距离的缩小，旅游信息不对称和旅游消费不确定性问题逐渐减少。这时，旅游者可以不通过旅行社的组织体系来实现自己的旅游活动，而更多地依赖旅游客源地旅行代理商的交通代理服务以及旅游目的地的散客服务体系来满足自己的旅行需要，特别是自驾车旅游行为的出现更强化了对这种服务体系的需要。在这种情况下，旅游产业体系必然向着"板块旅游"经济体系调整，以适应市场需要的变化。其次，"点线旅游"经济体系存在着一定的弊端。在"点线旅游"经济体系下，其运行是以旅行社为主体的，提供线路旅游的各个服务性企业都是不同的利益主体，很难产生旅游产业整体的协同效应和旅游经济的协调发展。以假日旅游为例，在假日旅游期间，旅游需求集中在特定的时间内，从而导致了住宿接待设施、交通和景点供给的短缺，旅游相关企业为了自身经济利益存在提高服务价格的动机。这时，旅行社对假日期间各个服务采购价格存在着不确定性，为了回避经营风险，宁愿放弃假日旅游的经营。在旅行社为运行主体的"点线旅游"经济体系下，假日期间假日旅游供给总量大大降低，对旅游业的发展产生了负面的影响。再次，板块旅游可以实现旅游的协调发展。由于板块旅游中各旅游中心旅游城市多是该地区的政治中心和文化中心，具有丰富的旅游资源和旅游设施，所以通常是通过旅游城市的辐射能力，带动整个地区旅游产业和旅游地区的协调发展。同时，板块旅游对于区域间的长途交通的要求较低，旅游者的位移大多以区域内短途移动为主，降低了对交通发展的依赖性。板块旅游作为一种相对封闭的、以区域为主的旅游组织方式，有利于实现各个区域旅游产品的互为补充，充分根据地区旅游资源特色实现产品的差异化服务，减少各个地区旅游业之间对于客源的竞争，能够促进我国旅游业的整体协调发展。

认识之二：旅游产业发展要从单体企业组织转向链条企业组织，实现旅游产业市场组织结构的调整。

就旅游产业组织形式而言，从单体企业组织向链条企业组织转向，既是旅游服务企业供给内容的内在要求，也是旅游经济全球化在旅游企业组织形式的表现。现代旅游企业的竞争主要表现在链条上的竞争。旅游链条企业有两种不同组织形式，一种是旅行组织的企业链条化，它是通过旅行社企业的组织将组团业务和地接业务的企业内部化实现的；一种是旅游活动的企业一体化，它是将旅游活动所需的各种服务，如食、住、行、游、购、娱等项服务的企业内部化来完成的。无论是什么形式的旅游链条企业，其重心都是对旅游需求客源或者旅游供给资源的控制，它涉及旅游企业在旅游客源地和旅游目的地的地域扩张问题，其目标都是实现链条型集团化发展。链条型集团化经营是世界旅游业发展的一个重要趋势，它是以旅游活动为中心通过一系列跨行业并购和战略联盟得到不断发展壮大的。从经济的有效性来说，链条型旅游企业集团有助于降低内部化部分的交易费用，通过追求范围效应提高旅游产业的竞争能力和资源配置的有效性。同时，资本优势、市场营销优势、风险扩散优势、成本优势是链条型旅游企业集团化经营的典型的竞争优势。

　　认识之三：旅游产业发展要从一地经营转向跨地区和跨国经营，实现旅游企业经营方式的转型。

　　旅游本身的形成就要求旅游活动不局限于某一个地方和某一区域，具有消费主体趋向于旅游生产地的特性，消费具有流动性。同时，旅游产业是一个外向型的产业，也是一个区域分工和国际分工程度较高的行业，地区与地区之间、国与国之间的关联度极高。尤其是一国居民的国内旅游和出境旅游得到一定程度的发展以后，随着客源组织消费、接待的跨区域化和国际化以及投资的跨区域化和国际化，旅游业必然从一地的经营转向区域化和国际化的经营。同旅游者的跨国流动是旅游企业跨国经营的根本动力一样，投资主体与客源国高度相关是旅游企业跨国经营的重要特征。以旅游饭店业为例，根据国外旅游饭店业发展的一般状况和规律，旅游饭店布局与旅游者到访目的地具有极强的关联性。本国的旅游者走到哪里，外资的旅游饭店就建到哪里。因此，对于旅游业这一产业而言，其是最具有跨区域化和国际化经营优势的。在中国旅游发展的良好势头下，尤其是我国出境旅游的高速发展为我国民族旅游企业开展跨国经营提供了市场基础。中国的旅游企业应尽快通过自身的努力，不论是通过组建有实力的企业集团、依据中国居民出境旅游的特点在海外设立分支机构，还是通过资本扩张的方式，迅速展开国际化经营。

　　认识之四：旅游产业发展要从观光产品为主转向观光产品、度假产品和主题产品等共同发展，实现旅游产品形式的转型。

　　中国旅游产业初始发展是以观光旅游产品为切入点的，以中国历史文化为主体的观光性产品的市场垄断性对中国旅游产业的快速发育起了重要的作用。然而在经过快速增长期之后，观光产品自身特点决定了中国旅游产业仅靠这一旅游产品难以在国际上形成规模化的发展，转型期的中国旅游业随着市场的成熟和旅游者消费的多样化，在产品形式上表现为由落后、单一的旅游观光产品向满足多种需求的主题产品、观光度假产品和个性化产品过渡。能够有效满足相关旅游者的需求，是我国旅游产品从单点支撑向完整配套体系发展的重要标志。随着旅游业的发展，旅游者的旅游需求也不断向高层次发展。个性化是旅游业发展过程中出现的符合旅游者消费偏好和强烈自主性的倾向。而个性化的旅游产品不仅表现为各种专题旅游和特种旅游的发展，还表现为旅游者可以根据各自不同的喜好，选择适合自己的旅游项目和旅游安排。同时，世界旅游组织秘书处向该组织第三十九届执委会提交的一份关于全球旅游业发展的预测的研究报告中，预测了旅游产品的变化趋势。它指出，随着个体受到更多的重视，以及在消费者的爱好中，旅行被放在更重要的位置上，度假旅游、专项旅游、个性化旅游等旅游产品将是发展的趋势。国家旅游局编写的《中国旅游业发展"十五"计划和2015年、2020年远景目标纲要》中，也将产品体系的完善建设提上了议事日程。因此，我们可以看出，中国旅游产品的发展趋势与世界旅游产品的发展趋势是一致的。

第四节　广义旅游学的研究方法

以人的空间移动为主要特征的旅游现象是一个相当复杂的研究课题，以往的研究只是对其表象的描述，多数研究者不重视方法论方面的探讨，同时忽视了理论上的抽象与概括，直白描述的问题常常出现在我们的科学研究中。根据产业实践的经验主义方法研究旅游现象，虽然观察具体、与实际结合，却难以把握旅游经济现象的内在联系，特别是在我国这样一个缺乏旅游实践积累的国家，依据经验只能是采取"拿来主义"，将早先旅游发展的国家经验用于我国的旅游实践，由于缺乏环境适应，它的应用价值令人产生某种怀疑。一个成熟的理论学科，是它能有效地揭示所研究现象的特有规律和内在联系，而不是想当然地借用其他学科的术语、核心概念和结构体系。科学理论在于从大量的旅游现象中表述和概括出现象之间的内在关系，从中寻找产生这些现象的主要原因。

研究方法、科学方法论和研究范式通过"研究活动"内在地关联在一起，研究活动是依据方法论的指导，在各自遵从的研究范式下，选择恰当的研究方法来开展和进行的活动。研究方法、方法论和研究范式之间存在着紧密的联系，也有着本质的差别，主要表现在功能意义、作用对象和逻辑层次等三个方面。

（1）在功能意义上。研究方法通常是指为了达到研究目的而采用的程序、工具、途径、手段和技术等。"具体方法只是技术性工具和手段而不涉及前提性假设和分析路径，方法本身并不依附于研究者的主观判断。"研究范式至少包括三个层面的内容。一是研究者选择研究课题的视角、信念、意识和认识，研究范式带有一定的主观性；二是研究者在解决问题时运用方法的习惯和规律性，研究范式对特定的研究方法具有天然的倾向性；三是研究者对研究结论的价值判断，这也在一定意义上显现了研究者对科学研究标准的理解和认识。而科学方法论是讨论方法及其效用的理论，是使得科学研究得以正确进行的理论，是关于科学认识活动的体系、形式和方式的原理与学说。方法论对方法的效用具有强烈的反思性和批判性，旨在完善和科学化具体方法，使得科学研究能够正确进行。毋庸置疑，方法论已经形成一种体系化的理论或者以构建体系化的理论为直接任务。方法论和研究范式对研究活动都具有指导意义，但是方法论的指导意义是普遍的，而研究范式常常只对某一科学共同体的研究活动起作用，对之外的其他研究者群体不一定有效。

（2）在作用对象上。研究方法直接作用于研究对象，是为了认识和解决问题而采用的可操作性工具、技术和手段。为了实现一定的目标，研究方法可能是多种多样的，但它并不是任意使用的，研究方法的选择直接决定于研究对象的性质，但在一定程度上也受到研究者所持研究范式的限制，持实证主义研究范式的研究者多倾向于采用量化的研究方法，而持诠释主义研究范式的研究者多倾向于采用质性的研究方法。研究范式面向整个研究过程或活动，从发现问题到检验结论正确性的整个研究过程都在研究范式"统辖"之列。在具体内容上，研究范式包括研究信念、研究方法和研究对象，也在一定程度上包括对研究结论的价值判断。方法论作为关于方法的理论、原理和学说，其作用对象是整个研究方法体系，而不是一个个具体的研究方法。它是在反思和批判方法效用的基础上，归纳提炼出的方法论原理。

（3）在逻辑层次上。研究方法并不具有上述研究范式所包含的三个层面的意义，更达不到方法论原理和学说的高度。具体的研究方法常常与操作步骤紧密联系在一起，在逻辑上研究方法处于最底层。方法论是已经建立起来的理论或者正在建立的理论，在逻辑上它处于最高层。研究范式并不具有理论的性质和高度，它是贯穿于具体的研究方法与理论化的科学方法论之间的东西，从思维和意识的角度来讲它更接近于方法论，从问题解决和实践的角度来讲它更接近具体方法。研究范式对方法论的形成具有加速和促成的作用，研究范式和思维方式的更新往往带来方法论的突破。

一　对研究范式的探讨

西方科学哲学的快速发展始于20世纪初期，在整个20世纪，科学哲学出现了实证主义、后实证主义、结构主义、诠释学、批判理论、女性主义、后现代主义、混沌理论、建构实在论等多种思潮或范式，这些范式为自然和社会科学研究提供了哲学基础。范式（paradigm），又被翻译成范型、典范，是美国物理学家库恩（Kuhn）在《科学革命的结构》（1962）一书中提出的概念，意指组织观察和推理的基本模式和参考框架，是指导行动的一套基本理念，是从事某一科学的知识共同体（科学社群）所共同遵从的世界观和行为方式。科学哲学思想决定了相应的研究范式。研究范式对具体研究方法的制约是有限度的，同一种研究方法可以服务不同的研究范式，但不同研究范式对同一方法的使用方式有所不同。

1. 实证主义范式

作为一种范式，实证主义包含了这样一种世界观，即整个世界是被科学规则所指导的，这一观点解释了贯穿因果关系的现象的行为。遵从实证主义范式的旅游研究人员按照演绎的逻辑来获得旅游事实。实证主义范式在本质上是演绎的，它建立在关于因果关系的理论基础上，这种关系可以被经验所检验。它是一种在整个研究过程中保持客观立场的范式，其中，研究者较多地使用定量的方法。实证主义根植于自然科学，采用客观的科学方法和价值中立的立场，而且要经过统计上的检验，还可以将之推广到所有其他类似的行为、事件或旅游现象中。

2. 结构主义范式

结构功能主义将社会整体作为基本分析单位，认为任何社会都具有一些基本的制度模式（结构），这些制度模式之间发生着相互支持的关系

（功能），从而保证了社会系统的生存。结构功能主义为考察社会现象提供了功能分析方法这一全新的系统分析方法。

3. 解释社会学范式

解释社会学范式是建立在马克斯·韦伯的著作和他所提出的术语"理解"或者移情式理解力基础上的。在旅游研究中使用解释社会学范式意味着研究者必须成为一名"局内人"并亲历现象，或者成为所研究的旅游体系范畴内社会角色中的一员。总而言之，解释社会学范式建立在社会行为的真实世界背景之上。这种范式要求研究者成为被研究的社会群体的一部分，保持主观性并使用定性研究方法论。因此，这种范式所构建的有关世界的理论借助的是归纳的方法。

4. 批判理论范式

批判理论范式介于主观主义和客观主义之间，认为世界是由规则控制的。这些规则可以被活动者及其行为改变。此范式的科学调查可以引起变革，且研究的目的是改变所研究的社会环境。此范式主要使用定性研究方法。

5. 女性主义范式

女性主义范式着眼于使真实世界中的女性的体验成为可见，并打破自然中占统治地位的父权制。此范式引入了解释、批评和后现代范式。因而一些学者对它是范式还是视角提出了质疑。此范式基本使用质性研究方法，研究者和被研究对象都是研究的主体。

6. 后现代主义范式

后现代主义范式否定了宏大理论，认为世界是由多重事实构成的，没有哪一种视角优越于其他视角。后现代范式致力于解构现象的表面特征并挖掘其内在的本质。此范式使用包括定性研究的多种方法。

7. 混沌理论范式

混沌理论范式认为世界是由开放的、动态的、持续变化的系统组成，并且具有非线性的本质。科学调查以描述性算法为基础。社会科学研究采用隐喻方法来运用混沌理论。该理论认为微小变化会产生巨大的影响。作为解释世界的方法，混沌理论受到复杂理论的挑战。

旅游学科是一门综合性极强的学科，是一门典型的跨学科性质的复杂学科，对旅游现象的研究不能采用单一的研究范式，而必须采取多元范式的研究取向。多元研究范式的立场最适合旅游学科的性质。由于旅游现象的复杂性和广域性，所以对旅游现象的不同问题可以采用不同的研究范式和研究方法；即使是同一研究问题，也可以采用不同的范式和方法，以互相补充、取长补短，达到对研究问题较深入的认识。

Giddens 指出，我们最好是以问题为中心，而非以学科为分界："人们不应当感到有某种义务或责任局限于某一特定的领域，或者被视为是某一个学科的学者。"这种新的以问题为导向，混合了不同学科的研究即后学科研究。后学科研究是一种超出学科界限的，更加以问题为导向的方法。与交叉学科研究相比，后学科研究提供了更加富于变化和创造性的方法来探究和界定研究对象。随着信息技术的进步，以及基础设施发展带来的个体流动性的增强，旅游行为不再遵循以往大众度假或观光旅游的既定模式，给旅游研究中已经存在的定义和已经建立起的正统的观念带来了挑战。这就要求在学科之间更加自由地对话，以便识别明显不同的当代条件和新的旅游形式所要求的新的分析模式和更新的理论实体。

二 对方法论的探讨

方法论（methodology）与方法（method）是一对极易混淆的概念。根据《韦伯斯特百科词典》上的解释，方法论有时指"任一专门学科中所使用的方法的体系"，更经常地指"研究方法或有关程序的科学，特别是有关科学与哲学探究中推理原则应用的学科分支"。在科学研究中，方法论作为对"实质的"科学理论所作的"形式"的或"逻辑"的探讨，必须以"实质的"理论作为自己的研究对象，因此，方法论在研究程序的逻辑上是滞后于"实质的"理论研究的，而方法论一旦形成，又会进一步推动理论的发展。显然，对于具有明显跨学科性质的旅游研究而言，目前的状况是基础理论研究比较薄弱，应用理论研究相对较为丰厚，但尚缺乏足够的实质性理论。

方法论是关于研究方法的理论，包括科学发展、科学研究纲领、科学进步、工具主义取向等研究内容。申葆嘉指出，通常所说的方法常常是指一种学术活动中为解决具体现象的某些关系或问题所采用的步骤或程序，如旅游需求和市场预测中常用的德尔菲法、回归分析、概率旅游模型等方法；方法论则是一种如何接近研究目标以顺利进入研究程序实现预期希望的哲学思考，因此，方法论常被称为"科学哲学"。从应用范围来看，方法一般应用于小范围内的独立现象或问题的分析过程中，有时亦称为"分析方法"；方法论则通常应用于宏观范围内对研究课题的全面运作作出战略性考虑。但是在实际应用和理论探讨时，方法论的思考常常体现在理论解释过程中而不单独表达出来，通常要对所解释的理论体系加以分析，才能觉察到所应用方法论的系统结构，而专门从事方法论的理论研究，则大部分都是科学哲学方面的讨论。方法和方法论都是一种手段，而不是目的，它们之间存在着一定的联系，正确的方法和方法论可以有效地指导研究工作者实现其研究目标。

林璧属认为，旅游学科能否成为一门独立学科，关键决定于能否形成一套完善的学科基础理论和方法论。各学科纷纷介入旅游研究，如人类学、生态学、经济学、地理学、历史学、管理学、政治学、心理学、社会学、市场学等，由此铸成了几乎所有旅游研究成果都不可避免地带有原学科的烙印。各学科都可以从各自独立的研究范式出发，在旅游研究中找到自身的研究领域，但旅游学科无力反哺各学科，推动各学科的发展。长此以往，只能出现丰富旅游学术研究的局面，无助于形成一门综合性的、独立的旅游学学科。研究方法与方法论有所不同，前者指一门学科的技术步骤，后者是论证一门学科的概念、理论和基本原理，亦即学科所运用的科学哲学和科学方法论。

陈才认为，旅游学方法论中实际上存在两种并行的方法论主张：实证的方法和理解的方法。旅游供需关系、旅游市场竞争、旅游产业规划、旅游效应等，其理论支撑主要是经济学、管理学、地理学、心理学等学科，而这些学科与社会学理论的功能主义、结构主义、进化理论、冲突理论、交换理论等研究范式紧密相关，在方法论层面以实证的方法为基础；在旅游内涵研究层面上，目前研究的内容主要涉及旅游体验、主客关系、心理互动等，其理论基础主要是人类学、传播学、文化学、美学等学科理论，这些学科理论在方法论层面上以理解的方法为基础。因此，实证的方法与理解的方法在旅游研究方法论中是并行不悖的，尽管它们之间是对立的、不相容的。目前旅游研究中应采取的策论是将实证的方法与理解的方法之间的对立束之高阁，存而不论。根据研究的领域，选择合适的方法论作为指导。至于正处于形成之中的后现代主义方法论，能否在实证主义和人文主义之间架起一座沟通的桥梁，成为指导旅游研究的一种极其重要的方法论，还需要在实践中去进一步验证。

王玉成等从教育的角度对旅游研究方法论进行探讨，认为培养学生自主学习能力与创新能力本质上是让学生掌握科学研究的方法，掌握一种有效的求知方式。这决定了科学研究方法与方法论教育是高等教育中的一项重要内容。要在理论教学中渗透科学研究方法论与研究方法教育，引导学生理解科学理论所指向的科学问题，引导学生理解科学理论中的基本假设，引导学生理解科学理论所使用的基本方法，指导学生参与科学研究实践，在科学研究实践中培育和提高大学生的科学研究能力。

三 对定性与定量的研究方法的探讨

有关定性方法与定量方法的优劣，一直是学术界争论的焦点，其实没有最好，只有最适合，应该看哪种方法更适合研究者的目的。表2-1是定性方法与定量方法的主要区别。

表2-1 定性与定量方法的主要区别

	定性方法	定量方法
研究方法	归纳法	演绎法
本体论观点	多重事实	因果关系
事实的本质	依据客观世界	假设检验
认识论观点	主观认识论	客观认识论
研究者定位	在位法（局中人）	出位法（局外人）
研究设计	非结构的 突发的 个案研究	结构的 系统化的 可重复的
研究焦点	主题	变量
样本选择	非随机的	随机的
资料表述	文字的	数字的
分析	主题，主旨	统计分析
结论表述	叙述的	统计表格和图表
研究人员口吻	第一人称，主动	第三人称，被动
对客观世界的反映	生活的片段	代表性的，典型的

1. 定性研究方法

（1）人种学研究。人种学的研究是在研究环境中所获经验指导下的探索过程，有时会涉及定量的程序，但它被认为是定性研究的一部分。研究者长久深入地观察一个完整的群体，特别是拥有同一文化背景的群体，经常用几个月甚至几年的时间来考察群体的自然状态。人种学的基础和必要条件是以地点为基础的实地调查。研究者参与观察，融入当地文化群体，从"局外人"变为"局内人"。人种学研究者较重视第一手资料，而很少需要第二手资料。其收集资料的方法主要有观察法和访谈法。

· 观察法

完全参与者是真正的参与者，参加研究群体的各项活动。作为观察者的参与者也参加研究群体的各项活动，但让群体成员知道他正在作研究，明确自己的研究者身份，希望参与到活动中去，但在群体活动中不扮演任一角色。完全观察者则完全置身于活动之外，被观察的群体并未意识到观察者的存在。

· 访谈法

非正式会谈。分为非计划会谈和计划会谈，前者指研究者从日常生活的偶然交往中获得信息，一般在研究的早期阶段使用；后者指研究者脑中已有一个研究的议程，但交谈对方不知道。

访谈。分为结构式的、非结构式的或两者结合的。非结构式访谈类似于计划会谈，不同的是非结构式访谈的双方都知道提问和回答的议程。结构式访谈中，研究者事先准备好具体的访谈题目，问题是开放式的，被访谈者的回答内容和形式都是自由的，研究者不作多少限制。

群体访谈（或称中心组访谈）。要求野外研究者选择 8～10 位成员构成一个同质群体（如同一年龄组），这些成员应该没有或较少有群体访谈的经历。相对前面的几种方法，群体访谈有更多的结构性，即研究者扮演一个更主动的角色，但这一角色不是指导访谈对象如何讨论，而是促进访谈的深入。群体成员对于各自就讨论焦点所持有的立场提出质疑，相互启发，进行挑战和加以探讨，促进群体成员间的互动。

（2）现象学研究。现象学研究就是要设法了解人们对某种情况的感觉、观点和理解，即试图回答"经历了这样那样的事情后会变得如何"。研究者通常通过与一些具有相同经历的人进行长时间的谈话来获得数据。现象学研究方法就是观察当前经验并试图尽可能不带偏见或不加解释地予以描述，有些现象学方法的研究介于质的分析和量的研究之间。

·案例研究

案例研究是旅游领域应用较为普遍的一种方法，多被应用于对目的地空间变化的描述、对旅游流的管理和对旅游发展引起的自然环境改变的评估。案例研究目前多是描述性的，是在一定的理论框架指导下的观察过程。

案例研究中，要在确定的时间内对某个个人、项目或事件作出深入的研究。案例研究能提升对相似环境的理解，而且能指导对类似情况的实践，特别适用于对那些知之甚少的情况的研究，也能用于调查某些个人或项目如何在不同时间，由于环境影响或干涉而发生的变化。

·内容分析

内容分析研究是出于对模式、主题或倾向性加以识别的目的，而对某个题材的内容进行详细而系统的检查。其关键是把研究对象的特性程度列表显示，从而使内容分析既是定性的也是定量的。内容分析法是对各种材料、记录的内容、形式、含义以及重要性进行客观、系统和数量化描述的一种研究方法，目的是把用言语表示的非数量化资料转换为用数量表示的资料，客观、系统和量化是其突出特点。

它不仅是一种定性研究最为重要的资料分析方法，更是一种从研究目的、理论到研究假设，并据此设计研究方案、搜集资料、分析资料的独立而完整的研究方法，用它可对有关研究文献、实验记录、访谈记录和观察记录等进行分析。其基本做法是按照一定的类别对各种形态的资料进行系统评判、分类、记录和分析。设计类别有两种方法，一是采用现成的分类系统，二是研究者根据研究目的自行设计。

·Q分类法

Q分类法是运用等级顺序程序对Q分类材料进行分类，以收集若干调查单元的心理和行为资料，探讨调查单元类别的一种方法。运用Q分类法首先要求确定分类材料，一般的材料是60~140张图片或写有陈述句的卡片，要求被调查者按事先确定的标准对材料进行分类，然后对分类结果进行相关分析或因子分析，在此基础上对被调查对象进行分类。

（3）其他方法。

· 开放式问卷调查

很多旅游定性研究采用此方法，通常可以结合定量研究的结构式问卷一起调查，也可以作为定量研究的前期工作，为定量研究的问卷设计提供资料来源。

· 投射技术

投射技术指采用一种暧昧的刺激（如图片、画、故事等）让信息提供者在不受限制的条件下对其作出自由反应，通常信息提供者不能察觉到测验的真正目的，较难作假。投射技术的基本假设是：信息提供者依据隐藏的或潜在的需求、感情和价值观等对信息进行解释，通过回答问题把自己的感情、信念投射在第三者、物体或情境上。访谈和问卷调查都不能避免信息提供者按照社会期望或研究者的意图回答问题，用投射技术作为访谈和问卷调查的三角互证，将提高研究的可信度。

· 扎根理论研究

扎根理论研究的主要目标是从数据开始，并通过数据来形成一套理论，具体地说是利用设定的程序来分析数据，并从中构筑理论框架。扎根理论主要用于考察人们的行为和交往。

· 历史研究

历史研究就是要找出事件的意义，不仅描述所发生的事件，还要用可靠的原理来解释这些事件为什么会发生。历史分析的研究方法，并不是单纯地对旅游发展的各个历史事件进行观察或者描述，更多的是在此基础上进行理论的探讨或抽象的概括，也就是要寻找历史的逻辑。在这里，运用高度抽象的思维是非常重要的。社会科学不同于一般自然科学，对旅游的各种研究结论，是不可能通过实验室进行科学验证的，特别是旅游各种现象之间的内在联系以及规律的发现，只能通过抽象的思维来认识，因此，历史分析必须与抽象逻辑相结合，才能从理论上把握旅游现象的实质。

· 德尔菲法

德尔菲法采用反复调查和反馈的方法，匿名得到专家组的判断意见，在于引导对高度复杂和带有强烈主观色彩的问题作出判断，需要被试者具有很高的知识水平和专业技能。德尔菲法利用小型专家小组，使成员间不必见面便可进行"真实"互动，探求将此类问题最小化。

2. 定量研究方法

· 定量方法应用最为广泛的是统计分析，其中包括因子分析、聚类分析、主成分分析、回归分析、相关分析等研究方法，此方法主要运用在旅游市场分析、旅游业发展现状评价、旅游竞争力评价、旅游企业经营绩效评价、旅游者心理行为分析、旅游产业发展评价等问题上。

· 对满意度进行测评经常用到结构方程模型（SEM），运用数据包络分析（DEA）方法分析旅游城市可持续发展能力问题，成为评价模型中一种具有代表性的分析方法。对于游憩价值的评价用到环境与资源经济学中的旅行费用法（TCM）、旅行成本法等。人工神经网络系统被应用于旅游需求的预测、旅游市场的预测；博弈理论分析模型也广泛地运用到研究旅游市场平衡等理论问题中。

· 对于旅游环境质量评价、景区评价、旅游目的地评价、旅游竞争力评价、旅游资源评价和满意度评价等问题，一般采用层次分析法（AHP）、模糊评价法和灰色系统评价法。

用得较多的方法有模糊分析、熵测算模型、竞争力模型、综合评价、灰色系统、人工神经网络、旅行费用法、博弈理论分析模型、时间序列法、ASEB栅格分析、旅游卫星账户等。

3. 数据收集与处理方法

旅游定量研究的不断科学和规范，在很大程度上得益于统计软件的应用与更新。SPSS、Eviews、SAS、LISREL、Matlab、OnFront、Mathematics、HLM、Minitab等软件的出现，以其强大的数据处理功能，使研究变得严谨科学、方便快捷。研究者也不断提高软件应用的规范性，使研究过程更加明晰、准确，这也大大推动了旅游定量研究的发展。从内容来看，主要使用到的研究工具有基本统计调查与分析工具、层次分析法、AHP、SAS、SPSS、Eviews、Arcviews、人工神经网络软件、遗传算法软件、ArcGis等。

（1）问卷调查。问卷调查是社会调查常用的一种数据收集手段。当一个研究者想通过社会调查来研究一个现象时点击此处添加图片说明（比如什么因素影响顾客满意度），他可以用问卷调查收集数据，也可以用访谈或其他方式收集数据。问卷调查假定研究者已经确定所要问的问题。这些问题被打印在问卷上，编制成书面的问题表格，交由调查对象填写，然后收回整理分析，从而得出结论。问卷调查是以书面提出问题的方式搜集资料的一种研究方法。问卷调查因将所要研究的问题编制成问题表格，所以又称问题表格法。问卷法的运用，关键在于编制问卷、选择被试人和结果分析。

（2）卡方检验。卡方检验主要用于对分类数据的统计分析，通常以交叉表格的形式反映各类别的频数，卡方检验是对各单元格中的频数是否存在差异进行检验。卡方检验会产生多个检验结果，Pearson 卡方检验是最常用的，适合所有单元格的频数均大于 5 时。当有的单元格频数小于 5 时，较适合用似然比方法进行校正。

（3）T 检验和方差分析。研究一般可分为三类：描述性研究、解释性研究和评估性研究。目前，大多数旅游研究属于描述性研究，A. J. Veal 分析了三个原因：旅游研究是比较新的领域，旅游现象在不断变化，研究项目和政策、规划、管理活动脱节。对旅游现象的定量描述多使用均数、T 检验和单因素方差分析（ANOVA）等统计方法。由于解释性研究数量不多，用于反映变量间关系，进而对现象进行解释、预测的统计方法（如回归分析等）运用较少。

T 检验和 ANOVA 是检验样本均数有无差异的方法，用于对顺序数据和数字数据的分析。T 检验可分为单样本 T 检验、独立样本 T 检验和配对样本 T 检验。独立样本 T 检验是最常用的方法，如分析性别对旅游花费的影响。旅游研究中，配对样本 T 检验主要用于对同一样本两次测量的均数进行比较，如旅游前后对目的地的旅游形象的差异分析、对目的地服务期望和实际感知的差异分析等。T 检验只能用于两样本的均数比较，而对多样本的均数比较，如分析不同收入组旅游花费的差异（三组或以上），则必须使用单因素方差分析，不过，ANOVA 也允许两两比较。使用 T 检验和 ANOVA 都要求样本呈正态分布、方差齐，但由于两种检验都有一定的耐受性，在条件不太满足时也能使用，所以研究文献中很少对其条件进行检验。

（4）因子分析。因子分析最早是由心理学家发展起来的，目的是借助提取出的公因子来代表不同的性格特征和行为取向，从而解释人类的行为和能力。由于能有效地提取内在结构，因子分析已被旅游学者广泛地运用于多属性现象（如旅游动机、旅游形象、生活方式、旅游影响等，这些现象无法用一个或两个变量测量）的分析中，并成为旅游定量分析使用频率最高的统计方法之一。因子分析是根据变量之间的相关性将具有较高相关性的变量聚为一组构成一个新的变量，即公因子，结果可将较多的变量削减为少数几个公因子，这几个公因子彼此之间相关性很小，基本能代表所有变量进行下一步的分析。

使用因子分析前一般要进行两个检验：信度检验和相关性检验。目前旅游研究中广泛使用的信度检验方法是计算克郎巴哈 α 系数，主要用于等距量表的信度检验。对于分类量表（命名量表）的信度检验必须使用 Cronbach KR-20。α 值在 0~1 之间，越接近 1 说明信度越高。

（5）对应分析。研究分类变量间的关系一般使用卡方检验，但当分类变量较多或各变量的类别较多时，更适合使用对应分析。对应分析是通过进行主成分分析来描述两个或多个分类变量各水平间相关性的分析方法，结果用对应分析图表示。对应分析首先根据多项分类数据生成行列式表格，分析该表格中的频数数据，会得到奇异值（相当于相关系数）、惯量（特征根）、被解释的比例等统计量，据此可确定最终用于分析的维度的数量（奇异值大于 0.2）。对应分析图是最重要的输出结果，能形象地反映变量各水平之间的相似和差异。

（6）聚类分析。聚类分析是根据研究对象的特征进行分类的多元分析技术的总称，是利用指定的多元变量程序，根据特定变量，将客观样本或主观样本分类为相对一致的聚类组的方法。聚类分析是应用最广泛的分类技术，它把性质相近的个体归为一类，使同一类总的个体具有高度的同质性，不同类之间的个体具有高度的异质性。聚类分析大部分应用于探测性研究，最终结果是产生研究对象的分类，通过对数据的分类研究还能产生假设。聚类分析也能用于实证性目的，对于通过其他方法确定的数据分类，可以应用聚类分析进行检验。在市场调查中，它通常会利用选定的调查数据，将被试市场划分为不同的细分市场，这样可以大大促进目标市场的确定和产品的开发。

（7）GIS 技术。GIS 基于计算机的数据库系统，用来存储、分析、分层集成和显示地理特征数据，GIS 与离散的地表位置有关联。GIS 的主要优势在于它能在合理的时间和资源成本下，对信息进行复杂的提取、综合和浓缩，应用点、线、面、环、体、层等形式，将复杂的现象转化为数据对象间的空间联系，并以日益廉价和可用的形式呈现在决策者和规划者面前。GIS 技术不仅可以有效地管理具有空间属性的各种资源环境信息，对资源环境管理和实践模式进行快速和重复的分析测试，便于制定决策、进行科学和政策的标准评价，而且可以有效地对多时期的资源环境状况及生产活动变化进行动态监测和分析比较，还可将数据收集、空间分析和决策过程综合为一个共同的信息流，明显地提高工作效率和经济效益，为解决资源环境问题及保障可持续发展提供技术支持。

第五节　广义旅游学的结构体系

本书的结构分为六个层次，是一个树形结构（见图 2-1）：五位一体的旅游发展是广义旅游学发展的沃土，为广义旅游学的发展提供了优越的环境条件；广义旅游学的学术构建是广义旅游学这棵大树的树根，它是广义旅游学得以发展的坚实基础，树干、枝丫、果实都是在它的基础上成长；对应广义旅游的大管理和国际化发展是广义旅游学的树干，它连接着树根与枝丫，是广义旅游学的中坚力量；广义旅游对象层次是广义旅游学的树枝，是广义旅游学的主要研究对象；不同视阈下的广义旅游研究是广义旅游学的树叶，从不同视阈对广义旅游进行探究使得广义旅游学丰富多彩；探求未来、促进人类社会的发展是广义旅游学研究的终极目标。

广义旅游学具体分为十六章进行详细阐述。

第一章，广义旅游的实践基础。十八大提出"五位一体"，旅游面临着广阔的前景。各行各业比较，能够全面对应"五位一体"的只有旅游业。从生活性、补偿性、体验性、无限性、综合性、依托性、敏感性、延伸性等十五个方面入手分析"五位一体"总布局下旅游业的基本认识。

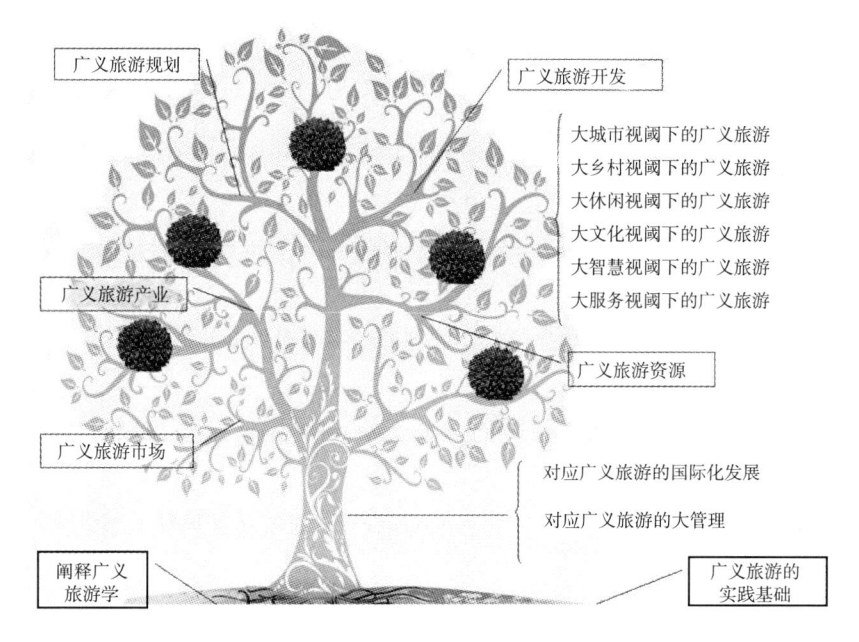

图 2-1　广义旅游学树形结构

接着从生态文明建设、空间配置和创造旅游新版本来阐述"美丽中国"旅游版。"五位一体"谋发展谈了旅游与经济、政治、文化、社会、生态文明建设及一体化。在实践过程中，也形成了一些发展的误区，需要在广义旅游的基础上转型升级。

第二章，广义旅游学的理论构建。解释广义旅游学的形成与发展，给出广义旅游学的研究对象是人类行为与社会环境之间的内在运动，其基本假设包括人的社会行为受社会经济与自然环境的影响、五要素中任一要素变化都会对旅游形态和旅游方式产生影响。阐述广义旅游学核心概念，包括广义旅游、广义旅游资源、广义旅游产品、广义旅游空间、广义旅游市场、广义旅游产业等核心概念；从研究范式、方法论、定性与定量的角度给出旅游研究方法。最后用树形结构图形象地展示本书的结构体系为六个层次。

第三章，广义旅游资源。原来认识旅游资源是两大类，一类是自然旅游资源，要有名山大川；一类是人文旅游资源，要有名胜古迹。这实际上是以观光旅游确定的资源范畴。结合国际旅游业发展经验、中国旅游业的发展过程，可以清楚地看出，很多时候发展旅游业不完全靠这两类资源，新的资源概念是社会旅游资源，包括环境旅游资源、生活旅游资源、产业旅游资源等。这一章首先对狭义旅游资源问题进行了剖析，接着解读广义旅游资源的内涵，提出广义旅游资源分为：养眼的景观资源、养身的环境资源、养心的社会资源、养神的精神资源、养业的产业资源以及养名的品牌资源六大类，最后给出广义旅游资源的评价标准。

第四章，广义旅游开发。广义旅游开发探讨了太空旅游、海洋旅游与内陆旅游景区开发，基于不同管理部门的旅游景区开发，基于产业融合的广义旅游景区开发，基于产业集聚的广义旅游区开发。以社区为基础的区域旅游开发从旅游目的地视角看旅游开发的要素，包括旅游吸引物、旅游服务设施和旅游基础设施。在广义旅游观中，除了传统的六要素系统外，还应包括旅游信息解说系统、旅游安全救援系统、旅游医疗卫生系统、旅游生态环境系统和旅游公共服务系统。最后是广义旅游开发的主体与投融资问题。近年来，越来越多的战略投资者、金融机构、产业基金和风险投资开始进入旅游领域，并以其专业能力和市场行为影响旅游产业走向。

第五章，广义旅游规划。首先从旅游规划与旅游的关系、语义学的"旅游"与"旅行"、生活性三方面来解释广义旅游规划中的"旅游"，接着从旅游需求、市场供给、旅游资源要素、旅游环境要素谈了广义旅游规划的研究对象与规划编制的核心要素，最后从国家或地方的民生规划层、国家或地方的旅游休闲规划层、国家或地方的单一旅游规划层、景区层的旅游休闲规划层四个层面谈了广义旅游规划的任务。同时，解释了两大挑战带来的突破机遇，第一个突破是对旅游规划的重新定位，第二个突破是对旅游与休闲发展的全面统筹。

第六章，广义旅游产业。从广义产品概念辨析、旅游产品种类、产品层次去界定广义旅游产品。从产业分类视角、全域旅游视角、产业集群视角、旅游产业构成去考量广义旅游产业。广义旅游产业的发展：一是新旧交织。新的东西在不断地产生，但是传统的模式仍然有市场，而且这是一个长期的过程，不能因为研究新型业态就把传统业态都否定掉。二是新老交替，有些新的产品产生了，老的产品比重在下降，又不断再有新产品产生，构造了一个新老交替的格局。新型旅游产业发展格局必然是产业交融。

第七章，广义旅游市场。这一章节包括广义旅游市场、广义旅游营销和目的地品牌与目的地形象板块的内容。从旅游消费的特点看，广义旅游市场分为入境市场、国内市场、本地市场和出境市场。广义旅游营销离不开确立目的地营销工作的体系、组织、工作焦点、营销绩效的监测评价控制。目的地战略营销的工作要点包括制定目的地营销计划、SWOT 分析、确立重点目标市场、目的地定位以及确定营销目标。目的地营销重点使用的促销宣传手段有广告、宣传册、公共关系与公共宣传、人员推销、旅游网站及口碑宣传。

第八章，大城市视阈下的广义旅游。城市具有诸多魅力，但同时存在城市病，在城市发展理念逐步回归到为人服务本源的指导下时，城市广义旅游具有鲜明的个性、具有简·雅各布描绘的复杂性、具有新业态自由生长的空间、街巷肌理发展良好、充分考虑旅游者需求、有相当的经济基础。因此，城市的广义旅游应把城市本身作为旅游吸引物、旅游业融入城市的各个方面、深度挖掘城市的文化特征、注重培养热情好客居民、给旅游市场充分自由生长的空间。城市广义旅游的未来应把重点转移到能力与环境的建设方面。在具体操作中，找准题目、小题大做、偏题正做、虚题实做、远题近做、洋题中做、中题洋做。达到五个力：视觉震撼力、历史穿透力、文化吸引力、生活浸润力、快乐激荡力，从而开拓一个新的发展局面，改变千城一面的尴尬状态。

第九章，大乡村视阈下的广义旅游。泛旅游是世界大趋势，工业化与城市化催生旅游产业壮大，后工业化推动旅游产业泛化，中国旅游业的实践突破狭义旅游局限。乡村发展是世界难题，而多元发展旅游破解发展难题，大乡村整合助力乡村发展。发展旅游有利于解决"三农"问题，在农村发展旅游业，有助于转移农村剩余劳动力、增加就业机会和农民收入，能够促进农村产业结构的优化，拓展农业的功能，延长农业产业链，能够促进社会主义新农村的建设和有效改善农村民生，在解决中国"最大的民生问题"中作用重大。发展旅游有利于促进区域协调发展，有利于改善西部地区和山区的民生状况并促进区域协调发展，有效调节人们收入的地区差异。

第十章，大休闲视阈下的广义旅游。休闲是旅游的蓝海，从旅游扩展到休闲开拓了一个新的领域，应该是摆脱旅游传统竞争的蓝海方式。现在休闲需求的普遍性意味着有一个很大的领域摆在旅游业的面前。2006年在杭州召开的休闲博览会，标志着中国进入休闲元年，正适应中国这样一个大的休闲市场的发展。从时间维度、心理维度、活动维度来界定休闲概念，休闲的领域更宽、方式更多。人的需要与休闲层次密切相关，休闲分为解脱性休闲、发展性休闲、严肃性休闲与随意性休闲。休闲与旅游的关系是休闲与旅游走向趋同与融合。

第十一章，大文化视阈下的广义旅游。首先是大文化与广义旅游界定：旅游和文化是天然的结合；旅游是文化产业化的重要基础；保护和利用文化并重是旅游发展的先天条件；从文化进去从旅游出来，从市场进去从品位出来，是大文化与大旅游融合的必然逻辑。文化资源是国家竞争力的底座，文化对国家竞争力的杠杆作用各有不同，旅游业是变文化为国家竞争力的转换手。构筑旅游的文化观、文化的旅游观，建立新的文化旅游战略应当把握战略性文化旅游资源，构建新型旅游文化。

第十二章，大智慧视阈下的广义旅游。广义旅游需要大智慧的全面支撑，旅游信息服务下的大智慧体现在信息服务的内容、手段、模式和管理方面。从信息技术与旅游业的融合发展角度理解，广义旅游中的大智慧集中体现在"云"与"微"上。"云"就是旅游业的云服务，指的是广度；"微"是指微旅游，侧重于深度。云服务体现在微旅游上，微旅游需要云服务的支撑。云服务为微旅游的具体支撑表现在技术手段、系统平台和运营管理方面。个性化成就微群体，微时代彰显自实现，微传播引领微时代。旅游观念、旅游活动方法、旅游消费行为、旅游产品、旅游服务渠道的变化成就了广义旅游的微基础。

第十三章，大服务视阈下的广义旅游。全球进入服务经济时代，制造业向服务业转型，信息和通信技术对服务业产生重大影响，服务业企业更要发挥服务之长。资源环境压力增大、劳动力成本上升、制造业竞争力需要提升成为促进制造业向服务业转型的推力，而城镇化深入、居民时间价值增加、更多消费服务是制造业向服务业转型的拉力。服务业在国民经济中的地位越来越重要，中国服务的提出符合中国经济社会内在发展路径的要求，顺应通过扩大内需促进经济增长的思路、有助于解决人和社会"异化"问题、利于弘扬中国文化精髓。广义旅游是一切满足旅游者需求的服务业的总和，同时广义旅游需要大服务。

第十四章，对应广义旅游的国际化发展。认识到广义旅游国际化发展的必然性、互动性、对应性及创造性。国际化是旅游的方向，随着国际分工体系的进一步成熟，中国的旅游企业需要走出去。创意是竞争之本，信息化提供新市场新手段，多元融资创造了资本运营的国际化，可持续发展是面对现在面向未来的发展方式。

第十五章，对应广义旅游的大管理。广义旅游的大管理的管理主体是以政府部门为主的各种社会组织，管理客体是与旅游需求和供给相关的各个环节和各个方面。组织的目的在于提高人民群众满意度，促进旅游业健康发展，更好地发挥旅游综合带动作用。旅游大管理的方向主要有：从被动管理到主动管理，从局部管理到全面管理，从直接管理到强化服务，从部门管理到综合协调，从供给管理到供需管理。旅游大管理不仅包括保障旅游消费活动顺利进行的交通、住宿、购物等方面的管理，也包括引导旅游产业健康发展的旅游用地、旅游投资、旅游人才、旅游技术的管理。

第十六章，未来的旅游和旅游的未来。未来的旅游是需求体系的变

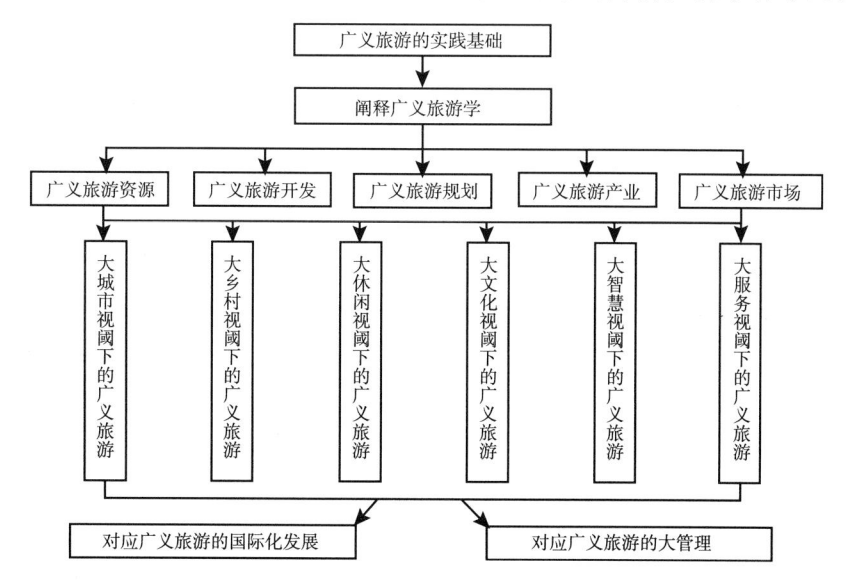

图 2-2 广义旅游研究内容层次

化，旅游的未来是供给体系的变化。我们正处在技术加速和社会加速的发展过程中，以未来的生活为基点、未来的城市为依托，探讨未来的服务、未来的格局，广义旅游的框架具有普遍性，广义旅游的发展将融合各个产业，形成跨界的大格局。而广义旅游学则是融合各个学科，综合各类发展，构造新的理论支撑体系。

参考文献

[1] 曾博伟：《"五位一体"总布局下旅游业发展的新要求》，《中国旅游报》2012年11月14日第11版。

[2] 申葆嘉：《国外旅游研究进展》，《旅游学刊》1996年第1~5期。

[3] 王德刚：《旅游学概论》，山东大学出版社，2004。

[4] 邵林静：《旅游学研究对象与学科地位研究》，辽宁师范大学出版社，2008。

[5] 王德刚：《中国旅游学研究探源——兼述〈中国古代旅行之研究〉》，《桂林旅游高等专科学校学报》1999年第10期。

[6] 中国旅游研究院：《中国旅游研究30年》，中国旅游出版社，2009。

[7] 董观志、张银铃：《中国旅游业、旅游学和旅游规划的30年述评》，《人文地理》2010年第3期。

[8] 张颖：《青年学者对中国旅游研究的贡献》，《特区经济》2007年第6期。

[9] 戴学锋：《旅游研究必须走出象牙塔》，《旅游学刊》2007年第1期。

[10] 谢彦君：《基础旅游学》，中国旅游出版社，2001。

[11] 董观志：《旅游管理原理与方法》，中国旅游出版社，2008。

[12] 金准：《2012中国旅游的破与立》，《人民日报（海外版）》2012年12月28日第14版。

[13] 吴小天、曲颖：《关于旅游学几个基础问题的探讨》，《地理与地理信息科学》2012年第28卷第2期。

[14] 马勇：《旅游学概论》，旅游教育出版社，2004。

[15] 李天元、王连义：《旅游学概论》，南开大学出版社，1999。

[16] 余书炜：《论旅游理论研究内容的框架》，《旅游学刊》1997年第4期。

[17] 戴斌：《关于构建旅游学理论体系的几点看法——兼评余书炜同学〈论旅游理论研究内容的框架〉》，《旅游学刊》1997年第6期。

[18] 王晓云、张帆：《旅游学导论》，立信会计出版社，2004。

[19] 张凌云：《也论旅游研究理论的几个问题——与余书炜同志商榷》，《旅游学刊》1997年第6期。

[20] 明庆忠：《试论旅游学学科体系的构建》，《旅游学刊》1997年S1期。

[21] 龙江智：《从体验视角看旅游的本质及旅游学科体系的构建》，《旅游学刊》

2005 年第 1 期。

[22] 康淞万：《旅游学构想初拟》，《华东师范大学学报·哲学社会科学版》1994 年第 5 期。

[23] 吴必虎：《旅游系统：对旅游活动与旅游科学的一种解释》，《桂林旅游高等专科学校学报》1998 年第 1 期。

[24] 王德刚：《论旅游学研究的对象和任务》，《桂林旅游高等专科学校学报》1999 年第 10 期。

[25] 吴必虎：《泛旅游需要更完善的旅游公共服务体系支持》，《旅游学刊》2012 年第 27 卷第 3 期。

[26] 张辉、王燕、成英文：《旅游产业构筑转型探析》，《中国旅游报》2012 年 7 月 13 日第 12 版。

[27] 张辉、魏翔：《新编旅游经济学》，南开大学出版社，2009。

[28] 张辉、黄雪莹：《旅游产业融合的几个基本论断》，《旅游学刊》2011 年第 4 期。

[29] 李天元：《旅游学》，高等教育出版社，2006。

[30] 张凌云：《国际上流行的旅游定义和概念综述——兼对旅游本质的再认识》，《旅游学刊》2008 年第 1 期。

[31] 张辉、王燕：《以人为本　关注民生　促进旅游业稳定发展》，《旅游学刊》2010 年第 8 期。

[32] 魏小安：《微时代　微旅游》，《中国旅游报》2012 年 1 月 18 日第 11 版。

[33] 诺木汗：《微时代的大潮与趋势》，《中国旅游报》2012 年 2 月 17 日第 11 版。

[34] 郭来喜：《旅游地理学》，《人文地理学概说》，科学出版社，1985。

[35] 周进步：《中国旅游地理》，浙江人民出版社，1985。

[36] 黄辉实：《旅游经济学》，上海社会科学院出版社，1985。

[37] 保继刚：《旅游地理学》，高等教育出版社，1993。

[38] 申葆嘉：《旅游学原理》，学林出版社，1999。

[39] 杨振之：《旅游资源开发与规划》，四川大学出版社，2002。

[40] 张辉、王学峰：《旅游产品转型政策与制度的思考》，《中国旅游报》2012 年 9 月 7 日第 12 版。

[41] 王洪滨：《旅游学概论》，中国旅游出版社，2004。

[42] 魏小安：《中国旅游发展大趋势探讨（一）》，《中国旅游报》2007 年 7 月 20 日第 7 版。

[43] 张辉、成英文：《中国旅游产业转型的目标与方向》，《中国旅游报》2012 年 6 月 15 日第 11 版。

[44] 张辉：《中国旅游产业发展的再认识》，《中国旅游报》2004 年 8 月 20 日。

[45] 许春晓：《旅游学概论》，湖南大学出版社，2007。

[46] 张宏梅：《旅游研究方法的分析及示例》，安徽师范大学出版社，2005。

[47] 任翔、田生湖：《范式、研究范式与方法论——教育技术学学科的视角》，《现代教育技术》2012 年第 22 卷第 1 期。

［48］蔡建东：《现实、历史、逻辑与方法：教育技术学研究范式初探》，科学出版社，2010。
［49］叶澜：《教育研究方法论初探》，上海教育出版社，1999。
［50］张宏梅：《西方社会科学研究范式与中国旅游本土化研究》，《旅游科学》2011年第25卷第5期。
［51］盖尔·詹宁斯：《旅游研究方法》，谢彦君、陈丽译，旅游教育出版社，2007。
［52］Giddens, A.（2007），From：http：//www. infzm. com/content/8192.
［53］Gregson, N. Discipiline Games, Disciplinary Games and the Need for a Post-disciplinary Practice：Responses to Nigel Thrifts "The Future of Geography"［J］. Geoforum, 2003.
［54］左冰：《西方旅游研究范式的转变：从交叉学科、多学科到后学科》，《旅游论坛》2009年第2卷第4期。
［55］申葆嘉：《论旅游学基础理论研究与方法论》，《旅游学刊》1999年第S1期。
［56］林璧属：《旅游学方法论研究应当成为重要的前沿关注》，《旅游学刊》2005年第9期。
［57］陈才：《旅游学研究方法论体系研究——一种社会学视角的探讨》，《旅游学刊》2007年第1期。
［58］王玉成、谷冠鹏、孔旭红：《加强科学研究方法论与研究方法教育的探讨》，《旅游学刊》2004年第12期。

第三章 广义旅游资源

第一节 狭义旅游资源问题剖析

一 旅游资源概念之争

随着社会的发展，旅游业向纵深层次拓展，旅游资源的范围也不断扩大，因而旅游资源含义的科学界定比较复杂，学术界至今仍没有一个统一的说法。但一般而言，定义为科学研究第一步，因此科学界定旅游资源的概念，正确分类和评价无论是对于学术研究还是实践发展都是一项基础工作。

世人对旅游资源最早的认识，大体起源于"风景"和"名胜"。一片怪石，一棵古树，一座寺院，一处名人墓地，就是大家的向往之地了。因此，最早的旅游景区只是这些吸引眼球的集合地，叫"风景名胜区"。

改革开放之后，中国旅游发展初现端倪，如何认定旅游资源和评价旅游资源提上了日程，也成为众多学者研究的热点。关于旅游资源的概念，不同学科的学者一直存在诸多争议。张凌云曾在文中列举定义达16种，丁季华亦给出定义10种（包括作者自己的观点），扣除重复的还有23种之多，有关旅游资源的其他论述存在歧义则更多。张凌云还进行了归类分析。第一类观点认为旅游资源等于旅游吸引物，第二类观点认为旅游资源是旅游吸引物和旅游产品的交集，第三类观点认为旅游资源是旅游吸引物和旅游产品的并集。众多定义虽然具体表述不一，但有两点是大多数学者都承认的：这就是旅游资源的吸引性，即"对旅游者具有吸引力"或"能激发旅游者旅游动机"；旅游资源的经济性或效益，即"能为旅游业所利用，并由此产生经济价值或社会和生态效益"。在众多的定义中，以中华人民共和国国家标准（以下简称国标）《旅游资源分类、调查与评价》（GB/T18972－W2003）提出的旅游资源的概念较为典型、影响最大。该国标肇始于地理学家"旅游资源"研究的基础，在认真探讨了十几年后形成，于2003年2月24日发布、2003年5月1日实施，并成为指导区域旅游规划和开发实践工作的重要工具。

国标对旅游资源的概念是这样界定的：自然界和人类社会凡能对旅游者产生吸引力，可以为旅游业开发利用，并可产生经济效益、社会效益和环境效益的各种事物和因素。国标对于旅游资源的内容也进行了分类。对于国标提出的旅游资源概念和内容，可以形成两个判断：第一，目前的旅游资源概念主要是基于狭义旅游的理解；第二，目前的旅游资源概念并不试图涵盖所有能为人们从事旅游活动所利用的事物和因素，而只是抓住促使旅游行为产生的主要因素。

二 狭义旅游资源的问题

细细琢磨国标定义的内涵，对旅游资源范畴的认定还是较为准确和科学的，应该说，国标为各地旅游资源调查分类和评价提供了很好的规范性指导。该标准的颁布实施，对促使旅游规划走上规范化道路功莫大焉。但是也不能否认，由于中国旅游发展阶段本身的局限和人们对旅游资源认识不足等客观原因，现行的国标还存在诸多方面的局限。之所以进行国标分析，是因为其代表了主流性的认识，而且直到今天，仍然在权威性地沿用。

（一）过于注重观光旅游资源

1. 旅游资源分类针对观光旅游资源

国标主要依据旅游资源的属性而制定，基本上只能适用于观光型旅游资源的分类与评价。在旅游规划的实践中我们也发现，该标准只能适用于观光型旅游资源的分类与评价。也就是说，在对度假等旅游资源进行分类和评价时，现行国家标准不能适用。例如，国标界定的八主类31亚类155基本类型的旅游资源几乎都是纯感官式、养眼式的景观类资源，无法响应近几年发展较快的休闲度假、户外运动、乡村旅游、文化体验、修学考察等旅游活动。

近年来，特别是那些大城市周边客源驱动型旅游地、非景观型旅游地、休闲度假旅游地，以及环境质量优越的欠发达地区的旅游地，生态环境与社会风情不再只作为旅游资源的背景，生态环境质量甚至成为生态旅游的绝对吸引因素，占有不得不被考虑为旅游资源的核心地位。例如，海南三亚、四川郊区等旅游资源并不突出的地方，依照这种传统的旅游资源观念，旅游产业发展应该无法与符合国家标准的、资源富集的历史文化名城相比，然而，它们目前已经成为主流旅游产品的排头兵。因此，毫无疑问，生态环境与社会风情等应该纳入旅游资源范畴，而国标中旅游生态环境指标仅仅作为附加值考虑。

因此，缺乏环境的认定，缺乏活态旅游资源的认定，以及缺乏无形旅游资源的内容就成了重要的缺憾。同时，把一些很难开发成旅游产品的资源，如文物遗迹等等都囊括在内，也是不科学的。

国标在释义中说明：如果发现本分类没有包括的基本类型时，使用者可自行增加。增加的基本类型可归入相应亚类，置于最后，最多可增加2个。但作为国标，应类型全面，编排科学，不宜由使用者随意增加，且有些基本类型仅限于增加2个，显然是不够的。

2. 旅游资源评价主要针对观光旅游资源

国标指出，旅游资源共有因子评价，是按照旅游资源基本类型所共同拥有的因子对旅游资源单体进行的价值和程度评价。但本标准确定的8个评价因子不能涵盖所有的旅游资源基本类型，将出现许多资源难以对号入座问题。该评价方法更适合对观光游览性旅游资源的评价，基本上不适合对休闲度假性和专项活动性旅游资源的评价。如参照本标准评价休闲度假性旅游资源，则"历史文化科学艺术价值""珍稀奇特程度"等几项赋值较高的评分会很低，总分自然不会高。这对优质度假旅游地显然是不公平的，评价结果也不科学。

（二）分类界定不清

如果要从旅游资源作为旅游观赏客观对象物的角度来说，旅游资源有人文旅游资源和自然旅游资源。但这种概念性的分类常常不能落实在现在国标所主张的单体层面，因为很多单体事实上包含了复合性的难以分开的双重品质。硬性地进行分类，在实践层面就难以保证对单体的分类达到规则上的完备与互斥。国标确实也没有做到这一点，也无法做到这一点。这种基本的失败，使国标的操作性受到极大的影响。

另外，国标虽然在附录规范表中，对旅游资源类型释义做了简要说明，比较清楚，但在旅游资源分类表中，对资源的主类、亚类和基本类型中个别名称存在提法不够准确或概念模糊、层次不清问题，容易引起歧义。

（三）割裂了资源的整体性

国标分类的基本单位为旅游资源单体，包括"独立型旅游资源单体"和由同一类型的独立单体结合在一起的"集合型旅游资源单体"。国标里有多达155种的基本类型，如果调查过程中重点集中于具体单体资源的好坏上，将忽略整体或资源的组合，其结果往往造成资源数不胜数，但鲜有真正值得开发的大资源或大产品。国标将旅游的对象物过度细化为所谓的单体的同时，却没有注意到，这种取向已经像一把锤子一样，把旅游者旅游体验的整体敲打成了碎片。

在实际操作中，对旅游资源单体的判断带有极大的主观性、重复性和不确定性，甚至可能将景点、景区、旅游资源混为一谈。例如在天山沿线，处处可以观察到雪峰，根本无法确定雪峰观光地之所在。而且对于绝大多数单体旅游资源而言，自身并不具有唯一性，必须融于其所处的背景才能显出独特魅力。一地旅游资源的开发，资源间的组合情形、大旅游可开发的潜质乃至很难量化的民风、好客程度等，都可能成为决定旅游业发展好坏的关键，而这恰恰是目前国标所忽视的。例如，那拉提草原只有与雪山、哈萨克族风情相结合，才能产生强大的吸引力；游客登庐山不是为了看某一块奇石，而是消费包括气候、生态在内的整体环境。这就造成大量的旅游资源普查是件费力、费时、费钱而不讨好的事情。

旅游体验的本质是整体感，不是对所谓资源单体的断片式的、肢解性的观察，更不是一个艰苦的科学计算过程！因此在具体的工作中如何尽可能照顾到单体、局部和整体的关系，将同类或相互有关联的资源组合起来考虑，是现有国标有待商榷的地方。

（四）评价缺乏弹性，干扰了对优势资源的判断

首先是评价因子。国标的评价因子是按照复合型资源来分解资源要素价值的，而实际的情况是，很多资源往往只具有单一的要素价值。如果按照国标的评价因子，这些资源哪怕具有世界级的观赏游憩使用价值，而不具备历史文化科学艺术价值，最多也只能评为四级旅游资源。显然这种评价体系是不够严谨的。

其次是评价的空间尺度。国标没有注意到空间范围的影响。旅游资源明显是区位相对优势的产物，要在全国范围内进行比较是不大可能的。既然是国家标准，其结果就应该在全国范围内有可比性。但是，实际上在一个区域没有被列入旅游资源单体的资源，在另外的区域则有可能被列为高等级的旅游资源单体。

在资源普查的实践过程中，地方政府大多热衷于追求资源的数量而不是质量，分类表格中的资源类型和单体数目过于繁冗，结果导致有目共睹的优势资源沦为陪衬，不但无法与资源综合评价、旅游发展条件进行有效对接，还无法为景区规划、市场营销提供切实可行的依据。例如，很多山岳类型的风景区布局有众多质量良莠不齐的寺庙建筑，山岳上的自然景点却难以分离出明确的旅游单体类型，结果在评价自然景观优美的旅游地时，人文旅游资源却占据绝对主导。

（五）评价过程与结果主观性太强

国标旅游资源评价采用专家打分的评价方法对旅游单体资源进行品级划分。这种方法除存在以上所讲的主观性、随意性、缺乏全局观的特点以外，还存在效率低下、为定量而定量的现象。评价标准显得过于宏观和笼统，虽然引入模糊权重评价方法，但也只能是概念性的定性评价，难以真正做到定性、定量相结合的科学化评估。

究其原因，一是标准本身的缺陷使得调查人员和评价人员难以正确处理不同类型、不同规格资源的合理赋值和对标准中缺项资源的评价处理，加之对世界及全国旅游资源的了解不够，缺乏可用于对比评价的知识赋存，对资源的赋值存在很大的主观性和随意性。二是评价标准本身缺乏不同类型的实用技术标准，难以开展可用于参考的技术性评估。如对休闲度假地的赋值，基本没有考虑气候适宜性（风效指数）、海拔高

度、负氧离子含量、山体坡度、水体性质等因素的定量评估，只是主观打分。这就造成与实践对接不上的局面。例如，根据国标的赋值方法，很多文物资源的等级可以达到五级、特品级旅游资源的标准，但其旅游经济产出几乎为零，有说头但没有看头、干头和赚头，这样的定量化结果反而没什么价值。事实上，旅游资源评价更适合用定性的、同质资源对比的方法进行竞争力分析，而构建严谨的定量指标体系是一件费力不讨好的事情。

当然，这部国标在酝酿和研究的过程中，正是中国观光旅游大发展的时代，对中国旅游发展还是起到了重大的历史作用的。按照一般状况，一个标准出台实施五年左右即应当修订，但到现在已经整整十年时间，因此落后于现实是必然的。问题在于，已经沿用了十年的国标，至少应当修订两次，为什么没有修订？原因是多方面的，没有感觉修订的迫切性，缺乏与时俱进的新认识，不能不说是重要原因。

随着时代的发展，随着旅游市场多元化的需求，对"旅游资源"的要求同过去发生了"翻天覆地"的变化。一是以"钱闲"为主动力的中远程观光旅游，无疑诉求的是景观资源；二是以逃离城市、放松身心为主动力的休闲度假，诉求的是环境资源；三是以追求高品质生活为主的人群，诉求的是环境资源和社会资源；等等。

更有意思的是社会资源，重庆旅游时在解放碑打望（美女）和三亚打造的美女、美食、美景的美丽经济等，都成了旅游吸引物和旅游产业发展的新取向。

有鉴于此，如果还是囿于国标涉及的狭义旅游资源认定和就此进行的开发利用，无疑是不符合时代需求的。

第二节　广义旅游资源内涵

一　旅游资源内涵解读

（一）旅游资源核心

旅游资源的核心问题是吸引力问题，国际上一般称为"旅游吸引物"，而我国学者将它翻译成"旅游资源"，这就造成了认知的误区。"资源"是工业化社会的产物，工业生产需要利用各种各样的工业资源作为初级生产资料。但是对于旅游业发展来讲，不能片面地讲"旅游资源"。原因主要有两方面。

一是缩小了利用范畴。旅游的表层表现是猎奇，深层次是为了寻找差异，更根本的诉求是对家园的回归。一切差异和回归的东西，都可以更深度地吸引游客，并可以纳入旅游开发的行列。狭义的旅游资源只盯住了养眼的东西，硬性的东西，缩小了吸引物的范畴。

二是导致了纯粹的经济模式。按照工业化时代的资源含义来认定旅游资源，旅游开发就容易围绕经济效益展开，而忽视了对社会效益和环境效益的考虑。其实，旅游业是一个国家、区域软实力的代表性产业，如果只将其定位为经济发展的一种模式，则旅游产业不仅永远没有地位，而且会在用地、环保、民生、文化传承等方面产生持续破坏力。

（二）旅游资源的三大特征

从广义旅游的角度来看，旅游资源是无定义可言的，它主要涉及三方面因素。

一是无严格定义。即能够对旅游者产生吸引力的一切事物和因素，是随着社会经济的变化而变化的，因此要严格界定旅游资源的定义和范围是比较困难的。如景观吸引物、专项要素吸引物、环境吸引物、生活方式吸引物、人生境界吸引物等。不具有吸引力的事物和因素则不构成旅游吸引物，如陕西、山西、河南拥有丰富的文物资源，是我国的文物资源大省，但是科学历史价值不等于旅游价值，其旅游资源并不像他们认定的那样丰富，"旅游资源大省"的叫法是不尽科学的。

二是可以开发成旅游产品。旅游资源应该能够被开发利用成旅游产品并产生一定的效益。这里讲的效益不仅仅是经济效益，旅游业首先是形象产业，代表了国家形象、区域形象和地方形象。然后是动力产业，其产业链延伸到国民经济的第一、二、三产业中的众多行业和部门，能够引领和促进地方社会经济的全面发展。最后才是经济效益。

三是不断变化的。即随着时代的变化，社会的进一步发展，旅游产业的推进，新的旅游吸引物不断出现。如在观光旅游阶段，旅游资源仅仅停留在"风景名胜古迹观光"的层面,只有风景名胜才能构成旅游资源。到了度假旅游快速发展阶段,一切能够构成度假吸引力的吸引物都可以成为旅游资源,如生态优良的环境资源、差异化明显的社会资源、振奋人心的精神资源、原生态展现的产业资源以及颇具影响力的品牌资源,这些都是在新的时代下出现的新的旅游吸引物。

(三) 各类旅游资源解读

1. 自然资源解读

要摒弃只有景观才是自然资源的陈旧观念,因为差异化就是旅游资源。以往人们对自然资源的认识是,它们是一个个独立的景观"点",比如,人们提到三亚旅游就会想到三亚的天涯海角,提到杭州旅游就会想到杭州西湖、雷峰塔这些独立的"点"。然而在旅游发展的今天,这种理解显得十分狭隘,将许多优秀的资源排除在外,我们应当把目光转移到"线"和"块"上来,比如探寻古丝绸之路、体验伊犁优美风景道、体验盘旋绵延的青藏公路这些"线"都构成旅游资源。对于"块"而言,主要指的是生态环境,如三亚热带的自然环境、呼伦贝尔草原大美的生态环境等。从此,生态环境不再是背景,而成为主题吸引物,从后台走到前台。这些"线"的资源、"块"的资源都是自然资源。

2. 人文资源解读

对于人文旅游资源来讲,其道理是一样的。对于故宫而言,旅游资源不再局限于单体建筑,故宫整体意境的营造、宫殿组合与整体结构的布局、其所勾勒出来凝重的等级氛围、所展现的恢宏气势及在中国历史上的重要地位这一"品牌"价值,都构成了故宫的旅游资源。再来说说泰山。作为世界自然与文化双遗产,泰山的旅游资源并不局限于其山体及单一的景色,其作为"世界品牌"的影响力与吸引力、历代帝王都要在此封禅的崇高地位、亘古至今诗词歌赋赋予它的独特价值、整体环境渲染所起到的一种升华作用等,都构成了旅游资源。

3. 社会资源解读

差异化就是旅游资源。因此,具有差异化、形成吸引力的社会资源也能构成旅游资源。比如美景、美食、美女、美名等,它们构成的"美丽经济"都是社会旅游资源。再如,傣族泼水节、蒙古族那达慕大会等民俗活动，桂林《印象刘三姐》、杭州宋城《宋城千古情》等时尚演艺、三亚举办的"世界小姐"选拔活动、上海举办的世博会大型盛事活动、北京2008年奥运会大型体育赛事，少数民族地区独特的民俗风情、不同地区人民特有的生活习惯和秉性等"差异化"都构成社会旅游资源。

二 旅游资源的本质

旅游资源的本质不是"景"，而是"境"，不仅仅是"景区"，还有不少"境区"。

境区作为一种新型的旅游区域，具有如下特征。它以旅游业为主导产业，保留了相对完整的旅游资源脉络，具有鲜明的地域文化或主题文化，能够提供景区观光、城镇休闲、乡村度假有机结合的综合旅游产品，最终实现环境的协调、城乡一体化及社会的和谐。其最基本、最重要的特征，是拥有让游客流连忘返——包括优越的生态环境、优美的景观环境、优雅的文化环境和优质的服务环境——的优良旅游环境。很多原生态的区域大多呈现的都是一种"境"：生境、情景、意境等，如香格里拉、稻城亚丁、呼伦贝尔大草原、新疆喀纳斯、青藏高原等。

（一）优越的生态环境

完整的森林、草原、河流、湿地等生态系统，洁净的大气天空，优良的气候条件，即"生态之境"，即"生境"，这是人类童年时代的家园，是地球上不可多得的宝地。这对那些饱受环境污染的困扰之地，只是"生存之境"的人群，有极大的吸引力。

（二）优美的景观环境

对应传统旅游景区，旅游境区景观的优美，在于与生态环境相协调的天然山水和人文环境，与地方文化或主题文化相协调的特色建筑和艺术雕塑，与社区生活相协调的景观化旅游设施、公共设施以及各类标志。相对于"美丽孤岛"式的景区，旅游境区追求较大范围区域具有整体美的"胜境"，其核心竞争力是以处处美景愉悦人。

（三）优雅特色的文化环境

这是旅游境区的灵魂、个性和品牌所在，其主要构成是个性鲜明的文化理念，主题突出的文化形象，脉络清晰的文化传统，丰富多彩的文化载体、健康和谐的文化氛围。因优雅文化而富有理性和智慧，可以做到科学、和谐、可持续发展，对此环境我们称为"理境"，其核心竞争力是以文化感染人、折服人。

（四）优质的服务环境

区域内全社会形成诚信的经营理念，服务业坚持规范的操作程序，从业人员具有熟练的技能，并在真诚微笑中提供高效而优质的服务。这种优质的服务环境，我们称为"情境"，其核心竞争力是以真情感动人。

总之，旅游境区的核心就是强调旅游目的地的"自然原生态""社会文化原生态""心灵意境原生态"，将"生境""胜境""理境""情境"构建成一个复合生态系统，表达出区域的地域性、原真性、完整性、统一性，能够很好地解决"情的延续""境的完整""意的纯净"，可以让旅游者体验享受到地域独特完美纯真的"意境"，推动旅游目的地由"原状态"的旅游业发展过渡到"原生态"的发展。

专栏 3-1　甘肃省张掖市的大美山水就包含了以下之"境"：

- □ 红层丹霞的神奇梦幻之旅；
- □ 大漠戈壁的矿业荒芜之境；
- □ 湿地沙漠融为一体的神奇之境；
- □ 冰川雪峰的寂静纯美之境；
- □ 丝路文化遗存的悠远时空之境；
- □ 游牧民族纯朴古老风情的天域之境；
- □ 宗教场所虔诚信仰的心灵沐场之境；
- □ 遗产农业原态大美的家园之境；
- □ 天苍苍、野茫茫、风吹草低见牛羊的意境；
- □ 辽阔草原牧歌的天籁之境；
- □ 原态自然与宗教一体的天地之境……

此处的境可理解为环境、情境、意境三个层层递进的词语。众所周知，旅游资源主要包括自然景观旅游资源和人文景观旅游资源。资源依托于环境，在旅行的过程中感受环境带来的视觉美感，体会大自然鬼斧神工带来的心旷神怡的情境，以此带来心灵的洗涤和共振，在这种独特的意境中感悟人生的奥秘，发出"寄蜉蝣于天地，渺沧海之一粟"的感慨。对于人文方面，我们不由自主地踏入历史的长河之中，在古人留下的遗址古迹的环境中追寻那些过往的故事，营造出一种"物是人非"的情境，以此浮现出"人事有代谢，往来成古今"的意境，使人久久不能释怀。

在中国，具有"三境合一"特征的旅游地数不胜数，但是不少被开发者以各种无知和逐利的想法破坏了，因此只有真正地抓住旅游资源的本质，剖析其内涵和外延，发挥其最大的效用，把旅游景区打造成旅游境区，才能体现出中国的美丽。

三　旅游资源的认定

（一）不能开发成旅游产品的资源不是旅游资源

旅游资源的核心要点是什么？是对游客具有吸引力和开发后能产生效益。那就是说，只有能转化成旅游产品的才是旅游资源。但是我们在认定时往往是就资源说资源，只要对人（可能是极少数专业人员）具有观赏性、研究性，就认定为旅游资源，而不是从能否转化为旅游产品来认定旅游资源。我们所列入的旅游资源中有不少是不能转化为旅游产品的地理类资源、文物类资源和文化类资源，可以戏称其为"上下几千年，就是不卖钱"。因此，关于旅游资源认定方面的研究有学者未来可大力拓展的空间。

（二）具有竞争力的资源才算旅游资源

旅游资源的优劣有绝对和相对之分。如孟子故里的"三孟"均是国家文物保护单位，价值品位均属上乘。但是"三孟"距离曲阜的"三孔"只有23公里，似乎失去了它应有的价值和地位。因此，我们对旅游资源的评价首先要进行资源竞争力评价，也就是说，有竞争力的资源才算是旅游资源。所以笔者在1990年就提出"抛开三孟，避免资源雷同、近距离重复；让孟母出台……选好拳头产品"，成了山东省邹城市旅游产业发展的科学思路。另外，像银川的"不卖山水卖荒凉，不卖景观卖时尚（大量的户外运动）"就是很好的竞争力策略。至于如何进行竞争力旅游资源评价，其内涵与标准都是应该好好探讨的。

（三）差异就是旅游资源

什么是旅游资源，严格来说没有一个严格的界线。差异就是旅游资源。"熟悉的地方没有风景"，旅游者最愿意感受的是旅游目的地的全方位差异。譬如：

- 乡村老太太身上的大襟褂子；
- 老头手中的大烟袋；
- 光屁股的小娃娃；
- 村姑羞涩的脸蛋；
- 少妇手中纳的鞋底子；
- 全村人好奇的目光，不为人解的行为习惯……

还包括农村的房舍服饰、居住饮食以及农村的集市，如新疆的大巴扎等对城里人来说都是差异化的旅游资源，都可以转化成旅游产品。当然，集市需要把卫生和秩序搞好，才能成为很好的旅游吸引物。

（四）环境是最优最好的旅游资源

新时代，环境才是最优最好的旅游资源，因此，我们要从景观时代逐步走向环境时代。在度假旅游快速发展的今天，休闲旅游、度假旅游与文化体验旅游目的地靠的是环境，而非前面所说的狭义旅游资源。从体验的角度来看，环境构成了重要的旅游资源。良好的环境是开展休闲娱乐、度假运动、修学考察等旅游活动的重要依托，环境提供了最为基础的体验，确定了体验的基调，景点则只是兴奋点。因而，环境不仅是旅游资源，而且可以说是最为重要的旅游资源。比如三亚旅游的最大卖点，就不是某个景点，而是整体环境：天空湛蓝、水质洁净、空气清新、气候温暖、氛围宁静。即使对于观光为主的旅游活动，环境也可能构成最重要的旅游资源，最为震撼人心的是纯生态的自然环境和原生态的生产、生活方式。

第三节　广义旅游资源分类

按照实际发展的需要和理论分析，本章把广义旅游资源分为以下六大类别：景观资源、环境资源、社会资源、精神资源、产业资源和品牌资源，其功能分别是养眼、养身、养心、养神、养业和养名，并以伊犁河谷为例进行说明（见专栏3-2）。

一　景观资源——养眼

景观起初源于"风景"一词。"风景"，《辞海》解释为风光、景色。《大地景观学》《风景建筑学》等著作认为，"风景是自然界体系和社会界体系优化结合的美的环境"；"风景是指以自然景物为主构成的，能引起美感的空间环境"。

1987年《风景名胜区管理暂行条例实施办法》中指出："风景资源指具有观赏、文化或科学价值的山河、湖海、地貌、森林、动植物、化石、特殊地质、天文气象等自然景物和文物古迹、纪念地、历史遗址、园林、建筑、工程设施等人文景物以及它们所处的环境与风土人情"。1999年《风景区规划规范》中指出，景观资源（风景资源）是指能引起审美与欣赏活动，可以作为风景游览对象和风景开发利用的事物与因素的总称。是构成风景环境的基本要素，是风景区产生环境效益、社会效益和经济效益的物质基础。

由此可见，景观资源就是早期的观光旅游资源，是最初级的旅游资源。

二　环境资源——养身

环境旅游资源，顾名思义，就是以旅游环境作为主要吸引物的资源。可以没有壮丽的景观，没有浓厚的人文历史，单凭借其温润的气候、清新的空气、宁静的气氛就可以吸引游客，如乡村旅游的兴起就源于城市居民对周边乡村清新空气、绿色环保饮食产品、纯朴人际关系、慢节奏生活方式的追求。

环境旅游资源由以下三方面构成。

自然生态环境是旅游区地貌、空气、水和动植物等生态因子的总称，这些元素的有机结合形成了旅游区环境的优美与愉悦。影响生态环境旅游资源的指标主要包括植被覆盖率、空气质量和负氧离子、地表水资源及其质量、旅游舒适度、噪声、土壤成分等。

景观视觉环境广义上特指具有视觉特征的景观总体环境，由区域的土地形态（或地形）与土地覆盖（水体、植被及人工开发）所组成，体现一个地理区域的视觉与文化属性，尤其侧重直观的人文景观。

人文软环境泛指与游客常居地有差异的任何人为环境，如城市特色风貌、地域民族风情、服饰、美食、节庆等。

三　社会资源——养心

社会旅游资源主要指民情风俗、人际关系、传统节庆、民间生活方式、特有的民族服饰与文化艺术形式、各类建设风貌及发展成就等，是以人为载体的一种社会事物，注重的是一种差异化的心理触动。

社会旅游资源与人文旅游资源是两个概念，社会旅游资源具有以下特点。

社会旅游资源必须以人为载体，与人类生活密切相连或融为一体。比如，每年一度的划龙舟表演和比赛便是颇具吸引力的社会旅游资源。

社会旅游资源突出人的心理特性，展示独特的地域文化。例如，新加坡重视社会旅游资源的开发。既充分展示现代化国际大都市的繁华和朝气，又保留东方国家固有的文化传统和社会文明。新加坡本身就代表一种社会旅游资源。

社会旅游资源的民族色彩浓厚。以少数民族的服饰为例，从不同特色的帽子可以区分不同的民族。维吾尔族的花帽、藏族的金花帽、裕固族的喇叭形红缨帽、回族的白帽等都各有特点，展示了浓郁的民族色彩。

社会旅游资源与人类生活有密切联系，充分体现人的创造性。如深圳市从几十年前的普通集镇一路突飞猛进，发展成为现在高楼林立、商贸发达、生活惬意的国际化大都市，深圳的城市景观便是体现人的创造性的社会旅游资源。

有学者对社会资源进行了分类（见表3-1）。

表 3-1 社会旅游资源分类

类型	旅游景观	举例
设施	当代工程（水利、电力、交通、其他社会公共服务设施等）；当代建筑（展馆、高楼、雕塑等）	三峡工程、秦山核电站、太湖大桥、上海东方明珠塔、北京天安门广场、北京奥林匹克体育中心
事件	节庆会展、轰动事件、体育赛事	广州交易会、上海F1汽车比赛
人物	名物、名人、名城	青岛海尔电器、中国（上海）姚明、江阴华西吴仁宝、改革开放窗口——深圳
活动	当代艺术创造（舞蹈、影视、音乐等）	舞蹈《千手观音》、电影《乔家大院》、歌曲《太行山上》
环境	特色街区、特色社区、特色民风	重庆解放碑步行街、江苏华西村、河南南街村

四 精神资源——养神（以红色旅游资源 宗教资源为主）

何谓精神资源？目前没有一个确切的定义。诺贝尔经济学奖得主罗伯特·威廉·福格尔总结了最重要的15种精神资源：目的感；认识机会能力；感到自己是工作和生活的主人；一种强烈的家庭观念；集体感；有能力与各种各样的群体和谐相处；仁慈观；劳动观；纪律性；能够使自己的精神高度集中；能够抵御享乐主义的诱惑；自我教育的能力；对知识的渴望；品质鉴赏力；自信心。可见，精神资源事关生活品位的点点滴滴，它无法简单地继承，可以由后天培养和创造而来。

精神资源的表现形式有很多。虔诚的人们去宗教场所禅修、悟道和朝拜，寻找心灵的纯净空间；大力发展的红色旅游，革命精神资源的追求；中央电视台的精神品牌栏目《感动中国》以评选出当年度具有震撼人心、令人感动的人物为主打内容，崇尚的是一种让心灵震撼的精神力量；还有以"爱国爱疆、团结奉献、勤劳互助、开放进取"为灵魂的新疆精神，成为精神坐标……这些都构成了精神资源。

五 产业资源——养业（本业、新业）

对于产业旅游资源，目前还没有一个准确完整的定义。从旅游资源定义出发来理解产业旅游资源，即在产业方面对旅游者产生吸引力，可以为旅游业开发利用并可产生经济效益、社会效益和环境效益的各种事物和因素。

产业旅游资源包括很多方面，比如可以开展工业旅游的遗产矿山、工业，传统工艺和现代工业；可以开展乡村旅游的农田、牧场、渔场、林地；它们原为各自的产业功能而存在，由于求知、求新、求奇等旅游需求的出现，便为旅游者所感兴趣并能激发其旅游动机，遂转化为旅游资源。

产业旅游资源作为旅游资源所具有的基本特征如下。

一是具有吸引力。产生吸引力的因素包括产业资源本身，如矿山、湖泊、河流、田野、森林；产业的组织载体，如农村、工厂、农业科技园；生产景观，如农村果园丰收季节的采摘场景、工厂自动化生产流程现场；先进的富有特色的生产技术、生产过程；产业产品，如劳动成果、旅游商品；相关文化，行业文化、与生活相关的习俗等。

二是能为旅游业所利用。这一点也符合旅游资源的定义，但是现实当中往往存在未能进行旅游开发的情况，如资源未成规模、吸引力范围有限、不可开放以及旅游环境容量过小等因素会导致产业资源无法进行旅游开发。

三是能产生经济效益、社会效益和环境效益。经济效益如门票收入，服务、促销、直销产品，宣传企业形象，加强企业与市场联系等；社会效益如知识普及、文化教育等；环境效益如促进企业关注环保问题、环保教育等。

最为典型的产业资源当属内蒙古、青藏高原和新疆的天山草原，它们和几百年前模样一样：蓝天、白云、雪峰、林带、绿色的海洋和成群的牛羊。原态的形象和风貌，是一幅天地水草和谐的风景画。

六　品牌资源——荞名

城市品牌是城市特色的集中展现，也是城市营销的重要组成部分。从经济、文化、交通、环境到居住、安全、教育和城市建设，每一个环节都关系着城市品牌的整体塑造。城市品牌本身就是一种吸引力，如国家历史文化名城北京、旅游城市承德、园林城市苏州、宜居城市威海、"动感之都"香港等地，城市品牌资源是广义旅游资源的重要组成部分。

形成城市品牌的重要组成要素如下。

（1）空间地理特征。上海始终是改革开放和经济发展的前沿，这与其所处地理区位有密切的联系。

（2）文化底蕴。一是城市的历史文化，如南京被称为"六朝古都"；二是积淀而成的城市文化，如巴黎有"时尚之都"的美称。

（3）要素禀赋。包含自然资源、人力资源、金融资本资源。三者在城市品牌塑造方面都起着非常重要的作用。

（4）经济实力。如经济发达程度、服务业发达程度等，这是对城市品牌起决定性作用的因素。

（5）产业优势。核心产业会构成城市的内涵，带动其他相关产业甚至城市周边地区的发展，如"国际影都"洛杉矶。

（6）人居环境。主要包括城市生态环境、生活质量以及人文风情等。构成城市至关重要的品牌因素。

（7）政府能力。政府能力是城市品牌要素中不可忽视的组成部分，很大程度上反映了城市的发展前景，它对城市居民关于城市的评价具有重要的影响作用。

第四节　广义旅游资源的评价

针对以上提出的广义旅游资源分类，分别提出相应的评价标准。

一　景观资源评价标准

景观资源的评价要以国家旅游局和中国科学院地理研究所制定的《旅游资源分类、调查与评价》（GB/T18972－W2003）为依据。

（一）景观资源评价因子

本标准依据"旅游资源共有因子综合评价系统"赋分。设"评价项目"和"评价因子"两个档次，评价项目为"资源要素价值""资源影响力""附加值"。

其中：

（1）"资源要素价值"项目中含"观赏游憩使用价值""历史文化科学艺术价值""珍稀奇特程度"、"规模、丰度与几率""完整性"等5项评价因子。

（2）"资源影响力"项目中含"知名度和影响力""适游期或使用范

围"等 2 项评价因子。

(3)"附加值"含"环境保护与环境安全"1 项评价因子。

(二) 计分方法

1. 基本分值

(1) 评价项目和评价因子用量值表示。资源要素价值和资源影响力总分值为 100 分，其中：

"资源要素价值"为 85 分，分配如下："观赏游憩使用价值"30 分、"历史文化科学艺术价值"25 分、"珍稀或奇特程度"15 分、"规模、丰度与几率"10 分、"完整性"5 分；

"资源影响力"为 15 分，分配如下："知名度和影响力"10 分、"适游期或使用范围"5 分；

"附加值"中"环境保护与环境安全"，分正分和负分。

(2) 每一评价因子分为 4 个档次，其因子分值相应分为 4 档。

(3) 景观资源评价赋分标准，见表 3-2。

表 3-2　旅游资源评价赋分标准

评价项目	评价因子	评价依据	赋值
资源要素价值（85 分）	观赏游憩使用价值（30 分）	全部或其中一项具有极高的观赏价值、游憩价值、使用价值	30~22
		全部或其中一项具有很高的观赏价值、游憩价值、使用价值	21~13
		全部或其中一项具有较高的观赏价值、游憩价值、使用价值	12~6
		全部或其中一项具有一般观赏价值、游憩价值、使用价值	5~1
	历史文化科学价值、艺术价值(25 分)	同时或其中一项具有世界意义的历史价值、文化价值、科学价值、艺术价值	25~20
		同时或其中一项具有全国意义的历史价值、文化价值、科学价值、艺术价值	19~13
		同时或其中一项具有省级意义的历史价值、文化价值、科学价值、艺术价值	12~6
		历史价值、文化价值、科学价值、艺术价值同时或其中一项有地区意义	5~1

续表

评价项目	评价因子	评价依据	赋值
资源要素价值（85分）	珍稀奇特程度（15分）	有大量珍稀物种，或景观异常奇特，或此类现象在其他地区罕见	15~13
		有较多珍稀物种，或景观奇特，或此类现象在其他地区很少见	12~9
		有少量珍稀物种，或景观突出，或此类现象在其他地区少见	8~4
		有个别珍稀物种，或景观比较突出，或此类现象在其他地区较多见	3~1
	规模、丰度与几率（10分）	独立型旅游资源单体规模、体量巨大；集合型旅游资源单体结构完美、疏密度优良级；自然景象和人文活动周期性发生或频率极高	10~8
		独立型旅游资源单体规模、体量较大；集合型旅游资源单体结构很和谐、疏密度良好；自然景象和人文活动周期性发生或频率很高	7~5
		独立型旅游资源单体规模、体量中等；集合型旅游资源单体结构和谐、疏密度较好；自然景象和人文活动周期性发生或频率较高	4~3
		独立型旅游资源单体规模、体量较小；集合型旅游资源单体结构较和谐、疏密度一般；自然景象和人文活动周期性发生或频率较小	2~1
	完整性（5分）	形态与结构保持完整	5~4
		形态与结构有少量变化，但不明显	3
		形态与结构有明显变化	2
		形态与结构有重大变化	1
资源影响力（15分）	知名度和影响力（10分）	在世界范围内知名，或构成世界承认的名牌	10~8
		在全国范围内知名，或构成全国性的名牌	7~5
		在本省范围内知名，或构成省内的名牌	4~3
		在本地区范围内知名，或构成本地区名牌	2~1
	适游期或使用范围（5分）	适宜游览的日期每年超过300天，或适宜于所有游客使用和参与	5~4
		适宜游览的日期每年超过250天，或适宜于80%左右游客使用和参与	3
		适宜游览的日期每年超过150天，或适宜于60%左右游客使用和参与	2
		适宜游览的日期每年超过100天，或适宜于40%左右游客使用和参与	1
附加值	环境保护与环境安全	已受到严重污染，或存在严重安全隐患	-5
		已受到中度污染，或存在明显安全隐患	-4
		已受到轻度污染，或存在一定安全隐患	-3
		已有工程保护措施，环境安全得到保证	3

2. 计分与等级划分

（1）计分。根据对旅游资源单体的评价，得出该单体旅游资源共有综合因子评价赋分值。

（2）旅游资源评价等级指标。依据旅游资源单体评价总分，将其分为五级，从高级到低级为：

五级旅游资源，得分值域为90分以上。

四级旅游资源，得分值域为75~89分。

三级旅游资源，得分值域为60~74分。

二级旅游资源，得分值域为45~59分。

一级旅游资源，得分值域为30~44分。

此外还有未获等级旅游资源，得分为29分以下。

其中：五级旅游资源称为"特品级旅游资源"；四级、三级旅游资源被通称为"优良级旅游资源"；二级、一级旅游资源被通称为"普通级旅游资源"。

二　环境资源评价标准

旅游环境质量评价是一种专门性的价值评估，是进行旅游环境规划的基础和前提。

（一）环境旅游资源评价因子确立

对环境旅游评价主要有三个方面的内容：一是作为自然背景生态环境要素的质量分析（旅游生态环境质量评价）；二是作为旅游对象的景观要素的美学质量分析（景观视觉环境评价）；三是作为人文背景的社会文化要素的质量分析与评价（旅游社会软环境质量评价）。因子归类汇总，得出环境旅游资源的评价体系。

1. 生态环境资源评价因子

生态环境资源评价主要包含对空气质量、气候适宜性、空气负离子和噪声的评价，水资源和植被覆盖率纳入景观视觉环境当中。

（1）空气质量。空气质量状况与休闲度假旅游发展关系密切，是保证旅游区拥有一流自然环境质量的重要因素。我们用空气污染指数（API）来反应旅游地空气质量。目前我国计入空气污染指数的项目暂定为：二氧化硫、氮氧化物和总悬浮颗粒物。

空气污染指数是由某一项污染物的周日平均浓度与空气污染指数分级浓度限值比较计算得到。

测量空气中二氧化硫、氮氧化合物、总悬浮颗粒物的密度，根据公式：

$$I_i = \frac{C_i - C_{ij}}{C_{ij} + C_{ij}}(I_{ij+1} - I_{ij}) + I_{ij} \qquad (3-1)$$

计算其污染指数 I_i，

式中：I_i 第 i 种污染物的污染分指数；

C_i 第 i 种污染物的浓度值；

$I_{i,j+1}$ 第 i 种污染物 $j+1$ 转折点的污染分项指数值；$C_{i,j}$ 第 j 转折点上 i 种污染物（对应于 $I_{i,j+1}$）浓度值；

$C_{i,j+1}$ 第 $j+1$ 转折点上 i 种污染物（对应于 $I_{i,j+1}$）浓度值；

各种污染参数的污染分指数都计算出以后，取最大者为该区域或城市的空气污染指数 API：API = max（I_1，I_2，…，I_i，…，I_n），取其中最大的污染指数 API。

API 的分级标准见表 3-3。

表 3-3　API 的分级标准

分值	2~5	0~2	-2~0	-5~-2
API	API < 50	50 < API < 100	100 < API < 200	API > 200

实际上当 API 大于 100 的时候，说明项目地已经有轻度污染，对健康有一定影响。

（2）气候适宜性。人们在选择度假和康体地时，气候条件是首要考虑的因素。对人体影响最大的指标是气温、湿度、风力、日照，它们直接影响人体与外界环境的热量与水分交换。气候适宜性评价目前比较常用的气候生理指标有温湿指数 THI 和风效指数 K。

首先测量当地的气温、相对湿度、风速、日照时数，温湿指数（THI）和风效指数（K）按下列通常采用的公式来计算：

$$THI = T - 0.55(I - f)(T - 58) \qquad (3-2)$$

$$T = 1.8t + 32 \qquad (3-3)$$

$$K = -(10\sqrt{v} + 10.45 - v)(33 - t) + 8.55s \qquad (3-4)$$

上述公式中，t 是摄氏温度，T 是华氏温度，f 是空气相对湿度（以百分比表示），v 是风速（米/秒），s 是日照时数（时/天）。

根据计算值，依据表3-4来确定生理气候评价指标。

表3-4　生理气候评价指标

温湿指数(THI)		风效指数(K)	
范围	感觉程度	范围	感觉程度
25.0~26.9	暖	-1000~-800	冷凉
17.0~24.9	舒适	-800~-600	凉
15.0~16.9	凉	-600~-300	舒适
<15.0	冷	-300~-200	暖

除非专向旅游，"热"和"冷"两个级别均不适合旅游，气候适宜性也与时间有关。在一年之内感到凉、舒适、暖的总天数为旅游舒适期。根据我们多年的研究，旅游舒适期165天以上的为一类地区，151~165天为二类地区，135~150天为三类地区（见表3-5）。

表3-5　气候适宜性评价

分值	2~5	0~2	-2~0	-5~-2
年舒适天数	165	165>d>151	150>d>135	d<135
类别	一类地区	二类地区	三类地区	四类地区

（3）空气负氧离子。大气质量对旅游者的吸引力，在于空气中负氧离子含量多少。空气浮力在浓度每立方厘米1000个以上有利于人体健康。

空气离子形成过程受环境的限制而处于一种动态平衡之中，特定的地区具有特定水平的离子浓度，在海滨、森林、瀑布、湖滨、乡村等地区，一般形成较高浓度的负离子，而这些地区往往成为旅游发展的重点地区。

利用专门的空气离子测量仪对项目地空气负氧离子进行测量，然后根据有关学者提出的方法计算空气离子评价指数 C_i。

$$C_i = \frac{1}{q} \times \frac{被测空气中负离子浓度}{1000} \qquad (3-5)$$

其中 q 为单极系数，即空气中正离子数与负离子数的比值，即 $q = \frac{n^+}{n^-}$。

根据这一公式计算得到的 C_i 值可以作为制定空气质量的标准，根据相关规定：C_i 值大于 1.0 的为最清洁、1.0~0.7 为清洁、0.69~0.50 为中等、0.49~0.30 为允许、0.29 为临界值。

表 3-6 空气离子评价

分值	2~5	0~2	-2~0	-5~-2
C_i	$C_i > 1.0$	$1.0 < C_i < 0.7$	$0.69 < C_i < 0.50$	$0.49 < C_i < 0.30$

（4）噪声。判断一个声音是否属于噪声，仅从物理学角度判断是不够的，主观因素往往起着决定性的作用。当噪声对人及周围环境造成不良影响时，就形成噪声污染。环境噪声的主要来源有交通噪声、工业噪声、建筑噪声、社会噪声等。

有关专家提出的旅游区噪声控制标准如下。

表 3-7 旅游区噪声控制标准

单位：分贝

类别	昼间	夜间	类别	昼间	夜间
1	<40	<30	4	51~55	41~45
2	41~45	31~35	5	56~60	46~50
3	46~50	36~40			

其中：

一类指旅游度假区，其中包括了沿湖型旅游度假区；

二类指自然风景旅游区；

三类指城市型旅游区；

四类指历史文化型旅游区；

五类指娱乐、运动型旅游区。

根据上述标准，噪声评分标准如下：

表 3-8　噪声评分标准

分值	2~5	0~2	-2~0	-5~-2
类别	一类	二类	三类	四、五类

2. 景观视觉环境评价因子

（1）原生态构置。原生态构置原本主要指项目绿量和水的比率，可以定义为：没有被特殊雕琢，存在于民间原始的、散发着乡土气息的各种形态。包括原生态民居、原生态食品、原生态非遗、原生态文化、原生态行为习惯、原生态能源等。

原生态民居指那些历史性、地域性、文化性、整体性、建筑性、生活性都做到了较好传承的民居。它们的价值不仅仅在于建筑本身，还在于它们承载着原汁原味的乡土生活，承载着原生态环境的历史印记。

所谓"原生态食品"，就是自然赋予作物的最本原的一种生活状态，它的基本要义至少应该包括远离技术性和远离操纵性，其凸显的特征应该是天然之美、自然之美和原始之美。

原生态文化指原生态民歌、原生态舞蹈等文化形态。

（2）景观协调性。视觉景观是从一个给定的观察点所能见到的景致，视觉景观必须与人及人所用的区域和空间相关联。

（3）景观视觉环境评价。景观视觉环境评价主要内容是对原生态构置和景观协调性的评价，其中：

原生态构置主要包括两部分，一为自然原生态，指植被覆盖率、水资源、生物多样性、地表水质等因素；二为活体原生态，指原生态歌舞、原生态民居、原生态建筑等。

景观协调性主要内容为自然景观协调和自然与建筑物协调，评价因子包括色彩、邻近景观的影响、人为改变方面，具体如表 3-9 所示。

表 3-9 景观视觉环境评价

		评价因子	评价等级(分)			
			5~2	2~0	0~-2	-2~-5
景观视觉环境	原生态构置	自然原生态				
		植被覆盖率(%)	>95	85~95	75~85	<75
		水资源	丰富	较丰富	一般	较少
		生物多样性(种)	>15	12~15	8~11	<8
		地表水质	好	较好	一般	不好
	活体原生态	建筑、歌舞、生活形态	没有雕琢、原始状态保持完好	保存较好	一般	彻底改变
	景观协调性	色彩	好	较好	一般	不好
		邻近景观的影响	好	较好	一般	不好
		人为改变	有利于视觉变化	未引起美感不和谐	景观被干扰,广泛上没有影响	景观质量丧失或降低

3. 软环境资源评价因子

（1）安全系统评价。旅游安全评价具有两层含义：其一是旅游自身系统是否安全,自身结构是否受到破坏；其二是旅游系统对于人类是否安全,即旅游系统所提供的服务能否满足游客的安全需要。

对于安全的评价在专题度假旅游中应用比较广泛,比如攀岩、漂流等项目的安全评价对于旅游地有重要的意义。在普通以环境资源为主旅游地的安全评价则缺少相应的安全系数评价,只是评价一下几个因素即可。

按照表 3-10 中的几个指标可以把旅游区的安全指数分为四个等级。

表 3-10 旅游安全指数分级

评价因子	分值			
	2~5	0~2	-2~0	-5~-2
社会秩序	好	较好	较差	差
卫生状况	好	较好	较差	差
旅游设施	完善	一般	少	没有
自然灾害	没有	少	较少	多
娱乐设施及服务	好	较好	较差	差
救援组织	及时	较及时	较差	差

(2) 好客度评价。一个地区好客度是使游客产生良好印象的重要因素，甚至是一种极具诱惑力的旅游资源。旅游地居民及服务人员的好客与否主要在于游客的切身体验。所以适宜用问卷调查的方法来评价旅游地好客度。

问卷调查分两部分，一部分是旅游地当地居民对于旅游的态度和文明程度，一部分为旅游者的切身体验。

当地居民问卷调查所含因素：居民对于旅游的态度、文明程度、意识形态等；旅游者体验所含因素：热情程度、主动度、是否主动介绍景点、特色等。

通过问卷调查分析，可以将旅游地的好客度分为四级。

表 3 – 11　旅游地的好客度分级

分值	2 ~ 5	0 ~ 2	– 2 ~ 0	– 5 ~ – 2
类别	热情程度高,居民意识强	较好	一般	差

(3) 人文特色。人文包括的范围很广，归纳起来，大致可分为历史文物古迹、古代与现代建筑、民族民俗、宗教建筑及遗存、文化艺术等。环境旅游资源中对于人文特色的评价，主要从"差异性"入手。"熟悉的地方没有风景"，旅游者最愿感受的是旅游目的地的全方位差异。对于人文环境的评价应该针对不同的市场确定不同的评价体系。

表 3 – 12　人文环境评价分级

分值	2 ~ 5	0 ~ 2	– 2 ~ 0	– 5 ~ – 2
特色、差异	大	较大	较小	小

(二) 环境旅游资源评价赋分标准

环境旅游资源评价体系是根据"旅游资源评价赋分标准"，结合环境旅游资源的构成要素及其重要性的不同，确定的环境旅游资源评价标准。

这一评价体系，充分评估了生态环境、景观视觉环境和社会软环境这三大要素在环境旅游资源中的价值。这样的评价标准有利于引导人们对环境资源和环境旅游资源有新的认识，也有利于人们在开发资源中贯彻人与自然、社会和谐共处的可持续发展观。

表 3-13　环境旅游资源评价标准

评价项目	评价因子	评价因素	分值 2~5	0~2	-2~0	-5~-2
生态环境	空气质量	API	API < 50	50 < API < 100	100 < API < 200	API > 200
	气候适宜性	THI、K（年舒适天数）	d > 165	165 > d > 151	150 > d > 135	d < 135
	空气负离子	CI	CI > 1.0	1.0 < CI < 1.7	0.69 < CI < 0.50	0.49 < CI < 0.30
	噪声	噪声	一类	二类	三类	四类、五类
景观视觉环境	景观协调程度	色彩	好	较好	一般	不好
		邻近景观的影响	好	较好	一般	不好
		人为改变	有利于视觉变化	未引起美感不和谐	景观被干扰,广泛上没有影响	景观质量丧失或降低
	原生态构置	自然原生态 植被覆盖率(%)	>95	85~95	75~85	<75
		水资源	丰富	较丰富	一般	较少
		地表水质	好	较好	一般	不好
		生物多样性(种)	>15	12~15	8~11	<8
		活体原生态 建筑、歌舞、生活形态	没有雕琢、原始状态保持完好	保存较好	一般	彻底改变
社会软环境	安全系统	社会秩序	好	较好	较差	差
		卫生状况	好	较好	较差	差
		旅游设施	完善	一般	少	没有
		自然灾害	没有	少	较少	多
		娱乐设施及服务	好	较好	较差	差
		救援组织	及时	较及时	较差	差
	好客度	问卷调查	热情程度高,居民意识强	较好	一般	差
	人文特色	特色、差异	大	较大	较小	小

三　社会资源评价标准

（一）社会旅游资源评价因子

社会旅游资源的评价，设"评价项目"和"评价因子"两个档次，评价项目为"资源影响力""资源特色性""创造性"。

1. 资源影响力

项目中含"差异化""传承性""知名度"3项评价因子。

(1) 差异化。指该项社会资源与旅游者所居住的环境的差别性，只有存在差异，才会对游客产生吸引力。

(2) 传承性。优秀的社会资源会一代一代传承下去，拥有悠久的历史，是评价社会资源影响力的重要因素。

(3) 知名度。社会资源知名度大小也是评价社会资源影响力的因素。

表3-14 资源影响力评价因子

评价因子	分值			
	2~5	0~2	-2~0	-5~-2
差异化	差异化极大，对游客产生极大的吸引力	差异化较大，对部分游客能产生吸引力	差异化较小，对游客吸引力较小	差异化不明显，与游客所处居住环境相似
传承性	有悠久的历史，从古至今世代传承	有较长的历史，历史传承下来的资源	仅有历史可循	无历史可循的新兴事物
知名度	在国内外有极大知名度	在国内有一定知名度	在本地及周边有一定知名度	仅在本地有所了解

2. 资源特色性

项目中含"地域性""民族性""文化性""完整性"4项评价因子。

表3-15 资源特色性评价因子

评价因子	分值			
	2~5	0~2	-2~0	-5~-2
地域性	有浓厚的地域色彩、地方气息	地域色彩鲜明，地方性强	能体现地域性	资源一般化
民族性	民族韵味浓厚	有民族色彩	民族性不明显	资源同质化
文化性	文化内涵深远	文化内涵突出	文化内涵一般	无明显文化内涵
完整性	完整历史风貌遗存	历史风貌较完整	有历史风貌，但更多的是现代因素	完全的现代雕琢

（1）地域性。社会资源要能够体现当地的特色，有浓郁的地方气息。

（2）民族性。社会资源要能反应民族特色，有民族独特韵味。

（3）文化性。社会资源要以文化为灵魂，植入文化内涵。

（4）完整性。社会资源要有完整的历史风貌保存。

3. 资源创造性

项目中含"人类参与性""取得成就""成熟程度"3项评价因子。

（1）人类参与性。社会旅游资源与人类活动有着密切的联系，人类活动是构成社会旅游资源的重要因素，也是创造性的重要载体。

（2）取得成就。主要包括人类活动造就社会旅游资源的知名度大小、所取得的成就、所产生的影响等方面。

（3）成熟程度。如城市发达程度，民俗节庆活动的感召力、影响力，艺术创造的感染力，大型工程的发展情况等。

表3-16 资源创造性评价因子

评价因子	分值			
	2~5	0~2	-2~0	-5~-2
人类参与性	人类活动极大地推动了社会资源的发展	人类活动促进了社会资源的发展	社会资源的发展仅有人类活动的足迹	人类活动参与性少，接近于人文资源
取得成就	取得了瞩目的成就	在小范围内取得一些成就	无明显成就	处于开发阶段或开发不足
成熟程度	资源成熟，快速发展	资源较成熟	资源开发处于探索阶段	资源发展处于萌芽状态

（二）社会旅游资源评价赋分标准

社会旅游资源评价体系是根据"旅游资源评价赋分标准"，结合社会旅游资源的构成要素及其重要性的不同，确定的社会旅游资源评价标准。

四 精神资源评价标准

（一）精神旅游资源评价因子

精神旅游资源的评价，对人的鼓舞激励构成其核心吸引力，设"评价项目"和"评价因子"两个档次，评价项目为"激励性"和"精神载体"。

表 3-17　社会旅游资源评价标准

评价项目	评价因子	分值 2~5	0~2	-2~0	-5~-2
资源影响力	差异化	差异化极大，对游客产生极大的吸引力	差异化较大，对部分游客能产生吸引力	差异化较小，对游客吸引力较小	差异化不明显，与游客所处居住环境相似
	传承性	有悠久的历史，从古至今世代传承	有较长的历史，历史传承下来的资源	仅有历史可循	无历史可循的新兴事物
	知名度	在国内外有极大知名度	在国内有一定知名度	在本地及周边有一定知名度	仅在本地有所了解
资源特色性	地域性	有浓厚的地域色彩、地方气息	地域色彩鲜明，地方性强	能体现地域性	资源一般化
	民族性	民族韵味浓厚	有民族色彩	民族性不明显	资源同质化
	文化性	文化内涵深远	文化内涵突出	文化内涵一般	无明显文化内涵
	完整性	完整历史风貌遗存	历史风貌较完整	有历史风貌，但更多的是现代因素	完全的现代雕琢
创造性	人类参与性	人类活动极大地推动了社会资源的发展	人类活动促进了社会资源的发展	社会资源的发展仅有人类活动的足迹	人类活动参与性少，接近于人文资源
	取得成就	取得了瞩目的成就	在小范围内取得一些成就	无明显成就	处于开发阶段或开发不足
	成熟程度	资源成熟，快速发展	资源较成熟	资源开发处于探索阶段	资源发展处于萌芽状态

1. 激励性

项目中含"激励程度""影响力""继承性""取得成就"4 项评价因子。

（1）激励程度。精神旅游资源核心在于产生正向激励性，这是精神旅游资源评价的核心要素。

（2）影响力。主要包括精神旅游资源的影响范围和知名度。

（3）继承性。优秀的精神资源要世代传承，并与时俱进。

（4）取得成就。在精神资源的激励下，人们取得的成就。

2. 精神载体

项目中含"完整性""规模""开发状态"3 项评价因子。

（1）完整性。精神资源需要一定的载体来表现，由于破坏及重视程度等原因，会出现载体不完整的情况。

（2）规模。载体的规模会影响精神资源的激励作用、感染力、号召力等，规模因素也构成了精神资源评价的一个重要因素。

（3）开发状态。载体的开发状态具体表现在是否被开发、开发程度、开发潜力等方面。

（二）精神旅游资源评价赋分标准

精神旅游资源评价体系是根据"旅游资源评价赋分标准"，结合精神旅游资源的构成要素及其重要性的不同，确定的精神旅游资源评价标准。

表 3-18 精神旅游资源评价标准

评价项目	评价因子	分值			
		2~5	0~2	-2~0	-5~-2
激励性	激励程度	普遍适用的激励性	激励性较强	有激励性	激励性差或无激励作用
	影响力	极大影响力	影响力较大	一般影响力	极小范围或无影响力
	继承性	世代传承、发扬	部分地区时代传承、发扬	某段时期的典型性	未曾继承
	取得成就	在精神资源激励下取得了辉煌的成就	激励作用较明显，取得一定成就	有口号，有行动	空有口号，无行动
精神载体	完整性	载体完整，表现力强	载体较完整，能够表现精神	载体残缺，表现力差	无载体，无法表现精神
	规模	规模巨大，容量大	规模较大，容量适当	规模较小，容量不足	无规模，无法承载
	开发状态	充分开发，完美展现精神	具备开发潜力，能够展现精神	开发萌芽，展现力差	未开发，无法展现

五 产业资源评价标准

（一）产业旅游资源评价因子

产业旅游资源的评价，设"评价项目"和"评价因子"两个档次，评价项目为"吸引力""原生态""开发可能性"。

1. 吸引力

项目中含"产业载体知名度""科学性与知识性""新奇性"3项评价因子。

(1) 产业载体知名度。产业旅游资源有一定载体做支撑，其载体的知名度大小会影响产业旅游资源的吸引力大小，这一因素便构成了产业旅游资源的评价因子之一。

(2) 科学性与知识性。探求科学与对知识的渴望也影响着吸引力的大小，某些产业资源的成功开发就在于其具有科学价值和丰富的知识。

(3) 新奇性。新、奇都会对游客产生吸引力，进而产生旅游活动。

2. 原生态

项目中含"特色性""文化性""差异性""地域性"4项评价因子。

(1) 特色性。分为特色鲜明，有特色，特色不突出，较普通无特色四项。

(2) 文化性。分为文化内涵丰富，有文化内涵，文化不明显，无文化内涵可言四项。

(3) 差异性。分为差异明显，有一定差异，差异不明显，雷同无差异四项。

(4) 地域性。分为地域色彩浓厚，有地域色彩，地域特色不明显，同质化、一般化四项。

3. 开发可能性

项目中含"资源规模""吸引力范围""开放性""旅游容量"4项评价因子。

前面产业旅游资源部分我们已经提到，能进行旅游开发才能成为旅游资源，而影响其开发的重要因素包括资源规模大小、吸引力范围、开放程度以及旅游容量的大小，因此，以这四项作为产业旅游资源评价的评价因子。

(二) 产业旅游资源评价赋分标准

产业旅游资源评价体系是根据"旅游资源评价赋分标准"，结合产业旅游资源的构成要素及其重要性的不同，确定的产业旅游资源评价标准。

表 3-19　产业旅游资源评价标准

评价项目	评价因子	分值			
		2~5	0~2	-2~0	-5~-2
吸引力	产业载体知名度	产业载体知名度高	产业载体知名度较高	产业载体知名度较低	产业载体无知名度
	科学性与知识性	科学价值高,蕴含丰富知识	科学价值较高,有一定知识性	科学价值较低,知识性低	无科学价值,无知识可取
	新奇性	新颖、奇异	有新鲜感、有奇思妙想	新鲜感弱,较为普通	常见而普通
原生态	特色性	特色鲜明	有特色	特色不突出	普通无特色
	文化性	文化内涵丰富	有文化内涵	文化不明显	无文化内涵可言
	差异性	差异明显	有一定差异	差异不明显	雷同无差异
	地域性	地域色彩浓厚	有地域色彩	地域特色不明显	同质化、一般化
开发可能性	资源规模	规模庞大,能够支撑开发	规模较大,适当开发	规模较小,开发困难	规模过小,无法开发
	吸引力范围	普遍性强,吸引力范围广	专项性强,吸引力范围有限	吸引力范围受局限	吸引力范围极小,无开发价值
	开放性	完全开放,社区化	部分开放,范围较大	开放范围狭隘	不开放
	旅游容量	容量大,能够进行旅游开发	容量较大,数量有限制	容量有限,规模小	容量小,极易超载

六　品牌评价标准

(一) 品牌旅游资源评价因子

品牌旅游资源的评价,设"评价项目"和"评价因子"两个档次,其核心在于品牌的品质性,而对品牌品质性的评价分为定量化评价和定性化评价。

(1) "定量化评价",包括品牌多少、品牌等级两项。

(2) "定性化评价",包括知名度影响力、旅游关联性、历史文化性、品牌符实性、类别丰富性五项。

此外还包括专项品牌如沙漠治理城市等。

(二) 品牌旅游资源评价赋分标准

品牌旅游资源评价体系是根据"旅游资源评价赋分标准",结合品牌旅游资源的构成要素及其重要性的不同，确定的品牌旅游资源评价标准。

表 3-20 品牌旅游资源评价标准

评价项目		评价因子	分值			
			2~5	0~2	-2~0	-5~-2
品牌品质性	定量化评价	品牌多少	5个及以上	3~4个	1~2个	无
		品牌等级	世界级	国家级	地区级	低等级
	定性化评价	知名度影响力	知名度高	有知名度	知名度较低	无知名度
		旅游关联性	关联性强	有关联性	关联性较小	无关联性
		历史文化性	历史悠久、文化深厚	文化深厚	历史性、文化性较小	无历史、无文化内涵
		品牌符实性	品牌反映城市现状	城市需提升来满足品牌要求	城市距品牌要求有较大差距	品牌过时、名实不符
		类别丰富性	品牌多样，类别丰富	品牌类别较丰富	品牌类别较少	无品牌

七 广义旅游资源评价的利用及拓展——旅游境区评价

（一）指标体系

随着我国经济快速增长和重视发展旅游，人们在收入提高、闲暇时间增多、旅游动机和消费倾向发生很大变化的前提下，对"走马观花"式的观光游不再情有独钟，度假游和综合性休闲游迅速兴起。游客更喜欢享受旅游区域带来的地域特色以及整体感受，而这实际上就要求旅游目的地要积极适应广义旅游的需求，开发广义旅游资源，建设成为"旅游境区"，它应当是旅游景区或旅游目的地转型升级的目标。根据上述旅游境区的概念和特征，结合旅游业发展趋势，从"生境""胜境""理境""情境"等方面，结合原真性与完整性理念提出旅游境区标准。构建以下境区标准评价框架（见图 3-1）和体系（见表 3-21），并以伊犁为案例进行说明。

（二）相关指标解释

旅游气候舒适度是指人们无须借助任何防寒、避暑措施就能保证

第三章 广义旅游资源

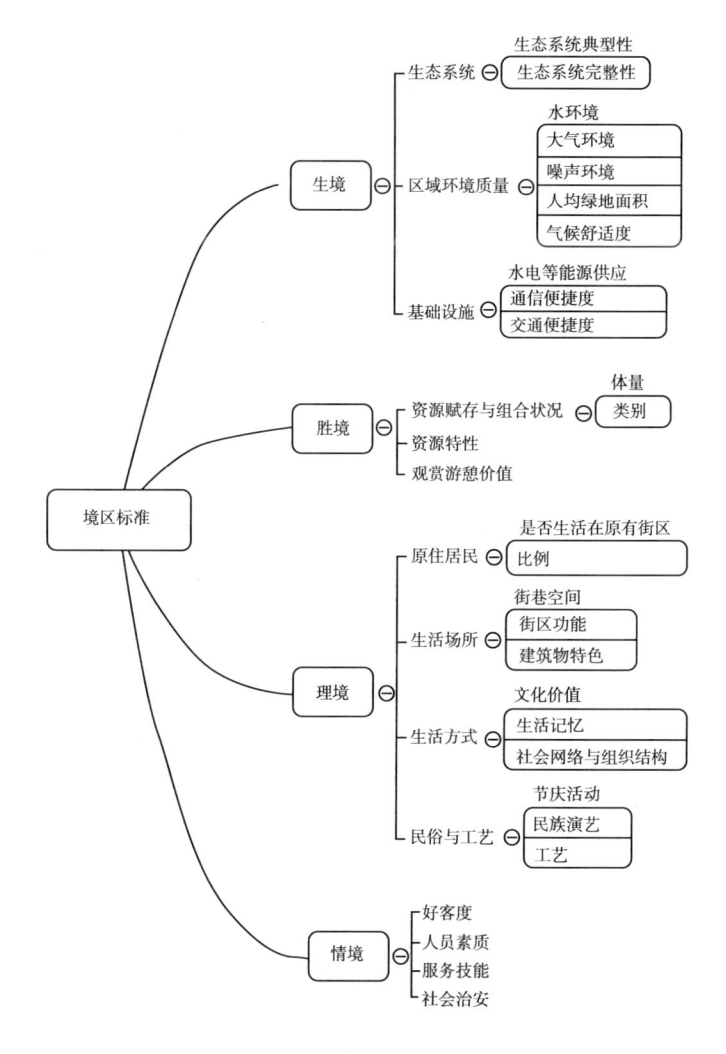

```
                        ┌─ 生态系统 ─┬─ 生态系统典型性
                        │            └─ 生态系统完整性
                        │            ┌─ 水环境
              ┌─ 生境 ──┼─ 区域环境质量┤─ 大气环境
              │         │            ├─ 噪声环境
              │         │            ├─ 人均绿地面积
              │         │            └─ 气候舒适度
              │         │            ┌─ 水电等能源供应
              │         └─ 基础设施 ─┼─ 通信便捷度
              │                      └─ 交通便捷度
              │         ┌─ 资源赋存与组合状况 ─┬─ 体量
              ├─ 胜境 ──┤                      └─ 类别
              │         ├─ 资源特性
              │         └─ 观赏游憩价值
   境区标准 ──┤         ┌─ 原住居民 ─┬─ 是否生活在原有街区
              │         │            └─ 比例
              │         │            ┌─ 街巷空间
              │         ├─ 生活场所 ─┼─ 街区功能
              ├─ 理境 ──┤            └─ 建筑物特色
              │         │            ┌─ 文化价值
              │         ├─ 生活方式 ─┼─ 生活记忆
              │         │            └─ 社会网络与组织结构
              │         │            ┌─ 节庆活动
              │         └─ 民俗与工艺┼─ 民族演艺
              │                      └─ 工艺
              │         ┌─ 好客度
              └─ 情境 ──┼─ 人员素质
                        ├─ 服务技能
                        └─ 社会治安
```

图 3-1 旅游境区标准框架

生理过程正常进行的气候条件。气候是否宜人根据一定条件下皮肤的温度、出汗量、热感和人体调节机能所承受的负荷来确定,主要受太阳辐射、最高(低)气温、相对湿度、风力等因素的影响。气候舒适度评价的方案和专项指标有很多,如温湿指数、风效指数、着衣指数、辐射指数等,这里主要选取温湿指数、风寒指数、着衣指数三个指标,其中温湿指数和风效指数在上一节中已经介绍,这里主要介绍着衣指数。

表 3-21 品牌旅游资源评价标准

评价要素	评价因子	评价指标	伊犁评价
生境	生态系统质量	① 生态系统典型、完整 ② 受到破坏干扰较小,基本保持原始状态	拥有典型的河谷草原生态系统;草原生态系统受到破坏较小,破碎度低,连通性高
生境	区域环境质量	①景观用水水质达到国家标准,生活用水达标率≥95%; ②空气污染指数小于100的天数达到300天; ③噪声平均值小于58分贝; ④绿化覆盖率高; ⑤气候舒适度高	景观用水水质达到Ⅱ类以上标准,生活用水达到Ⅰ类以上标准,达标率≥95%;空气污染指数小于100的天数达到300天;噪声平均值小于58分贝,喀拉峻草原、昭苏草原、库尔德宁等小于50分贝;植被覆盖率高;气候舒适度:温湿指数在5~70之间,风寒指数在-300~-50之间,着衣指数值在0.5~1.5之间
生境	基础设施	①水电供应良好; ②交通便捷; ③通信便捷	水电设施比较完备;交通通达性好,公路等级高;通信设施全面,信号好
胜境	资源赋存与组合状况	单体资源规模、体量巨大,保存完整;集合型资源类型很多,密度很高,组合优良	单体资源规模、体量巨大,保存完整;集合型资源类型很多,密度很高,组合优良
胜境	资源特性	资源特色很强,项目新奇度、参与度很高	资源特色很强,项目新奇度、参与度很高
胜境	观赏游憩价值	全部或其中一项具有极高的观赏游憩价值或使用价值	全部或其中一项具有极高的观赏游憩价值或使用价值
理境	原住居民	①住在原有特色街区; ②比例>60%	住在原有特色街区 比例>60%
理境	生活场所	①街巷空间结构符合地域与文化特色; ②街区功能维持其主要的居住功能和社会结构; ③建筑物具有地域和民族特色	符合哈萨克等民族的特色 符合哈萨克等民族的特色 符合哈萨克等民族的特色
理境	生活方式	①人文精神强、文化价值高 ①日常民族服饰; ②风味饮食(制作工艺、口味); ③耕作方式等保留着传统的生活方式,具有一定的历史传承性	符合哈萨克等民族的特色 符合哈萨克等民族的特色

续表

评价要素	评价因子	评价指标	伊犁评价
理境		①居民保留着传统的社会待客往来习俗； ②组织结构具有历史传承性	符合哈萨克等民族的特色
	民俗与工艺	①节庆活动紧密结合生活场景，能够向人们传递历史讯息，启迪心灵智慧； ②歌舞演艺表演者主要为原居民，参与性强； ③歌曲等具有民族特色，舞蹈姿势、配套服饰符合特色要求	符合哈萨克等民族的特色
		①工艺品色彩花纹具有民族和地域特色； ②工艺品制作工艺具有民族和地域特色； ③工艺品功能具有民族和地域特色	符合哈萨克等民族的特色
情境	人员素质	从业人员素质高，热情诚信	具有良好的道德修养和职业素质
	好客度	居民好客度高	居民好客度高
	服务技能	①从业人员服务技能高，具有标准化和地域特色； ②解说服务全面标准，能够精准体现当地文化特色	能够精通普通话和哈萨克语，精通专业知识；对哈萨克等民族风情以及当地历史有较深入的了解
	社会治安	社会治安好，稳定度高	犯罪率低，居民幸福指数高
意境	协调统一	生态环境与人文特色和谐统一，即以上"四境"完美统一	生态环境保护良好，草原风光与哈萨克风情完美统一，旅游业各要素完整，规模适中，旅游业发展软环境建设良好，居民好客度高

着衣指数是由澳大利亚学者 Freitas 提出的，他考虑人们通过穿衣来改变气候带来的不舒适情况，该模型在实际研究中得到广泛应用。计算式如下：

$$ICL = \frac{33-t}{0.155H} - \frac{H + \alpha R\cos\alpha}{(0.62 + 19.0\sqrt{V})H} \qquad (3-6)$$

式中：t 为摄氏气温（℃）；H 代表人体代谢率的 75%，单位：W/m^2，取轻活动量下的代谢率，此时 $V = 87 W/m^2$；a 表示人体对太阳辐射的吸收情况，取 0.06；R 表示垂直阳光下单位面积土地所接收的太阳辐射，单位：W/m²；α 是太阳高度角，取平均状况，设纬度为 β，夏季各地太阳高度角为 $90-\beta+23°26'$，冬季时各地太阳高度角为 $90-\beta-23°26'$，春秋各地太阳高度角为 $90-\beta$；V 为风速（m/s）。

综上所述，传统旅游资源主要是从比较单一的观光旅游资源着眼，已经远远不能适应发展的实际，而且会产生误导，形成发展误区。从广义旅游的角度，应当从旅游资源转换为旅游吸引物，由此形成新的评价体系、开发体系、规划体系和发展体系。鉴于旅游资源一词已经使用多年，也约定俗成，词汇不妨继续使用，但是内涵必须更新。

专栏 3-2 伊犁河谷广义旅游资源分类与评价

伊犁河谷位于新疆维吾尔自治区中西部，北面以北天山山脉脊线和博尔塔拉蒙古自治州接壤，东北与塔城地区的乌苏市相连，东南以中天山山脉脊线与巴音郭楞蒙古自治州的和静县毗邻，南以南天山山脉脊线和阿克苏地区的拜城、温宿县联结，西与哈萨克斯坦共和国交界，边境线长 421 公里，地理坐标介于东经 80°9′~84°56′，北纬 42°14′~44°50′。南北最宽处 275 公里，面积 5.6 万平方公里。

伊犁河谷行政辖属一市、八县、一口岸，即伊宁市、伊宁县、霍城县、察布查尔锡伯族自治县、昭苏县、巩留县、特克斯县、新源县、尼勒克县和霍尔果斯口岸。其中霍城县、察布查尔县、昭苏县和霍尔果斯为边境县（口岸）。

结合资源的特性及旅游市场的诉求特征进行综合考虑和分析，可以把伊犁河谷旅游资源分为"景观资源、环境资源、社会资源、产业资源、精神资源"五大类进行综合评价。

一　景观资源

其景观类资源资源特质突出，资源景观特色鲜明，其景观价值极高，资源本身就能成为旅游吸引物，并可以直接作为旅游产品吸引游客市场的观光类旅游资源。

根据景观资源的特征，伊犁河谷境内就资源本身能直接作为观光旅游产品的主要为雪岭云杉草原风光及塞外江南风光两大类，其主要景点有喀拉峻草原、那拉提草原、库尔德宁雪岭云杉、唐布拉百里画廊、夏塔古道、赛里木湖、昭苏油菜花、霍城薰衣草，其次有果子沟、乌孙山、科桑溶洞等。单就资源本身作为旅游产品来吸引客源市场而言，其吸引力均非常有限，很难独立作为旅游产品推向市场。

另外，伊犁河谷整体景观资源整体呈现立体化层次分布的特征，其景观从上到下依次为冰川雪峰、雪岭云杉、山地草原、田园风光（或戈壁滩），构成了一幅景观层次分明、色彩丰富多彩的天然花海大地景观。

结论：立体景观——花海大地是伊犁自然景观资源最大特色，景观资源在伊犁河谷具有较高的代表性，其本身就能构成伊犁河谷的一大旅游产品亮点和吸引点。

二　环境资源

环境资源特指资源本身景观特色不是很突出和鲜明，但整体生态景观环境比较好的资源综合体。其良好的自然环境本身就能成为卖点和吸引力，但必须进行相关配套服务设施的建设，良好的生态环境才能转化为旅游产品。这类资源比较适宜开发户外特种旅游、养生类、康体运动类及休闲度假类旅游产品。

伊犁河谷作为一个地域广阔、人烟稀少、生态资源丰富、气候优良的区域，除了修建水电站环境遭破坏或重工业点受污染的区域外，整个河谷地区均保持了较好的原态的生态景观环境，像喀拉峻草原、那拉提草原、夏塔古道、托乎拉苏大草原等众多景区都保存了纯净、唯美的原态生态环境，可以说，纯净是伊犁生态环境的最大特色和主要卖点及吸引点。

结论：纯净是伊犁河谷生态环境资源最大的特色，纯净、唯美的原生态自然生态环境，比较适合开展体验型度假旅游、休闲度假旅游、康体养生度假旅游和户外运动度假旅游产品。

三　社会资源

社会资源主要指人类生产、生活过程而传承或遗留下来的非物质文化遗产及社会遗产，其主要表现为传统的生产、生活方式，此类资源以体验产品开发为主导，多结合其他资源环境进行整体性综合开发，不仅强调单个产品本身的开发，还注重整体环境、意境和作为生活方式旅游产品的打造。

伊犁河谷地区有着浓郁的哈萨克族风情文化底蕴，另外，其境内还分布着维吾尔、回、蒙古、锡伯等47个民族，形成多民族大分散小聚居的特点。多样化的民族结构演绎和传承着多形态的传统的生产、生活方式，其中，以哈萨克族的游牧生产、生活方式最具代表性，同时传承了个独具各民族特色的传统工艺与饮食文化。另外，伊犁河谷地区一些深山草原里还保持了村容村貌较完整的民族村落，并继续保存着比较原态的生产、生活方式。因此，这些代表着伊犁河谷地区少数民族特色的传统生产、生活方式的社会资源是伊犁河谷地区最具特色的社会遗产资源，同时是伊犁河谷地区活态的生活化石、生活标本及生活地标。

结论：社会遗产是伊犁河谷旅游资源最大的特色，伊犁河谷地区不仅拥有较丰富的社会资源，而且部分极具地域代表性，成为人类历史文化发展过程中一颗璀璨的明珠，有着较大的区域影响力和较高的文化价值及旅游开发价值。

四 产业资源

伊犁河谷土地肥沃，水源充足，草原辽阔，物产丰富，享有"塞外江南""苹果之乡"以及"天马故乡"之美誉。畜牧业、薰衣草业、蜂蜜业、马产业等不断发展壮大，使得购物资源类型多样，并且农产品、畜产品、手工艺品、林产品很容易开发成为旅游购物品；矿业开发使得产业遗址，如铜矿、煤矿遗址成为重要的旅游资源。

结论：以伊犁天马和马文化为依托的马产业资源在伊犁河谷地区产业资源中最具特色和卖点，特色的农业产业资源最为丰富，特色传统民俗工艺文化产业资源也有着巨大的开发潜力，而其他产业资源将是伊犁河谷旅游资源的有效补充。

五 精神资源

精神资源主要是指能满足人生境界、人们心灵、精神及信仰某方面追求，并对其产生较大影响力的自然或文化资源。就其旅游资源而言，主要包括能给游客心灵产生震撼的绝美自然景观环境，以及爱国主义教育文化旅游资源和宗教文化旅游资源三类。作为新疆最美的地方，伊犁有着不少能使游客心灵产生震撼、心旷神怡和极高乐娱感的自然资源，如喀拉峻草原、夏塔古道、昭苏天马草原等；另外，伊犁河谷作为我国的西域边境地区，其边境风情、军垦文化及西域首府（惠远古城）所体现的爱国主义教育文化也是极具代表性的精神旅游资源。同时，当地以伊斯兰教、佛教为代表的宗教文化也是其精神资源的重要组成部分。

结论：天马精神以及自然信仰的精神意识是伊犁河谷地区精神资源最大的特色，绝美的自然景观资源是心灵释放和心灵归宿首要的精神资源，而以爱国主义教育为主要功能的神圣国土文化资源为第二大精神资源，其次为宗教文化资源。

六　评价结论

根据上述分析、评述，伊犁河谷景观资源、环境资源、社会资源、产业资源、精神资源等五大资源呈现以下两大特征。

第一，景观资源、环境资源、社会资源、产业资源及精神资源在伊犁河谷地区都有着较丰富的资源基础，且具有较强的地方特色和代表性，有着较高的开发潜力。

第二，从资源的综合性与整体性考虑，社会资源最具特色和地方代表性，环境资源开发潜力最大，景观资源为近期旅游开发和发展的重点，而产业资源、精神资源的旅游开发将是其他三类资源的有效补充。

参考文献

［1］宋子千、黄远水：《旅游资源概念及其认识》，《旅游学刊》2000 年第 15 卷第 3 期。

［2］张凌云：《市场评价：旅游资源新的价值观——兼论旅游资源研究的几个理论问题》，《旅游学刊》1999 年第 2 期。

［3］宋子千：《论旅游的被吸引性与旅游资源概念》，《旅游学刊》2006 年第 21 卷第 6 期。

［4］杨振之：《论度假旅游资源的分类与评价》，《旅游学刊》2005 年第 20 卷第 6 期。

［5］王建军：《旅游资源分类与评价问题的新思考》，《旅游学刊》2005 年第 6 期。

［6］何效祖：《对国家标准〈旅游资源分类、调查与评价〉的若干修订意见》，《旅游科学》2006 年第 20 卷第 5 期。

［7］谢彦君：《中国旅游发展笔谈——旅游学术研究的前沿关注（二）：在旅游普查实践中用学术的眼光审视目前〈国标〉的得失》，《旅游学刊》2005 年

第 20 卷第 4 期。
[8] 朱竑：《从五种矛盾论旅游资源分类、调查与评价的国际视野和发展眼光》，《旅游学刊》2005 年第 20 卷第 6 期。
[9] 刘益：《中国旅游发展笔谈——旅游资源分类与评价问题（二）——从旅游规划角度论〈旅游资源分类、调查与评价〉的实践意义》，《旅游学刊》2006 年第 21 卷第 1 期。
[10] 毛卫东、黄震方、杨春宇：《社会旅游资源的概念及范畴探析》，《企业经济》2008 年第 7 期。
[11] 李秋、仲桂清：《环渤海地区旅游气候资源评价》，《干旱区资源与环境》2005 年第 19 卷第 2 期。
[12] 夏廉博：《人类生物气象学》，气象出版社，1986。

第四章 广义旅游开发

"开发"是经济学的概念，指将土地、矿产等资源变成产业的活动，涉及开发主体、开发客体、开发方式和开发环境等要素。"旅游开发"就是在一定空间范围内将旅游资源转变为旅游产业的活动，是以旅游吸引物为核心，以旅游基础设施与旅游服务设施为配套的综合性活动。旅游开发一般分为旅游资源的开发（旅游吸引物的开发或称旅游景区点的开发）、旅游区的开发和区域旅游开发（旅游目的地的开发）。区域旅游开发或旅游目的地开发就是在旅游资源分布相对一致的空间内，以中心城市为依托，依据自然地域、历史联系和一定的经济条件、社会条件，根据旅游者的需求，经过人工的开发和建设，形成有特点的旅游空间，即各种类型的旅游目的地。区域旅游开发是发展区域旅游的基础，它是从区域自然、经济、社会、交通和区位条件出发，对旅游空间进行综合性开发，包括资源、市场、产品、商品、人才等一系列的开发和旅游设施的建设。区域旅游开发首先面对五种眼光，领导、专家、开发商、社区、消费者，在现实中，往往服从于强势，或领导，或开发商，专家常常变成强势的注解，但最终是服从旅游消费者的眼光。旅游消费者年龄、身份、学识、性格、地位、经济条件、身体条件千差万别，决定了他们在旅游过程中寻求多种多样的旅游环境、旅游设施和旅游服务。不同的旅游环境、旅游设施和旅游服务，通常又是由不同的旅游开发主体所提供的。旅游开发主体对旅游设施与服务的开发，会受到所在地社会、经济、文化环境和旅游投资优惠政策等旅游开发环境的影响。因此，在不同的开发环境下，不同旅游开发主体在多种多样的旅游要素供给中承担的角色和功能有较大差异。

广义旅游开发是指在一定的时代背景下，旅游目的地政府、企业或居民为吸引游客和增加旅游收益所从事的一切活动。广义旅游开发不仅包括旅游硬件环境的开发，也包括旅游软环境的开发。旅游硬件环境的开发主要指旅游吸引物、旅游服务设施和旅游基础设施的开发。旅游软件环境的开发包括旅游地党政管理者对旅游重视度的开发，旅游管理部门管理能力的开发，旅游从业者素质素养的开发以及旅游地居民好客度的开发等。从旅游资源角度看，广义旅游开发涵盖自然、历史、文化、生态、物产等复合型资源。从综合利用角度看，广义旅游开发涉及观光、休闲、度假、娱乐、运动、体验、节事等活动。从文化空间和地理空间角度看，广义旅游开发从自然空间渗透到生活空间和精神空间，从湖面、湖滨延伸到山林、乡村和城市。从生活方式角度看，广义旅游开发涉及差异环境、悠闲心态和品质生活。因此，广义旅游开发在开发客体上具有广泛的时空、资源、环境、城乡和产业的跨界性和融合性，在开发主体、开发方式和开发环境上具有多样性和复杂性。广义旅游开发的跨界性、融合性、多样性和复杂性，决定了其分类或描述的多样性和无限拓展性，很难用一种分类方法来概括。按照开发强度和开发方式的不同，旅游开发可以分为大众旅游开发和生态旅游开发。按照客源细分市场的不同，可以分为儿童乐园的旅游开发、女性美容养生的旅游开发、养老基地的旅游开发和中青年度假社区的旅游开发。按照旅游产品品质不同，可以分为高端定制式的私享旅游开发、大众超市型的综合性旅游开发和原始探险性的旅游开发。按照社区参与程度的不同，可以分为飞地孤岛式旅游开发和社区参与型旅游开发。按照有无规划指导，可以分为有规划的旅游开发和无规划的旅游开发。在各种旅游研究文献、旅游规划文本和旅游宣传资料中，可以看出不同的旅游研究者、旅游管理者和旅游运营者，往往根据自己的需要，按照不同标准和视角对旅游开发进行分类，以便于传达不同的旅游开发属性和特点。广义旅游开发在传统文化的挖掘与弘扬、农村经济振兴与新农村建设、传统历史街区更新改造、城市与区域形象塑造、文化遗产或遗址的利用、特色城镇化、区域产业结构调整、资源枯竭型城市的转型、老工业基地的振兴、贫困老区或山区的脱贫致富、民族地区的脱贫致富以及区域环境保育等广泛领域发挥着至关重要的作用。

第一节　广义旅游吸引物的开发

一　由景区走向广义旅游吸引物

旅游吸引物的类型和范围随着时代的发展而变化。鸟巢、水立方、上海东方明珠、北京798园区，它们本身就是创新出来的旅游吸引物。深圳如果没有华侨城的旅游吸引物开拓创新，可以说就没有深圳旅游今天的辉煌。大都市上海国际旅游发展甚至超过北京，大都市旅游吸引物到底边界在哪，有哪些构成，至少目前还没有彻底搞清楚。还有，大都市的郊区如果没有认识到农业景观、乡村景观也能吸引游客，也是旅游吸引物，中国城市旅游就会逊色很多。总结国内外近几十年来旅游发展的实践经验不难看出，四种趋势与时代潮流在催生旅游吸引物的创新与拓展。第一，随着旅游市场的成熟和需求的革命性变化，"走马观花"式的观光旅游逐渐让位于深度体验旅游和休闲度假旅游，旅游者不再满足于旅游景区点是否有视觉冲击力和震撼力，而是对目的地的公共生态环境质量要求越来越高。那些公共环境质量不高的地方，即使有很好的旅游景区，其旅游发展前途也不被看好。在这种趋势下，旅游目的地供给正在由封闭的景区向开放的旅游社区化的大境区转变，传统的观光旅游景区分类与评价标准体系已经不适应现代旅游发展的现实需求。第二，传统农业区（含林场）、老工业基地和城市旧城区在全球化时代背景下衰落，被迫寻求产业转型和找到接续产业。中外大量的实践案例证明，旅游产业是振兴传统乡村农业、传统工业基地和旧城区的有效手段。这些地方要通过旅游产业来振兴，就必须挖掘和创新旅游吸引物以吸引游客，从而推动旅游吸引物的创新发展。第三，科技时代的进步和文化创意的突飞猛进，在不断推动旅游吸引物的创新。迪士尼乐园、东方明珠、各种博物馆或展览馆内部的声光电解说系统、古根海姆博物馆、海底世界都是创新的旅游吸引物成果。北京798创意产业区、纽约SOHO区与百老汇、上海新天地、阿拉伯联合酋长国的迪拜、张艺谋的印象系列都是这种类型的创新旅游吸引物。第四，大型节事活动及其遗产，为举办地创造了宝贵的旅游吸引物。北京奥林匹克公园、上海世博园、西安世博园、沈阳世博园、昆明世博园、哈尔滨亚布力冬运滑雪场都为所在地创下了经典的旅游吸引物。从上述阐述可以清楚看出，旅游吸引物是具有时代特点的，是不断创新和与时俱进的，不能以"刻舟求剑""墨守成规"的教条视角去审视旅游吸引物，不能以"关起门来老子天下第一"的心态去看待旅游吸引物，更不能以"抢地盘"的心态把没有市场需求的事物强行编入旅游吸引物系统，要时刻观察和判断旅游需求市场的变化，及时创新旅游吸引物。换句话说，就是要以开放的心态、与市场对接的现实可行性以及广义旅游吸引物视角去解构和评价旅游目的地的旅游吸引物与环境。

旅游吸引物，是指具有吸引国内外游客前往游览的明确的区域场所，能够满足游客游览观光、消遣娱乐、康体健身、求知等旅游需求，应具备相应的旅游服务设施并提供相应旅游服务的独立管理区，包括风景区、文博院馆、寺庙观堂、旅游度假区、自然保护区、主题公园、森林公园、地质公园、水利风景区、游乐园、动物园、植物园及工业、农业、经贸、科教、军事、体育、文化艺术、学习等各类旅游吸引物。旅游吸引物类型多样（见图4-1），基本上反映了旅游吸引物开发的多样性、复杂性和跨界性。旅游吸引物是旅游业的核心要素，是旅游产品的主体成分，是旅游产业链中的中心环节，是旅游消费的吸引中心，是旅游产业面的辐射中心，是区域旅游的发动机，是吸引外地游客的载体，是区域旅游产业大厦的基础。旅游吸引物的开发成败某种程度上决定了旅游目的地开发的成败。美国著名旅游规划专家Clare Gunn在其名著*Vacationscape Design*（《度假景观设计》）一书中，第四章大标题就是"Attractions: First Power"（旅游吸引物是旅游业第一生产力）。

旅游吸引物作为旅游系统中的重要构成要素，有其内在属性特征的要求。首先，旅游吸引物必须具有吸引力。一个景区、一件文物或一座博物馆，之所以成为旅游吸引物，一定有某些特殊的吸引力可以吸引旅游者前来从事旅游活动。任何景观文物是否能成为旅游吸引物，最终要由旅游者的旅游需求和旅游动机来决定。例如，海洋是常在的，临海的地区很早就有海岸或海滩的存在，可是要等到人们有了去海滩晒太阳的旅游动机之后，海滩才成为旅游吸引物。可以看出，旅游吸引物不是绝对永恒的，它

旅游吸引物				
文化吸引物	自然吸引物	大型活动	休闲活动	娱乐吸引物
历史遗址	山岳型	大型节事	摄影	主题公园
考古遗址	湖泊型	社区活动	高尔夫球	娱乐城
建筑景观	海滨型	宗教活动	游泳	电影院
美食小吃	植物型	体育活动	网球	艺术中心
纪念馆	动物型	商品交易会	滑雪滑冰	休闲商业街
工业遗址	海岛型	会议会展	漂流	Shopping
博物馆	沙漠型	夏令营	骑自行车	康乐宫
民族村寨	河流型	企业活动	宿营地	欢乐谷
音乐会	湿地型	各种庙会	游船游艇	游戏厅
剧院	水库型	祭祀庆典	溜索滑道	各种会所

图 4-1　广义旅游吸引物的开发类型

们是相对于旅游动机的变化而出现并存在的。远离市场存在的优良的景观或文物，即使已经开发，如果旅游者不买账，不为所动，纵然旅游规划者、旅游经营者、旅游管理者认为这些景观或文物是旅游吸引物，那也属于一厢情愿。因此，旅游吸引物的先决条件必须具有吸引力，能满足旅游者的旅游需求并真正吸引旅游者来访才行。旅游吸引物的等级就是由其吸引力大小决定的。旅游吸引物的吸引力大小取决于旅游者需求满足程度和印象好坏，会随旅游者的兴趣发生变化。旅游事业就是造梦的事业，如何为所要推广宣传的旅游吸引物创造美好的形象，或是美化现有形象，是旅游经营管理者必须全力以赴要办好的，讲好故事是推广旅游吸引物的有效手段。旅游广告宣传会在很大程度上影响旅游吸引物的吸引力，成功的旅游广告宣传能极大地提高既有旅游吸引物的价值。全国很多地方领导觉得自己有比杭州西湖更大更美的湖泊，但旅游发展远远赶不上杭州西湖，或许就是旅游广告宣传累积的结果。其次，旅游吸引物必须具有通达性。具有吸引力的景观要变成有效的旅游吸引物，成为旅游系统中的构成要素，还必须具有便捷的通达性。同样一座山地景观，在北京香山是重要的旅游吸引物，假设将香山搬到河南或陕西去就成了一般的旅游吸引物，若搬到新疆、西藏去可能就成不了旅游吸引物。这就是距离通达性对旅游吸引物的影响。再比如，雅鲁藏布江大峡谷举世闻名，只要有可能，谁都想去游一游，其吸引力很大，可是由于交通不便不易接近，对大多数人来说是可望而不可即的，甚至于连想都不敢想，所以雅鲁藏布江大峡谷还不能称作大众旅游吸引物。瑞士的阿尔卑斯山因有登山铁路可达高峰，游客络绎不绝，便成为很好的旅游吸引物。因此，旅游吸引物的通达性及服务设施配套程度好坏也是决定其价值大小的重要因素。再次，旅游吸引物的创造性。自然景观或人文景观依托好的规划、开发和管理才能转变成对市场有招徕力的旅游吸引物。美国旅游规划专家冈恩博士在 1967 年所发表的一篇有关"旅游吸引物"论文中说到，只要不计成本、假以时日，荒山变成绿野，通过规划使其成为旅游吸引物也是可能的。因此，普通的自然景观或人文景观通过高手创意策划和高手规划，亦可以成为好的旅游吸引物，如江苏常州的恐龙园就是一个好案例。很多成功的主题公园都属于人工创造的旅游吸引物，张艺谋的实景演出印象系列也属于创造出来的旅游吸引物。旅游吸引物的创造性决定了旅游吸引物的广义性特征。冈恩博士认为成功的旅游吸引物应具备五个共同的特点：一是容易理解，杭州西湖成功吸引外国游客就是靠讲梁山伯与祝英台的爱情故事，类似于罗密欧与朱丽叶的爱情故事，外国游客一听就懂，一听就被打动；二是要有好的环境，山西富有大量珍奇的历史文化景观，只因煤炭环境造成的道路不畅和感觉不好而旅游发展居全国省级排名中的下游；三是要有魅力，周庄的小桥流水和阴柔的水乡印象充满魅力，八达岭长城的雄壮充满魅力，黄山、九寨沟、张家界、兵马俑、长江三峡更是各有各的魅力，没有魅力的旅游吸引物吸引力难以长久；四是有所有者和管理者，我国旅游实践充分表明那些管理差的旅游景区遭到游客舍弃，那些管理好的旅游景区受到追捧；五是有创意，如美国科罗拉多大峡谷国家公园耗资 3000 万美元建造的悬空透明玻璃观景廊桥，从 2009 年 3 月 20 日起正式对外开放，成为非常有创意的旅游吸引物，青岛啤酒节是旅游专家成功创意的优质旅游吸引物，龙庆峡的冰灯节也是很有创意的旅游吸引物再创造典范。

二 空间拓展特征越来越显著

按照旅游吸引物地理空间类别的不同，可以分为太空旅游开发、海洋旅游开发和内陆旅游开发，内陆旅游开发进一步可以划分为森林旅游开发、草原旅游开发、沙漠旅游开发、温泉旅游开发、湖泊河流旅游开发和山地旅游开发等。我国旅游学者关于太空旅游和海洋旅游研究成果与国外有较大差距，关于内陆旅游开发的研究则有非常丰富的文献，涉及旅游开发的各个方面，如社会经济影响、旅游环境承载力、社区参与方式、投融资、开发主体以及规划与政策等。

海洋旅游在邮轮、游艇助推下高速发展。中国正越来越重视"蓝色国土——海洋"的开发利用，发展海洋旅游正成为我国沿海地区的"唐僧肉"，沿海各省市在编制宏伟的海洋旅游蓝图，都试图抢占海洋旅游的制高点。尤其是国内沿海城市，越来越注重从陆地旅游走向海洋旅游开发，邮轮、游艇将引领海上深度休闲体验的生活方式，处在爆破式发展的一触即发期。我国多数滨海城市都在谋划布局邮轮港和游艇码头。创新开发丰富的海洋旅游产品和齐备的近海旅游服务设施，进而开辟品牌性的滨海度假旅游产业带。在我国形成了从大连、秦皇岛、天津、烟台、威海、青岛、上海、舟山群岛、温州、福州、厦门、深圳到海南岛的带状滨海旅游胜地。海洋旅游业在海洋产业中的地位非常突出。

在改革开放后的30多年时间内，全国各地都非常重视旅游的开发，利用内陆多种多样的地理景观开发出了丰富多彩的旅游产品类型，如森林旅游、草原旅游、沙漠旅游、冰雪旅游、温泉旅游等。在不同社会、经济背景条件下，同一种类型的旅游资源表现出不同的开发主体和开发方式，极大地创新和丰富了旅游开发实践，为广义旅游开发研究积累了丰富的素材。

随着私人资本大力挺进太空事业，太空旅游也应运而生，成为一个拥有巨大增长潜力的新兴行业。2001年4月28日，美国商人丹尼斯·蒂托

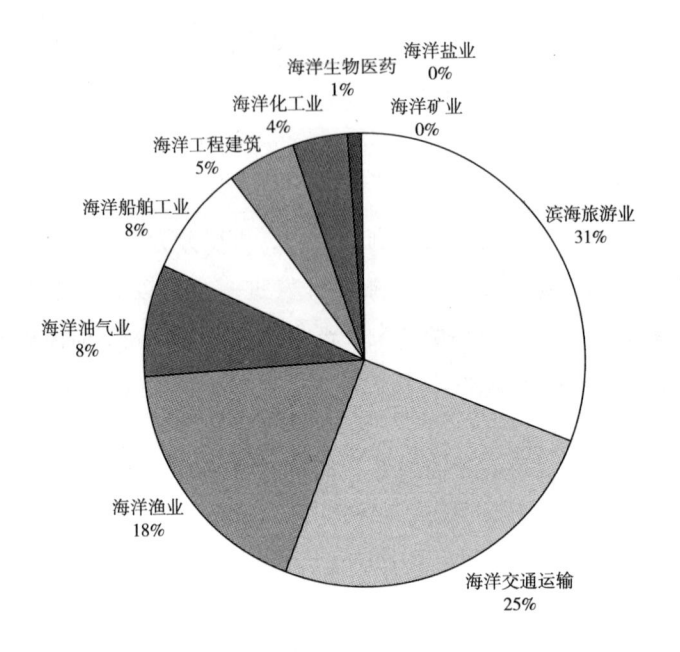

图 4-2　2010 年中国主要海洋产业增加值构成

成为第一个进入国际空间站的太空游客,商业太空旅游的开发自此开启。为了吸引更大范围的人群,国际上一些机构和公司将目光投向了价格相对便宜的准太空旅游,多家公司逐渐推出了亚轨道飞行项目。这种亚轨道飞行能使游客在几分钟内体验失重状态,而且能够进入太空,即海拔约 100 公里的高处,费用从 9.5 万美元到 20 万美元不等。目前的中国"神七"以及有望连续进行的"神八"到"神十"的发射计划已经渐渐曝光,无疑将持续引来人们对外太空、航天器发射的高度关注。而太空旅游也一定会在数次航天器发射后不断增温。太空旅游的开展会支持和促进太空技术的不断提高,而技术的进步也会使太空旅游不断受益。因而,将来太空旅游的价格小幅度下降是完全可能的。"太空旅游"如果能够获得太空游客、普通企业和航天企业三方之间的共赢,才是真正值得期待的美好结局。

三　部门跨界特征越来越显著

按照开发对象的管理主体不同,可以分为风景名胜区的旅游开发、地质公园的旅游开发、森林公园的旅游开发、水利风景区的旅游开发、休闲农业园的旅游开发、文化产业园的旅游开发和遗址公园的旅游开发等。国家住房和城乡建设部的《风景名胜区条例》《风景名胜区规划规范》《历史文化名城名镇名村保护条例》《游乐园管理规定》《城市动物园管理规定》等，国土资源部的《国家地质公园规划编制技术要求》以及将要出台的《国家地质公园管理办法》等，还有国家水利部、国家环保部、国家林业局、国家农业部、国家海洋局、国家文化部、国家旅游局制定的本部门所管辖的相关旅游资源或旅游景区的管理条例、标准规范和管理办法等，都对旅游吸引物的开发主体、开发强度和利用方式产生着重要影响。由于没有美国那样的国家公园管理局来统一管理各种类型的休闲游憩旅游吸引物——国家公园，又由于在我国旅游管理部门成立晚于其他管理部门，没有自己的专属地盘，旅游吸引物或旅游景区的开发与管理呈"九龙治水"局面，不同管理部门制定各自的标准，"各唱各的戏，各弹各的调"，除造成名称和标准的重复混乱外，还经常互相矛盾。

"九龙治水"的旅游吸引物，如何更好地为团队或散客服务，如何更好地推荐给游客，如何统一按质量分等定级？《旅游景区质量等级的划分与评定》的制定旨在加强对旅游景区的管理，提高旅游景区服务质量，维护旅游景区和旅游者的合法权益，促进我国旅游资源的开发、利用和环境保护。国家旅游局出台的《旅游景区质量等级的划分与评定》国家标准，从旅游产品品质、资源吸引力和市场吸引力三个细则来判断旅游景区的质量等级。在细则一中，将旅游景区的旅游产品品质细分为旅游交通、游览、安全、卫生、邮电服务、购物、综合管理和资源与环境保护，共八大类，每一大类又进一步细化为小类。在细则二中，将旅游景区的资源吸引力细分为观赏游憩价值、历史文化科学价值、珍贵物种或景观奇特度、资源实体体量与类型、资源实体完整度。在细则三中，将旅游景区的市场吸引力细分为知名度、美誉度、市场辐射力、主题特色、年接待海内外旅游者人次数以及游客满意度。可见，旅游景区的开发与提升是科学性很强的活动。截至 2011 年底，全国共有各级各类景区 20976 家，其中 A 级景区 5573 家。5A 级景区 130 家，4A 级旅游景区 1814 家。4A、5A 级精品景区主体地位更加巩固，两者约占全国所有A级旅游景区收入的80%，呈现2:8规律。5A级精品景区的品牌知名度和垄断地位正逐步呈现出来，深受各地欢迎。应当指出，该标准制定初期，是定位于旅游区（点），这一方面是与其他类型相区分，一方面是想扩大领域。后来在实践过程中，为便于操作，调整为旅游景区，反而缩小了范围，加大了认识的局限性。

由于行政管理割据局面不利于地方旅游的开发，很多地方旅游吸引物开发滞后，旅游市场潜力没有充分挖掘。为改变这种局面，一些地方在尝试新型开发与管理模式，比如浙江省绍兴县的风景旅游局，将风景名胜资源和其他旅游资源纳入统一开发和统一管理的轨道，极大地推动了绍兴县旅游的发展。一些地方将文物和旅游纳入统一规划、统一开发和统一管理的轨道。一些地方将体育和旅游纳入统一规划、统一开发和统一管理的轨道。北京市成立旅游发展委员会，就是要统筹旅游资源的开发、规划和管理，形成旅游合力，破除部门利益割据阻碍旅游经济发展。在旅游经济效益和社会环境效益越来越突出的今天，整合风景名胜区、水利风景区、地质公园、森林公园、湿地公园、遗址公园、休闲农业园、文化创意园成为一种大趋势，实施统一规划和统一开发已成为地方管理者的共识。从各种部门管理的旅游景区争报国家级5A景区就可以看出来，有利于招徕旅游市场的品牌和有利于增长旅游经济效益、社会效益和生态环境效益的旅游开发行为，会受到地方决策者和管理者的欢迎。随着旅游市场经济发展的深入，那些只顾部门利益而不顾旅游发展的管理障碍必将会清除。未来随着国家大部制的稳步推进，制约旅游开发和旅游管理的局面会得到改善，部门之间的融合发展和互利管理局面必将出现。

四　产业融合特征越来越显著

实践证明，旅游产业具有很强的黏附性，能叠加到很多产业上，从而起着催化经济效益、社会效益和生态环境效益的功能。正是因为旅游产业的叠加和催化效应，世界各国和各地区政府都非常重视发展旅游产业，使旅游产业成为世界第一大产业，超过军火产业、石油产业和钢铁产业。按照产业融合的视角，旅游开发可以分为工业旅游开发、农业旅游开发、文化旅游开发、体育旅游开发和修学旅游开发等。

工业旅游指对现代工业场所的参观，包括参观产品的生产和制造过程。工业旅游是伴随着人们对旅游资源理解的拓展而产生的一种旅游新概念和产品新形式。工业旅游在发达国家由来已久，特别是一些大企业，利用自己的品牌效益吸引游客，同时使自己的产品家喻户晓。在我国，有越来越多的现代化企业开始注重工业旅游。近年来，我国著名工业企业如青岛海尔、上海宝钢、广东美的等相继向游人开放，许多项目获得了政府的高度重视。开发工业旅游是宣传工业产品和传播企业形象的一种重要途径，比做广告花钱少，却比做广告的效果好。以国家旅游局审核批准的首批全国工业旅游示范点为基础资料进行分析，可以发现如下规律：第一，我国的工业旅游点在地域分布上与工业发展状况基本吻合，即在老工业基地和新兴工业城市发展较快；第二，入选工业旅游示范点的大都是行业领先者，如四川长虹、青岛海尔、上海宝钢、山西杏花村等。工业企业开发工业旅游需要具备如下几个条件：第一，企业所在城市自身具有良好的经济基础，交通便利，可达性强，工业旅游发展较好的城市自身往往已经成为旅游城市；第二，企业本身有品牌，有知名度，企业在整个市场上处于领先地位，企业所生产的产品要么是高科技类产品（如卫星发射基地、空客 A320、大推力火箭），要么是公众所关心的、经常接触的大众化产品（啤酒、汽车等），能满足游客的求知欲望和好奇心，而介于二者中间的生产企业则对游客的吸引力不大；第三，企业开展工业旅游与产品生产不发生冲突，所带来的成本增加不大或者开展工业旅游可以帮助企业拓展市场、打造品牌、进行宣传，带来直接或者间接的经济收益（如青岛啤酒）。

农业旅游是农事活动与旅游相结合的农业发展形式。主要是为那些不了解农业、不熟悉农村，或者回农村寻根，渴望在节假日到郊外观光、旅游、度假的城市居民服务的，其目标市场主要是城市居民。利用农村的自然风光作为旅游资源，提供必要的生活设施，让游客从事农耕、收获、采摘、垂钓、饲养等活动，享受回归自然的乐趣。农业旅游的发展，不仅可以丰富城乡人民的精神生活、优化投资环境等，而且达到了农业生态效益、经济效益和社会效益的有机统一。根据国家旅游局2002年颁发的《全国工农业旅游示范点检查标准（试行）》，所谓农业旅游，是指以农业生产过程、农村风貌、农民劳动和生活场景为主要吸引物的旅游活动。农业旅游开发成功的关键在于以下几个方面。第一，发挥政府主导作用。中国有条件的地方政府尤其是区（县）乡（镇）两级政府应该把发展农业旅游作为改善农村产业结构、提高农民生活水平、改变农村面貌的大事来抓，统筹规划指导，给予政策及资金扶持，为本地农业旅游发展创造良好的环境氛围。第二，规范农业旅游的运作。积极鼓励农民建立农业旅游行业协会，规范农业旅游的经营与管理。开展农业旅游须到各级政府旅游部门进行登记注册，并在通过考核后发放许可证书。第三，提高旅游产品档次。农业旅游应充分表现和突出该地区农村自然景观和农业产业特色，不能停留在"春天看花，秋天收果"的传统低层次产品上，一定要提高农业旅游产品的层次。做到"人无我有，人有我新，人新我特"，使游客每到一处都有新的意境、新的感受、新的享受。一要提高农业旅游的可参与性，参与性强是农业旅游的一大特点，让游客下地干农活，上树摘蔬果，下海捕鱼虾，上马牧牛羊；二要提高农业旅游的科技含量，在保持"农味"特色的基础上，加大科技在农业旅游项目上的应用；三要丰富农业旅游产品的内容，尽可能多地综合粮、果、蔬、畜、渔、草、花等农业资源要素，以丰富的产品组合吸引游客，延长其停留时间，提高其消费水平。第四，改善旅游环境与接待质量。要提高以城镇居民为主的农业游客的服务质量，必须改善农业旅游的服务设施，加强从业人员的技能培训，提高服务意识，摒弃某些不良的农村生活习惯，如不修边幅、礼貌不周、衣冠不整等，特别要纠正农民群众认为服务低人一等的思想。农业旅游项目大多位于农村或城郊，基础设施建设往往滞后，因而应加大道路、旅馆、餐厅、通信、厕所等基础设施建设，改善传统农村脏、乱、差的局面。广大农业旅游从业者必须认识到，大多数游客是城镇居民，必须确保在食、住、行方面适应城镇居民对卫生、安全的要求，并在此基础上突出购、娱、游等要素的"农味"。

文化旅游以旅游文化的地域差异性为诱因，以文化的碰撞与互动为过程，以文化的相互融洽为结果，它具有民族性、艺术性、神秘性、多样性、互动性等特征。文化旅游的过程就是旅游者对旅游资源文化内涵进行体验的过程，这也是文化旅游的主要功能之一，它给人一种超然的文化感受，这种文化感受以饱含文化内涵的旅游景点为载体，体现了审美情趣激发功能、教育启示功能和民族、宗教情感寄托功能。寻求文化享受已成为当前旅游者的一种风尚。我国文化旅游开发可分为以下四个层面，即以文物、史迹、遗址、古建筑等为代表的历史文化层的旅游开发；以现代文化、艺术、技术成果为代表的现代文化层的旅游开发；以居民日常生活习俗、节日庆典、祭祀、婚丧、体育活动和衣着服饰等为代表的民俗文化层的旅游开发；以人际交流为表象的道德伦理文化层的旅游开发。在我国，发展旅游业，开展文化旅游是相当重要的，它不仅可以增强产品吸引力，提高经济效益，还可大力弘扬中国文化，让世界了解中国，同时可改变目前越来越多的中国人不懂中国文化这一状况。文化旅游的开发重在"创意"。创意的本质在于寻求特色和差异，与旅游的本质一致。文化旅游则在一定程度上摆脱了资源的束缚，它能够综合各种因素，包括资源、环境、市场、社会背景等多方面进行创造，亦即创意。离开了创意，文化旅游亦将失去生命力。实际上，随着社会的发展，创意产业在世界各地已经兴起。其中英国、美国、日本、韩国等国家较为典型，其由政府亲自出面来推动创意产业。创意产业涉及的领域十分广泛，包括广播、影视、文学艺术、新闻出版、印刷、建筑设计等众多方面。与文化旅游较为密切的创意产业有演艺娱乐、民间工艺品生产销售、会议展览、文化节庆等。这样，文化旅游其实也在创意产业范畴之内。创意产业也叫文化创意产业或文化产业。文化产业与旅游产业的命名角度不同，所以不能笼统地谈论二者的区别和联系。但文化旅游业可以划入文化产业范畴，一在于它们都是以创意为核心，二在于它们的概念都是从经营者的角度出发界定的。文化产业源自创意，并以创意、创新为动力，文化旅游业亦是如此。

体育旅游作为旅游产业和体育产业交叉渗透产生的一个新领域，是以体育资源为基础，吸引人们参加与感受体育活动和大自然情趣的一种新的旅游形式，是体育与旅游相结合的一种特殊的休闲生活方式。体育旅游的开发必须具备以下基本条件。第一，体育项目资源。国家体育总局已公布的体育项目有 101 个，并且呈不断增加的趋势。第二，体育场地资源。所有的体育场地都是开展体育旅游不可缺少的资源，如奥运场馆、训练基地等。西部地区虽然大型体育场馆建设相对落后，但拥有一批国内著名、亚洲一流的体育训练基地，尤其是高原训练基地别具特色，如昆明海埂训练基地、红塔体育基地、云南呈贡高原体育基地等。第三，体育与旅游人才资源。各项体育专业人才和各种旅游经营管理人才是开展体育旅游的宝贵财富。第四，自然环境、历史文化和民族文化资源。自然环境、历史文化和民族文化是体育旅游拓展业务的空间。体育旅游最常见的开发模式，是围绕一项体育赛事来开发旅游，如围绕奥运会、世界杯足球赛、亚运会、CBA 篮球赛、F1 汽车赛、中超等体育盛会，吸引大量游客前来观赏和消费。事实上，"拥有一项赛事，就相当于拥有一个印钞机"。这句话充分证明了体育旅游赢利模式的成功。体育旅游一定会成为中国新的旅游利润增长点，体育与旅游新的项目切合点也将越来越多。体育旅游开发最常见的问题是大型体育赛事之后，体育场馆和场地的综合利用问题以及为大型赛事举办而配套的旅游服务设施的调整问题，往大的方面说就是城市旅游的系统谋划问题。

修学旅游是一种以学习专业知识和技能或增加见识为旅游动机的旅游活动。即所谓的边游边学、寓教于游，游为方式，学为目的。据总部设在丹麦哥本哈根的国际学生旅游联合会统计，90 年代初，该会每年就售出专门针对青少年学生的旅游优惠卡 150 多万张；德国巴伐利亚州政府明确将修学旅行及其载体——青年旅舍写入了当地的教育法，对修学旅行的课程、方式、时间等都做了明确规定。欧洲修学旅游的高潮兴起于 17 世纪的"大游学"（grand tour）运动，起初是英国、德国的贵族子弟到法国和意大利求学的"漫游式修学旅游"。游学者一边游历名山大川、古城遗址、文化古迹，一边学习语言、文化、社交艺术、礼节礼仪等，游学人群逐渐扩大到了成年人，并且成为知识阶层和社会上层的一种生活方式。至今，在英国仍然流行高中毕业后让学生们休学一段时间，开展旅游等社会活动的做法。改革开放后，我国与世界各国的文化交往日益增加，作为一项有特色和有意义的专项旅游项目，修学旅游呈现进出两旺的势头。以入境、出境和国内修学旅游三个大类来看修学旅游开发。第一，入境修学旅游成为我国目前最具活力和潜力的黄金旅游市场之一。对入境旅游市场而言，开发比较成功的修学旅游包括：以寒山寺等为载体的宗教专题旅游，以吴门书画为载体的书法绘画吴文化系列游，以古典园林为载体的世界园林遗产游，以评弹昆曲为载体的传统戏曲游，以苏绣、丝绸为特色的工艺美术实践游，以苏州特色餐饮为卖点的姑苏美食游，以大中小学校和特色教育机构为载体的古今修学旅游等。从各地重视程度和做法上看，以北京和上海为先导，1993年北京市就专门成立了"接待日本青少年修学旅行委员会"，2003年上海成立了"修学旅游中心"，还编写出版了《修学旅游手册》，邀请了120多位海外的中小学校长参加修学旅游活动开幕式，最近又提出联合江浙皖等地区打造华东修学旅游黄金线路；山东曲阜正在构建以孔子故里为历史背景、山东相关城市修学资源为补充的大文化、大修学旅游的产业格局，通过举办"孔子修学旅游节"等方式，挖掘并充分展示曲阜丰富的人文内涵，创新文化体验旅游产品，提升孔子旅游文化品格，打造中国修学旅游第一品牌。第二，出境修学旅游是近年来我国修学旅游市场的热门产品和热议话题。以中小学生为主体，目的地以英国、美国等英语国家为主，到日本、韩国、新加坡的也不在少数，多由旅行社和留学中介机构组织，以学习英语会话、感受外国高等教育等内容为卖点，目的大多为学生将来出国留学做准备，这类游学活动的赢利目的性较强，因而活动本身的修学含量普遍不高，游多学少，而且费用较高，变成了贵族消费项目，难以大众化普及，背离了修学旅游的原本价值取向。第三，国内修学旅游。随着我国教育模式由"应试教育"向"素质教育"的转变，国内修学旅游作为一种传统而现代的素质教育手段被广泛关注，正在逐渐兴起和推广。但是目前的修学旅游一是缺乏政策支持，2008年广东省率先把修学旅游列为中小学必修课，写进教学大纲，具体推动的实施措施尚在探讨拟定中。二是修学旅游项目缺乏规划和设计，不论从理念层面的确立，具体项目的设计，还是实施规划的方案，都应该从国家战略层面、国民素质教育和国家人力资源开发的高度谋划我国的国内修学旅游。三是修学旅游的广度和深度，广度指修学旅游行为的空间跨度，我国现有的中小学修学旅游项目基本以春游、科普参观、第二课堂兴趣活动为主，跨市甚至跨省的修学旅游少见报道；深度是指修学旅游设计对修学者素质影响的深远考量，体现在各个层面和方面，就项目设计而言，应该摆脱单调、浅薄，流于形式的现状，尽管近年开发了爱心扶贫游、动漫游等多种新形式，但是还可以像国外那样更直接地把政治、经济、文化、职业体验和导向等内容融入其中，深度的另一方面是指项目深入的参与性、深刻的体验性以及深远的持续性。

五　空间集聚特征越来越显著

旅游区是由旅游吸引物、旅游购物、旅游餐饮、旅游住宿、旅游娱乐、旅游交通组合而成的旅游者休闲和观光游览空间，其开发是综合性的，涵盖了旅游基础设施的开发和旅游服务设施的开发，一般会涉及多种旅游开发主体，常见的是政府负责基础设施的开发建设，旅游开发商负责旅游服务设施的开发。在旅游区的开发中，常表现为景区越原始、越生态越有吸引力，而旅游住宿设施越高端舒适越好，旅游景区和旅游服务设施呈现明显的二元结构。在我国旅游区的开发实践中，旅游度假区、旅游产业集聚区和旅游经济技术开发区最为常见，以成立旅游区管理委员会来推动旅游开发，引导旅游产业要素在旅游区中集聚成链。

旅游产业集聚区是以旅游产业为主导的综合开发利用模式。"食、住、行、游、购、娱"等旅游消费活动的实现，涉及餐饮业、酒店业、零售业、交通业、文化娱乐业、体育运动业、房地产业等众多产业。旅游开发已经脱离单一项目开发的时代，越来越多的政府领导和投资商，着眼于区域整体投资，力求整合旅游产业链，整合多元产业，寻求综合收益的最大化。旅游产业链的延伸，与城市景观、房地产、小城镇、休闲娱乐等深度结合，产生了一个整体的、互动的结构，构建旅游产业集聚区。我国的旅游开发，已经与区域发展和城镇化进程全面结合，并在产业上趋于融合，形成了旅游产业导向下基于泛旅游产业整合的区域经济与城镇化综合开发模式，即"旅游引导的区域综合开发模式"。在旅游产业集聚区中，通常整合开发三种类型的产业。第一，与旅游直接相关的产业：宾馆酒店业、餐馆业、运输业、文化业、娱乐业、体育业、保健美容疗养业、博彩业、会展业、生态与观光农业、加工工业、技术产业。第二，可综合提升的产业：第一种是旅游房地产业，以度假结构为依托，第二居所和第三居所等以旅游度假酒店、旅游公寓、别墅区等形态，将旅游与房地产相结合的旅游房地产业。第二种是城市游憩型商业，如步行街、Shopping Mall、中央游憩区是城市休闲的核心区及旅游小城镇，这就把旅游的产业链与城市经营、城市运营结合在一起，把旅游和城市名片的打造、城市旅游、城市周边旅游、景区旅游结合在一起，形成整个以旅游产业为依托的城市经营理念。第三，是旅游与商业相结合，包括城市商业、文化娱乐产业、旅游娱乐产业。21世纪是一个娱乐化的世界，所以旅游、文化、体育、农业、加工工业、餐饮业、运输业及城市名片、城市风貌打造都与旅游有关，旅游产业是一个长长的产业链，要用一种非常宽的产业眼光去对待，而不局限于一个旅游风景区本身，要把它与城市、与小城镇、与"三农"问题解决和一系列城市经营理念结合在一起。第四种是豪布斯卡式（HOPSCA，H指Hotel，O指Office，P指Park，S指Shoppingmall，C指Convention，A指Apartment）集聚，将酒店、公园、购物中心、会议中心和公寓写字楼融为一体的新型城市休闲旅游功能区。豪布斯卡式集聚以上述五项元素为本底，还可以衍生很多其他的集聚要素，如影剧院、博物馆、画廊、旅游特色街区、创意空间、影视城等要素。通常由温泉、奥特

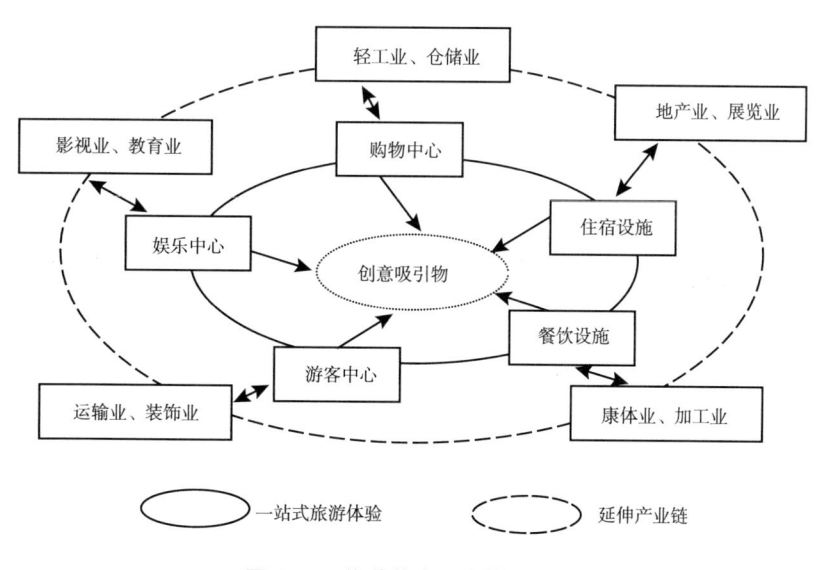

图4-3 旅游整合开发模式示意

莱斯、历史街区、大型赛事等驱动，形成休闲旅游产业要素集聚的新型城市功能区。在我国城市实践中，大连万达广场、奥特莱斯城、上海新天地等基本上采用的是豪布斯卡式休闲旅游集聚的开发模式。未来会有更多的豪布斯卡在中国出现。

第二节　广义旅游旅游目的地的开发

从旅游目的地视角看旅游开发的要素，包括旅游吸引物、旅游服务设施和旅游基础设施。旅游吸引物、旅游服务设施和旅游基础设施组成旅游产业的主体，涵盖了传统所说的旅游六要素"食、住、行、游、购、娱"。在广义旅游观中，除了传统的六要素系统之外，至少还应包括旅游信息解说系统、旅游安全救援系统、旅游医疗卫生系统、旅游生态环境系统和旅游公共服务系统。旅游目的地的开发，通常是以中心城市为依托的区域旅游整合开发，要构建统一的形象，要提供公共服务体系的配套，要开发面向市场的旅游线路和旅游产品，这通常由政府主导进行。旅游目的地的开发，通常与区域的区位条件、文化遗产、社会经济结构、产业结构、生态环境以及管理政策紧密相关，依据上述条件确定旅游目的地的开发定位和发展目标，综合协调区域社会、经济、文化和生态的发展。旅游目的地的开发目标定位往往是区域生态环境的风向标，旅游开发目标定得高，就需要限制污染型工业的发展，减少所在区域的矿产资源的开发。从这种意义上说，旅游目的地的开发就是区域生态文明建设的抓手和关键。旅游开发很大程度上依赖于其他部门的发展。旅游开发必须与其他国家相关政策——如土地政策、财税政策、环境政策等相一致，旅游开发的环境影响必须得到控制，并优先考虑促进地方就业、税收、形象和生态文明。在我国旅游目的地开发实践中，成长了一大批专家学者，提出了一些有见地的理论，如区域风景层次结构（见图4-5）、旅游活动行为层次结构（见图4-6）、旅游产业开发的内部结构（见图4-7）以及旅游目的地的旅游开发模式（见表4-1）。这些理论的提出，为旅游目的地的开发建设找到了钥匙，为旅游目的地的规划与管理指明了重点，为旅游目的地的发展指明了战略方向。

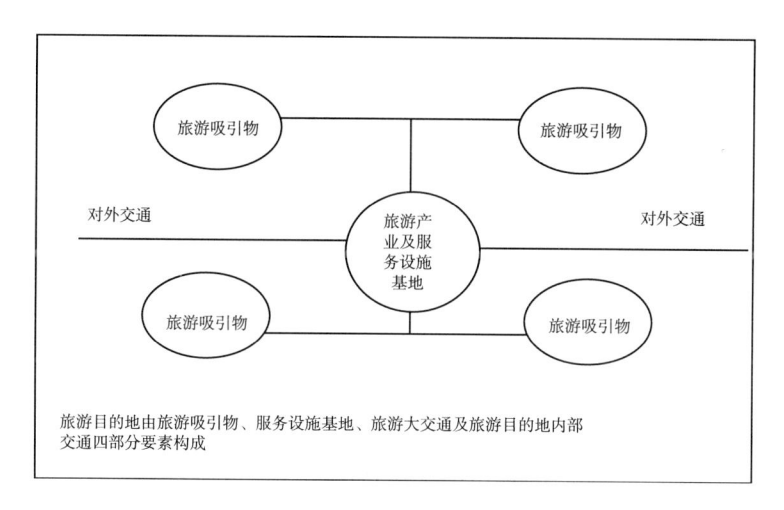

图 4-4　旅游目的地构成要素

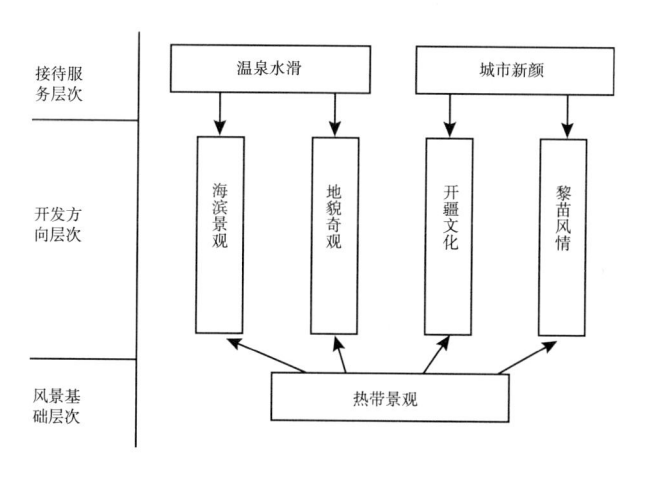

图 4-5　旅游目的地旅游吸引物层次结构（海南）

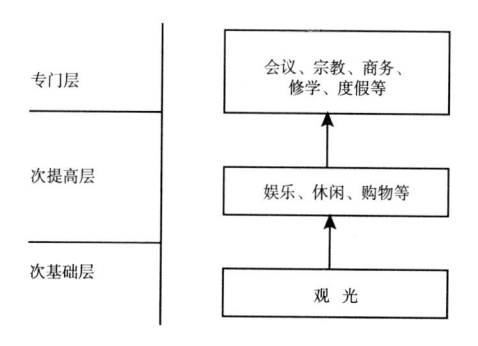

图 4-6　旅游活动行为层次结构

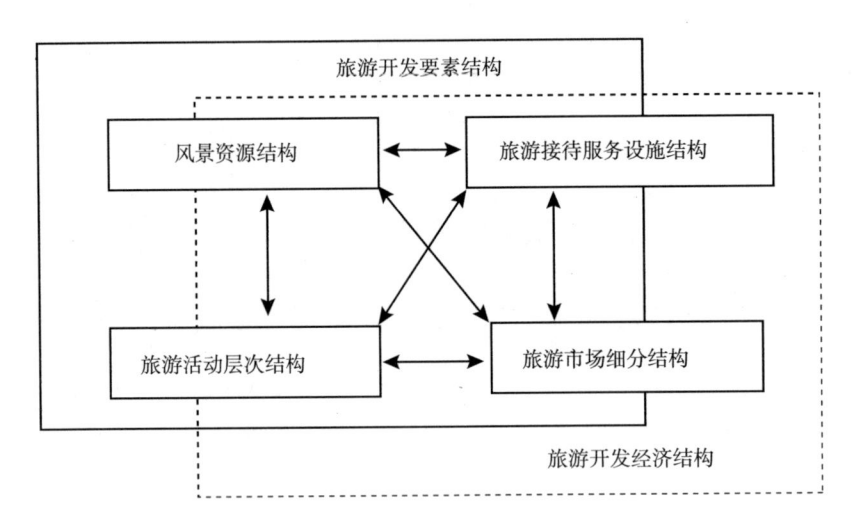

图 4-7 旅游目的地开发的内部结构框架

表 4-1 旅游目的地开发模式

模式	风景资源	区位条件	主要开发措施	案例
1	＋＋＋＋	＋＋＋＋	完善旅游活动行为结构	北京
2	＋＋	＋＋＋＋	人工整修重点风景资源和完善旅游活动行为结构	上海
3	＋＋＋＋	＋＋	配套接待服务设施和改善进出交通条件	敦煌
4	＋＋＋	＋＋＋	加强旅游形象宣传,分层次有重点地开发风景资源,改善进出交通条件	韶关
5	＋＋	＋＋	有重点地改善进出交通条件,开展相应旅游活动行为,重点整修和新建有旅游吸引力的风景资源	汕头
6	特殊性风景资源	不定	配备旅游接待服务设施,开展相应的特殊旅游活动	玄武山—金厢滩海滨旅游区

一 旅游目的地开发、保护与可持续发展

因决策者的旅游开发战略不当、缺乏系统规划等,开发会导致自然生态和社会环境的破坏。为了实现旅游可持续发展,必须坚持四项重要的原则。一要坚持"少开发,多利用"的原则。之所以这样说,是因为旅游发展永远有阶段性的认识局限,如果片面强调开发,就意味着要进行大规模的建设,但大规模建设的可行性往往难以判断,在没有准确的可行性判

断之时就急于开发建设，就很可能失误。对经济发达地区，建设决策中的一些失误还可能进行弥补，因为经济发达地区有一定的经济能力做后盾，有些环境影响也可以弥补。但是，对经济欠发达地区而言，一旦建设失误，就难以挽回。所以，在规划和发展中，应注意谋定而后动。在总体思路上，就是少开发、多利用。很多资源，尤其是文化性的资源，可以先行充分利用，把它们整合起来就成为产品。坚持这个原则，至少可以少犯错误。二要坚持"强化软开发，适度硬开发"的原则。在规划建设的过程中，更多的要强调软开发。软开发的核心就是策划、规划、设计，一定要努力将这些工作做到位。发展旅游，应该从游客的角度来考虑，游客厌倦了城市生活，才愿意亲近大自然，本地人对当地的文化体系已经看惯了，追求差异化，才跑到其他地区去，这是很自然的心态。所以，在规划中就需要强化软开发。适度硬开发，不是说不搞建设，但是要适度。只有这样，才能把资源整合做到位。三要坚持"以社区为主，避免'飞地化'和'孤岛化'开发"的原则。一些地方在强势政府的主导下，大搞政绩和形象工程，大面积征地搞旅游开发区，以大项目和优惠政策进行招商，搬迁所在地的原居民，剥夺原居民的生存和发展基础，实施"飞地式"和"孤岛式"旅游开发，引发大量社会冲突。在条件允许的情况下，尽量坚持以本地居民为主的开发方式，当地居民自己做主，以小额贷款的形式解决资金短缺问题，加强技能培训，政府辅以公共服务和市场营销的投入。四要坚持"没有科学规划不开发"的原则。规划是开发的基础，基本成为共识。但在旅游规划实践中，存在大量表面上重视、旅游规划投入不足、旅游规划程序合法不合理的现象。不解决好这个问题，旅游开发失败会多发易发。

旅游可持续发展作为一种不损耗旅游资源、不破坏旅游环境而达到发展目标的发展方式，要求在满足当代人需求的同时，不能妨碍后人的需求。受经济利益驱使，政府与开发商往往追求短期最大的投资回报和利润，往往忽视旅游资源与环境的保护。受素质局限，政府与开发商也可能作出破坏文化遗产的行为。因此，可持续发展要求政府和旅游开发商重视对旅游环境品质和文化遗产的保护，优先选择绿色旅游、生态旅游和负责任的旅游开发方式。旅游管理部门要严格执行"谁破坏景观污染环境谁

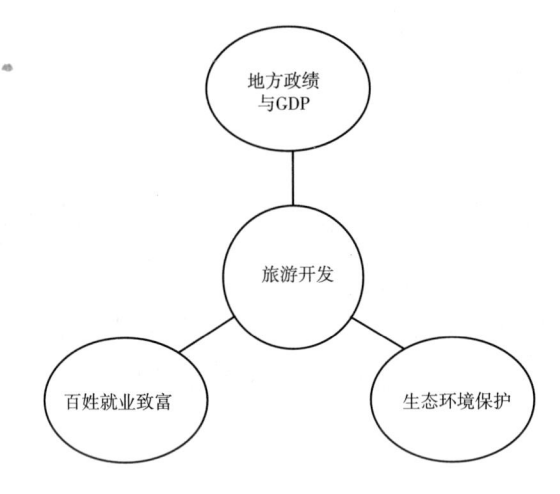

图 4-8　旅游开发的影响与多元化利益格局

赔偿"政策，最好在开发前对重点开发项目进行环境影响评价和环境审计。

二　以社区为核心的旅游目的地开发

以社区为基础的旅游开发，就是以社区居民利益为导向，而不是以党政领导的政绩为导向，是先富民后富财政的旅游开发模式。基于社区的旅游开发可以给当地社会带来多种好处：增进文化交流、加大资金注入、促进技术转让、加强环境教育、提高土地利用率、改善基础设施、增加就业机会、促进地方经济发展。基于社区的旅游开发不能脱离区域、全国乃至全球旅游业的发展趋势，不能脱离国家或区域的发展政策、规划、计划、法律、法规以及市场营销环境。

基于社区的旅游开发主体可能是多元的，有些设施和服务由社区开发，有些设施和服务可能由区域性、全国性或跨国公司开发运营，还有些基础设施可能由政府组织直接开发。小型私人企业、小型家族企业、大型综合型公司或上市公司都可能参与社区旅游开发。政府负责制定政策、规划，合理引导旅游开发方向和开发强度，保障带来巨大收益的同时，又不至于造成影响旅游可持续发展的问题或其他社会、经济、文化、生态问题。

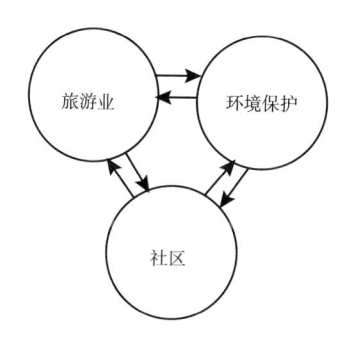

图 4-9　非可持续旅游开发方式 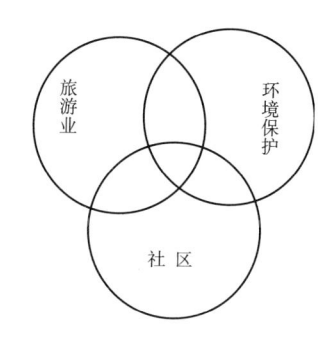　　图 4-10　基于社区的旅游开发

每一个社区，不管是城镇还是乡村，都包括当地居民和地方政府机构。对于旅游开发，政府与当地居民往往目标不同，政府常常居强势地位，剥夺当地居民的利益。社区居民如果觉得在旅游开发中得到的补助不到位，易引发冲突。因此，地方政府必须尊重当地居民的诉求，让当地居民尽可能地参与到旅游开发和运营中，保证社区居民从旅游开发中得到足够实惠才能发自内心地参与旅游环境保护。当前，由于旅游开发引发的社区利益主体冲突和当地居民抱怨现象普遍，成为社区经济社会发展中的显性问题，应提以重视。

三　城市旅游地与乡村旅游地的开发

按照城乡地理单元分类，可以分为城市旅游开发和乡村旅游开发。城市是区域旅游的窗口、进出口、旅游服务中心、旅游集散中心、休闲娱乐中心和旅游购物中心，有些城市本身就是重要的旅游目的地。乡村与城市巨大的景观反差、生态环境质量反差和空气质量反差，使乡村成为城市居民节假日逃离城市的首选地。城市和乡村一起又构成外地游客到访的旅游目的地。城市旅游与乡村旅游的市场卖点差异很大，城市中的"类乡村旅游"和乡村中的"类城市旅游"开发都难以取得旅游客源市场的认同。

我国城市旅游的发展，在"中国优秀旅游城市"和"中国最佳旅游目的地城市"标准的指导和评选下，取得了突飞猛进的效果。一些历史文化名城和历史文化名镇在自身文化遗产厚重并有广泛市场吸引力的基础上，不断开发旅游基础设施和旅游服务设施，不断改善宜游宜居环境和生态景观环境，不断提高原居民的好客度，已经成为旅游目的地构成中的中坚力量。丽江古城、平遥古城、凤凰古城、镇远古城、周庄古镇、西递古镇、宏村古镇、乌镇、阆中古城等古城镇旅游开发非常成功，影响很大，对全国其他地区的古城镇旅游开发起到了带头示范作用。北京、西安、洛阳、开封、南京等古都旅游一直是到访中国的海外旅游客源的重要旅游目的地。上海、深圳、厦门、青岛、大连等沿海城市处于中国改革开放的前沿阵地，拥有巨大的经济活力、领先的开放意识和最好的旅游服务环境而成为重要的旅游目的地城市。成都、杭州、福州因具有重要的自然资源赋存和骨子里流淌的休闲血液，市民生活从容，引领休闲时尚，从而成为重要的休闲之都。拉萨、三亚、哈尔滨、乌鲁木齐等城市因特色旅游资源开发而成为重要的旅游城市。在城市旅游开发中，出现了很多成功经验。一些城市利用旧城更新改造的机会，成功开发了休闲商业街，如上海新天地、成都宽窄巷子、北京后海、福州三坊七巷、杭州河坊街、天津意大利风情街等。一些城市利用旧厂房，改造成为著名的文化创意旅游景点，如北京798艺术区、长沙浏河村10号、乌鲁木齐的七坊街和北京宋庄艺术区等。一些城市利用对城市文化的挖掘提炼，成功开发出重要的旅游吸引物，如西安华清池的"长恨歌"实景演出、杭州宋城的"宋都千古情"演出、丽江的"印象丽江"演出、登封的"少林大典"演出、开封的"东京梦华录"演出以及杭州的"印象西湖"演出等。一些城市利用大型节事活动的举办，成功开发了一些景区，如北京奥林匹克公园的鸟巢、上海世博园、昆明世博园、沈阳世博园和西安世博园等。一些城市利用主题创意，成功地开发出了一批著名的主题公园，如深圳华侨城、北京欢乐谷、广州番禺野生动物园、大连海洋世界、西安大唐芙蓉园、北京石景山游乐园、芜湖方特主题公园、常州恐龙园、无锡灵山大佛等。一些城市利用现代建筑景观，无中生有地开发出旅游景点，如上海东方明珠、北京大剧院、台北101大楼、武汉长江大桥等。一些城市利用城市特有文化优势，成功打造成夜间娱乐活动高地，如长沙、拉萨都已经成为不眠之城。在大城市规划中，越来越重视成片游憩区和Greenway系统的规划，如宁波、北京、沈阳、福州等，并逐渐在大都市边缘形成环城游憩带。当然，在城市旅游开发中，也出现很多失败的教训，很多主题公园一开业就倒闭，很多城市旧街区改造后缺乏人气，一些城市的印象实景演出入不敷出，一些城市在旅游开发中植入了过多的房地产而丧失了旅游功能。未来的城市旅游开发中，要加强城市主题形象的研究，以城市形象统领城市旅游开发。关于城市旅游形象和城市旅游开发的研究，在中国还非常薄弱，远远落后于城市旅游开发的实践。旅游研究者在城市旅游开发和管理方面的研究将大有可为。

在新农村建设和城乡一体化建设的时代背景下，在城市居民逃离城市水泥森林高楼峡谷的市场需求下，在农村传统农业衰退亟须振兴的推动下，乡村旅游迅速在城市郊区、景区周边和交通干道沿线发展起来。最早发展起来的乡村旅游就是农家乐，是以农民为开发主体的旅游接待服务形式，提出了"吃农家饭，住农家屋，干农家活，享农家乐"响亮口号。随后，一些企业在看到乡村旅游的市场机会后，加入乡村旅游的开发中，这些开发主体开发出了乡村休闲度假设施，旅游接待服务层次明显高于农家乐。一些企业在农村土地允许流转的政策背景下，利用雄厚的资金优势，整合土地资源，策划主题形象，找到市场卖点，开发休闲农场和休闲农庄，并提供广泛的休闲娱乐活动，提供的最终产品其实就是以农业种养殖景观为基础，以特色休闲活动为卖点的"乡村休闲度假区"。在我国的大都市郊区，乡村旅游逐渐呈现集群发展的态势（见图4-11），如北京沿温榆河的金盏乡村旅游产业集群，北京龙庆峡乡村旅游产业集群，北京雁栖湖乡村旅游产业集群等。无景点的都市郊区乡村休闲成长也很快，一些大城市纷纷考虑规划建设集中连片的休闲空间，为都市居民提供优质的后花园和宿营地。为迎合这种趋势，一些都市郊县（区）提出打造"全县大境区"的概念，以全县全域空间的优良生态环境和生活环境吸引游客到访。

融社区为一体的开放式景区建设已经萌芽。经济基础与出游率的差异，使得我国东、中、西部呈现不同的景区建设模式，如东部地区很多县在提"全县大境区"的概念，将一个县作为一个大景区或是一个大园林来建设，打破了原来的或者说中西部的"围墙景区"模式，很好地解决了景区和社区二元分割与冲突的格局。由景区向旅游产业集聚区（旅游产品mall）或旅游目的地（如大泰山、大长白山、大太湖、大黄果树旅游圈）转变，由点状开发向线状和面状旅游开发转变，旅游地产推动旅游园区化。

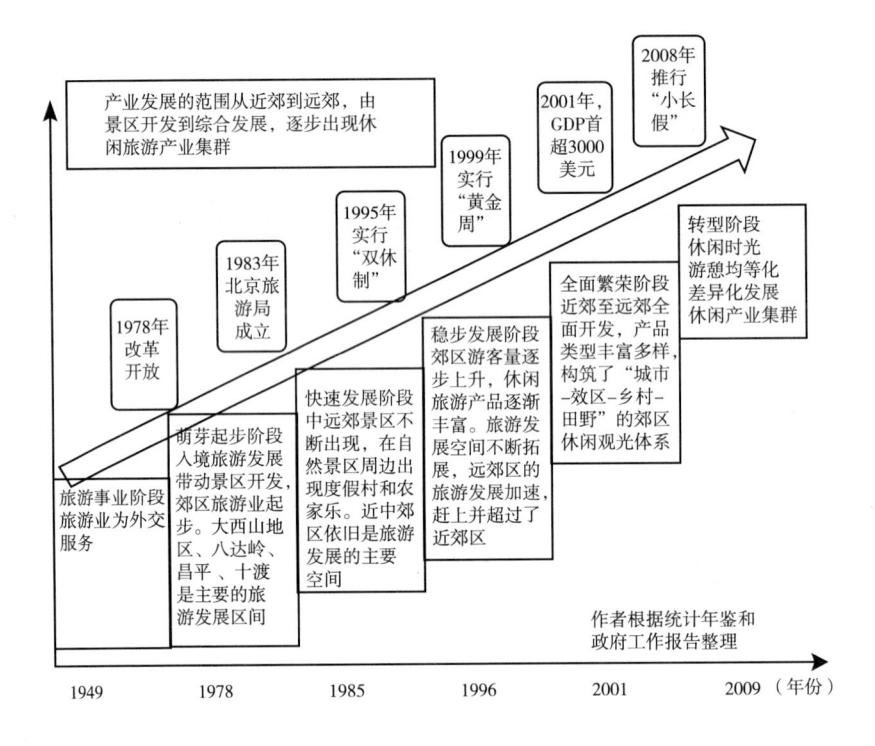

图 4-11　北京市乡村旅游发展及演化过程

四　旅游公共服务体系的开发

国家旅游局规划到 2015 年基本建成旅游公共服务五大体系。为贯彻落实《国务院关于加快发展旅游业的意见》（国发〔2009〕41 号）精神，加快实施《中国旅游公共服务"十二五"专项规划》，国家旅游局下发《关于进一步做好旅游公共服务工作的意见》，提出力争到 2015 年末，基本建设完善全国旅游信息咨询服务体系、旅游安全保障服务体系、旅游交通便捷服务体系、旅游便民惠民服务体系、旅游行政服务体系等五大体系，初步实现旅游公共服务在东中西区域间、城乡间的统筹协调发展，全面提升我国旅游公共服务的质量和水平，不断满足广大游客的旅游公共服务需求，为把旅游业培育成为国民经济的战略性支柱产业和人民群众更加满意的现代服务业、实现建设世界旅游强国的目标、推动社会和谐发展、提高人民群众生活质量作出积极贡献。《意见》提出，各地要深入贯彻落实科学发展观，坚持以人为本，强化公共服务精神，进一步提高认识、转变政府职能、创新工作机制、加强统筹协调，加快推动建立"大旅游公共服务"的工作机制，建立健全社会化参与供给和绩效监督评估问责工作机制，加快旅游公共服务体系建设，并加强组织、法制标准、资金投入、信息技术、人才队伍等方面的保障，为广大游客提供体系完备、门类齐全、规范标准、优质高效、便利惠民、安全舒适的旅游公共服务。《意见》的发布是国家旅游局继编制《中国旅游公共服务"十二五"专项规划》及召开首次"旅游公共服务座谈会"之后，在旅游公共服务领域的又一项重要举措，将对各地的旅游公共服务工作进一步发挥指导作用。《规划》和《意见》发布后，国家旅游局还将陆续推动实施旅游咨询中心示范工程、旅游气象服务示范工程、旅游保险示范工程、旅游集散中心示范工程、旅游观光巴士示范工程、旅游休闲设施与服务示范工程、旅游行业"刷卡无障碍"示范工程和旅游标准化示范工程等八大工程，发挥示范引领作用，推动各地旅游公共服务体系建设。

专栏4-1 北京旅游环境与公共服务提升年建设规划

为加快贯彻落实《北京市人民政府关于贯彻落实国务院加快发展旅游业文件的意见》和北京旅游要实现"资源多样化、服务便利化、管理精细化、市场国际化"的目标，北京市旅游委将2012年列为旅游环境与公共服务提升年，并正式发布《北京市旅游环境与公共服务体系三年建设指导意见》。该《意见》围绕建设世界一流旅游城市的目标，力争用三年（2012~2014年）时间，初步建立信息化、便利化、智慧化、规范化的北京旅游公共信息服务体系，旅游安全保障体系，旅游交通便捷服务体系，旅游惠民便民志愿者服务体系，旅游知识普及与旅游责任教育体系，旅游环境保护和旅游好客环境体系，旅游环境与公共服务的监管与评价指数体系，旅游环境与公共服务建设规范及标准体系共八大体系。与此同时，北京市旅游委确定了2012年北京市旅游环境和公共服务"六个一"重点工作：办好一件实事，制定一批规范，开展一批规划，举办一系列公益活动，推动一批旅游公共服务建设，实施一批奖励支持；并要求各区县旅游局重点抓好"十个一"工作：一是推出一张区县旅游导览图，二是新建一批旅游导览标识，三是建设一批旅游集散中心（站），四是改造一批旅游公共服务设施，五是编辑一本区县旅游故事，六是改造提升一个旅游示范乡镇或街道，七是改造提升一个示范旅游景区，八是规范壮大一支志愿者队伍，九是举办一批旅游公益服务活动，十是建立健全一套旅游应急投诉和应急救助体制；要求A级景区等业态重点抓好"十个一"工作：推出一张旅游导览图，设置一块五种语言文字全景牌，改造一批旅游厕所，完善一个游客中心，开通一条无线宽带网，建设一个自助导览系统，开发一种特色旅游纪念品，建立一支志愿者队伍，完善一批旅游标示牌，编辑一套旅游景区故事。

第三节　广义旅游开发的主体与投融资

我国旅游开发投资主体越来越多样化，由引进外资、五个一起上到上市融资和风险投资。不同的旅游开发投资主体，会形成不同的旅游开发模式。由外来投资主体进行的旅游开发，多数是孤岛式的旅游开发模式，由本地集资进行的旅游开发往往是社区为主体的旅游开发模式。在旅游开发中，投资主体的差异，形成了不同利益主体不同权益的博弈格局。近年来，越来越多的战略投资者、金融机构、产业基金和风险投资开始进入旅游领域，并以其专业能力和市场行为影响旅游产业走向。在旅游消费的规模、结构和消费行为发展趋势日渐清晰，国家战略和产业政策稳步推进的时代背景下，投融资正在成为左右旅游经济运行格局的关键力量。国家旅游局旅游项目管理系统数据显示，2011年，我国旅游投资规模持续增长，全国旅游项目投资总额累计达到2.67万亿元，当年实际完成投资2064.26亿元；投资结构趋于优化，投资领域多元化，旅游新产品、新业态成为当前及今后旅游投资的重点领域；投资形式多样化，民间资本大量投资旅游景区、饭店、旅行社等，旅游企业通过合资、合作、股份制、上市等拓宽了融资渠道。

2012 中国旅游发展论坛上发布的《中国旅游集团投融资专题报告》显示，国有资本在旅游投资中一直发挥着主体优势，中央旅游企业和其他大型国有旅游企业是建设旅游战略性支柱产业的关键；民营旅游集团成为我国旅游业发展的重要力量；中央和地方政府在旅游投资中发挥着主导作用。进入 21 世纪，越来越多的外国企业，尤其是大型跨国公司纷纷看好中国，投资领域也在扩大，从早期的投资旅游饭店为主，现在涉及旅行社、大型主题公园、旅游景区和景点等。

专栏 4-2 中央旅游企业国家开发银行对旅游开发的投资

国家开发银行 2001 年开始介入文化旅游产业，支持了山西平遥古城、福建武夷山等项目的建设。2002~2011 年，国家开发银行为全国 31 个省区市的 500 余个旅游项目累计承诺中长期贷款近 1000 亿元。2009 年，国家开发银行专门组建了文化产业工作组，将文化旅游作为重点支持的产业领域，2010 年制定了专门的支持旅游产业的发展规划。近 3 年来，国家开发银行利用综合金融服务的优势，为 136 个文化旅游项目承诺贷款 160 亿元，支持了重点旅游城市旅游环境综合治理项目，平遥、丽江、凤凰等十余个古城镇保护项目，以及安徽黄山、四川大九寨、陕西法门寺、长白山、三峡、西藏雅鲁藏布等近 300 个景区的基础设施配套项目建设。2012 年，国家开发银行支持旅游行业的资金超过 80 亿元，并且承诺未来 3 年要安排 400 亿元以上的资金总量支持旅游业的发展。国家开发银行各分支机构在与各级各地政府签订开发性金融合作协议中，均把文化旅游作为重点合作领域，为各级地方政府提供专门的旅游业融资规划服务，深度参与海南国际旅游岛、长江三峡等区域性旅游规划的编制，在此基础上，编制系统性融资支持规划，推动规划和项目的落地；深度参与西藏、贵州、青海等的"十二五"旅游发展规划，且支持规划中部分重点项目的建设；通过融资模式的创新支持文化旅游项目的建设，以景区门票收入为质押、以企业的经营性资产为抵押，辅以政府或管委会的财政信用，扶持龙头旅游企业的发展。

《中国旅游集团投融资专题报告》显示，在旅行社投资上，虽然新设、连锁经营是重要形式，但行业并购正逐步成为我国旅行社成长壮大的重要选择。在饭店投资上，则有新建、租赁经营、并购等模式。在景区投资上，政府投资是常用的一种模式，此外较为普遍的开发投资模式还有租赁、买断等。

专栏4-3 海航旅业旅游开发投资

海航旅业虽然成立只有5年，但在2012年度中国旅游集团20强中，已排名第六位。之所以能有这么快的发展速度，与海航旅业频繁并购相关企业和传统企业密不可分。海航旅业每年在旅游及相关行业有50亿元左右的投资规模，主要投资于旅游包机、公务机、邮轮游艇、景区等，也投资于酒店、传统旅行社等，投资方向主要集中于旅游与相关产业结合的领域。目前，海航旅业在产业布局上初具规模。为了布局欧洲市场，2011年海航旅业投资控股了凯撒国旅。收购之初，凯撒国旅的营业收入只有5.6亿元，与海航的其他旅游资源匹配、整合后，2012年的营业收入预计将达17亿~18亿元。这说明海航旅业投资出境旅游的做法是成功的。此外，海航旅业在线上旅游、货币兑换和支付等方面也做了一些投资，多数实现了双赢或多赢。

近年来，中国旅游资本大戏传来了最强音，那就是行业并购。传统的旅游集团日趋市场化，新兴的旅游巨头亟待做大做强，运用资本的力量迅速扩张，快速整合成为迫切需求。在风险投资和私募股权投资对旅游行业的众多投资中，能够上市的企业是少数，在基金本身存在期限的情况下，积极推动所投企业被业内巨头并购成为最好选择。中国旅游业在不久的将来会迎来属于自己的"并购时代"。多数人认为旅游业是传统服务业；部分成熟景区开始出现"天花板"现象，门票、索道、酒店"老三样"的收入模式有待改变；中国出境游市场正面临着一个巨大的发展机会，具有广阔的发展前景。

2012年，风险投资和私募股权投资的实际投资流向酒店与景区有近30起，其中16起投向酒店行业，包括凯雷投资橘子酒店；8起投向景区和度假村，包括IDG投资古北水镇，弘毅投资海昌中国等。此外，地产企业布局旅游,"旅游地产"打造度假旅游模式,万达联合泛海集团、一方集团、亿利资源、联想控股、用友集团投资 200 亿元建设长白山国际度假区,一期已开业;万达集团在北京通州兴建文化旅游城,计划投资 200 亿元,2016 年开业;恒大、新华联、佳兆业、碧桂园、龙湖地产、万科、中弘地产、中信地产等房地产开发企业也不断加速抢滩旅游地产。与此同时,出现了专注景区度假地的旅游产业基金,2012 年 9 月中诚腾龙旅游文化产业基金成立,总规模约 150 亿元,专注于旅游文化领域,投资具有优质山、海、雪景观资源的度假酒店、主题文化公园、商业配套等项目;2012 年 7 月,西部文化旅游产业基金由曲江风投与中国东方资产管理(国际)控股有限公司合作发起设立,首期目标规模为 50 亿元。

《中国旅游集团投融资专题报告》显示,随着旅游市场环境和制度环境的转型与变革,中国旅游产业运行主体的商业形态和运营模式正在经历着战略意义上的演进与发展,传统的旅游业态自我变革,创新的旅游业态不断产生。新兴业态在传统业态的基础上经过产业间不断发展、演变、融合、创新,逐渐成为构建整个"大旅游业"的新生力量和主力军。除了传统业态——景区、饭店、旅行社以外,近期发展迅速、投资前景较好的业态主要有旅游电子商务、邮轮游艇、旅游演艺、旅游综合体、旅游装备制造、廉价航空、旅游租车等。

休闲度假是旅游投资热点。随着大众化旅游时代的到来,旅游新产品、新业态成为当前及今后一个时期旅游投资的重点,度假休闲设施的建设不断加快。旅游村镇、人文景观等文化旅游业态的投资逐步受到重视,温泉养生、主题公园、特色街区等新兴休闲旅游项目的投资数额也在不断加大。

2013 年是海洋旅游主题年,预计未来 3~5 年,邮轮旅游将迎来爆发式增长,许多沿海城市正在兴建或已建成了邮轮母港。游艇旅游被称为"漂浮在黄金水道上的商机",预计未来 10 年中国游艇产业的年均增速将达到 30% 以上。中国航空业每年保持着 12%~15% 的增长水平,这在全球航空业中都是一个非常令人羡慕的数字。从国外经验看,人均 GDP 超过 3000 美元,是通用航空发展的基础,包括公务机、直升机等不定期飞行的航空器市场,未来可能出现爆发式增长,有关部门正在进行有关通用航空天空开放的政策研究。通用航空的制造、运营等将是高达万亿级的投资机会。

专栏4-4　华侨城旅游开发投资

华侨城从1989年开始投资主题公园，到2007年投资东部华侨城开始涉足度假产品，现在度假产品已成为市场上最受欢迎的产品，各个城市、各个地区都非常关注度假产品的开发。主题公园和综合型度假项目投资非常大，动辄几十亿元，需要不断探索更好的投融资方式。2007年华侨城在深圳上市，如果没有资本市场的助力，华侨城集团不会发展得这么快。2012年华侨城在资本证券化等方面进行了尝试，这样做可以让企业有一个稳定的现金流。此外，华侨城不断向旅游演艺、游乐设备制造、旅游商品开发、在线旅游等方面渗透，这些业务都是基于传统旅游行业的延伸，但又具备创意产业的特征，完全可以分拆和独立运作，这样运作也有利于这些行业精细化发展。华侨城集团在进行投资决策时，最主要看两点：一个是这个区域是否具备成长性，当地的消费能力是否足以支撑项目的运作，一定要考虑以当地为半径的市场消费能力；一个是与当地政府能否进行良好的沟通，因为一个大的综合项目，必须得到当地政府各方面的支持，各种资源要配套起来为这个项目服务。

旅游业进入综合体投资阶段。在经过了主题公园、单体旅游饭店等单体旅游接待设施的建设阶段后，我国旅游业进入旅游综合体投资、区域旅游目的地系统开发的阶段，打造完善配套的产业体系成为旅游目的地建设成功的关键。秦皇岛北戴河新区是国家旅游综合改革示范区、国家现代服务业综合改革示范区、国家公共文化体系建设示范区、国家绿色节能建筑示范区。规划的蓝图是以大型旅游综合体建设为支撑，完善观光休闲、温泉体验、颐养度假、娱乐购物等旅游业态，加快建设五星级酒店群、10个国际休闲浴场、10条特色精品街，开通7条内河观光航线，构建四横十一纵精品旅游路线，培育世界级旅游休闲度假品牌。

由于带薪休假还没有完全落实到位，旅游消费在时间和空间上的高度集中问题一直得不到有效解决，旅游经济长期处于供给不足和需求不足阶段性交替运行的格局,加上大众旅游发展初级阶段人均消费较低,这些都给旅游投资和相关资源配置带来了现实的挑战,需要投资主体、旅游运营商和各级政府共同努力,引导旅游经济平稳有序运行、可持续发展。旅游目的地的培育不是建若干个景区和一批高星级酒店么么简单,而是广泛涉及浏览、住宿、餐饮、娱乐、购物、内部交通等商业接待子系统,也涉及目的地形象构建、客源地推广、产品营销、区域间交通等客源集散子系统,还有旅游问询、旅游解说、安全救援、投诉受理、人力资源培训、政策配套、行政协调和区域协作等公共服务与公共管理子系统。

现在旅游目的地,特别是中西部的旅游目的地缺的不是景区和酒店等传统的旅游项目,而是完整配套的旅游产业体系。如果各地政府的规划能力能够与有实力的投资机构形成战略合力,市场空间将是很大的。互联网和移动通信的发展,使"自由行"的消费模式和散客化的市场特征日益明显。围绕游客出发前对目的地信息的收集、整理和决策,围绕游客在目的地期间的生活方式,围绕游客在客源地、中转地和目的地之间的交通方式,创业、创新和投资的潜力巨大。

传统的市场主体在满足现代旅游消费需求方面力不从心,而目前大量的中小企业、微型企业,还有千千万万的创业创新者长期得不到政府部门和投资机构的有效关注,特别是缺乏有效的信息沟通渠道和直接交流平台。只有让投资主体特别是风险投资和产业基金与充满生机与活力的创业创新者深度融合,才能够在基于移动互联网的旅行服务、消费点评、汽车租赁、精品酒店、旅游购物和娱乐产品开发等旅游衍生消费领域培育出新的商业形态,以满足国民大众不断增长且日渐变化的旅游休闲需求。

参考文献

[1] 孙文昌主编《陈传康旅游文集》,青岛大学出版社,2003。

[2] 国家旅游局计划统计司编《旅游业可持续发展:地方旅游规划指南》,旅游教育出版社,1997。

[3] 冯颖:《投融资助推旅游集团成长》,《中国旅游报》,2012年12月24日。

[4] 查尔斯·R. 戈尔德耐、J. R. 布伦特·里奇、罗伯特·W. 麦金托什:《旅

游业教程：旅游业原理/方法和实践》（第八版），大连理工大学出版社，2003。

［5］刘家明、刘莹：《基于体验视角的历史街区旅游复兴：以福州市三坊七巷为例》，《地理研究》2010年第29卷第3期。

［6］Liu Jiaming, Wang Run. Factors of Spatial Distribution of Recreation Areas in Peri-urban Beijing. *Journal of Geographical Sciences*, 2010, 20（5）.

［7］刘家明主编《登封市旅游产业发展规划》，中国旅游出版社，2010。

［8］王润：《北京市郊区休闲旅游产业集群研究：以怀柔区雁栖镇为例》，中国科学院地理科学与资源研究所博士学位论文，2012。

［9］郑斌、刘家明、杨兆萍：《基于"一站式体验"的文化旅游创意产业园区研究》，《旅游学刊》2008年第9期。

［10］刘家明、陶伟、郭英芝：《传统民居旅游开发研究——以平遥古城为案例》，《地理研究》2000年第3期。

［11］美国城市土地利用学会：《度假区开发设计手册》，知识产权出版社，中国水利出版社，2004。

［12］周晓华主编《城界消失：旅游地产》（第二版），机械工业出版社，2007。

第五章 广义旅游规划

规划，作为人类进入理性时代的一项重要活动，其目的就是要做出一种合理的选择，以期能够积极妥善地安排未来的行为，对其流程给以科学组织与控制，进而有效地推动预期目标的实现。旅游规划的总体意义，同样是为了对未来旅游的发展给以尽可能妥善地安排，以便充分满足旅游者的需求，有效推动旅游产业预期目标的实现。

第一节 原有旅游规划的问题与机遇

改革开放30多年来，我国的旅游规划也像城乡建设规划及其他规划一样，取得了巨大的进步和成绩；然而也不能不承认，我国的旅游规划仍然存在着难以适应时代的现实，原有旅游规划的问题也正在凸显。

一 科学规划理念的不足

1. 令人叹惋地建了又拆

2013年初的一条引人注目的消息，是西安建成仅仅13年的"秦阿房宫景区"因其"选址不佳"将被拆除。于是媒体上传来了一阵阵老百姓的惋惜之声。

专栏5-1 如何看待

位于西安红光路的"秦阿房宫景区"，是借助阿房宫遗址引力的旅游开发项目，其所依托的资源元素，除了《史记》《汉书》等史料的记载和现代的考古收获外，就是唐人杜牧《阿房宫赋》的文学演绎了。该景区

1995年开工建设，占地680多亩，投资2亿多元人民币，就当时的投资规模而言，属于大型旅游项目。耗时4年，终于在2000年正式与游客见面，自其开放第二年起，每年游客量都在50万人次以上，而且很多影视制作慕名前去取景拍摄，景区也成为西安市积极宣传的景点，2006年还被评为"陕西最值得外国人去的10个地方"之一……如果按一般的要求来看，这个规划开发应该说是相当"成功"的。

而现在之所以要拆除，是因为经过专家评审，有关方面已经确认了《阿房宫遗址保护规划》。根据这个分期实施的新规划，将以阿房宫遗址的文物保护为核心，建立一个2.3平方公里、全方位展现秦文化及秦代历史风貌的国家级考古遗址公园和城市中央森林公园。

据新闻媒体2013年3月下旬的报道，随着2012年5月政府有关方面"拆迁通知"的发出，"景区失去了往日的繁盛"，"景区前的'六大铜人'已不见踪影"，"售票窗口虽然半开着，但几十分钟也不见一人买票"，"站上台阶一眼望去，景区内几乎看不到游客的身影"，"景区外的商店、小吃店已全部停业"……景区有关负责人说，现在该公司已经出现亏损，员工从350人锐减至100余人；在那里表演了13年歌舞的演员回家了，导游讲解班也解散了；员工宿舍楼的门窗也被挖掉，大殿里上千片瓦当、奇石被人买走。据2013年4月的最新消息，该景区已经贴出公告："因景区内部施工，暂时停止营业"。

对此，"秦阿房宫景区"有关负责人介绍说，投资者当年在最终选定这个被陕西省政府作为招商重点项目来投资时，也是经过多方考察、听取了多位文物专家意见的；而且项目的规划、选址等过程，也是通过省、市文物局、规划局负责把关的。

而西咸新区沣东新城管理委员会所提供的资料显示，依据新出台的保护规划，阿房宫景区因为存在三大问题必须拆除：一是景区部分建筑处于遗址保护控制区内，二是某些建筑超高，三是景区影响了遗址南北景观的视线通廊。负责拆迁工作的相关负责人解释说，"秦阿房宫景区"是属于阿房宫遗址周边的人造景点，并不能代表真正的阿房宫，不仅景区及周边配套陈旧落后，景点后方部分还占用了市政规划路，最重要的原因是，这个景区地处遗址保护区范围内，却没按照规定建造，存在不少违规建筑。

秦阿房宫遗址位于西安市西郊 15 公里的阿房村一带，总面积约 11 平方公里。作为我国历史上最著名的宫殿建筑群遗址之一，1961 年阿房宫被国务院公布为第一批全国重点文物保护单位。目前经确认的遗址主要有 8 处，包括前殿遗址、上林苑建筑遗址、好汉庙建筑遗址等。根据《阿房宫遗址保护规划》，今后的保护规划将分为三个时期落实：近期目标（2012～2015 年），为对遗址的抢救性保护和对周边城市建设的控制；第二期目标（2015～2020 年），为实现对阿房宫前殿遗址的整体保护，建设考古遗址公园；远期目标，将实现对阿房宫前殿遗址及周边环境的整体保护。保护区将分三级进行管理与控制，即保护范围（将禁止建设任何新建筑物、构筑物，禁止进行生产、生活建设行为）；建设控制地带（对造成遗址严重污染的企业将限期改造或搬迁，一类建筑控制地带构筑物限高 8 米，二类建控地带构筑物限高 18 米）；景观协调区（将控制建筑的高度、体量和密度，要求建筑物形式、色彩与遗址景观风貌相协调）。

"秦阿房宫景区"拆除矛盾的产生，一是当初"秦阿房宫景区"是否真是政府的招商重点项目？二是地方政府将其作为招商项目来引资时，是不是有了相关的规划？三是发标方和投标方是不是对景区的开发与规范达成共识（包括景区内的规划和建筑设计应该由谁来规范和批准）？四是双方对文物部门有关遗址地周边建筑的规范（以及国际社会的共识）有没有充分的认识？五是景区周边地带的规划由谁来负责和管理？……

从这个事例不难看出，当初地方政府招标时关注较多的是引来资金开发建设，而投资者更多关注的是园区的设计，都对景区未来的生存缺少更深入的考量。也就是说，这个工程当初的启动是缺少深层思考和更宏观全面规划的。不少百姓惋惜，这个花费 2 亿元才修建好的庞大景区仅仅运营了 13 年，竟是这样的"短命"。如果现在的博弈双方在其中并不存在利益权衡的话，那么这一笔偌大的资金，就是有关方面为其当初思考不周付出的"学费"了。

2. 缺乏科学规划理念是类似问题的症结

前面已经分析,"秦阿房宫景区"的建了又拆,原来是上下层级对景区内外的规划与安排出现了问题。其实类似的问题在其他地方也是存在着的,只是目前暂时被其他兴奋点掩盖,或者暂时没有成为热点而已。

全国不少古村、古镇、古城都在不同程度上遇到了人流过度、缺乏保护的问题。不仅现在的凤凰古城已经与早年的古城大不相同,诸如周庄商业化的过度,丽江古城正在失去原有的风貌,等等,也都遭遇了许多人的批评。其实古村也好,古镇也好,古城也好,不少地方当初开发旅游时就缺少科学的旅游规划,只想到游客来了钱就来了,没有想到如何向游客提供人们常说的"食、住、行、游、购、娱",于是各式商家纷纷进村、进镇、进城开店,本地居民也做起买卖来,院墙拆了改商铺,百姓住房改旅馆,好端端的古村镇东打一个补丁西切一块肉,好端端的古城拆了真古董造个假古董。如就当前这样的实情来考察,即使当初曾经有过规划,也是未能落实的规划,或者原本就不成功的规划。

但是也不能够把这些规划的不成功归于古村、古镇、古城的偏僻,因为即使在其他地区类似问题也是存在的。虽然都取得了商业开发的成功,但失去了宝贵的遗产(至少失去了很大一部分)。如果用早已获得全球共识的标准来衡量,《关于历史遗迹修缮的雅典宪章》《威尼斯宪章》《华盛顿宪章》《奈良真实性宣言》[1]所强调的原生性、完整性、真实性和多样性,几乎被我们的规划师和建筑师忘得干干净净。

即便是我们以保护古迹见长的专家,有时也不免出现失误,比如在某江南古镇的旅游规划中,就做出了拆除民居修建游客停车场的错误建议。

---

[1] 诸如第一届国际历史遗迹建筑科技大会《关于历史遗迹修缮的雅典宪章》(1931)所强调的"防止发生丧失个性和历史价值的错误","不要破坏其原有风格","一些有特色的建筑群体和其周边的优美风景也应该注意保护","应从保护古迹的角度研究装饰性植被如何与古迹协调",等等;国际古迹遗址理事会《华盛顿宪章》(1987)在述及"历史城镇城区中需要保护的是当地的历史风格以及表现这种风格的所有物质的、精神的要素"时所强调的"城市建筑街道格局","城镇或城区与其周边自然和人文环境的关系","长期以来形成的城镇或城区功能",等等;第二届历史古迹建筑师及技师国际会议《威尼斯宪章》(1964)和奈良会议《奈良真实性宣言》(1994)在述及"真实性"和"多样性"时所强调的"真实性是文化遗址价值的基本特征","保护一座文物建筑,意味着要适当地保护一个环境,任何地方,凡传统的环境还存在,就必须保护",等等。

应该说，这样的停车场本应该离村镇有一小段路程（如数百米）的距离，而且最好设置在树丛之中，以期游人能够经过田野路径的步行，再进入这个旅游古村镇。

由此看来，旅游业的健康发展，的确需要我们的旅游规划走上科学的道路。

二　供需矛盾与发展

1. 旅游城市显示出的新问题

专栏 5-2　三亚之困

三亚是海南岛南端的一个新兴的旅游度假城市，它借助的历史文化遗存不多，更没有保护历史遗产的沉重包袱；可是近几年批评其住宿价格飞涨、市内交通不便、餐饮宰客等的声音不绝于耳。原因是什么？那就是那里旅游需求的成长为三亚市早年规划所料之未及。

资料显示，三亚许多景区的开发，三亚许多高档酒店的建设，都是经过精心规划的，三亚也成为中国民众热切向往的旅游目的地。统计资料显示，2012 年三亚市共接待过夜游客人数 1103 万人次，旅游总收入 190 亿元。而截至 2012 年末，三亚市的户籍人口才 57.25 万人，外来旅游者与当地户籍人口之比竟高达 19.26∶1，即旅游者的总量大致相当于户籍人口总量的 20 倍，这里还没有算进在三亚长期居住的外来流动人口的 20.01 万人（据 2010 年的统计数，大致相当于三亚市户籍人口的 34.95%）。

如果将三亚全年旅游分为三七开的淡旺两段，以过夜旅游者平均滞留两天计算，则旺季的 6 个月期间三亚市共需接待游客 15442 万人，平均每天需要接纳旅游者 84.85 万人，比三亚户籍人口还要多出 27.6 万人。

更何况旅游者的进餐、住宿等需求与居民并不相同，这么多人的吃喝和安寝都需要由三亚的旅游市场来供应，来往于住宿地与景区之间、来往于景区与景区之间的交通需求，也都数倍于本地居民……三亚是不是为此做好了充分的准备呢？

据 2013 年三亚统计局《2012 年三亚市统计年鉴》发布的数据，

2011年三亚市"限上住餐业"（限额以上有一定规模的住宿餐饮业）的客房是30195间，床位是51127张，餐位是72265个；显然对多数游客的服务都需要由散布全市各处的中小企业来提供，因而，对企业的规范和管理都需要有关监管部门投入极大的人力。如果没有预先的规划与安排，有关交易和服务的问题自然就很容易发生。这也正是近些年来三亚旅游服务与价格的问题累累浮上舆论浪尖的原因（也正是对此问题的发现与重视，现在三亚已经加强了对旅游市场和价格监管，并取得了一些成绩）。

由此看来，我们的许多旅游城市如果要适应全国旅游业的新发展，进一步完善本地区的旅游规划（或重新修编原有规划，或重新制定规划），已成为一件当务之急的事情。

2. 出游态势和产业集群的发展需求

三亚也好，别的旅游城市也好，其实当前在我国的许多旅游目的地，都面临一个如何解决供需矛盾的问题。

就旅游目的地而言，虽然对于旅游业发展的业绩，地方行政首脑和有关人士都为旅游收入的增长而满心欢喜；但是游客对服务质量的抱怨和旅游旺季的拥挤，也往往使得他们感到焦虑和力不从心。

就旅游者而言，他们是为寻求与自己常住地不同的体验才出来旅游的，所以他们在目的地"食、住、行、游、购、娱"等的正当需求理当得到充分的满足。

难题的产生，难题的解决，不由得让人们回到我国旅游规划和地方规划的问题上。

此前我们的旅游规划，大多是有关旅游景区的散点式的开发规划，或者点线式连线规划，它们主要安排的都是游客们在景区内的活动，对旅游者生活的多侧面要求大都没有相应的考虑。即使是地方政府委托编制的旅游规划，也大多是就旅游谈旅游（大多限于对多个景区的整合）。至于旅游者怎么来，怎么走，到达后在本地交通如何解决？住在哪儿，怎么住，住得是不是舒适？吃什么，在哪儿吃，吃得是不是放心？买什么，在哪儿买，买卖中是否有"陷阱"？……乃至旅游者的人身和财产的安全，价格的合理性，本地公共服务的可靠性，本地居民好客习惯的培养，游客是否满意，突发事件如何处置，投诉是不是能够得到及时解决，等等，旅游规划很少涉及。这或者是因为此前在规划者的思考中，在当局管理职能的分工中，许许多多的内容都不是"旅游"所能够考虑或管辖的。显然，原来这种散点式或点线式的旅游规划是不利于现代旅游业协调发展的。

现在，我国的很多城市都接待了超过本地常住人口数倍的旅游者，而这座城市本身是按照当初设定的户籍人口规划与设计的。姑且不说户籍人口的增加、外来务工人员的递增已经对城市提出了增加供给的要求，即使单从许多城市发展旅游的目标而言，大批量游客到来所形成的对城市的有关供给的压力，也都亟须城市急速作出修编城市规划的安排。

除了游人增多为目的地带来的压力之外，旅游产业本身的发展也同样面临一个对旅游规划的重新思考和重新编制的任务，而且在编制时也必须有更多的新思维与新内容。面对旅游产业正在形成的包括国民经济F、H、I、L、N、R等行业门类产业集群[1]的发展态势来看，旅游规划的编制再也不是地方旅游局一家的事情，它应该是一个直接关系地方经济社会全面发展的规划。它也不再是地方首脑出席一下旅游规划评审会表示关心就够了的事，不再是地方各相关部门仅仅来提一点意见就完了的事，而应该由地方政府精心策划整合协调，更需要各相关部门共同参与和共同实施。

现在全国各省、市、自治区的负责人，地市县的"一把手"，都十分

---

[1] 在我国与国际接轨的《国民经济行业分类》（GB/T 4754-2002）中，旅游供给所需的"食、住、行、游、购、娱"等，实际上是由"住宿和餐饮业"（I门类）、"交通运输、仓储和邮政业"（F门类）、"租赁和商务服务业"（L门类）、"水利、环境和公共设施管理业"（N门类）、"批发和零售业"（H门类）、"文化、体育和娱乐业"（R门类）合力提供的，对旅游业核心产业给以支持的，还包含了"信息传输、计算机服务和软件业"（G门类）、"房地产业"（K门类）、"金融业"（J门类）等。而随着乡村旅游和工业旅游的开展，又将旅活动涉及的国民经济门类扩展到了"农、林、牧、渔业""采矿业""制造业"等诸多产业（A、B、C……门类）。很显然，旅游需要的供给正在把各个行业门类、大类、中类、小类紧密地结合在一起，形成了一个覆盖面极广的产业集群。

重视旅游业的发展，因此也为当前旅游规划与城市规划寻求新突破带来了难得的条件，也正是地方当局集中精力全面安排旅游产业与相关产业融合发展的好时机。尤其是在我国发展社会主义市场经济的时候（乃至在许多情况下市场失灵的时候），在《中华人民共和国旅游法》颁布实施的时候，正是政府履行自己职责、推动地方发展的好机遇。

在新编或修编城市规划时，在编制旅游规划和制定旅游产业发展计划时，同时应该注意另一个值得把握的分寸，那就是"新发展"和"新适应"绝不是旅游产业无依据的放量扩张，尤其是在旅游发展前景有限的地区，更需要冷静地根据资源和市场的可靠性认真测度发展的有限空间，做好科学论证与发展预评，不要抱不切实际的幻想，也不被投资者和规划师所忽悠（尤其是那些以"圈地""圈钱"为目标的所谓"投资者"，以及用浮夸邀宠的所谓"规划师"），以避免今后难以挽救的泡沫大量产生，以免陷入难以解脱的困境。

现在的最佳机遇是，《中华人民共和国旅游法》已经出台，并将于2013年10月1日开始实施。这部旅游基本法已经把"旅游规划和促进"写进该法的第三章，在其第十七条到第二十五条的9条中，不仅规定了"地方人民政府应当将旅游业发展纳入国民经济和社会发展规划"，而且规定了"各级人民政府编制土地利用总体规划、城乡规划，应当充分考虑相关旅游项目、设施的空间布局和建设用地要求"，这些规划"建设交通、通信、供水、供电、环保等基础设施和公共服务设施，应当兼顾旅游业发展的需要"。这不仅在根本的立足点上确立了旅游规划在旅游发展中的重要地位、在地方经济和社会发展中的位置，而且为旅游规划的编制拓展了极大的空间。

三 两大挑战带来的机遇

前面实例中说到的旅游规划之间的矛盾，说到的游客增长带来的供需难以配合的问题，其实仅仅是当前旅游发展中显现出来的一两个热点而已；如果多加注意就可以发现，旅游发展中还有不少的问题，只不过目前暂时没有得到明显地暴露或者暂时没有暴露而已。所以如果我们对其认识仅仅停留在对过去的简单反思，那就不够了；我们更需要的，是前瞻性的研究。

无论是从提升百姓生活质量的需要而言，还是从旅游市场急速变化的需要而言，时代都为旅游发展带来了挑战和机遇。而这些挑战和机遇，都需要我们积极地面对与把握，所以就不能不从旅游发展的新角度来思考我们的旅游规划，不能不尽快地寻求新突破。

（一）休闲诉求发出的呼唤

1. 第一个突破：对旅游规划的重新定位

除了游客的抱怨外，其实目的地的供给不足和服务欠佳，还有另一个侧面的效应，那就是本地居民的不满和批评。因为旅游的发展并非一本万利的事情，它在推动区域之间友好交流、为目的地带来经济收入的同时，也必然产生对当地公共资源的摊薄和占用，或者引来本地居民生活的不便，乃至引来物价的上扬等等。

1933年国际现代建筑学会《雅典宪章》在论及城市的"四大功能"（居住、休闲、工作、交通）时，曾对西方城市居民休闲空间的不足提出了批评。无论是宪章第30~34款的批评，还是其35~40款的建议，都说明这一国际性学术团体对城市旅游休闲功能的高度重视。可是在相当长的时间内，我国的城市规划都忽视了城市的这一应有功能。

为了城市的和谐发展，为了本地居民休闲生活质量的提升，为了城市发展旅游的需要，我们寻求新的突破，就是改变此前城市规划编制的老旧套式，让城市规划和旅游规划迈出新的步伐。

在编制新的城市规划时，在修编原有的城市规划时，一是必须有对城市"四大功能"（居住、休闲、工作、交通）的通盘安排，对城市规模人口的重新计算（不能再局限于原定户籍人口的数量）。如果这个城市有旅游功能，或者已经确定了发展旅游的目标，那么更需要对游客所需的"食、住、行、游、购、娱"等有充分的计划与安排，以期能够尽快改变原来城市的某些旧式格局。

同时，在村镇的发展中，也应该通过村镇规划让村镇居民同样地享受到现代城市服务的"四大功能"。

2. 对第一个突破的跟进：旅游与休闲发展的全面统筹

在2006年4月杭州召开的"世界休闲高层论坛"会上，我国政府就对中国休闲发展表示了十分积极的支持；其后，在2007年的《政府工作报告》、2009年的《政府工作报告》、2009年的中央经济工作会议上，国家的最高层面都对中国的休闲发展有了许多明确的意见和指示。正是基于以上的意见，2009年12月，国务院在出台《关于加快发展旅游业的意见》（国发〔2009〕41号）和《关于推进海南国际旅游岛建设发展的若干意见》（国发〔2009〕44号）的文件中，才更明确了有关促进休闲发展的若干方针和政策。最值得注意的是2008年，国务院在机构改革的"三定"方案中便赋予国家旅游局"引导休闲度假"职能（首次明确了"休闲"在国务院工作部门的归口），与此相应，还有2007年《职工带薪年休假条例》的制定与2008年正式开始实施，这就把决策层的认识和思路变成了可以实施的具体措施。也正像国家旅游局对此总结的那样，这就充分表明，"积极引导和推动休闲发展已进入国家发展战略"。

闲暇时间增多与人均收入的增长，是休闲得以产生和实现的两大基础性因素，正是有了国家和个人的经济基础，所以当1995年5月中国职工有了双休日后，没有任何人的号召，便迅速出现了"周末旅游热"；当1999年10月实施长假日制度后，也没有人来指引，便迅速出现了出游人的"井喷"。当然，与中国居民休闲关系最密切的事件，还是2008年1月1日起开始施行的《职工带薪年休假条例》和2009年12月国务院《关于加快发展旅游业的意见》明确提出的要"制定国民旅游休闲纲要"，这就把居民的休闲作为国家的制度确立了下来。

"休闲"和"旅游"都是人类的重要活动。一般说来，虽然二者常常需要相同或相似的基础，或者也还需要人们相同相似的心境，但是，"休闲"主要是从时间的范畴来认识的，而"旅游"考虑的却是地理范畴的位移。这就是它们的本质性的差异。虽然"休闲"与"旅游"紧密相关，更有着许许多多的可以互相包含的共同之处，然而它们不可能完全重合，如果一定要厘清它们之间的关系，那么不妨把它们比作两个相交圆更显贴切。

如果用具体行为来划分，那么"休闲"与"旅游"的不可能互相涵盖，还在于人们的休闲可以是异地的休闲，也可以是本地的休闲；人们的旅游可以是基于休闲的目的，也可以并非基于休闲目的。见图5-1所示。

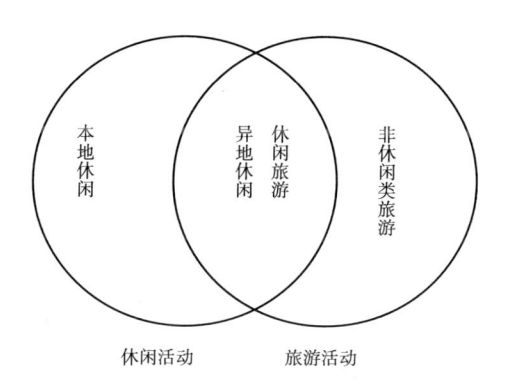

图 5-1　休闲活动与旅游活动关系示意

从图5-1中可以看出，休闲与旅游既有相互包容的一部分（"休闲旅游"或"异地休闲"），也有互不包容的一部分（一是居民的"本地休闲"，一是"非休闲类旅游"）。"休闲"中的"异地休闲"就是"旅游"中的"休闲旅游"；而"休闲"中的"本地休闲"，由于没有离开原住地，所以就不是"旅游"。

然而理论上的认识并不影响居民的行动，不只人们在意识上并不在意什么是本地休闲、什么是外地休闲，加之交通的发展，在缩短人们出行空间距离的同时缩短了时间的距离，更使得旅游与非旅游难以做出距离的区分。既然国务院在机构改革的"三定"方案中赋予旅游主管部门"引导休闲度假"职能，那么将原有的旅游规划拓展为更有包容度的旅游休闲规划，就成为不应回避的选择。

1995年我国开始实施的每周休息两天的工时制度，以及2008年开始实施的第二次修订的法定节假日制度（《全国年节及纪念日放假办法》），已经为居民带来了一年大约1/3时间的休息日，居民收入的逐渐增多也使得许多居民"有闲钱"来用于旅游休闲的花费，所以如今迫在眉睫需要缓解的问题，便是如何解决供求之间的矛盾。发生在2012年"十一"黄金周的游人拥堵现象，已经引起全社会的广泛关注。究其原因，除了目的地运营的必须优化和假日制度还需继续优化外，更与居民休闲过于偏重旅游的选择有关。如何能够让居民在假日里有更多样的休闲选择呢？这就不能不回到有关休闲制约的问题上来，也就是如何克服休闲供给的相关制约——克服休闲公共服务供给的制约，克服休闲市场供给的制约，克服休闲相关环境的制约，克服居民自我习惯的制约……而所有这些，也就需要通过新的旅游与休闲发展规划来进行全面的统筹。

2008年国务院在机构改革的"三定"方案中便赋予国家旅游局"引导休闲度假"职能，2013年2月《国民旅游休闲纲要（2013～2020年）》的发布，都为旅游与休闲发展的全面统筹奠定了政策共识的基础；2003年4月国务院发布的《中华人民共和国旅游法》第二十三条也明确规定了"国务院和县级以上地方人民政府应当制定并组织实施有利于旅游业持续健康发展的产业政策，推进旅游休闲体系建设"。所以必须把握住现在的极佳机遇，努力开拓，以使居民的旅游休闲权益得到很好的安排。

（二）旅游多目的的世界潮流

1. 全面认知人类的需要：旅游并不仅仅是休闲

旅游规划与休闲规划的会合，是旅游规划发展的最新趋势；但是，旅游规划又不应该只局限在满足对居民休闲的安排。因为除了闲暇类旅游之外，旅游还有着并非休闲的内容。这些并非休闲的旅游同样具有自身独立的生命力，其原因在于，人类旅游的目的需求多种多样。

那么旅游者的旅游有些什么目的需求呢？1937年江绍原先生在《中国古代旅行之研究》中说到"离开自己熟悉的地方而去之暂不熟悉或完全陌生的地方"的旅行时，曾经历数中国古人的"出畋，出渔，出征，出吊聘，出亡，出游，出贸易……"1995年笔者在《中国旅游文学新论》中梳理先秦旅游活动时，也将其归纳为"巡游、游畋、观光、游娱、托志、泻忧"和"伴随"七种类型。不过从现在国际共识的新划分来看，还应该以世界旅游组织的归纳为准。

关于什么是"旅游"，《中国旅游大词典》的解释是"人们由于闲暇、事务和其他目的而到其惯常环境之外的地方旅行，其连续停留时间不超过一年的活动"。其实这个解释就是联合国和世界旅游组织《旅游统计建议书》(*Recommendations on Tourism Statistics*)① 对"旅游"定义"Tourism comprises the activities of persons traveling to and staying in places outside their usual environment for not more than one consecutive year for leisure, business and other purposes"的译文。在这个定义中,根据旅游者的行为目的,旅游被划分为 leisure(闲暇)、business(事务)和 other(其他)三大类。

现在我们的教科书在阐述旅游的产生要素时,往往强调"可自由支配时间的增加""可自由支配收入的增加"对旅游产生和发展的意义。其实,教科书上所说的这两个"增加",都只是休闲活动产生的要素,自然也就是前面世界旅游组织所说的旅游目的的第一大类——"闲暇类"旅游产生的因素。而旅游的第二大类——"事务类"旅游的产生,却与这两个"增加"没有什么关系。

因为"事务类"的商务/公务等的出行,都是基于商业企业或政府有关事务部门等的派遣。与居民休闲旅游的不同之处,是商务/公务旅游大多不需要旅游者的闲暇时间,而且旅游时也不需要由旅游者自己"掏腰包"来支付费用。

在事务类旅游中,诸如人们在异地的商务交往,文化、教育、科技的考察与交流等,都是基于经济社会发展的需要,也都是经济社会活跃的必然产物。国内外旅游经营者所说的 MICE,就反映着它的核心组成。MICE 通常被译为"会议、奖励与展览旅游"。M(meeting),常指各式的会晤和规模不大的会议活动,I(incentives),指企事业单位为奖励职工工作或培育职工团队精神而安排的旅游活动,C(Conferencing or Conventions),指各种大型会议或专业性会议,E(Exhibition or Exposition),指展览会或博览会一类的展示性活动。

在联合国和世界旅游组织《旅游统计建议书》中,有关旅游者的活动,又被细分为了六类:

---

① 《旅游统计建议书》署名时之所以将世界旅游组织(WTO)与联合国(UN)并列,是因为那时世界旅游组织还不是联合国的下属机构。世界旅游组织成为联合国的专门机构是那之后的事,是在联合国经济与社会理事会提议吸纳世界旅游组织为联合国专门机构,在 2003 年 12 月 23 日由联合国第五十八届会议审议并公布双方签署的《联合国与世界旅游组织之间的协定》开始的,现在世界旅游组织已经成为联合国的专门机构,所以其英文简称已经改为 UNWTO。

- Leisure, recreation and holidays　休闲与度假
- Visiting friends and relatives　访亲问友
- Business and professional　事务和专业
- Health treatment　保健医疗
- Religion, pilgrimages　宗教/朝圣
- Other　其他

其中，"事务和专业"类的活动，包括"企业在海外在设备安装、检查，商品的采购和销售，参加各种会议、交易和展览的活动，雇主的奖励旅游，外出演讲或演出，导游和旅游业者的旅游踩点及对旅游食宿交通的安排活动，参与体育职业比赛，政府的外访任务（包括除驻外人员之外的外交、军事、国际组织的人员活动），高校公休假时教育、考察、研究的外出，与游客商务及专业相关并由其支持的语言、专业或其他特殊课程等"。

世界旅游组织的这个列举是基于出入境旅游而言的。现在申根协定已经使欧洲的旅游疆界逐渐虚化，而中国国内旅游跨越的领土面积大约也正好与包含40多个国家的欧洲面积相近；所以在判断出行目的的类别上，没有必要再做国内或国际的划分。

就旅游的本质来看，事务类旅游正好说明旅游活动的异地交流实质。被人们称作近代团队旅游开端的托马斯·库克所组织的那次旅游活动，其实就是在本国之内的事务类旅游[①]。

在近30多年我国旅游的发展中，事务类旅游在一定程度上也是与闲暇类旅游大体并行的。这些年来随着我国经济社会发展的需要，随着社会生活的活跃，事务类旅游在国内旅游中所占份额也已经开始引人注目。如据《2011年国内旅游抽样调查综合分析报告》，2011年事务类旅游在全国城乡居民国内旅游中的比重就已经超过了15%。如据该调查结果进行粗略的估算，则2011年我国城乡出游的事务旅游者就已经

[①] 1841年一个名叫托马斯·库克的英国人包租了一列火车，运送570位居民从莱斯特前往洛赫巴勒参加禁酒大会，库克向每个参加旅行的人收了一先令的费用，同时免费提供了带火腿肉的午餐，还有一个唱诗班跟随。旅游史的研究者们认为，这次往返行程22英里会议旅游，这种服务与付费的关系，就是近代团队旅游的发端。

达到 4.048 亿人次（2.56 亿 + 1.488 亿）。这实在是一个不容忽视的人群。

较之国内旅游中事务旅游 15% 的比重，海外来华事务旅游所占的比重则要高得多。如据我国有关机构的入境旅游抽样调查，近些年来因事务活动的入境游客所占比重大多在 30% 以上（2009 年，入境旅游者中商务活动的占 24.6%、参加会议的占 5.4%、文体科技交流的占 2.7%，合计为 32.7%；2010 年，商务活动的占 23.4%、参加会议的占 5.4%、文体科技交流的占 3.4%，合计为 32.2%）。由此可见，中国国内的事务类旅游还潜藏着极为巨大的发展空间，所以旅游规划还需要寻求旅游发展的"第二个突破"。

2. 第二个突破：发挥旅游的人类交际功能

在我国旅游业的发展中，对"事务与专业旅游"的忽视是由来已久的，其滞后的状态目前仍然没有得到扭转。在世界经济论坛的《旅游竞争力报告 2011》中，中国旅游业一项关于"事务类旅游"拓展的指标，竟在全球 139 个国家和地区中排在了百名之后（全球排名第 105），就是一个很有代表性的说明。

对此出现的误区，是混淆了非正当的"公费旅游"和正当的"公务旅游"的区别。所以"事务类旅游"也遭到了不分青红皂白的攻击；可惜的是，攻击者却没有意识到，正常的事务（包括商务/公务）旅游与专业旅游，实际上是人类不可缺少的交际活动。这些活动也正是推动社会和经济发展的动力。

商务/公务旅游者除了在花费上能够为目的地旅游业带来更多的经济贡献外，更重要的还在于经济、文化交流是国家和地方发展所不可或缺的要素。像来访的休闲旅游者一样，他们同样是来到我们家园的尊贵客人，为他们准备合适的工作环境和休息环境，不仅是主人待客的必须，而且是实现双方交流不可缺的前提。作为旅客，商务/公务旅游者的旅游需求，除了对目的地的景区关注较少外，他们的食、住、行，他们的游、购、娱等，都与休闲旅游者是完全一致的。就世界各地已有的经验而言，他们的消费还要比一般的观光休闲客有更高的要求。所以目的地的旅游接待，除了不能忽视事务旅游者的数量之外，也必须注意他们对旅游环境与服务质量的高要求。

对商务/公务旅游的安排，历来都是中国旅游规划的弱项。基于中国的政治、经济和文化都正在成为全球关注的焦点，为了国家和区域的更大发展，新的旅游规划在注意国民旅游休闲的拓展之外，还应该以会合的形式（或单独的形式）把 business（事务）和 other（其他）两大类的旅游纳入全国和地方的旅游发展之中。同时基于它们与闲暇类旅游的不同之点，在规划的安排中也当充分考虑其多样需要的特征。

基于此前不少教科书在阐述旅游原理中过度强调休闲旅游内容，也基于我国旅游发展初期运行的多是旅游的休闲供给，部分业界人士和地方管理者形成了对旅游三个大类别的长期忽视。未来一段时间中国的"事务类旅游"的发展会遇到更多的难题。

所以，我们国家如果真要推动旅游业得到健康全面的发展，"把旅游业培育成国民经济的战略性支柱产业和人民群众更加满意的现代服务业"，就必须尽快恢复"旅游"本来应有的含义，消除此前部分人士对旅游和旅游业过于偏窄的误解，包括纠正教科书对其过于偏重居民闲暇旅游的倾向，纠正少数研究者提出的将"旅行"与"旅游"分开的说辞，纠正某些民意代表不解实情提出的错误主张。

第二节 广义旅游规划的目标与功能结构

在上面，我们已经就国民生活中"休闲诉求发出的呼唤"与"旅游多目的的世界潮流"现实需要做了分析，面对这"两大挑战带来的机遇"，我们的旅游规划思想、我们的旅游规划方法，不仅必须尽快地跟进，并且需要更多地创新与改革。而广义的旅游规划，也就在多年酝酿的基础上，在这些年来旅游规划的经验与教训的土壤中应运而生。

如果把广义旅游规划放在当前我国发展的现实中，它的功能就显得更加重要。正是基于旅游业既是提升人民生活质量的服务业，又与自然生态、与历史文化、与社会经济等息息相关，所以当国家提出"深入贯彻落实科学发展观的基本要求，全面落实经济建设、政治建设、文化建设、社会建设、生态文明建设五位一体总体布局"的时候，广义旅游规划的部署就正好成为国家和地方推动"五位一体"发展的重要组成，也成为在重新认识旅游属性之后进一步调整旅游产业与旅游事业关系的契机，成为旅游产业结构再构与重构的抓手。所以，只有认清当前我国"五位一体"汇合发展的机遇与进程，进一步认识旅游事业与产业的两个侧面，把握住旅游产业结构再构建的方向与方法，才能更好地把握旅游规划编制与实施。

这里所称的广义旅游规划，如果说得更前瞻一些，那就是我国旅游发展面临改革深化时所必须改革的一个不可或缺的措施组成。

一　广义旅游规划的目标

本文一开始就已经论及，人类之所以要为自己安排规划，其目的就是要安排一种合理的选择，以期能够积极妥善地安排未来的行为，对其流程给予科学组织与控制，以便有效推动预期目标的实现。作为广义的旅游规划，也就是要在旅游活动涉及的更加广阔的范围内安排未来对旅游者的服务。如果从旅游发展的管理层面来表述，这也就是国家、地方和有关方面为旅游未来发展做出的顶层设计、中层设计以及基础层设计。中层设计、基础层设计，如果就其所处层级而言，也可以说是"相对的顶层"。

因此，广义旅游规划的目的，就是要尽可能推动旅游服务的优化和满意化，同时尽可能发挥出旅游活动对人类社会和经济发展的最佳效能。

作为广义的旅游规划，它与此前已经出现的许多旅游规划有不少的共通之处，也有许多的不同点。其最大差别，就是它的广义性，亦即它更为宽阔的视野，更富前瞻的思考，更具效力的统筹，更有包容量的安排。

二　广义旅游规划的功能结构

正是基于广义旅游规划的广义性，它的功能发挥途径也与此前许多旅游规划有着明显的不同。其首要之点，就是它的功能及其层级系统的构成。

1. 广义旅游规划功能的纵向结构

广义旅游规划的功能分工,如果从纵向来看,它的层级结构应该有两大分野的三个层面。

分野的第一支系,是泛指导性规划。泛指导性规划是一个体系,这个体系没有狭隘的局域限定和执行群体的限定,其所做出的对旅游全面发展的指导性安排,既包括国家和地方权力部门有关法律与政策的制定,也包括非政府组织的宪章、宣言、决议,以及政府旅游相关机构的设立,国际组织和国内非政府组织的发起及其运行与策划等,自然也包括我国此前曾经有过的全国旅游发展规划。但是,传统的国家旅游规划仅仅是它的一部分。

分野的第二支系,是地域性全息规划。它是具体地域范围内与产业布局及土地使用相连的对旅游具体发展做出安排的规划。说它"全息",是因为它既包括旅游发展的地方法规政策和规划前期的概念性规划,也包括能够落地的各级实施规划,以及修建规划等。

这两大支系功能结构层级的大致情况,见表5-1、表5-2(由于两个支系的层级结构没有对应关系,所以分别列出)。

表5-1 泛指导性规划的功能与层级结构

第一分野	泛指导性规划			
第一层级	权力部门规划		非政府组织规划	
第二层级	立法与政策安排	旅游发展规划	宪章、宣言、决议	不同民间机构的设立
第三层级	法律解释和实施办法	旅游发展规划	专项意见	民间组织的旅游干预

表5-1中"泛指导性"的意思,一是指它规划内容有十分宽广的实施领域,它在适用度上表现出极大的普适性;二是指它对旅游活动和旅游产业具有强烈的覆盖度,甚至也不局限于对狭义旅游的专指(尤其是在法律和政策方面)。"泛指导性"的"泛",意在它覆盖面的"广泛",亦即它所具功能的发散力、辐射力与穿越度,同时它具有主动杜绝言不及义或不切实际的自控能力。

表 5-2　地域性全息规划的功能与层级结构

第二分野	地域性全息规划		
第一层级	旅游法规与政策	概念性规划	落地性总体规划
第二层级	旅游规章与办法	同层级概念性规划	落地性实施规划
第三层级	针对性指导意见	同层级概念性规划	落地性修建规划

表 5-2 中"地域性"的意思，是指规划内容有特定的"实施地域"[①]。它既可以是地方土地利用规划、城乡建设规划与旅游相关规划的结合体，也可以是旅游与休闲的合一，或者是不局限在休闲范围内旅游产业的全面安排。它既可以是包括国民经济 F、H、I、L、N、R 等行业门类产业集群的供给型规划，也可是不专注市场的公共服务规划。就一个城市而言，在某种程度上其大致相当于该地域国民经济和社会发展规划、土地利用总体规划、城乡建设规划中相关部分与旅游休闲规划等的综合体，自然也可以是专注于解决旅游发展某一"短板"问题的专项规划。

在表 5-2 中，"地域性全息规划"由三个不同功能的分支组成：第一个分支，着重于政策法规方面的规制，以期在总体上引领地方旅游的健康发展；第二个分支，偏重于概念性规划的制定，以期用一种前瞻性的思维规划出地方旅游发展的方向；第三个分支偏重于落地性规划（实施性规划）的制定，以期能够脚踏实地地将旅游发展工作一步步落实。

"落地性规划"的"落地"，意在强调规划实施的确定性。如"落地性总体规划"，它与传统的"地域性总体规划"或"区域性总体规划"的不同，在于它摆脱了某些传统"地域性总体规划""区域性总体规划"内容的虚化成分，而选择了规划内容的"落地"；同时，它和相关"政策法规"的拟议与制定，与"概念性规划"突出核心概念部署有着分工与协同，从而可以摆脱过去某些总体规划往往流于空洞与幻想的偏向。

2. 广义旅游规划功能的横向结构

就广义旅游规划的功能分工，从横向来看，除了上面已经述及的各自

[①] 为了与人们常将"区域"的使用作为低于国家级别的土地领域范围，这里特别用"地域"来表达，以说明它并不拘泥于土地面积的大小，不拘泥于行政级别，或者有否对行政区域的跨越。

包含3个层级的两大分野外，还有与之并行的辅助性支系和专项规划支系。它们之间虽然相互配合、相互支撑，但基于各自功能的差异，没有你我之间固定的从属关系。

表5-3 广义旅游规划功能的横向结构

分野	横向结构体系分野			
功能分工	泛指导性规划支系	地域性全息规划支系	辅助性支系	专项规划支系

广义旅游规划的辅助性支系、专项规划支系，既是两个各自独立的支系，又是作为前述泛指导性规划支系、地域性全息规划支系的支撑和补充而存在的。

辅助性支系是由消费大众、民间社团、社会传媒等与民意代表、咨询顾问、评审专家、监理专家等所形成的非固化、非层级的辅助和监督的动力结构，他们可以依照法规政策和相关的协议深入各个层次的规划活动中，进而发挥他们推动或制约的作用，以保证各层规划制订的科学性、民主性，保障各层规划功能的发挥。

广义旅游规划的专项规划支系，是由一系列各自独立的专项规划组成的，虽然其中也不乏相互的关联或组合，但是在总体上又是自成体系的。如"旅游公共服务专项规划""红色旅游规划""旅游交通优化规划"……乃至包容度更大的"休闲类旅游专项规划""交流类旅游专项规划"，以及大而言之旅游与休闲合一的"旅游休闲规划"、闲暇类旅游与交流类旅游合一的"全覆盖旅游休闲规划"等。而在各个专项规划之间，各种专项合一的综合性规划之间，虽然也有着比肩并行的牵手型联系，但是如果不是共生关系以及综合汇总关系的话，就难有彼此的从属。

广义旅游规划的纵向层级与横向分支的会合，形成了广义旅游规划互相交错、互为补充和互为支撑的功能体系。由于旅游需求与旅游供给的复杂性，旅游规划这种网状格局的纵横交错，便不是简单的网格格式所能够比拟的，它既不像中国"田"字显示的理想化的阡陌交通，也不是纺织品那样的经纬分明，只有从不同体系和不同层面去仔细领会，才能够最大限度地发挥旅游规划互相促进的功效。

如将广义旅游规划与传统旅游规划做一粗略的比较，则可以看出，一是规划的领域"前伸"了，二是规划的内容"扩展"了，三是服务的对象"增多"了，四是规划的分工体系"明晰"了，五是前瞻的视野"长远"了，六是相关部门的积极性发挥出来了，七是各种业态活跃了，八是旅游规划的失误几率大为减少。也就是说，广义旅游规划把旅游业的发展放在更为科学有序的系统之中，从而对产业的成长、对满足民众的需求、对社会与经济的发展有了更好的适应。

3. 广义旅游规划内容的横向结构

广义旅游规划的横向功能分工，除了上面"旅游规划功能的横向结构"论及的规划自身构成与规划间相互配合的横向结构之外，还有规划功能横向结构的另一个侧面——规划编制内容的横向结构，即"全覆盖旅游休闲规划"与"旅游休闲规划""多功能旅游规划"三者之间交叉与融会的关联（见图5-2）。

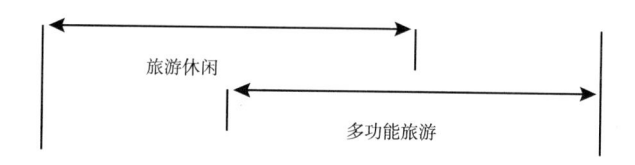

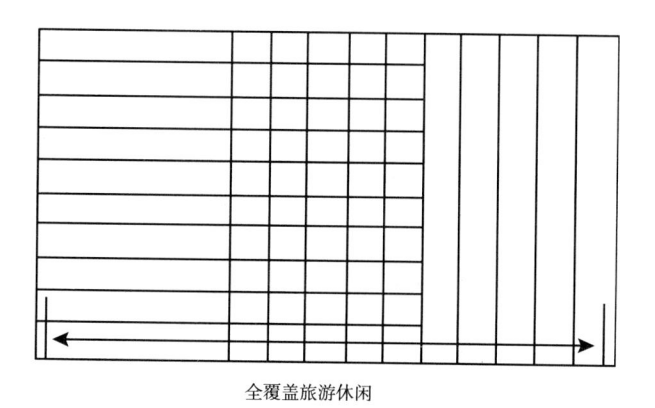

图5-2 广义旅游规划内容的横向结构图

图 5-2 与前面的图 5-1（两个相交圆的"休闲活动与旅游活动关系示意"）是彼此呼应的。

图 5-2 左侧的带横线的方块，是服务本地居民休闲与外来旅游者旅游需求的"旅游休闲规划"；其右侧的带竖线的方块，是服务三大旅游目的（闲暇类旅游、事务类旅游、其他类旅游）的"多功能旅游规划"；它们相互重叠形成的小方格所组成的不大的长方块（图 5-2 中间部分竖长横窄的长方形），即过去人们多有研究多有论及的"旅游规划"（亦即狭义的旅游规划）；而加上左右两部分"旅游休闲规划"与"多功能旅游规划"合成的整个长方块，就是广义旅游规划所倡导的"全覆盖型旅游休闲规划"。也就是说，广义旅游规划所要完成的规划，既包括对外来旅游者闲暇类旅游的供给，也包括对外来旅游者非闲暇的事务类旅游、其他类旅游的供给，还包括对本地居民原地休闲的供给。

三 广义旅游规划的地域性层级

如就前述广义旅游规划内容的横向结构来看，无论是"旅游休闲规划"，是"多功能旅游规划"，还是兼容二者的"全覆盖型旅游休闲规划"都与此前规划有着这样或那样的异同。

如果就前述广义旅游规划自身结构来看，其第二分支的"地域性全息规划体系"在规划实践的层次上，与此前人们熟知的旅游规划的共同点更多些。

如果就广义旅游规划的目标而言，最有包容度的旅游规划自当是"全覆盖型旅游休闲规划"。如果就当前我国的发展现实而言，编制其中地域性"旅游休闲规划"的条件则最为成熟。

如果就其地域性和包容性来划分，"旅游休闲规划"所形成的层级可以分为四级，它们依次为——第一层"国家或地方层级的民生规划"，第二层"国家或地方层级的旅游休闲规划"，第三层"地方产业集群型的旅游规划"，第四层"主题区域的安排规划"。见表 5-4。

这些层级之间的关系，自然上一层级规划是下一层规划的依据，下一层的规划也必须与上一层规划紧紧相连。可是由于此前编制传统型规划时，一些地方上下之间沟通不够，因而出现许多衔接的困难，目前尤其是一些省级旅游规划与省会城市旅游规划之间的问题最为突出。

表 5-4　地域旅游休闲规划层级结构

旅游规划的地域性层级（以地域性旅游休闲规划为例）	
第一层级	国家或地方层级的民生规划
第二层级	国家或地方层级的旅游休闲规划
第三层级	地方产业集群型的旅游规划
第四层级	主题区域的安排规划

这种相互脱节的现象应该得到尽快扭转。解决的办法就是互相沟通。在编制上一层的旅游规划时，必须真切地了解下一层原有的规划，知悉其属地当前对有关问题的真实打算和想法。双方应以平等协商的方式达成更多的共识，这样下层在编制规划或修编规划时才有可能与上层规划有更多的吻合。近两年，随着国务院相继发布了《关于加快发展旅游业的意见》和《国民旅游休闲纲要》，以国家主席令公布的《中华人民共和国旅游法》也即将在 2013 年 10 月 1 日开始施行，因此不少地方都酝酿着旅游规划的新编和修编，这正是以旅游规划推动旅游新发展的好时机。

近些年来，从中央到地方，每年的"政府工作报告"都把民生工作作为报告的主体。如果把这种安排作为一个信号，那么广义旅游规划第一层的"国家或地方层级的民生规划"的编制，便有了越来越多的可能性；而第二层的"国家或地方层级的旅游休闲规划"正在成为现实——2013 年国务院所发的《国民旅游休闲纲要（2013~2020 年）》已经形成了一个良好的开端，地方当局如果能够应时而动，那么"地方层级的旅游休闲规划"的编制也将从可能变成可行。

至于"多功能旅游规划"及"交流类旅游规划""商务/公务型旅游规划""MICE 服务旅游规划"等的编制，虽然目前我国一些地方也已经有了"会展旅游发展规划"或"高端旅游发展规划"等，但是由于我国旅游业的开拓中对交流类旅游的忽视，交流类旅游规划的编制还需要有更大的推力。

不难判断，中国旅游业的全面发展，还需要旅游学界、业界和管理层做出更多的不懈努力。或者这也正是"广义旅游学"存在和发展的重要价值。

如果我们的旅游主管部门、我们的研究者、我们的规划师能够在旅游与休闲的认知上取得更多的共识,能够对交流类旅游有更多的共识,并且尽快行动起来,那么旅游与休闲规划融合体系的建立、事务交流类旅游的发展,也就水到渠成。

第三节　广义旅游规划的依存要素与对其的把握

作为决策人和规划师,要想安排好广义的旅游规划,就必须对旅游规划的要素有真切的了解,同时需要在调动这些要素的时候,做到科学的把握。

一个人的知识和智慧毕竟是有限的,除了借助于"外脑"——紧紧地依靠专家团队的群策群力和使用必要的科技手段外,还需要自己广博的见识和善于思考,更需要不断地学习——学习他人的最新研究成果,寻找和发现人们已经形成或正在形成的前瞻性共识,乃至尚未达成共识却具有超前眼力的独到见解,从而在尽可能精准的把握中,将这些有关旅游规划要素的精华丰富到规划中去。

旅游规划的依存要素,应该成为一个完整的科学体系。而广义的旅游规划学所担负的学科任务,就是成为建设这个体系的积极推手。

一　对资源要素的把握与安排

1. 旅游资源是旅游规划的第一依存

基于旅游是从甲地到乙地以及到丙地等的活动,因此旅游对地域资源的依托也就首先凸显出来。我国从地理学的角度研究旅游资源开始得较早,而且学界也多数赞同旅游资源的"两分法"。如1992年出版的中国科学院地理研究所主编的《中国旅游资源普查规范(试行稿)》就认为,旅游资源的"全部基本类型共有74种,归为6类:1. 地文景观类,2. 水域风光类,3. 生物景观类,4. 古迹与建筑类,5. 消闲求知与健身类,6. 购物类。然后再将这6类归并为两大类:1~3类属于自然景观资源,4~6类属于人文旅游资源"。

长期以来,虽然"自然旅游资源"和"人文旅游资源"的"两分法"一直占据旅游资源分类的主流位置，但是它也遇到了"三分法"的挑战。持其论者认为，"旅游资源具体包括三个部分，即自然资源、人文资源和由人文资源中分离出来的社会资源"。可是支持"三分法"的研究者一直不多，直到《中国旅游资源普查规范（试行稿）》出版十年之后的2003年（也大致是"社会旅游资源"提出十年之后），研究者仍然认为"社会旅游资源属于人文旅游资源"。

2003年，以国家标准形式推出的《旅游资源分类、调查与评价》（GB/T 18972－2003），将旅游资源的类别调整为了8个主类31个亚类155个基本类型。8个主类依其从A至I的排序，分别是地文景观、水域风光、生物景观、天象与气候景观、遗址遗迹、建筑与设施、旅游商品、人文活动。如与《中国旅游资源普查规范（试行稿）》比较，一是在自然景观资源的大类下增加了"天象与气候景观"；二是在人文旅游资源的大类下将前"古迹与建筑类"分为"遗址遗迹"和"建筑与设施"，同时将原"消闲求知与健身类"做了增补后改名为"人文活动"。从某种程度来看，或者这里面也适度接纳了旅游资源"三分法"一些可取的主张，但是"两分法"的分类格局仍然没有改变。

我国的旅游资源研究是植根于对地理学的深刻认识的，同时更有全国不同地方实地考察的丰富收获，所以在编制《中国旅游资源普查规范》和《旅游资源分类、调查与评价》时给它下了一个很有概括力的定义——"自然界和人类社会凡能对旅游者产生吸引力，可以为旅游业开发利用，并可产生经济效益、社会效益和环境效益的各种事物和因素"。

2. 旅游者目的资源并非旅游资源的全部

现代经济学在研究资源时，常常更宏观地关注于国家或地区内拥有的物力、财力、人力等各种物质要素和能量要素，乃至认为资源就是生产过程中所使用的投入。有的学者甚至硬性地将"地理资源"和"经济资源"分割开来。我国旅游资源的研究者却将旅游资源和它的三大效益紧紧地结合在了一起，虽然其规定的范围还仅限于旅游者所关注的那一部分，但其与效益的连接，无疑也与多数经济学人的思路完全一致。或者这也正像国际学者贾法里（Jafar Jafary）在其《旅游百科全书》中所说的那样"旅游资源不是，但它正在成为经济地理学主张的最大成绩"。

如果从旅游规划的角度来研究，我们的旅游资源观就不能仅限于旅游者关注的那部分了。要实现对旅游者最关注内容的提供，实现旅游的发展，虽然吸引物资源是旅游发展的"第一资源"，它所需要的资源类别却要多得多。

1993年"旅游规划理论与实践研讨会"召开时，笔者曾经在宣读的论文中论述到旅游资源与规划的密切关系，并说道"这里所说的资源，既包括旅游业的两大资源范畴（①基本资源范畴——人们常说的自然资源、人文资源等旅游目的资源，②可用于定向使用的资源范畴——人们常说的接待能力、交通条件与运力等旅游业运行资源），也包括整个社会人、财、物等方面的资源"。很显然，这里所提出的资源范畴要比前面的"两分法"或"三分法"宽泛得多。旅游规划在提出资源配置的建议时，不仅需要关注旅游目的物资源，还必须关注旅游开发和旅游运行的支撑性资源。其实早年笔者的这一资源观，也是与现代资源理论与国际上的旅游资源论接轨的。

比如在WEF（世界经济论坛）推出的《旅游竞争力报告》里，国家和经济体的"旅游竞争力"第一层级共有"三大板块"，而其中第三板块就是资源——"旅游的人力、文化、自然资源"。

在《旅游竞争力报告》的"人力、文化与自然资源"板块下，共拥有旅游竞争力全部二级指标体系的4/14份额（即在该报告所称的14根"主要支柱"中占有了4根），即"人力资源""旅游亲和力""自然资源""文化资源"四类。如与我们此前常用的旅游资源"两分法"比较，显然它是把旅游业运行的人力因素，把当地政府和居民对旅游的态度都包括了进去。如果再逐一考察其下具体的三级指标，那就是——

· 在二级指标"人力资源"下包括了初等教育入学率、中等教育入学率、教育体系质量、本地专业研究与培训的有效性、本地员工培训程度、招聘和解雇的常规做法、是否易于招聘外籍劳工、艾滋病传染百分率、艾滋病对商业的影响、人口的预期寿命。

· 二级指标"旅游亲和力"包括旅游开放度、居民对外国游客的态度、对入境商务客人的旅游推介。

· 二级指标"自然资源"包括世界自然遗产数量、国家保护区域的国土面积比、自然环境质量、已知物种总量。

·二级指标"文化资源"包括文化遗产数量、体育场馆人均数、国际博览会和展览会举办数、创意产业出口在全球的位次。

从《旅游竞争力报告2011》反映出，中国"自然资源"在全球位居第五，"文化资源"在全球位居第十六，可以看出我们的资源优势；可是同属于资源类的"旅游亲和力"在全球139个国家和经济体中位居第124，足见我国遗产资源的丰厚和当代努力创造的不足。这种现象不能不引起我们的高度重视。

虽然不能说世界经济论坛《旅游竞争力报告》反映的这种资源观就更准确，但是这一国际的认可，也在一定程度上指明了发展旅游时必须对资源的认识有更为开阔的眼光。

3. 对旅游资源价值的多重考量

除资源类别的扩展外，在旅游规划时还需要有对资源价值的深度认识。笔者在"2010中国城市榜·旅游城市发展峰会"的一次发言中曾经说道，虽然我们有的地方资源的价值是全国前列乃至为世界级别，虽然每个旅游者或潜在旅游者都有相当的科学头脑，但他们毕竟不是科学家，既不是地理学家、历史学家，也不是生物学家、人类学家……虽然他们也都接受社会的共识，但是在选择旅游时和取舍评价时有自己的考量。因此，资源价值与旅游价值也就难以等同；更何况，谁也无法让人类越来越多样、越来越具有个性的旅游取向相同起来，于是，对于相近相类的资源就出现了不同的评价与选择。

而且，旅游资源的价值也并不全然是它单一外在的物质性外壳。比如可观览度、可感知度，震撼力、冲击力，神秘性、启迪性，珍稀度、奇异度，愉悦感、舒适感，还有地域的跨越、历史的厚度、吸引物的体量与规模、人性的感动、生活的亲切、健康的增进，等等，更有这些差异或互补的诸多因素的组合丰度和结构方式等，都在旅游者的思考和比较之中。

即使将这些资源开发为旅游者需要的产品，也必须与地区旅游产品是否成型，目的地交通难易、接待能力、安全状况、购买方便程度、花费高低等结合起来。如果把旅游的引力比作磁石的磁力，那么上面所说的引力要素，就是旅游的磁力线。只是，磁力的强度取决于磁力线离开磁极的远近,旅游的引力却取决于这些要素的自身和组合。

这就需要我们建立起新的旅游资源观。在以新的资源观看待资源问题时,还须有新的思维模式和规划中对下一步工作的准备。即使只就旅游者的目的资源而言,也须具有如下新理念。

一是资源的单体价值与共生价值。即应从资源共生的现实性认清其单体价值与共生价值的变量,亦即共生资源、群生资源所能够产生的 1+1>2 或 1+1<2 的诸多问题(共生资源,指不同类型资源的共生;群生资源,专指同一类型资源的丛生)。

二是资源的有限性与认识的无限性。即以可持续发掘的能动性认清资源的有限性与无限性的两个侧面,亦即自然资源的物质是有限的,然而人类认识是无限的,因此资源利用的潜力也往往是无限的。

三是资源量与质的互补效应与积聚效应。非共生体资源的集聚,其价值也不是简单的 1+1;应以辩证的思维认清资源规模与品质所具有的互补效应与积聚效应,认清资源量的累积和质的提升中的乘数效应,并以之为依托,既充分又留有余地地安排对它的合理使用。

四是与资源本身赋存相连的整合利用与局域利用的多重效应。即以产业规模的集群性认识到整合利用与局域利用的不同效应,亦即规模力度和个性引力的协调布局与资源效益的预测问题。

五是资源的节约使用和非耗损的充分利用。即以资源节约观为指导的非耗损性充分利用和必要耗损的节约使用的互补问题,亦即旅游主体资源非耗损利用和日常生活必需资源节约的可行性研究。

为防止资源评价的僵化、固化和过于现实化,为防止对资源组合认知的错位,在认识分析资源时,在对资源关系已有的辩证分析外,更须有前瞻性眼光和未来学的思维。在看待资源和对待资源的问题上,除了本文前面已经述及的人类认识的无限性之外,还必须认识到资源自身的变动性(包括其天然的变动性和外在干扰引致的变动性)。

二 对自然环境要素的把握与安排

旅游是旅游者从甲地到乙地的一种追求,除了乙地的差异性的引力外,环境也是旅游者所关心和在意的,也是旅游者追求的一部分。

另外，有时旅游目的地的主体引力并不是环境，但是主体引力对环境因素直接和间接的依存或依托，也常常发生着十分关键的作用，因此也需要借助环境来辅助引力的塑造。而更为重要的，还在于旅游主体的人、旅游客体的目的地、旅游介体的旅游服务，都依赖自然环境才得以活动与生存。

就自然环境而言，其内容自当十分丰富。因此珍视和保护自然的多样性，也是旅游规划不可推卸的责任。20世纪90年代，国际社会便就生物多样性达成了广泛的共识，依据在里约热内卢形成的《生物多样性公约》，生物多样性既是地球生命的基础，也是人类生存的基础，在人类对哲学、对文学、对艺术以及对多种多样事物的认知中，都反映了生物多样性对人类发展的重要价值。

如果仅就我们旅游活动的侧面而言，自然的多样性、生态的多样性，既是旅游景观多样性的基础，又是旅游者在旅游中充分认识地球、认识生命、认识人类社会的基础，更是旅游者旅游体验以及有关旅游服务得以有效供给的源泉。

所以旅游规划者对自然环境的理念，对规划范围的自然环境要素，都应有准确的把握。

1. 关于水和水体的珍贵

地球已经进入枯水周期，而现代社会人口的增长、生产活动和城市化进程的加快，让地球上的淡水出现了近千年来少有的短缺，加之竞争性开发形成的不合理耗费及水质的污染，已使水资源面临枯竭和水环境日趋恶化，并严重地威胁着人类的福祉。这是当前人类不得不面对的现实。

对于旅游者来说，水就更显出了它焕发的生机和重要性。除了环境对水的依存、水对自然生态的滋养、淡水和海水都是观光对象的重要组成（如"水域景观"）之外，旅游接待用水和旅游者用水，也都超过了居民的人均用量。关于这点，波兰规划专家B. 马列士（1968）在他的旅游门槛分析法中就指出，水是制约旅游发展的门槛。所以旅游规划中对水源、水体和水景的保护，对用水的节约，都是绝对不能缺少的。

在人类的生活史上，"亲水"从来都是旅游者的重要取向，湖畔、河边、海滨从来就是游人的向往，瀑布带来的震撼，人造水景增添的雅趣，都让人难以忘怀，而现代体育旅游的开拓，更将水体作为水上运动和水中运动的载体。面对使用与保护的两难选择，面对人类的困境，无论正在编制的规划是不是涉及江河湖海，或者包含着几个水体景区（乃至一个也不包括），如何运用现代理念与现代科技因地制宜地妥善安排水和水体的保护与运用，都是规划主持者必须解决好的首要问题。

2. 关于气候的多变

气候既是观光旅游的组成元素（"气候景观"），更是度假旅游的重要依托，其舒适度还是任何类型旅游所不可缺少的。然而旅游规划的关注不应该只限于此，更要关注它一年四季和风霜雨雪等变化所构成旅游价值的锐化和钝化，关注它可能对生态、对人的安全及其对日常接待运行的负面制约。

UNWTO（世界旅游组织）将2008年"世界旅游日"的主题设为"旅游：应对气候变化挑战"，充分反映全球气候变化对旅游业影响的加剧；近年来，人们对"旅游与气候"相互关系的研究正在成为国际旅游科学的新热点。世界旅游组织与联合国其他机构连续召开的三届旅游与气候的国际会议，国家旅游局2008年11月发布的《关于旅游业应对气候变化问题的若干意见》，都值得旅游规划编制者认真关注。加强旅游对气候资源开发与利用，规划好目的地防灾防险气象预报的环节，以及避免旅游发展对于气候环境的不良影响，都是旅游规划人员所应该认真做好的工作。

3. 关于生态环境与环境质量

众所周知，旅游业是天生的环境友好型和资源节约型产业。由于旅游者对环境的高要求，旅游活动所依存的生态环境就尤其值得旅游规划关注。虽然规划师所接受的第一任务不一定是生态环境的保护和优化，但是规划师关注对环境的调研，注意未来旅游活动对环境的依存，以及主动将旅游规划与环境的保护、与环境的优化融合在一起，则正好是他推动生态文明建设所应有的义务。

在编制自然生态区的规划时，除了《中华人民共和国环境保护法》

的法律规范外,《中华人民共和国自然保护区条例》等也是必须研究和遵循的,尤其是条例中的"总则"和其对保护区"建设"和"管理"的规范,都是不可随意逾越的。有关规划实施的"环评"安排,规划区内环保制度的建设,都必须在规划的内容中给以强调。斯德哥尔摩"第一届联合国人类环境会议"提出的《人类环境宣言》(1972),国际上有关生态旅游发展的理念和规范,也是应该积极学习和认真体会的,如果能够在一般自然景区的旅游环境中对其适度地借鉴,那就一定能够产生富有前瞻性的效果来。

绝不要无中生有地超越自然去"创新",诸如把家兔带到澳洲去野放酿成的"兔灾",捕猎带来的加拉帕戈斯海龟几乎灭绝的教训,都是应该引以为戒的。

4. 关于可持续发展的安排

自从1972年联合国人类环境会议提出可持续发展理念以来,可持续发展已经成为我国的基本国策。它号召人们在增加生产的同时,必须注意生态环境的保护与改善,使我们对资源环境的利用和我们的发展,既满足当代人的需求,又不对后代人构成危害。所以旅游规划中对资源和环境承载能力的妥善衡量,为今后继续发展留下充分的余地。

关于旅游业的可持续发展,在1990年温哥华"1990全球持续发展大会旅游组行动策划委员会会议"上,就已经提出了《旅游持续发展行动战略》;1995年"可持续旅游发展"会议代表在西班牙兰萨罗特岛召开的会议上遵循《环境与发展里约宣言》提出的原则和《21世纪议程》推荐的方法所通过的《可持续旅游发展宪章》和《可持续旅游发展行动计划》,更标志着"可持续旅游"这一理念的正式确立。这个理念既有利于增进人们对旅游所产生的环境效应与经济效应的理解,以确保未来旅游业的可持续发展,更能促使利益相关者在开发旅游的过程中始终保持对社会环境、文化环境、经济环境的高度警觉,从而尽可能地通过合理的选择为当地的社会、经济、文化等方面带来积极的影响,并使消极影响变得最小。

而 WTO(世界旅游组织)、WTTC(世界旅游理事会)与 Earth Council(地球理事会)联合制订的《关于旅游业的21世纪议程》(该文件于 1996 年 9 月 5 日在伦敦记者招待会上首次披露，文本的全文于 1997 年 6 月在联合国大会第九次特别会议上正式公布）更是就旅游的可持续发展做出了十分详细的辨析和阐释，尤其是其第二部分"行动的框架"，用了"政府部门、国家旅游管理机构和有代表性的行业组织的责任"和"旅游公司的责任"两章的篇幅，将有关可持续发展的责任和实施办法一一列举，因此对于相关旅游规划的引据和实施安排，都将是十分适用的。

三　对人文环境要素的把握与安排

旅游的发展，与目的地和客源地居民的人文状况都有着密切的关系。在旅游规划着手之前，就必须按照旅游规划的通行办法做好搜集相关资料的准备。在目的地的人文环境方面，其民众、社会、文化，以及政治、经济的现状和发展前景，都是与旅游发展密切相关的因素。比如目的地的行政区划状况，人口数量及其居民构成，当地居民的民族组成、聚落分布、民间信仰、民风民俗，地方语言的使用情况，居民的文化和教育水平，社会的开放程度和消费思潮……以及当地各种人文现象的地理分布、扩散和变化，社会活动的地域结构及其形成等，都是旅游规划着手编制时应该了解清楚的。

有关学科的发展，在人地关系的理论方面，人们已经从过去的环境决定论、可能论、适应论等转变为和谐论，因此旅游规划就不仅要考虑旅游对环境的依存与借力，更要思考和安排这一产业发展对人文环境和谐的增进作用。

在分析目的地社会环境的时候，更要看到目的地社会的动态变化，研究不同社会群体对社会变革和旅游发展所持的态度，在关注他们利益的同时，应该争取到更广泛的民众参与和支持。在涉及他们利益格局的时候，更应该充分运用菲尔弗雷多·帕累托的"帕累托改善"原则，不要因为要造福多数人就随意损害少数人的利益。

在区域关系的安排上，不妨借助克里斯泰勒在探索城市空间组织和布局时提出的"中心地理论"，借助他的互补区域理念，让旅游中心城市不仅能够得到周边的烘托与支持，更能够将利益向周边输送。

历史文化资源往往就是规划所需要开发利用的内容，所以有关当地的历史、地理状况，当地历史文化的沉淀及名胜古迹的遗存，更应该得到规划者深入实地的勘察、考释和分析。在这里还可以运用朱利安·斯图尔特的"文化生态学"的理念和研究方法，对当地文化与社会以及它们与自然环境之间的互动关系和发展脉络进行考察，以期进一步揭示出当地文化发展的特色或体系，进而将其丰富为当地文化资源的旅游吸引物。

除了理论层面的把握之外，对操作层面的规范也应该充分重视。如果规划内容涉及文物古迹或遗产，我国的《文物保护法》《历史文化名城名镇名村保护条例》及《历史文化名城保护规划规范（GB50357-2005）》，国务院《关于加强文化遗产保护的通知》，还有联合国教科文组织的《保护世界文化和自然遗产公约》（1972）、《保护非物质文化遗产公约》（2003）、《实施〈保护世界文化与自然遗产公约〉的操作指南》（2008）等重要文件，都是必须认真学习和落实的。此外，诸如《关于历史遗迹修缮的雅典宪章》（1931）、《华盛顿宪章》（1987）、《威尼斯宪章》（1964）、《奈良真实性宣言》（1994）等，对如何在保护性使用时体现遗产的原生性、完整性、真实性和多样性，都具有很高的指导价值。

四　对社会经济环境要素的把握与安排

旅游业作为全球一项最有魅力的产业，正在成为各个国家和经济体竞争力的一部分。但是作为一项对外来游客的包括游、购、娱、食、住、行等全面供给的商品，或公共品，是不可以单独冒进的，它需要来自国家或地区各个方面的辅助与支撑。所以在制定旅游规划时，关注国家或地区的旅游运行环境就非常重要了。

《旅游竞争力报告》在其一级指标的3个板块下，共有14组"支柱"的二级指标，其下的三级指标又包含70余个类项（每年的数量略有差异，从2008年的71个类项增加到2011年的79个类项）。

这里想要特别提以注意的，是它一级指标第一个板块的"旅游相关的监管架构"和第二板块的"旅游商业环境和基础设施"。如果从第一、第二两个板块下的二级指标和三级指标来看①，它们下属的 10 组支柱的 50 多个三级类项中，如外资所有权的被承认、产权受保护程度、外资法规的商务影响、签证要求、开放的双边航空运输协定、政府的政策透明度、开业的时间需要、开业的花费、严格的环境法规、环境法规的严格实施、旅游产业发展的可持续性、二氧化碳排放量、悬浮微粒浓度、受威胁的物种、环境条约的批准情况、防止恐怖主义需要的商业成本、警方服务的可靠性、防止犯罪和暴力需要的商业成本、道路交通事故死亡率、医师的密度、获得改善的公共卫生环境、获得改善的饮用水、医院病床数、政府对旅游产业的优先化、政府的旅游投入、营销和品牌的有效性、政府官员出席旅游展销会、交通基础设施、机场的合理位置、每千人口的乘机出发率、机场密度、运营航空公司数目、国际航空运输网络、公路质量、铁路基础设施质量、港口设施质量、国内运输网质量、公路密度、酒店客房数、现存主要的汽车租赁公司数、接受 Visa 卡自动取款机数、使用互联网的业务范围、互联网用户数、电话线路数、宽带互联网用户数、移动电话用户数、机票税金和机场费的收取、购买力平价水平、税项及其影响、燃油价格水平、酒店价格指数等，其实都是旅游业赖以发展、赖以运行的经济社会的大环境。其中，中国的这些条件既有较优的一部分，也有较多的欠缺。

应该说，世界经济论坛《旅游竞争力报告》所提出的这些有关旅游业发展的环境条件，都是在我们编制旅游规划时所必须关注的。尽管存在行业分工分管的差异，区域性的旅游规划没有可能对全部发展环境进行统筹，但是充分考虑现状，并对未来前景进行预留性地评估，以及通过呼吁、建议、协商，或做出力所能及的安排，都是旅游规划制定时应多加关注的内容。

---

① 其"旅游监管架构"板块下，共有 5 组二级指标，它们分别是"政策法规""环境的可持续发展""安全保障""健康和卫生""旅游的优先次序"。其"旅游商业环境和基础设施"板块下，也共有 5 组二级指标，分别是"空中交通基础设施""地面交通基础设施""旅游设施""资讯科技基础设施""行业的价格竞争力"。其"旅游人力、文化、自然资源"板块下，共有 4 组二级指标，其分别是"人力资源""旅游亲和力""自然资源""文化资源"。

五　对市场要素的把握与安排

关于旅游规划的编制，我国曾经有过"资源导向"和"市场导向"的争论，经过热烈争论后的冷静思考，经过对正反经验的总结，人们才发现关于"旅游资源与市场同是旅游得以发展的两翼"主张的准确性，才认识到只见市场而不顾资源条件的规划将付出昂贵的代价。

在我国发展旅游的进程中，还出现过旅游是"事业"还是"产业"的不同认识，在经过这些年的左右摇摆之后，人们才进一步认识到旅游业兼具"事业"和"产业"的品格。

尽管各国政府都在关注民生，但是现代旅游业的供给主体依然是由市场来承担的，不仅实行市场经济的国家如此，即使在非市场经济的国家，现代旅游的供给也难以摆脱买卖关系。市场对人们的生产、分配、交换和消费活动的影响，正是市场对资源配置作用的表现。微观经济中市场对于资源配置的影响几乎无所不在，所以充分发挥市场经济的作用，就是旅游规划中不可或缺的主要工作。

从近十年中国的发展来看，其国内旅游成长的态势是稳步而快速的。2002 年全年国内出游人数 29.6 亿人次，比上年增长 12.1%；国内旅游收入 22706 亿元，比上年增长 17.6%。在总体上都超过了前一个五年规划期间的平均水平（"十五"期间其出游人数平均年增率是 11.65%，旅游花费平均年增率是 18.89%）；虽然入境旅游在缓慢增长中还有下滑，但是 2012 年入境人数 13241 万人次（其中，过夜旅游者 5772 万人次），国际旅游外汇收入 500 亿美元，其规模大小已多年处于全球前五名。

看市场更看它的走势。近年来我国职工工资水平大幅度提高，全社会公益福利渐趋改善，居民加强了消费的信心。虽然经济学中"边际消费倾向递减规律"揭示了居民消费增长并不总与其收入增长同步，但是"吉芬商品"效应又揭示某些商品在价格上升时购买反而增加的现象，所以当前我国物价的波动还尚难改变我国居民更多选择外出旅游的走向，更何况居民旅游休闲的需求正有一种越来越趋于刚性的势头。

"独特性卖点"和"普适性需要"所产生的"创造消费""创造需求"现象，也是不能轻视的。虽然有研究者将商品与市场的这种关系比为"先有鸡还是先有蛋"的讨论，但是像"iPhone""iPad"以创新产品开拓市场的实例是难以反驳的。马尔代夫旅游的走俏不仅是它的自然环境，而且在于它面向市场的富有特色的科学开发。

除了从经济学特征对消费者的关注外，还必须认识到其人口学特征、历史文化学特征、消费心理学特征，以及客源地的消费思潮等，也都在影响他们购买和市场的形成。所以关注诸多因素对市场变动的推力，关注市场非周期性变动和周期性变动，等等，都是规划团队中应该做好的功课。

六 对推进旅游公共服务的责任

旅游业发展的规律已经证实，旅游公共服务既是国家和区域旅游发展水平的重要标志，更是国家和地方旅游发展的重要支撑。

在我国旅游发展中，人们已经逐渐意识到旅游公共服务不可缺少。尤其是近年来，我国已经把加快公共服务体系建设提上了日程；国家旅游主管部门在《中国旅游业"十二五"发展规划纲要》制定完成后，又继续补充编制了《中国旅游公共服务"十二五"专项规划》。据《北京旅游公共服务体系建设研究》的研究报告称，旅游公共服务的核心体系包括下列八个方面的三个层级。

从表5-5中的内容来看，基础层级的38个类项，显然是不可能全部由政府下属机构来直接完成的，但是政府是这些公共服务的主导者。

图5-3显示，这种由政府主导，及其带动民间非营利组织及市场商家来实现旅游公共服务的供给，将显现为这样的一种携手的格局。

在诸多旅游公共服务类项的建设中，政府除了可以提供资金、物力、土地、人力之外，更重要的是，它既是有关旅游公共服务政策、规划、规范、办法的制定者，同时是有关政策、规划、规范、办法的实施者或实施的推动者。它不仅担负了直接提供公共服务的责任，而且常以一种合作的方式带动民间非营利组织和相关企业一同推进旅游公共服务的建设，推动旅游公共服务的运行；而且在这一有关的建设和运行中，它又被赋予了监管的责任。政府这个角色成功与否，不仅是地区或国家旅游发展水平的表现，而且是直接影响地区或国家整个旅游发展成败的关键。

表 5-5 旅游公共服务体系核心层级结构表

第一层级	第二层级	第三层级
旅游公共服务体系	旅游公共信息服务体系	旅游网络信息平台
		旅游咨询服务中心
		平面印刷的旅游推广册页
		传统传媒信息(报刊和广播电视等)
		运用数字技术的旅游信息资料
		未进入信息整合的网络信息
	旅游公共安全保障体系	旅游安全规范
		旅游安全教育
		旅游安全措施
		旅游经营者旅安全责任制度
		旅游保险
		旅游紧急救援
	旅游公共交通体系	通用公共交通与旅游专线交通
		旅游集散中心
		旅游交通道路指引体系
		旅游观光巴士
		旅游自驾车营地
		旅游专用道路(旅游绿道、风景道)
	旅游公共设施与公益服务体系	旅游便捷服务
		对特殊群体的旅游关照
		免费旅游设施
	旅游公共科普与旅游责任教育及辅导体系	旅游出行基础知识
		旅游消费购买知识
		旅游安全知识
		旅游活动中的科学知识
		对旅游者的旅游责任教育与辅导
		对旅游经营者的责任教育与辅导
	旅游志愿者服务体系	通常旅游的志愿者服务
		节假日和节事活动的志愿者服务
	旅游环境保护与优化建设体系	旅游开发的环评制度
		旅游经营环保与监督制度
		旅游者环境保护行为准则
		旅游文明规范
		市民的友善好客
	旅游公共服务推动与监管体系	政策、规划、规范、办法
		直接提供服务
		安排委托服务
		公共服务运行管理监管

注：①在旅游公共服务体系中，还有一些分支体系（如旅游专业教育等），因为该分支体系另有专属，故这里不再列出。②由于"旅游公共设施"的包容面极为宽泛，恐不是作为旅游职能部门一家所能够统一筹划的，故表中暂且将"旅游公共设施与公益服务体系"中"旅游公共设施体系"相应的基础层级做了淡化处理。③为了叙述清晰，免生歧义，表中第三层级的"子系统"已经不再以"体系"命名（已建议改称其为旅游公共服务的"类项"）。

资料来源：北京联合大学旅游学院《北京旅游公共服务体系建设研究》课题报告，略有调整。

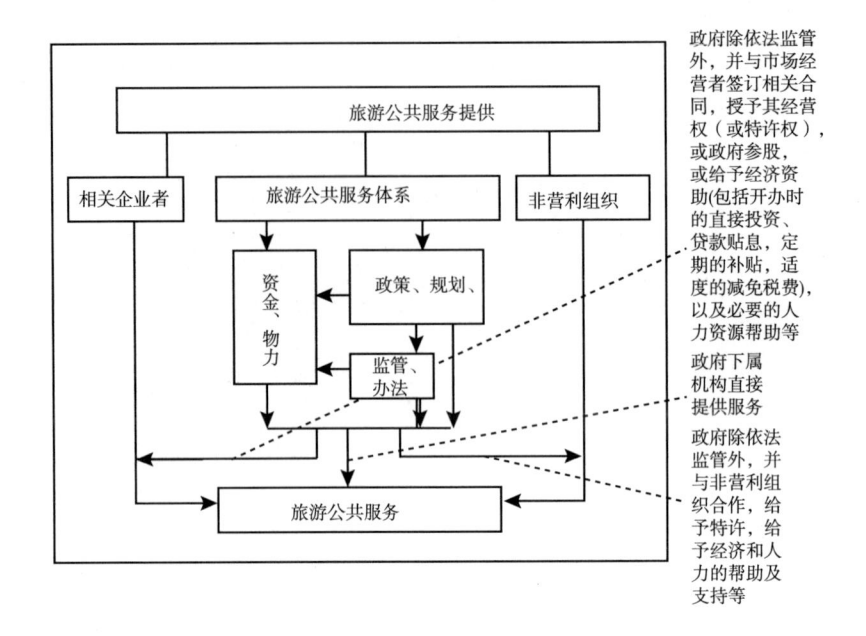

图 5-3　旅游公共服务中政府主导功能及其运行示意

所以规划师在为政府编制旅游规划时，绝不能疏忽有关旅游公共服务建设的安排；在为企业或非政府组织编制规划时，就需要注意如何配合政府承担一部分旅游公共服务建设的责任。

在述及旅游公共服务建设时，之所以把"旅游公共安全保障体系"和"旅游公共信息服务体系"建设放在开头部分，是因为旅游必须安全；没有安全，旅游就变得毫无价值。而在人们所处的信息时代，信息既是旅游者出行的第一个必要准备，也是服务者和管理者做好服务的必需。

因此，除了旅游安全规划必须成为旅游发展的首要安排外，旅游信息化规划的编制也应得到超前的重视。旅游信息化规划是从旅游信息资源的优化利用角度，考察旅游业各个层面的发展问题，将旅游目的地信息化基础设施、旅游目的地电子商务环境、旅游目的地宣传营销网络平台、旅游目的地信息化管理体系、新技术应用于旅游业的试点示范、公共旅游信息服务体系、旅游信息化专业人才培养等作为主要内容，探索如何以旅游信息化促进旅游产业转型升级的战略性规划。随着信息通信技术的发展和游客对信息服务需求的增加,旅游信息化规划越来越成为旅游规划体系中一个重要的专项规划(或者总体规划安排的重要组成)。2011年,国家旅游局正式发布《中国旅游信息化"十二五"发展规划》,随后,云南、湖南、广西、贵州、四川、安徽等省纷纷制定旅游信息化"十二五"规划或者中长期战略规划。这充分说明旅游信息化规划已经成为现代旅游规划体系中有关旅游公共服务的不可或缺的组成。

第四节　广义旅游规划的编制

有了对广义旅游规划目标与功能结构的认识,有了对规划要素的研究,接下来,自然就是广义旅游规划的编制工作。

一　第一要务:做好核心环节的部署

1. 四维部署

现代的规划工作者已经清楚地认识到,今天的规划已不能再重复旧式的土地与建设的传统规划,它已经发展为国家或地方计划与传统规划的综合体。而且即使是传统意义上的规划,也不再是平面上的二维土地利用的设计,也不仅是三维空间的布局安排,而是已经引入时间要素的四维部署。

2. 阶段性与连续性的"链接"

依据规划的自身规律,几乎所有规划都有时间的限定性,所以现代的旅游规划自当是一定时期的旅游发展的部署,同时是其后旅游经营和管理的依据,因而就有着阶段控制性的显著特征。另外,旅游规划不应当是凝固的,而应是不断补充、不断修正、不断发展的。然而,旅游规划又不能过于频繁地变动,它必须具有相对稳定性和不可模糊的阶段性,以便依一定时限分阶段地进行,因此阶段之间的衔接是值得认真研究的。

广义旅游规划把各个有着时期阶段的前后规划连接在了一起,就像一个圆环扣一个圆环,所以把它们称为"链接"。

3. 在多支点上的平衡

由于旅游行业生存的多支点性,因而我们很难从某种单一的技术角度把它描绘为某种单一的简单产业。如果离开自然环境和社会环境，如果没有社会的参与和被利用的自然，不仅旅游业的社会效益和经济效益无从实现，连其自身的存在和运行也几乎没有可能。因而旅游发展规划在制定之初，就必须考虑到旅游业在其后的运行中遇到各种矛盾时的综合平衡处理。旅游规划不仅必须处理好经济与社会、经济与文化的关系，处理好行业内各相关环节的关系，还必须合理考虑社会各方面的利益平衡。社会各方面的利益常常是彼此补充、彼此重叠乃至彼此矛盾的，如城市地区和乡村地区之间、旅游者和当地居民之间、进入企业与原住民之间、各种经营者之间、国家与地方之间等，都各有自身利益之所在，因而需要规划工作者在规划着手时就给予充分的预后研究。另外，当前我国的旅游规划工作者还应注意做好社会总利益和企业利益的合理分配和调整，并在不断变动的格局下做出能大体适应变动的总安排。

4. 推动多产业的融合

旅游业是关联度极高、带动性极强、辐射面极广的现代产业。国务院《关于加快发展旅游业的意见》之所以把"大力推进旅游与文化、体育、农业、工业、林业、商业、水利、地质、海洋、环保、气象等相关产业和行业的融合发展"写入《意见》予以强调，就是要唤醒更多人对这个问题的重视。

如果把旅游业作为推动地方发展的引擎，那么加大旅游产业与相关产业融合发展的力度，就成为广义旅游规划的重要任务。

因此必须抓住产业发展规划的对接或合一，拓展产业融合的渠道，统筹协调，延伸旅游的文化休闲产业链，延伸旅游的健身休闲产业链，延伸旅游的商务会展产业链，联合文化产业、体育产业和各领域公共服务，联合现代商业、现代工业、现代交通运输业、现代金融服务业等，共同推动文化旅游、康体旅游、科技旅游、商务旅游、购物旅游、生态旅游、工业旅游、邮轮旅游、房车旅游，以及高端旅游等的发展。并且对农村的大资源大市场给予足够的关注，推动农业观光旅游、乡村旅游等的发展，突破一产、二产、三产的原有分界，从而将部门联合和产业融合作为旅游业发展新的增长点，作为地区经济社会发展的新动力。

5. 公共服务与市场供给的互补

在旅游规划的制定中，必须尽早抛开旅游理论界曾有的关于"经济属性"与"文化属性"的无益争论，充分认识到现代旅游业的经济属性和旅游者旅游活动的非经济目的，从而在筹划获取行业的经济效益时，努力提高旅游产品的文化品格。同时必须清醒地看到，在社会的发展中，旅游产品内的文化品格和科技品格正快速增长，因而在第一步规划制定时就必须为下一步的产品改进和更新留下必要和充分发展的余地。

要注意到旅游供给的部分公益性质，认识到旅游公共服务不仅是旅游服务的重要组成，更且是旅游服务的基础和重要支撑，从而安排好公服务与市场供给的有机协和。还需更多关注弱势群体，力争部署出对他们的特殊关照和优惠，以打造和谐社会共享幸福的格局。

二 第二要务：把握好规划编制的层次

广义规划学的旅游规划，如从其规划领域和规划地域的包容度来看（尤其是其"地域性全息规划"），在总体上可以分为四个层次。

前面已经述及，如果单就广义规划中的"旅游休闲规划"而言，其地域性和包容性所形成的层级就有四级，它们依次为——第一层"国家和地方层级的民生规划"，第二层"国家或地方层级的旅游休闲规划"，第三层"地方产业集群型的旅游规划"，第四层"主题区域的安排规划"。这里再讨论一下这些规划在安排上述多项部署时一些值得注意的环节。

1. 第一层 国家或地方层级的民生规划

旅游休闲是国民一年 1/3 时间（工时制度形成的休息日 + 法定假日 + 带薪年休假）的主体活动，有识之士宜通过呼吁或建议的形式，推动国家或地方有关"国民民生规划"的编制，并将国家或地方对国民旅游休闲的安排纳入民生规划之中，让国民旅游休闲的安排成为民生规划中的一个重要组成。这个旅游休闲部分的安排，应当包括国家或地方相关政策的制定预案，假日制度的优化与落实方案，民众休闲的引导与辅导办法，国民旅游休闲环境的营造与旅游休闲供给的安排（其中又包括公共服务、市场供给，以及对其的引导与监管）等。

各个地方政府每年的政府工作报告内容已越来越偏重对当地居民生活

的安排，因此制定国家和地方的民生规划已经有了一定的基础，其相关条件也正在日臻成熟。在最近的几个五年计划期间，各个地方都有了本地的《国民经济和社会发展规划》，作为对旅游休闲规划推动的第一步，建议在现存规划之外再追加有关国民旅游休闲的安排的补充部分。

2. 第二层　国家或地方层级的旅游休闲规划

国民旅游规划与国民休闲规划的合一已经成为不可抗拒的趋势，再加之外来旅游者的需求已经成为以户籍人口为依据的原有规划难以破解的问题，因此编制国家或地方的"国民旅游休闲规划"也就成了必然的选择。现在，条件已经成熟起来。

国家或地方的国民旅游休闲规划，自然应该以国家或地方相关政策的制定预案、假日制度的优化与落实方案、民众的休闲引导与辅导办法、国民旅游休闲环境的营造与旅游休闲供给的安排等作为主体。与前面所述国家或地方有关国民民生规划的另一个不同之处，在于国民旅游休闲规划必须更为具体，将"旅游度假类休闲""文化娱乐类休闲""体育健身类休闲""养身养心类休闲"等全部统筹其中，不仅要有对各类旅游与休闲的部署，还需有可行性具化的布局，以期能够通过实施规划和实施办法得到真正的落实。

基于"旅游度假类休闲""文化娱乐类休闲""体育健身类休闲""养身养心类休闲"等所涉及的工作范围，也基于我国目前的行政分工，地方的国民旅游休闲规划应当由地方政府牵头，由旅游主管部门与地方发改委共同推动，联合与各类休闲密切相关的文化主管部门、科学技术主管部门、新闻出版广电主管部门、体育主管部门、医疗卫生主管部门、宗教事务主管部门、民族事务主管部门，以及财政部门、国土资源部门、环境部门、交通运输部门、城乡建设主管部门、水利部门、农业部门、商务部门、教育部门等一起来工作，并邀请其中关系最为密切的部门作为联合或共同编制单位，以期编制出富有前瞻力、符合发展实际并在今后能够得到切实贯彻的规划来。

3. 第三层　地方产业集群型的旅游规划

地方单一旅游规划的编制，是在国家或地方全覆盖旅游休闲规划难以启动时的一个折中办法。基于目前我国行政部门权限的重叠和配合的不易，在一些地方要让与旅游相关的十几个或二十几个部门一起来工作确实有些难度，因此不妨由地方政府或旅游主管部门牵头，推动单一旅游规划的编制。

也是基于前面已经论述的"两大挑战带来的机遇"及广义旅游规划的理念，虽然是单一部门牵头编制的旅游规划，同样可以力所能及地把旅游者的需求与本地居民的需求结合起来。在既不干扰其他相关部门的行政权力，也不对其他部门的管辖范围做出规定性限制的前提下，尽可能地邀请地方各个有关部门一起来讨论、策划，以期达成更多的共识；另外，应像旅游饭店和旅游景区的星级评定一样，调动企业的积极性，整合产业集群的供给，让"游、购、娱、食、住、行"相关行业的企业一起来努力，推动产业共同受益；同时，不妨发出呼吁和建议，以期推动本地休闲服务业能够让本地居民有多一些的满意。

4. 第四层　主题区域的安排规划

主题区域的安排规划，也可以称为产品层级的旅游规划。它包括适应于观光或度假等目的、地域范围较小的单一主题活动区，多样主题活动区，综合性活动区；亦适应观光游览的景区与景点，休闲放松的度假地，文娱游乐参与的活动区，等等。

这里不能不顺便说明一下的，是这里小标题使用了"主题区域"的称呼而没使用"景区"的原因，那是基于这些"主题区域"提供给客人的服务并不是一个"景"字所能够包含的[①]。

这里所说的这一层级的规划，是一种更为具化的旅游发展规划。这类规划所要达到的目的，就是设计出直接面向旅游者群体（包括单一个体）的服务安排。这种安排，既可以面向无差别市场，也可以面向某一具有自己特征的消费群体。如果作为旅游休闲的总体安排，那就须有足够的多样性和丰富性，以期产生较大规模的适应力；如果意在发挥景区的特殊引

---

① "景区"的名称容易产生误会，所以我国目前旅游服务标准化许多涉及"景区"的《……标准》《……规范》或《……指南》的文件中（如《旅游景区服务指南》《旅游景区游客中心设置与服务规范》等），在说到该标准适用的"景区"时往往就不得不列举一长串"景区"所包含的不同内容的主题区域的名称（诸如"风景区、文博院馆、寺庙观堂、旅游度假区、自然保护区、主题公园、森林公园、地质公园、游乐园"等），并且把"景区"对应的英文也翻译成"attractions"（吸引力所在地）。

力，那就需要培养自身的独特性。

表面看来，主题区域层级的旅游休闲规划可能会与此前的景区规划相似，如针对当前现实和规划中常见的问题，也有一些值得关注的要点在这里一并提出。

第一，必须注意产品与市场的衔接。此前一些景区的规划，大多只注意了景区的建设构想，而建成后便只有静候旅客的来临；即便一些景区有一些宣传促销，也多局限在景区形象的塑造。广义旅游规划的这一层级的规划，应该把主题区域打造为一个适应市场需要的产品群。除了产品本身的优化与不断出新之外，如果是投资赢利型的主题区域，它还应该有市场营销组合的另外三个必备环节：价格定位策略、销售渠道策略、市场促销策略，以期能够在目标市场有代理自己产品的商家（如多家旅行社，或负责销售的部门），有适应市场也适应游客购买力的价格明示，有方便游客购买的途径，有出入景区的交通安排，除了景区形象宣传外还要有便于与消费者沟通的具体办法……

如果是以公共资源作为建设依据的景区，要以更低的收费广揽游客。

第二，必须整合提升现有产品，进一步增加休闲供给。这是一个并非理论的现实问题。虽然目前旅游业界热衷谈论休闲，可是休闲产品的不足是十分普遍的现象。比如农家乐，目前在全国都是城市周边的主要休闲地，然而不少地方只有不多的休闲安排（如棋牌、垂钓、餐饮等），以至于一些以农家乐著名的城市，在小长假或黄金周时市民反而更多地选择了更远的目的地。也就是说，单一化、同质化、固态化的旅游产品已经成为旅游发展的大忌。广义的旅游与休闲合一的规划，除了应该借鉴国内外成功的经验开拓休闲项目、增加休闲设施外，休闲与观光的有机结合也是不容忽视的。全国各地乡村的资源都十分丰富，乡村的自然风光、农耕文明的遗存、普通百姓的生活、民间的风习、邻近区域的观光胜迹等，都可以整合进入休闲产品。

如就居民休闲的内容看，除了易地的观光旅游外，文化休闲、体育休闲、养身养心休闲都正越来越受人瞩目。新景区的建设，不妨多一些对文化休闲、体育休闲、养身养心休闲的考量，比如说短期文艺学习的园区，短期体育技能学习的营地，都是可以将观光、度假、个人素质提升结合起来开展的。比如体育活动中的野营、攀岩、登山、滑翔、滑翔伞、动力伞、跳伞、飘伞、热气球、游泳、蹼泳、水球、滑水、潜水、潜浮、漂流、冲浪、滑板、帆板、帆船、摩托艇、赛艇、滑沙、滑草、轮滑、滑冰、攀冰、冰壶、冰球、滑雪、雪橇、旱地雪橇、摩托车越野、自行车越野、击剑、射箭、匹特博、保龄球、草地保龄球、高尔夫、网球、沙地排球、沙滩排球、沙滩足球、马球、门球、木球、壁球、垒球、棒球等，都是很有吸引力的体育休闲项目，都可以选择一些在合适的地区因地制宜开展起来。如果有了相关设备、设施和场地的规划，有了具有专业技能的教练安排，有了与之相应的管理制度的建立，再加上作为旅游产品面向市场的准备，那么它就有可能赢得市场的青睐。

第三，必须注意对不同旅游吸引力的培育。旅游主题区域的规划，还应该注意主题魅力的打造与培育。本文前面已经述及的可观览度、可感知度，震撼力、冲击力，神秘性、启迪性，珍稀度、奇异度等，显然都是观光旅游目的地核心魅力之所在，然而对于度假地而言，除了对所处地区基础条件的依托与观光主题区域没有大的差异外，在产品的组合中，度假环境的理想程度和度假者本人的参与性，以及时尚感、新鲜感等，显然就比可观览度等重要得多了。对于度假休疗者而言，主题区域的魅力更在于旅游者本身的体验与感受，舒适与愉悦，养身与养性，以及对人生享受的获得，乃至对某种自我实现感和私密的需要，也都远远超越观光旅游者对知识见闻的追求，对震撼力、冲击力，神秘性、奇异度的需要。这些都需要规划师去发现、去培育。

第四，必须注意旅游规划的高度关联性。就大多数景区一类的主题区域而言，其范围大小毕竟是有限的，其资源的丰度与厚度也同样是有限的，因此必须借鉴中国造园艺术"借景"的方法，借助所处地区的资源引力，借助所处地区旅游产业集群的服务能力，以及地方政府所能够提供的公共服务，等等，同时要注意推动所在地区基础设施、旅游设施、交通条件、安全状况以及地区旅游管理水平的提升。

除了必须注意对所处地域及周边条件的借助与依托外，在编制主题区域的旅游规划时，还应该突破目光向内的"自我区域"的封闭思维，不仅要把"自我区域"放到所处地区去思考，还要联系周边的诸多旅游主题区域去思考，这样才能够发现自己资源的优势与劣势，才能够发挥自己主题的差异性，才能够借助同行的合力，凸显自己的引力与活力，开发出享有市场竞争优势的产品来，才能够推动所处地区旅游的更大发展。

第五，必须注意概念性规划方法的使用。由于主题区域的主题差异，规划的内容、规划的方法也就各不相同。所以要想把这些规划编制得既合于本地的发展条件又合于发展的既定方向，"概念性旅游规划"的必要性也就显现出来了。与"主题区域"适应的同层级的概念性旅游规划，它的功能往往在这个层级更能充分显现，即它的主题概念能够更加具象，规划目标也就可以更加明确了。

综上所述，对于主题区域而言，即使是小区域的旅游规划，此前的孤立型"散点式"旅游规划、单线型"点线式"旅游规划、平面型"摊饼式"旅游规划，以及局限于土地利用的单一建设规划等的偏向，都必须得到扭转。因为孤立的园区规划将很难发挥效能，而建设规划只是旅游规划的一部分，只有了对旅游发展相关侧面和层面做了全面考量的关联性的安排，规划也才能够发挥出它的效能来。

三 广义旅游规划的技术环节

这里所说的广义旅游规划的技术环节，主要是指广义旅游规划关键技术的组织方法和技巧，以及对其工作步骤的衔接性安排。

（一）概念性规划：目标准确，积极引领

回顾我国的旅游规划，实际是由早期的城市规划衍生而来的。20世纪50~60年代，为了全国城市建设的很好启动，中国积极学习苏联和东欧城市规划模式。这种以"总体规划—详细规划"为轴心的两段编制法，虽然为规划的编制提供了有法可依的便利，却越来越难以对城市或区域的发展给予可以预见的把握；因此，有人提出"弹性型规划""协商型规划""有限目标规划"等。一种称为"结构规划"（如英国的 structural planning）的规划方法在60年代开始成熟起来。作为"结构规划—局部规划"这一规划体系的第一部分，"结构规划"只着重于规划区域的总体控制，而将大量的具体规划任务留给"局部规划"去完成，并允许下一步工作有更多的创造性和可变性。就在1968年英国的《城乡规划法》以

立法的形式将原来的开发规划改为以上的两个部分之后，其他一些国家也纷纷根据本国特点采取类似的做法，如新加坡的意向规划、荷兰的广义结构规划、法国的城市开发指导方案等。所以，有研究者认为，"结构规划"的出现，正是对城市规划现代动向的反思。

笔者在 2001 年 2 月讨论《旅游规划通则》（草案）的时候提出了"概念性规划—后续规划"的主张，即先期制定概念性旅游规划，然后再完成后续的实操性规划。

概念性规划，或概念性旅游规划，与实操性旅游规划和控制性规划不同，也与概念性建筑设计和概念性土地利用规划不同，它比前二者更具有概念性的提升，它比后二者所规划的范围更加广阔。"四高""四宽"就是它的特点。

①规划理念和总体构想更有充分的前瞻性（超前性）；②理论基础和规划手段更需科学完整性（系统性）；③运行机制和结构组成更富有机关联性；④资源配置和因素聚集更需整合一致性；⑤中心概念对当前现实允许留有距离间隔度；⑥布局安排对土地环境允许存有可变适应度；⑦规划本身对实施细节的非约束性；⑧规划本身对时段限定的弹性。

可以看出，以上特征显然是从与传统的旅游规划及其他规划的比较而言的，特征的①~④点，就是所谓的"四高"，特征的⑤~⑧点，即所谓的"四宽"。因此，对于概念性旅游规划，我们主张不要对它们只做字面上的分析和理解，更不赞同将它们与过去已熟悉的用语硬做没有必要的比附。

概念性旅游规划，对于广义旅游规划而言，自然更能够体现整体层面的引领，在取得一定的共识之后再接着完成后续的实操性规划。对于面积较广的行政区，对于新开发的旅游目的地，对于基础资料暂欠完整的旅游开发地，对于有关开发思想尚未取得共识的大小地域，对于影响和制约因素中变量较多或相互配合关系尚不十分明确的跨越性地区，以及对于需要除旧布新的原旅游目的地等，这引领都有着特殊的难以取代的意义和价值。这就避免了某些总规预案安排不能落实的尴尬，也避免了某些规划开会说说、墙上挂挂的笑话。更重要的是概念性旅游规划的前瞻性视野、旅游创新性的科学根基，以及它为规划师、投资者、地方行政负责人都留下了根据最新资料和事态去进一步丰富和发挥的空间，也避免了规划师此前因认识有限、思考不周所产生的不可扭转的缺陷。

而后续的实操性规划的继起，正好能够在前面概念的基础和实际调研的基础上完成脚踏实地的安排。没有第一步的思考和启迪，任何规划都难以一蹴而就；没有后期的落实，前期的思考与安排也必定落空。

概念性旅游规划与其他概念性规划的不同之处，还在于一般概念性规划的"概念"是无定指的，不仅包含规划范畴的各个种类，同时可以偏于规划内容的某个侧面、某个层次；而概念性旅游规划，却已经有了以"旅游"为第一性的概念的限定。二者间的关系，无异于"马与白马"。因此，概念性旅游规划又可以对"旅游"概念的相关实际有更多的统筹。

概念性旅游规划，更富于大区域的适应性。在更广阔的范围内，如省、市、地等行政区域，这些年来我们已经编制过不少旅游总体规划，但是在成功之外，也常常留下诸多遗憾——或者因为区域过大难以面面俱到，招来各地意见纷纷；或者因为力图完美而锱铢必较，弄得规划事项轻重不分……其结果是，或者造成地方当局包袱过重，难以启动；或者遍地开花、形成同质化的重复。

概念性规划，往往都有自己明确的重点，明确的概念，既可以免去不必要的"注水"，也可以免去旧有规划"假大空"套式的废话，以及概念不清、形象不明、用词用语同义反复等毛病。或者可以说，如果概念性规划能够得到健康发展，它还可以推动一次旅游规划文本行文的大变革。

（二）实施性规划：立足区域，安排到位

前文已经述及，作为广义的旅游规划，与此前我国已经出现的旅游规划有着不少的共通之处，尤其是在实施性规划方面，它与此前我国曾有的城乡规划和旅游规划的共通之处就更多一些。几十年来，这些城乡规划和旅游规划对我国城乡建设和旅游发展作出了巨大的贡献。《中华人民共和国城乡规划法》《城市规划编制办法实施细则》《村庄和集镇规划建设管理条例》和《旅游规划通则》等重要的法律法规和标准，都在旅游规划自身的完善中发挥了十分积极的作用。

实施性旅游规划在规划地域上，也有大小区分，因此必须准确了解它实施的范围有多大，它能够推动配置的资源有哪些（指广义的资源），这

些资源的品格和数量如何，它所要安排实施的内容是什么，它应该交与哪一个层级去实施，以及它是用于指导下一级规划的编制还是直接用以指导景区的建设，等等。

如果是用以统筹全省各个市县实施的省级旅游规划，它只需用全省旅游发展的总方向和实施布局去指导市县一级（以及某些全省重点景区）的规划编制即可，无须事无巨细去代替市县（和重点景区）完成规划工作。它的最重要的工作是，以对当前和未来的关注，在全国旅游发展的大格局中，做好本省旅游发展的实施部署，例如，在总体上部署好全省旅游相关产业之间合作，推动全省土地资源和各种资源的有效配置，安排好本省旅游发展的开拓、优化、建设、运行和管理，协调好利益相关者的权益博弈，培育本省的旅游核心引力及其与多引力的汇同，加长制约本省旅游发展的"短板"，尤其要关注有关实施方面具体的指导，帮助市县或试验区总结好先行先试的具体经验与教训。省级旅游规划，既力戒越俎代庖、事必躬亲，令有关市县难以操作，无所适从；也避免对原本同一城市实体的各市县完全"放手"，产生各自独立、互不相干的规划。省级旅游规划应把握大局，相对放手。

在编制市县一级的实施性规划时，应该特别值得注意的一环，就是统一而具体地规划好全城的旅游总体服务格局和旅游公共服务全局性安排。比如，如何保证出入本市县交通的便捷与顺畅，如何安排好旅游大巴、出租汽车的综合运力，如何准备好适应发展态势的旅游停车位（诸如树荫停车场的复合型使用），如何推动全市旅游住宿地的合理布局（且适应观光客、度假客、会展客的不同需求），如何满足旅游购物供给的多要素，如何让旅游餐饮质量、价格以及餐饮地与游客的需求相对应，如何保障现代旅游咨询及传统咨询渠道的通畅，如何使信息传播更准确、更充分、更及时，以及旅游公共交通与旅游集散中心安排，道路交通的指引和旅游路标的设置，旅游者安全设施与保障制度，旅游志愿者服务体系的建立，居民友善好客态度的形成，统一安排有关景区、旅游街区旅游公共服务建设的部署，等等。

至于有关乡村的旅游规划，就广义旅游学而言，同样有一些值得注意之点。除了生态、文化遗产和早已著名的胜迹外，传统农业和现代农业，古村落和现代农村，对于旅游发展都有很高的价值。除了某些特例而外，如从旅游发展的波动性来看，乡村旅游开发最稳妥的办法，还是要让旅游业的发展尽可能地依托乡村已有的产业。让乡村的旅游发展可以融入村民的生活，这才是最有价值也最能够保证村民利益的成功之路。要吸纳村民对旅游业的参与，更要尊重村民选择现代生活方式的权利，所以古村落的保护应该与新村的建设做不同的安排。要防止某些企业买断乡村旅游经营权的操作，避免矛盾的不断产生，从根本上保护好村民的多种权益。

必须强调，许多细致乃至琐碎的环节仍然是广义旅游规划所必须关注和安排的。前瞻性的目光、创新性构想，必须有细致乃至琐碎的安排来支撑，这样才有可能把旅游服务落在实处，才有可能创造出旅游发展的三大效益。

结　　语

广义旅游规划，究竟"广"在哪里？

如果说得宽泛一些，那就是以面向未来的目光，发散性的思维[①]，集中更多更好的理念，博采前人和他人的研究成果，尊重已有共识准则，以广大民众为服务目标，在可以涉及的最大范围内，编制出兼具前瞻性和可行性的旅游规划，全面发展休闲旅游与事务旅游，以期满足旅游者的现实需求与潜在需求，不断提升他们的满意度，并且最大限度地发挥出旅游活动对当代和未来的三大效益来。

如果说得局促一点，那至少应该在编制规划的时候，不拘泥于快出政绩的立场，不拘泥于事事取利的目标，不要看不见身外的变化，不要听不进不同的意见，不要满足于自己原有的进步，不要热衷于几个人的闭门造

---

① 发散式思维，又称"发散思维""扩散思维""辐射思维""放射思维"或"多向思维"，是改变单向性思维及定向性思维为开放性思维的一种新模式。它是指从一个目标出发，沿着各种不同的途径去思考，对信息或条件加以重新组合，探求多种答案、结论或假说的思维。发散式思维与单向思维的不同之处，在于它的灵活性、独特性和流畅性：灵活性能够突破习惯思维的限制，使人产生新的构思，提出新的方法；独特性能够使思维产生新的成分，能够超越前人，提出新的独特见解；流畅性能够使人的思维在较短时间内产生较多的联想，从而使得对问题的理解更全面、更周密。

车，这样才能够汇集更多人的智慧与技能，编制出兼具前瞻性和可行性的旅游规划，开拓出让老百姓和子孙后代都满意的旅游事业来。

要把广义的旅游规划做好，还有一个广义旅游规划的社会责任感问题，那就是编制规划的部门（无论其是政府机构、教学科研机构、公益机构，还是商业机构）和编制规划的执行人（也无论他是官员、学者还是商业机构的雇员），都必须意识到编制规划时所承担的超越自己职能职务的责任，将这份规划未来产生的社会作用置于无可取代的最高位置。

参考文献

[1]《"破"须更好"立"，阿房宫遗址公园请勿重蹈覆辙》，人民网，2013年4月10日，http://politics.people.com.cn/n/2013/0410/c70731-21081759.html。

[2] 国家文物局：《关于阿房宫遗址保护总体规划的批复》，国家文物局网，2012年12月27日，http://www.sach.gov.cn/tabid/345/InfoID/37511/Default.aspx。

[3]《西安阿房宫景区因选址不佳将拆除，13年前建好》，中华网，2013年3月23日，http://news.china.com/domestic/945/20130323/17743169.html。

[4]《2012三亚接待游客1100万，旅游收入190亿》，中国在线，2013年1月21日，http://www.chinadaily.com.cn/dfpd/hain/2013-01/21/content_16146887.htm。

[5] 三亚市统计局：《2012年三亚市统计年鉴·全市历年总人口》，三亚统计信息网，2013年1月18日，http://www.systats.gov.cn/tjnj2012_page.php?xuh=2691。

[6] 三亚市统计局：《2012年三亚市统计年鉴·限上住餐业经营》，三亚统计信息网，2013年1月18日，http://www.systats.gov.cn/tjnj2012_page.php?xuh=2766。

[7]《中华人民共和国旅游法》，中央政府门户网站，2013年4月25日，http://www.gov.cn/flfg/2013-04/25/content_2390945.htm。

[8] 国家旅游局：《关于印发祝善忠副局长在全国休闲工作会议上的讲话的通知》，2010年12月28日。

[9] 江绍原：《中国古代旅行之研究——侧重其法术的和宗教的方面》，商务印书馆，1925，第5页。

[10] 刘德谦：《中国旅游文学新论》，中国旅游出版社，1997，第23页。

[11] United Nations and World Tourism Organization. *Recommendations on Tourism*

Statistics. New York: United Nations, 1994.

[12] 刘德谦:《2011年中国居民旅游休闲的发展与前瞻》,载刘德谦、唐兵、宋瑞主编《2012年中国休闲发展报告》,社会科学文献出版社,2012。

[13] World Economic Forums. *Travel & Tourism Competitiveness Report 2011*, Geneva: 2011.

[14] 《旅游法草案进入二审,公务会议不算旅游》,人民网,2012年12月28日,http://cpc.people.com.cn/n/2012/1228/c83083-20042116.html。

[15] 国家旅游局资源开发司、中国科学院地理研究所:《中国旅游资源普查规范(试行稿)》,中国旅游出版社,1992。

[16] 陈宗海、陈宗棣:《上海社会旅游资源——开发初探》,《上海大学学报(社会科学版)》1993年第5期。

[17] 毛卫东、黄震方、杨春宇:《社会旅游资源的概念及范畴探析》,《旅游经济》2003年第5期。

[18] 《国家标准:旅游资源分类、调查与评价》,载国家旅游局监督管理司编《中国旅游业国家标准和行业标准汇编》,中国旅游出版社,2012。

[19] Jafar Jafary. *Encyclopedia of Tourism*. London and New York, Taylor & Francis Group, 2003.

[20] 刘德谦:《旅游规划刍议》,《旅游学刊》1993年第3期。

[21] 刘德谦:《中国旅游竞争力的若是与前瞻》,《中国旅游研究院中国旅游评论2011》,旅游教育出版社,2011。

[22] WTO、WTTC、Earth Council:《关于旅游业的21世纪议程——实现与环境相适应的可持续发展》,《旅游学刊》1998年第2、3、4、5期。

[23] World Economic Forums. *Travel & Tourism Competitiveness Report 2011*. Geneva: 2011.

[24] 国家统计局:《2012年国民经济和社会发展统计公报》,2013年2月22日,http://www.stats.gov.cn/tjgb/ndtjgb/qgndtjgb/t20130221_402874525.htm。

[25] 刘德谦:《旅游规划需要新理念——旅游规划三议(上、下)》,《桂林旅游高等专科学校学报》2003年第5期;《旅游学刊》2003年第5期。

第六章 广义旅游产业

第一节 广义旅游产品

一 旅游产品概念辨析

（一）狭义的旅游产品概念

1. 传统意义的旅游产品

一般的教科书上都从两个方面对旅游产品进行界定："从旅游目的地的角度出发，旅游产品是指旅游经营者凭借着旅游吸引物、交通和旅游设施，向旅游者提供的用以满足其旅游活动需求的全部服务"；"从旅游者的角度出发，旅游产品是指游客花费了一定的时间、费用和精力所换取的一次旅游经历"（林南枝、陶汉军，2000）。从不同视角出发形成的旅游产品定义有部分不对应。谢彦君（2004）指出，旅游产品是指为满足旅游者的愉悦需要而在一定地域上被生产或开发出来以供销售的物象与劳务的总和。

总体而言，目前关于旅游产品的定义主要是从供给角度而言的，也就是说，旅游产品是由旅游供给厂商生产的。而实际上，尽管旅游产品是旅游者的消费对象，但旅游者并不是被动地、原封不动地接受来自旅游供给厂商的产品，旅游者在消费的过程中也会充分发挥自身的主观能动性，进行再加工，并最终形成真正进入旅游者消费视野的旅游产品。

2. 二分法角度的旅游产品

在这里不妨从两个有关联的生产过程来看待旅游产品的问题。第一步是旅游相关供给厂商作为生产主体，依托或具象或抽象的吸引物而生产出"旅游产品 A"。亦即旅游者和旅游相关供给厂商作为市场中的两个交易主体之间进行交换的对象物，也就是旅游经济学中在分析旅游供给与旅游需求时所要用到的产品概念。这是从旅游目的地角度，更确切地说，是从旅游供给厂商的角度定义的产品概念。第二步是旅游者作为生产主体，通过对旅游供给厂商提供的"旅游产品 A"的再加工，产出"旅游产品 B"，亦即旅游经历或体验。这时，旅游者是作为生产与消费的"同株体"而存在的，既进行生产活动也进行消费活动，他/她的生产活动就是将旅游相关供给厂商提供的"旅游产品 A"作为生产的原材料，通过对"旅游产品 A"内含的各种特性进行一系列的技术选择和组合过程（即消费技术的运用过程），获得最终的效用——"旅游产品 B"。

正是由于第二个生产过程的存在，进而这个生产过程中消费技术差异的存在，才会出现同样的原材料——"旅游产品 A"——产生不同效用的现象。从这个两分法的角度来剖析旅游产品，不仅可以有助于协调旅游产品的界定与旅游供求分析对产品的界定两者之间的关系，而且给旅游经济发展提出了一个新的问题。两分法告诉我们，旅游产品是市场供求双方交易的标的物，但旅游产品的交易或销售并不止于一手交钱一手交货这个动作，而是一个继续向消费者提供延伸产品的过程。因此，提高旅游者的满意度不仅要提供高质量的原材料，还要通过相应的途径提高旅游者的消费技术。只有"双管齐下""两手都要抓，两手都要硬"才能给旅游企业、旅游目的地的发展提供一个可持续的有利环境。

正是在这个意义上，我们才能真正认识到旅游景区建设游客中心、强化旅游解说系统建设以及目的地旅游主管部门突出包括旅游问询中心及智慧旅游设施等旅游公共服务体系的建设的内在价值和意义，这些建设的本质在于帮助旅游者更好、更便利地享受供给厂商[1]提供的旅游产品 A，获得更令人满意的旅游产品 B。因此，我们也可以认为最大尺度的旅游产品形式就是旅游目的地本身。

---

[1] 旅游目的地的公共服务部门可以视为公益性的供给厂商。

（二）广义的旅游产品概念

1. 空间角度的旅游产品

旅游目的地可以被看作空间意义上的旅游产品。也正是在这个层面上，我们很容易理解旅游产品生命周期与旅游目的地生命周期之间的关系。一方面，旅游目的地本身就是旅游产品，所以旅游目的地自然是有生命周期的；另一方面，依托旅游目的地的各种旅游要素，可以开发形成各种交替更新的旅游产品，这些旅游产品生命周期的混合集成，最终导致旅游目的地生命周期的形成。

从空间的角度来认识目的地作为旅游产品的重要形态，可以让我们更深刻地认识到，经济发展的最高境界，不是做实实在在的产品、不是高度重视产品的质量，也不是搞标准，而是打造平台。阿里巴巴、iPhone 等之所以成功，一个很重要的原因就是这些企业都是将产品做成了一个平台，或者说平台就是他们真正意义上的产品。在它们提供的平台上聚集了很多应用，包括传统商铺的线上化和手机软件应用，阿里巴巴、iPhone 成就了很多经营者、研发者，也正是这些经营者、研发者成就了阿里巴巴、iPhone。

因此，旅游目的地的发展要突出平台经济思想，除了强调目的地这一空间的产品意义外，还要突出发挥该空间的平台价值。空间的产品意义是开发运营商开发建设产品，消费者来消费产品，而空间的平台价值则是由空间提供者之外的生产者或消费者来生产产品，供其他消费者消费，开发运营商仅仅是提供了供给消费者生产产品的空间而已。国外到处可见的城市休闲广场的修建就是基于这种思路而产生的具体形态。相信这是一种更有远见的战略思想。

2. 自组织角度的旅游产品

对旅游产品富有战略远见的认识还基于旅游消费外部环境的变化以及基于这种环境变化而产生的旅游消费组织方式的调整。在传统上，人们旅游出行更多的是依托于旅行社等专业的中介组织。这些中介组织把旅游者在整个旅行过程中所需要的"吃、住、行、游、购、娱"等功能性要素组合打包，而后通过相应的渠道进行销售。因此，这个阶段的旅游产品更多地是以综合的形态出现的，产品的形态也更多地是"点—线"的方式，从而也使得旅游产品所涉及的范围和旅游产品的质量评价都是相对可控的。

而当今社会，是一个技术高度渗透的社会，人们在出游时很容易通过网上交易平台，获得"吃、住、行、游、购、娱"中任何一个单项功能产品，旅游者在目的地空间内的移动变得更难以预测，影响旅游者体验的要素将从这些功能性要素扩散到更多的空间性要素，空间性要素必将成为旅游产品最重要的组成部分之一。

因此，一方面，旅游目的地需要更强调整体的吸引力，需要从原来强调功能性要素的建设转向强调空间性要素的完善，比如生态环境、人文环境、社会环境等环境的持续改善。其实，生物学家的研究表明，人类天然就存在一种想要亲近自然的内在需求，人类的这种"亲自然情结"也要求旅游目的地在建设发展过程中要高度重视环境的改善。另一方面，要求目的地为这些单项功能产品的自组织提供便利，也就是说，旅游目的地需要为旅游者提供更好的公共服务，比如目的地游客中心体系、旅游集散体系、旅游导览体系的建设等。

专栏 6-1　横店影视城的平台经济思想实践

从 2001 年起，横店影视城就采取免场租的做法吸引剧组，2008 年连摄影棚也免费提供。正是通过持续践行平台经济的思想，至今已有《英雄》《无极》《雍正王朝》《汉武大帝》《龙虎门》《满城尽带黄金甲》《画皮》《木乃伊3》《投名状》等 1200 余部影视剧在横店影视城拍摄，极大地提高了影视城的知名度，丰富了影视城的吸引力。

相应的，横店影视城旅游也取得了长足的进步。1997 年横店影视城接待的游客为 28 万人次，1998 年 29.3 万人次、1999 年 36.7 万人次、2000 年 50 万人次，增长都比较平缓，而到 2001 年实施影视城拍摄免场租后，当年接待游客数快速上升到 70 万人次，此后 2002 年 128 万人次，同比增长了 82%，2004 年突破 200 万人次，2005 年突破 300 万人次，2006 年接近 400 万人次，2007 年接近 500 万人次，2009 年接近 600 万人次，2011 年更是达到 1000 多万人次。旅游接待人数的跳跃式增长，不能不说与横店的平台经济思想密切相关。

为了保持和提升平台的吸引力，横店影视城进行了不懈追求和探索，致力于通过不断创新和专业化发展，在平台型产品之外着重加强了平台型产品所需的产业生态系统的建设。现在，横店集团"共有、共创、共富、共享"的经营理念为横店影视产业发展植入了企业DNA，生发了包括影视拍摄、戏剧服装、道具制作、制景搭景、拍摄器材租赁和演员公会等在内的互动互促、良性循环的平台型产品生态圈。横店影视城已经形成了从投资到剧本创作，再到拍摄、后期制作等相对完整的影视产业链，"带着剧本进来，拿着拷贝出去"已经成为现实。据最新统计结果显示，2012年，横店影视城接待了150多个影视拍摄剧组，累计接待约1200多个剧组。平台生态圈的打造吸引持续的影视剧拍摄，持续的影视剧拍摄又为横店影视城注入了持续的发展动力。

二 旅游产品的种类

（一）旅游活动角度的分类

旅游活动是一种人们离开其居住地前往旅游目的地的消费活动，因此，旅游活动必然涉及空间移动的范围、旅行的距离、旅游的目的、旅行的方式、旅游的内容、旅游的消费等各项变量要素，这些变量要素对一个国家或地区旅游活动的规模以及旅游经济的运行特点都会产生诸多的影响。研究者在研究旅游现象以及旅游经济现象时，往往出于其研究目的和任务的需要，按照一定的标准，对旅游活动进行多项分类。

如果按旅游活动的目的来划分，旅游活动可以分为休闲度假旅游、探亲访友和商务公务旅游三个类型。休闲度假旅游主要有观光旅游、度假旅游、娱乐旅游、体育旅游和保健旅游等形式；商务公务旅游主要有商务旅游、公务旅游、会议旅游、修学旅游、奖励旅游和专项旅游等形式。联合国世界旅游组织的预测显示，到2012年国际游客将超过10亿人次，2020年14亿人次，2023年15亿人次，2030年国际游客将达到18亿人次；2030年国际游客的旅游动机中，30%将与探亲访友、健康、宗教等相关（约5.54亿人次），54%为休闲度假（约9.79亿人次），15%为商务和专项旅游（约2.76亿人次）；2030年亚太地区国际游客的动机分别是探亲访友、健康、宗教等占 26%（约 1.37 亿人次），休闲度假占 58%（约 3.10 亿人次），商务和专项旅游占 16%（约 0.88 亿人次）。

从旅游的性质上说，休闲度假旅游是旅游内涵的表现形式，因为它反映了旅游活动的基本性质，探亲访友和商务旅游则是旅游活动外延的表现形式，因为它仅仅表现出了旅游的特点。

与旅游活动分类相对应的，自然涉及旅游产品的分类，因为从供给的角度看，旅游产品就是满足人们旅游需要而提供的各种产品和服务。因此，与休闲度假旅游、探亲访友和商务公务旅游这三个旅游活动类型相对应的，可以细分出我们习惯认识中的观光旅游产品、度假旅游产品、商务旅游产品。作为旅游产品类别的深化，特种旅游产品正越来越引起某些特定旅游目的地的关注，也有相当数量的旅游企业出于差异化竞争和适应市场需求变化的需要开始研发、运营特种旅游产品。多年以来，在旅游发展的模式上，全国普遍只注重观光旅游。国家旅游局从 1992 年就开始调整这个方向，十几年过去了，调整过程还没有完成。之所以形成这个状况，一个主要原因是市场还不够成熟。多年以来的旅游发展就是以观光旅游为主体，而且是以文化性的观光旅游为主体，市场没有上升到一个更高的层次，也没有发育到更成熟的阶段。现在市场在变化，休闲度假旅游开始兴起，商务旅游发展势头旺盛，社会旅游普遍化，特种旅游逐步产生。但是很多地方的基本思路还是单一观光旅游的发展思路，好的一方面是迅速带来人气，没有人气，很难有财气；但是也有不利的一方面，使很大的投入得不到理想的回报，这是一个普遍的问题。

将旅游活动进而旅游产品按旅游目的进行分类，不仅在于这种分类可以区分不同旅游活动类型的性质与特点，同时，在经济学上也是有意义的。狭义旅游活动与广义旅游活动的影响因素是不同的。狭义旅游活动的主体是消费者的个人性消费，它的旅游实现取决于可自由支配收入的高低以及可支配自由时间的多少，同时具有较高的需求弹性，旅游服务的市场价格变化对这类旅游者的影响较大，市场需求更具有个性化要求。广义旅游活动的主体还包括组织性消费，它的旅游实现与个人可自由支配收入和可支配自由时间没有直接关系，同时旅游需求弹性较小，服务市场上的价格变动对这类旅游者的影响较小。另外，狭义旅游活动与广义旅游活动两者活动的目的地选择也是不同的，狭义旅游活动的目的地选择主要是那些旅游资源丰富、市场吸引力大的旅游地区，广义旅游活动的旅游目的地的选择（除奖励旅游之外）与旅游资源没有直接关系，多数是出于商务、公务和专业的需要。

在商品经济条件下，旅游者的旅游活动是要借助各种旅游服务组织所提供的不同类型的服务实现的。虽然旅游者的旅游行为是一种具有文化性质的活动，是一种个人消费生活的方式，但是，旅游者个人消费方式的实现过程是相关服务供给活动的结果。离开了相关部门的服务供给，旅游者的旅游行为是不可能实现的。因此，在商品经济条件下，旅游者的旅游消费必然通过商品交换的形式来实现，这就形成了旅游活动的商品化。

但旅游活动的商品化并不等于旅游产品。旅游产品是市场学的范围，是从一个具体企业的角度来认识的，而旅游活动的商品化是一个经济学的概念，是从社会关系具体地说是从经济关系来认识旅游活动的[1]。用旅游产品替代旅游活动商品化，一方面，将旅游经济活动缩小为旅行社经营活动，不能全面说明旅游经济活动的全部内容；另一方面，用旅游产品的技术性替代旅游商品的经济性，进一步掩盖了旅游活动中各种经济关系和经济现象的本质属性。

（二）供给主体角度的分类

在自组织和他组织并存的消费环境中，旅游产品的供给主体大致可以分为商业性旅游供给和公共性旅游供给。相应的，我们也可以把旅游产品分为商业化的旅游产品和公共性的旅游产品。多数情况下，传统的"吃、住、行、游、购、娱"等单项产品都是商业化的旅游产品。但也有例外。比如成立于 1932 年的国际青年旅舍联盟有 70 多个会员国协会和 20 多个

---

[1] 在旅游学术界非常认可旅游产品作为旅游经济学的核心概念，受这种观点的影响，有些旅游经济的教科书也是从旅游产品入手来展开旅游经济研究的，似乎旅游经济学所有的问题都与旅游产品相关联。旅游产品是个整体概念，它是由多种成分组成的混合物，是以服务的形式表现的无形产品，具体讲，一条旅游线路就是一个单位的产品，交通、住宿、餐饮或者景区内的讲解都是综合旅游产品的单项产品，每个单项产品都是整体旅游产品的一个组成部分。如果这种解释成立，也只能从旅行社企业的角度来认识旅游产品，旅游经济学是研究旅游经济的种种经济关系和经济规律，不是研究旅行社经济现象和经济关系的学科，那种以旅行社产品的概念替代旅游商品概念显然是不恰当的。参见林南枝、陶汉军主编《旅游经济学》，南开大学出版社，2000 年第 2 版，第 29 页。

附属会员国协会及业务代理机构，共有 3800 多家青年旅舍分布于世界 100 多个国家和地区，会员人数 400 多万，每年全球有超过 3500 万的青年旅游者使用青年旅舍，年平均总收入为 12 亿～14 亿美元。但国际青年旅舍联盟是一个非营利性组织，奉行的理念是，"通过旅舍服务，鼓励世界各国青少年，尤其是那些条件有限的青年人，认识及关心大自然，发掘和欣赏世界各地的城市和乡村的文化价值，并提倡在不分种族、国籍、肤色、宗教、性别、阶级和政见的旅舍活动中促进世界青年间的相互了解，进而促进世界和平"。

公共性的旅游产品主要是指由旅游目的地政府提供的旅游问询服务、目的地公共休闲空间与设施的供给以及那些随着新技术的发展而不断涌现出来、与旅游目的地游览休闲密切相关的各种应用性技术服务。比如，北京市旅游委发布的《北京市旅游环境与公共服务体系三年建设指导意见》提出，要围绕建设世界一流旅游城市的目标，力争用三年（2012～2014 年）时间，初步建立信息化、便利化、智慧化、规范化的北京旅游公共信息服务体系，旅游安全保障体系，旅游交通便捷服务体系，旅游惠民便民志愿者服务体系，旅游知识普及与旅游责任教育体系，旅游环境保护和旅游好客环境体系，旅游环境与公共服务的监管与评价指数体系，旅游环境与公共服务建设规范及标准体系共八大体系。这其中的旅游公共信息服务体系显然就是面向游客的公共性旅游产品。《中华人民共和国旅游法》第三条就提出，"国家发展旅游事业"。这就要求旅游目的地在发展过程中，要高度重视公共休闲设施的建设和公共休闲空间的开放。

同时，很多基于智能手机等移动智能终端和移动互联网的 APP 应用、自助式导游导览软件可以视为旅游目的地的公共性旅游产品，所不同的是，这种公共产品主要是便利游客的技术性服务。

三 高端旅游产品及相关概念

从产品层次上看，目前很多旅游目的地都非常重视高端旅游产品的开发，致力于发展高端旅游。但实际上，高端旅游至少包括高端产品、高端市场、高端消费、高端化这些各不相同的概念，只不过在实践中，这些概念以及内涵被混淆了。

（一）高端旅游产品

这是消费对象的概念。从旅游者角度看，旅游产品是旅游者花费一定的时间、经历、金钱后获得的一种体验。因此，高端旅游产品的重点在于体验的层次与效果而不在于支付价格的高低。如果价格很高，但是体验很差，显然只能算是一种伪高端，甚至是一种商业欺诈。当然，由于体验具有很强的主观性，所以旅游目的地也好、旅游企业也好，只提供所谓高端的旅游体验所需"原材料"是远远不够的，还需要突出体验设计，需要通过情境设计和引导，帮助旅游者获得良好的旅游体验。因此，高端旅游的重点是要开发高端旅游产品，而高端旅游产品的核心在于精心地设计与有效地执行。这其中，高端旅游线路只是高端旅游产品的一种方式，目前所谓的顶级旅游线路则是更窄化的表现形式，高端旅游产品完全可以就在一个地方甚至一个点待下来，而不是一个旅游目的地又一个旅游目的地、一个景点又一个景点的"流转"。在这方面太美旅行给很多旅游企业和旅游目的地政府提供了很好的借鉴和启迪（见表6-1）。

（二）高端旅游市场

这是一个消费人群的概念。从旅游目的地和旅游企业的角度看，更多的是从其支付能力来界定的。这是一个庞大的潜在市场。波士顿咨询集团的研究报告显示，全国高净值家庭的数量（即可投资资产总额高于600万元人民币的家庭）在迅速增长，从2008年的51万户增加到2010年底的103万户，年均复合增长率高达42%。如果能够吸引到足够多的高支付能力人群，并让这些人的潜在高支付成功地转化为现实高支付，则无论对目的地对企业都是大有裨益的，有助于目的地和企业从数量型发展向质量型发展的转型，而且高端消费人群的消费选择往往具有一定的社会效应和示范性，对目的地和企业的长期发展和品牌提升也有很大的帮助。不过，需要注意的是，高尔夫球场、私人飞机、豪华游轮、高级红酒、奢华宴请不一定能够包装出快乐，因为这些恰恰可能是高端人群的日常状态，而旅游需要的是一种异于日常生活的异地空间感受和生活状态，"谈笑有鸿儒，往来无白丁"也未必是高端消费人群在旅游过程中的内心诉求。这一点显然是需要引起高度重视的。反差有时候恰恰是创造惊喜的最佳手

表 6-1　太美旅行高端旅游产品的理念创新

	传统旅行	太美旅行
定位	大众旅行 ·以"到此一游"为基本的服务理念定位 ·面向大众消费人群 ·基本没有客户细分、兴趣细分、需求细分 ·主要解决"去哪里""何时去?"	分众旅行 ·以"设计您的人生回忆"为基本的服务理念定位 ·面向品质生活人群 ·精准的目标人群细分、兴趣细分、需求细分 ·在满足"去哪里""何时去?"的基础上,更关注"和谁去""取什么?"
产品	线路旅行 ·提供以低标准和低成本为导向常规模式产品 ·走马观花的"赶集式"或无助式自由行的旅行 ·损害客人利益的强制性消费(景点、购物、餐饮……) ·消费者绝大多数不能参与产品的设计和选择 ·通过传统旅行设计"6 要素"中的成本游戏,以诱导和迎合客户比价的消费心理 ·"捉迷藏"式的笼统报价法	主题旅行 ·建立主题性、个性化与标准化相结合的产品体系 ·遵循以客户体验价值为导向的产品设计原则 ·遵循旅行疲劳度与兴奋度对比平衡的产品设计原则 ·遵循"每小时旅行体验管理检测"产品设计原则 ·遵循传统旅行设计"6 要素"(吃、住、行、游、购、娱)同时,关注太美产品特色"4 要素"(人、物、地、事) ·消费者可以参与产品的设计与选择 ·不仅关注产品的成本和销售价格,更关注消费者的时间成本和体验成本 ·透明成本+服务费的报价法
运营	混众旅行 ·批发+零售的传统销售模式 ·营业部的终端销售网络 ·散拼形态的组团模式 ·寻求价格最低旅行服务供应商 ·靠增加服务项目和购物来补贴成本差额,以增加收入和利润 ·客人是否有共同兴趣爱好不重要,成团最重要 ·组团规模基本上为 25~45 人,人群混杂	聚众旅行 ·倡导与谁同行的"聚乐部"运营模式 ·推行"相聚+分享"模式的会员制服务 ·以主题兴趣细分为导向的组团模式 ·创新模式的影响力营销(事件营销+圈子营销+口碑营销) ·整合能满足客户个性化需求的旅行供应商与跨行业资源的合作伙伴 ·会员成为太美价值的创造者和分享者 ·最佳组团规模控制在 12~16 人,志同道合
服务	赶集旅行 ·基本没有行前和行后的服务 ·走马观花的流水线服务 ·行程不可更改 ·导游只注重完成旅行服务任务 ·较少提供旅行增值服务 ·了解消费者的基本数据	全程旅行 ·提供行前、行中、行后的全程服务 ·主人+主题+主线的深度体验服务 ·按需定制! ·太美旅行顾问不仅要完成旅行服务任务,更要力争成为消费者可信任的生活顾问和知心朋友 ·承诺提供 360°+365 天的品致旅行管家服务 ·挖掘消费者的精准数据(行为数据和消费数据),提供精准服务

资料来源:太美旅行官网。

段。因此，高端旅游需要开发高端旅游市场，但满足高端旅游市场的不仅仅是昂贵要素的堆砌。

（三）高端旅游消费

这是消费水平的概念。即便是同一个高端消费人群，在不同的场合，也会有不同消费需求，会表现出高端、中端和低端的差别。对低端消费人群也是如此。也正是在这个意义上，定制旅游在高端旅游中具有重要地位。另外，与高端消费人群可能消费低端产品一样，低端消费人群也可能消费高端产品。这其实也是消费扩散化、均衡化的表现形式。"旧时王谢堂前燕，飞入寻常百姓家"。对于旅游目的地而言，需要给予相应的政策扶持，让低端消费人群可以尝试性消费价格较高、业态较新的高端产品，这是一种培育消费群体的最佳方式，也是推动旅游产业转型发展的基础工作。同时，需要引导高端消费人群消费价格较低、特色鲜明的低端产品，这是旅游业承载社会责任的主要方式，也是实现旅游富民、促进社区发展的重要渠道。高端旅游的确在一定程度上意味着高端消费，但更重要的是要培育高端消费的社会基础，要引导高端消费人群社会责任意识的树立。

（四）高端化

这是产业发展的概念，是目的地视角的概念。更准确一点讲，就是旅游目的地在发展旅游业过程中，如何有效地打造产业链、延伸产业链、衍生新业态、创造新产业的问题。如果不能有效利用旅游者的消费需求，在购物、餐饮、景点、运动、文化艺术、剧院酒店等诸多方面进行整合、创新与交融发展，那所谓的高端只能停留在初级阶段、纸上富贵，难以给目的地带来实实在在的好处。比如，在很多地方都把商务会奖市场看成高端旅游市场开发的重点，暂且不说究竟应该以会为主、以展为辅，还是应该以展为主、以会为辅，还是应该会与展并重，单就商务而言，魏小安先生曾经概括了咨询、策划和设计等十个环节，如果不能围绕这十个环节的服务，衍生形成10个相关的服务链条进而形成产业链条，显然商务旅游不可能真正成为这些地方的高端旅游市场，高端化自然也就无从谈起。因此，高端旅游不仅意味着高消费，更重要的是切切实实推动旅游产业链的形成，真正发挥旅游业综合带动和融合发展的突出作用。

四 旅游产品开发中的市场观

苹果有"全方位的健康水果"之称，有丰富的碳水化合物、维生素和微量元素，维生素 A 和胡萝卜素的含量尤高。在旅游业中，最引人注目的苹果是纽约的旅游形象标识——大苹果，在非旅游业中，最引人注目的苹果是苹果公司那个像是被咬了一口的苹果标识。任何一个旅游目的地都希望自己能够像纽约一样，成为旅游市场上那个人见人爱的大苹果，任何一个企业都希望自己能够像苹果公司一样，吃到那个带来源源不断丰厚利润的大苹果。折射到市场开发上，就是希望自己能够抓住、抓好高端市场，做好高端旅游这篇大文章。

但是如果仔细分析一下苹果的构造，或许思路会有所调整，也更切合实际。从结构上看，除了占最大比重的果肉外，苹果还包括表皮和内核。表皮比较薄，多数情况下被人们削掉了，但苹果皮富含维生素、含有丰富的抗氧化成分及生物活性物质，有助于预防慢性疾病，甚至有助于降低肺癌发病率。苹果的果核可以作为种子，但果核中含有氢氰酸，如果这种物质大量沉积在身体，会导致头晕、头痛、呼吸速率加快等症状，严重时可能出现昏迷。

如果以苹果比喻旅游市场利润，则大体上相当于表皮是大众市场层、果肉是中端市场层、果核是高端市场层。如果没有表皮和内核，苹果就不成其为苹果，表皮、果肉、内核是共生关系，相当于旅游市场中大众市场、中端市场、高端市场的共生。在共生过程中，三者具有不同的作用。低端市场虽然规模较大，但是消费能力相对有限，因此它对旅游目的地发展的重要作用就在于聚集人气；目前各地大力推进的高端市场则一般市场规模有限，对目的地整体旅游经济的带动作用也就有限，但高端市场有助于目的地树立市场形象；中端市场才是多数目的地最主要经济收益的来源，因为它是消费能力和市场规模兼备的一部分。从目的地角度来看，不同类型的目的地具有不同的资源禀赋，具有不同的市场吸引力，因此并不是所有的目的地都可以开发高端市场的，有些目的地的发展正道恰恰在于大众市场甚至局限于近距离范围内的大众旅游市场。从营销角度看，在共生发展过程中也需要各有侧重。低端市场应该主要通过市场内在推动力实现自发性增长，而中高端市场需要通过有效营销体系的构建来实现竞争性增长。或许这也是当前大家经常会看到各地积极发力高端旅游市场的原因。

因此，高端旅游不是异军突进式的发展，更重要的是要考虑协调共生的市场生态的建立。高端旅游产品也是如此。

第二节　广义旅游产业

作为商品化的旅游和产业化的经营，旅游发端于近代，发展于现代，影响于长远。对应于蒸汽机时代的工业经济，商品化旅游的发展以1840年托马斯·库克组织的第一个旅行社为标志。对应服务经济，开始了现代化的大规模旅游活动的高速发展。而对应网络时代的信息经济，旅游活动的兴盛更是不可限量。从运行机制上看，旅游的商品化销售和产业化经营则始终是以市场经济为基础而发端、发展和兴盛的。

一　从产业分类视角看旅游产业

（一）六次产业的划分

产业结构划分要服务人类生活的最终目标，即人的自由和幸福；产业结构的分类要符合人类经济社会发展中需求重点的规律性变化，需求演进的核心诉求是相对稳定的[①]，因此在这种指导思想下所形成的产业结构分类也具有相对的稳定性。

传统产业分类中，向自然界直接取得初级产品的是第一产业，将初级产品进行再加工以适合人类需要的是第二产业，为人类生产和消费提供各种服务的是第三产业。在这个分类中，除了产业离自然资源距离的远近外，还内含着人类需求的层次变化这一深层次原因。人们首先需要解决温饱问题，即食物性需求。从这个角度来看，传统的第一产业（农业）主要是基于保障生存的目的而形成的相关产业，即我们传统所说的农业、林

---

① 比如从单一的物质消费转向物质消费与精神消费、从产品消费转向产品与服务消费、从排浪式消费转向层次性消费等。

业、牧业、渔业等产业。从世界平均水平看，第一产业所占的比重已经下降到 2007 年的 3%，英国为 0.65%、德国为 0.92%、美国为 1.33%、日本为 1.44%、法国为 2.21%，第一产业就业人口英国为 1.4%、德国为 2.2%、美国为 1.4%、日本为 4.2%、法国为 3.4%。从比重的角度看，第一产业已经无足轻重，但实际上各国都不可能不重视第一产业的发展，因为这是事关生存发展的最重要基础。对于像中国这样的人口大国而言，更是如此。

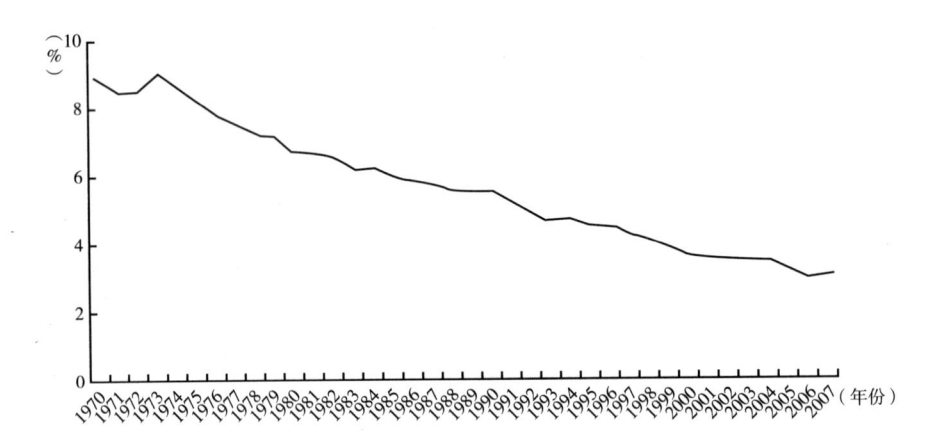

图 6-1　全球第一产业比重变化

接着需要解决各类生活用品的丰富性问题。因为人不仅有基本的生存需求，还有发展的需求，进一步的发展有赖于产品的进一步丰富，对产品进一步丰富的诉求将不断衍生出短缺的可能性。为了更加高效地生产出尽可能多的、能够满足人们发展需求的产品，就需要重视加快发展工业以满足人们用品性需求。就目前而言，工业用品已经很好地解决了短缺问题，工业在整个经济结构中所占的比重也将有所下降。

再接着就是要解决获取食物及工业产品的便利性问题，需要围绕着这些产品而形成的相应服务，即服务性需求（当然便利性的前提是需要产品的极大丰富，而产品极大丰富的前提也包括为工业产品生产所提供的大量的服务）。李江帆（2004）曾明确指出，就生产服务来说，第一产业的市场化发展将促进农业服务发展，从而增加对农产品销售服务等方面的需求；第二产业的结构优化升级将加大对金融、证券等服务的需求；第三产

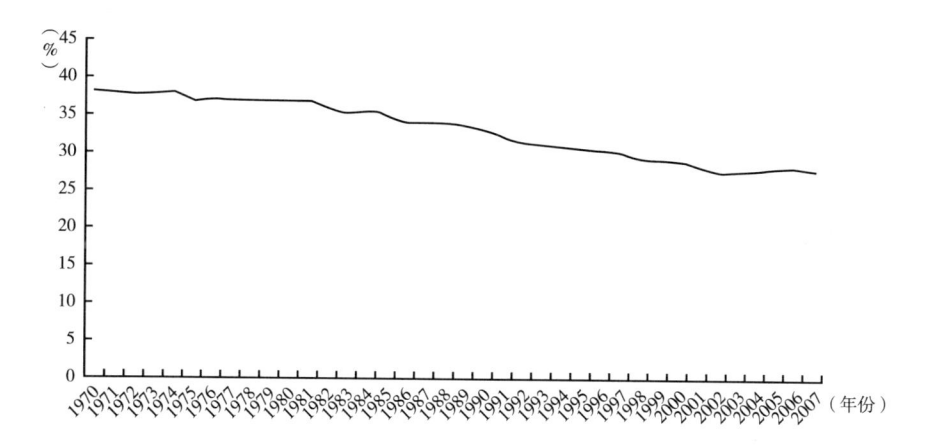

图 6-2　全球第二产业比重变化

业专业化、现代化水平提高也需要诸如服务营销等专业服务；就生活服务来说，收入水平提高、消费观念变化和消费结构升级也将使服务消费成为新热点。

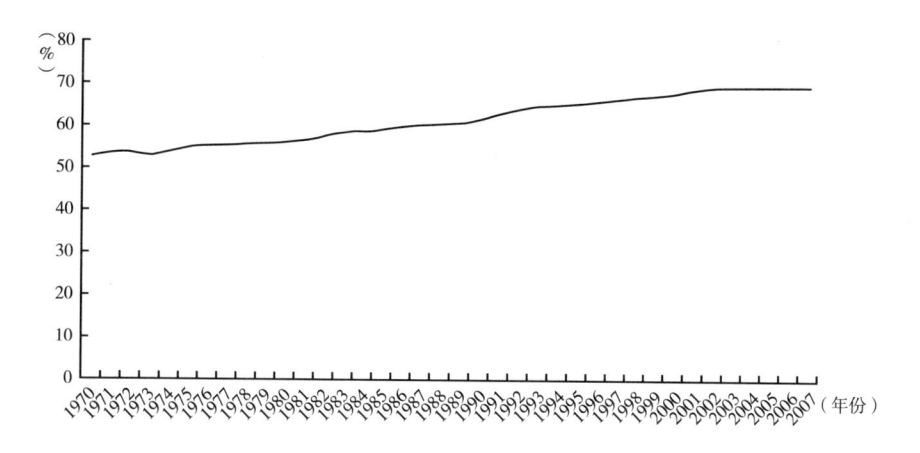

图 6-3　全球第三产业比重变化

在历史上，尽管服务业在国民经济中所占比重已经得到非常大的提升，但在现实中始终没有确立真正的地位。新中国 60 年的发展，工业领域是"先生产，后生活"，农业领域是"先治坡，后治窝"，好不容易要推动第三产业的发展，首先就是区分生产性服务业和生活性服务业。这里面既有传统经济理论的影响，也有传统文化因素的影响，使我们的服务业缺乏文化内涵，缺乏人文关怀。服务业涉及范围极其广泛，可以从各个角度进行分类。从服务对象而言，包括社会服务、企业服务、家庭服务；从发展而言，涉及传统服务业和新兴服务业；等等。说到底，是谁服务、服务谁、服务什么、怎么服务。进一步，是产业格局、产业体系、产业政策。总体而言，现阶段服务业的发展要以后工业化社会发展为着眼点，以产业体系建设为着力点，以社会服务培育为突破点，以旅游（休闲）服务为拉动点。

从国际来看，微笑的中国（服务）将改变沉重的形象。从社会来看，服务业将成为主要的就业领域，形成城乡统筹的新机制。从经济来看，是调整结构、提高效益的重点。从文化来看，将创造一套新的文化理念和文化体系。从环境来看，服务业形成低碳清洁机制的门槛低，前景大。比起制造业，中国服务更加落后，规模很大，体系形成，但是水平不高，效益低下。一是观念，认为服务业不创造价值，服务是低等岗位。二是传统，中国认为只有对官员才有服务概念，实际上是伺候。三是规范，普遍无标准，无培训。四是环境，自生自灭，没有支持，反多歧视。五是品牌，甚至认为不需要品牌。六是技术，缺乏引领，只有旅游行业在服务领域领先达到了国际水平。

制造业把人变成了机器，高端制造业索性淘汰了人。而服务业把机器回归为人，高端服务业更需要高情感。从第三产业乃至后面将述及的第四产业、第五产业、第六产业来说，核心就是有形的产品供给、无形的价值创造，全面的产品供给、无限的价值创造。从产业结构的角度来说应该研究这个问题，有一些是有形的，有一些是无形的，这和工业产品、农业产品都不同，但是会构造出无限的价值创造。中国制造，建设世界工厂，注重价格、素质、纪律、勤奋；中国创造，形成世界动力，竞争扩大，竞争升级；中国服务，培育世界环境，高端率先，水平分工。

但第一产业、第二产业、第三产业还不能全面涵盖人们的需求，进而也无法涵盖基于人们的需求而衍生出来的经济活动。而且现行服务业中的旅游（休闲）业也需要重新定位。为此，还应该增加：①第四产业，即信息产业，主要解决效率问题；②第五产业，即文化产业，主要解决核心价值观问题①；③第六产业，即幸福产业，体现人的最终需求问题。

目前，人们对于将信息业作为第四产业多有论述，已经清晰地认识到信息产业与传统产业的渗透融合可以极大地改善现有技术，促进经济的发展。当然，我们也发现，以信息化推动工业化其实也内含着效率的诉求；如果没有信息化，那么质低价高的产品显然不能符合人们的需求，而通过信息化，则可以更高效率、更优化的方式生产更多的质高价低的工业产品，以满足社会经济发展的需要。

关于第五产业——文化产业，联合国教科文组织的定义是，按照工业标准生产、再生产、储存、分配文化产品和文化服务的生产、再生产、供应与传播，具体包括影视产业、音像业、广告业、咨询业、网络业、文化旅游业、文化娱乐业等。但各国情况不同，发展重点不同，文化产业的具体名称也有不同，比如美国的版权产业、英国的创意产业、欧盟的内容产业、日本的感性产业等，其具体包含的内容也有所不同。比如，美国的版权产业分为文化艺术业（含表演艺术、艺术博物馆）、影视业、图书业、音乐唱片业等四类。英国的创意产业则包括广告、建筑、艺术和古董市场、手工艺、设计、时尚设计、电影、互动休闲软件、音乐、电视和广播、表演艺术、出版、软件等十三类。欧盟内容产业包括各种媒介上所传播的印刷品类内容、音像电子出版物内容、音像传播内容（电视、录像、广播和影视）、各种数字软件等。有数据显示，2010年，日本文化产业的规模超过11070亿美元，约占GDP总量的15%；韩国文化产业产值超过650亿美元，占GDP比例超过6.5%；美国的版权产业增加值为1.627万亿美元，占GDP的11.1%；英国创意产业产值超过2775亿美元，出口值超过164亿美元；而同期我国文化产业占GDP的比重大约在2.6%②。

当然，文化产业在产业分类中的地位绝不仅仅取决于其在GDP中所占的比重。这一点与农业有一定的相似之处。因为农业解决的是人们在物

---

① 王树林（1996）在分析第四产业问题中指出，第四产业与其他三次产业相比，最重要的区别在于这是精神产品再生产过程。
② 资料来源：郑雄伟：《文化产业成为世界经济发展的主流形态》，和讯网，2012年1月19日，http://opinion.hexun.com/2012-01-19/137423538.html；李舫：《中国文化产业的发展与思考》，《人民日报》，2010年3月19日，http://www.ce.cn/culture/today/201003/19/t20100319_21148074.shtml。

质方面的生存需要，因此尽管在产业结构中比例不高，但农业的产业地位并不低。文化产业解决的则是人们在精神方面的生存需要，尽管目前在我国GDP中所占比例不高，但依然具有很高的地位。中共中央做出的关于文化大繁荣大发展的决定以及国务院关于将文化产业培育成国民经济支柱产业的决定都说明了文化及文化产业的重要性。文化是最重要的软实力源泉，在经济发展的同时，少不了文化的引领，文化往往是一个国家、一个民族生命力、凝聚力、创造力的重要基础和核心要素。当然，无论是文化自信（本国本民族普通大众对本国本民族文化的自豪感、优越感等）也好，文化他信（他国他民族普通大众对本国本民族文化的亲切感、认同感等）也好，都需要文化以产业化的方式加快传播与发展，只有文化及相关产业的服务跟上去了，文化价值的辐射和引领价值才能真正得到落实。

关于第六产业——幸福产业。人的最终追求就是幸福，人类社会发展的核心要义就是人的幸福。杰里米·里夫金在《第三次工业革命》中援引席勒《审美教育书简》中的"只有当人充分是人的时候，他才游乐；只有当人游乐的时候，他才完全是人"，断言"活着是为了游乐"。所以幸福产业应该在产业结构中占有一席之地，并且是最高级的产业形态。

从一般的消费发展阶段看，在求温饱的时期，主要解决"吃、穿、用"的问题。在进入小康时期之后，要形成新的概念，"住、行、游"，"住"是房地产市场的培育，"行"是交通体系的培育和汽车产业的完善，把"游"字加上去，意味着旅游成为小康生活的基本要素，是小康社会的发展目标之一。到中等发达时期，就是更多的精神消费追求，是"文、体、美"的概念，这是旅游消费普遍化的时期。到发达时期，就是"多、新、奇"，旅游消费进入个性化消费时代。

因此，从中国的现实和其他国家的实践经验看，旅游业以及以旅游业为主体的休闲产业无疑是幸福产业最核心的组成部分。当然，前述增田米二的情绪产业、甘哈曼的第四产业[①]、田和久的情绪服务和宗教服务等都

[①] 甘哈曼的第四产业主要包括十三个部分：仪式性和艺术性的活动、宗教色彩和怀旧情调的活动、读书等自我完善类的活动、观光旅游等活动、美食活动、体育娱乐活动、学习和利用趣味性技能的活动、基于自我爱好而从事的非营业性活动、社交活动、其他社会性活动、福利及社会保障性活动、度假类活动、自我性或公益性的集体类活动。

可以归属到幸福产业之中。

(二) 旅游业作用的新认识

新时期旅游业的功能不仅仅体现在经济层面上，更体现在政治、社会、文化、生态等多个层面，是"五位一体"的最佳体现。旅游业是除经济硬实力、文化软实力之外的另一种国家巧实力，发展旅游尤其是发展入境旅游有助于完成"文化自信"到"文化他信"的转变，从而真正发挥文化的软实力作用。即便文化自信也需要建立在最广大人民群众对传统文化的理解基础上，而旅游则是其中最重要、最具生命力的一种方式。在新时期，让人们真正共享改革发展的成果，并不是简单地解决温饱问题、生存问题，还要解决发展问题，在基本实现小康的阶段则还要解决享受问题，发展旅游业，满足人们旅游的基本权利。

1. 旅游业是打造国家巧实力的重要载体

在改革开放初期，发展旅游的很重要一项功能就是创造外汇，但是这种创汇功能在整个外汇储备体系中的作用已经急剧下降。数据显示，1978年旅游创汇是 2.63 亿美元，而我国当年的外汇储备仅 1.67 亿美元，1979年旅游创汇 4.49 亿美元，而我国当年的外汇储备 8.40 亿美元；2000 年时旅游外汇收入是 162.24 亿美元，外汇储备 1655.74 亿美元，到 2010年，我国旅游外汇收入为 458 亿美元，外汇储备 28473.38 亿美元，2011年旅游外汇收入为 485 亿美元，外汇储备 31811.48 亿美元。随着近些年我国出境旅游市场的快速发展，旅游服务贸易已经从顺差转为逆差，而且逆差有快速放大趋势。2008 年我国旅游服务贸易顺差为 47 亿美元，2009年转为逆差 40 亿美元，2011 年旅游服务贸易逆差扩大到 91 亿美元，2011 年逆差进一步扩大到 241 亿美元。旅游创汇对整个外汇储备的意义趋弱。

因此，旅游业在整个国民经济中的作用已经发生了深刻的变化，创造外汇的功能已经不是非常重要，重要的是其在促进文化交流、文化理解方面的突出作用，我们应该将发展旅游作为公共外交的重要组成部分来认识。所谓公共外交，指的是一国政府通过文化交流、信息项目等形式，了解、获悉情况和影响国外公众，以提高本国国家形象和国际影响力，进而增进本国国家利益的外交方式。新公共外交强调双向对话，将公众视为意义的共同创造者与信息的共同传递者，是"巧实力"武库中的重要工具。

因此需要将旅游放在国家实力体系中来认识，"经济硬实力、文化软实力、旅游巧实力"同为国家实力体系的重要组成部分。随着出境旅游的深入发展，越来越多的中国人走向外部世界，这既有助于提升国民的国际视野，同时有利于推动外部世界通过出境旅游者认识中国。更重要的是，通过入境旅游的大力发展，吸引越来越多的境外旅游者尤其是国外的年轻人走进中国大地，更频繁地在中国大地旅行，切身感受中国的文化和变化，亲身感受中国、理解中国。这其中的价值绝不是用现在的旅游创汇可以衡量的。

2. 旅游业是推进文化复兴和爱国主义教育的重要方式

《中共中央关于深化文化体制改革、推动社会主义文化大发展大繁荣若干重大问题的决定》强调指出，"要积极发展文化旅游，发挥旅游对文化消费的促进作用"。文化与旅游有着密切的关系，没有文化的旅游就没有魅力，没有旅游的文化就没有活力。

不过，需要深刻认识到的是，再辉煌的文化也只有在有文化的后辈那里才能闪闪发光。如何推动年轻人对祖国大好河山、灿烂文化的深刻认识，进而在中国的年轻人中加强文化传承、爱国主义方面的教育，就成了一个非常迫切的议题。在这方面，旅游是非常重要的，也是非常有效的方式。比如背包旅游已经成为年轻人的一种生活方式，成为年轻人认识世界、理解世界尤其是理解异质文化的生活方式。这种方式有利于作为未来中国的希望——我国年轻人真正了解我们伟大的祖国伟大的历史伟大的文化，从而发自内心地为它骄傲、为它自豪，为它奉献自己的青春和力量、智慧和情感。

3. 旅游业是促进社会和谐的重要手段

旅游不仅具有很强的经济功能，同时有很强的社会功能，在推进人人享有改革发展成果、推动社会和谐发展方面具有重要作用，是推动贫困地区发展、贫困人口受益的重要手段。

社会和谐有赖于经济的发展，但并不是所有的地方都适合发展工业，也不是所有地方都有足够的自有资金来发展地方经济。比如，老、少、边、穷地区对发展多数产业而言都是劣势，但对于发展旅游业而言，则恰恰可能是重要的优势。比如这些年在我国发展势头强劲的红色旅游就是很好的例子。国家制定专项规划、投入专项扶持资金，很好地带动了革命老区的发展。也就是说，通过各级政府的资金扶持，发展旅游可能是这些地方最佳的脱贫致富方式。为了更好地推动老、少、边、穷地区的旅游发展，甚至有必要推动建立国家、省市等多层级的旅游扶贫示范区。

推动人人共享改革发展成果的重要举措就是让普通百姓也参与到旅游中去。其基本内涵是通过政府和社会的支持，满足那些依靠自身条件难以实现出游的特殊群体的基本旅游需求。其实，发展福利旅游已经成为国际共识。1948年12月10日，联合国《世界人权宣言》第二十四条明确指出，"人人有享有休息和闲暇的权利，包括工作时间有合理限制和定期给薪休假的权利"；1980年9月27日至10月10日，有107个国家的代表团和91个观察员代表团参加的世界旅游会议通过了《马尼拉世界旅游宣言》，宣言提出旅游是"一种对国家生活至关重要的活动"，"不论旅游业的经济效益多么现实、重要，都不会也不可能是各国做出鼓励发展旅游业之决策的唯一标准"。强调"在旅游实践中，精神因素比技术和物质因素占有更重要的地位"，提出"社会化旅游是每个社会为那些没有机会行使其休息权利的公民所设立的目标"。

我国已经基本实现小康，正在向全面小康迈进，进一步的发展致力于让人们生活得更有尊严、更加幸福，使每一个公民都能够分享改革开放和发展的成果。按照联合国一天一美元收入的贫困标准，中国大约还有1.5亿的贫困人口；亚洲开发银行的报告则指出中国大概有3亿人属于"底层中产阶级"；中国残疾人联合会的数据显示，目前我国有8502万残疾人。对于这些弱势群体，各级政府有责任采取措施，破除障碍，在政府公共化供给中专门为低收入人群的旅游/休闲配置相应的资源，制订诸如"中国人游中国"之类的发展计划，保障这些人最基本的旅游/休闲消费需求得到实现，从而在国际上树立起鲜明的大国形象。

4. 旅游业是提升国民生活质量的重要体现

第一，旅游是国计民生问题。把人民的根本利益作为出发点和归宿，充分发挥人民群众的积极性和创造性，在社会不断发展进步的基础上，使人民群众不断获得切实的经济利益、政治利益、文化利益。也就是说，国家发展的核心目标是要改善人民的福祉，要让人们更有尊严、更加幸福地生活。旅游业的发展以及基于此而进一步深化的休闲产业发展恰恰是在人们生活本质上的一种回归，这不仅仅是"民生"的问题，其实从长远的历史发展视角来看，这也是"国计"的问题。

从这个意义上说，旅游以及更广泛意义上的休闲的发展，是与健康、教育等具有同等重要意义的大事。我们虽然还不能说现在中国可以进入福利社会，完完全全地进入休闲社会，但是从社会民生的角度看，旅游以及更广泛意义上休闲的发展是社会生产力发展和社会进步的重要标志，丰富多彩的旅游产品、质量优良的旅游服务、繁荣的旅游市场是衡量经济社会文明程度的重要标志。因此，旅游休闲是提升人们生活质量的重要载体，完全可以称之为一个幸福产业，我们甚至有必要强调休闲以及休闲带来的生活质量的改善也是一种财富，从社会意识的高度来发动一场新财富革命或者发起一场新生活运动。

为此，有必要构建一个国家、省、市三级体系的国民旅游度假区体系，通过政府公共投资，为大众创造更多旅游度假机会，实现社会公平，提高国民福利。著名旅游专家魏小安带领的课题组曾指出，传统上的国家旅游度假区所强化的是等级，而国民旅游度假区所强调的是功能，是公共性，包括公共产品、公共设施、公共服务、公共职能等。

第二，休闲是关乎社会民生、国家发展的重大问题。我国已处于工业化发展中期，进入全面建设小康社会的新阶段，推动休闲发展是落实以人为本的科学发展观、构建和谐社会的现实要求。通过发展科学健康的休闲，引导国民有效管理时间资源、科学使用节假日时间，合理配置日常休闲，丰富国民的休闲生活，提高国民的休闲质量，有利于提升幸福指数，有利于提高国民整体素质、培育人力资本和增进效率，有利于塑造中国和谐健康的国际形象。比如，在俄罗斯国家旅游政策的所有目标中，最重要的是使旅游业的利益能够在各个地区和各阶层共享，以减少城乡间巨大的差距，提高俄罗斯人的生活质量。

第三，旅游进而休闲是城市理性回归的体现。中国的城市化与美国的高科技是影响21世纪发展的最重要的两个因素。中国未来的城市化只有强化城市休闲功能的回归，才能真正保证城市化能够带来生活质量的提升。处于转型变革中的城市需要确立基本的休闲理念,在城市发展过程中,应重新审视因盲目混乱发展而被忽略了的休闲功能,要突出休闲之于城市的意义,充分利用城市及城市周边的各种资源和条件,大力开发多种多样的休闲设施和产品,加强休闲服务,改善城市形象,提升城市品牌,增强城市感染力。要旗帜鲜明地强调,发达的休闲服务和繁荣的休闲市场应成为城市现代化的重要象征,通过大力发展休闲,既为外来的游客提供一种舒适、惬意的旅行环境,也为居民提供一种活力、健康的生活方式。

二 从全域旅游视角看旅游产业

所谓"全域旅游"就是指,各行业积极融入其中,各部门齐抓共管,全城居民共同参与,充分利用目的地全部的吸引物要素,为前来旅游的游客提供全过程、全时空的体验产品,从而全面地满足游客的全方位体验需求[①]。"全域旅游"所追求的,不再停留在旅游人次的增长,而是旅游质量的提升,追求的是旅游对人们生活品质提升的意义,追求的是旅游在人们新财富革命中的价值。相应的,全域旅游目的地就是指,全域范围内一切可资利用的旅游吸引物都被开发形成吸引旅游者的吸引节点、旅游整体形象突出、旅游设施服务完备、旅游业态丰富多样、能吸引相当规模的旅游者的综合性区域空间,是以全域旅游理念打造的全新目的地。

全域旅游强调居民与游客的融合,目标是让旅游目的地真正成为居民的家园、游客的"家园",而不是成为游客的"主题公园",居民更不是"主题公园"中的演员。在全域旅游战略中,居民是"家园"的主人,游客也是这个"家园"中本来的一分子。主题公园只能短暂停留,只有家园才是可以永远值得挂念的地方。在全域旅游目的地空间中,各个产业被通过适当的方式进行了有效的融合,使旅游业成为该区域空间内产业融合的"触媒"和"融头"。

---

① 胡晓苒(2010)在编制大连旅游规划时指出,"全域旅游战略的提出,最根本的就是打破都市(或单一景区)旅游一枝独秀的接待格局,在不同的区域内打造各自的旅游吸引物和服务业态"(胡晓苒:《城市旅游:全域城市化北京下的大连全域旅游》,《中国旅游报》2010年12月8日第11版)。此外,杭州市在2011年9月24日发布的《杭州市"十二五"旅游休闲业发展规划》中提出了"旅游全域化战略",从空间、产业和民生等三个维度倡导旅游空间全区域、旅游产业全领域、旅游受众全民化的理念。

简而言之，全域旅游目的地指的就是一个旅游相关要素配置完备、能够全面满足游客体验需求的综合性旅游目的地、开放式旅游目的地，是一个能够全面动员（资源）、立足全面创新（产品）、可以全面满足（需求）的旅游目的地。从实践的角度看，以城市（镇）为全域旅游目的地的空间尺度最为适宜。

1. 全新的资源观

在全新的资源观上，不仅旅游吸引物的类型需要从自然的、人文的类型进一步扩张到社会的旅游吸引物，还需要将吸引物自身与吸引物所处环境结合在一起，否则孤立的吸引物就如同博物馆中的展品，很容易丧失其鲜活的生命力和吸引力。对于中国多数具有文化底蕴的旅游目的地而言，都需要进一步理清自身的文化特质，需要加快进行自身文化的整理和重建，而文化的整理和重建同样离不开生发出文化的地域背景及其存在环境。传统的旅游更加重视结果，强调的是具象的景观，而当前和将来，旅游中的休闲本质将表现得越来越突出，因此也将更重视过程，强调的是虚化的环境。因此，传统的观光为主的旅游业发展往往需要具有震撼力的景观，而转向以休闲消费为主的旅游业发展则需要着眼于具有浸润力的环境。环境将成为未来旅游业发展最重要的竞争力来源之一。

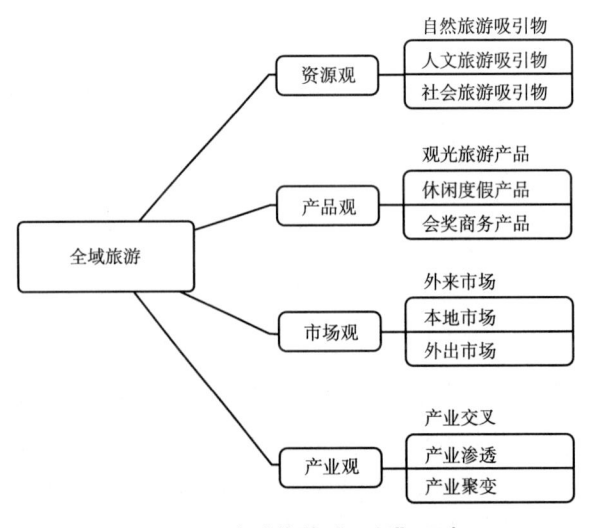

图 6-4 全域旅游"四新"理念

2. 全新的产品观

也正是因为这样，全域旅游的产品观不仅仅要包括吸引物、吸引物所在的环境，还需要包括吸引物所处环境中的居民，目的地的文化不仅体现在建筑上、文物上，同时体现在当地居民的交流语言、生活态度、行为方式、文化取向上，居民的参与是全新产品观的重要体现，居民对所居城市的记忆和体验是游客感受目的地的重要媒介和信息来源。

3. 全新的市场观

在全域旅游概念中，游客与居民并不是非此即彼的关系，其市场主体也不局限于外来的基于旅游目的的游客，也包括内在的基于休闲需求的居民。居民可以从休闲中享受高品质的生活，休闲中的居民本身也是游客体验的兴趣点。全域旅游不仅要为外来游客提供优质的服务，同时要充分考虑"生于斯、长于斯"的本地居民的利益。

4. 全新的产业观

在全域旅游概念中，旅游的发展不是孤军奋战，而是在产业融合中共同发展着的，有些形成产业之间的交叉，有些形成产业之间互相渗透，有些则通过产业之间的聚变反应创造形成全新的产业，比如旅游与农业的交叉融合形成的观光农业，文化与旅游的渗透融合形成的主题文化酒店，旅游与食品饮料行业中的酿酒业的聚变融合形成情感产业。

5. 全域旅游理念落地

全域旅游理念需要在全要素、全行业、全过程、全时空、全方位、全社会、全部门、全游客等八个层面加以落实。

三 从产业集群视角看旅游产业

如同其他的消费活动一样，旅游活动也伴随着使用价值的转移和价值的实现，使用价值的实现也必须依附于特定的物。不同的是其他的消费活动更多的是随着使用价值的获得，同时获得物的所有权，而旅游活动中使用价值的获得不会伴随着物的所有权的转移。也就是说，在交换过程中不会发生物的流动，没有物的所有权的转移。显而易见的事实是，旅游者要想获得旅游对象物的使用价值，必须趋近于对象物的地理空间，也就是说，旅游经济中的交换以需求的流动为前提。这就突出了时间对旅游经济发展

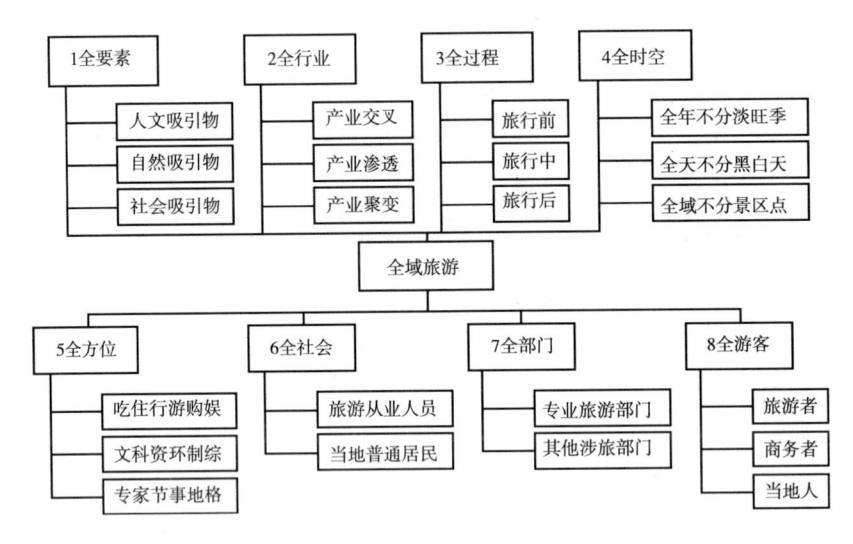

```
┌─1全要素──┐   ┌─2全行业─┐   ┌─3全过程─┐   ┌─4全时空────┐
│ 人文吸引物 │   │ 产业交叉 │   │ 旅行前  │   │ 全年不分淡旺季│
│ 自然吸引物 │   │ 产业渗透 │   │ 旅行中  │   │ 全天不分黑白夜│
│ 社会吸引物 │   │ 产业聚变 │   │ 旅行后  │   │ 全域不分景区点│
└──────────┘   └────────┘   └────────┘   └────────────┘
                         │全域旅游│
┌─5全方位──┐   ┌─6全社会───┐   ┌─7全部门────┐   ┌─8全游客─┐
│ 吃住行游购娱│   │ 旅游从业人员│   │ 专业旅游部门│   │ 旅游者  │
│ 文科资环制综│   │ 当地普通居民│   │ 其他涉旅部门│   │ 商务者  │
│ 专家节事地格│                                       │ 当地人  │
└──────────┘   └──────────┘   └──────────┘   └────────┘
```

图 6-5 全域旅游"八全"结构

的重要作用，内在地规定了时间（闲暇时间）是旅游经济规模扩展和素质深化的重要依赖；另外，潜在旅游者的闲暇时间不仅取决于科学技术水平的发展，还与一国或地区的工作制度密切相关，从而也说明了旅游经济规模扩展和素质深化不仅是一个技术过程，还是一个制度改进和创新的过程。

旅游活动中通过人的流动而非物的流动的方式来获得对象物的使用价值的特殊性就引申出旅游者对对象物只能获得暂时的使用权。当然，旅游者个体只能获得暂时的使用权并不意味着供给厂商可以无限制地反复销售该对象物。

一方面，对象物的销售受时空的约束。住宿设施的销售明显地表现为使用权的销售是时空的函数，销售是黏附在时空维度上的；虽然通过合理的规划和管理可以在一定程度上改变旅游景区（点）承载力的自然极限，但最终还是要受到包括环境容量、社会容量等在内的承载力的约束。对象物销售的时空约束特征还内在地规定，在旅游经济发展过程中，相关供给厂商要想获得传统产业所体现的规模经济，必须有自己独特的实现方式。也就是说，旅游经济中住宿供给（以饭店为例）的规模经济不是简单地表现为单体饭店的规模经济，而是"多工厂的企业规模经济"——饭店的地域广延性分布（或称饭店的网络化发展），只有基于网络化的饭店集团才是符合饭店自身特点和旅游特点的"合宜"的饭店集团。

另一方面，对象物的销售将受到旅游消费关联集中其他组成部分的约束。因为旅游者对对象物的消费是转移了的整体消费，某种程度上是旅游者在常住地消费的整体的空间转移（到旅游目的地），是硬约束下的合成消费，消费的是一个包括对旅游吸引物、区间及区内交通设施、住宿设施、餐饮设施等在内的关联集。所以，关联集中某一对象物的销售更容易受到其他对象物的影响，价格影响需求的机制更多地表现为一种合成价格影响机制，而不是一种自主影响机制。比如，旅游经济的实践中，旅游景区（点）的销售将受到住宿设施、交通进出设施等的约束。

此外，旅游经济消费对象不同于汽车、冰箱等涉及所有权转移的实物商品，旅游者面对的旅游产品具有与制造业产品不同的不可转移性、空间固定性和消费时限性，消费者无法在购买完成后的消费过程中逐渐学习使用技术，改善使用的满意程度，而只能在特定的时间、特定的地点进行消费。在这种严格约束的条件下，要想获得良好的旅游体验就必须依赖恰当的旅游消费能力或技术，以便在特定的时空范围内对消费所及的景区内各个元素进行准确的析出和恰当的组合。否则，旅游者必须重新购买对这些"旅游原材料"进行组合、加工的机会。这样就暗含着旅游相关供给主体掌握供给创新的空间。

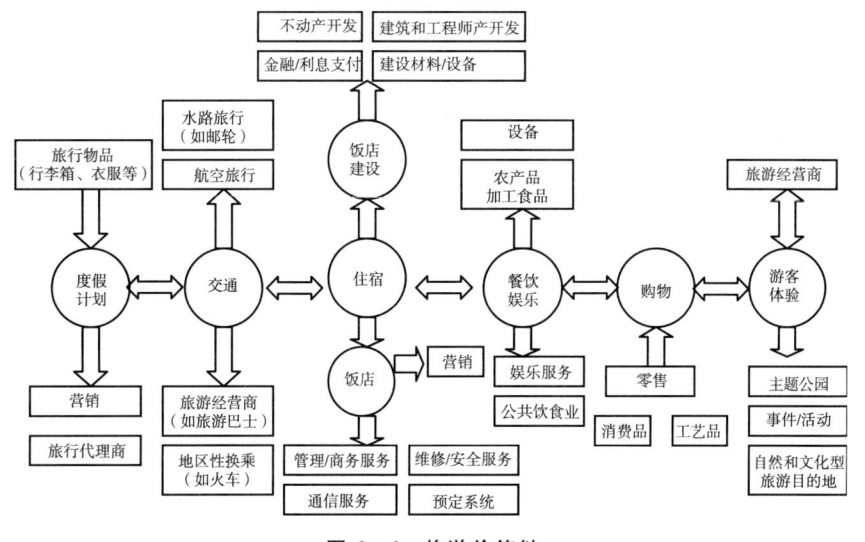

图 6-6　旅游价值链

资料来源：Gollub et al.（2003）。

旅游是一种短期的异地生活方式，所以旅游者在目的地的需求必然是综合的，旅游目的地围绕着旅游需求链而形成的服务链必然是综合的，服务链规模化形成的产业链也必然是综合的、集群的。

四　旅游产业的构成

（一）传统意义上的旅游产业构成

从传统形态上看，旅游产业往往被理解为规模化旅游产品供给者的集合，主要包括食、住、行、游、购、娱等六个要素所形成的旅行社、酒店、景区等相关产业。

资料显示，到 2011 年末，全国纳入统计范围的旅行社共有 23690 家，比上年末增长 4.0%；全国旅行社资产总额 711.17 亿元，比上年增长 6.8%；各类旅行社共实现营业收入 2871.77 亿元，比上年增长 8.4%；营业税金及附加 13.06 亿元，比上年增长 2.3%。到 2011 年末，全国纳入星级饭店统计管理系统的星级饭店共计 13513 家，其中有 11676 家完成了 2011 年财务状况表的填报，并通过省级旅游行政管理部门审核；全国 11676 家星级饭店拥有客房 147.49 万间，床位 258.63 万张；拥有固定资产原值 4587.13 亿元；实现营业收入总额 2314.82 亿元；上缴营业税金 147.84 亿元；全年平均客房出租率为 61.1%。截至 2011 年底，全国共有各类旅游景区 20976 家，其中 A 级旅游景区 5573 家接待游客人数 25.54 亿人次，营业收入达 2658.60 亿元，门票收入达 1149.94 亿元。

在传统旅游产业继续发展的同时，这些年旅游产业的发展出现了很多新的变化，其中最大的变化就是在产业融合的大趋势下，通过产业交叉、产业渗透和产业聚变等方式，产生了很多全新的融合型产业。这其中包括农业与旅游的融合、工业与旅游的融合、信息产业与旅游的融合、房地产业与旅游的融合等全新的融合后产生的全新业态。不过从旅游产业的融合发展看，还有很多问题需要深入研究。比如，旅游产业融合的动力是来自其他产业发展中的困境还是旅游产业所拥有的巨大市场需求？抑或是同时影响着旅游产业与其他产业的技术创新？旅游产业在融合进程中究竟是主动式的融合还是被动式的融合？旅游产业利用业外的知识推动了原业态的发展是不是产业融合？旅游产业融合除了外向的跨界融合外，有没有内向的界内融合？外向的跨界融合除了双产业的跨界融合外，有没有三产业甚至多产业的跨界融合？究竟是随着技术创新带动的产业边界突破才算融合，还是不同产业在服务对象或市场空间重叠也算产业融合？旅游产业融合的关注焦点究竟是应该放在如何发现产业融合的模式、机制与障碍，还是应该放在循着产业融合的大趋势而研究旅游产业的应对机制和方式？从根本上看，旅游产业本身是不是有着清晰的产业边界？如果旅游产业本身就是一个产业边界模糊甚至本质上就是一个无边界产业的话，基于产业边界突破或消失的产业融合在旅游产业是不是存在？如此等等，尽管大家都在谈论旅游产业融合，产业融合的大趋势也的确存在，但关于旅游产业融合还有很多问题有待深入思考。

（二）广义意义上的旅游产业构成

1. 基于消费方式的旅游产业划分

除了基于规模化旅游产品供给者集合的角度来划分旅游产业外，我们是不是也可以基于围绕旅游消费方式而形成的规模化供给形态集合的角度对旅游产业进行划分？亦即，旅游产业是不是可以被看成是一个围绕着旅游消费形态而形成的链式企业的集合。比如，随着人们自驾出游消费方式的日趋流行，围绕自驾车旅游而形成汽车营地、汽车旅馆等业态集合，我们可以在旅游产业中明确自驾车旅游产业；我们也可以根据温泉休闲方式的蓬勃发展，将围绕温泉旅游而形成的规模化供给形态集合称为温泉产业。

魏小安曾对现实中出现的新兴旅游产业形态进行了迄今为止最为全面的概括，指出当前值得关注的 20 个新兴产业形态。分别为：一是会展产业，包括各类会议和专业展。二是文化产业，强化差异，形成特色。三是创意产业，培育发展中心，借助国际推动。四是活动产业，类型多样，形成系列。五是娱乐产业，开展活动，开拓项目。六是体育产业，强化水上运动，发展高尔夫，开展专业训练。七是气候产业，构造避暑胜地，避寒新地，避躁福地，避污仙地。八是生态产业，借助环境，发展物产，追求体验。九是湖泊产业，按照生活形态，形成多样发展。十是温泉产业，以康体为基础，以康疗为主体，以康乐为提升。十一是疗养健身业，弘扬传统，结合现代，满足需求。十二是"银色"产业，结合中老年人的需求，形成多样发展格局。十三是农林渔业，传统的第一产业在现代平台上转换成为文化型、增值型、休闲型，形成旅游农业、休闲渔业、观光药业等。十四是邮轮游艇业，建设母港，开办邮轮公司，构造接待体系，开拓后续效应。十五是旅游金融业、保险业，按照美国运通模式，阶段发展，整合联动。十六是旅游传媒业，达到多样化、多元化、规模化。十七是自驾车产业，培育服务系列，形成产业链。十八是旅游装备制造业，配套发展，技术领先，规模推进。十九是休闲房地产业：①酒店房产，核心地产；②休闲房产，景观地产；③文化房产，主题地产；④生态房产，田园地产；⑤娱乐房产，聚合地产；⑥复合房产，生活地产。二十是旅游电子商务，微消费，动旅游，云服务。

2. 重点新兴旅游业态

从未来的发展看，新兴旅游业态中的旅游金融保险业、旅游文化演出业、休闲房地产业、旅游电子商务业、旅游装备制造业、自驾车旅游关联产业等行业尤其值得关注。

第一，休闲房地产业。

据不完全统计，目前至少在全国 58 个城市分布有 1709 个旅游地产项目，其主打特色包括养生、度假、避暑、过冬、海景、温泉、高尔夫、山景等多种类型。有研究显示①，旅游地产项目主要分布在二、三线城市，依附于优质丰富的自然资源或人文资源，或者分布于具有突出景观的四线城市以及一线城市外围区域；依托江河湖泊资源的样本项目最多，比重为 44.3%，其次是依托山岳资源的样本项目，所占比重为 27.9%，还有 14.3% 和 10.0% 的样本项目分别占据温泉资源及人文景观；旅游地产平均占地面积约为 400 万平方米，可观的用地规模为旅游地产功能配置提供了足够的空间，大多数旅游地产能满足商务、度假、居住、旅游等多种复合功能，部分项目配备了高尔夫、会所、游艇等高端项目。

---

① 资料来源：http://www.soufun.com/news/2011 - 07 - 19/5456783.htm。

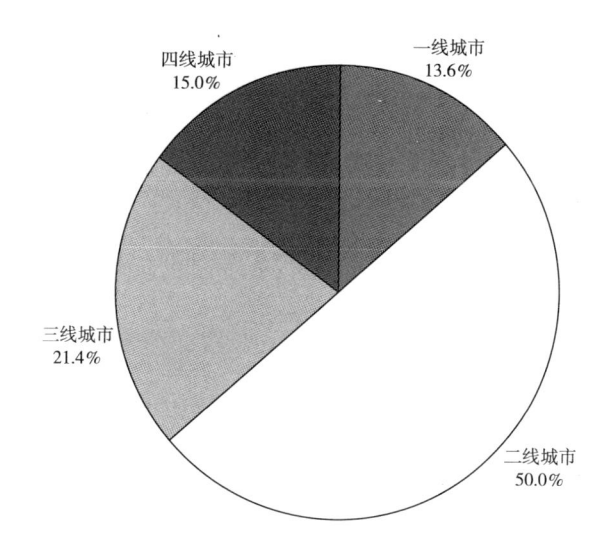

图6-7 旅游地产项目的区域分布状况

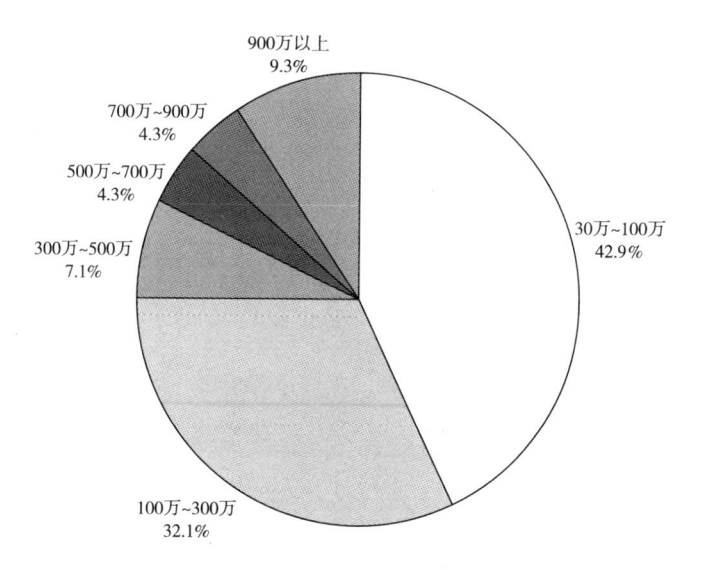

图6-8 旅游地产项目的占地规模

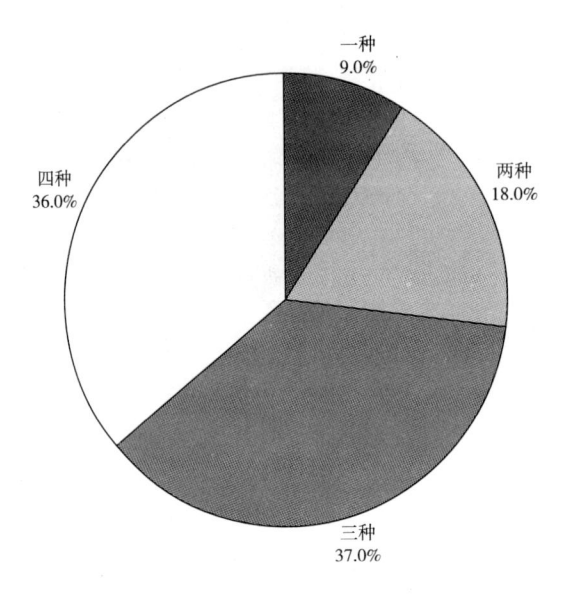

图 6-9 旅游地产项目的配套功能

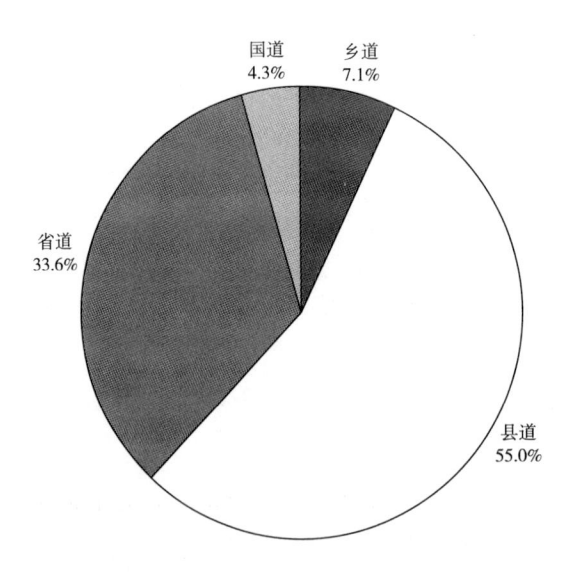

图 6-10 旅游地产项目的交通区位

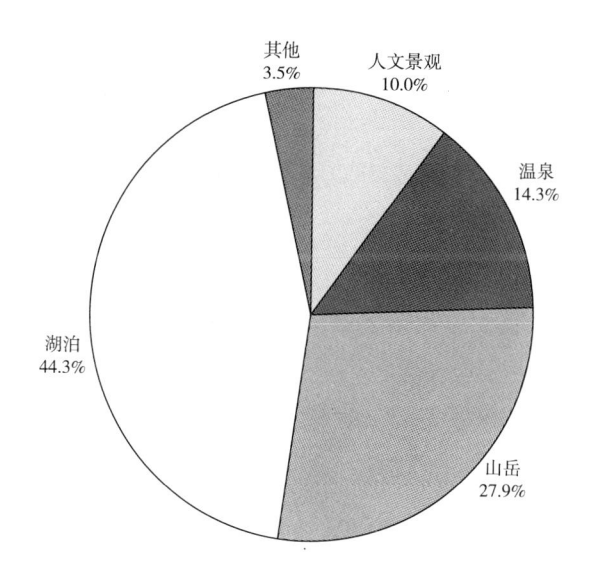

图 6-11 旅游地产项目的资源依托

其他 3.5%
人文景观 10.0%
温泉 14.3%
山岳 27.9%
湖泊 44.3%

在休闲房地产业的发展过程中,除了要区分酒店房产、休闲房产、文化房产等类型外,还要高度关注休闲房地产所处的空间区位。显而易见的是,地处城市的休闲房地产与地处景区的休闲房地产的经营模式是不一样的。地处城市的休闲房地产的核心往往在地产,其房产的消费人群往往出于第一居所的诉求而购买该房产;地处景区的休闲房地产的核心往往在环境,其房产的消费人群往往出于第二居所或短时居住的诉求而购买该房产(或该房产的短时使用权)。如果用城市休闲房地产的模式来开发地处景区的休闲房地产项目,则容易导致严峻的经营困境。

当然,无论是城市型的休闲房地产还是景区型的休闲房地产,大体都需要做好 ABC 的文章和"隐群商"的文章。所谓 ABC 就是指,A(Attraction)是吸引中心,作为吸引中心,成为发展的亮点,不仅吸引游客,也吸引政府。由于这样的项目需要大投入,市场也需要培育,所以有可能在直接经营上形成亏损局面。B(Business)是利润中心,产生利润的来源方式可以多样化,而目前的一般形式是配套房地产建设。C(Culture)是衍生发展,通过市场,聚集了人气;通过政策,聚集了商气;通过创意,聚集了文气,最终聚集了衍生产业的发展,而其核心是文化创意。

仔细分析旅游房地产模式的缔造者——华侨城的发展历史，可以发现其模式远非"旅游+地产"这么简单。的确，旅游的发展带动了环境的改善，环境的改善提升了地产的价值，地产的增值又为旅游上市公司提供了利润。但是作为其中的源头——主题公园为什么能够发展呢？根源在文化。华侨城实际上是依托文化底蕴在办主题公园，以文化表演在活化主题公园。文化表演才是华侨城主题公园保持长久吸引力的重要原因。正是因为有了文化表演，华侨城的主题公园才能够在背景与前景、核心与外围之间进行自如腾挪、调整。现在的主题公园更像是一个文化表演的舞台，成了文化表演活动这个"前景""核心"的"背景""外围"。如果没有文化表演这种形式来活化静态的观赏空间，并且保持文化表演内容的持续创新，华侨城不可能成就今日主题公园之辉煌。

要想通过休闲度假项目开发实现拟开发区块的土地价值，实现区块土地最大程度的增值，其出路在于"隐"、在于"群"、在于"商"。所谓"隐"，要尽量让区块中的各个休闲度假设施"隐藏"在湿地等生态以及改造之后的生态系统中，既有效处理了设施与生态的无缝对接，也保证了生态与设施之间的主客关系不颠倒；所谓"群"，就是要尽量让这些休闲度假设施在小尺度空间上的集聚，要建设小而多、小而全的休闲度假及其相关设施，显示出项目集聚所产生的集群效应，依托于集群效应而不是大项目效应来获得开发的成功；所谓"商"，就是要充分抓住拥有大量财富的消费群体，包括个人和企业，个人方面主要是考虑符合其休闲、养生、度假以及回归田园的诉求，设计包括度假别墅集群等产品，企业方面则主要考虑其高端静谧环境方面的需求，推进知名企业入驻建设或购置企业会所。独具创意的企业会所本身也将成为维持项目区块持久市场关注度的重要因素。在具体操作上一定要注意大分区、小综合思路的运用。

第二，旅游金融保险业。

专栏6-2 旅游金融的典范

美国运通公司创立于1850年，是国际上最大的旅游服务及综合性财务、金融投资及信息处理的环球公司，在信用卡、旅行支票、旅游、财务计划及国际银行业占领先地位，是在反映美国经济的道琼斯工业指数30

家公司中唯一的服务性公司,截至 2008 年 6 月 30 日的综合资产大约 1640 亿美元①。自 1958 年首次发行以来,美国运通卡以高水准的服务和不预设消费限额而享有世界第一流消费卡声誉,为千百万美国运通卡会员及全球绝大多数跨国公司采用,在《财富》杂志所列 100 家全球最大跨国公司中有 90 家采用美运通公司卡及商务旅行服务,美国联邦政府系统也全面采用美国运通公司卡及商务旅行服务。

1915 年,运通公司正式进入旅行业务,公司传统的旅行支票和银行汇票业务与旅游业务得以相辅相成发展②。目前,美运通已经成为全球最大的商务旅行服务公司,其旗下的旅行服务公司(American Express Travel Related Services Company Inc., TRS)专门负责商务旅行服务业务并以"提供综合性服务、帮助客户控制商务旅行支出"为主营业务。进入 20 世纪 90 年代后,TRS 面向全球企业,提供商务旅行预算和旅行方案咨询,开展商务旅行全程代理。

而运通之所以将其旅游业务主要集中在商务旅游领域,主要的出发点就是希望旅行服务业务能与公司的金融服务业务、投资业务、银行业务有机融合。在旅游行业中,那种纯粹的空间聚集所产生的共生或许比较机械,而且同类企业共生所形成的整体竞争优势往往表现为区位优势,是可以共享、模仿的,因此这些机械式共生无法为企业获得核心竞争力创造足够的空间。与此不同的是,融合共生则意味着变化和创新,正是融合共生新思维所带来的创新能力的提升才能不断丰富企业核心竞争力的提升。正如有曾任职美运通的专业人士在介绍美运通成功的原因时所指出的,"现在大家都比较关注美运通的网络给它带来的强大的竞争力,而实际上运通的竞争力绝不仅仅来自网络规模,而且来自它依托于产业融合所带来的创

---

① 由于受美国金融危机影响,运通公司向美国联邦储备委员会提出转型为银行控股公司的申请,2008 年 11 月 10 日获得批准。转型后的运通公司可以接受客户存款,并有资格享用美国政府对金融机构的援助资金,但同时将受到联邦储备委员会更为严格的监督。
② 1915~1925 的十年间,美国运通公司将旅游业的经营扩大到欧洲、南美洲、远东、西印度和全球其他地区。其间,于 1922 年组织了首次全球航行,那是一次长达 4 个月、行程 30000 英里的环球航行,库纳邮轮公司(Cunard liner)的拉哥尼亚号(Laconia,拉哥尼亚号在此后的 20 多年一直从事这样的环球行程,直到二战时被击沉)行经了古巴、巴拿马、火奴鲁鲁、日本、中国、爪哇、新加坡、印度、开罗和地中海等地。此后,美国运通成了豪华旅行的代名词。

新能力①、发现需求、满足需求、占领需求的能力"。他还指出,运通与通济隆②曾经同时是世界银行的旅行服务提供商,运通正是利用旅行和金融融合优势巩固了自己的竞争优势。运通公司充分利用其旅行与金融的融合,相继推出了公司卡、会议卡等结合金融需求与商务旅行需求的新产品。

大的跨国公司在商务旅行方面的费用支出非常大,而如果采用公司卡则这些大的跨国公司可以规定所有人员使用公司卡进行因公消费支出(如旅行、住宿、买飞机票、租汽车等)。运通公司再通过对所有这些旅行消费方面信息的整合、分析和处理,得出一个分析的结论,然后反馈给运通公司的客户,帮助其有效控制商务旅行的开支。据统计,用这样一种手段通常可以帮助公司减少 10% ~ 25% 的费用支出。此外,运通公司还可以利用这种信息来增强与供应商讨价还价的能力,并根据对每位持卡人的消费偏好、年龄层次、性别等情况来提供针对性的个性服务。比如,从公司卡记录的数据中分析出某一位持卡人喜欢到意大利餐厅去就餐,那么,当新开一家意大利餐厅时,运通公司就可以把这条信息通过信用卡账

---

① 实际上,美国运通一直没有停止过创新的进程:2007 年 6 月,推出基于多个 GDS 的自动退票和变更服务;2007 年 7 月推出新的管理信息数据报告技术 American Express AXIS @ Work,以提升企业的商旅追踪和报告水平;2008 年 2 月,与 Sabre 合作推出自助预订社区网络平台;2008 年 10 月底推出 B2B 社区 BusinessTravelConneXion.com(BTX);2009 年 4 月,推出新门户网站 eXplore,以提供一个完全定制化的差旅解决方案;2009 年 8 月发布虚拟会议解决方案 eXpert;2009 年 11 月推出 AXhotelhub 和 CAXO 等解决方案,其中 AXhotelhub 能使企业更好地控制其酒店支出,轻而易举地获取 20 多万家酒店的资源信息,包括中国国内及世界范围内全球分销系统(GDS1)和非全球分销系统(Non-GDS)的酒店名录;2010 年 4 月,与中国银行合作推出人民币旅行支票,支票可在中国银行的 2000 多个分支机构和 1600 个合作酒店兑现。

② 通济隆(Travelex)最早创立于 1976 年,是一家位于伦敦中部的小型兑换店。2000 年 11 月 8 日,Thomas Cook 公司将其全球金融服务部门(Global and Financial Services Division)出售给通济隆,2001 年 3 月 27 日出售工作正式完成,通济隆成为全球最大的外汇零售专业机构。资料显示,通济隆集团在 35 个国家设有近 780 家分支机构,与 100 多个国家 20000 多个商业机构建立合作伙伴关系,每年服务 2900 万消费者,主要业务包括全球商务支付、零售业务和外包业务等,致力于为旅行人士在旅行资金方面提供卓越的解决方案的行业内领先企业。通济隆的网点主要集中于全球主要的机场、港口、铁路枢纽以及旅游和商业中心城市。通济隆在全球前 30 大国际机场中(以客流量计)的 18 个机场设有营业网点,平均每 2 秒完成一次零售交易,其开设有零售网点的 105 家机场每年承载全球 40% 的旅客运输量,计约 18 亿人次。截至 2009 年底,该公司的营业收入为 5.99 亿英镑。

单提示给他，既方便了持卡人，也为餐厅做了有效宣传。后来运通公司将传统的公司卡进行延伸，推出了公司采购卡，由运通公司为持有运通公司采购卡的客户联系一批固定的供应商。因为运通公司的这些跨国公司客户采购量都非常大，所以在帮他们联系供应商时就比较容易，而且供应商也非常愿意提供最好的价格。再后来，运通公司又根据跨国公司会议非常多的状况推出了公司会议卡①。

在国内，旅游金融保险业刚开始起步，除了国内各主要保险公司都有相应的旅游保险产品之外，更值得关注的旅游发展基金。2012年北京市旅游发展委员会与海航旅业集团签约设立了北京市旅游产业发展促进基金，基金首期规模10亿元，其中北京市财政局投入1.5亿元，海航旅业为本基金募集资金8.5亿元，并负责具体的投资事项。有分析指出，经4~5年的时间，该基金可带动100亿元的社会投资。同年，由重庆城乡旅游开发公司、重庆瀚曦股权投资基金管理有限公司共同发起的"重庆旅游发展股权投资基金"成立，该基金总规模为50亿元人民币，将按约定分期到位，经营期限10年，其中5年为投资期。基金将以控股股权投资方式投资重庆市旅游和配套产业开发项目。

第三，旅游电子商务业。

由于旅游消费自身的交易特点，以及围绕旅游消费经验分享机制的在线化、旅游产品的可视化发展，旅游电子商务行业的发展越来越引人关注。艾瑞咨询机构最新统计数据显示，2013年第一季度中国在线旅游市场交易规模达452.7亿元，同比增长28.7%；其中OTA市场营收规模24.3亿元，同比增长22.1%；携程、艺龙、同程所占份额依次为47%、8.7%、6.4%，位列前三。据艾瑞咨询机构的预测，到2015年，在线旅游市场交易规模将达到3400亿元的规模。

但是，旅游电子商务的发展空间绝不仅仅在于通过信息化的手段来帮助旅游者和旅游企业完成旅游交易。在全新的技术环境中，人们存储信

---

① 这部分关于美国运通公司公司卡、公司采购卡、公司会议卡的资料来自席宇进先生在"首届中国旅游集团公司及上市公司高层论坛"上题为《趋势与对策》的会议发言。

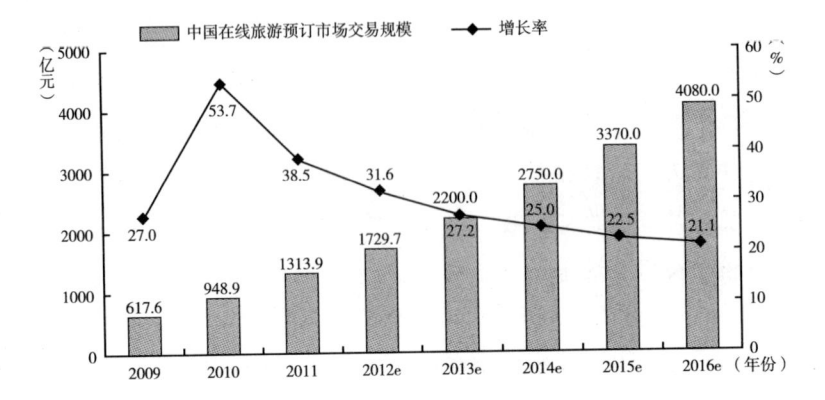

图 6-12 中国在线旅游交易发展情况及预测

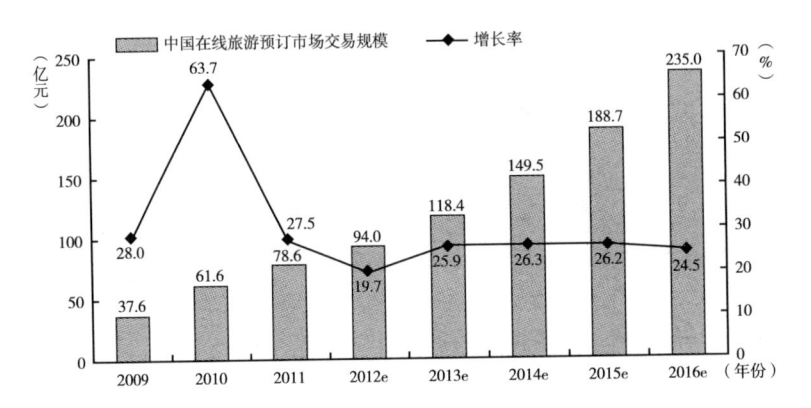

图 6-13 中国在线旅游 OTA 发展情况及预测

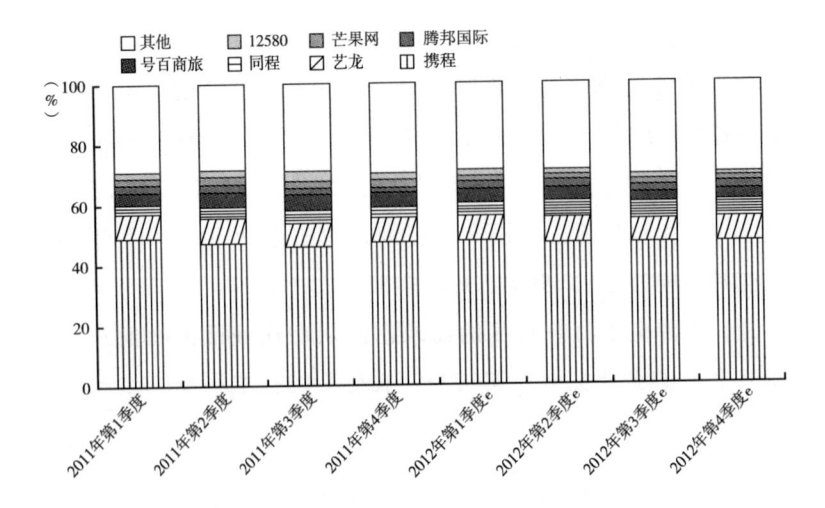

图 6-14 中国在线旅游 OTA 市场营收份额

息、分享信息、获取信息的方式已经发生了根本变化，因此，旅游电子商务的空间还来自在虚拟空间中存在的巨量信息和数据。当信息无限丰富时，赢利的蓝海是信息整合；但评论无限丰富时，赢利的蓝海是评论整合。在大数据时代，在线旅游数据的挖掘将日益重要，并将迸发出其深刻的意义和价值，相信在线旅游信息（包括在线旅游评论）的极大丰富必将催生在线旅游服务的新业态，造就新的在线旅游服务巨头。

第四，旅游文化演出业。

旅游文化演艺业是旅游产业与文化产业相互融合、互动发展的产物。随着人们旅游休闲意识的增强以及对文化娱乐消费需求和层次的提升，旅游文化演艺业得到了蓬勃发展。中国旅游演艺联盟的数据显示[①]，截至2011年底，中国共有旅游演艺项目约为230台，其中剧场表演类的旅游演出项目最多，有179台，占比77.8%；实景旅游演出有32台；主题公园旅游演出有19台。另据统计，2011年中国演出总场数约为133.8万场，其中旅游演出72391场；演出市场直接票房收入120.9亿元，其中旅游演出收入27.8亿元，占演出市场总收入的23%。

正是因为看中旅游文化演艺对于丰富旅游目的地夜间休闲消费的作用、对于目的地旅游形象的宣传价值以及其巨大的商业价值，陕西、云南、山东、河北、河南、湖南、海南、浙江、福建等地都高度重视此类项目的开发，这个领域也吸引了众多业界大腕的积极参与，形成了以张艺谋等人的印象系列和梅帅元团队的山水系列等广受市场关注的旅游文化演艺作品。前者包括《印象·刘三姐》《印象·丽江》《印象·西湖》《印象·海南岛》《印象·大红袍》《印象·普陀》等系列作品，后者包括《禅宗少林·音乐大典》《大宋·东京梦华》《井冈山》《天骄·成吉思汗》《天门狐仙·新刘海砍樵》《中华泰山·封禅大典》《道解都江堰》《鼎盛王朝·康熙大典》等系列作品。

目前，旅游文化演艺项目的需求已经从一线城市扩展到二、三线城市，各地演出规模稳步扩大，表演水平快速提升，资本和专业人才不断集聚，在政府主导、政策支持和国企民营资本竞相涌入的背景下，旅游演艺

---

① 资料来源：http://www.ctpaa.cn/show.php?contentid=174。

行业进入了高速成长期，并向主题化、专业化、规模化、品牌化发展，展示出良好的发展前景。但不可否认的是，旅游文化演艺项目的集团化运作、有效的成本管理等方面仍有所不足，行业集中度仍然较低，商业运作和管理水平参差不齐，企业赢利能力差异较大，旅游文化演艺业还有待进一步在竞争中不断完善和发展。

第五，自驾车旅游业。

随着人们越来越希望得到更深度的旅游体验，越来越追求休闲的本质，以及租车网络的形成，自驾车旅游需求必将快速发展。在关注自驾车旅游市场发展的过程中，要深刻认识到自驾车旅游与传统旅游的不同。在某种意义上，我们可以把传统的旅游消费者视为"旅游者"，而自驾车旅游者则更像是"旅行者"。旅游者的目的在终点，在于游览；旅行者的目的在路上，在于旅行；旅游重视的是目的地是否适合观光，而旅行重视的是真实的体验和真正的休闲、重视的是快乐、轻松、有所收获地"消磨时光"；自驾游具有更强的灵活性，同时更多地关注常规交通无法到达的目的地。

因此，对于自驾车市场的开发也必须采取不同于传统的新的赢利模式，其中尤为重要的是露营地体系的建设、包括移动互联网在内的旅游信息化建设以及包括救援系统在内的多元供给系统。在露营地系统的建设中，要从认识上高度重视，有必要将营地作为综合性休闲度假空间来打造，在营地空间内科学配置生活区、娱乐区、商务区、运动休闲区等相关功能区；从建设上要注重中国特色与国际标准并重，有必要引进国际露营联盟（FICC）对露营地建设的相关标准和规定，研发符合中国国情的露营地（含汽车营地）的国家标准；在系统整合上，要从规划系统、租车系统、公路系统、导航系统、后勤系统、营地系统、救援系统和保险系统等八个方面协同推动自驾车旅游产业的发展。

专栏6-3　整体协同、产业生态与产业发展

当电力首次出现时，为什么人类的生产力没有突然增加？他研究的结果是，要获得电力马达取代蒸汽引擎的生产力提升，人们必须先重新设计建筑，把高大的可以容纳蒸汽引擎和各种滑轮的多层建筑物改成小型的低矮建筑，让工厂可利用电力马达运转。此后，管理者还要改变他们的管理方法，工人必须要修正他们的生产方式，有难以计数的习惯和结构等待改变。一旦这些改变在某个转折点产生汇集，轰的一声，人类就会真正获得电力所导致的生产力大幅提升。

汽车刚发明的时候，并没有很大的使用价值，因为没有公路。后来很多公路建起来了，但汽车作为交通工具的价值还是有限的，因为没有加油站。后来石油公司建立了加油站，汽车可以从 A 地开往很远的 B 地了，但是司机在中途需要休息和吃饭，于是快餐店发展起来了。汽车作为一种交通工具的价值并不单在于车，还需要多方面的配合，这就是汽车充分实现其价值的生态系统。当这个生态系统比较完整时，它内部的多条相关的价值链也相继建立起来：汽车价值链、道路工程价值链、汽油价值链、连锁快餐价值链及修车价值链。

源创新（破坏性创新）所推动的新理念不一定由新科技和新产品触动，也可能基于消费者的新欲望。

资料来源：弗里德曼：《世界是平的》，湖南科学技术出版社；谢德荪：《源创新》，五洲传播出版社。

3. 从具体产业到核心要素

目前我国对旅游产业的关注主要是从其产业形态和具体构成来理解的，但从未来的旅游目的地发展而言，旅游产业的具体形态和组成将变得不那么重要，重要的是有没有相应的供给能够满足人们变化之后的生活方式所衍生出来的需求、能不能适应变化了的环境（包括技术环境、社会环境等）的要求，未来需要人们将对旅游产业的关注从功能性的结果转移到过程性的要素上来。

专栏 6-4 第三次工业革命与旅游业

在农业机械和化学品代替人类劳动发挥作用时，上百万农村劳动力转移到城市，在工厂里从事技术性或非技术性的工作。接着，在工厂实行自动化生产后，上百万蓝领工人换上衬衫，提高技能，成为白领队伍的一部分，供职于快速发展的服务行业。同样，在智能技术应用于服务行业，大规模取代人类劳动时,劳动大军又转移到关爱产业和体验领域,比如医疗保健业、社会工作、娱乐业以及旅游业。

然而如今,农业、工业、服务业、关爱和体验业这四个部门都以精良的高科技人才和尖端的智能技术取代大量的雇佣劳动力。问题是,随着世界跨越第三次工业革命的基础设施建设阶段,进入完全分散式的合作时代,工业时代遗留下来的上百万雇佣劳动力将何去何从。

现在我们更加需要重新审视工作的含义,而不仅仅是重新培训劳动技能。

资料来源:杰里米·里夫金,《第三次工业革命》,中信出版社。

也就是说,在旅游目的地的发展发生了阶段性变化的情况下,我们需要重新关注影响这些功能性结果形成的核心要素。这其中包括劳动力、土地、制度、技术、资本等核心要素,应该从社会管理的高度来研究如何应对巨量的旅游者流动所带来的影响和产业的响应机制。比如,《旅游法》第二十条中明确提出,"各级人民政府编制土地利用总体规划、城乡规划,应当充分考虑相关旅游项目、设施的空间布局和建设用地要求。规划和建设交通、通信、供水、供电、环保等基础设施和公共服务设施,应当兼顾旅游业发展的需要"。对旅游产业未来的发展而言,这是具有深刻影响的战略决策。北京市提出在土地利用总体规划、城市总体规划以及其他相应规划修编及编制中,要综合考虑本地居民和常态旅游人口的需求,这也是非常具有战略远见的考虑。

参考文献

[1] 杰里米·米夫金著《第三次工业革命》,张体伟、孙豫宁译,中信出版社,2012。
[2] 谢彦君:《基础旅游学》,中国旅游出版社,2004。
[3] 张辉:《旅游经济论》,旅游教育出版社,2002。
[4] 林南枝、陶汉军:《旅游经济学》,南开大学出版社,2000。
[5] 厉新建、张辉:《旅游经济学原理》,旅游教育出版社,2008。
[6] 厉新建:《中国旅游业跨国经营新论》,中国经济出版社,2010。
[7] 李江帆:《新型工业化与第三产业的发展》,《经济学动态》2004年第1期。

第七章 广义旅游市场

这里所称的广义旅游市场，涉及对两个方面的讨论。一是讨论旅游需求市场或旅游业的客源市场，二是讨论一个旅游目的地旨在为其旅游业开拓和争取客源而进行的市场营销。在当今时代，对于一个国家来说，经济实力的提升主要靠两个轮子的驱动，其一是科技实力，其二是管理能力。同理，对于一个旅游目的地来说，旅游业的成功发展，也是主要有赖于两个轮子的有效运作，其中一个轮子是旨在完善该地旅游供给的广义旅游产品开发，另一个轮子则是旨在为该地旅游产品争取客源的市场营销及其管理工作。在发展旅游业方面，世界各地的成功经验无一例外地证明，这两个轮子不仅缺一不可，而且在运转上必须实现协同。对于旅游目的地管理者来说，这意味着，对这两大方面的工作不仅都要狠抓，而且两手都须过硬。毋庸讳言，就我国很多地方的旅游业发展现状而言，在对这两个轮子的操控方面，普遍存在着前者强、后者弱的问题。这一状况的存在，究其原因，倘若未必是因重开发、轻营销的思想作祟所致（因为各地旅游行政部门至少无不表示自己重视市场工作），那么很大程度上要归因于市场知识和营销技术的缺乏。为此，本章旨在针对后者，基于旅游目的地营销的视角，讨论一些与此有关的基本认识和工作实务。

第一节 认识旅游市场

一 旅游市场

自我国转向发展社会主义市场经济以来，"市场"几乎成了社会各界无不谈论的热门话题。尽管如此，人们对"市场"一词的理解和使用，常会因具体语境的不同而有差异。回顾国内外辞书中对"市场"所做的各种释义，我们同样会发现，其中有的释义是对"市场"作为一般日常用语时的解释，有的释义是基于经济学视角而做的界定，有的释义所反映的则是基于市场营销学视角的认识。对此，这里不便去一一列举和详述。

具体就旅游市场而言，事实上，不论是在实业界的工作实务中，还是在理论界的学术研究中，人们所言及的"市场"，通常是指旅游产品的需求市场，或旅游业的客源市场。这一理解原本正确无疑，然而问题是，由于种种原因，人们常常将这一理解简单化，而在表述上代之以旅游消费者市场。对旅游市场做如此表述，难免有时会引起误解，致使不少人误将旅游需求市场或旅游客源市场等同于旅游消费者市场。

通过观察旅游业实务，我们很容易发现，所谓旅游市场，实为旅游产品的购买者市场。就这一市场的构成而言，其中固然多为购买旅游产品的最终消费者，但同时涉及并非最终消费者的组织购买者。例如，以航空公司和饭店企业为代表的很多旅游供应商，不仅面向最终消费者出售其产品或服务，而且会批量销售给经营组团业务的旅行社以及其他类型的组织购买者。在这方面，最典型的例子莫过于饭店、会议中心之类的旅游企业所经营的会议服务业务，因为这类服务产品的客源市场几乎全部为组织购买者，而极少是最终消费者。北美各地的旅游行政组织之所以普遍称"Convention and Visitor Bureau"，很大程度上也都是与此有关。当然，我们也应看到，只有在介绍和研讨有关旅游市场营销的一般原理时，为了不至于使读者或受众理解起来太过复杂，人们才普遍都是以旅游消费者市场为例，去进行阐释。

无论如何，不论是旅游企业，还是以旅游目的地为单位的整体旅游业，客源市场对其实现长期生存和长期成功的重要性，无论怎样强调都不过分。正如人称"管理学之父"的彼得·德鲁克（Peter Drucker，1973）所指出的那样，对于任何一个商业组织来说，"顾客即是生意"，"做生意的工作目标在于招徕顾客"，盖因唯有顾客前来光顾之时，经营者才真正能有机会实现自己的获利。所以，不论是旅游企业的经营者，还是旅游目的地的管理者，唯有对旅游需求市场——特别是对自己的目标客源市场，以及对其需求变化的情况有清楚的了解，才有可能避免自己工作中的行为盲目，从而使实现成功的可能性增大。

二 旅游需求

1. 认识旅游需求

在旅游学研究领域，人们对"旅游需求"的理解，连同对这一术语的使用，同样常会因研究者自身的学科背景，而并非全然相同。以国内外旅游文献中较为多见的情况为例。

第一，经济学家所称的旅游需求，通常是指人们对旅游产品的有效需求，即，在给定时期内，人们有能力且愿意以某一价格购买的旅游产品数量。

第二，心理学家则通常是从动机与行为的视角去认识和解释旅游需求，认为只要人们具备了外出旅游的意愿，自然形成了对外出旅游的需求。也就是说，心理学家所称的旅游需求，乃是泛指所有的可能性需求或潜在需求。

第三，地理学家所用称的旅游需求，则是指实际外出旅游者与有意外出旅游者的人员总数（Mathieson and Wall，1982）。换言之，在地理学家所用称的旅游需求中，实际上区分为两类，一类为现实已有的需求，另一类则是潜在的需求。

从学术上分析，上述每一种对"旅游需求"的解释，皆有其可取之处。对于这一点，我们无意在此深入详述和展开。

2. 旅游需求的分类及其认识意义

从有助于务实的意义上讲，特别是对于旅游目的地管理者和营销者来说，有必要了解和认识的是，旅游需求实际上有着若干不同的存在状态。

第一，一般地讲，在国际学术界，人们通常将旅游需求分作三种基本类型。

一是有效需求，有时亦称现实需求。所指的是，在给定时期内，某一客源地居民人口中实际参加外出旅游活动的人数或人次数。对于这种类型的旅游需求，人们最容易进行客观测量。所以，世界各地官方公布的旅游统计中所反映的需求规模，无一例外地皆为这种有效旅游需求。

二是压抑需求。所指的是，某一客源地居民人口中，因受主观意愿之外的某些原因的抑制，暂不能实现外出旅游。

三是外出旅游的人数，又区分为两种情况。

a. 潜在需求：所指的是，一旦目前抑制其实现外出旅游的个人客观条件或环境因素日后出现变化，则会在未来某一时日加入出游者行列的民众人数。譬如，随着日后支付能力的增强或闲暇时间的增多，他们将会步入有效需求的行列。

b. 缓期需求：所指的是，因受旅游目的地方面供给条件或供给环境一时存在的某些问题的抑制，而会推迟发生的旅游需求。这里所称的供给条件或供给环境一时存在的问题，是指旅游目的地方面目前存在着某些令旅游消费者觉得暂不宜前去该地访问的问题，例如该地目前出现了客房难订、天气不佳、社会治安情况较差等问题。换言之，旅游目的地方面这些不尽如人意的情况一旦转变或得到扭转，那么这类缓期需求随即可望转化为有效需求。

c. 零需求：通常指某一客源地居民人口中那些根本就不愿外出旅游的人数。

第二，除了上面这些基本的需求类型之外，对旅游需求的分类还包括以下两类。

一是替代性需求。用于指对某一旅游产品的需求有可能会被对另一旅游产品的需求所替代的情况。譬如，由于同属旅游住宿服务产品，对自助式公寓住宿服务的需求与对提供全方位侍应服务的饭店住宿服务的需求之间，有时会存在彼此替代的可能性。也就是说，某些旅游者原本打算选择入住自助式公寓，但届时因故而临时决定入住提供全方位侍应服务的饭店。反之亦然。这类变故的发生，多数情况下并不是出自旅游者方面的主观原因，而是由于旅游目的地方面的有关供给状况临时有变。虽然所涉及的具体变故可能多种多样，但就一般情况而言，通常都是因为某一产品的供给一时出现了紧缺或客满的情况，而与此同时，另一同类产品的供给能力相对宽松。

二是转向性需求。这一概念同上面所述的替代性需求非常相似，因此在很多情况下，两者可彼此替换使用。有所不同的是，转向性需求这一概念尤其侧重于指旅游消费者对出游目的地的选择，临时出现变化的情况。譬如，某人原本是打算利用假期去海南岛度假，然而由于航空公司飞海南的航班届时因运力紧张而一票难求，或者由于该地的饭店已经预订客满，为此，该旅游者决定不再前去海南，转而选择了去云南度假。

第三，分类的意义。或许有人以为，以上这些需求分类的提出，未免是学术界在故弄玄虚。然而实际情况并非如此。事实上，对这些需求分类的了解与认识，对于旅游目的地管理者或有关政府主管部门分析该地的旅游供给状况，以及科学地指导和调控该地旅游项目的开发，确实有着重要的实际意义。

专栏 7-1 具体说明

我们不妨以一个旅游目的地住宿设施的供给为例，做一具体说明。根据上述需求分类，我们不难分析出，对于一家新开发的饭店来说，其顾客的来源不外乎以下三种情况：

①来自该地其他同类饭店的顾客的转向性需求；②来自该地其他类型住宿设施的顾客的替代性需求；③来自因该地游客来访量的增加，而带来的新的增量需求。

借用经济学术语讲，前两种情况——①和②——实际上皆属置换效应，换言之，这两种对该新建饭店住宿产品的需求，实为来自原本对该地其他已有饭店住宿产品的需求，或者来自原本对该地其他类型已有住宿设施的需求，因而都属于从该地原有住宿企业的口中夺食，而并非是对该地住宿产品的新的增量需求。

现实地讲，在引导和调控该地旅游业的发展方面，目的地管理者的终极任务在于如何以尽可能小的社会成本实现社会效益的最大化。因此，上述实为需求置换情况的存在，往往是目的地旅游设施建设中的一大问题，因而也是该地有关主管机构在评价某一新的旅游项目是否值得开发时，应予以考虑的一项重要因素。原因在于，这类情况不仅会令该地的旅游开发出现不经济的问题，而且会助长该地旅游业内部的自相践踏。对于这一点，虽然人们理解起来并不困难，但是，在市场经济条件下，旅游企业所有权的分散性，以及各有关投资者和经营者出于狭隘的自身利益而各行其是的自由性，使得他们之间并不存在自动协调。这意味着，这种必要的协调只能由该目的地管理者通过科学地行使宏观调控去加以实现。

当然，有关需求分类的其他研究还有很多。例如，被誉为世界上头号市场营销专家的菲利普·科特勒还分析和归纳过包括零需求（no demand）、潜伏需求（latent demand）、犹豫需求（faltering demand）、充分需求（full demand）、不规则需求（irregular demand）、过量需求（overfull demand）、有害需求（unwholesome demand）、负需求（negative demand）在内的多种不同的需求存在状态（Kotler 1973：42 - 9）。不过，鉴于本章的撰写目的，对于这些方面的情况，这里不再继续展开。

三 旅游需求的产生背景与发展趋势

关于民众何以会产生对外出旅游的需要，文献中有大量的研究，其中不少成果往往因研究者的学术声望而在国际上颇具影响（参见 Cohen 1972；Dann, 1977；Mayo & Jarvis, 1981；McIntosh, 1984；Mill & Morrison, 1992；Gilmore, 2002）。

1. 分类

对于人们外出消遣旅游时所旨在满足的需要，综合国内外已有的相关研究，一般可归纳为四大类。

一是解脱身心压力的需要。这类需要的产生通常旨在摆脱因日常环境中的各种原因而造成的身体不堪重负或心情烦闷。

二是社会交往的需要。以外出探亲访友、增长见识和了解异乡社会的民众为这类需要的典型。

三是挑战自我和受人承认的需要。这种类型的需要可进一步分为两种情况：①通过某些旅游活动的开展去挑战自己的体能，并以自己的方式去衡量成功，即纯为考验和检测自己的体能和毅力，而不是与他人竞赛；②对某种旅游活动的参与是为了人前显尊，令别人注意和赞赏自己的成功，从而旨在满足自己能够为人瞩目、受人承认的需要。譬如，有人为了树立自己为人高端的自我形象，故意去参加某一价格高昂的旅游活动。

四是探新猎奇的需要。旨在满足这类需要的典型旅游活动为自然探险，但更多的是文化探险，即国际学术界中有人所称的"软探险"。

2. 趋势

对于专业文献中所做的诸多分析，常人或许会觉得枯燥和费解。因此，我们不妨换一种相对通俗的方式，对旅游需求产生的背景及其作为市场的潜力与发展趋势，做一简述。

世界各地的历史均证明，社会民众对外出旅游的需要，实际上都是伴随着该地经济和社会的发展而产生。特别是当一个社会进入工业化时期后，这一点的表现尤其明显：一方面，工业化发展所带来的经济繁荣，使得越来越多的人有了能够外出旅游的支付能力，伴之出现的社会进步和休假制度的变革，使人们的闲暇时间得以增多，从而都为人们旅游需求的实现提供了必要的客观条件；另一方面，在工业化社会中，工作和生活的快节奏，加之工业化发展所派生的环境问题，都增大了人们的身心压力。对此，人们希望能以某些方式适时地从中解脱，以获得为人所需的身体"充电"和情感补偿。在这方面，很多分析都表明，外出旅游/度假可谓是人们用于满足这一需要的最佳方式。这一点形成了促发人们产生旅游需求的主观动因。时至今日，在全球各工业化社会中，求新、求异、求乐、求知、求美，已然成为民众中普遍的生理和心理需求，外出旅游/度假活动的开展也因之发展成一种常规性的短期生活方式。

专栏 7-2 联合国世界旅游组织（UNWTO）的预测

2000~2020 年，全球国际旅游人次的年均增长率为 4.3%，
全球国际旅游收入的年均增长率为 6.7%。
到 2020 年，全球国际旅游活动的规模将达到 16 亿人次，
全球的国际旅游收入总额将超过 20000 亿美元，
国内旅游活动的规模高于国际旅游，两者人次之比为 10:1。
根据上述预测进行合计，到 2020 年，全球旅游活动的总体规模将超过 160 亿人次，全世界旅游收入总额将高达 7 万亿~8 万亿美元。

注：金额数字均按 1997 年美元货币价值计算。

3. 中国的旅游需求

具体就我国的情况而言，从最近半个世纪以来我国民众生活需求与消费情况的演进历史看，在改革开放之前的经济短缺时期，人们所关心的重点自然是求温饱，因而表现在消费上，也主要是旨在满足"吃、穿、用"方面的生理需要。对此，社会供给方面所做出的反应，自然也是注重于扩大物质产品的生产能力。然而如今，经过 30 多年来改革开放政策的实施，我国的经济状况和社会状况均已发生翻天覆地的变化。在经济发展方面，不仅粮食供应问题已经得到解决，而且在日用消费品的生产和供给上，我国也已成为世界上首屈一指的制造业大国。在社会发展方面，法定工作时间和休假制度的变革使得国民的闲暇时间有了空前的增多。然而，在取得这些骄人成就的同时，我国目前也面临着很多新的问题。以经济方面的现实为例，如同很多发达国家中的情况一样，目前我国很多行业中出现了产能过剩、市场不足的问题。为此，拉动内需、调整产业结构、升级换代产品等，都已成为政府及民间重点考虑并努力尝试的解决问题途径。但无论如何，应当看到的是，人们对物质产品的消费毕竟是有限的。这意味着，在科学技术不断进步、生产效率大为提高的今天，很多物质产品生产领域中存在的产能过剩问题，似乎难以从根本上得到解决。

然而，社会现实表明，与对物质产品的需求有所不同的是，人们对各种服务的需求不仅一直在迅速增长，而且表现得似乎没有止境。从市场营销的观点去认识，这主要是因为，一方面，随着温饱问题的解决，人们对服务的需求势必会增大，在另一方面，随着支付能力的提高，人们对生活水准的要求也会因之而提升。无论是服务需求的涉及范围，还是对服务等级的期望值，也都会因之变化。据此我们不难推断，在这种情形下，同人们对物质产品的需求相比，整个社会在购买服务产品方面的需求弹性将会不断增大。这意味着，在人们对物质产品的需求趋近饱和的情况下，若要解决社会生产能力过剩的问题，似乎只有通过发展和扩大服务产品的生产与供给去加以实现。在这方面，世界上发达国家中的经验可谓是最好的明证。例如，在当今的美、英、澳等发达社会中，服务业在其 GDP 中所占的比重，均已超过 70%。旅游业作为服务业中的重要组成部分，在这些国家的 GDP 中，也均已占到了 14%～15% 的份额。

事实上，我国的经济发展很大程度上也在步入这一趋势。以旅游业为例，国务院在 2009 年 41 号文件中已明确提出，要将旅游业发展成为我国国民经济中的战略性支柱产业和令人民群众更加满意的现代服务业。对于这一发展目标，在继续强化发展入境旅游的同时，无疑需要通过适应和助推我国国民的旅游需求去加以实现。2012 年党的十八大会议也提出，到 2020 年，我国将实现建成小康社会、使国民的收入较之 2010 年翻一番的发展目标。尽管人们对于小康社会或许会有不同的解读，不过，按照国际上的一般经验，特别是根据近 20 多年来我国国民旅游需求规模持续快速增长的发展趋势，我们有理由相信，当经济和社会发展步入小康社会时，旅游和度假当会真正成为我国社会生活的基本要素，并且，这一点在某种程度上也应该成为用于评价和衡量小康社会的一项指标，因为这不仅是社会进步和民生改善的标志之一，而且是对落实社会主义生产目标的客观反映。

所有上述这些情况，都决定了我国国民旅游需求的巨大潜力，从而也预示了我国旅游业今后的成长机遇和光明前景。当然，在这方面，如何去顺应和满足国民日益增长的旅游需求，也将成为我国各级旅游管理部门和各地旅游企业所面临的挑战。

四　旅游需求/消费的特点

关于旅游需求/消费的特点，基于不同的观察角度，人们多有不同的分析与归纳。在一个国家或地区中，不论是对于旅游目的地管理者和旅游经营者来说，还是对于负责经济和社会发展规划工作的人员来说，至少应注意了解以下一些主要方面的特点及其认识意义。

1. 基于宏观经济的认识

第一，旅游消费具有综合性的特点。从旅游消费所直接涉及的产品或服务进行分析，国人通常将其范围概括为六个方面——"食、住、行、游、购、娱"。这反映出，对于一个旅游目的地来说，该地整体旅游产品的提供，无疑涉及众多部门或行业的共同参与。仅就其中的直接参与方而言，就包括各类交通运输行业、景点行业、住宿业、餐饮业、零售业、娱乐业，以及旅行社行业等。这一综合性特点意味着，旅游消费对于众多行业的发展，都可起到直接的拉动作用。

第二，旅游消费的发生具有频度高的特点。这反映在人们对旅游产品或服务的每一次购买，都需要在特定的空间和特定的时间内，一次性地完成对该产品或服务的消费。当下一次仍要消费时，则需重新购买。这显然不同于人们对耐用消费品的购买，后者经一次购买后，往往会持续地使用多年。这一高频特点意味着，旅游消费不仅可直接拉动众多相关行业的发展，而且这种拉动作用的发挥具有不断反复的持续性。

第三，在刺激旅游目的地经济发展方面，旅游消费可带来一连串的继发效应。原因在于，人们对旅游产品或服务的消费，本身也会创造大量的中间需求。这首先反映在，对于那些直接面向游客提供服务的旅游企业来说，为了维持自身经营，不可避免地需要添置或更新有关的设施和设备，并且需要经常性地购进自己营业所需的各种物资和服务。这意味着，这些直接旅游企业会因此而成为众多其他相关行业之产品或服务的购买者市场，从而会刺激众多的相关行业为增加产品供应而扩大其生产规模。此外，在满足直接旅游企业的上述所需方面，倘若该地在某些产品领域存在供给空白，则很可能还会刺激该地去发展某些与此有关的新兴产业——例如游艇制造业等与旅游业所需有关的装备制造行业。

第四，在满足旅游者的消费需求方面，旅游产品的生产对传统物产资源的消耗相对较少。这主要是因为，消费者通过对旅游产品的购买和消费，最终的所获乃是一次非物质的个人经历或体验，而不是旅游目的地方面借以提供相关服务的各种物质。这意味着，对于那些用以为来访游客提供某种体验的旅游资源和物质条件，只要旅游目的地方面的管理工作得当，通常都可长期甚至无穷尽地重复使用。也正是因为如此，人们普遍认为，特别是对于那些物产资源匮乏的国家和地区来说，在发展经济和提供就业机会方面，旅游业会是一个理想的产业。

第五，对于旅游者来说，旅游消费无疑具有异地性的特点。但对于作为接待方的旅游目的地来说，旅游产品的生产与消费则具有就地发生的特点。这一方面意味着，对于该地所提供的旅游产品，旅游者必须前来生产现场进行消费，另一方面还意味着，由于旅游产品的生产对目的地环境的依赖，该地旅游产品的生产无法转移到其他空间去进行，从而使得旅游业成为旅游目的地中一个不可外移他乡、永远服务于本地经济的产业部门。对于旅游目的地管理者或政府来说，特别是在当今全球化的背景下，对这一点的认识尤具重要的现实意义。君不见，发达国家中已有的教训是，随着全球化的发展和许多制造业大公司的外迁，不少地方出现了经济"空心化"及由此带来的种种社会问题。面对这一现实，很多地方已将着力发展旅游业作为应对问题的举措之一。其中的重要原因之一就在于，人们从上述教训中已经领悟到，旅游业作为当地经济中不可外移的产业，永远值得自己依赖。

2. 基于微观经营的认识

第一，旅游消费具有差异性的特点。这一特点有着多种不同的表现层面。例如，一方面，由于支付能力的不同，旅游消费者市场会有高、中、低端之分。高端市场有其特有的偏好，中、低端市场则分别会有自己的追求。在另一方面，由于旅游者所处人生周期阶段的不同，年长者会有自己所看重的要求，年轻人则会有年轻人的活动偏好。凡此种种，意味着旅游目的地和旅游企业都会有自己的发展机会。换言之，面对众多不同的旅游消费者人群，旅游目的地的各方都可根据自己的供给条件、发展目标及能力擅长，从中选择适合自己的市场策略。

第二，作为旅游消费的特点之一，与购买实物产品的情况相比，消费者对旅游产品的购买具有高风险性。这主要反映在，消费者对旅游产品的购买和消费，会在四个方面付出代价，即付出金钱、付出时间、付出精力、付出体力。然而，旅游产品的无形性又使得消费者在购买决策时无法做到"先尝后买"，因此，上述四个方面的付出，很大程度上也意味着消费者在购买旅游产品时将承担风险——经济方面的风险、产品性能方面的风险、心理方面的风险以及人身方面的风险。对于这四个方面的风险，不同的旅游消费者会有不同的顾虑或看重程度。旅游消费的这一特点意味着，对于旅游目的地和旅游企业来说，在争取和保持客源市场方面，有必要通过品牌建设去帮助目标客源人群克服对上述风险的顾虑，有必要根据目标市场人员的特点，以及根据为其所看重的利益追求，去考虑和完善有关旅游产品或服务项目的设计，以达成来访游客不只是满意，而且是满意加惊喜的服务效果。

第三，现代旅游市场需求具有与时俱进的多变特点。这一特点突出地反映在，随着时间的推移，旅游者的需求会不断出现新的变化。这些变化所涉及的层面很多，根据联合国世界旅游组织的有关研究，对于旅游消费者市场中目前已经显现且今后仍将继续发展的一些变化趋势,表 7-1 中进行了汇总。这意味着,倘若一个旅游目的地或旅游企业无视这些变化,或是不能有效地顺应这些变化,则注定会为市场所抛弃。

表 7-1　旅游市场需求的变化趋势

在对产品供给的要求方面:定型产品→灵活组合
即寻求约定产品、量身定制的组合型产品,并具备尽可能大的弹性。

在对配套产品的档次要求方面:统一→混成
即倾向于选用价位不同的产品进行配套。譬如,在选用廉价的交通服务的同时,却选用豪华级的住宿产品。

对旅游的负面影响所持的态度:不关心→关心
越来越认识到旅游的负面影响,因而要求旅游目的地具备优质的旅游环境。

对外出旅游的目的追求:单为摆脱压力→生活的延伸
寻求原汁原味的真实体验、求知、与异乡民众的接触与交流。

对度假活动内容的追求:单为休养→体验大自然
寻求安全的阳光度假,外加其他以自然为基础的参与型活动。

在开展活动方面:被动→能动
希望身心得到发挥,学得新的技能,或更新自己已有的某些兴趣爱好。追求:娱乐型的产品、刺激型的产品、教育型的产品,或是这些方面兼而有之的产品。

在出游经验方面:没有经验→经验丰富
旅游者将会变得更加老练,对服务质量的要求会因此提高,不再为环境陌生所约束,追求个性。

出游决策的过程:缓慢→快速
主要归因于全球各地减少了对旅游来访的管制和限制、货币融通、现代科技手段的应用加快了旅游业务的办理速度。

在时间条件方面:时间紧张→时间散碎
在已经城市化的发达国家中,人们的时间越来越紧张,并且需要顾及自己多种不同的任务和所需扮演的角色。人们将会在一个 24 小时社会中生活,很多服务会 24 小时供应。因此人们难免会以此去要求旅游业的服务,外出旅游度假的安排将涉及更多方面的考虑。

选择旅游产品时的关注重点:基于价格→基于形象
品牌形象将成为一个旅游目的地能否吸引游客来访的决定性因素。旅游者将会像使用名牌时尚产品那样去选择自己的出游目的地,以彰显自己与众不同的个人形象。

资料来源:根据 WTO 有关资料整理。

五　旅游市场的分类

关于旅游市场的分类，并不存在绝对统一的划分标准或划分依据。通过观察旅游实业界的经营工作，我们很容易发现，人们在对客源市场进行分类时，往往是根据自己具体的工作需要，使用不同的划分依据，因此而得出的市场分类结果，自然也不尽相同。例如，按游客的来源地域，可划分出国内旅游市场、入境旅游市场；按游客的来访形式，可划分出团队旅游市场、散客旅游市场；按游客来访的旅行距离，可划分出远程旅游市场、短程旅游市场；按游客来此的旅行方式，可划分出航空旅游市场、自驾游市场；按游客开展活动的主要内容，可划分出观光旅游市场、度假旅游市场、高尔夫旅游市场；按游客来访的主要目的，可划分出消遣型旅游市场、差旅型旅游市场等。

不过，就一个国家或地区的旅游业开发而言，特别是在与此有关的政策制定方面，旅游目的地管理者所需考虑的客源市场类别，通常涉及四类。

1. 入境旅游市场

这一客源市场通常是由购买本目的地旅游产品的外国居民所构成。但对于我国大陆地区旅游业来说，除了来华旅游的外国居民之外，由于众所周知的原因，入境旅游市场的构成中还包括前来大陆地区旅游的台、港、澳居民。就当今世界上绝大多数国家和地区的旅游政策而言，入境旅游者一直是最受重视的客源市场。其中最根本的原因即在于，入境旅游者在到访国家逗留期间的消费开支，会直接增加该国的财富，形成真正的外来"经济注入"。

2. 国内旅游市场

对于地方层次的旅游目的地来说，这一客源市场由购买该目的地旅游产品的本国境内其他地方的居民所构成。在绝大多数国家和地区旅游业的客源中，国内旅游市场事实上都占有很高的比重（据联合国世界旅游组织的估算，国内旅游与入境旅游的规模之比一般为 10∶1）。然而尽管如此，由于上述原因，大多数外国的旅游政策并不重视对国内客源的开拓。有些发达国家虽然也支持发展国内旅游，但目的旨在以此去减少本国居民的出国旅游，换言之，其目的不是为了国内创收，而是为了对外节流。相比之下，我国的情况显然有所不同。我国在旅游政策中不仅明确提出要将旅游业发展成为国民经济中的战略性支柱产业，而且要将重点转向发展国内旅游。这不仅是因为我国国内旅游市场的需求规模潜力巨大，而且很大程度上是因为我国政府有足够的信心去影响和驾驭国民的旅游需求。须知，从理论上讲，倘若仅是以入境旅游者作为客源市场，没有任何一个类似我国这样的大国能够将旅游业作为本国经济中的战略性支柱产业。

3. 本地旅游市场

按旅游学研究中的常规逻辑，本地旅游市场似乎是一个有悖规范的伪概念，因为根据联合国世界旅游组织所做的规范，旅游活动的开展须发生于旅游者的惯常环境之外。不过，从务实的意义上讲，此处对"本地旅游市场"的提出，主要是缘于两个方面的考虑。首先，对于何为"惯常环境"，实际上并无公认的可测性规定。特别是，在我国大多数城市的行政辖区内，通常包括若干实为乡村环境的区县。因此，很多近程的旅游活动显然会在人们通常所理解的"本地"区域内发生。其次，即便是在很多发达国家的旅游研究中，对于旅游业的客源市场，同样有"本地市场"一说，只不过并不使用"本地旅游市场"这一表述而已。这主要是因为，事实上，很多旅游企业的服务对象虽然主要是外来游客，但同时也涉及当地居民。特别是对于不少景点和餐馆来说，在其所接待的游人或顾客中，当地居民所占的比例甚至会高于外来游客。由于这些原因，对于很多地方层次的旅游目的地来说，"本地市场"不仅客观存在，甚至会成为该地旅游企业一个重要的收入来源。

4. 出境旅游"市场"

首先有必要明确的一点是，对于任何一个国家来说，本国居民的出境旅游不仅无助于国家经济的增收，反而会造成本国经济的"漏损"。这意味着，本国居民出境旅游之所购，根本就不是本国的旅游产品，因此，这些出境人员自然也就根本谈不上是本目的地的客源"市场"！也正是因为如此，在国际社会中，几乎无人会基于发展本国或本地旅游经济的立场，去讨论本国或本地的出境旅游"市场"。

至于某些旅游咨询机构因受个别委托方（如某个旅行社企业）的委托而开展的这类市场调研，则另当别论，因为此时这种研究已不再是基于发展本国或本地旅游经济的立场去考虑问题，而是站在有关委托方的立场，服务于委托方的商业性需要。

当然，历史上确实曾经出现过个别国家在某个特定时期鼓励本国国民出国旅游的情况。例如，"二战"结束后，美国政府在实施援助欧洲复兴经济的马歇尔计划时，曾鼓励国民前往西欧国家旅游。另一个例子则是，20世纪80年代中期，日本为了缓和同贸易伙伴国的摩擦，也曾出台过鼓励国民出国旅游的《海外旅游倍增计划》。对于这些个别案例，我们应该看到，首先，美、日两国当年这些政策的推出，其目的并非旨在发展本国的旅游业，而是服务于其他方面的政治或经济考虑；其次，这些政策的推出其实不过是该国政府的一种对外姿态。换言之，即使是在这类政策的执行期内，不论是在当年的美国，还是在当年的日本，人们都不曾研究如何去开拓和服务本国国民的出境旅游活动。

这里之所以仍提出我国各地的旅游管理者应留意我国内地民众出境旅游的情况，主要目的在于两个方面：一个方面是，各地旅游管理者有必要从这一侧面，去观察和发现我国内地民众旅游需求的发展动向；更重要的是第二个方面，即各地旅游管理者有必要留意思考该如何去创造条件因势利导，设法截留或挽回时下这种不断增大的旅游"漏损"。譬如，通过加快建立和壮大发展我国自己的邮轮公司，既满足国内民众对出境旅游的需要，又不致肥水过多外流，可能是实现这一目的的可行途径之一。

第二节　旅游目的地营销

一　目的地营销工作的体系

从理论上讲，旅游目的地一切管理工作的开展，包括市场营销工作在内，终极目的都在于培育和提升该地旅游业的竞争力（Ritchie and Crouch，2006）。具体就旅游目的地营销工作而言，特别是对于大多数业已开发多年的旅游目的地来说，无论这方面的实务如何千头万绪，其直接目的无非在于两点：一是为该地旅游业保持目前已有的客源市场；二是为该地旅游业拓展和争取新的旅游客源（Godfrey and Clarke，2003）。

旅游目的地营销的开展,就理想状况而言,要求目的地营销组织与该地旅游企业之间能够有计划地实现合作、协调与衔接,从而能步调一致地面向目标客源市场宣传和推销该旅游目的地(Seaton and Bennett,1996)。原因在于,不论是目的地营销组织,还是该地的旅游企业,其各自营销工作的开展,都会影响客源市场对该目的地及其旅游产品的感知。为此,以维克多·密德尔敦为代表的一批不仅实战经验老练而且学术建树丰硕的旅游营销专家早就提出,从体系上讲,整个旅游目的地营销工作的开展涉及两个层面:一是在目的地营销组织这一层面上进行,再则是在旅游企业这一层面上开展(Middleton,1988)。我们可将这一观点看作关于旅游目的地营销工作体系的"双层次理论"。根据这一理论,在开展旅游目的地营销方面,基础力量无疑应是该地的旅游企业,目的地营销组织所扮演的角色则是其中的催化剂(密德尔敦称之为"marketing facilitation"),也就是说,目的地营销组织的工作开展应形成对该地旅游企业的扶助与支持。与此同时,目的地营销组织的工作开展对整个目的地旅游业也起着引领性的"伞盖"作用。

所以,在现实中,尤其是就整个旅游目的地的营销传播而言,世界各地的经验都显示,在其中扮演牵头角色的营销力量其实都是目的地营销组织。换言之,尽管从理论上分析,旅游企业在目的地营销中起着重要的基础作用——因为旅游目的地营销传播中所做的一切承诺,最终要靠旅游企业在与来访游客的服务接触中加以兑现,但在执行目的地营销工作方面,它们所实际扮演的角色,通常只是在其自身产品的营销工作中,注意配合整个目的地营销战略的实施而已。基于这一事实,下面对旅游目的地营销工作的讨论,主要是围绕目的地营销组织这一层面进行展开。

二 目的地营销组织

在旅游文献中,人们对目的地营销组织(Destination Marketing Organization,DMO)这一概念的使用,有狭义和广义之分。狭义概念的目的地营销组织,是指专职负责整个旅游目的地宣传促销工作的机构或实体——例如英国旅游促进局(Visit Britain)、美国旅游促进局(Brand USA)。广义概念的目的地营销组织,则是指一个旅游目的地中,除了履行目的地营销这一职能之外,还负责对该地旅游业的发展行使全面管理的旅游行政组织。后者的英文简称虽然也是"DMO",但实际全称则为"Destination Management Organization",相当于国人通常所称的旅游行政组织。

尽管如此,一般地讲,人们在讨论"目的地营销组织"时,通常是泛指一个旅游目的地中,负责策划并组织实施该目的地市场营销工作的实体,而不论该实体是属于专职的目的地营销组织,还是属于兼行目的地营销职能的旅游行政机构。以我国的情况为例,在开展旅游目的地营销方面,不论是国家旅游局,还是各地方层级的旅游局或旅游发展委员会,均为这一通常意义上的目的地营销组织。

就地方层级的旅游目的地营销组织而言,国内外的情况既有相同之处,也有不同之处。相同之处主要表现在:

- 在组织地位方面,皆为该地政府所认可;
- 在工作职责方面,都是负责为该地旅游业开拓和争取客源;
- 在开展工作方面,都是对内代表该地政府,对外代表辖区范围内的旅游业。

不同之处则主要反映如下。

- 在我国,这类组织在编制上皆设为政府部门,工作经费都是来自该地政府预算的划拨。而在大多数外国中,这类机构多是设为非营利的法定组织,工作经费来源于该地旅游税的转让、政府预算的划拨、该组织中来自私营部门的成员所缴纳的会员费,或是这三种来源的某种结合。
- 在我国,各级旅游目的地营销机构在组织上虽然不存在上下级隶属关系,但在开展工作方面,通常需接受上一级组织的指导。与之相比,在大多数国家中,各层级的旅游目的地营销组织皆彼此独立,不仅在机构设置上不存在上下级关系,而且在开展工作方面也没有指导与受指导的关系。

三 旅游目的地战略营销的工作要点

"凡事预则立,不预则废。"对于旅游目的地营销组织来说,尽管其业务工作内容庞杂,但所有营销活动的开展,都需要从战略上着眼和计划，并在战术上组织与实施，也就是说，都需要通过目的地营销计划的编制去安排，并通过营销计划的执行去落实。毋庸讳言，我国很多地方在目的地营销工作中表现出来的种种问题，大都与这方面战略性工作的开展不力有关——要么是对目的地营销工作的开展计划不周，要么则是根本就没有编制正规的营销工作计划。

1. 目的地营销计划

对于一个旅游目的地来说，所需编制的市场营销工作计划分为两种。一种是未来中长期的战略性营销计划。对于这种类型的营销计划，国人中有时也称营销规划，并且通常是将其执行期定为5年，以对应我国的国民经济和社会发展五年计划。另一种则是未来短期的战术性营销计划。在这种类型的营销计划中，尤其以年度营销计划最为常见。

虽然人们大都知道营销计划分为上述两种类型，却不大清楚这两者之间的关系。通俗地讲，对于旅游目的地管理者或目的地营销组织来说，营销计划编制工作的开展，在很大程度上类似于如何率队实现从目前所在地驱车抵达某一目的地的旅行安排过程。

在这一过程中，所要做的第一步工作是：首先需要了解前往该目的地有哪些可供选择的行车路线，进而需要决定自己倾向于选择走哪一条路线，还需要对沿这一路线行进的基本情况做出大致的计划，内容主要涉及：在整个行进过程中将会途经哪些地点、抵达这些途经地点的大致时间、整个行程所需支付的费用，等等。所有这些情况，大体上相当于编制战略性营销计划时所需涉及的内容。

接下去的第二步工作是，需要具体地盘算和安排：动身出发的日期、所需携带的行装、对车辆进行检修保养、沿途在哪些地点停歇、一路上分别由何人负责驾驶，等等。所有这些情况，大体上相当于编制战术性营销计划时所要涉及的内容。

从上面这一通俗的解释中，我们很容易便会明白，在明确了所要前往的目的地，并选定了行车路线之前，盘算和安排上述第二步中的那些细节性工作，实际上是没有意义的。旅游目的地营销计划的编制工作同样如此。这意味着，对于旅游目的地管理者或目的地营销组织来说，首先应当编制的是该目的地战略性的中长期营销计划，然后，再据此以逐年滚动的方式，去编制战术性的年度营销计划。

至于这两类营销计划中通常需涉及的内容，为了便于理解和比较，下面以对照方式做一简要归纳（见表7-2）。

表7-2 战略营销计划与战术营销计划的内容比较

战略营销计划（未来5年）	战术营销计划（未来1年）
全面的现状分析：外部环境 　　　　　　　内部环境	现状分析：阐明要点即可
对未来（计划期内）情况变化的预测	对未来1年情况变化的预测：阐明要点即可
SWOT分析 识别本目的地拥有哪些突出的竞争能力	SWOT分析：列出要点即可
目标客源市场	目标客源市场
本目的地（旅游产品）的定位	
营销目标	该年度的营销目标
营销预算	该年度的营销预算
营销战略与手段：产品方面 　　　　　　　价格方面 　　　　　　　渠道方面 　　　　　　　促销方面	计划选用的营销组合：产品方面的行动计划 　　　　　　　　　价格方面的行动计划 　　　　　　　　　促销方面的行动计划 　　　　　　　　　渠道方面的行动计划
对监测、评价、控制工作的要求	对开展监测、评价、控制工作的具体安排

2. SWOT分析

在营销计划编制过程中的现状分析阶段，SWOT分析是其中的制高点。所谓SWOT分析，即诊察和评价本目的地与竞争目的地相比具有哪些优势、存在哪些劣势；在该营销计划执行期内，本地旅游业的经营与发展将遇到哪些有利的机会，以及将会面临哪些不利因素的威胁。对于所得出的分析结论，通常是以矩阵图形式明确列出（见图7-1）。顺便一提的是，对于商业性组织来说，SWOT分析所涉及内容都属机密，因此几乎没有哪个企业会对外泄露自己SWOT分析的结果。

优势	劣势
· · · · ·	· · · · ·
机会	威胁
· · · · ·	· · · · ·

图 7-1　SWOT 分析的结论

需要注意的是，在战略营销计划文本中，对于 SWOT 分析的各项结论，必须要做充分展开和详细说明。与之相比，在战术性的年度营销计划文本中，对于 SWOT 所做的各项分析结果，只需列出要点即可，原因在于，倘若需要了解这方面的详情，可随时查阅与之相应的战略营销计划文本。

3. 重点目标市场

选择和确定重点目标客源市场是旅游目的地营销中又一项重要的战略性工作。这一工作之所以重要，是因为对所有营销组合手段及对促销宣传工作方案的选择，都须围绕重点客源市场进行决策。

在选择将哪些人群作为重点目标市场方面，我国各地长期以来的普遍做法，是以相关人群的来访规模作为依据，也就是说，通常是将来访人次居前列的客源地或客源人群选作重点目标市场。这一做法看上去似乎很实用，特别是当一个旅游目的地尚处在粗放经营甚至为争取能有游客来访而饥不择食的发展阶段时，似乎无可厚非。不过，随着时间的推移，倘若目的地营销者不能及时调整市场策略去吸引那些真正值得关注的消费人群，那么该旅游目的地将会发现，虽然游客的来访量仍在增长，其人员构成却变得越来越不理想。这意味着，尤其是当一个国家或一个地区追求旅游业的质量型发展时，以游客来访量为依据去选择重点目标市场的做法，并不足取。对于一个旅游目的地来说，来访量大的人群不一定就是理想的客源市场。这方面的例子很多。国际经验中的典型例子是，多年来，在美国所接待的国际游客中，来自墨西哥的游客一直占有很高的比例，然而美国的旅游营销机构从不将墨西哥列作重点目标客源市场。其中的根本原因就在于，他们认为墨西哥游客消费能力低，这一客源市场对于美国实现发展旅游业的目标来说并不理想。

那么，对于一个旅游目的地来说，应将哪些人群选作自己的重点目标市场？从根本上讲，所谓重点目标市场，其特征主要反映于两个方面。

第一，从市场方面去考虑：与其他竞争目的地相比，本目的地最适合满足这些旅游者人群的需要和利益追求。

第二，从本目的地自身利益方面去考虑：这些旅游者人群的来访，最能有助于实现本地发展旅游业的目标。

换言之，对于一个旅游目的地来说，在识别和选择重点客源市场方面，需要遵循两项最根本的依据或标准：第一，就本目的地的产品供给或比较优势而言，最适合满足该客源人群的需要和利益追求；第二，该客源人群的来访，对实现本地发展旅游业的目标最为有利。

尽管对于大多数旅游目的地来说，在目标市场的重点化与多元化之间应有所兼顾，但是就旅游目的地营销组织的工作实务而言，首先需要强调的是对重点目标客源市场的选定，因为所有目的地营销活动的开展，都必须围绕和针对重点目标客源市场去安排和组织。

4. 目的地定位

在旅游目的地营销中，另一项战略性工作是对该旅游目的地进行定位。近些年来，虽然人们对旅游目的地定位的讨论明显增多，然而对于何为定位，人们很少去明确界定。正如美国实业界一些资深人士曾感叹的那样，"尽管人人都承认定位工作很重要，对于究竟什么是定位，却鲜有说明。在这方面，理论界的表现就像法官那样，总是在说'我不好界定什么是色情，但我一看有关事实，便会判断出是否属于色情行为'"。在时下的我国，人们对"定位"一词五花八门地泛用——诸如目标定位、组织定位、价格定位、质量定位、特色定位、任务定位、市场定位、角色定位、发展定位等，更是助长了对"定位"这一管理学概念的理解混乱。

在世界上享有"旅游目的地医师"之誉的斯坦利·帕洛格（Stanley

Plog）积其40年从事管理和旅游咨询工作的经验，对管理学意义上的"定位"做了如下的界定：

所谓定位，就是"识别并确定出某一产品或服务所具有的某一或某些重要特质，使之形成能够为消费者感兴趣的特色（即所承诺提供的利益），借以使该产品有别于竞争者的同类产品"（Plog，2005）。

具体就旅游目的地营销而言，定位工作的根本任务就在于要确定出该旅游目的地（产品）所具备的各项特质（即所能提供的各种利益），营销者最希望让目标客源人群了解并记住的，是其中的哪一项或哪几项特质（利益），并据此形成用以对该旅游目的地进行定位的概念，然后根据这一定位概念中的信息精髓或核心信息，去设计用于反映这一定位概念的主题口号。在这一基础之上，该旅游目的地所有营销传播活动的开展都须协同起来，通过实施整合营销传播（IMC），有效地宣传和强化该旅游目的地的这一形象定位。

旅游目的地定位工作的具体开展可按以下步骤（见图7-2）依次进行。整个工作程序可称为旅游目的地定位工作的七段式模型。

对于上述工作过程，虽然人们理解起来可能并不困难，在现实中难如人意的情况却并非罕见。正如曾为我国家旅游局聘作顾问的著名旅游专家朱卓仁（Chuck Gee）教授所指出的那样，很多旅游目的地普遍存在的问题是：总是试图使自己成为一个能满足所有旅游者需要的全能型旅游目的地，反映在促销宣传方面，也往往是采用类似撒芝麻盐式的做法，"试图面面俱到地去宣传该地的所有事物——而不去考虑这些事物是否真正会对客源市场具有吸引力"（Gee & Makens，1985）。当然，这种现象的普遍存在，在某种程度上也反映了旅游目的地定位工作的难度。

旅游目的地营销者在对该目的地进行定位的过程中，尤其需要关注以下几个方面的现实问题。

（1）对定位焦点的选择

客观地讲，对目的地营销者来说，选择旅游目的地的定位焦点往往有一定的难度。这主要是因为，第一，一个旅游目的地往往有多项不同的特质和多种不同类型的旅游产品；第二，该地很多旅游行业或企业所感兴趣的客源人群可能不尽相同，甚至会有很大的不同。

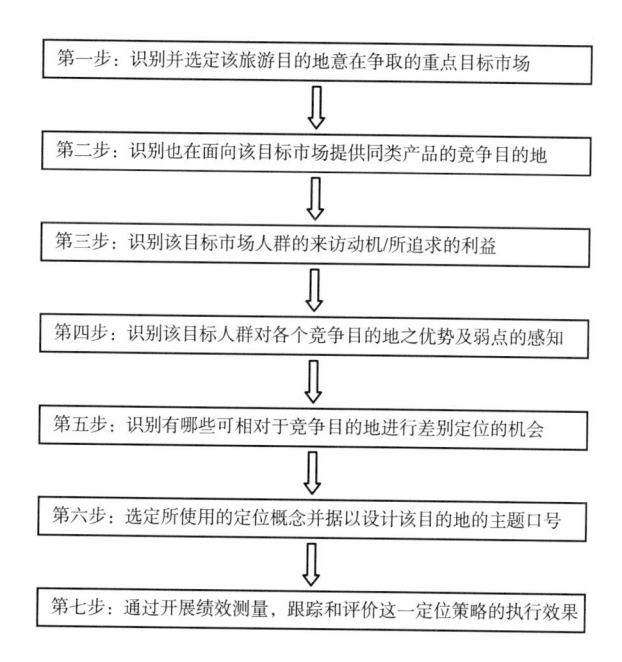

```
第一步：识别并选定该旅游目的地意在争取的重点目标市场
          ⇓
第二步：识别也在面向该目标市场提供同类产品的竞争目的地
          ⇓
第三步：识别该目标市场人群的来访动机/所追求的利益
          ⇓
第四步：识别该目标人群对各个竞争目的地之优势及弱点的感知
          ⇓
第五步：识别有哪些可相对于竞争目的地进行差别定位的机会
          ⇓
第六步：选定所使用的定位概念并据以设计该目的地的主题口号
          ⇓
第七步：通过开展绩效测量，跟踪和评价这一定位策略的执行效果
```

图 7-2　旅游目的地定位工作的程序

然而无论如何，为了使该旅游目的地能特色突出，能够为目标客源人群所注意并且记住，目的地营销者必须以其中的某一项特质，或是很少的某几项特质，作为该旅游目的地的定位焦点。这意味着，在这个问题上，目的地营销者必须在全面分析与权衡的基础上，做到"有所为，有所不为"。其中的道理很简单，即"只有在所强调的差异性特质范围很小的情况下，该旅游目的地的定位才最有可能获得成功"（Crompton et al., 1992）。特别是在当今这一竞争激烈、信息潮涌的时代，目的地营销者在促销宣传工作中不宜试图面面俱到地反映该地旅游产品的情况，而应聚焦其中最为重点客源人群所看重的那一特质或利益。鉴于该地旅游业的利益相关者较多，在对定位焦点的选择上不可能完全一致，所以，在对定位焦点的决策方面，该地政府行使其建立在科学基础上的主导作用不仅必要，而且无可取代。

（2）针对竞争者的差异性定位

即本旅游目的地有别于其他的竞争目的地的定位。在这方面，目的地营销者需要考虑的是，与其他竞争目的地相比，本目的地所提供的旅游产品有哪些与众"不同之处",而不是本目的地所提供的旅游产品有哪些"优点"。这一点对于旅游目的地定位工作的成功开展至关重要。然而在现实中,我们很容易发现,我国很多地方的旅游发展规划中有关该目的地形象定位的设计,大都只是孤立地就该地的旅游资源状况进行自我分析。这种分析固然必要,但并不能反映该目的地的定位与其他竞争目的地的定位相比有何"独特"或"不同"之处。

(3) 面向国内外客源市场的差异化定位

在旅游目的地定位工作中,针对不同的重点客源人群进行差异化定位,同样是一个需要注意考虑的问题。原因在于,对于本目的地有别于竞争目的地的那些特质,并非所有的旅游消费者都会看重(Crompton et al.,1992)。换言之,一方面,旅游目的地的定位须是面向重点目标客源市场的定位,而非面向整体旅游市场的定位;另一方面,对于大多数旅游目的地来说,在对重点目标客源市场的选定方面,通常是既涉及国内旅游市场,也涉及国际或入境旅游市场。这两大人群的来访动机或所看重的利益,通常存在差异。因此,即便是同一个旅游目的地,在面向这两大目标人群开展营销时,通常需要采用不同的定位。根据对目前现实的观察,我国各地方层次的旅游目的地在其定位工作中,大都很少对此作出区别。

在对外开展营销传播方面,对于自己所确定使用的定位概念,旅游目的地主要借助三个元素去反映或展现。这三项元素分别是:该旅游目的地的名称、该旅游目的地的象征性标记和该旅游目的地的主题口号。根据已有的品牌理论,品牌名称处于品牌的核心位置(Aaker,1991)。然而,与一般实物产品有所不同的是,对于一个旅游目的地来说,通常是早已有其地名。即便是在目的地营销者有理由认为有必要对该地的地名作出变更的情况下,由于政治、经济以及社会习惯等多方面的原因,实现起来通常会非常困难(当然,世界上也有一些地方出于打造旅游目的地品牌的考虑,成功地更改了原有的地名,我国云南中甸县为此而更名为香格里拉县,即是其中的一例。另外,为了达到这方面的目的,还有一些以不更改原地名为前提的折中性做法。由于篇幅所限,对于这方面的情况不再详细展开)。由于地名通常不易更改,旅游目的地的象征性图标以及主题口号的设计,也因此成了用于反映和展现该目的地定位概念的重要手段。其中,象征性图标有助于目标客源人群对该目的地品牌的辨识和记忆（Aaker，1996），主题口号则是通过一句短语去传达有关该目的地品牌的描述性信息或劝诱性信息（Keller，2003）。

5. 营销目标

在旅游目的地营销计划中，所设定的营销目标一般涉及两大类。

第一，市场业绩方面的目标。例如，在该营销计划执行期内所要实现的游客接待量、旅游收入额、来访游客的人均停留天数，等等。这类营销目标皆属硬目标——能够以具体数字进行表达的定量目标。显然，对于这类营销目标的实现程度，人们很容易直接测量。

第二，目的地形象方面的目标。例如，该旅游目的地的定位与品牌形象、该地旅游服务的质量以及在实施游客关怀等方面的目标。这类营销目标都属软目标——难以进行量化表述的定性目标。虽然如此，对于这类软目标在该营销计划执行期内的实现程度，同样需要能够以开展某些类型的专项调研等方式，去进行间接测量。

由于各旅游目的地的情况不尽相同，因此，对于某一特定的旅游目的地来说，所计划实现的营销目标，需根据营销计划编制过程中现状分析工作的结果，特别是根据 SWOT 分析的结论去进行制定。至于旅游目的地营销目标中通常需涉及的内容，基于对国内外实践经验的观察，表 7-3 中给出了这方面的一些基本要点及其释例。

四 旅游目的地战术营销的工作焦点

旅游目的地营销组织的战术性营销工作，最终将聚焦于信息传播或促销宣传的开展。事实上，对于旅游目的地营销组织来说，大量的经常性营销活动的开展，也都于这一层面发生。

旅游目的地信息传播的实现，会涉及两类不同的传播渠道。一类属非正式的传播渠道，即不论是该地居民在与外来游客接触时的言谈及行为表现，还是游客的"口碑传播"，客观上都会起到传播该目的地信息的作用。尽管近年来国内不时有人在一厢情愿地倡导"口碑营销"，然而事实上，对于这类非正式渠道传播的信息，目的地营销者根本无法控制。换言之，这些信息既有可能是有利于该目的地形象的正面信息，也有可能是不利于该目的地形象的负面信息。这意味着,营销者无法有把握地将这类非正式渠道的信息传播用作自己的营销手段。

表7-3 旅游目的地营销目标中通常涉及的内容

战略营销计划中营销目标的涉及内容	年度营销计划中营销目标的涉及内容
• 游客接待量 表达方式:游客来访人次、增长率(%) 其中:入境游客接待量、国内游客接待量	• 根据战略营销计划中的目标游客接待量进行分解,本年度所计划实现的目标接待量 其中:入境游客接待人次、国内游客接待人次、各重点客源市场的来访人次、初次来访者人次、回头客人次
• 旅游收入 表达方式:旅游收入额、增长率(%)	• 根据战略营销计划中的创收目标进行分解,本年度所计划实现的目标旅游收入 其中:游客人均消费额、各重点客源市场的消费额、各旅游行业(住宿业、景点业等等)的目标收入
• 游客停留时间 表达方式:游客人均停留天数/夜数 例如:实现游客人均停留时间由2010年的1夜增至2015年的3夜	• 本年度所计划实现的游客人均停留天数 其中:按重点目标市场分解的目标、按月份或淡旺季分解的目标、按住宿设施类别分解的目标
• 淡季的业务增加量 表达方式:淡季接待人次、基于目前淡季业务量的增长幅度(%) 例如:本计划期内实现淡季游客接待量增长100%,由2010年的50万人次增至2015年的100万人次 类似的营销目标还包括:淡季旅游收入额、淡季游客人均停留天数等	• 本年度所计划实现的淡季接待人次 其中:按各重点客源市场分解的目标、按月份分解的目标
• 巩固或者重新定位本目的地在重点客源市场心目中的形象 例如,本计划期内继续强化本目的地在重点客源市场心目中的现有形象	• 与上一年情况相比,本目的地在形象方面有何改进
• 升级服务水准,提高整个目的地旅游服务工作的协调程度 例如,"改善服务水准,提高本目的地各方面旅游服务工作的协调程度"。	• 与上一年情况相比,本目的地在接待游客方面的服务工作将有何改进(可用游客满意率方面的测量数字去反映) 包括:各重点客源市场的目标满意度

资料来源:根据Godfrey and Clarke (2003) 编制。

另一类传播渠道则为正式的传播渠道，即营销者通过运用自己能有效操控的各种营销传播工具，去传递自己所希望传达的营销信息。这类正规的传播手段，诸如广告、公共关系、销售促进、人员推销、印刷品、互联网、参展旅交会等，合称促销组合。

对于旅游目的地营销组织来说，在开展促销宣传方面，对自己所选用的每一项营销传播工具，都应分别制订出相应的工作计划。其中所涉及的内容一般包括：该项营销传播工作所针对的目标受众、所要达成的目标、所采用的战略战术、所分配的经费预算，以及有关绩效监测与评价方面的措施安排。

根据近年来世界各地在开展目的地促销宣传方面的成功经验，旅游目的地营销组织有必要了解和注意以下三个趋势。

第一，通过创造便利条件引导该地旅游企业的参与。例如，在组织编印该目的地的指南类旅游宣传册方面，世界上很多目的地营销组织都倾向于：在拟订宣传册的设计框架时，留出足够的版面供有意参与的旅游企业刊发自己的广告或其他信息。美国前任总统小布什的胞弟杰布·布什在任职佛罗里达州长期间，在这方面做得很成功（参见 Jeb Bush, Bob Dickinson and Andy Vladimir ed., 2004）。特别值得注意的是，此举有助于改善旅游目的地营销组织普遍存在的经费不足问题。此外，在就整个目的地开展广告宣传方面，目的地营销组织往往与有关媒体单位进行价格谈判，购买较大的版面，以该目的地的标识为统领，在刊登该目的地主题广告的同时，留出一定的版面供感兴趣的旅游企业共同分享。在我国，山东省旅游局近年来在组织电视广告宣传方面，也有类似的做法，并创造性地将这一做法称为"捆绑营销"。

第二，在推出促销宣传计划时，为了实现营销传播效用的最大化，目的地营销者越来越注意对以各种形式开展的营销传播活动进行一体化整合，使所开展的各项营销传播活动形成相互协同和彼此支持。这一做法即学术文献中所称的"整合营销传播"（IMC）。譬如，在推出销售促进活动的同时，以相应的广告宣传加以支持；在推出广告宣传的同时，开展与之相关的公关活动加以支持；在以赞助某一盛事活动的形式开展目的地促销时，由预先计划好的其他营销传播活动方案加以配合和扩大影响。

第三，很多目的地营销组织都在努力寻找机会，与本地相关旅游行业及其他旅游目的地联手合作，围绕彼此共同感兴趣的主题开展联合营销活动。在有些情况下，甚至在与此举有关的各种用品以及开展工作的方式上，也都努力实现各方一致。在国际经验方面，一个突出的例子便是，很多不同的地方性旅游目的地在分别设立自己的游客问讯中心时，都采用同样的标识设计，统一样式的工作着装，甚至在为游客提供服务的方式上，也都大同小异。这些举措不仅极大地方便了外来游客，而且有助于这些游客问讯中心诸多作用的充分发挥。与之相比，我国各地在这方面明显存在差距。

从务实的意义上讲，以上趋势的出现，其实很大程度上是基于对成本效率的考虑。在我国，大多数目的地营销组织在开展工作方面都面临经费有限。所以，对以上三点的参考和借鉴，将有助于克服或减轻营销预算不足的问题，有助于使有限的营销预算最大限度地发挥效用。

五　营销绩效的监测、评价与控制

长期以来，我国各地在开展目的地营销方面普遍存在的问题是，虽然这方面的工作做了很多，为此经费开支也花了不少，对于这些营销活动的绩效如何，却很少去了解和评价。所导致的结果是，对于所开展的各项营销活动，无从知道哪些做法是成功的经验，哪些做法是无益的徒劳。如此年复一年地照例循环，难免使营销活动的开展成为走过场的例行公事。事实上，无论是基于理论分析还是通过对实践的观察，人们都不难发现，旅游目的地营销工作的成功开展，离不开对营销活动的绩效行使有效的监测、评价与控制。

所谓对营销绩效的监测，通常是指在年度营销计划实施期间，对该计划的执行情况，特别是对所取得的实际绩效，进行跟踪测量。开展这一工作时，考虑到需求量的季节性波动，营销者首先需要将所计划实现的年度营销目标，按淡旺季的不同时间段进行分解，然后在执行过程中，对照有关的阶段性目标，及时地检查和比较相应时期内所实际取得的业绩。此举的目的在于及时发现差距和工作中的问题。

这方面的所谓评价工作，即在年度营销计划执行期结束时，以及在该营销计划执行期间的某些特定阶段，检查和评定所制定的年度营销目标和各阶段的营销目标是否确实得到了实现。用于开展这一评价工作的手段即营销审计（参见 Morrison，2010）。

这方面的所谓控制工作，则是根据上述监测和评价工作中所发现的业绩差距和营销工作中存在的问题，采取必要的战术举措加以弥补或进行纠正。当然，在采取纠正措施之前，营销者首先需要分析致使出现差距或未能完成目标业绩的原因，譬如，是由于始料未及的竞争者行动，是因为遭遇异常的天气，还是另有其他方面的原因？此外，为了使所采取的控制措施能够行之有效，营销者还需事先有所预备，也就是说，针对各类可能性的原因或情况，在采取控制措施方面应备有预先计划好的应急预案，并备有专用的应急预算。这便是常规意义上的"危机管理"。

就这方面的实务而言，目的地营销组织需注意做好以下几项统计和调研工作。

（1）做好有关业绩数据的统计和记录。这类统计数据包括，游客来访量、游客消费额、游客停留天数、游客在停留期间的活动格局，等等。通过将这些方面的实际数据与所计划实现的年度目标、季度目标、月目标或周目标进行比较，便可发现是否存在差距以及差异的程度。

（2）对游客满意度进行跟踪监测。开展这一工作的目的，旨在发现游客满意率的实际情况与所计划目标之间的差异，以及游客满意率的变化趋势。开展这一工作时，所使用的方法便是进行连续（定期）调查。

（3）注意测查游客对该目的地的态度、情感、印象等方面出现的变化。通常使用的方法是：结合每一场促销宣传活动的推出，通过开展专项调查，了解此前和此后重点客源市场对该目的地的态度、情感、印象等方面的变化，从而根据调查结果，评价该场促销宣传活动的成效。

（4）对营销工作的效率进行跟踪监测。这一工作的目的旨在了解这方面情况的变化趋势，了解实际绩效与目标绩效之间是否存在差距以及差异的程度。开展这一工作时，通常采用的方法是计算有关工作的投入产出比，譬如，某一特定中间商渠道所带来的营业收入与维系该渠道的成本两者之间的比率及变化趋势；在某一特定媒体上刊登/播发广告之后，所带来的消费者查询人数与所付广告费之间的比率及其变化趋势；某一特定旅游网站的点击次数与维持该网站所付出的成本两者之间的比率及变化趋势；等等。

（5）设定用于衡量营销工作绩效的重点指标，并按这些指标定期进行跟踪监测。常见的这类指标包括：游客人均广告费、游客人均促销费、各种不同形式的旅游宣传品所实现的游客转化率等。

总之，在对市场营销的工作绩效进行跟踪监测方面，目的地营销者首先需要从已有的工作记录中收集某些基本类别的数据资料。除此之外，有些类别的数据可能需要通过开展专项调查来获取。

第三节　旅游目的地品牌化与目的地形象

一　基本背景

与过去相比，消费者在购买旅游产品方面的情况已经有了很多变化。其中一个明显的变化是，在对旅游产品的购买方面，消费者虽然较之过去有了更多的选择，然而随着现代社会中工作及生活节奏的加快，人们可用于进行购买决策的时间也因之少了很多。由于这一原因，同购买其他复杂产品时的情况一样，消费者在选购旅游产品时，也变得越来越多地靠品牌去进行决策。不论是对于旅游目的地还是对于旅游企业来说，这意味着，在实现产品销售方面，品牌的重要性正在变得越发凸显，因为品牌有助于简化消费者的购买决策过程、有助于减小购买决策失误的风险，并且有助于造就和满足消费者的心理预期（Keller，2003）。也正是因为如此，世界各地的很多市场营销专家都预言，未来的市场营销注定是"品牌之战"。

另外，有证据表明，随着经济全球化的发展及其对社会生活的影响，如今世界上大多数旅游目的地的发展都在同质化，项目开发和产品建设也趋于雷同，彼此之间的可替代性，因之变得越来越明显。虽然对于有些旅游目的地来说，尚未发展到这一步，但这一趋势已很明显。作为与此有关的反映，人们很容易发现，如今相当多的旅游目的地在营销工作中"都是在宣传其产品的价格、开展优惠销售，以及随意地开辟销售渠道——而所有这一切，都是缺乏品牌诚信的症状"（Aaker & Joachimsthaler，2000）。此外，近年来世界各地的很多调研结果还显示，当今的旅游消费者在进行购买决策时,最关心的是自己所希望购买的旅游产品或旅游活动的内容,而不是哪一个旅游目的地(的有关产品)(Dolnicar & Mazanec, 1998)。由于能够提供该类产品的旅游目的地为数众多,所以一个旅游目的地若想从中胜出,就必须使自己的产品有"某种东西"能令消费者感到与众不同。这一东西便是对该产品的内涵具有象征作用的(目的地)品牌(Gardner & Levy,1955)。事实上,人们日常生活中的大量实例也都证明,有些产品很难通过其自身去实现与其他同类产品的区别,然而通过对品牌的建设与培育,则能有效地实现这一目标。以阿司匹林药品为例。从根本上讲,所有厂家生产的阿司匹林在成分上都是一样的。据此,人们很可能会推测,哪个厂家生产的阿司匹林售价最低,便会比其他厂家的同类产品卖得好。然而事实上,一般厂家生产的阿司匹林虽然售价低,却总是卖不过那些名牌产品(如 Bayer 牌)。其中的原因就在于,后者的营销者通过对其产品品牌的建设与培育,利用所提出的独特卖点,有效地使其产品区别于其他同类产品,从而为消费者选购该品牌产品提供了强有力的理由。倘若没有品牌战略的实施,消费者在购买时无疑会将价格作为选择的依据。

总之,不论是从理论上分析,还是基于实际观察,都使人们领悟和认识到,同类产品能够彼此相互替代,品牌则不具可替代性。换言之,若要使自己的产品具有不可替代性,可能的途径只有一条——品牌化。也正是因为如此,对于一个旅游目的地来说,在应对不断加剧的市场竞争方面,加强品牌化建设将成为培育和提升竞争优势的必要途径。

二 目的地品牌

人们在解释品牌时,所强调的通常是品牌的区别功能。而实际上,品牌并不单纯是生产者就其产品向公众展示的某一名称或标记符号。一个品牌,必须要有所代表的内涵,代表该产品的生产者向消费者作出的某些承诺。事实上,品牌的另一重要作用还在于,"消费者一想到该品牌,心中便会出现某些想象或某种联想"(Belch & Belch,2004)。上述情况都反映出,品牌实为两个部分所构成:对于生产者来说,品牌所代表的是该产品的本体;对于消费者来说,品牌所代表的则是该产品的形象。为此,著名品牌专家大卫·艾克尔将品牌的这两个构成部分区分为(内部生产者导向的）品牌本体（brand identity）和（外部市场导向的）品牌形象（brand image）。所谓品牌本体，即指该品牌的自我形象，或者说是营销者就该品牌所理想的市场形象；所谓品牌形象，则为消费者心目中对该品牌所实际持有的形象或印象（Aaker，1996）。

具体就一个旅游目的地而言，其品牌同样是由这两个部分所构成：一个部分是该目的地营销组织内部导向的品牌本体，另一个部分则是外部消费者市场导向的品牌形象。也就是说，品牌本体所代表的是该旅游目的地的自我形象，或者务实地讲，是营销者为该旅游目的地所推出的市场形象；与之相对，品牌形象所代表的则是旅游消费者市场对该目的地所实际持有的形象。

如今，很多人都在谈论旅游目的地品牌化。何为品牌化？所谓旅游目的地品牌化，抽象地讲，就是旅游目的地管理者/营销者将该目的地的品牌本体（即自己为该目的地推出的理想市场形象）转化为品牌形象（即落实为目标客源市场心目中对该目的地所实际持有的形象）的全部工作过程。这一过程大体上相当于国内很多人泛称的旅游目的地品牌打造工作。具体地讲，对于旅游目的地营销组织来说，所谓旅游目的地品牌化，是指为了使该目的地所具备的特质或意在向消费者承诺的利益易为目标客源市场所了解并记住，根据所选用的定位概念，以短语形式去设计一句主题口号以及一个象征性标记，以便简要而明快地传达该目的地品牌本体之信息精髓的整个工作过程。简单地讲，对于旅游目的地营销组织来说，其中最主要的工作涉及两个方面，一是对该目的地品牌进行定位；二是在此基础上开展宣传工作，对该定位概念中的信息精髓或核心信息进行反复传播。

三 目的地形象

从以上简述中，我们可以得知，一个旅游目的地的形象，最终表现为消费者市场对该目的地所实际持有的感知形象。这一感知形象与营销者为该目的地设计和推出的自我形象之间，可能会有差异，甚至两者会有很大的不同。因此，对于目的地营销者来说，在旅游目的地品牌化工作中，了解目标客源市场对该目的地所实际持有的感知印象，是一项必须要做的工作，因为唯有如此，营销者才能真正得知，目标客源市场心目中所实际持有的感知形象与自己所理想的市场形象之间是否存在差异。换言之，营销者唯有如此才能得知，自己为该目的地策划和推出的市场形象是否已真正落实为目标客源市场心目中所实际持有的感知形象。在这方面，现实中的情况一般有三种可能。

第一种可能是，调查和评价的结果显示，目标客源市场所实际持有的感知形象与营销者为该目的地策划和推出的市场形象基本吻合。这种情况当属最为理想，因而对于目的地营销者来说，接下去要做的工作只是如何继续巩固和强化这一已有的市场形象。

第二种可能是，调查和评价的结果显示，该目的地在目标客源人群中尚未形成任何相对一致的感知形象。这表明，该旅游目的地目前存在市场形象空缺的问题。这种情况虽说不理想，但并不可怕，因为只要能引起重视，在今后的营销工作中努力去进行填补即可。

第三种可能是，如果调查和评价的结果显示，目标客源市场所实际持有的感知印象与营销者为该目的地策划和推出的市场形象不仅存在差异，而且是负面的感知形象，则表明该旅游目的地存在市场形象背离的问题。这种情况的出现非但不利，而且最为可怕，因为很多经验显示，这一负面形象即使有可能设法扭转，但是与填补形象空缺的情况相比，至少也得付出十倍的代价。这便是著名旅游咨询专家斯坦利·帕洛格所称的"10：1法则"（Plog，2005）。而且，国际上有大量的实例都证明，一旦这种负面形象已然存在，旅游目的地方面纵然付出大量的精力和财力，也很难在短期内得到扭转（Pike，2004）。

当然，较之于某个旅游目的地的客观情况，消费者市场对其所持的感知未必正确。但是，旅游目的地营销者必须明白，在市场营销的意义上，消费者市场感知印象的正确与否并不重要，重要的是消费者市场认为情况如此（Hunt，1975；Mayo，1973）。这一认识便是市场营销专家所称的"感知本位"（"perception is reality"），并且这一认识今后仍将是人们用作研究消费者行为的基础。

旅游消费者在谈及某一旅游目的地时，尽管自己并没有去过该地，但对于该目的地的形象，仍会有自己的某些感知和认识（Gunn 1988）。这些感知和认识大都反映着消费者个人对该目的地的好恶，因而很大程度上都是个人看法，属于个人所持有的印象。由于旅游者的需求具有因人而异的特点，因而对于消费者个人所持有的印象，显然不会是旅游目的地营销者的关注重点。但是，倘若有很多旅游消费者对该目的地都持有相同的感知和认识，那么这一感知和认识则会形成人们对该旅游目的地的常规印象。这一点虽然不难理解，但问题是何为"很多消费者"？有多少人对该旅游目的地都持有相同的感知和认识才能算数？对此，国际学术界中目前已有的观点是，在与此有关的调查工作中，倘若有20%或更多的被调查者对该目的地情况的看法都基本相同，则可以认为，这一共同看法便是该旅游目的地的"常规形象"（Pearce，1988）。当然，鉴于这种共同看法或"常规形象"有正面与负面之分，所以，在目标客源市场中鼓励正面形象的形成、避免负面形象的出现，将成为旅游目的地营销者必须予以关注的重要工作目标。

四　品牌资产

由于品牌在创造竞争优势方面所具有的重要作用，人们普遍将品牌看作一种无形资产。品牌资产这一概念也由此出现。在传统上，所谓品牌资产，通常是就商业性组织所推出的产品品牌而言，指该品牌反映于该企业资产负债表上的账面价值。在对这种品牌资产的价值进行测量方面，常见的做法是以净现值法测算该品牌产品未来某一时期将能实现的销售额。以美国《商业周刊》每年对世界著名品牌的价值测算为例（见表7-4）。

表7-4　2003年世界10大品牌

品牌排名	品牌价值（单位：亿美元）
1. Coca-cola（可口可乐）	704.5
2. Microsoft（微软）	651.7
3. IBM	517.7
4. GE（通用电气）	423.4
5. Intel（英特尔）	311.1
6. Nokia（诺基亚）	294.4
7. Disney（迪士尼）	280.4
8. McDonalds（麦当劳）	247.0
9. Marlboro（万宝路）	221.8
10. Mercedes（奔驰）	213.7

资料来源：Business Week，2003。

但是，人们越来越多地认识到，在评估品牌资产的价值时，除了上述传统意义的"资产价值"之外，更需要注意评估该品牌在市场营销方面的效力。原因在于，倘若不是基于消费者市场去认识和评价一个品牌的价值，那么对该品牌的经济评价将变得毫无意义（Keller，1993）。"基于消费者的品牌资产"这一概念因此而提出。

特别是就旅游目的地营销而言，基于消费者的旅游目的地品牌资产这一概念，显然要比资产负债表中的品牌资产来得更为贴切、更为务实、更加重要。根据最初由品牌专家大卫·艾克尔提出，并普遍为国际学术界认可的有关模型（Aaker 1991），基于消费者的旅游目的地品牌资产的价值主要由四个部分构成。

第一，品牌忠诚（brand loyalty）。作为旅游目的地品牌资产价值的表现之一，品牌有助于创造顾客忠诚（Gilmore，2002）和提升游客的回头率和举荐率，从而可带来诸如降低营销费用、增强旅行社的杠杆作用、扩大口碑推荐等多方面的实际利益。

第二，品牌知名（brand awareness）。作为旅游目的地品牌资产价值的表现之二，品牌有助于提升一个旅游目的地的知名度。众所周知，对于任何产品来说，为市场所知都是能够使其得以实现销售的前提和基础。所谓品牌知名度，实为该品牌在目标市场心目中存在的强度。所以，实现品牌知名的真正目的，并非在于使消费者市场对该品牌有普遍的了解，而在于使该品牌能够因某些特定原因而为消费者所记住（Aaker，1996）。换言之，其真正目的在于通过宣传工作的反复开展，增加消费者对该品牌的熟悉程度，并强化该品牌与该类产品之间的关联（Keller，2003）。

第三，品质感知（perceived quality）。作为旅游目的地品牌资产价值的表现之三，品牌有助于造就消费者对该地产品优质的知觉。我们知道，如果消费者感知产品优质，经营者能够以较高的价格实现销售。也正是由于这一原因，消费者对品质的感知，会形成影响旅游目的地经济绩效的一项重要因素。事实上，消费者市场对某一产品质量的感知与该产品的实际质量这两者之间可能会有很大的不同。例如我们时常会见到这样的情况：某地旅游产品的品质可能非常不错，旅游消费者的感知却并非如此。这一情况的形成涉及若干可能性原因，例如，其一，旅游者先前来访时，曾有过质量不佳的体验；其二，该目的地的旅游供给中，某些方面的品质可能很高，但这些方面并不为旅游消费者所看重；其三，消费者在信息处理方面存在偏差；等等。对于这等情况，营销者需要注意的是，如前所述，消费者的感知形象是否正确并不重要，真正重要的是消费者认为情况如此（Hunt, 1975；Mayo, 1973）。

第四，品牌联想（brand associations）。作为旅游目的地品牌资产价值的表现之四，品牌可引发消费者对该地旅游产品的某些联想。所谓品牌联想，指消费者心目中与该品牌连带在一起的任何内容（Aaker, 1991），换言之，消费者每想到某一品牌，便会联想到某一产品，并联想到为其所看重的某些特色。这一概念本身就意味着，消费者心目中对某一产品所持有的品牌联想，会帮助消费者处理信息。就旅游目的地而言，这种联想通常所涉及的是有关该目的地功能性特质和情感性特质的综合，对于旅游消费者来说，其中的某项或某些特质将成为据以挑选出游目的地的关键性标准。

第四节 目的地营销中重点使用的促销宣传手段

一 基本格局

在旅游目的地营销中，不论选用何种手段去开展营销传播或促销宣传，营销者都必须能对其行使有效控制。这意味着，在开展促销宣传方面，对传播手段的操控将是其中的工作中心。

对于目的地营销组织来说，在对外开展营销传播方面，根本目的在于提升该目的地品牌的市场形象，拓展目标受众对该目的地品牌的联想。就旅游目的地促销工作的具体目标而言，则是旨在对目标消费者进行告知或提醒，并使其能够相信所提供的这些信息。通过促销宣传工作的开展，所要达到的目的要么是直接"拉动"这些旅游消费者前来访问，要么则是"推动"他们就此去咨询有关的旅行社，进而通过这些中间商购买或预订该目的地的旅游产品。

在当今的市场竞争中，对于任何一个旅游目的地来说，在开展促销宣传方面，自己所推出的任何具有创意的举措，都很快为竞争对手所抄袭或效仿。也正是由于这一原因，人们很容易发现，在开展促销宣传方面，大多数旅游目的地所使用的手段往往都很相似；如同美国的有关调查所发现的那样，"没有任何一个州的促销宣传策略真正堪称新颖"（Hawes, Taylor & Hampe, 1991）。

根据联合国世界旅游组织的调查和估算，世界各国的国家旅游组织在开展促销宣传方面的预算分配情况大致如下（见表7-5）。

表7-5　国家旅游组织营销预算的分配情况

单位：%

手段	占营销预算总额	手段	占营销预算总额
广告	47.1	公共信息服务	3.7
公共关系	11.5	调研	3.5
奖励性推广活动	28.9	其他	5.2

资料来源：WTO (1999), Budgets of national tourism administrations。

进入21世纪后，有人曾调查过10个国家旅游组织的营销预算分配情况，同样发现，其中最大的开支项目是广告宣传（包括消费者广告和行业广告），接下去依次为人员推销和公共关系。所使用的主要促销手段及其在全部营销预算中所占的比重如表7-6所示。

表7-6　部分国家旅游组织营销预算的构成

单位：%

开支项目	占比	开支项目	占比
消费者广告	35	直接营销活动	7
面向旅行社开展的人员推销	23	参与销售促进活动	5
公共关系	17	面向消费者开展的人员推销	1
面向旅行社行业推出的广告	12	合计	100

资料来源：Dore L., & Crouch G. I. (2003), Promoting destinations: An exploratory study of publicity programmes used by national tourism organizations. *Journal of Vacation Marketing*, 9 (2), 137–151。

二　重点使用的手段

1. 广告

在开展营销传播方面，旅游目的地营销组织所推出的广告主要分作两类，一类是消费者广告，即面向客源地的旅游消费者大众推出的广告，另一类是行业广告，即面向以客源地方面的旅行社为代表的旅游中间商推出的广告。无论目标受众是其中的哪一类，广告宣传工作的任务都是，通过在其心目中树立理想的目的地品牌形象，最终促使其做出购买行动。

一般地讲，广告活动的策划与实施，通常涉及四个主要阶段：①制定该场广告活动的目标，既可以是以销售量或销售额为代表的硬目标，也可以是有关形象宣传方面的软目标；②确定该场广告活动的经费预算；③广告信息决策，包括确定该广告所要传递的信息以及所使用的媒体类型；④评价该次（场）广告活动的效果，包括对沟通效果的评价，以及对相关销售效果的评价。

大量的证据表明，在上述各阶段工作中，最容易出问题之处便是广告信息决策工作。例如，瑞士国家旅游局在策划面向美国市场推出的广告宣传时，曾打算使用"瑞士—坚果壳内的欧洲""瑞士—微缩的欧洲"之类的主题口号。然而正如 Stanley Plog 所指出的那样，对于旅游消费者来说，如此表述的广告信息都意味着瑞士是一个二流的旅游目的地，因为这些口号本身都在暗示，另外某些欧洲国家拥有瑞士所宣传的那些旅游吸引物的"原版"或"真品"。这类口号之所以不可取，是因为很少有哪些旅游者希望去观赏或体验那些说起来只属于二流或"赝品"的旅游吸引物。事实上，诸如此类的情况在我国也并非罕见，有些地方对自己是"东方巴黎""东方威尼斯""东方夏威夷"、"东方莫斯科"之类的宣称，很大程度上皆存在类似的问题。

另一个比较常见的问题是，不少旅游目的地对广告信息的设计不够专业，突出表现在：广告中的文字内容多显啰唆，唯恐所介绍的情况不够全面，而缺乏对该目的地独特卖点的强调（Ward & Gold, 1994）。当然，对于旅游目的地营销组织来说，由于是面向一个多维且多变的市场去宣传和推销一个具有多种特质的地点，因此在对决定性信息的把握方面，确实会有难度。然而无论如何，一则广告只宜强调一个主题，因此在广告信息决策方面，所选定的主题信息通常应是目标市场人群最感兴趣的那一目的地特质或产品特色。在市场营销的意义上，所谓特质或特色，对于消费者来说则意味着利益。也可以说，所选定的主题信息通常都应是目标市场人群最为看重的那一购买利益。目的地营销者在就这方面进行决策时，最重要的依据就是通过调研而获知的目标消费者的意见或反应。除此之外，目的地营销者还可从旅游中间商、旅游咨询专家，甚至从竞争对手那里，获得某些有益的见解和启发。总之，在旅游目的地营销中，所有的广告信息决策都应聚焦于目标市场最关心的决定性信息，并且都应为该旅游目的地的定位战略所支配（Morgan，2000）。

2. 宣传册

宣传册是旅游目的地营销组织最为常用的促销宣传手段之一。旅游目的地营销组织之所以普遍重视宣传册的编印，一方面是因为它是一种可借以实现将旅游产品有形化的基本途径，另一方面则是因为已经注意到，随着人们出游经验的增多，在酝酿出游计划时，特别是在开展国内旅游的情况下，越来越多的消费者已不再去使用旅行社的服务。因此，宣传册在传播旅游目的地信息方面，一直扮演着非常重要的角色。

旅游目的地编印的宣传册分两类。第一类是以传播旅游目的地形象为主旨的宣传册。这类宣传册的设计焦点在于树立和传播该目的地的形象，行文风格和印刷质量类似于一般杂志，并且其中通常不设广告。由于制作费用昂贵，这类宣传册通常仅用于在客源地散发，此外也常在参展旅交会时散发，以及在回复消费者查询时，用作提供信息的辅助手段。这类宣传册普遍具有的特征是：

- 为了引人注意，封面图像的设计都很夺目；
- 为了强化宣传主题，封面上印有该目的地的主题口号或象征性图标；
- 为了强化该目的地某些与众不同的特质，同一批有关标记会在宣传册中多次出现；
- 多采用图像去表现该目的地的品质特点（风景照所占比例最大）；
- 图片与文字所占篇幅的比例一般为 54∶46（Pritchard & Morgan，1995）。

第二类是旨在充当"游客指南"的宣传册。换言之，这类宣传册的编印目的旨在帮助消费者策划和安排自己的出游计划。这类宣传册在内容设计上很像是该目的地的旅游服务设施及旅游景点名录，并且其中可供旅游企业插登广告。这种指南型的宣传册既可在客源地散发，也可在本目的地中通过游客问讯中心以及通过饭店前台进行散发。在国外，这种类型的旅游宣传册多是由私营部门组织编印。但在有些地方，旅游行政组织也可借助由自己组织编印这类宣传册之机，为目的地促销工作筹集资金。如前所述，杰布·布什在担任佛罗里达州州长期间，在这方面做得很出色。

当然，对于一些规模较小的地方旅游局来说，由于经费实力不足，不得不将上述两种功能合二为一。

3. 公共关系与公共宣传

公共宣传（publicity）与公共关系（public relation）是两个并非全等的概念。对一个旅游目的地来说，公共宣传泛指社会公众客观上以各种形式对该目的地情况所做的评价和介绍，其中包括游客事后所做的口碑宣传。由于公共宣传的发生源很多，所做的介绍对该目的地来说既可能有利，也可能不利。对此，旅游目的地营销者不仅无法控制，甚至根本不会知道这些信息将于何处发生。所以，很少有哪个旅游目的地营销组织将公共宣传用作自己开展促销的工具（Dore & Crouch，2003）。

与完全不可控的公共宣传相比，公共关系则是旅游目的地营销者为了培育公众对该目的地的有利印象而主动开展的信息沟通工作。换言之，对于旅游目的地营销组织来说，公关工作的首要任务便是培育和增强公众对该旅游目的地的好感。这方面的工作既包括努力去促成国内外社会各界对该旅游目的地的正面公共宣传，同时包括努力去发展与本目的地利益相关者之间的正面关系。

对于旅游目的地营销组织来说，可用于开展公关工作的方式很多，有必要注意的一点便是成本效益问题，在经费有限的情况下尤其如此。根据近年来对欧洲、非洲以及亚太地区很多国家旅游组织公关工作开展情况的调查（Dore & Crouch，2003），人们发现在国家旅游组织的公关预算中，最大的开支项目是邀请媒体记者来访。虽然公关预算在其整个营销预算中所占的比重位居第三，比不上广告和人员推销工作的预算额，但倘若是就各种促销宣传工具的重要程度而言，人们对公共关系的打分最高，因为人们普遍认为，与广告相比，通过公关而实现的公共宣传不仅具有较高的可信度，而且是一种最具成本效益的促销宣传途径。此外，对美国各州旅游局开展的有关调查（Hawes et al.，1991）也发现，最为常用的促销宣传手段同样是邀请媒体旅游专栏作家及邀请客源地的旅游中间商前来考察和熟悉该州的旅游产品。

在实施邀请媒体/中间商来访方面，理想的做法是平时备有公关资料储备库，以便随时满足媒体及客源地旅游中间商对有关资料的需要。典型资料包括：反映该地旅游资源或旅游景点的照片、录像带、光盘等。由于这些照片或录像通常是由专业摄影师在非常理想的天气条件下拍得，有些甚至是借助特殊手段（如航拍）所拍摄，因而常为旅游作家所需要。原因在于，由于时间和设备条件等方面的限制，加之天气方面的问题，旅游作家在来访期间的短短几天之内，无法拍到如此理想的图像。近年来，很多旅游目的地营销组织已将这类资料库数字化，并在网站上免费提供。

除了报刊媒体方面的公共宣传机会以外，有些影片或电视节目的播出，客观上也可产生对有关旅游目的地的公共宣传作用。世界各地这方面的例子很多（参见表7-7），其中最为突出的例子莫过于影片《音乐之声》

表7-7 有影响的影视作品客观上对有关旅游目的地的宣传作用案例

影视作品	客观上受益的旅游目的地
《加冕礼大街》(Coronation Street) 《同志亦凡人》(Queer as Folk)	英国曼彻斯特市
《侠盗王子罗宾汉》 (Robin Hood – Prince of Thieves)	英国诺丁汉郡
《呼啸的山庄》(Wuthering Heights) 《艾莫黛尔农庄》(Emmerdale Farm)	英国布拉德福市
《音乐之声》(The Sound of Music)	奥地利
《法外狂徒》(Ned Kelly)《海洋变化》(Sea Change) 《街坊邻居》(Neighbours)	澳大利亚
《指环王》(Lord of the Rings)	新西兰
《举杯祝愿》(Cheers)	美国波士顿市
《冷山》(Cold Mountain)	美国弗州彼得斯堡市
《刘三姐》	中国广西
《少林寺》	中国河南登封
《庐山恋》	中国江西庐山

资料来源：根据有关研究材料汇集。

对奥地利旅游所起的公共宣传作用。根据有关调查，多达3/4的国际游客表示，自己来奥地利访问的主要原因是与《音乐之声》有关（Voase，2002）。在我国，有些地方的旅游发展很大程度上也是与此类公共宣传有关，如影片《刘三姐》之于广西、《少林寺》之于河南登封、《庐山恋》之于江西庐山，等等。基于这一认识，如今世界上很多地方都很重视利用某一电影或电视剧上映的机会，主动开展目的地促销。例如，新西兰政府曾连续两年拨专款（2001/2002财政年度拨专款1040万美元，2002/2003财政年度拨专款440万新元）推广电影《指环王》三部曲（Foreman，2003）。

在开展公关宣传方面，旅游目的地营销组织可采取的其他举措还有很多。其中较为常见的做法包括：

- 鼓励社团和公司企业在其宣传品中使用该目的地的外景图片。
- 鼓励购物商场在设计展区时反映该旅游目的地的主题。
- 利用名人效应，聘请社会名流担任该目的地的旅游大使，等等。

4. 人员推销

在开展人员推销方面，与旅游企业有所不同的是，对于旅游目的地营销组织来说，最为常见的形式就是参展对公众开放的旅交会。旅游目的地的营销组织之所以乐于采用这一促销方式，最主要的原因就在于，这一做法要比开展消费者广告花钱少（Pearce et al.，1998）。

除了参展旅交会之外，推介性拜访也是旅游目的地营销组织用于开展人员推销活动的一种常见形式，尤其是针对客源地中的指定旅行代理商及其他旅游零售网点开展推介性访问。此举主要目的在于，通过向这些旅游零售商提供信息、建议和宣传材料，协助他们推销本目的地的旅游产品。

近年来，举办旅游交流会也越来越多地被看作是目的地营销组织用以开展人员推销的有效手段。这里所称的旅游交流会，是指目的地旅游行政机构以办会形式，有选择地将目标客源地的某些旅行社与本目的地的旅游供应商组织到一起，开展交流和业务洽谈活动，此间，往往还会组织客源地方面的与会者在该目的地进行游览和考察，以熟悉该地的有关旅游产品。

5. 旅游网站

随着互联网的普及，自20世纪90年代中期以来，利用互联网拓宽销售渠道和开展促销宣传，已成为旅游营销者的重要方式。

对于旅游目的地营销组织来说，网站技术所带来的主要好处是，使自己有能力针对不同的目标市场人群，分别设置专门的网站或网页。此举在一定程度上有助于克服目的地旅游品牌设计中的难题，也就是说，旅游目的地营销组织可通过类似于品牌分割的做法，避开面向所有的客源人群都使用同一品牌这一弊病，从而能够有针对性地分别面向不同的客源人群宣传和推销不同的旅游产品。为配合这一目的，旅游目的地营销组织可在传统媒体上做一些简短的广告，用于指点目标受众去访问有关的专门网站，以了解更多的具体详情。近年来世界各地已经有不少这方面的例子，例如，芬兰旅游局面向家庭旅游市场，专门设置了"家庭旅游网站"（www.finland-family.com/eng/）、澳大利亚昆士兰州旅游局针对喜欢寻求打折购买旅游产品的消费者人群，专门推出了"最划算旅游网站"（www.bestrates.com.au），等等。

6. 关于口碑传播

口碑传播一方面作为一种非正式的信息传播渠道，存在不可控的问题；但另一方面，我们并不否认，消费者中的口碑传播对于一个目的地旅游业的成败会有非常大的影响。常言道：好事不出门，坏事传千里。国际社会中同样有类似的格言，即"Bad word of mouth spreads faster than positive recommendation"，大意是"负面口碑传播快于正面举荐"。具体就旅游业中的情况而言，有调查结果显示，在不满意的游客中，只有大约5%的人会真正站出来投诉，但70%的人事后会将其在某地旅游时所遇到的糟糕经历告知自己的朋友。与之相比，在满意的游客中，仅有30%的人会将自己认为某个旅游目的地值得赞美之处告诉朋友。事实上，对于旅游营销者来说，最值得重视和警惕的是，在互联网时代的今天，这些被告知的所谓"朋友"，其人员范围之广大，很可能不再像过去那样仅是当事人自己生活周围的亲友、邻居或同事，而是全国乃至全世界千千万万的旅游消费者。换言之，一篇挂在互联网上的负面报道，有可能长时间地阻止消费者对某个旅游目的地的选择。一个旅游目的地若要避免这类情况的出现，至关重要的工作便是要组织该地旅游业各部门认真抓好对顾客关怀的落实，切实兑现自己在促销宣传中的承诺。

参考文献

[1] 本书编辑委员会：《简明社会科学词典》，上海辞书出版社，1982。

[2] 李天元、曲颖编著《旅游市场营销》，中国人民大学出版社，2013。

[3] Alastair M. Morrison 著《旅游服务业市场营销（第4版）》，李天元主译，中国人民大学出版社，2012。

[4] A. J. Veal 著《休闲和旅游供给：政策与规划》，李天元、徐虹译，中国旅游出版社，2010。

[5] 李天元、曲颖：《旅游目的地定位主题口号设计若干基本问题》，《人文地理》2010年第3期。

[6] 曲颖、李天元：《基于目的地品牌管理过程的定位主题口号评价》，《旅游学刊》2008年第1期。

[7] Charles Goeldner and Brent Ritchie 著《旅游学（第10版）》，李天元、徐虹、黄晶译，中国人民大学出版社，2008。

[8] Stanley Plog 著《旅游市场营销实论》，李天元、李曼译，南开大学出版社，2007。

[9] 李天元：《旅游目的地定位研究中的几个理论问题》，《旅游科学》2007年第4期。

[10] 李天元：《基于旅游目的地营销组织的目的地营销》，《旅游市场》2007年第1期。

[11] Ritchie, B. and Crouch, G., 著《旅游目的地竞争力管理》，李天元、徐虹、陈家刚、王素洁译，南开大学出版社，2006。

[12] Lumsdon, L. *Tourism Marketing* （影印版），东北财经大学出版社，2004。

[13] Ronald Nykiel 著《饭店与旅游服务业市场营销（第三版）》，李天元译，中国旅游出版社，2002。

[14] 山东省旅游局：《科学发展与山东旅游》，《旅游世界》2008年第12月（增刊）。

[15] French, D., and Saward, H.. *Dictionary of Management*, Second Edition, London, Pan Books, 1983.

[16] Mill, R. C. and Morrison, A. M. （2009） *The Tourism System*. （6th ed）. Dubuque, Iowa: Kendall Hunt Publishing Company.

[17] Pike, S., （2004） *Destination Marketing Organizations*. Oxford: Elsevier.

[18] Jeb Bush (2004) The Story of a Public/Private Tourism Marketing Partnership, in Bob Dickinson and Andy Vladimir ed., *The Complete 21st Century Travel and*

Hospitality Marketing Handbook. Boston: Pearson Custom Publishing.
[19] Godfrey, K.., and Clarke, J. (2003) *The Tourism Development Handbook*. London: THOMSON.
[20] Kotler, P., Bowen, J. and Makens, J. (1996) *Marketing for Hospitality and Tourism*. Upper Saddle River, New Jersey: Prentice Hall.
[21] Aaker, D. A., (1996) *Building strong brands*. New York: Free Press.
[22] Middleton, V. T. C. (1994) *Marketing in Travel and Tourism* (2nd edition). Oxford: Butterworth-Heinemann.
[23] Cooper, C., Fletcher, J., Gilbert, D. and Wanhill, S. (1993) *Tourism: Principles and Practice*. London: Longman.
[24] Mill, R. C., and Morrison, A. M., (1992) *The Tourism System*, Englewood Cliffs: Prentice Hall.
[25] Lovelock, C. (1991) *Services Marketing*. Englewood Cliffs: Prentice-Hall.
[26] Middleton, V. T. C. (1988) *Marketing in Travel and Tourism*. Oxford: Butterworth-Heinemann.
[27] Mclntosh, R., and Goeldner, C., (1986) *Tourism: Principles, Practices and Philosophies*, New York: Wiley.
[28] Mathieson, A., and Wall, G., (1982) *Tourism: Economic, Physical and Social Impacts*. London: Longman.
[29] Mayo, E., and Jarvis, L., (1981) *The Psychology of Leisure Travel*, Boston: CBI Publishing Co.
[30] Dann, G. M. S. (1981) Tourist motivation: an appraisal, *Annals of Tourism Research*, vol. 8, No. 2, pp. 187–219.
[31] Plog, S. C., (1974) Why destination areas rise and fall in popularity, *Cornell Hotel and Restaurant Quarterly*, 14 (4), pp. 55–58.
[32] Drucker, P. (1973) *Management: Tasks, Responsibilities, Practices*. New York: Harper & Row.
[33] Berlyne, D. E., (1972) *Aesthetics and Psychobiology*, N. Y.: Appleton-Century-Crofts.
[34] Cohen, E., (1972) Towards a sociology of international tourism, *Social Research*, Vol. 39 No. 1, pp. 164–182.
[35] Maslow, A. H., (1943) A Theory of Human Motivation, *Psychological Review* 50 pp. 370–396.

第八章 城市大视阈下的广义旅游

第一节 城市化

所谓化，是指一种具有指向性意义的趋势。中国正在进行的城市化，可以说是史无前例的，过去的十多年，是中国城市化发展最快的时期。2012年中科院发布的《2012中国新型城市化报告》显示，2011年中国城市化率首次突破50%。与2000年第五次全国人口普查相比，城镇人口增加207137093人，乡村人口减少133237289人，城镇人口比重上升13.46个百分点。该报告主编、中科院可持续发展战略研究组组长牛文元教授表示，城市化率首次突破50%，意味着城市人口超过农村人口，这必将引起未来深刻的社会变革，在中国发展进程中是一个重大的指标性信号，将大大促进五项重大转折：一是发展结构将出现重大转折，内需拉动将成为主导动力；二是经济结构将出现重大转折，创新产业必然迈上新台阶；三是社会结构将出现重大转折，中等收入阶层将走上社会前台；四是人力结构将出现重大转折，由体能向智能的转换加速；五是管理结构将出现重大转折，建成智慧城市与幸福城市。

2012年5月3日在布鲁塞尔举办的中欧城镇化伙伴关系高层会议开幕式上，时任副总理的李克强在讲话中明确表示，"中国致力于推动科学发展，加快转变经济发展方式，把城镇化作为现代化建设的重大战略"。

尽管中国的城市化率已经超过50%，但与发达国家相比还有很大的差距，未来的中国，城市化发展将依然是国家现代化发展的重大战略。未来30~40年的时间内，还将有4亿~5亿农民进城，这在全世界都没有先例，也将成为一个世界现象，影响世界。随之而来的城市竞争也会越来越激烈，无论是东部沿海地区的特大型城市，还是西部地区的小城市，变化都是日新月异的，让人眼花缭乱。但在城市建设过程中，有一个重大问题，就是很多城市不注重城市发展的规律性。城市是一个巨系统，该系统也如同生态系统一样，自有其发展的规律，而我们的规划只能尽可能地符合各个规律，而不违背之。然而，事实上，人定胜天的思路并没有在城市规划中消亡，尤为突出的就是大拆大建，就像把人大卸八块再重新安装，灵魂早已出窍，尸体只有解剖学上的意义，而不是生物学和生理学的意义，更不是社会学和心理学上的意义。

众所周知，旅游业是一个综合性非常强的产业，在《国民经济行业分类》中的122个产业部门中有5个产业部门与旅游业有密切直接的后向联系，8个部门与旅游业有较密切直接的后向联系，80个部门与旅游业有直接后向联系，仅有29个部门与旅游业无直接后向联系。对世界各旅游业发达国家的研究表明，旅游业是与城市发展联系最为密切的产业之一，不仅如此，旅游业的发展还对相关城市的发展产生了重大的影响，在有些地区甚至是决定性的影响。然而，很长时间以来，对城市旅游的研究却仅仅限于旅游如何嵌入城市，发展的视角是如何利用城市的特殊资源来发展旅游业。而城市大视阈的广义旅游，则更注重城市与旅游交互发展关系的视角：从城市化发展的方面，试图利用旅游对城市发展的影响，摆脱城市化病；从旅游业发展的方面，试图全面融入城市发展，使得旅游业真正成为国民经济的战略支柱产业。

第二节　城市和城市的魅力

一　什么是城市？

城市之概念如此普通，以至于没有一个明确的定义和标准，城市是什么看似不是问题，按照一般辞书的定义：城市不过是"人口集中、工商业发达、居民以非农业人口为主的地区"，《大不列颠百科全书》上说：城市是一个较永久性和组织完好的人口集中地，比一个城镇或村庄规模大，地理位置更重要。

然而，城市真的仅限于人口聚集、商业发达、地理位置重要等内容吗？上述定义仅仅是城市的表象，未道破城市的核心、城市的灵魂。美国现代哲学家兼规划大师路易斯·芒福德认为：城市是文化的容器。在那篇著名的《城市是什么？》的文章中，芒福德先生就城市规划和人类影响提出了他的基本主张。他认为，城市就是"社会活动的剧场"，至于其他所有的东西，包括艺术、政治、教育、商业，都是为了让这个"社会戏剧更具有影响，精心设计的舞台能够尽可能地突出演员们的表演和演出效果"。

作为文化容器的城市具有非常特殊的构造，就如同人们发明了货币，却不能完全控制它一样，人们建造了城市，而城市自有其本身的运行规则，不按照其自身规则进行规划往往事与愿违。城市的运行规则非常类似巨型生态系统，其实城市本身就是一种特殊的生态系统——城市生态（学）系统。美国现代城市规划大师简·雅各布斯在《美国大城市的死与生》中详细分析了城市这个巨系统，认为其价值在于历史的传承，在于自然衍生，在于包容性，在于高密度、高复合和丰富多样性。我国的城市规划大师吴良镛先生，在老城改造中提出了著名的有机更新理论，认为老城区的现代化只能部分地逐步地进行，而不能采取隔断历史的垂直转轨方式。

二　城市的魅力

城市的魅力在哪里？

1. 城市的魅力首先来自城市的复杂性

城市，特别是那些自由衍生的城区，在功能上既是居住区，又是商业区，又是办公区，又是政务区……甚至于商业本身也是非常复杂的，有大型百货商店，更有无数小型特色商店，有新型的商业，更有传承百年的老店，有餐饮、书店、茶馆等。老城区的结构也是复杂的，既有通衢大道，更有无数微细的街巷，让你能在狭小的空间内体味无穷的乐趣。老城区的居民也是复杂的，有梅兰芳这样的大师，也有贩夫走卒。老城区就如同混合面蒸的发糕，咬一口就能吃出无数种味道。在狭小的空间内，让你能接触最新的潮流，让你能触碰悠久的历史。这便是自由生长的城市的魅力。

城市与乡村的区别不在于能否种地，也不在于建城区面积的大小。与城市相比，乡村的最大特点在于缺乏复杂性——当然，那又是另一种魅力，简朴的魅力——与城市刚好相反，这里不讨论。因此，那种在城市内开辟一大片单一的功能区，其实就是乡村的思路，北京、上海在20世纪50年代建设的单一功能的大片住宅区，以前连名字都叫××"村"，如北京的幸福二村、幸福三村等，现在新建的几十公顷的大片住宅区其实就是乡村的理念。还有乡村公路式的城市快速路，完全无视城市街道要同时实现停与行的双重功能。还有单一的商业模式，如超大型超市，其实也是乡村的理念。欧洲人曾讥笑美国人没有文化，其一就是只会去超市，而不懂得逛街的趣味。还有大型办公区、大型学区，等等，所有这些都是乡村的发展思路在规划城市。这种规划思路尤以50年代全盘接受的苏联城市规划模式为甚。现在越来越多的城市却还按照乡村的思路来规划，于是城市不再能漫步，不再能逛，城市的复杂性正在消失，城市的魅力也因此消失得无影无踪。

2. 城市的魅力来自城市历史形成的独特性

自由衍生的城市的最大特点就是初始的细微差异，在很多情况下，会如同"蝴蝶效应"一样在发展的过程中被无限放大，最终形成城市特有的风味。江南水乡与北方四合院胡同构成的城市完全不同，城市作为一个巨系统，与生态巨系统一样，初始的差异（无论是自然还是人为），在城市的发展中，往往如蝴蝶效应一样被无限放大，最终使得每个城市都具有独特的魅力，于是形成了弥足珍贵的具有历史文化独特性的城市文化。有时，即便在历史文化和气候条件等外部条件几乎完全一致的前提下，甚至就在同一个城市的不同区域，也会形成完全不同的城市风貌。例如，老北京的内城与外城，仅仅由于清初时外城更多地居住着汉人，且曾经汉人一度入仕难度更大，导致外城的汉人不得不从事商业服务业以维持生计，最终形成了老北京内城更多的是四合院，而外城则更多的是开放性的前店后场的商铺，与封闭的内城四合院完全不同，却与上海、杭州的老街巷有些类似。这种独特性一旦被时间放大，最终便会形成一个城市，或一个城市街区的独特风貌。这种独特风貌则是旅游者最为青睐的特征。

3. 城市的魅力来自城市的包容性

城市作为文化的容器，一个特点就是城市具有强大的包容性。相对于乡村来讲，城市不太强调人们按照同一模式生活，城市历来就更能容忍异端。随着时代的发展，城市对异端的包容性越来越强，甚至我们评价一个城市的文明程度时，往往看这个城市能否包容异端。比如北京这样的城市历来就对不同文化和不同宗教具有极大的包容性，因此，徜徉在老城区中，佛教寺院、天主教堂、基督教堂、道观，甚至民间信仰的火神庙、风神庙、东岳庙等，可谓鳞次栉比。在传统乡村中，往往一个自然村的贫富分化较小，而城市则同时包容了高官巨贾和贩夫走卒，在北京的梅兰芳故居旁就是大杂院。在包容性方面，国外有些城市走得更为极端，甚至游行示威，要求保障同性恋权利，要求部分毒品合法化等也被容忍。

4. 城市的魅力还来自城市发展中的时尚性

人类社会发展是与时俱进的，而城市则引领着时代的潮流，特别是近代，随着科学与艺术的发展，城市已经成为时尚之地。无论是新型科学技术还是纷繁的艺术设计给我们带来的惊喜，都集中在城市。城市已经成为时尚的发源地，时尚的服装、新兴的科技，城市越来越异彩纷呈，带给人们无限的惊喜。比如，巴黎的时装发布，引领着世界时装的潮流。

5. 城市的魅力来自城市的"里仁效应"

在《城市是什么？》一文中，芒福德先生还介绍了伊丽莎白时期的一位观察家约翰·斯透（John Stow）对城市的看法，"人们为了追求正直和利益而来到了城市和联邦，伴随着城市、民间团体和公司的诞生，自然很快就形成了商业。这时的人们已经不再使用野蛮的暴力，而是通过谈判达成协议，举止更文明、更人性化，并且更加公正。于是，良好的举止理所当然地被认为是城市化的象征，在城市中，我们显然比别的地方看到的文明现象更多些。因为个人始终生活在他者的注视下，也更易被训练得公正，并且用羞愧来抑制自己所受到的伤害"。也就是城市这个社会的舞台具有强大的"里仁效应"[①]。越是成功的城市，

[①] 《论语·里仁篇》，子曰："里仁为美。择不处仁，焉得知。"既然，里有仁厚之俗为美，择里要选有仁厚之地，那么有仁厚之俗的地区一定对人有正向的影响，这种影响被称为"里仁效应"。

里仁效应就越明显,在那些美丽的城市中,即便平时随地吐痰的人也会自动约束自己的举止。这便是越来越多的人涌入城市,甚至宁可身居斗室而放弃宽敞的房屋,宁可暂时没有工作,漂流在城市中,也不愿放弃城市生活的重要原因。笔者以为,人们栖居,甚至飘居在城市,不仅仅是为了工作,也不仅仅因城市有更多的机会,其里仁效应也是重要的原因。

6. 城市的魅力来自城市提供了悠闲生活的空间

为了躲避光怪陆离的自然,为了寻求更方便舒适的生活,为了人们能更亲近地交往,人们创造了城市,因此城市本来是悠闲的生活场所。从农业社会看,城市之外是人类在自然中奋斗的场所,城市之内则是人们安享生活的空间。城市不仅为人们提供便利的生活,更令人们能享受不被自然控制的自我发展的空间,城市成为人类营造的庇护人们身心的场所。"采菊东篱下,悠然见南山"并非在远离城市的山野,而是"结庐在人境",栖居在城市中。因此,即便如五柳先生这样"性本爱丘山"的人,也能在城市里找到自己的安身之地,更进一步,我们的祖先更是发明出城市园林这样的东西来安抚我们急躁的灵魂。

三 城市病

城市的最大魅力来自城市按照其本身规律的自由发展,因此形成的独特性、丰富性,以及城市的里仁效应和悠闲享乐的场所。然而,现代城市发展又离不开人为的规划,如何处理城市自由发展的空间与人为规划的度,以及城市规划如何顺应城市自由的发展,就成为不可回避的难题。不幸的是,当今中国的城市这个"度"控制得非常不好,城市病愈演愈烈。

(一)"城市病"的表现

20世纪90年代以来,我国的城市病日渐凸显,到21世纪城市病已经发展到不能容忍的地步,突出表现在以下四个方面。

1. 太急了

城市本来提供了人们安享生活的空间,然而由于整个社会都在过分强调经济增长率,城市更成为争取GDP增长的核心,在这个思路下发展的城市，社会心态越来越急躁。表现在城市发展上，最为典型的是牺牲居民生活的空间，引进超大型企业，甚至大力发展发达国家、大型都市淘汰的落后高能耗的污染企业，如此GDP是增长了，但是城市病更严重了。

城市发展急躁的另一个表现是，城市规划完全抛弃城市发展宪章的原则，以大规模的卖地为核心进行城市开发，而且在此过程中，把本应由城市完成的城市功能建设，推给房地产开发商，因此产生了无穷的后患。

首先，超大规模单一开发城市土地，破坏了城市的复杂性。在发达国家城市核心区1公顷的房地产土地开发已经非常巨大了，而我们这些年城市核心区开发的房地产土地动辄十几公顷甚至几十公顷。于是在城市中心出现了无数的新型、具有单一居住功能的"城中村"，严重破坏了城市的丰富性和复杂性，让居住在其中的居民生活非常不便，城市的其他功能，如旅游功能等，也因此被彻底阉割。

其次，把城市功能简单推给开发商，城市的很多综合功能，变成小区的功能，城市的有机联系被严重破坏。最典型的是城市的街道，由于城市街道变成小区的内部通道，城市街巷的肌理被严重破坏，十几公顷、几十公顷的区域变成"大院"，城市的有机联系被破坏殆尽。

最为重要的是，大规模城市因开发搬迁原住民，不仅与以人为本的理念相悖，造成居民生活质量的实际下降，同时会割裂城市的有机发展，造成越来越多"无根"的城市。城市说到底是人的城市，城市发展要保留其业已形成的特性，最为重要的是传承这种特性的人。而现代城市开发中，大片城市土地的单一开发，首先就是要搬迁原住民。甚至个别城市，当地政府与开发商狼狈为奸，制定恶法褫夺原住民的生存空间，把城里人瞬间变成城外人，最终把传承历史文化的城市瞬间变成没有历史文化的无根的城市。

2. 太挤了

改革开放30多年来，未改变户籍制度，因此我国的城乡二元社会特征并未改变，而城市的魅力显然大于乡村，于是越来越多的农村人口涌向城市，特别是年轻人，现在在很多乡村几乎看不到年轻人，在大城市却看不到人口的老龄化。近年我国城市化发展是以大型城市为重点的，类似北京、上海这样的大型城市的常住人口均在2000万人左右，在世界上都是超大型城市。事实上，我国乡村人口在迅速流失，乡镇人口在急剧萎缩，中小城市人口基本维持，大中型城市人满为患，超大型城市已经达到人口极限。由于过多的人集中在大型城市，因此给人们的感觉是城市人口太拥挤了。

城市规划思路的落后及房地产开发的盲目，造成城市功能的割裂，加剧了大型城市人口的无效流动，城市服务功能的不健全，导致了在有限的服务功能区人满为患，更造成了城市人口过于拥挤的印象。比如，由于城市规划的问题，大城市商业服务业等被迫压缩在某一些地区，造成这些地区人满为患，而街道则仅仅是如公路一样的通道，这些通道相互联系、不可能通畅，在交通高峰期皆成为停车场一样拥堵的地段，这也加深着城市"太挤了"的印象。

房地产开发中，容积率过高，单位开发面积过大，又仅仅是住宅开发，更造成超大小区的人口过多且过度集中，更给居住者拥挤的感觉。

3. 太脏了

过于追求以GDP为核心，以财政收入为核心，忽视了环境，因此大城市污染越来越严重。城市服务功能不到位，也造成垃圾不能及时清理。

这些年，北京举办了奥运会、上海举办了世博会等，这些大城市似乎污染治理得很好，也的确在某些时段保持了必要的清洁。然而，这些城市尚未真正解决工业污染等问题。在一些中小城市这一问题更为突出。北京等大城市使用的汽油采取更为严格的欧五标准，而其他地区仍然使用欧三标准，其中隐藏着极大的危险。

4. 太忙了

每日上下班高峰，城市街道变成了停车场，地铁中的人被挤成"相片"。城市人已没有多元复杂的爱好和追求，城市居民的爱好甚至也被商家忽悠得混乱起来，一款什么新手机出来便蜂拥去抢，以及排队买房。君不见，各种"速成"班出现，甚至婚配都要"速成"，当然紧接着的往往是离婚的速成。

整个城市的状态变得忙乱起来，这本不是我们中国人的风格。从《闲情偶寄》《茶经》《园冶》《随园食单》等古籍中，我们知道国人本来是安享城市生活的。最能代表中国人诚实生活心态的是东晋的陶潜先生，先生栖居城市，悠然自得，照样采菊东篱，悠然望南山，照样写得田园诗。到了明代，文徵明、计成等先生把我国都市园林艺术推到极致，他们创造的城市园林至今依旧抚慰着我们的灵魂。

现在大力倡导发展方式的转换。从需求来看，城市第一缺生态，第二缺健康，第三缺人文，第四缺快乐。按照实际生活水平来说，现在比以前不知道高了多少，可是幸福指数并没有增长，快乐感觉也没有增加。所以，大家都急，大家都紧，这样的生活品质好不了。现在，城市的管理者、建设者都在不断积累经验，所以产生了一个重大的变化。原来城市追求的是大高楼、大广场、大马路、大绿地，认为有了这些就达到了现代化，经过一段时间的探索后，大家发现这条路未必对。

（二）城市病的深层次原因

城市让人们远离光怪陆离的自然，人为地营造了一个安全自由的环境，本应是人们放松身心的地方，然而我们看到的却是一个急躁、拥挤、忙碌的现实，现在一些大城市已经变成一个人们不得不居住生活工作的地区，又是一个想设法逃离的地区。这些城市病既有时代发展的外因，也有城市规划发展理念本身的原因。

1. 城市发展步伐超过城市规划发展的容量

20世纪50年代以后，我国开始实行户籍管理，其中最为突出的是城乡二元户籍管理，这种管理方式长期将80%以上的人口限定在乡村。在这种大背景下，城市的发展步伐非常慢。改革开放以后，户籍制度的根本没有改变，因此直到20世纪90年代，城市发展的速度依然很慢，1999年我国的城市化率仅仅为30.89%，50年我国城市化率仅仅增长了20个百分点，平均每年增长0.4个百分点。2000年以来，尽管户籍制度没有改变，但随着人口流动相对自由，农村再也不能限制追求自由的人们，于是越来越多的农民涌入城市，最近十年来，中国的城市化率速度已经达到年均1.5个百分点的超高水平。到2012年，我国长期居住在城市的人口已经超过50%，但仍有相当比例的长期居住在城市的人是农业户口。2009年中国城市化率是46.59%，而城镇户籍人口占总人口的比例只有约33%，也就是有13.6%，即1.28亿生活在城镇里的人没有城镇户口。也就是讲，我们的城市规划的对象是"城里人"，城市是为"城里人"设计的，不可能容纳那么多的非户籍人口。因此，尽管我国的城市化率并不高，却比城市化率超过80%的发达国家的城市显得还拥挤。

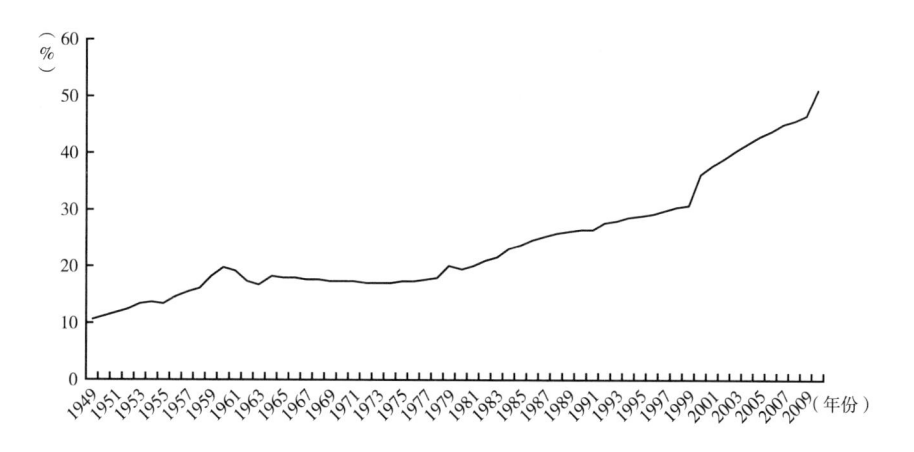

图8-1　中国城市化率的发展

资料来源：根据各年统计年鉴整理。

此外，由于我国经济发展极不平衡，直辖市比省会发达，省会比地级市发达，总之大城市比中小城市发达，在这种不平衡的发展模式下，人们争先恐后地涌入更大的城市。这造成我国城市发展的马太效应，发展大城市成为中国的一大特色。1980年，中国只有51个城市人口超过50万，自20世纪90年代起，中国超过50万人口的城市数量显著增加。从1980年到2010年的30年间，共有185个中国城市跨过50万人口门槛，北京、上海、天津这样的直辖市常住人口均在千万数量级上（需要特别说明的是，我们这里说的城市是指建成区的城市，现在我国的城市经常被理解成地区的概念，如北京，不仅包括居住在城六区的人口，还包括所辖的所有区县的人口）。因此，居住在大城市的人们更感觉到城市的拥挤，这是中国的城市发展总体策略所导致的。

表 8-1　中国人口过千万的城市

单位：万人

城市及排名	常住人口数	城市及排名	常住人口数
1. 重庆	2919.00	8. 哈尔滨	1063.60*
2. 上海	2347.46	9. 苏州	1047*
3. 北京	2018.6	10. 深圳	1046.74
4. 成都	1407.1	11. 石家庄	1027.98
5. 天津	1354.58	12. 南阳	1026*
6. 广州	1270.08*	13. 临沂	1003.94*
7. 保定	1119.44*	14. 武汉	1002

数据来源：各市 2011 年《国民经济和社会发展统计公报》（统计口径：常住人口），* 为 2010 年人口普查数据。

2. 对城市本质的理解有误

城市是一个复杂的综合体，在空间上，这个综合体各个部分之间必须保持有机联系，这也是《马丘比丘宪章》的核心理念，然而，我们的城市规划还停留在空间分区的分割、修建宽马路等《雅典宪章》的理念上，再加上人定胜天的思想作祟，割裂城市功能，破坏了城市自我发展的规律，加大着每日的人流。在中国的很多小县城，也规划了类似天安门广场一样恢弘巨大的广场和上百米宽的马路。在城市功能上，简单的分区、几十公顷的城市房地产开发，造成很多城市的综合功能迅速消失，城市的大片区域变成单一的"卧城"。在时间上，我们的城市也未保持与历史的联系，在城市规划中"瓦砾明珠一律抛"、简单推倒重来的规划方式比比皆是，于是中国本来最具历史文化的古城纷纷变成最没有文化传承的千篇一律的城市。

城市发展要适应人的需要，过度的规划设计破坏了城市自然发展的可能性，也不能满足大部分人的需求。

出现这种弊端的根本原因是将主观的意志强加给城市。于是，城市越来越变成体现少数人主观意志的产物，城市的多样性、城市内部的有机联系、城市本来的风格在迅速消失。从这个意义上看，民主、自由绝非政治领域的问题，在城市规划上同样非常重要。

3. 过于看重城市的经济功能

城市是复合功能区，也只有具备复杂性的城市才能成为文化的容器，通过城市规划等把城市功能简单化是城市变得没有品位的重要原因之一。另一个更为重要的原因是以 GDP 和地方财政收入为核心的城市发展理念，在这样的思路下，争先恐后地上大项目。当税制改革后，大部分税收上缴中央财政，地方政府就拼命地在卖地上做文章，以提高地方财政收入。

城市简单化不仅仅是政府使然，居住在城市中的居民也是促成城市简单化的重要原因。此外，大量的外地移民为了在新的居住环境下稳住脚，唯一的办法就是提高自己的收入。于是政府在拼命追求地方 GDP 和财政收入的最大化，居民也在拼命地追求收入。

如果说地方政府以经济功能为核心破坏了城市复杂的外部环境的话，城市居民以追求经济目标为核心则极大地破坏了城市这个有机体的最小的细胞。

4. 忽视可持续发展原则

城市是一种活的有机体，因此城市一直在发展，城市规划和改造必须适应城市这个特殊有机体的发展规律。因此，吴良镛先生等提出了城市发展的有机更新理论，认为城市在发展过程中必须坚持循序渐进的原则。然而，这个原则却被现有的城市发展观彻底打破。城市从文化上讲已经不再是连续发展的，不是可持续发展的。

更为严重的是，在城市发展上，我们不仅仅在文化上忽视传承与发展，甚至没有意识到我们整个社会已经或正在进入后工业化社会，而后工业化社会的重要标志就是发展的理念转向可持续发展和以人为本。事实上，现在我们还在以人定胜天的精神发展城市，因此中国的城市非常具有工业化初期的脏乱特征。而后工业化时代的一个特点就是慢生活、深体验。

5. 损人不利己的城市治理方式，最终反过来影响城市的发展

几十年来，我们整个社会的发展观就是保城市牺牲农村，改革开放前工农收入的"剪刀差"非常严重，曾经受到诟病。这种发展理念至今依然阴魂不散，比如一旦城市中的巨型污染企业威胁到城市的健康，想到的办法不是如何解决污染的问题，而是首先想到"搬迁"企业，当然是搬迁到农村。现在城市中汽车污染严重，于是城市中要求汽车的排放要达到欧洲的最新标准，城市中汽车的汽油也要达到相应的标准，而这些都不包括农村，似乎农村是另外一个世界。2013 年第 1 个月给了我们一个最好的教训，全国东部地区 130 万平方公里的面积统统污染，农村的污染最终实现了"农村包围城市"。于是，城市管理者似乎一下醒悟了，以牺牲邻居为手段保存自己的方式最终还是会殃及自己。其实整个地球都已经是一个所谓的"地球村"，中国当然也是一个整体，这种牺牲部分地区换取另外部分地区发展的发展方式当然最终会影响整个社会的发展。

污染问题是显见的，还有另外不显见的社会治理方式与此同出一辙，就是这些年城市发展越来越现代化，特别是大城市的新区看上去与国际大都市是无区别的，然而中小城市，特别是乡村却依然落后，甚至是相当落后。这种发展模式，其实是把本来应该也愿意居住在中小城市，甚至乡镇的居民强行挤到大城市。这种只看到大城市、只考虑大城市的发展理念，最终却使得大城市拥挤不堪。

四　城市发展的理念

人们对城市的认识是逐步深入的，20 世纪初人们首先认识到城市的问题，提出城市发展要有理念，此后城市发展理念逐步回归到为人服务的本源上来。城市发展最重要的理念体现在三份城市发展宪章上。

（一）《雅典宪章》

1933 年国际建筑师协会（UIA）提出了《雅典宪章》。该宪章针对早期工业化和城市化中出现的一系列问题，提出降低人口密度、强化城市分区的理念，扩大城市公共空间，包括拓宽道路、建设更多更大的公共绿地等理念。客观地讲，这些理念对于改进农业社会向工业社会过渡中的城市发展，起到了积极的作用。然而，这份充满理性主义思想的宪章，也深深带着那个年代人定胜天的烙印。该理念基于物质空间决定论，认为可以通过对物质空间的有效控制来解决城市的基本问题，最突出的就是其"功能分区"的思想，以及宽马路、大广场的规划等，这种设计牺牲了城市内部各个部分的有机联系。因此，按照《雅典宪章》理念规划的城市遇到了越来越多的问题，该宪章的初衷是解决城市病，然而过度分区、临街商户的消失，过宽的马路、过少的路口等，强迫人流每日没有意义地过度流动，反而加重了城市病。

（二）《马丘比丘宪章》

1977 年国际建筑师协会提出了《马丘比丘宪章》，对《雅典宪章》进行了修正，提出人是社会的人，人与人的和谐关系对于城市和城市规划的重要性。《马丘比丘宪章》摒弃了《雅典宪章》机械主义和物质空间决定论的理念，试图把城市中各类人群的文化、社会交往模式和政治结构作为核心问题。《马丘比丘宪章》首次提出了从系统论的角度来看待城市，认为城市是一个综合的动态系统，要求"城市规划师和政策制定人必须把城市看作在连续发展与变化的过程中的一个结构体系"。该宪章否定了为了追求清楚的功能分区而牺牲城市的有机构成和活力的做法，强调综合性社区的重要性，提出警惕过度技术运用，同时提出了诸如文物保护、城市独特性等问题，认为人与人之间的宽容和谅解精神是城市生活的首要因素。

（三）《北京宪章》

1999 年国际建筑师协会通过了《北京宪章》，该宪章继承了《马丘比丘宪章》系统性的思想理念，特别针对发展性破坏提出了批评，在此基础上提出了可持续发展的理念。该宪章认为，21 世纪是一个城市化大发展的时代，同时也是技术高度进步的时代，要防止技术这柄"双刃剑"的过度使用，要保持城市与历史的有机联系，尊重各个不同城市业已形成的个性，及产生个性的历史脉络，从更广阔的视角看待城市，达到可持续发展的目标。

（四）小结

上述三个城市发展宪章反映了近百年来城市发展理念的变化，从人定胜天的机械化功能分区，到系统化的思路，再到可持续发展的理念。从城市旅游发展的视角看，这实际上为广义城市旅游奠定了最为坚实的基础。

五 城市更新与发展

（一）城市更新的理念

对于旧城改造中城市发展的原则，依据《马丘比丘宪章》和《北京宪章》的理念，我国著名城市规划专家吴良镛先生提出了城市"有机更新"的理论。即：城市的发展必须遵循循序渐进的原则，认为那种推倒重来的城市更新方式必然地隔断城市的生态系统，断送城市作为独特文化容器的生命，使得城市独特的文化变成没有根的孤魂野鬼。他认为应从旧城肌理的格局的"有机更新"，谋求逐步地在一定地区范围内建立新的"有机秩序"。

进入 21 世纪以来，学者们开始注重城市建设的综合性与整体性，很多文章也给出对"城市更新"新的理解，譬如，张平宇的"城市再生"、吴晨的"城市复兴"、于今的"城市更新"等（李伦亮，2004；李瑞，冰河，2006；吴良镛，2005；于今，2007；张更立，2004；张平宇，2004）。从中国城市发展的实际情况看，越接近《马丘比丘宪章》和《北京宪章》原则的城市，城市的发展越有活力；越背离上述宪章，越接近《雅典宪章》原则的城市则城市病越严重。

（二）城市更新与城市规划

人为的城市规划要尽可能地适应城市的自然生长，如此城市规划难度很大，首先要详细研究不同城市特殊的业已形成的复杂系统（每个城市的生态系统都不一样，就是同一城市的不同街区的生态系统也不完全一样，）特别是那些老城区，要改造落后的基础设施，让居住在其中的原住民受益，逐步引入新的业态，盘活老城区，这样的城区往往能成为旅游者的最爱。这其中有很多难点，老旧的城区在不推平拆迁的前提下，如何改造落后的基础设施？在房屋产权难以改变的前提下，如何引进落户新的业态？不搬迁高密度原住民的前提下，如何改善居住环境？问题不一而足。然而这正是考验规划者的地方。简单推倒重来式的规划谁都会，难就难在不推倒重来的有机更新！

如此，规划城市需要对不同城市进行深入细致的研究，难度非常大。相当于规划师详细分析研究城市这个巨系统，而这个系统是不能被简单分割研究的，为什么要这样来研究城市的问题？这就是系统科学的观点，系统不能割裂开来研究，因为系统组成的部分相互间都是有密切关系的，割裂开来就不成其为系统。[①]

---

① 钱学森：《关于建立城市学的设想》，《城市规划》1985 年第 4 期。

（三）城市发展理念与规划的结合

中国的北京和上海两大城市比较，最能说明不同城市发展理念对城市发展具有决定性的影响。北京是中国最早按照《雅典宪章》原则规划的城市。"50年代的苏联建筑师和规划师在做规划时不喜欢做成经过深入研究的能适应城市治理不同时期需要的简明线图。他们的图中体现的是城市的最终完成阶段，主干道和次干道的路线、十字路口和建筑的位置，甚至形状都在图中标示出来。这样的规划设计非常死板，因为城市的整体性和美观都依靠实现构思的某种协调，事先精心布置的广场、街道、标志性建筑物及其综合效果，事后的任何删改都会破坏这种复杂体系。"[①] 这种非常刚性的规划，最终形成了几条宽大马路，形成了大学区、政务区、商务区等区域划分的城市格局。上海的城市化方式更贴近《马丘比丘宪章》的理念，特别是在城市核心功能区里。在上海浦西几乎难以完成北京那样的宽大马路和严格的分区，于是上海利用高架路连接城市，形成快速通道，而没有隔断城市的有机联系，城市分区也不是十分明显，最终形成了每一个小区域都如揉混合面一样的城市混合功能。

第三节　适宜广义旅游的城市与城市的广义旅游

并非所有城市都具备发展广义旅游的条件，也并非所有城市发展旅游都应发展广义旅游，我们这里仅仅研究那些具备发展广义旅游城市的特征。即便对于那些具备发展广义旅游的城市，其广义旅游业也并非必然地发展良好，在当今强势政府的引导下，很可能把一个极具发展广义旅游特色的城市规划发展为狭义旅游的城市。因此有必要研究发展广义旅游的城市与城市广义旅游如何发展，以及广义旅游本身与一个具备发展广义旅游条件的城市的相互作用。

一　具有发展广义旅游条件城市的特征

那些具备发展广义旅游条件的城市大多具有历史文化传承性，具备

---

① 华揽洪：《重建中国——城市规划三十年（1949～1979）》，三联书店，2006，第49页。

《马丘比丘宪章》和《北京宪章》所倡导的城市复合功能和城市可持续发展的理念。

（一）具有鲜明的个性

无论是一个传承千年的城市，还是一个新兴的城市，都可能成为发展广义旅游的城市，但是这个城市必须是具有鲜明个性的城市。巴黎、伦敦、东京这样深具历史文化特征的城市当然具备发展广义旅游的必要条件，纽约、香港，甚至深圳同样可以发展广义旅游。具有历史文化积淀的城市当然具有良好的先决条件，但是新型的城市同样具有竞争力。此中关键在于这个城市是否具有鲜明的个性。现在中国在加速城市化，在城市化过程中必然对历史遗留有所扬弃，这本身无可厚非，然而最可怕的是中国的城市越来越缺乏个性，千城一面。因此，保持城市的特征和个性是城市发展本身的需要，也是发展广义旅游的必要条件之一。

（二）具有简·雅各布斯描绘的复杂性

发展广义旅游的城市必须具备复合功能，城市必须具有广泛的包容性，同时具有复杂性。当前我国的城市以及城市内新区发展中，最突出的问题就是缺乏城市本应具有的复合型。比如，很多城市建会展中心，并以会展中心为核心扩展一片城市新区。很多城市希望在这样的新区发展现代都市旅游（即广义旅游），然而，由于城市功能过于单一，在会展举办期间人满为患，在非会展期间又门可罗雀，城市服务功能难以自发形成发展。这些地区仅仅具备发展会展旅游的条件，而不可能发展现代意义的广义城市旅游。还有类似北京望京这样的"卧城"，类似北京"亦庄"的高新技术开发区，等等，这些地区由于缺乏城市应具备的复杂性，也难以发展嵌入城市的城市广义旅游。因此，城市的复杂性是城市发展的需要，也是城市广义旅游发展的必要条件之一。

在这方面澳门老城区最具代表性，仅有29.7平方公里的面积，却接待了2000多万入境旅游者，此中奥秘绝非"赌城"唯一的吸引力，而是澳门这个城市，特别是澳门半岛具有高密度的复杂性。仅以澳门半岛绿地为例，绿地斑块量多体小，分布均匀，半岛拥有多达2259个绿地斑块（含水系景观），平均斑块面积只有669.73平方米，平均每平方公里有多达230个斑块，为城市休闲提供了便利的休憩空间，也为发展城市漫游提供了良好的基础条件，而澳门离岛绿地斑块连绵成片，聚集分布，本身可以成为休闲的目标地，也能成为澳门城市休闲场所的重要补充。澳门城市公共旅游休闲场所密集且丰富，在澳门集约的城市空间里，生长出丰富的公共旅游休闲场所，公园、餐饮、舞厅、酒吧、蒸汽浴室、按摩院、博物馆、图书馆等林立，体验场所丰富、浓缩。澳门城市公共休闲要素空间分布密集丰富合理，城市中交通、餐饮、宾馆、休闲娱乐、旅游资源等公共服务设施密布全城，高空间效益的区域分布均衡，游客可以在澳门城市的每个空间里都得到充分的公共服务。这体现了澳门密集便利的公共服务设施及其应对旅游服务需求的巨大潜力。这便是在澳门弹丸之地能容纳那么多旅游者的根本原因。

（三）城市具有新业态自由生长的空间，给外地人融入本地的机会

城市要具有丰富性，其中一个关键就是给予新业态自由发展生存的空间，而这种业态中最为重要的是中小企业，有了丰富的中小商业服务业，以及现代的文化创意产业，一个城市才有活力，这个城市的街巷才是能"逛"的街巷。而新业态要更好地生存发展，就必须给予外地创业者一个良好的生存空间。北京大栅栏一带早已成为北京代名词的老字号中，除了回民马庆瑞创办的月盛斋外，几乎都是外地人创办的企业。这些外地人的创业过程，很多是从摆地摊开始的，逐步发展起来，最终在这里置办房产，成为落户的北京人。因此，给予小型商业、服务业、文化产业生存发展的空间至关重要。

表 8-2 北京前门地区老字号的创建人籍贯及创建时间

老字号名称	创建人	籍贯	创建时间
同仁堂	乐显扬	浙江宁波	康熙八年(1669)
张一元	张昌翼	安徽	清光绪三十六年(1910)
全聚德	杨全仁	河北冀县	清同治三年(1864)
都一处	王瑞福	陕西省浮山县	清乾隆三年(1738)
内联升	赵廷	天津武清县	清咸丰三年(1853)
瑞蚨祥	孟洛川	山东省章丘县	清光绪十九年(1893)
正明斋	孙学仁	山东掖县	清同治三年(1864)
马聚源	马聚源	直隶马桥	清嘉庆十六年(1811)
通三益	李某等	山西	清嘉庆二十年(1815)

续表

老字号名称	创建人	籍贯	创建时间
一条龙	韩某	山东	清乾隆五十年(1785)
谦祥益	孟氏	山东章丘县	清同治(1862~1874)
月盛斋	马庆瑞	北京	清乾隆四十年(1775)
王致和	王致和	安徽	清康熙十七年(1678)
大北照相馆	赵雁臣	通县	民国十一年(1922)
亨得利	王惠椿	浙江	民国十六年(1927)

(四) 城市的街巷肌理发展良好，没有被大街"隔断"

作为一个有机体，城市内部的有机联系极为重要，这种有机联系为旅游者提供了在城市中漫步的可能。旅游者在巴黎街巷中漫步，混迹于巴黎人中的感觉，往往比游历卢浮宫更回味隽永。这便是城市旅游的魅力，也是旅游者能嵌入城市、与城市融为一体、形成广义城市旅游的最基本的特征。大宽马路不仅造成城市交通的拥堵，隔断了城市各区域之间的有机联系，也阉割了发展广义旅游的可能。

以澳门为例，澳门半岛的城市道路密集交错、尺度宜人，街道景观曲折缠绕、转折偏移、高低错落，视觉形象生动又富有变化，随着空间的延展层次迭起，构成了精致宜人的旅游休闲空间的骨架。

表 8-3 澳门半岛主要城市基础设施指标

指标	数值	指标	数值
面积(km^2)	9.39	地均道路交叉口(个/km^2)	159.86
道路面积(km^2)	1.68	道路交叉口平均间距(米)	129.39
平均道路宽度(m)	9.7	绿化面积(km^2)	1.51
道路覆盖率(%)	20.7	斑块数目(个)	2259
道路长度(km)	173.13	平均单个绿地斑块面积(m^2)	669.73
地均道路长度(km/km^2)	20.74	绿化覆盖率(%)	15.43
道路交叉口(个)	1338	地均绿地斑块数量(个/km^2)	230.51

因此，保持城市街巷的自然肌理，在城市规划中尽可能不去"隔断"城市街区的联系，保留城市步行的空间和街巷，是发展城市广义旅游的必要条件之一。

(五) 城市的发展充分考虑到旅游者的需求

发展广义旅游的城市要能够容纳比城市原住民多得多的旅游者，这就对城市规划提出了更高的要求。现在城市规划往往仅仅考虑常住居民，城市的服务设施是为常住居民配套建设的，这样的城市就不具备发展广义旅游的可能性，旅游者在这样的城区找不到如厕的地方，找不到休息的场所。因此，那些要发展广义旅游的城市就必须为旅游者规划出"额外"的服务设施，以便满足接待旅游者的需要。在城市规划过程中应进行动态的规划，并按照有机更新的原则，对城市进行渐进式的规划，在保持城市原有风韵的同时，增加旅游服务设施等。

(六) 应具有相当的经济基础

城市的广义旅游要求旅游业与城市密切地结合在一起，而一般来讲，旅游者的需求相对较高，这就要求发展广义旅游的城市具有一定的经济基础。如果一个城市的经济发展非常落后，那么这个城市如果发展旅游，就只能为旅游者单独提供更好的旅游接待服务设施，专门为旅游者开设旅游景区，专门为旅游者提供旅游车辆，等等，如此，旅游者不可能融入当地社会生活，旅游只能是游离于当地社会经济生活之外的奢侈品。这样的城市或者蜕变成为观光旅游目的地，或者变成度假区，等等，而不可能成为广义旅游城市。在这方面比较典型的案例是马来西亚的关丹，即便珍拉丁湾就在城市附近，铁丝网也把地中海俱乐部与周边的城市分隔开来，其中最主要的原因是关丹的经济发展比较落后，度假旅游者的需求水平远远高于当地人的生活水平。因此，开发广义旅游的城市必须是具有相当经济基础的发达城市。

总之，只有文化个性鲜明、业态丰富、街巷有机联系未被割断、城市制度便于新型中小企业落地、经济基础雄厚、城市规划中为旅游者留有余地的城市才具有发展广义旅游的基础。

二 城市的广义旅游应如何发展

即便那些适宜发展广义旅游的城市，其旅游业也很有可能发展成为城市的狭义旅游，北京作为六朝古都和极具京味文化风韵的城市，具有发展广义旅游的最好条件，因此，有必要研究北京如何更好地发展城市广义旅游。

(一) 应把城市本身作为旅游吸引物

城市的方方面面都可作为旅游吸引物，将城市的什么作为旅游吸引物是判断是否开发广义旅游的关键。如果仅仅是在传统建筑、博物馆、城市的街区、城市的商业区、城市的小吃、城市会展等单一方面开发旅游业，即便做得再好也仅仅是狭义旅游。广义旅游把整个城市看成旅游吸引物，旅游无所不在，只有这样才能开发出城市的广义旅游。因此，在开发城市旅游时不能有过多的限制。

(二) 旅游业要融入城市的各个方面

把城市整体作为旅游吸引物，就要把旅游融入城市的方方面面，甚至融入城市居民的生活工作中。到巴黎、伦敦等大城市旅游的旅游者，往往希望能有一天坐坐当地的地铁、在当地居民日常休憩的咖啡馆小憩，甚至探望市议会的工作场所等。上海的田子坊已经成为城市旅游的成功典范，在田子坊街区的改造中，规划者把城市居民的生活与旅游业开发密切地结合在一起，坚持所谓"三不变，六改变"的原则，即原住民房屋产权不变、原建筑结构不变、原里弄风貌不变；变住户为租户、就业者，变原住户人口为国际化就业人口，变居住功能为综合商业功能，变居住社区为国际化休闲区，公共资源的配置从少数人选择走向多数人选择，政府由领导经济变为服务经济。政府重点完成了里弄的基础设施等硬件改造工作，在房屋产权制度上做了大胆突破，如允许老房屋作为商业地产登记注册等，并引入了黄永玉等大师级人物，通过给里弄生态系统注入活力，使得该地成为上海都市旅游的著名景区，同时使得原住民、政府、投资者、旅游者等各方利益相关者受益。这样，旅游业不仅仅是田子坊这样的老城区继续存在的理由，而且通过旅游开发，解决了原住民的生活难题和就业难题，这便是旅游业融入城市最基层的微观方面的典型案例。

(三) 要深度挖掘城市的文化特征

发展城市的广义旅游，就必须深入挖掘所在城市的文化特征，并且通过旅游开发继承、捍卫和发展城市的文化特征。发展城市的广义旅游，就必须深挖一个城市的文化特征，在新的形势下采取新的方式展示其特有文化。在这方面比较成功的是上海——通过深挖海派文化，上海城市旅游找到的发展"根"，同时旅游业的发展也极大地促进了海派文化的复兴。上海在20世纪90年代后期城市旅游发轫阶段，明确地将自己的都市旅游定位于适合自身历史和潮流的海派文化上，依靠多元化的海派文化样式、多形态的城市建设风格、多业态的商业购物氛围、多元投资主体以及社区的积极参与，形成了大都市的整体形象和综合实力，其中重点就是深挖海派文化，并将都市旅游与城市建设结合在一起，形成了一大批传承着海派文化的新型建筑。由于旅游业的综合性，伴随旅游业的发展，文化本身也得到复兴，这是一个双赢的过程。

（四）注重培养热情好客居民

"不论在哪个城市，对于旅游者和居住者来说，真正要紧的是与之接触的人。"林语堂先生写道：对于那些到老北京旅游的外国人，很多人会爱上北京，甚至愿意留在北京居住，"他们的妻子则不愿离开北京，也不远离开那些待他们的孩子如同己出的保姆"[①]。人，才是一个城市的真正魅力，才是一个城市具有不同特质的关键，也是一个城市具有"酱缸"效应，能起到"里仁效应"从而改变外来者的关键。发展城市广义旅游，一个重要的内容就是把旅游者引入社区，旅游者与城市居民深度接触的可能性，让旅游者通过对城市居民的认识和了解进一步认识这个城市。

中国城市的居民曾经是最为好客的居民，这从老舍的《四世同堂》中可以清晰地了解到，但是随着"与人斗争"哲学的普及，以及现代生活方式对人的隔离，城市居民似乎变得越来越不好客，甚至认为外来旅游者打扰了他们平静的生活。因此，在当前这个时代，发展广义城市旅游一个重要的方面就是要重新拾起我们民族的温良恭俭让和热情好客的传统。

同时，要让人民参与到旅游开发中来，引入西方"社区规划""邻里保护""社区发展""居民自助""住户参与""社区合作""社区技术协助"等运动，促进社区中的人成为环境的创造与经营的推动者，让人们在旅游的参与中改造社区，改造自己的生活环境。

（五）给旅游市场充分自由生长的空间

旅游者的需求是千变万化的，就如同自然生态一样，人不是上帝，不可能预见到市场变化，在这方面最好的办法是让市场那只"看不见的手"

---

① 林语堂：《大城北京》，陕西师范大学出版社，2008，第13页。

去规划未来。北京较为成功的城市旅游区几乎无一例外地是市场推动的，从什刹海的酒吧到南锣鼓巷的旅游街，均为市场自发发轫，管理者因势利导，充分给予市场自发发展的空间，最终形成了极具北京文化特色的城市旅游区。当然，这种文化特色与真正的老北京文化韵味并不完全一致。事实上，那些一味想原汁原味地恢复北京传统风貌的旅游区无一不以失败告终。因此，保留原住民、街巷肌理、老商业，同时让市场那只"看不见的手"按照有机更新的方式去接纳新型的业态、新的居民，是城市旅游能真正发展的不二法门。

总之，并非具有良好条件的城市就能发展好城市的广义旅游，在旅游开发过程中，还要把整个城市看成旅游吸引物，将旅游业全面融入城市的方方面面，充分挖掘利用、继承发扬城市的文化品位，同时培养居民的好客精神，给旅游新业态自由的生长空间，等等，只有这样，才能发展起真正的城市广义旅游。

三 广义旅游与城市之间的良性互动

从上面的分析中，我们可以看出，广义旅游与简单的城市观光等旅游业态不同，其与所在城市之间是一种良性的互动关系。

首先，城市中的广义旅游，为城市保存住了城市业已形成的特质。这种特质不仅仅是保留住了老旧的建筑，更重要的是，在建筑组成的城市背后，看见文化传承。也就是讲，保留住了芒福德先生所说的作为文化容器的城市。在城市发展千篇一律的前提下，为所在城市保存住了游丝一般传承着的过去文化。不要小看这星星之火，这是燎原的前夜。

其次，为缺乏生气的城市带来了丰富性基础上新的活力。

最后，广义旅游助力城市规划回归到更加人性的方面，在城市规划过程中，增添为旅游者服务的设施和服务功能，在为旅游者服务的同时，也让城市更回归到为人服务的本旨上来。比如北京在新航城规划的初期，即考虑这个新城市的旅游如何融入城市发展中，甚至在城市规划启动前，就开始研究旅游规划，使城市规划与旅游规划互动进行，使今后的城市在建设初始阶段就融入了旅游服务的功能，这样的城区将成为更加便利的城区，同时惠及城市居民的生活。

总之，广义旅游与一般的城市观光游览不同，不是简单地适应城市或利用城市的功能，而具有主动地推进城市功能改善的能力，这种改进是符合《马丘比丘宪章》和《北京宪章》的原则的，在当今城市简单化大发展过程中，对城市的改善具有重要意义。同时，城市功能的改进，又为广义旅游的发展提供了更好的环境，促进广义旅游更进一步地融入城市中，甚至融入城市人的生活中，为城市人单调的生活增添更多的乐趣。

第四节 城市广义旅游的未来

在未来城市广义旅游的发展中，既要改善城市的功能，这不仅仅是发展广义旅游的需要，也是城市本身的需要；同时，要注重旅游业自身的发展，主动融入城市发展中，成为推动城市化有机发展的力量。

一 对城市广义旅游的一些错误认识

当前，对城市广义旅游普遍存在不同程度的误解，这些误解突出地表现在以下方面。

（一）旅游仅仅是城市的附属功能

当前，最典型的错误认识，是把旅游与城市发展割裂开，认为旅游仅仅是依附城市发展的，而不对城市具有积极的反作用。在这种思路的影响下，很多旅游城市的规划开发中根本不屑于考虑旅游专家和旅游行政管理方面的意见，甚至在一些已经组建旅游委的城市里，旅游委依然是一个"弱势部门"，一个在城市发展中没有话语权的部门。与此相反，城建部门、土地部门甚至安全部门都有更大的话语权，一些地区打着各种旗号任意隔断城市联系，造成人为的不便。

（二）城市旅游即城市观光

与上述错误认识相对应的是认为城市旅游就是城市观光。正是在这种思路的影响下，拆了老的建新的，建了新的想老的，想了老的仿老的，赝品充斥，出现许多山寨版，一方面是对欧美国家的山寨，一方面是对明清历史的山寨，现在许多垃圾建筑，将来就是建筑垃圾。

（三）只有历史文化名城才能发展广义旅游

还有一种错误认识，认为只有历史文化名城，如平遥、丽江、山海关等城市才能发展广义旅游，一般城市只能发展旅游服务接待。这种错误认识不值一哂，上海以一个现代化都市开发广义旅游的案例充分说明了一个缺乏历史文化遗产的城市，只要发展得当，照样可以发展现代意义的广义旅游。

（四）任何城市都能发展广义旅游

与上述观点相对应的另一种错误认识，就是所有城市都能发展广义旅游。通过上述分析，可以看出，一个缺乏文化品位的城市，一个缺乏好客居民的城市，一个缺乏经济基础的城市，一个被不负责任的规划导致城市有机功能被割断的城市，等等，都不具备发展广义旅游的基本条件。而一个不具备发展广义旅游条件的城市，大多是居民生活非常不便的城市。

（五）城市发展更新与旅游发展无关

还有一种错误认识，认为旅游业的发展不会对城市更新起到反作用，城市的广义旅游仅仅是充分渗透到城市区而已。其实，城市的广义旅游不仅仅是利用城市，更重要的是具有改造城市的功能，这从上海田子坊、北京什刹海等地区可以清晰地看出。这也是在城市规划中应吸纳旅游业参与的重要原因。

二 当前城市广义旅游中应注意的问题

当前城市旅游最大的问题是很多具有发展广义旅游条件的城市"抱着金饭碗要饭"，没有充分开发利用城市发展广义旅游，而是一味大力发展传统意义上的旅游，这样的旅游业不仅自身得不到长足发展，也不能助力城市的发展，终将成为游离在城市发展之外的狭义旅游。

（一）城市旅游节庆化

利用节庆发展广义旅游本是广义旅游的重要方面，但是现在越来越多的城市，将城市旅游节庆化，特别是不去挖掘利用传统节日，而是简单模仿创建一些新的节庆活动。这些新的节庆活动大多由于不接"地气"而得不到旅游者的青睐。

（二）城市旅游舞台化

很多城市在开发城市旅游时，不是挖掘城市中与居民生活相关的文化，而是把活生生的文化舞台化，变成表演性质的活动，这种表演往往与上述节庆活动结合在一起，最终成为仅仅取悦旅游者的演出，这样的旅游没有促成城市文化的有机更新发展。

（三）城市旅游博物馆化

城市的文化是生活在城市居民中的活的文化，比如北京的京剧、苏州的评弹等，原本是活在百姓生活中的，简单地把这些文化博物馆化，使之缺乏鲜活灵动的灵魂，也如同标本一样不能在传承中变化发展。

（四）城市旅游景区化

现在很多城市不是努力建设城市休闲区，将旅游者融入城市，成为城市商业服务业的重要客源，促进城市经济的发展，而是在城市中心大力开发建设旅游区，这些旅游区仅仅为旅游者服务，甚至变成城市中游离于城市功能之外的旅游景区，有些还是按照 A 级景区标准开发建设的。这样的地区对于城市全面发展的作用大大减弱。

三 小结：城市广义旅游的未来

中国现在进行的城市化是史无前例的，未来还将有 3 亿~5 亿人从农村涌向城市，这是非常大的变革，我们要在这个变革中催生城市的迅速更新建设。但在这个变化中必须认识到，史是城之根，文是城之魂，房是城之体，水是城之容，绿是城之装。老城市更新发展必须要符合有机更新的原则，新城市建设必须遵循《马丘比丘宪章》和《北京宪章》的要求，要把城市作为一个整体来看待，甚至把城市作为一件完整的艺术品来设计。在城市的规划建设中，今天的精品就是明天的文物，就是后天的遗产，我们要给后人多留一点遗产，少留一点垃圾。

如果说过去 30 年旅游城市的发展主要在硬开发，今后要把旅游的发展与城市的发展更加密切地结合在一起。中国旅游业发轫在经济欠发达时期，那时旅游业的发展水平大大高于城市的发展水平，因此，20 世纪 80 年代的城市旅游区往往是城市中超前发展的孤岛。现在，中国已经进入中等收入阶段，旅游业不应再成为城市发展中的超前孤岛，而应更密切地融入城市发展中,成为推动城市回归为人服务的重要推手,这也是旅游业支柱地位的重要体现,从而开拓一个新的发展局面,让城市的广义旅游成为改变千城一面的尴尬状态的重要力量。

参考文献

[1] 〔美〕简·雅各布斯:《美国大城市的死与生》,译林出版社,2005。
[2] 〔美〕刘易斯·芒福德:《城市文化》,中国建筑工业出版社,2009。
[3] 〔美〕刘易斯·芒福德:《城市发展史》,中国建筑工业出版社,2005。
[4] 华揽洪:《重建中国——城市规划三十年》,三联书店,2007。
[5] 阿兰·B.雅各布斯:《伟大的街道》,中国建筑工业出版社,2009。
[6] 〔法〕米歇尔·米绍:《法国城市规划40年》,社会科学文献出版社,2007。
[7] 侯仁之:《北京城的生命印记》,三联书店,2009。
[8] 朱祖希:《营国匠意》,中华书局,2007。
[9] 〔日〕芦原义信:《街道的美学》,百花文艺出版社,2006。
[10] 岳升阳等:《宣南清代京师人士聚居区研究》,北京燕山出版社,2012。
[11] 张清常:《北京街巷名称史话》,北京语言大学出版社,2004。
[12] (清)吴长元:《宸垣识略》,北京古迹出版社,1983。
[13] 林语堂:《大城北京》,陕西师范大学出版社,2008。
[14] 宛素春:《城市空间形态解析》,科学出版社,2004。
[15] 戴学锋、金准:《都市旅游:北京旅游业的核心》,载鲁勇主编《北京旅游发展报告(2012)》,社会科学文献出版社,2012。
[16] 中国旅游研究院:《旅游与城市的融合发展——以成都为例》,中国旅游出版社,2013。

第九章 大乡村视阈下的广义旅游

本章试图在较为宏观的框架中讨论广义旅游中的乡村旅游部分，共分为五节，分别对广义旅游、大乡村与旅游、城市走近乡村、城际乡村与广义旅游、偏远乡村旅游的另类题解这五个议题进行分析与讨论。文中着重提出"城际乡村"这个新的大乡村概念，并以此探讨城际乡村旅游的未来发展方向及其对乡村城镇化的影响。

第一节 发展演变

广义旅游是相对于狭义的旅游产业的概念而提出的，大乡村是相对于狭义的乡村概念而言的。在展开这一命题之前，有必要首先厘清这两个概念的演变及时空背景。

一 泛旅游是世界大趋势

1. 工业化与城市化催生旅游产业壮大

狭义的旅游概念涵盖的是工业化体系中的旅游产业的定位与分工。众所周知，游人与旅游自古有之，游侠、商旅、宦游、徐霞客等历史中国的字眼大家更是耳熟能详。但旅游作为大众消费的产品，旅游产业作为单独的社会产业分工的一部分是很晚近的现象，是工业化和城市化发展到一定阶段的结果。

工业化的进程造成产业集聚和人力要素从乡村向城市的转移，从而带动城市化的发展。工业化的基本特征是专业化、大批量生产和标准化，通过规模效益降低成本。除了产权制度、市场运作和法律架构外，另一个重要推手是科学技术的进步，如新能源（煤、电力、核能等）和新技术（蒸汽机、汽车、计算机等）等。

在工业化与城镇化发展的中期阶段，城市居民的八小时工作与休假制度相继建立，旅游与休闲需求成为常态。旅游产业的专业分工应运而生，如旅馆、餐厅、度假区、景区、旅行社等业态不断完善，与之相关的其他服务产业和公共服务也伴随着发展起来，如交通、电信、金融、卫生、治安以及非营利的服务组织等。专业分工逐渐细化，产业外延开始明确，也是这一时期旅游产业发展的特点。旅游产业中涉及旅客行、游、购、娱等活动的产业内分工已相当明确，专业性行业组织也蓬勃发展。

进入工业化中后期的国家，旅游服务业则呈现标准化与规模化的态势，如连锁餐厅、星级旅馆、3S（阳光、海水和沙滩）度假地、营地组织、汽车俱乐部等，都开始推行标准化服务与连锁经营。与旅游相关的其他服务业如金融、交通、医疗等行业也在快速发展，服务业在国民经济中的比重持续增加，制造业在国民经济中的比重不再提高并开始下降，服务业成为经济成长与就业创造的火车头，旅游产业由于其关联广、发展空间大、就业机会多而成为国民经济增长的重要部门。

2. 后工业化推动旅游产业泛化

世界发展进入工业化后期时代，服务业仍保持发展的势头，但出现新的发展趋势。科学技术的新突破（如互联网、宽带光缆、移动通信等）为各行各业的发展创造新的契机，带来新的产业融合和新型业态，服务业向第一、第二产业渗透，第一、第二产业也开始染指服务业。20世纪90年代中期，服务业中为生产者服务的部门异军突起，本来由制造业企业内部完成的工作被外包承接（outsourcing），产生出资料处理、信息管理、网络服务新型业态。制造业则出现将价值链延伸到服务领域的现象，如IBM公司分割计算机制造业务、转向企业信息管理与服务领域，电信交换系统的制造公司承担维护电信商的网络服务等。第三产业内部则出现跨业互融的多种业态，如互联网所带动的涉及物流、零售、金融、广告、资讯等部门的电子商务。

旅游产业在后工业化的浪潮下则出现产业外延拓展、产业渗透与复合业态的新情况。很多传统工业走向没落的城市，将旅游业作为城市更新与产业转型的主要方向，第二产业转型开拓旅游产品，如工业旅游、工业遗址公园等。互联网服务商、行动电话业者、软件开发商进入旅游服务业，规模化的旅游企业进入与旅游相关的旅游地产、影视经营、生态农业等，都是产业融合与渗透的例子。旅游产业成为服务业中关联性、影响力和延伸性最强的产业部门。

随着旅游产业成为服务业的当家花旦，旅游业实践的内容越来越丰富，卷入旅游研究的专业学科也与日俱增，如旅游政治学、旅游经济学、旅游管理学、旅游人类学、旅游社会学、旅游工程学、旅游地理学、旅游建筑学、旅游城市学、旅游法学、旅游心理学等。与旅游研究相关的领域除上述学科之外，还有很多已越出学科，进入公共领域的空间，包括环境保护、政府服务、公共政策、区域发展等公共服务的大课题，这说明旅游产业涉及面之深广、影响之重大。

3. 中国旅游业实践突破狭义旅游的局限

中国的大规模工业化虽然在 20 世纪 50 年代已经起步，但由于计划经济的束缚，城市化发展并未同步，旅游很少面对国内需求，多是外事活动的延伸，规模极为有限。要等到改革开放以后，工业化搭上市场经济的风火轮，才有了工业化与城镇化齐头并进的发展势头。中国旅游业也因此走出之前国际游客当家的局面，迎来国内旅游在 20 世纪 90 年代开始的大井喷。

携着开放促动、制度转型、经济新兴、人口红利等多重后发优势，中国旅游业的高速发展处在全球化、信息革命的外部条件和工业化、城市化及制度转型的内部环境之中，走的已不是传统工业化促进城镇化和旅游业发展的老路，而是在内外挤压下的中国特色的转型新路。90 年代开始的中国旅游业的快速增长正好与中国争取加入世界贸易组织、中国服务业加大开放力度同步。工业化发展前、中、后阶段并存，城镇化和后都市化（大型都市已开始思考如何解决"城市病"问题）重叠，跨国界、跨区域、跨产业的产业开放与竞争升级，加上城乡矛盾、条块互争、官民博弈的改革拉锯，狭义旅游的路子早就被旅游业发展的实践所突破。实践带来新知，旅游业需要新视野、新观念、新思路和新策略来探索前行。

2012 年，信息化、城镇化、新工业化与农业现代化——"新四化"

被确定为中国新时期发展的国策。"坚持走中国特色新型工业化、信息化、城镇化、农业现代化道路,推动信息化和工业化深度融合、工业化和城镇化良性互动、城镇化和农业现代化相互协调,促进工业化、信息化、城镇化、农业现代化同步发展"这一"新四化"战略,以及对"融合、互动、协调、同步"的强调,从政策面为中国旅游发展预设了既宽且远的概念框架,从国家战略的高度要求中国旅游业的发展观念突破窠臼、与时俱进。

在世界与中国的发展大潮催动下,今日旅游产业与其他产业、学科和领域的互动交融可谓蔚为大观,人们开始用大旅游、泛旅游、跳出旅游讲旅游的字眼形容旅游产业与其他产业的互动及其影响力,并尝试从广义旅游学的角度来描述旅游发展的新规律也就不奇怪了。鼓与呼之,此其时也。

二 大乡村应对大挑战

1. 乡村发展是世界难题

与工业的资源可替代性(如新资源、全球布局、优势移转等)的情形大为不同,农业的资源依赖(如气候、土壤、物种等)是特定的,加上历史、文化、人口等资源禀赋的不同,农业现代化的国际脚步从来是多元的。西方国家的工业化进程大同小异,但各国农业和乡村发展的差异很大,农户个体经营的现象普遍存在,农业的现代化更多地体现在现代科学技术在农业上的因地应用,而不是大规模的标准化生产。

虽然西方国家的城市化人口比例在 20 世纪中叶之后已大多超过 70%,但城镇化还在进行,乡村人口并没有稳定下来。农业衰退、农场数目减少、乡村凋敝、乡村人口老化等现象在很多西方国家长期存在。农产品价格低迷,农业的附加价值低,农村对年轻人缺乏吸引力等不利于乡村发展的基础性现象也持续存在,农业靠政府补贴才可维持是很多国家的通例。乡村的发展速度远远落后于城市,如何破解乡村或农区小镇的颓败成为世界性的难题(Moseley,2003)。

与西方国家市场引领的工业化推动城市领先乡村的发展路径不同,中国的乡村发展滞后兼有计划经济忽视造成的老问题与改革开放后积累的新问题。中国的改革从乡村开始，农业和乡村建设在落实家庭承包责任制的初期曾有过较快的发展。目前，每年从中国乡村流向城市的人口超过1000万，相对于工业化和城镇化的快速发展，农业的现代化远远落后，乡村的城镇化也常常因为政府主导而缺乏可持续性。乡村的发展要素从人力到资金持续在流出，中国乡村发展滞后的严重性已经到了要刻不容缓地解决的时刻，需要具有操作性、可持续性和整体性的解决方案。

2. 多元发展，旅游破解发展难题

世界进入后工业化阶段，贸易自由化和全球化对农业带来更大的压力，冲击农业的经营形态，除了少数形成规模农业的地区外，单一农业的业态已此路不通，探索多功能农业（multifunctional agriculture）的发展可能，特别是增加农业经营中的旅游功能，让乡村成为旅游目的地，就成为众多国家努力的方向。在农业+旅游的实践中，有部分国家的乡村地区走出了稳定的成功之路，宜居、宜业、宜游的美丽乡村成为亮丽的风景线。这些地区的发展模式大抵有如下几类情形[①]。

第一类，先天条件良好，后续多元发展。如法国的波尔多、意大利的托斯卡纳、美国的纳帕溪谷等，这些地区通常兼有历史、自然、产业等多种资源优势，并形成了特色型的竞争力要素，如良好的自然条件、善加保存的文化古迹、特色显著的农业或加工业（如品牌葡萄酒、火腿、工艺品等）、独特的风情民俗等。这些地方农业的多种经营比较出色，尤其是与旅游发展关系密切，产品附加价值高，走出了农业与旅游业携手并进的格局。

第二类，自然条件独特，以特色旅游取胜。如奥地利的茵斯布鲁克、西班牙的加利西亚、希腊的格雷韦纳等，这些区域本来就有发展旅游的自然条件，如傍海、靠湖、临山、依林等资源优势，加上四季宜人或冬季多雪等气候条件，适合开展度假型的特色旅游活动，如水上活动、山岳活动、冬季滑雪等。这些特色活动与当地的乡村景致、人文庆典（如加利西亚的圣雅各朝圣路线）等结合，使旅游成为当地乡村经济发展的主轴。

---

① 本文限于篇幅，不探讨乡村多元发展的众多模式，也无法详列乡村旅游发展的所有模式。如美国乡村旅游的研究文献中涉及的多种经营模式有8种之多，见Barbieri et al.（2008）。

第三类，农业转型成功，生态观光取胜。如日本的北海道富良野、中国台湾苗栗县大湖等，在这些地区的乡村，工业化影响下的良种＋化肥＋杀虫剂的传统农业生产方式让位于生态农业、景观农业和低碳农业等多种生产方式，出现面向游客的参与式、体验式农业活动和面对游客需求的农产品及加工产品，旅游成为农业经营的常态组成部分。民宿（乡村旅馆）、乡野餐厅、山间咖啡屋、游客步道、观景区等服务设施渐趋完善，乡野户外活动、乡村节日、乡村民俗等特色活动丰富多彩，乡村旅游收入成为农民收入的重要部分。

值得强调的是，上述乡村旅游的模式，尽管各有千秋，但都保持了乡野环境、乡土气息、乡村生活、农业产业、乡俗文化这些乡村要素的共性[1]，同时超越单一农业、落后乡村的传统局面，依靠多元的业态、符合健康与卫生标准的设施、现代化的管理手段和丰富的人文传统，为旅游者提供多样化的产品和服务（尤其是山野运动休闲项目产品，如滑雪、登山、健行、划船、观赏等）。因此这些乡村地区才能成为不拘国籍的游客都可以多所选择、各得其乐并流连忘返的旅游度假的目的地。

近年来，在中国各地乡村也出现了类似的农业转型的尝试，如云南罗平油菜花节、上海崇明岛熏衣草节等，但普遍是观光旅游的方式，仍然有很大的改进空间。中国乡村旅游在各地开花结果，但能够让游客住下来休闲度假、享受乡野生活的地方很少，大多是旧街老巷收门票的一日半日游，或是住农家院、吃农家饭这类单一模式（戴斌等，2006），无法吸引游客常来长住。至于各大城市郊区出现的较具规模的、能够提供多种娱乐活动的度假地，已经很难称之为乡村旅游目的地，因为在这些按照接待大型会议规格建设的度假村里，乡村要素已经远去，只是有绿地的郊区商业设施而已。

3. 大乡村整合，助力乡村发展

在单一农业借助旅游向多元农业发展的各国经验中，通过政策整合与多方协调来扶持乡村发展被认为是成功的关键要素之一。在推动乡村旅游发展方面，各国的中央政府、地方政府、非政府组织与企业也扮演了重要

---

[1] 这些共性正是国际上对什么样的旅游业态可以称之为乡村旅游的共识所在。

角色，在政策扶持、区域协调、基础建设、行业辅导、产品规划和市场经营等诸方面多有着力。

欧盟国家的乡村旅游走在各国的前面，欧盟在 1991 年就成立了旨在推进欧盟国家农业多元发展的常年性融资项目 LEADER（liens entre actions de development de l'économie rurale 的法语缩写），目前已发展为与更多地域分计划结合的 LEADER +。该计划强调被资助的各地乡村的多元发展方案必须有地方行动团体（Local Action Group, LAG）作为合作伙伴参与，其成员包括非营利组织和地方政府，重在建立能够持续推动多元农业发展的机制与网络，以便落实发展目标，交流农户经验，传播相关知识，协调解决地方问题等（Vidal, 2009）。2006 年欧洲议会通过《推动乡村发展的社区战略导引》（"The Community Strategic Guidelines for rural development", Council of the European Union, 2006），对乡村农业多元发展中的社区建设给予高度的强调。

除了政府机构和当地非政府组织外，跨地区的旅游专业或产业组织在整合乡村旅游资源方面也多有贡献，例如欧洲乡村与农业旅游联盟（EuroGites）。该组织由来自 28 个欧洲国家的 35 个旅游专业团体组成，为乡村旅游提供行销、营运、质量检查和游客意见回馈等多方面的服务，涵盖超过 40 万家的欧洲乡村旅游机构（农户或个人）。EuroGites 还推出了乡村旅游服务的"质量评估标准"（Quality Assessment Standards Rural Accommodation, Version 1.0b, approved at EuroGites General Assembly），该标准于 2005 年首次推出，目前正在修订 2012 年新版。标准的内容分为环境、住宿、预约、娱乐等五大项目，为乡村旅游机构住宿、餐饮、娱乐等设施与活动提供了统一的标准，对提高欧洲乡村旅游的服务质量，促进其可持续发展作出了积极的贡献。目前欧洲乡村旅游在欧洲全部旅游收入中的比重已超过 15%[①]。

专栏 9-1　日本故事

日本北海道地区的熏衣草镇（美瑛町）和香草小镇（由仁町）的特

---

① 见 EuroGites 网站，http://www.eurogites.org/。

色农业与乡村旅游发展则是一个多方整合相关资源、合力打造多元农业的故事。以香草小镇为例，将农业转型为种植香草，并以此为主题打造旅游小镇的发展专案始于20世纪90年代中期。首先是地方町政府积极争取到日本中央政府补助款，该款项来自集合多个部门的农业创新发展补助。然后地方政府经与专业规划设计机构充分沟通，接受了种植香草这个颠覆当地农业传统的转型战略，并做了结合当地城乡改造长期规划的有时间节点的实施方案。在规划之初，该地就成立了推行该案的专门运营机构[①]，请专业人士负责管理，并鼓励村民成立香草产品合作组织（成员主要是当地农妇），在农户中推动相关知识传播和建立行销网络。在该方案实施的过程中，运营方还通过举办面向全日本的园艺大赛、网络宣传等方式打响地方知名度和推销当地产品，得到了乡村旅游者和都市消费者的热烈回应。成功的农业转型根本改变了此地乡村以往的衰败风貌，繁荣的新型乡镇也昭示了多元发展的前景（园田正彦，2003）。

众多发展的经验表明，乡村旅游虽然是解决乡村发展难题的良方，但不是农民一家一户就可以自己实施的，也难以直接依赖市场来调节实现，而必须站在大乡村的战略角度，整合各方面的资源，包括资金、资讯、管理知识和人才，取得多方面的社会支持，才能产生以农业+旅游作为整体解决方案的效果。其间合力整合乡村资源可以有多种模式，如农户+政府+企业，农户+政府+非政府组织，农民+合作组织+企业，农户+专业组织等。值得注意的是，在上述国外乡村旅游发展的成功经验中，农户始终都是乡村旅游经营的主体，外来的帮助仅是辅助的推手，依托市场的力量而不是行政的命令。

整体来看，农业+旅游作为乡村发展复苏之路的成功选项是没有疑问的。2012年的联合国大会历史上第一次作出了"以推动旅游来减少贫困和保护环境"［United Nations General Assembly (21 December 2012). The resolution, entitled, "Promotion of ecotourism for poverty eradication and

---

[①] 该机构是一家合资公司，股东成员包括地方政府（占股51%）和数家来自该区域、与旅游有关的大型商社（来自交通、酒店、百货公司和园艺等产业）。

environment protection"］的决议，这应该是对旅游作为乡村发展出路的国际体认，也是乡村旅游被列入影响世界发展格局的大概念的证明。

以上从乡村发展的大题目，解释破解难题要立足乡村、借助乡村之外的多元外部力量，就此引申出乡村概念的扩大和乡村旅游外部关联性的延伸，但大乡村的概念还有更深层的内容，其对广义旅游的意涵还须导入"城市—乡村"的讨论。

第二节　中国城市走近乡村

一　城市与乡村关系的变化

1. 新技术冲击中国城市连接重组

35年的改革开放后，中国经济的发展已呈现沿海、中部与西部的阶梯式发展格局，城镇化的程度已超过50%，中国整体上进入中等收入国家之列。中国的部分沿海城市已进入工业化后期或后工业化阶段，而大部分中西部城市仍处于工业化中期，工业化城镇化在中国仍有相当大的发展空间。但由于中国经济的开放性和环保压力空前、城乡二元结构恶化等诸多因素的限制，中国已没有走传统的工业化城镇化发展道路的空间与时间，而是要借力国际竞争与新型技术，走出新型工业化和城市发展的新路。

搭上全球化、信息革命和新工业化的快车，中国的城市发展正迅速感受新的技术应用带来的巨大影响，高铁网和宽带网就是两个例子。中国高速铁路的发展享有技术的后发优势和市场的规模优势，这使之能够以市场换技术，综合与吸收多个国家在高铁技术的领先专长，发展出中国独具特色并拥有完全知识产权的高铁技术，并在较短期间内完成国内高铁网的布局，通车里程超过一万公里，跃居世界第一位。高铁网的建成改变了中国城市间的空间格局，速度快、运量大、搭乘便捷的高速铁路横跨东西南北，形成新的城市群和城际圈，无论是城际人流与市场范围都获得极大的增大。这样城市间关系重组的例子可以举出广州-长沙区域、郑州-西安区域、长春-吉林区域、长三角城市群等。

在 2013 年 1 月发布的世界银行有关中国高铁发展的报告中，高铁项目具有的广泛的宏观经济发展效益受到了特别的关注。以 2012 年底开通的京广高铁沿线的郑州为例，过去在京广线上，三小时内可达城市只有安阳、新乡和邯郸，京广高铁贯通后，三小时内可达城市数目增加为 8 个。"由于一天之内就可以往返，这些城市之间的协作将会更加密切。经济交流、交通可达性和生产率提高几个方面的影响预计都会很显著，超过了传统的直接交通运输效益。中国高铁建设规划的规模和范围提供了一个尝试衡量这种影响的独特契机。"①

被改变的不仅是城市辐射的范围，也包括城市居民的生活方式。世界银行 2012 年对中国高铁运行三年的评估报告认为："高铁乘客中大约有一半或一半以上的人可能属于新生成的客流。这一发现意义重大，它说明对于高铁所提供的服务质量，存在很大的潜在需求。这些新生成的出行客流还表明，为了利用这种新的交通模式的优势，企业和个人都已改变行为方式。"② 这个行为方式的改变当然也会包括游客的旅游与度假方式的选择。

互联网则通过 3G、4G 等网络通信技术和电子商务平台链接城市与城市、乡村与乡村、乡村与城市，大幅增强城市间、乡村乡镇间以及城乡间的信息通达、人际联络和市场联系的能力。高铁网与互联网还会相互强化，使该地区原来未显优势的资源要素因空间格局的改变和网络通达而进入区域重组，使资源重新优化配置成为可能，因此带来该区域的竞争力包括旅游产业竞争力提升的机会。

2. 新城市群走近周边乡村

通达的交通与信息网络连接是现代城市的标志，也是城市与乡村链接的推动器。被高铁网拉近的不仅是通车线上的城市，还有这些城市之间、城市周边以及新的城市节点影响下的乡村。区域内出现的新的城市节点（如成都老城与新城之间、西安老城与西咸新区之间、长春与吉林市之间、长沙与武汉或广州之间等）将发展为城市新区或城市带，而周边原来遥远的乡村则变为城市的郊区，原来不具区域优势的乡村旅游要素因空

---

① 《对高铁建设规划的评价须考虑更广泛的经济效益》，世界银行网站，2013 年 1 月 21 日。
② 世界银行《中国交通发展系列报告》之四：《把脉中国高铁发展计划：高铁运行头三年》，世界银行中文网站。

间格局的改变而优势显现，处在被拉近的城市间的乡村会出现乡村旅游的新热点，如"1~3小时圈"内会出现城市居民周末旅游的新目的地，"4~8小时圈"内会出现节庆长假的乡村度假地。例如目前施工进展顺利、2014年计划通车的贵阳至广州的高铁，设计时速不低于250公里，届时贵阳至广州间的列车运行时间将由现在的22小时缩至4小时，广州人在骄阳似火的夏季周末到清凉贵州去避暑将成为可能。

中国的传统城市格局对市民的生活配套设施和休闲空间少有考虑，目前大部分城市已人满为患，市内空间寸土寸金，也难以构造新的公共服务与休闲空间。而城市新区、区间新节点以及新城镇的出现则带来城市公共空间重构的新机会，如节点周边的乡村改造可预留城市新区的绿化带、城郊湿地、市民公园、步道小镇和各种公共空间的新尝试等。此外，新城市群的发展还会给周边乡村带来新的发展机遇：由于运输时间缩短、物流效率提高，乡村的传统农业可转型为面向城市的生态农业；方便通达、自然环境好的乡村城镇还可以成为区域城市人口第二居所的新选择等。乡村与农业的多元发展是需要依托城市的，但传统的中国中心城市模式（如首都、省会等）由于围绕单一政治与行政中心，范围与辐射力均不及主要靠经济与文化创新力连接起来的城市带，也不如这些以产业链、网络化连接起来的城市具备以市场方式扶持乡村的多元力量，如民营企业、非政府组织、专业团体、学校、志愿者组织等，以及更有深度与广度的市场。

3. 大乡村正解：城际郊区

被高铁（也包括城铁、高速公路等新的交通网络）拉近的区域城市群[①]会重新定位同时被拉近的乡村，城市郊区的概念大为扩展，将出现像"城际郊区"（通过高速路1~2小时可达）这样的概念。城际郊区超出传统城市行政层级的范围和限制，反映出在新的交通动线连接下的城乡配置新形势。离城市200~400公里范围内的小镇、村庄都可能进入城市居民周末度假或置产建屋的视线中，城市居民对所钟情的目的地的选择标准也会出现更多的变化，可以随时前往的美丽乡村不再局限在传统的环城公路

---

① 中国城市因经济纽带增强而出现城市群的组合与目前国际文献中的区域城市现象有相似之处，本文限于篇幅无法展开讨论，请见 Allen J. Scott（2001）。

带上，而延展到更远却更容易到达之地。所谓远近，其实是时间和成本的综合衡量，心理的距离才是重要的。同时，乡村作为旅游或度假目的地的资源属性也随之变化，有些乡村也许不适合做旅游观光目的地，却适合避暑避寒、修身养性、健身疗养；有的乡村的自然条件适合生态或特色养殖（如有特定的土壤、水源、气候、山林等），符合城市特定消费人群的需求；有的乡村适合上班族每日通勤，有的却适合银发族常住。凡此种种，多样化的乡村条件可供形形色色的城市居民选择，在人力和资金等发展要素流向这些乡村新热点的情形下，这些乡村的居住与休闲环境的改善，乡村旅游产业的提升，都是可以期待的。

上述高速交通工具拉近乡村的讨论还没有涉及其他工具，如通用型的飞机。如果中国经济能继续保持较为高速的成长，国土空间进一步对国民开放，私人拥有飞机的数量在未来会迅速成长。到那时乡村与城市之间的距离会进一步拉近，乡村的地理空间、机场条件、配套设施等会成为最先被考虑的资源属性。

目前，城市农民工的公民待遇受到很多关注，农村居民迁居城市被认为是中国公民自由迁徙权利的体现。同样，城市居民希望到乡村或村镇居住也是相同的公民权利的表达。如果城乡联系不是由行政体系分割，而是通过经济与文化的市场网络相连，城乡居民的双向流动本来是正常的现象。

城际郊区的出现反映出城市的动态发展下郊区概念的变化，这样的发展在历史上也不无先例。经济的发展总是带来区域资源重新配置的机会，例如产业的集中会导致本地就业人口的增加和周边城镇的兴起，城乡居民会根据收入与市场上资源价格（如土地和住房）的变化调整自己的新需求。如同家用小汽车的普及，曾在发达国家城市发展中带来郊区住宅区和卫星城镇的发展，从根本上改变了这些国家城市发展的轨迹[1]，这一波推动中国区域空间格局变化的高速交通大发展，也会带来深远的影响。

---

[1] 发达国家的城市发展也面临改革之声（如再工业化和城市旧区改造），对过去工业化与城镇化的发展教训（包括郊区蔓延等）出现很多检讨与批评的声音。见 Jane Jacobs (1961)。

第三节 城际乡村与广义旅游

从工业占国民经济的比重来看，中国仍处于工业化中后期的发展阶段。另外，中国从计划经济转型到市场经济的过程也还没有完成，计划经济时代先生产后生活的服务产业滞后的状况在中国城市中仍普遍存在。即使是北京，其第三产业占国民收入的比重已超过70%，也仍很难说北京已进入后工业化时代。北京面向市民的服务产业（包括旅游休闲产业）仍供给不足，很多新建小区的服务设施严重不足。再看全国各地，城市市民买菜难、吃早点难、乘车难、上银行难等新闻长年不断。这些基础性的服务尚且如此，市民休闲的公共空间更是缺乏。中国的城市园林化指标增长很快，2011年中国城市人均绿地已达11平方米①，但新增绿地多在环城绿化带或道路桥梁周边，能够让市民在社区周围享有的绿地很少。服务业滞后在中国城市中是很普遍的现象，从这种意义上说，中国国内旅游业的火爆情形也是需求旺盛、供给不足的表现，而城际乡村旅游作为城市旅游相关服务业的延伸正符合这一市场的需要。

从动态的城市发展格局看城际乡村，对乡村的用途、乡村的资源属性以及城市—乡村的关系等的判断会发生绝大的变化。在城际乡村的背景下，乡村旅游这个多元发展的模式，其实可以被视为关联城市第三产业各种需求的服务外包与延伸。沿着这个思路，乡村旅游的用途就变了：城市居民离开常住居所来到乡村从事的各种活动，无论是度假休闲、观光赏玩、第二居所小住，还是企业培训、商务交往，都是广义旅游的范畴。城际乡村等待的正是大乡村广阔空间中的旅游发展机会。

一 大乡村大资源

从城市第三产业延伸和广义旅游的角度出发，城际乡村作为大乡村的资源属性远远超过单一村庄，可看做多维属性的集成。

---

① 见新华网北京3月11日全国绿化委员会办公室发布的《2011年中国国土绿化状况公报》。此指标基于绿地总面积除以城市非农人口，不包括像农民工这样的流动人口，因此结果偏高。

从乡村的资源要素来看，乡村的自然、经济与文化属性包括：区位（到关联城市的距离）、交通（方式与便捷程度）、空间（面积与地貌）、乡野（山、溪、谷、湖、草原、岛屿等）、乡居（乡村、乡镇的建筑与设施条件）、乡民（民族、数量与人口构成）、乡产（农牧渔林副的规模与种类）、乡俗（节庆、乡约、乡学、乡史等），对这些要素优劣高低的判断关键并不在于其绝对价值（如再生林比不上原始森林），而在于其所对应城市现有需求的相对价值。例如，夏季气候炎热的城市（如武汉、重庆、南京、广州等大城市和一大批中等城市）所缺乏的是夏季的清凉避暑之地，凡是临近区域海拔800米以上的山区乡村（海拔每增高100米，气温会平均下降0.6℃）都有较高的相对价值。再如城市因人口密集，少有开阔的地域水域，很难开展需要空间和水面才能从事的休闲活动（如骑马、驾帆船、跳伞、飞行等），具有相应条件的乡村就具有相应的资源竞争力。

一个地方的资源能否被点石成金，关键在于资源利用的方式和找对市场，这其中尤以资源的组合度值得关注。功能单一的资源，尤其是历史文物，常常沦入"很有说头，很少看头，更没玩头"的境地，就算是国家级文物，就旅游产品来说，资源开发的价值也极为有限。反之，有的地方尽管单项资源的品位一般，但有多种资源且契合度高，经过组合后就会价值非凡，如同古道西风瘦马、小桥流水人家，每一概念无足惊奇，聚在一起就意境高远。这种资源组合的方式如同鸡尾酒调制，平凡的成分经过创意的组合，就产生独具特色的滋味。此外，资源优势是可以创造、壮大的，尤其是文创性和规模性的资源。如英国北英格兰的约克雕塑公园就是将以往是贵族庄园、后被分散卖掉的农庄购回，基于乡野环境+乡村古建保存+野外现代雕塑所形成的知名旅游地（谢统胜等，2011）。城际乡村由于占有较好的区位资源和市场网络，本身就具有与多元旅游资源组合的优势。

从空间格局集成来看，可以按照乡村对城市的地理与从属或关联程度，分为城中村、城市郊区乡村（近郊、远郊）、城际乡村（亦可分为临近区域、中心节点区域等）、城市圈边缘乡村以及边远乡村等。从现实情况来看，城中村大多因变为市区而走入历史，郊区乡村因各地建城区的扩大与规划制约也少有发展的余地，只有由高铁高速路通车拉近的城市间的乡村最具发展潜力。同样的道理，地理距离的绝对值并不重要，到达时间才是重要的，因此乡村便捷通达的程度和相对于关联城市的资源价值就成为其特色定位和目的地属性判断的主要标准。

从产业关联度集成来看，乡村的城镇建设、新移民、农副业生产、生态维护、道路交通、商业设施、公共服务等，如果必须就地解决，常常是地方乡镇的头疼之事，因财政没钱、规划无序和实施不力而难以统筹解决。即使财政收入尚可，还要依地方领导的偏好决定规划中的先后次序，换个领导就换个安排，几年一变的情形屡见不鲜。乡村旅游项目由于是政府工程而非市场导向，常常难以为继。但如果从关联城市的第三产业延伸考虑，城镇化发展的很多问题就可以因为与对应城市的旅游需求对口发展而获得解决，像乡镇主题产业的选择、乡民就业方式、产业发展资金等老大难问题也就迎刃而解了。成为城市旅游服务价值链的一环，单个乡村的发展就成为城际大乡村整体发展的一部分。如同北海道的农民如果延续种植马铃薯的传统生产方式，就只能接着走乡村凋敝的老路，而面向城市游客改种香草则让地方的农业生产通过旅游产业与城市产生关联。

从社会影响力集成来看，城乡二元结构恶化、"三农"问题严重、环境破坏、城镇化和农业现代化滞后等均是乡村发展中的负面议题，从单个议题入手，各地乡村分散解决，就会变成撒芝麻盐，常常导致劳而无功。如果借助关联城市的多元力量，利用城市政府、企业、专业团体、社区民众等整合社会的需求和关注力，将这些议题提升到作为城际大乡村的旅游市场的层次来看，就可以将上述负面议题转化为"打造城市后花园""1~2小时最美乡村""理想第二居所""以旅游助力城镇化"等发展议题，并通过规模化的城际乡村旅游项目的实施得到整体改善，社会影响力可谓大矣。

城际郊区由于通达性好与市场联系紧密，资源的多维属性被有效利用的机会大，易于形成规模化的旅游产业，很有可能走出乡村城镇化与乡村旅游的新路来。

二 大市场大观念

城际乡村是一个大乡村大旅游的试验场，观念的先行就显得格外重要。以旅游产品的发展空间拓展来说，自然空间的延伸度（如空域高度、步道长度）、生活空间的大小（食宿购娱等的行为空间）、市场化程度（如乡村居所可买卖）、精神空间的宽容度（宗教、玄想或文化追求的自由）、社会空间的互动度（游客、住民、从业人员、政府与社区之间）、虚拟空间的有效性（互联网的传输速度、带宽、云计算的存储）等，这些发展空间的每一步扩展都可能产生新的产品的需求与供给，每一步退缩也会抑制相关产品的市场机会。比如局部区域低空空域的开放是近年才出现的，没有这个开放，使用私人飞机的休闲活动就无法开展。要实现城际乡村旅游的大发展，就需要在观念上、政策上、做法上实现突破，去拓展乡村旅游发展的空间。

从中国乡村城镇化的发展历程来看，目前主要是两条路径。一条是政府主导建镇的行政模式，用行政的手段并村搬迁，使村民变成镇民，但经营主业还是农业。因为这种城镇化不是由市场推动的，乡村产业并没有转型，人口老化、就业困难等问题并没有解决。另一条道路是农民离土离乡的个人模式，受城市拥有较多就业机会、收入较高以及子女受教育的机会更好等吸引，农民移民到城市成为打工者。这种农民移民到城市的方式虽然成功解决了个人就业的问题，但也没有解决乡村发展的问题。沿着这两条道路走下去，乡村城镇化仍然会困难重重。

与此对比的是，作为关联城市服务业延伸的城际乡村旅游则可能是乡村城镇化发展的第三条路，即通过关联城市与城际乡村的对口互利合作，将乡村旅游与城镇化相结合，配合旅游发展使农业向多功能农业转型，以乡村旅游带动乡村发展。以高铁为代表的新技术拉近了城市间的距离，扩大了市场网络的范围，降低了市场交易的成本（时间的节省是交易成本下降的重要原因）。这种市场运作效率的提高当然会导致城市间更紧密的产业分工与合作，因为这是通过市场建立的关联度和效率的提高，而不是通过行政手段合并造成的。同样的道理，市场扩大、效率提高和更紧密的产业合作也会发生在城际乡村的相关产业上。如果把城际郊区看做是中国下一波城镇化发展的新动向，并能够充分借助周边城市的辐射关系和对应需求，这将会带来城市转型与乡村发展的新机制和新做法，完全可以说是具战略意义的发展方式。

当然，由于乡村土地的使用权性质和农作物经营的地域限制，距离近了不等于建立了市场联系，关联城市服务业的外延或外包也不会在城际乡村自动实现。城际乡村能否产生乡村旅游的市场则有赖于"5W"（Where, When, Who, What & Which）经营方略的完成，即在何地，于何时（项目启动、完工、营业），由何人（投资、经营、受益），产出哪些产品，以及服务哪个市场。解决"5W"问题的方式要看旅游项目（What）的规模和类型，小型的旅游项目适合参与的各方个别协商解决，大型的旅游项目（特别是与关联城市对口的大型项目）由于涉及土地征用和配套交通等政策或公共服务问题，参与各方还必须有政府方面的参加。目前各地旅游开发的方式通常是由开发方做策划，市场调研往往放在项目完成之后，常常会有市场定位判断错误、产品不符合市场需要的情形发生。考虑到城际乡村的资源规模和市场深度（大乡村旅游对应关联城市群的第三产业）、乡村旅游要和乡村城镇化结合的战略目标，分散式的投资方式很可能造成投资无序和项目重复的情形，而采用城乡对口长期合作平台的方式会是更好的选择。

三　大平台大合作

面对城际乡村广袤丰富的大资源，有了城际乡村与关联城市这个大市场的观念，用大平台大合作的方式推动大乡村的旅游发展，应该是顺理成章之举。问题是需要什么样的平台和机制实现大合作？大合作下的城际乡村旅游发展应有哪些特点？

第一，建立关联城市与城际乡村的共识（如由某一城市发起，邀请有关诸方参加的研讨会、发表合作宣言和行动倡议书，确立城际合作的共同目标），参与城市与乡村的范围可以是同省区也可以是跨省区的，视关联程度而定（如两小时城市圈）；并在共识的基础上建立关联城市与城际乡村的长期合作平台（如城际合作高峰会暨投资发布会），其常设机构也可由第三方机构协助运营。

第二，探讨设立城际乡村旅游发展试验区，推出鼓励投资的配套政策（如减免税和其他优惠政策），摸索城际乡村旅游发展的开发模式。

第三，对关联城市的相关需求、城际乡村的各类资源和城乡居民参与态度进行量化调查,作出城际乡村旅游发展的战略规划(回应大流量、周末游、第二居所、多元产品等相关市场问题),并根据审批后的战略规划形成有约束力的战略合作协议。

第四,通过合作平台发布根据战略规划确定的区域招商与项目招商的细节,并通过多种形式的次级平台招商引资,促进合作。

第五,拓展资源使用的空间,利用整合的技术(前工业化、工业化和后工业化的技术),发展多功能、多向度的复合型旅游与休闲产品,引入创意文化和创意产业来丰富乡村发展的多元性,培育重点项目、优势项目、聚集项目。

第六,城际乡村的旅游发展要兼顾环保与社会公平,保护在地居民权益,鼓励在地居民参与开发决策,用传承培训等方式培养当地人才,使农民也成为文化传承者、工艺美术师。

第七,保留传统建筑与乡村格局,保护自然环境,在项目开发时将维护乡野环境、乡土气息、农业产业、乡俗文化等乡村生活要素作为景观概念或基础要求。

第八,从后工业化的视角,挖掘前工业化资源(可作为非物质遗产的传统农业生产方式,如哈尼梯田、稻鱼共生),形成超工业化的产品;开发景观农业,用综合的理念经营农业,通过旅游提高土地利用率,提升农产品的附加值;将生态农业经营与旅游挂钩,成为关联城市定点的有机农产品供应点,包括当地农产品、风味产品和深加工农产品,将绿色产品作为乡村旅游新标准[①]。

第九,开发乡村旅游的地产项目,为关联城市居民提供第二居所,包括银发公寓、度假社区、休闲农庄、主题村庄(合作盖房)等。

第十,建设特色农业与乡村旅游相结合的宜居乡村,使乡村旅游成为保护乡土的文化工程,并按照通达路线串成主题呼应的乡村旅游带,加大其规模效应与品牌效应。

以上论及的城际乡村旅游发展的未来路径和建议,并不排斥其他区域乡村旅游的发展模式。只要是以市场引领的各种乡村旅游发展,其形态越

---

① 可参考联合国有关生态农业的发展报告(UNEP Report, 2011)。

多、产品越多元、服务人群越广,就越会促进公平竞争与提高效率,旅游消费者得益,旅游产业也会不断升级。只有面对市场而建立起来的乡村旅游项目才能长久,也才可能实现留住乡村、留住净土、留住文化、留住家园。

四 偏远乡村旅游的另类题解

偏远乡村由于远离城市,在工业化时期的旅游市场发展中是被遗忘的角落。即使在中国目前快速交通系统大发展和未来现代交通网络体系建立的情形下,还是有相当数量的偏远乡村没有变成拉近心理距离的城际乡村。由于地理位置的绝对性(远离都市圈的高原、高山、森林、深谷、草原和沙漠等)和资源特色缺少针对旅游市场的唯一性,这些偏远地区交通不便,无法形成市场规模,乡村旅游的产业之梦很难实现。

如果无法通过市场带动,这些地区的乡村旅游是否就毫无希望?是否与广义旅游学无关?如果将两个重要的概念延伸到偏远乡村,就未必如此。

1. 生物保护圈(Biosphere)的概念

生物保护圈包括生物圈保护区和都市周边生物圈,始于1971年的人与生物圈计划(MAB)是联合国教科文组织(UNESCO)针对全球面临的人口、资源、环境问题而发起的一项政府间的国际科研计划。生物圈保护区是该计划所设立的特定区域,区域内会针对资源及生物多样性进行综合管理,生物圈保护区因此成为试验和学习可持续发展的基地。生物圈保护区设立的目的是将区域内居民的文化保存、经济发展与生态环境保护结合起来,从而找出一条既可以保护自然资源、文化资源,又可以促进乡村社会经济可持续发展的模式。目前全球共有621个生物圈保护区,遍及117个国家[①]。在2012年新列入的20个生物圈保护区中包括中国的井冈山和秦岭的牛背梁。井冈山入选的原因是"有着中亚热带区域潮湿的雨季气候和高山、峡谷、构造盆地和喀斯特等多种地貌和亚热带地区最大的、连绵不断的、原始阔叶林生态系统地区,这里有高等植物3415种

---

① 见教科文组织的网站,http://www.unesco.org。

(包括突变物种），当地居民以农林业为生"。而秦岭牛背梁的入选原因是其"位于秦岭东段的典型的温带阔叶混交林山林体系，94%以上面积被森林覆盖，是西安和陕南地区的重要水源涵养地，高度的生物多样性，包括诸多濒危物种，住在过渡区当地居民的经营活动包括农业种植、家畜饲养和林业产品"[1]。由此可见，虽然这些乡村地区相对远离都市和旅游市场，但其作为生物圈所具有的生物多样性的意义十分重大，可以通过列入生物圈保护区受到世人的注意。由于保护区的列名和国际相关科研计划的引入，保护区内对破坏性的资源开发严格限制，区内的生物多样性可望长久保持，因此可以构成对具有环境保护意识的旅游者的长时期和长距离的吸引力。

另一个生物圈的概念是城市周边的乡村生物圈。城市与周边生物圈的提法是一个较为新近的概念，与第三次工业革命的概念有关。近代城市的发展已经历两个阶段：在第一次工业革命时期城市主要是向上发展，造成摩天大楼林立的城市形态；在第二次工业革命时期城市是向郊区发展，造成城市平面的延伸。而目前的世界城市正面临第三次工业革命（互联网络与可再生能源相结合，城市建筑成为产生替代能源的分散网络是其特征之一），与之相应的是打断切割的城乡郊区延伸，保留城市周边的乡村作为与现代城市聚落连接的生物圈群落（Rifkin，2011）。

把乡村作为城市的生物圈的概念在中国已经开始历史性的试验。这个试验也与联合国教科文组织有关，该组织推出的"生物圈城乡统筹项目"（BIRUP）在2012年7月正式落户重庆巴南区，使之成为联合国组织试图破解世界性"三农"问题的首个全球性实践基地。这一项目的独特性在于结合当地政府、国际机构和企业，并由企业长期投资，将城市和农村发展统筹考虑。巴南区大约600000亩土地将成为这个生物圈城乡统筹项目的可持续发展基地，将有十大综合发展子项目，耗资30亿美元、耗时30年来完成。第一期2500亩的示范园将在两年内建造完成，它将成为经济繁荣、文化存续、安居乐业的乡村社区，具有整体的生态可持续系统，可

---

[1] 见教科文组织生物圈保护区的新闻稿，见该组织网站。

以作为绿色发展的教育实践基地①。

意大利的罗马正在设计再造罗马城市可持续发展的生物圈规划。按照这一规划，位于罗马城市外圈的乡村将被开发成多个能源能够自给、进行生态耕作的有机农庄或生物多样性保护区，城市与乡村将结合成在相当程度上可以自给自足、永续发展的生态系统。换句话说，这个概念是把都市及其周边地区在都市圈、经济圈之外扩展定义为生物圈。这将带来对乡村发展道路和乡村旅游业态的重新阐释，也会成为广义旅游学中乡村旅游部分的新内涵。生物圈的概念还可以应用在城际乡村和更远距离的城乡关系上：沙尘暴肆虐北京，沙源地可能来自千里之外；同样，遥远山村的生态多样性保存对相关城市的生态圈状态也具有重要的影响。

城乡生物圈的概念是对以往"城乡分隔、城乡对立、城乡差距、城乡矛盾"等二分法式的城乡概念的颠覆，将城市和乡村在更广泛和深刻的意义上视为生命共同体，乡村的保留、保存和发展对城市的现在和未来的发展是不可或缺的，城市和乡村是人类共同的家园。

2. 志愿者作为乡村旅游者的概念

在非政府组织高度发展的国家，到乡村去从事志愿活动的人数相当可观。这些在自己的业余时间里来到乡村的志愿者们成为乡村旅游中长期的风景线。

专栏 9-2 一个感人的真实案例

1966 年，一批由科学家、艺术家和工程师组成的志愿者组织来到南美洲哥伦比亚的拉诺斯草原，开始同原住民一起建设可持续成长的绿色家园，这个村庄以一种当地水鸟的名字命名，叫"加维奥塔斯"。志愿者们从一开始就有意识地利用风力、太阳能和其他非化石能源作为动力，并采用多种因地制宜的手段来降低能耗，像利用当地原料建筑具自我降温功能的屋顶等。在村庄的学校里，孩子们课余玩的跷跷板就是抽水泵，通过孩子们的玩乐运动，将水抽到蓄水塔上以节省抽水的电力。为了确保经济发展和能源供给的稳定，志愿者们引入了加勒比松，在当地稀疏的草原上种

---

① 《人与生物圈计划落户重庆巴南区》，中国经济导报网 2012 年 7 月 30 日。

植。从 1983 年至 1995 年，志愿者们和加维奥塔斯村村民总共种植了 160 万棵加勒比松。松树如今长成，加维奥塔斯完全实现能源自给，再也不需要用柴油。在风力发电无利润可图后，村庄内的工厂改为生产松树脂，以树脂提炼燃料替代柴油。目前加维奥塔斯的森林面积约为 80 平方公里，该地的生物多样性有了极大的增强，在广袤树林的庇护下，其他动植物也获得了栖息繁衍的生长机会（韦斯曼，2009）。1997 年加维奥塔斯被联合国零排废研究机构授予世界零排废奖，这个小小的乡村成为绿色乡村发展的圣地，也自然成为生态旅游者的必选目的地之一。

同样的志愿者行为在中国也逐渐多起来。例如，致力于荒漠化治理的阿拉善 SEE 生态协会每年都组织志愿者到该地种树[1]。由中国绿化基金会等主办的"绿色公民行动"计划在 2011～2014 年三年时间内，在阿拉善地区种植 600 万株梭梭、援助 5000 户农户[2]。无论是扶贫，是生态保护，还是上述生物圈概念对乡村生态多样性的保存，志愿者的足迹都同样重要。他们不单给偏远地区的乡村带来新的希望，也给该地的乡村旅游带来另类的契机，这是不依赖市场的乡村旅游。

中国文化曾深植于乡村中，家国和乡土概念是不可分割的（费孝通，2006）。但现代工业和城市化的发展，使城市和乡村异化，家国参差是，乡土依稀寻，城市人和乡土已远离。如今城乡生物圈的理念和下乡志愿者的行脚却在将城市和乡村、家国和乡土重新连接在一起，乡村旅游也可以由此谱出新的篇章。偏远的中国乡村可以成为人们寻找精神归宿与理想家园的美好追求和向往之地。

小　结

本章从广义旅游概念产生于旅游实践与产业、学科的交叉开始，继而讨论乡村发展的难题与破解，指出乡村发展只有走多元农业之路（主要

---

[1] SEE 组织成立于 2004 年，是由中国近百名知名企业家出资成立的环境保护组织。
[2] 2011 年 10 月 20 日，新华网。

是农业+旅游）才是正道，并从乡村问题要多方支持方能成功解决总结出从小乡村到大乡村的道路。继而从城市与乡村的关联性入手，特别关注近来中国已出现的城际乡村现象，点破乡村旅游可以被看做是相关联城市的旅游服务业的延伸，提供解决目前乡村城镇化滞后弊病的创新思路。继而阐明用动态的资源观和相对价值来衡量乡村旅游资源的利用潜力，指明城际乡村与关联城市的对应旅游发展，应该是下一波中国乡村城镇化和乡村旅游发展的新方向，这也是从大乡村看广义旅游发展的新趋势。最后，引入将乡村作为生态圈和志愿者行为的概念对偏远乡村的乡村旅游推展提供另类的思考与方案。对广义的中国旅游学来说，乡村旅游的关联性、重要性和可发展性应该引起更广泛的关注和讨论，乡村旅游的未来发展的确是天地广阔、题材众多、潜力十足、大有可为。

参考文献

[1] 艾伦·韦斯曼：《加维奥塔斯：改变世界的村庄》，上海科学技术文献出版社，2009。

[2] 费孝通：《乡土中国》，上海人民出版社，2006（该书初版于1946年）。

[3] 童玉芬等：《未来20年中国农村劳动力非农化转移的潜力和趋势分析》，《人口研究》2011年第4期。

[4] 谢统胜、李惠蓁：《不列颠文件：当空间与艺术相遇》，（台北）典藏出版，2011。

[5] 〔日〕园田正彦编著《城乡总体营造之路》，三井物产战略研究所，联经出版事业公司，2003。

[6] "中国农村劳动力转移"课题组：《中国农村劳动力转移现状、问题与发展》，国研网，http://www.sociology.cass.net.cn/shxw/xcyj/P020050601322340628841.pdf，2003。

[7] 戴斌等：《中国与国外乡村旅游发展模式比较研究》，《江西科技师范学院学报》2006年第6期。

[8] 联合国有关生态农业的发展报告，UNEP Report，2011。

[9] 世界银行：《中国交通发展系列报告》，http://www.shihang.org/zh/country/china/research/all。

[10] Barbieri et al. 2008, Understanding the Nature and Extent of Farm and Ranch Diversification in North America, *Rural Sociology*, 2008, (73) 2.

[11] Jane Jacobs, The Death and Life of Great American Cities. New York: Random

House. February, 1993 [1961].
- [12] Jeremy Rifkin, *The Third Industrial Revolution: How Lateral Power is Transforming Energy, the Economy, and the World*; Palgrave Macmillan, （中文译本，杰里米·里夫金著《第三次工业革命：新经济模式如何改变世界》，中信出版社，2012）。
- [13] Malcolm Moseley (2003), *Rural Development: Principles and Practice*, SAGE Publications Ltd; 1 edition.
- [14] Rene' Victor Valqui Vidal (2009), Rural Development within the EU LEADER + Programme: New Tools and Technologies, *AI & Soc*.
- [15] Allen J. Scott (ed.) (2001), *Global City-Regions: Trends, Theory & Policy*, Oxford: Oxford University Press.
- [16] Agricultural Policies in OECD Countries: Monitoring and Evaluation 2000.
- [17] The Resolution of United Nations General Assembly (21 December 2012), "Promotion of Ecotourism for Poverty Eradication and Environment Protection".

第十章 大休闲视阈下的广义旅游

一般认为，休闲实质上就是人们对待和利用闲暇时间的方式。皮格拉姆（Pigram，1983）将休闲娱乐看成是"在闲暇时间自愿参与活动，主要是希望从中获得愉悦和满足感，这种活动是不需要承担任何责任的，没有人强迫，也不为获取任何经济上的利益"。但美国著名休闲学专家约翰·凯利（John R. Kelly，1987）认为："休闲是一个复杂的现象，是一些现象的组合。任何单一的范式、模式、途径、理论或研究方法都不可能尽述其详。"无独有偶，对于"旅游是什么"和"什么是旅游"的命题同样是众说纷纭，莫衷一是。无论是具有可操作性的旅游统计定义，体现出旅游概念的"精确中的模糊"，还是旅游学术定义所表现出的"模糊中的精确"都使得研究旅游的学者无所适从。英国著名旅游学家克里斯托弗·霍洛韦（J. Christopher Holloway，2002）在其《旅游业概论》一书中指出："从概念上讲，为旅游下一个精确的定义是不可能完成的任务。但是，为了统计的便利而在技术上下一个定义并没有多大问题。"由此可看出，旅游同样是一个复杂的现象。接着，霍洛韦几乎是用调侃的语气写道：随着20世纪大众旅游的出现，也许旅游者的精确定义会是"为了看看与本国不相同的事物而旅行，而一旦发现所见事物与想象中的事物根本不同时却又抱怨的人"。更有甚者，对于"旅游是什么"的问题，社会学家伊恩·芒特（Ian Munt，1994）给出了"旅游是一切，一切是旅游"（Tourism is everything and everything is tourism）这样无奈的答案。马歇尔森和沃尔（Mathieson & Wall，1982）认为，"关于休闲娱乐与旅游的讨论已经被不精确的专业术语误导而陷入了困境"。正是由于这两个概念外延边界的模糊性和不确定性为"休闲"与"旅游"这两大概念的整合与融合提供了可能,为构建"广义旅游"留下了探索空间。

第一节 休闲的概念与本质

一 词源学和语义学中的休闲概念

国外学术研究中使用最广泛的英语中,休闲一词是 Leisure,主要强调休闲的"空闲,闲暇,悠闲,安逸"的状态,但在国内转译时也常将休闲与闲暇混用。此外还有一词为 Recreation,则更强调休闲活动中的"休闲、娱乐"性质。日本学者川胜久认为:"闲暇(Leisure)的语源为希腊语(schole)、拉丁语(Licere),前者之意是'活动',后者是不受义务约束的状态。"从休闲英译 Leisure 的词源关系上看,其源于拉丁语 Licere 和法文 Loisir,前者表示"被允许"或"自由"的意思,其衍生含义即人在休闲之中才得以免去辛苦的劳动与种种的操心,而被允许以自由自在的心情去从事自己所喜欢的活动;而后者的本意是指人们摆脱生产劳动后的自由时间和自由。约瑟夫·皮珀(Josef Pieper)在《闲暇:文化的基础》中指出:"在亚里士多德的《形而上学》第一章,即可读到相关的说明。'休闲'(英文 leisure)这个字眼的含义,在历史上的发展始终传达着相同的信息……其意思指的就是'学习和教育的场所';在古代,称这种场所为'休闲',而不是今天我们所说的学校。"由此,我们可以推测古希腊人提倡休闲的目的,或者寓教于乐或娱乐的目的是潜移默化的教育,亦可认为休闲活动是以接受一定程度的教育为前提的。此外还有许多学者对 schole 的理解并不一致,主要有两种理解,一是"智慧地使用空闲时间",一是"不是在不得不做的压力下从事的严肃的活动"(Goodman,1965)。尽管学者们对此词意义存在分歧,但在分歧的阐释中有一点是共同的:即休闲不等同于"空闲"或"闲暇",不是无所事事和打发时光,不是像吃喝一样的天生本能,也不是游手好闲的"娱乐"活动。这说明"休闲"在古希腊人的观念中是一种需要引起重视、认真对待的活动,不是人们轻而易举就能够实现的。充足的空闲时间是休闲的必要条件,但还不是充分条件。在拥有了空闲时间或者可以自由支配的时间后，"休闲"是需要接受学习和教化，如此才能达到真正的"休闲"状态和水平。或许正是出于这种意义，亚里士多德在两千多年前就提出："休闲才是一切事物环绕的中心"。值得注意的是，在皮珀看来，在西方古代人眼里，懒惰和闲暇极少有共通之处，许多时候懒惰（acedia）只是"非闲暇"（Un-Muße）的一种先决条件，然后才能真正"缺乏闲暇"（Mußelosigkeit）。他认为，当一个人和自己成为一体，和自己互相协调一致时，就是闲暇。懒惰的意思是，人和自己的不协调。如此看来，懒惰和缺乏闲暇可以说是互为表里，是一体的两面，而闲暇正是对此两者的否定，西方人对于休闲看重的是其学习和教化功能。

在中国古代文化中，"休闲"一词出现不多，且大多是分开使用的。在我国东汉经学家、文字学家许慎编撰的《说文解字》中："休，息止也，从人依木。"古时人们的主要谋生活动便是田间劳作，当身体劳累之时，人便倚靠树木或是坐在树下休息。可见，休是一个会意字，它的本义是休息。《诗经》中的《周南·汉广》有"南有乔木，不可休思"。《晏子春秋·内篇谏下》写道"景公猎，休，坐地而食"。《五经文字》解释"休"为："休，象人息木阴"。木在古语里还有生长、生发的意思。人倚木而休，树木是大自然的化身，人成为大自然的一部分，大自然因参与了人的生命活动也成为人的一部分，人与自然和谐无间，融为一体。"闲"字，《说文解字》解释为"闲，阑也，从门中有木"，在门的外面竖上栅栏，以之为边界。《易·家》中有"人闲有家"，闲即为"阑也"。《易·大畜》有"日闲舆卫"的说法。《周礼·虎贲氏》也记载有"舍则守王闲"。以上的"闲"都是指"木互"，"木互"就是古代官署前拦挡行人的栅栏，用木条交叉制成。由此可见"闲"首先是一个表示范围的概念。如果借用现代汉语来表达"闲"字在先秦汉语中的含义，"闲"就是私人空间的意思，私人空间是表达个体生活方式的场所，以栅栏作为私人空间和公共空间的界限，正因为"闲"具有法度、规矩之意，孔颖达才会劝诫后人："治家之道，在初即须严正立法防闲。"以范围、法度之义为基础的"闲"字后来又发展出伦理道德的含义，这使"闲"具备了感情色彩，如《周礼·瘦人》中有"掌十有二闲之政教"。《论语·子张》有：

"大德不逾闲，小德出入可也"。同时，"闲"还引申出了限制、约束之含义，如《书·毕命》有："虽收放心，闲之维艰"。《左传·昭公六年》有："闲之以义"。可见"闲"在先秦汉语中主要是关于行为规范的概念，教导人们如何过一种符合标准、符合规范的生活。如果将"休"和"闲"联系起来构成"休闲"，那么"休闲"意指美好的生活应当是遵循规范、有美德的生活，"休闲"既是求美的过程，也是求善的过程，是在追求事物自身目的的同时达到事物与事物之间的和谐和有机统一。我国古代文献中"休"与"闲"的含义有着与西方"Leisure"一词相吻合的一面。但"闲"在我国古代也有着消极、懈怠、懒散的另一面，如"游手好闲"意为"游荡成性，好逸恶劳"，这一成语中的"游"和"闲"都是贬义。南朝·宋·范晔《后汉书·章帝纪·元和三年诏》："今肥田尚多，未有垦辟。其悉与赋贫民，给与粮种，务尽地力，勿令游手。"《新编五代史平话·梁史上》："各自少年不肯学习经书，专事游手好闲。"元代高文秀《遇上皇》第一折："打骂你孩儿，有甚勾当，又不曾游手好闲，惹下祸殃。"元代无名氏《杀狗劝夫》楔子："我不打别的，我打你个游手好闲、不务生理的弟子孩儿。"明代何良俊《四友斋丛说·正俗二》："此所谓游手好闲之人，百姓之大蠹也。"清代王韬《代上广州冯太守书》："游手好闲之徒，得有所归。"清钱泳《履园丛话·恶俗·出会》："大江南北，迎神赛会之戏……其所谓会首者，在城则府州县署之书吏衙役，在乡则地方保长及游手好闲之徒。"这些文献反映了长期以来我国社会主流和民间百姓对于闲或休闲的负面评价，这或许与我国农耕文明和农业社会有关，这种影响一直沿袭至今。在1984年版的《现代汉语词典》中，"休闲"基本上延续了传统的解释，即"（可耕地）闲着，一季或一年不种作物；休闲地"。这说明在20世纪80年代中期以前，对于"休闲"的理解仍然停留在农业耕种制度层面。但在1997年修订本和2002年增补本的《现代汉语词典》中，"休闲"一词的第一义项是："休息；过清闲生活；休闲场所"，（可耕地）闲着成为第二义项。这里明显揭示出"休闲"一词已经涌出更多的含义。"休息"对应于不在场"劳作"的生存状态。在《现代汉语规范词典》中，"休闲"则被定义为："停止工作或学习，处于闲暇轻松状态，如休闲活动；农田在一定时间内闲置不种，使地力得以恢复，如休闲地。"总之，我国传统文化中对于休闲的理解基于农业社会和农耕文明。

二 中西方休闲思想的流变

西方的休闲思想起源于古希腊，正如塞巴斯蒂昂·德葛拉齐亚（Sebastian De Grazia, 1962）所讲："休闲生活只属于希腊人。"休闲概念产生于古希腊哲学家们的理想之中。亚里士多德这位被称作休闲之父的著名希腊哲学家，也是其他许多学科的创始人。作为柏拉图最出色的学生，亚里士多德继承并进一步发展了柏拉图和其他人的思想。他是一位百科全书式的学者，留下了《物理学》《形而上学》《尼各马科伦理学》和《政治学》等众多经典名著。在这几本著作中，他阐述了什么是休闲、幸福、快乐、美德和安宁生活等诸多问题。

亚里士多德的休闲观点就是在探索幸福中展开的。他认为，伦理学是关于个人幸福的科学，政治学是关于集体幸福的科学，伦理学应是政治学的一部分。亚里士多德研究的中心问题就是：如何获得幸福？亚里士多德认为，休闲是实现幸福的前提条件，休闲体现了一种真正远超物质利益的满足，是对人类最高目标理解的完成。在《尼克马科伦理学》一书中，亚里士多德指出，"幸福就是自足，无所短缺，除了活动的进行之外别无所求。来自游戏的快乐，并不是由它自身而被选择的，它利大于弊。由于有权势的人在游戏中消磨时间，所以游戏也被当做幸福。但作为高尚活动源泉的理智与德行并不在权势中，所以幸福绝不是游戏"。亚里士多德既肯定了休闲中游戏的积极作用，也指出了休闲能给人带来的真正幸福应该在与高尚的理智与德行相关的活动中。"理智的活动则需要闲暇。它是思辨活动，它在自身之外别无目的追求，它有着本身固有的快乐（这种快乐加强了这种活动），有着人所有可能有的自足、孜孜不倦。还有一些其他的与幸福有关的属性，也显然与这种活动有关。"

他在《政治学》等论著中专门讨论了国民休闲权利、工作和休闲的关系、音乐教育与休闲的关联性以及休闲的准备教育等问题。在古希腊，休闲权利只属于公民和贵族，亚里士多德认为，以休闲为目的参加娱乐活动是自为的生活方式，不应当被干涉，但是休闲是要有节制的，同时不能忘记危难。他指出："'奴隶无闲暇'。人们如不能以勇毅面对危难，就会沦为入侵者的奴隶。"他认为："勤劳和闲暇的确都是必需的；但这也是确实的，闲暇比勤劳为高尚，而人生所以不惜繁忙，其目的正是在获致闲暇。"亚里士多德进一步分析："在闲暇的时刻，我们将何所作为？总不宜以游嬉休闲我们的闲暇。如果这样，则'游嬉'将成为人生的目的（宗旨）。这是不可能的。游嬉，在人生中的作用实际上都同勤劳相关联。——人们从事工作，在紧张而又辛苦以后，就需要（弛懈）憩息；游嬉恰正使勤劳的人们获得了憩息。所以在我们的城邦中，游嬉和娱乐应规定在适当的季节和时间举行，作为药剂，用以消除大家的疲劳。游嬉使紧张的（生命）身心得到弛懈之感；由此引起轻舒愉悦的情绪，这就导致了憩息。[闲暇却是另一回事]闲暇自有其内在的愉悦与快乐和人生的幸福境界；这些内在的快乐只有闲暇的人才能体会；如果一生勤劳，他就永远不能领会这样的快乐。人当繁忙时，老在追逐某些尚未完成的事业。但幸福实为人生的止境（终极）；唯有安闲的快乐[出于自身，不靠外求]才是完全没有痛苦的快乐。对于与幸福相谐和的快乐的本质，个人的认识各有不同。人们各以自己的品格（习性）估量快乐的本质，只有善德最大的人，感应最高尚的本源，才能有最高尚的快乐。"亚里士多德认为追求高层次的娱乐活动和追求高尚的快乐离不开休闲教育，他认为"须有某些课目专以教授和学习操持闲暇的理性活动"，"操持闲暇和培养思想的品德[有二类]；有些就操持于闲暇时和闲暇之中，另些则操持于繁忙时和繁忙之中"。他接着说："如果要获得闲暇，进行休养，这须有若干必需条件……智慧为闲暇活动所需的品德；节制和正义则在战争与和平时代以及繁忙和闲暇中两皆需要，而尤重于和平与闲暇。"针对社会发展处于鼎盛时期、经济文化相对发达、衣食几近无忧的希腊人，亚里士多德警告"他们既生长于安逸丰饶的环境中，闲暇愈多，也就愈需要智慧、节制和正义。我们现在已经明白，为什么一个希求幸福和善业的城邦，必须具备这三种品德。世间倘因不能善用人生内外诸善而感到惭愧，则于正值闲暇的时候而不能利用诸善必特别可耻；人们在战争时、在勤劳中，显示了很好的品质，但他们一到和平的日子，就堕落而将为奴隶的侪辈"。可以看出，亚里士多德对休闲的思考深刻而又有远见，尤其是"闲暇愈多，也就愈需要智慧、节制和正义"这句休闲名言并不因时代久远而丧失其生命力，反而历久弥新，对我们当今 21 世纪的现代休闲活动同样起着警醒和指导意义。

总而言之，在亚里士多德的思想体系中，休闲已经被上升到哲学、伦理学以及政治学的高度上来认识了。从时代背景来看，亚里士多德的休闲思想反映了古希腊人的普遍认识，他们认为，休闲是人生存的一种理想状态，在这种状态中才能够展开崇高的生活方式，才能够持久地拥有至善至美的幸福。

古希腊城邦国家解体之后，取而代之雄踞西方的古罗马继承了古希腊文化的许多良好传统。但在休闲观点上古罗马与古希腊存在很多不同，对于早期喜好征战的古罗马人来说，休闲只是工作和战争以外的时间，主要是用来恢复体力、补充能量和提高生产技艺。著名思想家希波克拉底有几句名言："人生苦短，学艺永长"，"我们是生命的贫困者，也是生命的浪费者"。这似乎表明人因为生命短暂，必须努力学习和工作。他们更加注重工作和秩序，受《圣经》的影响，认为休闲只是合理安排时间和生活的一部分。但是在古罗马的思想家中，色纳卡（公元前 3 年至公元 65 年）明确反对希波克拉底的观点。他在自己的著述《人生论》中提出了自己独到的休闲观。色纳卡提倡享受闲暇生活，他站在否定的立场仔细分析，认为轻率地抹杀休闲的价值是不对的。他指出，现实生活中有三种人：第一种人"忙于偷懒"，整天无所事事，游手好闲；第二种人"忙于工作"，甚至为了他人的命运忘我工作，如同希波克拉底所说只要不工作就好像浪费生命；最后一种人懂得什么是生活，什么是真正的休闲，知道如何度过闲暇时光。色纳卡赞扬最后一种人"睿智地、科学地利用了时间"。色纳卡认为休闲是天经地义的事情，是人生的第一目标，人人都应该追求这个目标。而且，自己的闲暇时间自己掌握和利用，别人无权干涉。他进一步指出，在这种认识的基础上，人们的生活形态可以划分为三种境界。第一种是享乐性的生活境界，人们在物质方面获得极大满足，但是缺少精神追求。这种生活形态虽然令人感到很舒适，人们却往往是在无所事事、懈怠和惰懒当中度过的，这不是应该倡导的闲暇生活。第二种是忙碌的社会生活，为了追逐个人的荣誉以及财富，整天到处奔波忙忙碌碌碌，最终到头万念俱灰。第三是"纯观照的生活"，也就是他所谈到的能够睿智地、科学地利用闲暇时间的生活形态，这是一种最高的境界，用色纳卡的话说，这样的休闲是一种"内在的英明"。可以说，古罗马时代的休闲理论家中没有古希腊亚里士多德那样的思想相对统一和追求崇高的代表性人物。古罗马的贵族和市民们的休闲理念中多了现实性的活动，少了古希腊纯思辨、喜辩论等形而上的活动，他们的休闲活动不只是在酒足饭饱之余散步、游玩，还包括修建大规模的竞技场、推广运动竞赛、组织并驱使奴隶角斗士互相厮杀，让自己在观赏比赛的过程中满足娱乐休闲的需要。

作为西方文明发源地的古希腊和古罗马，能够在那个时代就从生活哲学的角度审视休闲的意义与价值，认识到作为"勤劳的果实"的休闲与作为"真正的自由"的休闲有巨大的差异，提出了即使在今天看来也相当睿智的见解。

从学科角度来看，我们现在的休闲学的概念和概念范式都由西方思维在主导，按照这种西方学科范式来对我国古代休闲思想的起源进行研究，是不易找到正统的理论依据的。著名历史学者黄仁宇在《中国大历史》中指出："易于耕种的纤细黄土、能带来丰沛雨量的季候风，和时而润泽大地、时而泛滥成灾的黄河，是影响中国命运的三大因素。它们直接或间接地促使中国要采取中央集权式的、农业形态的官僚体系。"这种延续上千年的发展模式基于自给自足的自然经济社会背景，在这种社会条件下的文化强调的是"天人合一"理念，人的生产与生活节奏更多地取决于自然规律的变化，所以人的生存状态，无论是生产还是休闲都符合自然的规律。中国古代的休闲观在这个意义上可以说是在"天人合一"的整体性中来论述的，从没有单独拿出来形成一套休闲理论系统。这点体现了中西方休闲文化起源的差异。

《黄帝内经》是中国传统医学中最古老的经典，也是中国文化的根本典籍。因为中国文化以黄老之道为主，然后散而为诸子百家。所谓黄老，是指以黄帝轩辕为综合起始阶段，到春秋战国以后，才发展为狭义地以老子等道家学说作为其代表。扼要地说，"天人合一"的理念在《黄帝内经》中得到完美阐释，具有了"医世、医人、医国、医社会"的广度。

《黄帝内经·举痛论篇》中对我国传统文化中的"天人合一"理念做了如下阐发:"(一)善言天者,必有验于人。(二)善言古者,必有合于今。(三)善言人者,必有厌于己。如此道不惑而要数极,所谓明也。"对于劳作与休闲的关系,古人强调的是生活与劳作的节制,合乎法度、顺应环境的变化,《黄帝内经·上古天真论篇》中讲:"上古之人,其知道者,法于阴阳,和于术数,饮食有节,起居有常,不妄作劳,故能形与神俱,而尽终其天年,度百岁乃去。今时之人不然也,以酒为浆,以妄为常,醉以入房,以欲竭其精,以耗散其真,不知持满,不时御神,务快其心,逆于生乐,起居五节,故半百而衰也。"这里不仅蕴涵了劳作、休闲和日常活动,还涉及劳作、休闲和日常活动的质和量的问题,这点是一般西方休闲理论所没有的。

中国文化的另一部经典是《易经》。神农时代是《连山易》,黄帝时代为《归藏易》,到了周文王时则是《周易》。由于时代久远,前两部《易》已经失传,流传下来的是《周易》。在《周易·随卦》中记载:"《象》曰:泽中有雷,随。君子以向晦入宴息",前一句讲季节规律,后一句则强调君子要日出而作、日落而息,起居要顺应季节规律。可以说这种思想贯穿《周易》内容的始终。

到了春秋战国时期,诸子百家中对传统文化中的休闲思想影响较大的就是道家和儒家。道家中的老子和庄子都可以说是超越性的休闲大家。老子的"人法地,地法天,天法道,道法自然"概括了人的生活与生存的所有法则。老子反对过于功利,提倡"知足常乐","名与身孰亲?身与货孰多?得与亡孰病?是故甚爱必大费,多藏必厚亡。知足不辱,知止不殆,可以长久"。反对人在名利等欲望的支配下过多地劳动,强调顺应自然规律才能达到"无为无不为"的境界。

如果说老子学说体现着传统休闲文化中平淡而自然精神的话,庄子哲学中的休闲文化则可以说达到绚烂之大美境界。庄子讲"逍遥游",强调精神的独立与精神对有形之物的超越;讲生命的有限性和求知劳作的无限性的矛盾,"吾生也有涯,而知也无涯。以有涯随无涯,殆矣。已而为知者,殆而已矣"。由此意义上,庄子反对为了求知劳作而扭曲生命,提出"庖丁解牛"艺术化的劳作。"庖丁为文惠君解牛,手之所触,肩之所倚,足之所履，膝之所踦，砉然向然，奏刀騞然，合于《桑林》之舞，乃中《经首》之会。文惠君曰：'嘻，善哉！盖至此乎？'"在故事中庖丁的解牛劳作成了艺术化表演，如翩翩踏《桑林》之舞蹈，如陶陶醉于《经首》之乐章，让后人真正领悟到精神创作与劳作的合一。在这种休闲与劳作的合一之中，劳作者在劳动后不是感觉劳累，而是"为之四顾，为之踌躇满志"。

儒家的思想中也同样讲究修身养性、劳逸结合，注重"一张一弛，文武之道"，反对人修养和技能的单一化，强调君子讲究六艺和"琴棋书画"等艺术爱好的修养。在《论语·先进篇十一》中孔子与学生们讨论志向，子路、冉有、公西华分别表示愿意治国或辅国的志向，孔子均不以为然。当孔子问曾皙"点！尔何如？"时，"鼓瑟希，铿尔，舍瑟而作，对曰：'异乎三子者之撰。'子曰：'何伤乎？亦各言其志也。'曰：'莫春者，春服既成。冠者五六人，童子六七人，浴乎沂，风乎舞雩，咏而归。'"曾点的回答中充满了天地人和的情怀、既入世又出世的洒脱，听完曾皙的回答后"夫子喟然叹曰：'吾与点也！'"可见，孔子对这种充满休闲舒适、潇洒自在意趣的生活同样心驰神往。此外，有悖于礼教的声色犬马，则是遭受谴责的。《礼记·乐记》："桑间濮上之音，亡国之音也。"《汉书·地理志下》："卫地有桑间濮上之阻，男女亦亟聚会，声色生焉。"

总之，我国古代的休闲思想更多地体现劳作与休闲的合理安排，反对为了欲望而过多的劳作和追求过分的物质享受而忽略了精神的独立和追求，注重天时地利人和的融洽境界。这种思想一直影响着后期社会文化的发展，包含着积极方面和消极方面的社会影响因素，关键在于如何看待其对当今休闲思想的启发意义。

三　休闲产生的内生机制与外部条件

为了生存，人必须满足吃、穿、住的需要。为了满足这些需要，人必须劳动以便从自然界获得存在的物质生活资料。马克思指出："没有需要就没有生产。""劳动……是为了人类的需要而占有自然物。"人体的存在是需要和劳动的前提，而需要和劳动则是在人现实存在的基础上辩证统一地贯穿于人类历史的一对永恒的矛盾。这也是历史唯物主义展开的现实基础。对于人的需要和人的关系，马克思强调，"他们的需要即他们的本性"，社会中任何人只要活着，就会有吃、穿、住等基本生存需要，即使像鲁宾逊这样远离正常社会的人，"不管他生来怎样简朴，他终究要满足各种需要，因而要从事各种有用的劳动"。"像野蛮人为了满足自己的需要，为了维持和再生产自己的生命，必须与自然进行斗争一样，文明人也必须这样做，而且在一切社会形态中，在一切可能的生产方式中，他都必须这样做。"从这个意义上讲，工作或生产活动本身总是由需要引起的，没有需要就没有生产，离开需要的生产是不存在的。需要的满足和新需要的产生总是通过生产实现的，没有生产也就没有需要。这两者的关系犹如皮珀在《闲暇：文化的基础》中引用的马克斯·韦伯（Max Weber）《新教伦理与资本主义精神》一书中所说的"人活着并不只是为了工作，但是人却必须为自己的工作而活"（这句"名言"被国内研究休闲的学者广为引用，但经查证，国内由彭强、黄晓京翻译，2002 年由陕西师范大学出版社出版的《新教伦理与资本主义精神》译本中并未找到此句）。

　　马克思和恩格斯在《德意志意识形态》中，对需要与生产的关系在人类历史的出场中的作用，作了经典的阐述："……我们首先应当确定一切人类生存的第一个前提，也就是一切历史的第一个前提，这个前提是：人们为了能够'创造历史'，必须能够生活。但是为了生活，首先就需要吃喝住穿以及其他一些东西。因此第一个历史活动就是生产满足这些需要的资料，即生产物质生活本身，而且，这是人们从几千年前直到今天单是为了维持生活就必须每日每时从事的历史活动，是一切历史的基本条件。即使感性在圣·布鲁诺那里被归结为像一根棍子那样微不足道的东西，它仍然必须以生产这根棍子的活动为前提。因此任何历史观的第一件事情就是必须注意上述基本事实的全部意义和全部范围，并给予应有的重视。"恩格斯在晚年对此阐述得更为简洁明了，他指出，正像达尔文发现有机界的发展规律一样，马克思发现了人类历史的发展规律，即历来为繁芜丛杂的意识形态所掩盖着的一个简单事实：人们首先必须吃、喝、住、穿，然后才能从事政治、科学、艺术、宗教等；所以，直接的物质的生活资料的生产，从而一个民族或一个时代的一定的经济发展阶段，便构成基础，人们的国家设施、法的观点、艺术以至宗教观念，就是从这个基础上发展起来的，因而，也必须由这个基础来解释，而不是像过去那样做得适得其反。文中说："第二个事实是，已经得到满足的第一个需要本身、满足需要的活动和已经获得的为满足需要而用的工具又引起新的需要，而这种新的需要的产生是第一个历史活动。……一开始就进入历史发展过程的第三种关系是：每日都在重新生产自己生命的人们开始生产另外一些人，即繁殖。这就是夫妻之间的关系，父母和子女之间的关系，也就是家庭。这种家庭起初是唯一的社会关系，后来，当需要的增长产生了新的社会关系而人口的增多又产生了新的需要的时候，这种家庭便成为从属关系了。……此外，不应该把社会活动的这三个方面看做是三个不同的阶段，而只应该看作是三个方面，或者……把它们看做是三个'因素'。从历史的最初时期起，从第一批人出现时，这三个方面就同时存在着，而且现在也还在历史上起作用。"

在这段文字中，马克思阐述了三种基本需要，即：吃、喝、住、穿、性等以人体生命存在为目的的生理需要，为了满足第一个需要而进行生产物质生活资料的需要，由家庭演化而来的社会关系的需要；这些需要对应三种生产，即人类自身再生产、物质生产和社会关系再生产。在论述上述观点之后，马克思又论述了第四种生产，即精神生产。马克思以精神产物中的语言作为代表进行了论述，"'精神'从一开始就很倒霉，受到物质的'纠缠'，物质在这里表现为振动着的空气层、声音，简言之，即语言。语言和意识具有同样长久的历史；语言是一种实践的、既为别人存在因而也为我自身而存在的、现实的意识。语言也和意识一样，只是由于需要，由于和他人交往的迫切需要才产生的。"马克思认为最早的精神生产是以"纯粹动物式的意识（自然宗教）"形式展现的，"由于生产效率的提高，需要的增长以及作为二者基础的人口的增多，这种绵羊意识或部落意识获得了进一步的发展和提高"。随着分工的出现，"意识才能摆脱世界而去构造'纯粹的'理论、神学、哲学和道德等等"。可见，需要及需要的满足活动一直在人类历史的出场、发展乃至社会分工等社会演化的过程中扮演着主要推动者的作用。

马克思按照历史的逻辑顺序强调了生理需要和物质生产活动的第一前提性，之后是新需要和社会关系的需要的依次出场，但马克思强调指出,"三个方面"或"三个因素"的同时在场性以及必要性。"从第一批人出现时,这三个方面就同时存在着,而且现在也还在历史上起作用"。之后,马克思又提到的"由于和他人交往的迫切需要才产生的"包含语言和意识的精神需要,并没有归到这三个"因素"之中。可见,在马克思的需要体系中前三者是人的历史出场和生存在场的基本需要,而休闲则是在这基本需要满足之后的第四种生产,即精神生产的现象。

按照马克思的观点,人类的基本需要推动着人类生产与社会的发展,基本需要的满足导致休闲的产生。如果我们将休闲界定为人类在基本需要的满足后产生的活动,那么基本需要的满足必然会带来新需要的产生,而且这种新需要的产生和满足活动必然为人类的更全面的发展和社会的发展提供新的可能性。由于人类长期处于物质生活资料匮乏的环境当中,所以现有的理论中人们过多地研究基本需要对人以及人的实践的促动作用,相对的,人们对基本需要的满足和满足之后的研究较少,而这部分恰恰是休闲研究的主要领域。

第二节 休闲概念的维度和类型

随着现代经济的发展和物质生活水平的提高,人们对生活中的休闲现象越来越关心,现代休闲学就是在这种背景下蓬勃发展起来的。由于西方国家较早进入现代化社会,所以世界上的现代休闲学研究还是以西方学者占主流,国内学者在文章中展开休闲论述的时候,多是引用西方学者的定义,部分学者在此之上尝试提出自己的定义。张斌(2011)将现代休闲概念的界定视角分为三个维度:即时间维度、内在体验维度和活动维度。

一 休闲的多重维度

1. 时间维度

用"自由"加"时间"界定休闲,是许多学者用来观察和定义休闲现象的最基本也是最广泛的一个维度,在《牛津现代高级英汉双解词典》中,Leisure 直接被解释为"spare time, time free from work",即"休闲就是闲暇时间，从工作中抽出来的自由时间"。史密斯（Stephen. L. J. Smith）在《休闲娱乐研究词典》中，就将休闲定义为："没有任何必须承担的责任和义务的自由时间，这包括工作、个人生计、家务、生儿育女和其他不可推卸的责任和义务等。"这种理念的发源可以追溯到古罗马时期，甚至更早的宗教经典——《圣经》产生时期。在《圣经》中，上帝用了六天的时间开辟天地，创造人类和世间的万物，第七天则用来休息。这种观念被犹太教、天主教等宗教广泛地传播开来，一直影响到今天。法国著名的社会学家杜马慈迪埃（Joffre Dumazedier）在《走向休闲的社会》中也是按照这种相关的思路提出，所谓休闲，就是个人从工作岗位、家庭、社会义务中解脱出来的时间，为了休息，为了休闲，或者为了培养与谋生无关的智能，以及为了自发地参加社会活动和自由发挥创造力，是随心所欲活动的总称。布莱特比尔（Chaeles Brightbill, 1960）认为，休闲是为生存所需以外的时间，亦即在完成为了维持生命所必须做的事情以及谋生所需后所剩余的时间，即可以自由运用的时间，这段时间可以任由我们决定或选择来使用。帕克（Parker）认为，休闲是满足工作和生活的基本需要之后的可以自由使用的剩余时间。格罗斯（Gross）认为，休闲是用于工作、履行与工作相关的职责以及其他形式的必需活动之外个人所拥有的那部分时间。持休闲是"没有任何必须承担的责任和义务的自由时间"这种观点的西方休闲学专家，还有贝克（Baker）、罗伯茨（Roberts）、吉登斯（Giddens）、索勒（Soule）和斯扎莱（Szalai）等学者。此外，还有将休闲定义为非生产性消费活动的，如凡勃伦（Thorstein Veblen）在《有闲阶级论》中将休闲定义为"对时间的一种非生产消费"，但这种定义也可以概括在时间维度之内。

在这种用空闲时间、闲暇时间或自由时间等"时间"维度来定义休闲现象的观点中，可以看到从时间维度分析的优势是利于将休闲现象按照钟表计量仪器或行动的状态对日常生活进行划分。但有的学者对此提出质疑："休闲被等同于时间，而时间又被等同于事件是否发生的周期。甚至，我们几乎不是在测量时间，而是在测量时钟指针所走的距离；简单地来讲，星期六和星期日是小小的指针旋转四周的结果。……既然所有的事物都是在时间中发生，那么，利用时间来下定义（尤其是对休闲下定义）

的做法，将不会使我们了解到更多的信息。因为'休闲时间'常常被用来代替'空闲时间'，所以，有时需要对'空闲'概念进行界定。确切地讲，作为我们定义中的另一个关键词，'空闲'也是一个难以理解的概念。如果休闲是除工作和责任之外的时间，那么，我们就必须搞清楚工作和责任的含义，但是我们搞清楚了吗？不，我们没有搞清楚。"用时间来定义休闲的另一问题是将休闲与工作变成了对立面。它强调了时间的不同用途，特别是强调了休闲和工作是两种完全不同的利用时间的方式，但事实上，工作和休闲并不一定是对立的领域，而是人类在不同环境的不同活动。将休闲定义为非工作性的活动，优点在于能对人们利用闲暇时间的不同方式进行区分，有利于对人们闲暇生活的多样化进行描述，因为不同的休闲活动，实际上可以看做是闲暇时间的不同利用方式或是不同的闲暇生活方式。问题在于，根据这一定义，判断一项活动是否休闲，主要看它是否在闲暇时间内完成，但对于一个人没有找到工作的人或被解雇而失业的人，他虽有很多闲暇时间、空闲时间或自由时间，但我们很难说他有真正的休闲。按照这一定义，工作不可能是休闲。但对某些人来讲，从工作中得到的乐趣比从休闲中得到的更多。如在现代化的国际公司中，工作休闲化逐步成为一种现代管理潮流。

　　此外，这种思路涉及时间本身的问题。海德格尔早期曾将时间问题作为的研究内容，指出我们通常意义上使用的时间概念只是日常人们在世内存在者那里经验到的时间，把时间本身理解成为现成事物。这是一种流俗的时间概念，容易被异化为以日历和钟表进行测量和量度之后的刻度或事件周期。根据从生存论层次对时间的理解，时间只是我们对测量时针所走的距离的领会，计时则是一种基本的生存活动，先于时间的测量和钟表的使用，先于对时间的一切专题研究。把时间本身理解成现成事物的思路从认识论上讲，是一种实体化的思路。实体化的研究思路，会造成将研究对象不断地分割下去，直至不可再分的实体为止。在《人类思想史中的休闲》中，作者描述这种思路："和空闲时间这个定义有关的另一个困难是导致我们生活'原子化'：即其中的部分被不断分解，直到'不可再分为止'"。在某种意义上，个体是社会和文化中的原子，是社会和文化的再次分裂的结果，当然，这既是比喻的，也是真实的。但是日常生活被分解为角色和功能，休闲被定义为空闲时间，这一切都加速了对生活的瓦解。可以说，按照把休闲定义为"除……之外的时间"的思路，"休闲的正常秩序也被打乱了"。这种对以时间来界定休闲的思路的反思，是有一定合理性的。

2. 心理维度

将休闲归为主观的自由自在的、愉悦的感觉。如纽林格（Neulinger）、曼内尔（Mannell），他们认为休闲是一种以人的闲适、放松、愉悦、发展等为目的的自由自在的"精神状态"。纽林格强调："心态自由感是判定有无休闲感的惟一判据。只要一种行动是自由的、无拘无束的、不受压抑的，那它就是休闲的。去休闲，意味着作为一个自由的主体可以自由选择选择投身于某一项活动中。"法国学者葛拉齐亚指出，工作的反义词是自由时间，但自由时间并不一定就是休闲，休闲应是一种感觉的品质。如果一人看似处于悠闲状态，却为无所事事而烦恼，这也不能称为休闲，休闲的获得由个人感知和认定。在他们看来，休闲是为了做或体验某种东西而自由选择的一种感知，一个人自由选择的能力和机会越多，参与某一活动的动机越是来自活动本身而不是外界的强制，即使是工作都有可能包括在休闲之中；自己醉心于其中的活动目标性越强，那么这样的体验就越有可能被定义为休闲。奇克森特米哈伊（Csikszentmihalyi）则从人们选择休闲的心理本质和内心动机入手，将休闲看做是人们发自内心的一种自愿选择，休闲的核心内容是体验，休闲者所体验到的最佳休闲体验则可称为"畅爽"（flow）。这种观点在现实应用时，会将欣赏音乐、读书和旅游等对人们发展有益的活动视为休闲，同时也会将酗酒、赌博、吸毒或现代长期沉浸于电视节目中等对人们发展不利的活动体验也视为休闲。这类观点的代表人物卡布朗（Max Kaplan）就认为，自愿性愉悦是休闲的要素，无论尊贵的、文明的、高雅的还是堕落的、颓废的，只要符合自己的意愿并能从中感受到快乐，就都可以认为是休闲活动。这种定义无疑验证了亚里士多德的"闲暇愈多，也就愈需要智慧、节制和正义"这句名言的重要性。

3. 活动维度

活动维度，则采用"自由的活动"或"自由地从事活动"等词来定义。当然，前面诸多学者的定义中也包含了这一维度。如罗伯茨将休闲直接定义为"相对自由地从事非工作的活动"。杜马慈迪埃使用的是"自发地参加社会活动和自由发挥创造力"。国内学者李仲广和卢昌崇认为："休闲是以自身为目的的自由活动，休闲是人们在自由时间里所自发选择的。"并进一步解释"休闲是一种人类行为。它发生在个人的自由时间里，并在个人内心本能喜爱的心态驱动下平和而宁静地进行着；休闲行为会导致某些相应制度的建立"。陈来成则将休闲定义为："休闲是人们在自由时间内自由选择的、从外在压力中解脱出来的、具有内在目的性的一种相对自由的活动。"

美国著名休闲理论学家杰弗瑞·戈比在《你生命中的休闲》一书中从时间、心态、生存状态、行为等角度给出了休闲的定义："从文化环境和物质环境的外在压力下解脱出来的一种相对自由的生活状态。它使个体能够以自己喜爱的、本能地感到有价值的方式，在内心之爱的驱使下行动，并为信仰提供基础。"他认为无论是从社会还是个人生活的角度看，休闲都是复杂的概念和现象，是人的存在过程的一部分。因此，休闲行为不仅要寻找快乐，也要寻找生命的意义。

二 休闲的层次与类型

1. 人的需要与休闲层次

在日常现实中，我们可以通过经验观察到，人的基本需要是同时存在的，但人的活动或者某种行为的完成过程肯定是由占优势的需要主导的。关于这方面的论述，我们可以借鉴"人本主义之父"、心理学第三思潮的创始人亚伯拉罕·马斯洛（Abraham Maslow）的人格需要理论。

对于人的需要和行为动机的关系，马斯洛在《动机与人格》中首次使用了"需要"（need）和"动机"（motivation）等连带概念。马斯洛指出，人的需要是有层次的，并将人类的需要进行了层次划分。美国学者克雷奇（1976）在《心理学纲要》中将马斯洛的需要由低到高归为五个层次，即生理、安全、归属、自尊和自我实现。这也是我国传播比较多的层次理论。马斯洛晚年对需要理论作了进一步的发展，即把人的需要整体分为"匮乏性需要"和"成长性需要"。"匮乏性需要"，即生理需要、安全需要、归属需要和尊重需要，这几种需要的满足在很大程度上依赖于他人和环境；"成长性需要"是指自我实现的需要，这种需要能够在相当程度上独立于他人和环境，对物、他人和环境呈现一种超越和扬弃的状态。马斯洛又将"匮乏性需要"称为"基本需要"，即人类的基本社会活动的动机的绝大部分是由基本需要构成的。人的基本需要是一种"类本能"，是由人类遗传先天性所决定的。基本需要的满足则取决于后天的社会环境和社会历史条件，它一般表现为人的日常欲望。在满足效应上，"匮乏性需要"的满足主要为维持人的正常生存，避免心理和生活疾病，"成长性需要"的满足导致更加积极的健康状态，它能够使人更加全面发展。

稍加对比，就可以发现马斯洛的"基本需要"或"匮乏性需要"与马克思在《德意志意识形态》中的需要体系存在相似且对应的关系。马斯洛的"匮乏性需要"中的生理需要包含了吃、穿、住、性等人类生理活动和自身再生产的内容，这些基本与马克思的生理需要内容是一致的。而安全的需要、爱和归属的需要、尊重的需要以及出于"成长需要"的自我实现的需要，则基本上对应着马克思所讲的生理需要满足过程中和满足后产生的新需要、社会关系需要，以及稍后强调的部分精神需要的内容。当然，这里所谓的"对应"并不是绝对的一一对应关系，如马克思讲的由第一需要所引起的新需要中的工具的需要，就无法在马斯洛的基本需要中找到绝对对应的关系。可以说，马克思的需要说是从历史唯物主义的人的经济活动的外部宏观视角加以阐述的，马斯洛则是从个人的内部视角或者说心理学的微观视角加以阐述的人的需要学说。马克思需要说注重研究的是需要对人类经济及整个社会的影响和推动发展，马斯洛的需要说更加注重研究个体的人的需要导致的行为动机和影响。虽然，两种需要学说存在着宏观视角和微观视角，以及个别细节上的差异，但整体上来讲二者不是冲突的关系，而是互补的关系。

基本需要的匮乏性比较明显，它们是个体的人在环境中生存和发展的必要条件，缺乏这些条件就会给人的存在和发展带来阻碍、问题或疾病。而"成长性需要"即自我实现需要的满足，更加强调个体精神上的体验。马斯洛将其视为个人成长的顶峰期，这时，个体已明显摆脱基本需要和匮乏性动机带来的忧患,这种需要能够在相当程度上独立于他人和环境。对大多数人而言,自我实现不是终点,而是完成充分发展的一种动力和渴望,这种需要的满足是发挥自身潜在的天赋能力和趋势的一个过程,它会改善人的存在状态,促进人的全面发展。自我实现的需要来自成长性动机或超越性动机,它得不到满足,并不会危及人的基本存在。

将休闲视为基本需要(匮乏性需要)满足之后的生存状态,而不仅仅是工作和生理需要满足之后的状态,是因为工作和生理需要的满足仅仅解决了生存的物质生活资料的保障以及人自身的生产,解决了人生存在场的当下性,而不能保证人未来生存在场的必然性。假如一个人通过工作和劳动,得到或拥有了一定的物质生活资料或财产,满足了生理需要,可以说生存在场的物质匮乏问题解决了。但他如果知道并实在地面临着野兽的攻击,社会中他人对他的掠夺、谋杀、非法攻击或者严寒酷暑等天灾,那他还会有休闲的可能吗?显然不可能。这样的人会处于孤独、空虚和焦虑中,而不是休闲中。所以,当人的物质生活需要或者说生理需要满足后,马上就会产生安全的需要,这时的人会本能地寻找和采取保护措施,通过社会交往构建和生产社会关系,或者依靠部落氏族的力量,或者参与和皈依宗教,或者让渡自己的权利依靠契约组成政府,等等。如果说物质生活需要或生理需要满足解决的是作为生物的人当下在场的生存问题的话,人寻求或组建一种集体组织以保证生存安全则是要解决当下和未来的生存在场可能性的问题。在安全需要满足后,人的需要会进一步发展,即如何在这些保证安全的组织中寻找自己的归属或者说确认自己的社会地位。归属需要满足之后的自尊需要,也是确认人在社会中定位的需要。前者源于自身当下在场的保障,后者源于他人的或者说社会角度的保障。在生理需要满足后的需要,都源于维持人自身未来在场生存的目的可能性的需要,以实现更好更高效生存的目的。所以说,认为满足生产(工作)和生理需要后就处于休闲状态是不现实的。从这个意义上讲,休闲只能是匮乏性需要或基本需要满足后的生存状态。

马斯洛指出,"基本需要的满足有一些先决条件,包括在无损于他人的前提下的言论自由、行动自由、表达自由、调查研究的自由、寻求信息的自由、防御自由以及集体中的正义、公平、诚实、秩序等。这些条件不是目的本身，但它们接近目标，因为它们与基本需要的关系太密切，而基本需要显然本身就是唯一的目的。对它们的威胁会导致应激反应，似乎存在着对基本需要的直接威胁。要捍卫这些条件，是因为如果没有它们，基本需要的满足就是不可能的，至少也会是处于严重的危险之中的"。

在马斯洛的需要理论中，人类的需要构成了一个有层次的体系，几种需要的发生是有次序的。一般来讲，任何一种需要的出现都是以较低层次的需要的满足为前提的。即在一定情况下，人的行为并不是被所有的需要支配，而是被心里占相对优势的需要支配。

2. 休闲的类型和特征

休闲的需要是人类独有的，在基本需要满足之后出现的新需要，这种需要是人摆脱了基本需要的束缚之后人之为人的需要，"是对信息、理解、美的需要"。休闲活动从性质上看，可分为解脱性休闲和发展性休闲；从休闲活动的定位看，又可以分为严肃性休闲和随意性休闲（Bob Stebbins，1992、2001）。

（1）解脱性休闲。当基本需要满足后，人进入休闲状态，这时的人从需要的匮乏机制中解脱出来，需要的匮乏不再构成意识中的心理压力，不再成为意识关注的焦点。这时的人不处于休闲研究学者们所讲的自由自在状态，而处于一种解脱状态。曾经被基本需要牵制和匮乏机制所控制的人的各方面能力、意识、智力、记忆、感受和习惯等均得到解脱和放松，那些与满足基本需要无关的曾经处于休眠状态或隐蔽的能力也从意识的边缘转换到中心。而曾处于意向性中心或焦点的基本需要得到满足后，开始滑向意识的边缘。这些满足了的基本需要对于人此在的生存已经变得不是那么重要。对这种状态，马斯洛进行了如下描述："我们可以观察到一个铁的事实：需要一经满足，机体会立即放弃紧张、压迫、危机等感觉，允许自己变得懒散、松弛、被动，允许自己玩耍嬉戏、享受阳光，允许自己注意微不足道的事物、遇事漫不经心、往往无意间获得而不是有意识地追求。换言之，也就变得相对漫无目的了；需要的满足导致了无目的行为的出现。"这种状态是一种享受生命的过程，也是人的感官从匮乏机制的压力下解脱出来后的放松，以及对生命存在的体验。在基本需要还没满足时，基本需要对象对人的感官和机体整体性地占有和压迫。只有当人的基本需要得到满足时，人的整体性的存在才会从这种紧张的生存境域中摆脱出来。

从基本需要中解脱出来的感官和机体开始把解脱出来的触觉伸向更多的自然和社会信息，在与信息更多的接触中，人经历着对生命存在和外在世界存在的体验和理解，并寻求着美的韵律。这时，人的机体和人的意识超越动物的特性，向着人的特征靠拢和成长，属人的感觉和特性在这种解放中得以凸显。这时，人整体上从基本需要的吸引和丧失自己于对象中的境遇中独立出来。此时人的独立，从某种意义上是对基本需要暂时超越之后的独立。这时基本需要的对象已经是对象化了的人，人在对象中确立自身、证明自身并成就了自身。在这种解脱性休闲阶段，很多人通常的休闲方式就是在某一境域中慵懒地放松身心、发呆或无所事事，因为这个休闲阶段的人暂时地失去了行动的目标。

古今许多休闲理论家，对这种解脱性的无所事事的休闲方式都是持批评态度的，如古代的亚里士多德、色纳卡等，现代的德葛拉齐亚、杜马慈迪埃等。亚里士多德就提醒人们休闲的时候如果不能利用诸善，则在战争时就容易堕落而为奴隶的侪辈，我国古代思想家孟子也提出，"生于忧患，死于安乐"。因为，这种解脱性休闲往往使人的安全需要成为意识中不重要的需要而被忽略、轻视甚至忘记，这会给国家和城邦带来灾难性的后果，他国或城邦的侵略战争会随时发生。这种事从古至今时有发生。这也是在人类历史中，解脱性休闲作为一种日常的生存状态，长久以来在社会大众道德和习俗中一直被批判的原因之一。

（2）发展性休闲。发展性休闲是在基本需要满足之后，人以全面发展的需要为动机的生存活动。发展性休闲也是解脱性休闲基础之上的休闲状态，它的意识指向是人的潜能的发现、培养和实践，最终达到人的全面发展的生存境域。

解脱性休闲作为休闲中的最初阶段是短暂性，因为"人是一种不断需要的动物，除了短暂的时间外，极少达到完全满足的状况，一个欲望满足后，往往又会迅速地被另一个欲望所占据。人几乎总是在希望什么，这是贯穿人整个一生的特点"。人作为价值性存在的生命体,其意识关注的范围内不能没有焦点。当人的意识失去焦点时,人会陷入焦虑之中,这种焦虑只能使人的意识焦点指向新需要。马斯洛认为:"即使所有这些需要都得到了满足,我们仍然可以(如果并非总是)预期:新的不满足和不安往往又将迅速地发展起来,除非个人正在从事着自己所适合干的事情。一位作曲家必须作曲,一位画家必须绘画,一位诗人必须写诗,否则他始终都无法安静。一个人能够成为什么,他就必须成为什么,他必须忠实于他自己的本性。这一需要我们可以称之为自我实现(self-actualization)的需要。"自我实现在人本主义心理学中,主要指的是人对于自我发挥和自我完成的欲望,也就是一种使人的潜力得以实现的倾向。这种倾向可以说是一个人在社会中不断发现和培养自己的潜力并因此越来越成为独特的那个人,成为他所能够成为的一切。在自我实现的个性化目的的影响下,"在满足这一需要所采取的方式上,人与人是大不相同的。有的人可能想成为一位理想的母亲,有的人可能想在体育上大显身手,还有的人可能想通过绘画或创造发明。在这一层次上,人与人之间的差异是非常大的。自我实现需要的共同之处在于,它们的明显的出现,通常要依赖于前面所说的生理、安全、爱和自尊需要的满足"。只有基本需要满足了,人才能占有属于自己的感觉、机能和潜能,并在此基础上进一步全面发展自己的感觉、机能和潜能,以期成为自我实现的人。

(3)严肃性休闲。严肃性休闲(serious leisure)也有学者译为专业性休闲,类似于国内一些学者提出的积极休闲概念。这类休闲活动旨在追求持久稳定的受益,例如自我实现、自我充实、自我形象的提升和团结凝聚力的增强等。严肃性休闲也是获得地位、达到某种造诣的一种重要手段,还是反抗个人和社会一体化进程和社会资本生产的一种策略。参加业余歌剧团体、戏剧组织、健身协会、创造性写作课程、桥牌俱乐部等活动都有潜力通过再次确认个人和团体间的相互依赖关系来增强个人的归属感。它搭建了友谊关系网络,构成了在需要的时候互惠和互助的基础。它为经常性、可预测的活动和休闲社团网络提供了先决条件。严肃的休闲活动很可能与家庭安排以及个人和团体时间分配的稳定性相关。严肃性休闲一般具有下列特点:①基于培训、系统地获得知识和技能上开展的业余爱好或无报酬的服务活动;②在生活过程中把这一活动当做一个职业来严肃对待,设置对取得成绩的系统性衡量标准;③在时间和预算分配上自愿遵循坚定不移和"延缓满足"的原则;④在自愿选择的活动领域里,突出很强的身份认同感。

(4) 随意性休闲。随意性休闲(casual leisure),类似于国内一些学者提出的消极休闲概念,是典型的机会主义,缺乏连贯性,把注意力集中在作为满意感来源的享乐主义和感官刺激。它针对短期、内在回报性的活动,不需要任何培训、技能培养和职业发展感。实例包括消磨时间、浏览橱窗、打盹、闲逛、抽烟、碰运气的游戏、聚会游戏、社交性会谈、饮酒、饮食以及其他一些失范的休闲活动如飙车、小偷小摸和犯罪行为。随意型休闲与家庭内安排的不确定性和时间分配的自发性有一定联系。它不是典型的以地位获得或巩固为目的,但是其特点是灵活性,可通过不同活动之间的转换来获得满足感。随意性休闲一般具有下列特点:①在寻求内在回报、享乐主义和机会主义的驱动下进行的业余爱好;②不涉及接受培训、系统化的组织,无需计划性发展的职业理念就可参与其中;③即刻满足感决定了自愿的时间和预算资源分配;④在自愿选择的活动领域里的身份认同感可能是战略性的和暂时的。

但是,这两种休闲活动也不是截然分开的,这其中有两个原因。首先,如果以随意或严肃性休闲活动作为单一的休闲生活选择,本身是非常单调的。很少有人可以满足于只参与其中一种形式的休闲活动,或者是完全围绕延迟满足进行的需经培训的、系统的和有组织的严肃性休闲活动,或者是完全钟情于由即刻满足驱动的不连贯的投机主义式的随意性休闲活动。其次,现代日常生活的流动性使大多数个人难以坚持一些严肃性休闲活动。严肃性活动的间隙容易被偶然性活动所填补。举例来说,如果一个人突然停止了业余演出的排练,消费社会中养成的惯性就会吸引他参与随意性休闲活动,如以闲逛、抽烟等来打发时间。虽然偶然和严肃休闲活动形式都带有很强的逃离现实色彩(逃离家务琐事、工作规章和习惯),但每种形式的单调性都会阻碍他完全投入这类活动。利用随意性或严肃性休闲活动作为逃离的一种手段,无论是哪一种休闲方式,都是不完善的。

第三节　解构与建构：休闲、娱乐与旅游的"一体化"

从前面对于休闲的讨论中，我们可以得出下面几个基本结论：休闲是一种普遍的生存状态；休闲是匮乏需要或基本需要满足后的生存状态和利用闲暇时间的方式；休闲是一种自愿和自我选择的自由，是对工作的短暂摆脱和对现实的临时逃离；休闲是对内心冲突和焦虑的宣泄，是身心放松和个体活力的恢复；休闲还是追求自我，实现人的全面发展的途径。

斯多克戴尔（Stockdale，1985）提出了休闲概念的三大要点：①一定时期内，个体可自由支配选择的心理活动或状态；②客观上，休闲与工作相对立，是非工作时间或休闲时间的感受；③主观上，休闲活动强调发生时本质上的观念，其呈现的意义在于个人信念与知觉系统，因此可能发生在任何时间与任何场合。据此，赫伯特（Herbert，1988）认为，休闲是个体自主做出选择、自愿参加活动的时间。

卡尔·霍迪（Carl Houde）认为，"休闲是一种心灵的态度，也是灵魂的一种状态，可以培养一个人对世界的观照能力"。这是对休闲的哲学概括。

一　休闲与旅游之间的关系

目前国外已有学者将休闲与旅游两种概念置于同一大背景下进行跨界研究，如美国著名学者迪安·麦坎内尔（Dean MacCannell，1976，1999，2004）曾著有《旅游者：休闲阶层新论》（*The Tourist: A New Theory of the Leisure*）一书，仅从书名上就可看出作者将旅游者与休闲阶层联系在一起。斯蒂芬·威廉姆斯（Stephen Williams，2003）在《旅游与休闲》（*Tourism and Recreation*）一书中认为，"休闲娱乐与旅游的融合，以及两者在现代生活方式中的差异正在逐步缩小。度假旅游在更大程度上与休闲生活方式结合在一起"。

从旅游的角度看，早期的定义大多是从历史的角度去认识其本质的。例如，英国旅游协会（Gilbert，1990）就认为："旅游可以看做是人们离开常住地到其他地方所进行的各种暂时性活动以及在目的地所发生的各种活动和关系的总和。"但世界旅游组织（WTO）指出："旅游是指人们出于休闲、商务或其他目的，离开他们的惯常生活环境而到其他地方所进行的各种旅行活动（不超过一年）以及在目的地的一切活动的总和。"（Lickorish & Jenkins, 1997）世界旅游组织这一相对简单的操作性定义，旨在消除对旅游定义的理解中长期存在的问题，特别是围绕旅游者的定义中是否应包括一日游旅游者、短途旅游者以及仅作短暂停留的旅游者等类似的不确定性问题，乃至与此相关的旅游是否有一个最低停留时间的问题（实际上这些问题在日常生活中经常被涉及）。事实上，旅游承担了太多的动机和目的：娱乐、休闲、度假、探亲访友、商务、教育、健身以及宗教朝圣等，包括国内旅游者（在本国范围之内的旅游）和国际旅游者（跨越国界的旅游）两类。相应的，"旅游者"并不是没有差别的社会群体，他们有着不同的类型和偏好，他们出于不同的动机进行旅游，并涉及不同的组织和社会关系。

米歇尔·霍尔和斯蒂芬·佩奇（Michael Hall & Stephen Page, 1999）在《旅游与休闲地理学：环境、地点和空间》（*The Geography of Tourism and Recreation: Environment, Place and Space*）中将休闲、旅游与娱乐三者之间的关系用维恩图（Venn diagram）来表示（见图10-1）。

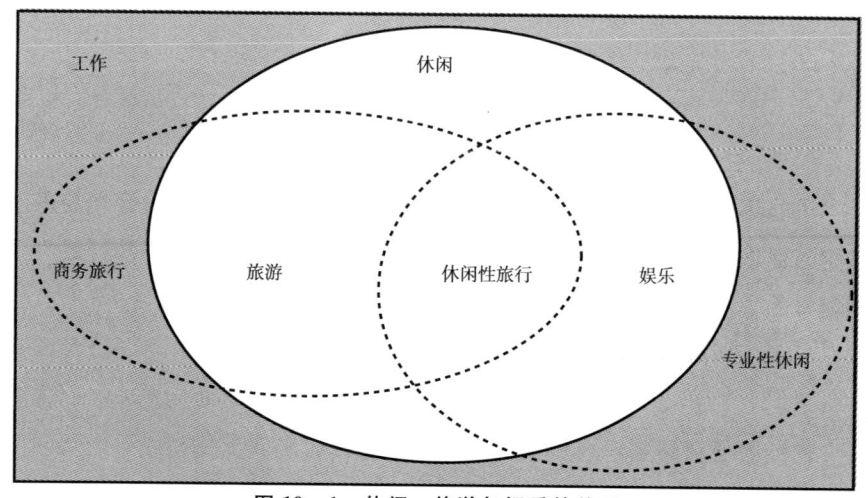

图 10-1 休闲、旅游与娱乐的关系

资料来源：霍尔和佩奇，1999。

图中交叉的弧线表示不同的活动区域，虚线表示各概念之间的界线是"软性的"。从上图中可以得到一些重要的观点：

（1）从本质上来说，休闲娱乐与旅游的大部分区域包含于更为广阔的休闲领域内。这些经历通常发生于大多数人所真正拥有的闲暇时间内；发生在那些人们愿意花费许多个人积蓄与精力进行休闲活动的地方。

（2）旅游和休闲娱乐中也确实存在超出休闲范围而延伸到工作领域的情况。这在商务旅游中表现得很明显，并且专业性休闲也包括在内，在专业性休闲中，休闲娱乐呈现出工作方面的一些特征，在活动中有专业能力层次方面的要求。

（3）休闲娱乐与旅游有很大一部分重叠在一起，可以很容易地看出一般的旅游者和休闲娱乐者在时间和空间上具有一致性。

利珀（Leiper, 1979）进一步提出了可以将旅游业与休闲娱乐业区别开来的七个标准。

（1）离开和返回常住地以及开展的各种相关活动的特征是很明显的。

（2）旅行的停留时间一般较长。

（3）旅游者旅行的频率低于其他的休闲娱乐性旅行。

（4）对日常休闲娱乐和休闲活动来说，旅游能够获得更多的社交机会。

（5）旅游的花费通常比休闲更高。

（6）旅游体验的级别也是其他活动所无法比拟的。

（7）游客的游览内容时常被认为是不连续的，因此往往更容易保存在记忆中。

虽然这些标准提供了相应的区分维度，但利珀的研究并没有平息关于旅游与休闲娱乐是否从本质上相关的争论，而且当旅游活动越来越成为一种惯常的现象，旅游所能提供的独特体验已经越来越模糊了。莫尔等人（Moore et al., 1995）认为，在今天，所谓旅游的"独特体验"已经没有什么"独特"之处可言了。当后工业时代的变化持续发生的时候，这些定义的界限已经越来越模糊了。从历史上看，旅游业与休闲娱乐业之间的主要差别是很明显的，随着社会的发展，休闲娱乐业与旅游业逐渐重叠。旅游者在目的地花时间开展的各种不同类型的旅游活动都带有休闲娱乐的特征。因此，在个体的微观层面，旅游与休闲娱乐之间的差别正变得越来越小（Jansen-Verbeke & Dietvorst，1987）。旅游包括休闲娱乐，同时，它也包含其他的行为及各种相互联系的领域。就如同吉尔伯特（Gilbert，1990）所指出的，"旅游"这个词已经由单一含义发展成为集众多概念于一身的复合型名词了。这意味着旅游也包括旅行——"tour"这个词指的是一次行程，是游客从居住地出发又返回居住地的过程——从这一点可以推断出，旅行行为是一种暂时的状态，它必须离开常住地。但是，旅行行为的发生会延伸出一系列特定的需求——诸如对交通运输、旅行服务、旅游接待、餐饮服务、旅游态度、休闲娱乐活动以及相关信息的需求，这些需求的叠加会形成一个由旅游产业提供必要产品和服务所构成的供给模式。

对于这三者之间的关系，帕克（Parker，1999）形象地解释为："通过对休闲的总体性研究，我们得到了最有力的解释。这是因为，社会并不能简单地划分为体育运动员、电视观众、旅游者等群体，同一个人可以同时拥有所有这些身份。"但威廉姆斯认为，要使三者在内涵上达成一致，这是遥不可及的。

二 休闲与旅游的趋同与融合

传统观念中对休闲的认识主要以时间为标准——特别是完成本职工作或者做完家务劳动、充分睡眠和个人护理都已得到保证之后的那段时间——以及利用这些时间所从事的活动。正如许多作者（如 Clarke & Crichter，1985）所指出的那样，休闲概念中对时间问题的讨论最早出现于 18～19 世纪的资本主义工业经济萌芽时期。尤其是当时的工厂组织将工人的工作时间进行了严格的划分（这些工人的工作时间是完全属于雇主的），剩下的时间工人们可以自由支配，但这些时间又被广泛地规定用于必要的个人和公共事务。相比较于前工业化时期更为灵活的制度而言，工厂制度在规划时间方面是相当僵化的，它促使人们逐渐认识到休闲时间是与工作时间相对立的。

1. 问题与困境

用时间定义与工作相联系的休闲概念不仅极大地影响了进行休闲活动

的时间划分,如晚上、周末以及计划好了的假期等时间利用上的差异,且在更大程度上使得人们通过将工作和休闲相对比,从而赋予休闲活动各种价值。因此,休闲在过去已经被认为不仅是对工作的有效奖励,也是自我选择的自由,是自我个性的张扬,是掌握命运的自我做主,是自我意识的充分显现(Rojek, 1993)。因此,休闲活动常常被认为是内心冲突的宣泄,是身心的放松,是个体活力的恢复(Smith & Godbey, 1991),同时为想逃脱日常工作琐事的人们提供了一个积极向上、有益身心体验的舞台。

另外,工作和休闲的分离导致了空间上的区别,这种区别是随着空间的扩大以及逐渐被用于休闲活动的各种设施的发展而产生的。公园、草坪、图书馆以及后来出现的运动场,所有这些设施都成为现代人规划时间、空间及与其相联系的各种活动的标志。

但是,这种表面上的合理性却意味着休闲活动正日益面临着如下挑战。

第一,与雇佣劳动相联系的各种休闲设施的建设遭到了女权主义者的批评。她们认为由于工作和男性的社会地位之间有着紧密的联系,这样的观点强化了男性的大男子主义倾向,弱化甚至是忽视了承担着各种家务并照看小孩却没有任何薪水的妇女的社会地位,同时限制了家庭主妇所应享有的休闲机会(Deem 1986; Wimbush & Talbot, 1988; Henderson, 1990)。因此,当休闲被纯粹根据与雇佣劳动的关系来表达时,被认为是不明确和不具典型意义的。

第二,从工业化国家到后工业化国家的转变,伴随着鲜明的雇佣劳动性质的重构,这会使得工作与休闲之间有差别的内涵,无论对男子还是妇女而言都很难再存续。后工业社会的巨大变化在更广泛的领域内与工作方式中的灵活性紧密结合起来,这种灵活性展现了活动的空间组织形式、劳动力的规模与构成、劳动力的功能技巧以及现实的可获得性(Breedveld, 1996)。特别是信息技术的快速发展,互联网、移动通信等技术催生了职场休闲化现象(尤其是在一些互联网企业,如谷歌、百度等),弹性工作制、自由职业、在家办公(SOHO)、移动办公等新型工作方式层出不穷,在20世纪末期的后工业化社会里,受后福特主义思潮的影响,休闲已经逐渐演变成为人们消磨时间、培养兴趣以及维持社会关系的重要手段和工具。从这个意义上说，旅游和休闲娱乐已经逐渐成为人们不可缺少的基本需求之一，它满足了人们不同的要求，它深深地影响着现代人的生活方式。至少在专业性群体中已经很难将工作与休闲区别开来了（Harre，1990；Rojek，1995）。而退休人群以及兼职人员所占比例的不断增加进一步分化了工作与休闲之间原先的那种单一的价值体系。

第三，以罗杰克（Rojek，1993）为代表的作者已经对在复杂的现实以及形成社会共同行为的不可逾越的自我管制与自我约束规则下，个人能够通过休闲活动创造自己的表现方式和表现自由这一观点产生了质疑。在商业化休闲产业内部不断改进的休闲产品，同样使个人的表现范围受到了挑战。

第四，作为一种与个人兴趣相关的、生产性的以及放松性的活动，它的构成已经被重新定义为一幅由多种休闲活动组成的复杂的图画，而它的对象已经逐渐融合了，有些因素甚至与作为社会进步源泉的休闲观念存在着冲突。因此，许多人已经同时形成一种基于模式化的工作方式与普通的休闲活动相结合的休闲性生活方式（Gerstl，1991）以及临时性的休闲方式（Stebbins，1997），有些人则追求所谓的"系列性"休闲方式（Stebbins，1982）。因此，参与休闲的人寻求的是一种系统化的利益，他们利用的是不同层次的资源（包括时间和金钱），获取与活动有关的各种技能、知识和经验，以此来代替（至少是相匹配）通常情况下只有在职业生涯中才能够获得的成就感和满足感。罗伯茨（Roberts，1989）指出，这种实践活动就是所谓的"职业性"的休闲活动。

基于上述原因，休闲的定义逐渐从传统的非工作时间及与其相联系的活动中独立出来，更趋向于建立一种关于个人态度和心态重要性的价值观念。皮格拉姆（Pigram，1983）指出，休闲就是不同的人从事不同的活动，它不限于所谓的"可自由支配的时间"内，它可以在更广泛的地域空间内迅速传播，而人们所进行的活动是因各自的心态、偏好和目的等不同而有所差别的。简单地说，休闲实质上就是人们对待和利用闲暇时间的方式。从本质上来说，休闲也是一种实践，而非单纯消费的产品（Crouch，1999）。这种观点已经考虑到，即使是在一个物质生活水平相当高的社会里，个人力量也是影响休闲活动的重要因素，而休闲活动也为人类进行自身角色转换提供了相当大的空间。因此，在有些情况下休闲活动成为某种抵抗的场所。亨德森（Henderson, 1990）就观察到，参加休闲活动已经成为妇女们从限制性的性别角色中解放出来、获得更大权利的有效途径。

旅游和休闲、娱乐活动的产生和发展有着诸多相同之处，这三者都必须以一系列能够吸引人们参与的刺激因素的存在为前提：包括闲暇时间的增多（生产水平的提高、假日制度的改善、家务劳动的社会化等）；生活水平和个人自由度的提高；个人以及公众期望的改变；与此相联系的通过扩大供给而增加的旅游与休闲、娱乐机会。

在大多数情况下，休闲、娱乐与旅游需求的产生依赖于相应的设施设备的供给，所以，要提高休闲层次则必须提供更多更合适的设施基础。例如，在城市休闲娱乐圈中，传统的资源（城市公园、休闲娱乐场所、运动场、游泳池、公共图书馆以及其他的一些商业性场所如电影院、剧院、餐馆以及酒吧等）中已经出现更新的形式。在英国，这种更新的趋势既包括室内运动中心（通常带有游泳场馆）的大量修建，也包括反映后工业化时代转型经济与社会飞速发展的一些现象，如休闲性的购物活动（特别是城市中的大型购物商场以及乡村的零售商店）蓬勃发展；过去进行工业生产与运输的地方被作为文化遗产地而赋予了新的休闲娱乐形式和内容；过去的生产性建筑被改造成博物馆、餐厅、画舫或者是购物长廊；或者对以前的码头进行大规模的整修，将其重建为新的居民区。宜人的环境和休闲娱乐活动记录着这种发展趋势，并以相同的魅力吸引着旅游者和当地的休闲娱乐参与者。

2. 动机与行为

休闲、娱乐与旅游之间具有显著一致性的一个重要领域是对动机与行为的研究。人们为什么要参与休闲娱乐特别是进行旅游的问题，成为研究休闲的学者关注的重点，他们也得出了一些不同的概念和解释。许多有关这方面的讨论使得一个观念逐渐明朗化——作为休闲的一部分，休闲娱乐与旅游的目的在于满足人们逃离现实的工作压力以及日常琐事困扰的种种需求，使人们的自我表现意识增强，获取新的技能或享受一种全新的经历和体验，从而在人们心中形成一种相对于现实社会的强烈反差。例如，这种观点就贯穿于著名的"伊索-艾霍拉（Iso-Ahola）旅游动机模型"中，他认为旅游活动是"推—拉"运动的产物——参与者想要逃离个体生活的日常环境以及人与人之间的复杂关系，同时也需要从目的地的游览经历中寻求一种内在的回报和满足感。格瑞伯恩（Grabum，1983）在其所谓"旅游者行为倒置"的理论中也暗含着旅游者逃离琐事并与其相分隔的强烈愿望。在该理论中，格瑞伯恩强调，在休闲的时候，特别是在度假的时候，人们普遍会选择一种与他们惯常的模式相区别的行为模式——部分原因是出于寻求快乐的基本动因，也有部分的原因是想要区别于一般的旅游活动。国内也有学者以非惯常环境来解释旅游者的动机和行为（张凌云，2008）。他认为，工作和日常生活的环境是"惯常环境"，而与之相反的就是"非惯常环境"。根植于这些动机内部的是各种不同的刺激性因素，包括对放松与锻炼、快乐与享受、社会交往、精神上的鼓励、增强体质、自我完善、社会认可以及增强自尊心等方面的要求。但是，与此相关联的是，不管是旅游活动，还是休闲和娱乐活动，它们之间是如此相似，以至于无法很确切地区别开来。卡巴诺夫（Kabanoff，1982）所提出的休闲和娱乐的基本动机以及瑞安（Ryan，1999）所提出的与此相关的旅游动机，两者之间的相似性要远甚于差异性。

早在20世纪60年代，美国休闲学者马利恩·克洛森（Marion Clawson，1963）就首先对于行为模式特别是参与者从休闲娱乐或旅游活动中所获得的价值提出相似的表述。休闲娱乐或旅游的经历包括：参与之前的一系列活动、参与过程中的众多体验性因素的注入以及事件结束之后的一个重要阶段——回味与记忆，它有助于形成以后的行为模式。

威廉姆斯（Williams，1998）对于旅游活动中的经历与体验概念进行了重新界定，表明一次完整的旅行首先是从计划开始的，然后才是具体的出游过程（这一部分构成了旅游者全部的旅游经历），接下来的一个重要阶段是回忆与记忆，它将直接影响未来旅游决定的形成。通常情况下，我们希望形成的是积极向上的经历，以利于鼓励游客再次游览或者是希望从事与最初的经历相仿的游览活动，而不希望形成消极的经历，否则会导致对将来所要进行的旅游活动的慎重选择，更为可能的是改变原来的既定选择。

有意思的是，凯和摩克斯汉姆（Kay & Moxham，1996）构建了一个非常相似的休闲娱乐模式（他们建立一个休闲娱乐性徒步活动的体验模型）。休闲娱乐模型强调将环境和社会因素输入活动本身的中心区域——计划和参与这两个重要的阶段，连同回忆与怀旧阶段，都会被复制在休闲娱乐的内容中，当遇到类似的旅游经历时，这种内容将会被形象化并再现出来。因此，这些模型意味着参与者将赋予其作为旅游者时所经历的活动以重大意义，即这些经历是与旅行支出、持续时间、常住地与目的地之间的空间分隔以及与旅游者的旅行结合在一起的所谓"特殊身份"相联系的——而已经融入旅游和休闲娱乐活动中去的行为过程基本上是相同或相似的。

3. 空间与时间

从早期发展的阶段到大约20世纪初期，旅游业与休闲娱乐业通过空间和时间上的扩展已经存在明显的差别了。在大规模购买私家车并能负担相应的费用之前，休闲娱乐活动只是一种局限于当地的活动，因为到距离较远的地方旅行不但是很困难的，而且非常耗时。旅游业贯穿于人们的旅行活动中，但与现在相比，那时相对较慢的出行速度意味着离开常住地的旅游活动需要有时间的保证。这来源于休闲娱乐业与旅游业长期以来存在的差别：休闲娱乐活动倾向于在当地频繁地发生，而旅游活动可能要有一定的距离，而且只是偶然的或暂时的。

但是，随着内燃机车和电气机车代替蒸汽机车，区域和国家之间高速公路网络的形成，以及替代螺旋桨飞机的喷气式飞机的出现，旅行的速度大大提高了，从而在较大的程度上压缩了人们旅行的时间和距离。结果就是休闲娱乐活动和旅游活动在更大范围内发生了重合。这种现象的出现，部分得益于人们对于常住地与目的地之间距离感的弱化甚至消失，同时也与休闲娱乐业和旅游业的进一步结合有关，这种结合从20世纪60年代时就已经出现，而且呈现出向旅游者和休闲娱乐参与者提供相同的产品和服务的趋势。这种现象在国内市场中已经显现出来了，而在更大程度上的远距离旅行——比如在英国与临近的欧洲国家之间的旅行中也体现得很明显。当然，空间上的阻隔依然是有所不同的，但是其初期模式与更早期的模式相比，已经有了较大的变化，这种变化更多地出现在国际旅游领域内（相对于国内旅游领域而言）。例如，在英国的国内旅游市场上，在休闲娱乐与旅游业中更为复杂的空间上的一致现象不断涌现，这是由于主要旅游客源地的游客能够很方便地在三个小时之内到达主要的旅游度假地。而旅游目的地也成为一日游游客开展休闲娱乐活动的主要场所。

现实中的差别也逐渐消失了。目前的休闲娱乐活动与旅游活动方式的相似性主要是两种活动都与闲暇时间的概念紧密联系在一起，这些闲暇时间主要包括以下的一些时间段：傍晚、周末、学校的假期以及夏天的高温期。另外，当人们拥有更多的闲暇时间，并且更频繁地参与到旅行活动中去的时候，休闲娱乐业和旅游业已经更广泛地渗透到人们的日常生活当中，所以将这些活动规定为在某些特定时间段进行已经变得没有意义了。

有一部分人把在该领域中发生的变化归因于后工业社会的出现及其经济的发展。这些主要领域的变化使得传统的工作与休闲以及人与地域空间的关系从根本上发生了改变。同时，它也使得游客在休闲娱乐与旅游的时间和地点方面有了更多的选择性。

在后工业时代转型期主要是源于新的资金流动模式的出现，城市经济中对资金的使用模式已经由原来对生产产品的偏重转变为现在对消费的偏重，由生产型经济转变为服务型经济，以及由此而产生的由集体消费形式向个人消费形式的转变。生产和消费的形式具有典型的灵活性特征，例如，短期雇佣合同以及大量兼职工作的不断涌现，使得劳动者能够更灵活地调整自己的就业方向与提高工作能力，以适应日新月异的环境变化。在这种情况下，不仅大量旧的工业生产被遗弃和淘汰，与其相联系的许多工作岗位也逐渐从现代社会中消失了。

这个过程引发了对城市物质空间的重要改造，产生了新的空间模式出现的可能。这种变化主要是通过将以前的工业生产区改造成新的消费和居住中心来实现的——如对以前的码头区的改造。需要指出的是，后工业化时期的转型是与新的社会和文化再造工程相联系的。尤其典型的是，工作已经被更广泛的闲暇代替，演变为人们日常生活的特征、个性形成的基础以及消费社会中集体文化建立的途径（Featherstone，1991）。因此，在20世纪80年代中，一个城市精英阶层开始逐渐形成——他们很少依赖于周围已经形成的关系网来实现自己的理想,而往往处于新时代的服务产业的战略中心位置,这有利于他们赢得新的获取财富的方式,同时培养了他们更为前卫的消费文化。这种新的消费文化认为,应当将休闲置于生活中更为显著的位置,而且对新的时代以及新的地点的选择是很重要的。另外,伯瑞德维尔德(Breedveld, 1996)认为,工作以及作为后工业时期重要标志之一的休闲活动之间融合趋势的出现,在内容上有一个前提,那就是相应行为活动的出现以及个人对这些行为的解释。从这个意义上说,休闲娱乐活动与旅游活动在时间和空间上的界限比以前更为模糊了。

4. 规划与政策

后工业时期出现的巨大变化还与休闲娱乐业和旅游业之间出现的共同的地区开发规划和政策有关,这尤其在城市以及乡村休闲娱乐业和旅游业中表现突出。例如,在城市生活中,玛摩萨和万德珀尔(Mommaas & Van Der Poel, 1989)评述了他们在荷兰的经历,展示了城市采取何种政策进行各种市场推广活动以便把城市作为商品来营销。这种尝试向我们揭示了民间与政府之间所建立的、全新的、强大而具有影响力的伙伴关系,这将有力地促进实施各种宏大的开发规划。

在一些诸如重建的码头、重新恢复的磨坊和手工作坊、旧厂房,以及新型的购物中心和休闲娱乐中心以及艺术化的体育场等新的生产和消费区域的发展中也产生了这种产业集聚效应。这些发展是建立在当地的休闲娱乐需求模式基础之上的,但是,在这个过程中,休闲活动已经不仅仅是一种经济发展工具,更可能是形成和塑造一个城市市场形象的关键性因素。这有利于吸引外来移民和内部投资,也能够吸引外来的众多旅游者。所以,迎合当地休闲娱乐活动新的开发模式而形成的休闲娱乐场所对于旅游者同样具有吸引力。

相似的,休闲娱乐与旅游之间的协同优势在许多乡村政策中也有明显的反映。在整个英国、大部分其他欧洲国家乃至北美的一部分地区,从20世纪60年代开始,地方乡村中的经济、社会乃至文化功能都发生了巨大的变化。这些地方作为传统农作区的功能已经弱化,而其作为居住和休闲娱乐旅游的新兴目的地的价值正在被不断提升。这种新现象的出现已经促使相关的政策相继出台,以便将休闲娱乐和旅游活动融入原来的农业经济生产活动中。同时，随着到乡村开展休闲活动的游客数量急剧增加，规划和政策在保护和维持较为脆弱的生态环境方面的作用将会更为突出，在国外一些休闲娱乐业和旅游业已经融入后工业化的乡村中。

5. 重叠与融合

人们普遍将旅游业，特别是国际旅游业看做是由旅游者对差异性的需求拉动而产生的，而一些学者尤其是麦肯内尔（MacCannell，1989、1992）则认为旅游者所追求的是一种确实可信的经历和体验。罗杰克和厄里（Rojek & Urry，1979）解释说，旅游产生的部分原因在于人们通过与其他休闲形式以及更多生活层面的比较而发现旅游对自己所产生的重大意义。因此，旅游活动不仅不同于工作或家庭义务，也不同于对闲暇的简单追求，例如一天的闲暇或者是类似于探险之类的更精深的休闲活动。但是，当越来越多的人拥有了各种各样的国内和国际旅行的经历，并将之变为都市生活的一个重要组成部分之后，这种差异性的感觉渐渐模糊了。这种现象是由以下两种原因形成的：一是通过日复一日地体验休闲娱乐和休闲活动，二是通过一个相对简单的接触过程来弱化人们对差异性的感觉，从而大大降低了旅游在大多数人休闲生活方式中所处的"特殊地位"。

国际旅游对于日常休闲和休闲娱乐的影响已经开始引起人们的关注，虽然这种影响仅仅处于发展的初期。这种影响的机制是很复杂的，但是，人们通过旅游（特别是国际旅游）这一媒介获取了更多的时尚信息、提高了品位、获得了更多的知识和实践能力，这使得旅游已经像一张无缝的网一样渗透到了人们生活和工作的方方面面，成为人们生活的重要组成部分之一。这又可能产生许多的影响。

（1）对于休闲娱乐品位与偏好的影响因素的吸纳，将会导致当地新的消费需求模式的出现。在一些较为典型的消费方面这是很明显的，如饮食习惯，中餐馆不仅在英国和美国这样的国家数量急剧增长，而且还将引进大多数城市各种不同种类的国外饮食（Pillsbury，1990）。由出国旅行所导致的品位变化也对一些地方的休闲娱乐活动产生了不同程度的影响。例如，英国的人造滑雪场所就几乎是为了迎合参与过阿尔卑斯山以及北美冬季度假运动项目的人群的需求而出现的。

（2）将旅游中的被动消费经历输入国内休闲方式中。休闲性媒体所产生的影响尤为明显。来自陆地上和卫星上的广播数百个小时地工作着，不断地向人们展现着各种不同的旅游目的地，而杂志、报纸以及旅行者指南的内容同样覆盖了包括国外旅游地、文化传统、社会状况、历史渊源、自然历史条件以及所提供的旅行机会等在内的众多内容。厄里（Urry，1990）强调说，这些在影响旅游者预期方面发挥作用的媒体的使用是一个完整的旅游经历的重要组成部分，因此这可能导致旅游者在出游前把许多闲暇时间用于这些媒体。同样地，从照片、明信片或者是录像上获取的景象能够使个人经历无限地被复制和翻录，而这些活动将在个人的日常休闲时间中再次出现。

此外，许多的日常活动（休闲性或非休闲性的）都有着共同的内容，旅游成为形成这些内容的关键性因素；同时，这些共同内容的形成也需要有一个前提，即大多数的人拥有足够的知识和经验，能够"读懂"或者是对所出现的各种标志和刺激物做出反应。现在的大型购物广场向我们提供了许多与这方面相似的例子。在购物广场中我们可以看到来自世界各地的不同标示性和指南性的招贴画，厄里（Urry, 1995）将其称为全球小型化的一种极端形式。洛瑞（Lury, 1997）向我们提供的另一个例子中，诸如布茨（Boots）药店以及提供居家装饰和生活用品的连锁商店哈比塔特（Habitat）之类的英国零售商在销售居家用品方面的业绩获得了不断提高。这里的两个例子都表明：第一，用具有异国情调的词来对产品的名称进行包装无疑是成功的；第二，使用形象的外部包装、或是明示或是暗示的产品目录向消费者传递一种有关其他文化或地域的"可信的"信息是有益的。这种真实性在很大程度上来说是非物质性的——重要的是这种方法成功了，因为人们能够自发地在大脑中将这些形象联系起来，而这种意识的产生来源于多样化的传播媒介，从旅游活动本身所获取的直接经验就是一个相当重要的传播渠道。

将旅游与休闲娱乐完全融入休闲的框架内，并将其集中起来作为统一的要素在更为广阔的后工业化变革过程中进行构建，在这种变革中，我们可以看到各种社会的、文化的甚至经济层面的传统差别正在逐渐消失。融合所关注的是多方面的内容，而当文化、社会、经济以及地理区域逐渐重叠之后，以前很清楚的差别（如工作与闲暇、国内与国外、精英分子与普通大众、公权与私权）现在已经逐渐消失（Lash & Urry, 1994；Urry, 1995；Rojek & Urry, 1997）。旅行活动迅速增长的部分原因在于，旅游者体验差异性的美好愿望只有通过到相应的、可供旅游的地方去旅游才能够获得实现。在全球化的社会中，随着人员流动、商品、创意以及形象的迅速发展，我们能够更广泛地接触到不同的风景、经济制度、社会以及文化传统。国内外市场的逐渐融合使得世界上的各种差别变得越来越模糊，许多异国标识和异域风情向我们的家乡以及社区袭来，比起我们作为旅游者到他们的居住地访问来说，出现频率更高。

这种融合现象的出现使得有的学者（如 Lash & Urry, 1994）认为传统旅游业是一种日趋衰落的活动，从而推断出传统旅游业将会消亡的结论。从某种意义上来说，都市的生活方式意味着我们永远都是所谓的"游客"——侵入我们日常休闲与休闲娱乐活动中来的各种符号以及电子图像，使得我们不停地在城市间流动或者不停地享受这种流动所带来的刺激。比如说，以前的旅游理论是建立在旅游活动出于人们对差异性的需求这一假设前提上的，而里兹和里斯卡（Ritzor & Liska, 1999）对这一假设提出了明确的挑战，他们认为"人们不断地到其他地方旅行，是为了体验他们在日常生活中所体验过的东西"。这样的话，旅游者就会去品尝那些熟悉的食品，希望能在他们下榻的酒店或是观光邮轮的船舱内收看到卫星电视，喜欢去游泳或泡吧，阅读随身携带着的小说，与他们的同伴有说有笑，却很少与当地人接触，而他们所游览的地方也通常是他们在电视上或是旅行指南上似曾相识的。

里兹和里斯卡（Ritzer & Liska, 1997）认为，旅游业中的一些内容需要一种能够反映日常休闲娱乐方式的现代消费模式来进行合理的定义和规范。同时，更为显著的变化是，越来越多的人开始接受差异、对比、逃离以及探险之类的观念，而在传统观念中，旅游者的旅行被看做是建立在理性基础上的。另外，有证据显示，旅游业的发展机会已经在新的国家和人群中显现，如在东欧和东南亚，一些新建设的供休闲和旅游的地方可能会维持一种更为差异化的感觉。但是，毫无疑问的是，组成旅游业的一些重要因素之间的关系正在发生变化，在欧洲和北美的都市群体中，旅游业、休闲娱乐业以及休闲业之间的联系比以前加强了。从地理学的角度看，这些变化是有深层含意的——不仅仅是对旅游的确认和界定,可能还有更为深远的意义,它关注的是在旅游者的观念中对那些经历时间最长的地理概念(地点的重要性)的重新认识。

总之,休闲娱乐活动和旅游活动包含了政治、经济、社会、文化、心理以及象征意义等众多领域的本质和特征,但是从根本上来说,它也是有一定人群参与的,并且在一定时间和空间范围之内发生的活动。

旅游业与休闲娱乐业之间的联系不仅仅是新近(后工业时期)变革的产物,它更是工业化时期和前工业化时期发展的重要特征。我们来关注国际旅游的情况,虽然地理活动范围的改变使人们在国际旅游形式上产生了一种差异性的感觉,但是即使在国际旅游市场迅速扩展的时候,日益增长的国内旅游市场中仍然存在许多重要的二者重合的地方。对乡村休闲娱乐和旅游的研究再一次表明,休闲娱乐业和旅游业之间的紧密联系是由来已久的,同时,现在正在发生的变革(特别是休闲娱乐业与旅游业更广泛地融入乡村的发展中)的整个过程使得这种关系得以维持并进一步发展。相比较而言,城市中的情况则有所不同。过去,这些地方的居民由于受到越来越恶化的环境污染的影响而逃离城市,到环境条件更好的地方旅游,但是今天,许多城市已经重新成为极具吸引力和时尚气息的新的旅游目的地。在这个变化发展的过程中,一些当地的休闲娱乐活动项目被囊括在旅游之中。

三 结论与展望:社会发展的蓝海与休闲革命

通过梳理和综述国外学者在休闲和旅游两大领域的研究成果,可以看出越来越多的西方学者对传统的休闲和旅游的核心概念众说纷纭,质疑和反思不断,而近30年来国内外旅游业的实践也说明了旅游与休闲已经越来越趋于融合,旅游与休闲各自的主体、客体已经不再泾渭分明和非此即彼,而呈现出亦此亦彼、互相交织的发展趋势。事实上,从哲学层面上审视,休闲和旅游都是一种摆脱当下,暂时遁世的生存状态,是一种摆脱职场纷扰,克服内心焦虑,自主自愿、自我选择的"精神生活",与时间地点无关,与身份职业无关。正如查尔斯·波德莱尔(Charles Baudelaire)所说的"(去)任何地方!任何地方!只要它出现在我现在的世界之外!"

其中,"现在的世界"可以理解成旅游学者经常用的"惯常环境"概念,"(去)任何地方!"就是逃离现实,可以是休闲,也可以是旅游。或者说就是"广义旅游"。广义旅游指的就是离开惯常环境,寻求身心放松,从事自愿的兴趣活动和选择闲暇方式。

工业社会那种以工作为伦理的价值观已经走到尽头,人们正步入被克莱·舍基（Clay Shirky）称为的基于休闲时间的"认知盈余"（Cognitive surplus）时代。所谓认知盈余就是指受过教育并拥有自由支配时间的人,他们有丰富的知识,同时有强烈的分享欲望,这些人的休闲时间汇聚在一起,会产生巨大的社会效应。人类是社会性动物,工业社会的发展使得自由时间激增和某种社会资产的稳步减少趋于一致,这种社会资产便是人与人之间的信任与依靠。但进入后工业化社会,随着全球互联网、移动互联网和社交网络越来越普及,碎片化的社会资产可以通过网络平台集聚放大,形成"核裂变"。在这个平台上,用户将是内容的主导者、分享的提供者。每个用户的知识贡献、内容分享成为推动整个社会发展的动力。自由时间（即闲暇时间）是一种难得的资源,只是在过去,这些闲暇时间创造的新知识,因缺乏海量的信息处理手段,无法形成认知盈余。但在当下认知盈余借助社交网络（SNS）,给社会带来了前所未有的让我们为彼此创造机会的机会。就像托马斯·弗里德曼（Thomas L. Friedman）认为全球化导致了"世界是平的"那样。在舍基看来,认知盈余造成了世界是"闲"的。但这个"闲"的世界,同样为世界创造财富、知识和发展机会。认知盈余将成为社会发展的蓝海,不仅带来休闲方式的变革,而且彻底颠覆以往工业化社会中人们的生产生活方式,在工业社会劳动创造价值,后工业社会休闲也能创造价值。

追求幸福生活是人类的普世价值,西方研究幸福经济学的学者认为,一旦人们的基本需要得到保障,生活满意度就会从以下九个方面衍生出来：

(1) 社会联系,包括家人和朋友。

(2) 他人眼中的价值,主要来自社会的贡献。

(3) 选择自由,越大越好。

(4) 接触大自然和美丽的事物。

(5) 接触艺术和文化，以及一定程度的"新奇经历"。

(6) 包容和欣赏其他的文化和生活方式。

(7) 创意表达的机会，追赶让你开心的事。

(8) 照顾自己的能力。

(9) 积极参与治理社会的机会。

从上面九个方面可以看出，其中大多数内容与休闲或旅游有着密切的关系。对于工业化社会无节制的发展后果，西方的有识之士认为，如果一个国家想要实现最大多数人的最大、最长久的幸福，那么这个国家就应该着重投资，以提高公民的能力。我们缺少的并不是科学家和工程师，而是19世纪经济学家约翰·斯图尔特·穆勒所指的"生活的艺术"。我们不应当把所有资源都用来培训技术专家，不应当不断生产更多的物质商品，我们应当培养出更多能够实施和教导"生活的艺术"的专业人员。对于那些完全用GDP来衡量成功的人而言，以上这些建议或许无足轻重。然而，如果我们不行动起来，不创建一个注重人与人之间的联系、注重个人能力的社会，不正确地培养我们的孩子，那么结果将是灾难性的，这并非危言耸听。

自20世纪90年代起，随着我国社会经济的转型，传统的以牺牲个人休闲时间和休闲生活为荣的社会价值观被摒弃，周五工作制（双休日制）和黄金周假期的制度安排，极大地推动了我国国民旅游休闲的大众化发展。2009年国务院更是将旅游业上升到"国民经济战略性支柱产业"和"人民群众更加满意的现代服务业"的高度。2013年《国民旅游休闲纲要》和《旅游法》相继出台，以法律和国家政策的形式，肯定了国民的旅游休闲权利，为全民逐步落实和最终实现带薪休闲制度、倡导人的全面发展和建设和谐共享社会提供了法理依据。

德国哲学家马丁·海德格尔（Martin Heidegger）曾借用18世纪德国诗人荷尔德林（Johann Christian Friedrich Hlderlin）的诗篇阐述了其存在主义思想：

人，充满劳绩，但还
诗意地安居在大地之上

用广义旅游概念来看，尽管人在惯常环境下"充满劳绩"，但在惯常环境之外的生活还是充满"诗意"的，工作的"劳绩"不是人生的全部意义。在现代社会中，旅游是摆脱工作中种种困扰、治疗心理焦虑、追求幸福人生的一剂良药，是一种廓然无累、自得其乐的精神享受。可以说，广义旅游是后工业化（后现代化社会）的一种生存状态、消费行为和社会现象，更是一种创造知识、推动社会进步的方式，是对过度工业化的矫正，是诗人海子心中"海边的房子"：面向大海，春暖花开；是作家梭罗"瓦尔登湖畔的木屋"：澄明恬美，闲适素雅。随着后工业化（后现代化社会）的全球普及和信息社会的构建，广义旅游时代已经来临。

参考文献

[1] J. Pigram. *Outdoor Recreation Resource Management*. London：Croom Helm. 1983.

[2] J. Christopher Holloway. *The Business of Tourism* (6 th ed.). New York：Pearson Education Limited，2002.

[3] Ian Munt. The Other Postmodern Tourist：Culture, Travel and the New Middle Classes. *Theory, Culture & Society*，1994（11）.

[4] Stephen Williams. *Tourism and Recreation*. New York：Pearson Education Limited，2003.

[5]〔日〕川胜久：《广告心理学》，福建科学技术出版社，1985，第102页。

[6]〔德〕约瑟夫·皮珀：《闲暇：文化的基础》，刘森尧译，新星出版社，2005。引者注：确切地说，该书的书名应译为《休闲：文化的基础》更妥帖，故本文在引文时，根据语境有的改为"休闲"。

[7]〔美〕托马斯·古德尔、杰佛瑞·戈比：《人类思想史中的休闲》，成素梅、马惠娣、季斌、冯世梅译，云南人民出版社，2000。

[8]〔古希腊〕亚里士多德：《尼克马科伦理学》，苗力田译，中国社会科学出版社，1989。

[9]〔古希腊〕亚里士多德：《政治学》，吴寿彭译，商务印书馆，1965。

[10] 黄仁宇：《中国大历史》，三联书店，1997。

[11]〔德〕马克思、恩格斯：《马克思恩格斯全集》（第46卷），中央编译局译，人民出版社，1956。

[12]〔德〕马克思、恩格斯：《马克思恩格斯选集》（第1卷），中央编译局译，人民出版社，1995。

[13]〔德〕马克思：《资本论》（第1卷），中央编译局译，人民出版社，1975。

[14]〔德〕马克思、恩格斯：《德意志意识形态》，中央编译局译，人民出版社，

2003。

[15] 张斌：《休闲权利论》，东北师范大学出版社，2011。

[16] Stephen L. J. Smith, *Dictionary of Concepts in Recreation and Leisure Studies*, Greenwood Press, 1990.

[17] Chalas K. Brightbill, *The Challenge of Leisure*. New Jersey：Prentice Hall, 1963.

[18] 〔美〕凡勃伦：《有闲阶级论》，成素梅、蔡受百译，商务印书馆，2005。

[19] John Neulinger. *An Introduction to Leisure*, Boston：Allyn and Bacon, 1981。

[20] 李仲广、卢昌崇：《基础休闲学》，社会科学文献出版社，2009。

[21] 陈来成：《休闲学》，中山大学出版社，2009。

[22] 〔英〕杰弗瑞·戈比：《你生命中的休闲》，康筝译，云南人民出版社，2000。

[23] 〔美〕马斯洛：《动机与人格》，许金声等译，中国人民大学出版社，2007。

[24] 〔英〕罗杰克：《休闲理论原理与实践》，张凌云译，中国旅游出版社，2010。

[25] 〔美〕马斯洛：《马斯洛的智慧》，刘烨编译，中国电影出版社，2005。

[26] 〔德〕C. 米歇尔·霍尔、斯蒂芬 J. 佩奇：《旅游休闲地理学——环境·地点·空间》，周昌军、何佳梅译，旅游教育出版社，2007。该书的确切译名应为《旅游和休闲地理学：环境·地点·空间》（*The Geography of Tourism and Recreation：Environment，Place and Space*）。

[27] 〔美〕Dean MacCannell：《旅游者：休闲阶层新论》，张晓萍等译，广西师范大学出版社，2008。

[28] 〔英〕斯蒂芬·威廉姆斯：《旅游休闲》，杜靖川、曾萍等译，云南大学出版社，2006。说明：该书名似乎译为《旅游与休闲》更为贴切。

[29] 张凌云：《旅游学研究的新框架：对非惯常环境下消费者行为和现象的研究》，《旅游学刊》2008第10期。

[30] 〔美〕克莱·舍基：《认知盈余》，胡泳、哈里丝译，中国人民大学出版社，2012。

[31] 〔美〕约翰·格拉夫、戴维·巴特克：《经济到底为了什么》，丁莹译，中信出版社，2012。

[32] 〔德〕海德格尔：《人，诗意地安居》，郜元宝译，广西师范大学出版社，2005。

第十一章 大文化视阈下的广义旅游

第一节 研究界定：大文化与广义旅游

狭义的文化观，产生偏执的旅游文化；狭义的旅游观，缩小了旅游业的战略价值，无法对应大文化体系，用狭义的文化发展狭义的旅游，只能换来文化小国、旅游弱国，如文明世界表层的一片浮沙，不能产生久远的价值，更无助于人类文明的发展。用大文化观看广义旅游，实际上界定了我们今天看文化和旅游的三个视角：第一是人类文明的视角，站在人类文明演进的角度看文化和旅游；第二是世界文化激荡和竞争的视角，探索文化、旅游与国家竞争之间的关系；第三是国家战略的视角，树立战略性的文化旅游资源观、文化旅游开发观和文化旅游管理观。

一 从大文化看大旅游

（一）什么是大文化

与狭义的文化不同，广义的文化指人类在社会历史实践中所创造的物质财富和精神财富的总和。1871年英国人类学家爱德华·泰勒给出了最早的文化定义："文化是综合体，包括知识、信仰、艺术、法律、道德、习俗以及作为社会成员所掌握的其他能力和形成的习惯。"这是一个典型的广义文化的定义；张岱年在《中国文化概论》中指出，广义的文化，着眼于人类与一般动物，人类社会与自然界的本质区别，着眼于人类卓立于自然的独特的生存方式，其涵盖面非常广泛，所以又被称为大文化。

与把文化简单理解为"人类的精神创造及其成果"不同，广义文化包括认识、科技思想、道德准绳、社会关系、行为艺术、宗教信仰和审美价值标准等诸多方面，我们生活中的所见所闻所知所感，大多可以列入大文化的范畴之中。王恩涌从四个层面理解广义的文化：第一，文化是一种社会生活方式，其核心是价值理念；第二，文化通过符号传播和获得，符号包括语言和礼仪；第三，生活方式中有显性的和隐性的，指的是物质文化和非物质文化，即思想意识方面的文化；第四，文化是行动的产物，也是进一步行动的制约因素[①]。

从狭义的文化观到广义的文化观，是见解的疏通、天地的开阔、解释的加深和理解的精进。2011年的文件《中共中央关于深化文化体制改革推动社会主义文化大发展大繁荣若干重大问题的决定》指出，"文化是民族的血脉，是人民的精神家园"。这是对大文化概念的阐释，也是对其作用的认识。

(二) 什么是旅游文化

旅游文化可以概括为三句话：以突出的特色为文化形式，以丰富的品位为文化内涵，以人本主义精神为文化本质。

1. 旅游文化形式的基本要求

旅游文化形式的基本要求不是一般的特色，更不是雷同化。其具体表现形式一是资源的独特性，二是建筑形式的独特性，三是环境的独特性，四是三者之间的协调性。

2. 旅游文化内涵的基本要求是丰厚的品位

主要的表现形式一是品类的丰富，二是味道的浓郁，三是展示的精美，四是内涵与形式的统一和谐。

3. 旅游文化的本质是人本主义精神

对于中国这个具有几千年皇权主义传统和官本位意识的国家来说，普遍缺乏人本主义精神是我们与旅游发达国家最大的差距，尤其是从大众旅游角度来看更是如此，文化创新的最主要的工作也首先要放在这方面。比如，传统的私家园林在历史上是达官贵人的游憩之所，现在作为大众旅游场所，从根本上已经不能达到原有的效果，如果追求绝对化的保护，等于是剥夺了大众旅游的权利，或者是不方便大众旅游，影响了舒适性和可游性。要在各个细节上体现了对人的关心和尊重，从这一文化本质出发，一

---

① 王恩涌：《王恩涌文化地理随笔》，商务印书馆，2010。

是在建筑格局上要注重结构合理、功能完善，二是在设施配置上要处处为旅游者着想，三是要努力强化服务意识，提高服务质量。

（三）大文化与广义旅游的关系

用大文化视阈看广义旅游，两个宏观概念之间存在四个层面的关系。

第一个层面，旅游和文化天然地互相契合。有人认为"文化是旅游的灵魂，旅游是文化的载体"，实际上就文化的意义来说，形成核心，创造特色，培育了旅游的吸引力。自然景观形成一种视觉的震撼力，文化品位形成了心灵的沁润力，这都是文化对旅游发展的重要意义。同样，旅游是文化的载体，旅游承载了文化精神，表达了文化内容，创造了文化形式。所以在这里旅游和文化不是两层皮，但现在人们往往把这两者当做两层皮，然后在表层加以结合，实际上旅游就是一种新的生活方式，本身就是文化的集中，所以旅游与文化是一而二、二而一的。

第二个层面，旅游是文化产业化的重要基础。目前正值在政府主导下的文化热潮，但很多所谓的文化产业实际上还只是表象，规模还不够形成产业的条件。文化产业不是打造出来的，而是培育出来的，一个文化没有真正扎根于民间，扎根于市场，是形不成产业的，所以这就需要研究市场的创造性。至少在文化产业化的起步阶段，旅游是基础，文化旅游成为文化产业的重点，旅游文化创造了旅游的新兴格局，这就是两者的结合。目前，的文化产业化程度较低，旅游项目成为文化大发展的主流投资渠道，从深度结合角度看，文化是一种资源，旅游是一种产品，文化资源通过旅游产品进入市场，这就实现了自然而然的结合。

第三个层面，保护和利用文化并重，是旅游发展的先天条件。在旅游发展过程中，保护文化是手段，利用文化是方式，发展文化是目的。现在形成了几个误区。误区一：文化原教旨主义，保护至高无上；误区二：居高临下，保护口号中隐含利益，专家至高无上；误区三：焚琴煮鹤，名曰重文化，实则毁文化；误区四：强调开发，忽视保护，缺乏文化挖掘；误区五：口口声声以人为本，时时处处与人为敌。实际上，下一步文化产业发展也会面临这样的批评，在文化发展的过程中破坏了文化，破坏了环境，尤其是以没文化的方式来发展文化，破坏恐怕也是必然。但如果旅游业真正发展到了比较成熟的市场化阶段，这种破坏就不会有，往往是在开始,在比较生涩的阶段会产生相应的破坏。旅游卖的就是环境,卖的就是文化,以破坏文化的方式发展旅游,违背商业常识。可从利益出发,使旅游形成一个非常强的环境保护和文化保护的动力机制。保护,从深层次来说是需要动力的,不能只靠道德来呼吁保护,动力一定是产业发展的利益。

第四个层面,从文化进去,从旅游出来,从市场进去,从品位出来,是大文化和大旅游融合的必然逻辑。这包括四个方面:第一,强化利用,淡化开发,旅游领域要重保护,重利用,少开发;第二,强化实践,注重利益,要深层次培育一个文化和旅游相结合的利益机制;第三,强化和谐,注重发展;第四,传统文化,现代解读,传统资源,现代产品,传统产品,现代市场。如果传统不和现代相结合,只能成为博物馆里的文化或者是书斋里的文化,如果要强调文化产业化、研究文化产业化,就必须达到比较理想的结合。文化是旅游之魂,特色是旅游之基,环境是旅游之根,质量是旅游之本。因此,旅游工作者要比文化工作者更重视文化的挖掘,要比城建工作者更重视城市特色的营造,要比环境工作者更重视环境的绿化与美化,要比文物工作者更重视文物的保护,加强旅游目的地的环境保护和文化多样性建设势必成为旅游发展的重中之重。

二 把握大文化应有的旅游视阈

把握大文化,需要大文化的视阈,这包括以下六个方面。

(一) 穿透历史

大文化观是系统的文化观,要穿透历史,把握文化规律,要把认识放在人类从什么地方来、到什么地方去的高度,要着眼历史纵深,读透历史,把握历史,从历史看文化,看当下,看未来。理解文化,要始于做一个有分析能力的历史学家,如黄仁宇研究明代的财政问题,孔飞力研究民间的叫魂习俗,芒福德分析城市发展,古斯塔夫·勒庞分析群体时代,托夫勒预测社会新趋势,无论是经济还是社会,人类的任何一个领域,均是由历史到文化再到历史,研究是反复认证研判、认识不断精进的过程。

汤因比在《我的历史观》中有一段话,最能表达其基于历史洞察的文化顿悟。

专栏 11-1　汤因比的感悟

1914 年世界大战爆发时，我正在给贝力奥尔学院读古典文学的大学生们讲授修昔底德的著作，那时，我的理解力突然得到了启发。我们在当时的世界上所感受的经验，修昔底德在他所处的世界中早已经历过了。我用一种新的理解，即通过领悟他的文字的含意和体会他的语言中蕴涵着的感情，重新读着他的著作。直到我本人也遇到了那种曾经启发修昔底德写出他的著作的历史转折点，我才体会到这些含义和感情。现在看来，修昔底德早已探讨过这个领域。修昔底德和他的同时代人，在我和我们这一代人之前，早已处在我们各自达到的历史经验的舞台上。事实上，他的现在就是我的未来。但这却使按年代次序记载历史的方法变得毫无意义，因为这种记法把我们的世界标记为"现代"，并把修昔底德的世界标记为"古代"。不管年表怎样说，现在已经证明修昔底德的世界和我们的世界在哲学意义上说是同时代的。

——汤因比《我的历史观》

只有把握历史，才能把握文化，对于发展旅游而言，必须具有一定的历史穿透力。中国的文化具有丰富的多义性和高度的复杂性，千年帝国绵延不断，是世界上独一无二的文化形态，对中国的旅游资源、文化环境、产业发展，都必须要用历史分析的方法，站到历史语境中去理解，中国旅游业的发展，要基于"读"，要读通历史，基于历史引领未来。

（二）通览世界

历史不是单独国别的历史，文化也不是单一民族的文化，如杰弗里·巴勒克拉夫所言，世界史不仅仅是世界各地区史的总和，若将其分割再分割，就会改变其性质，正如水一旦分解成它的化学成分，便不再成其为水，而成了氢和氧。世界各亚文化的历史属于同一部全球化的文化通史，如《全球通史》的作者斯塔夫理阿诺斯在其序言中所讲的那样，"1500 年以前的各人类社会均处于不同程度的彼此隔离的状态之中。不过，这种闭塞状态从来不是绝对的。早在欧洲人地理大发现之前的漫长数千年中，人类各部分实际上已在相互影响，只是相互影响的程度随历史时期和地理位置的不同而存在巨大差异"，各文化的"相互影响在哥伦布和达·伽马进行海道探险之前，是时断时续，微不足道的。哥伦布、达·伽马及其后继者在短短几十年间使世界各地区开始直接交往，这种交往日益频繁，持续至今"。"1500年以后，由于人类的通信联系日渐加强、交通工具不断发达，整个地球以加速度日益缩小，现在，竟被人们称为'宇宙飞船式的地球'或'地球村'"。

世界是相互联系的，即使是在相对隔离的年代，文化也通过微弱的交流积累巨大的反响；即使是在完全隔离的年代，各种文化也具有比较学上的意义。把握旅游，必须首先要建立全球史观，将历史放置到全球通史的角度，将当下放置到全球化的角度去看。中国的旅游业发展，要基于"比"，通过比历史、比文化、比结构，认识到"中国旅游业发展道路"不是完全隔离于世界"自动"走出来的，如果存在一条独特的"中国旅游业发展道路"，那一定是在全球化环境中基于比较优势和产业分工，通过吸取先进发展经验，依据自身特色，在世界各板块的碰撞交融过程中，一步一步摸索出来的。

（三）回溯哲学

哲学是一切理论的元理论，罗素指出，"哲学乃是社会生活与政治生活的一个组成部分：它并不是卓越的个人所做出的孤立的思考，而是曾经有各种体系盛行过的各种社会性格的产物与成因"。哲学是思想方法，也是理论基础，更是实践方式，任继愈说哲学中的认识论，"认识提高了，才能更有效地提高认识的广度和深度，减少片面性和偶然性，群体认识提高了认识的准确程度，人的认识不再停留在书本上，不只表现在理论体系上而是见诸社会实践，体现在家庭生活、社会政治生活，哲学不仅给人以知识，而且给人以行为力量。不仅独善其身，自己成为明白人，而且兼善天下，造就一大批明白人"。对于旅游业的发展而言，常被遗忘的学问是哲学，常在不经意中使用的学问是哲学，常起到一点即通作用的学问还是哲学，发展旅游业，必须要讲方法论，要研究哲学、思考哲学、使用哲学。

（四）把握系统

文化是一个大系统，旅游也是一个大系统，要理解文化、发展旅游，就要建立系统思维。对于旅游而言，文化与旅游的互动是千丝万缕的，认识文化、利用文化、推广文化，都要有系统观。例如，当前的旅游消费文化，特别是出境旅游消费畸高的问题，不仅仅是一个道德问题。研究旅游消费文化，至少要从六个方面出发：第一，中国传统的消费观及近现代消费文化的转变；第二，中国目前的发展阶段及特殊的社会结构；第三，影响消费倾向的宏观经济原因；第四，与中国有类似文化背景的国家的旅游消费文化变化历程；第五，目前中国旅游消费文化将产生的各方面影响；第六，可能的引导政策。

（五）洞悉科技

科技是推动当今社会发展的第一推动力，也是推动文化变革的关键力量，社会形态、生活方式、产业业态、服务方式乃至思考方式等，都受到科技的巨大影响，旅游业更是一个深受新的科技文化影响的产业。交通科技的革新、生活技术的演进、信息革命的深入，都深刻影响着旅游业。如近年微博的迅猛发展，受到了从政府到企业、从管理到经营等旅游发展全链条的热切关注，迅速影响旅游业的各个环节。微博改变了旅游信息的制造、传播和互动方式，旅游业依托微博技术逐步形成了政府—企业—核心个人用户——延伸个人用户的多元信息主体，旅游信息从形式到内容到组织方式都在发生变化。微博在旅游业的流动，预示着一个"微旅游"时代的到来，在类似于微博的社会媒体平台上，依托产业分工向横向扩展、依托上下游关系向纵向扩展，将产生无数自组织的旅游产业小生态，由大量细小平台聚合后汇合到社会大平台中来，将令旅游产业进一步呈现灵活化、精细化、智能化的特点，精密组织的个性化小平台将取代批发——零售式的类工业化大平台，从而成为旅游平台经济的主流，现有的大平台将在新的产业分工体系中转型。

（六）面向未来

旅游业发展迅速，变化迅猛，着眼过去，从一开始就落后了；着眼现在，三五年里就会落后；只有瞄准未来，才能在市场立足。未来学对旅游业的发展至关重要。

专栏 11 - 2　重要的未来学著作

——1980 年托夫勒出版的轰动世界的《第三次浪潮》，将人类社会划分为三个阶段：第一次浪潮为农业阶段，从约 1 万年前开始；第二阶段为工业阶段，从 17 世纪末开始；第三阶段为信息化（或称服务业）阶段，从 20 世纪 50 年代后期开始。

——约翰·奈斯比特 1982 年出版的《大趋势——改变我们生活的十个新方向》指出了正在发生的十个方面的结构变革，包括：第一，我们已经进入一个以创造和分配信息为基础的经济社会；第二，我们正走向高科技和高情感两个方面；第三，我们正融入全球经济体系中；第四，我们正在从一个由短期考虑和短期报酬占统治地位的社会向以更长期考虑为框架的社会过渡；第五，自下而上的革新能力正在显现；第六，在立即可分享信息的时代，代议民主制已过时；第八，我们不再依赖等级制度，而赞成非正式的网络；第九，越来越多的人迁离老工业城市；第十，我们从一个个人选择范围有限的非此即彼的社会迈入一个多种选择的社会。

——1994 年凯文·凯利的《失控：机器、社会与经济的新生物学》研究了技术社会新的生物法则，在 20 年前提出了改变今天社会的大众智慧、云计算、物联网、虚拟现实、网络社区、网络经济、协作双赢、电子货币等变化。

——1996 年美国学者尼葛洛庞帝提出"数字化生存"的理念，数字化生存是一种社会生存状态，即以数字化形式显现的存在状态；是一种生存的方式，即应用数字技术，在数字空间工作、生活和学习的全新生存方式，是在数字化环境中所发生的行为的总和及其体验和感受。2004 年戴维·皮尔斯·斯奈德撰写文章《改变世界的五大趋势》，认为文化现代化、经济全球化、通信网络化、交易透明化和社会适应性这五大趋势将深刻影响整个世界，信息革命将带来巨大变革。

——2005 年，汤马斯·佛里曼的著作《世界是平的》，分析了 21 世纪初期全球化的过程。书中主要的论题是"世界正被抹平"，这是一段个人与公司通过全球化得到权力的过程。

当代旅游业的任务，不只是复古，一代人要留下一代人的东西，这一代人要在旅游业发展中，创造面向未来的文化遗产。文化遗产绝不是远古的文物，未来文化遗产指的是，"当代人所创造的，能够体现当代特色和创新能力、符合世界遗产委员会所确立的评定标准并能作为人类文明延续的实证符号"。联合国世界遗产名录中，1922年的瑞典威堡无线电台、1931年的以色列特拉维夫城、1948年的路易斯巴拉干住宅和工作室、1956年的巴西利亚，都因其代表一个时代的典型性、真实性、完整性而入选，是那一代人为当代留下的文化遗产。在当代，旅游业已经成为创造文化、推进文化、代表文化的中坚力量，创造代表这一代的未来文化遗产，是当代旅游业的责任。

第二节　文化、旅游与文明的成败

一　文化沉浮中的旅游线索[①]

广义的旅游，是文化变迁、文明竞争中的一根暗线，旅游者踏足新大陆，往往发出了一种新时代的信号，旅游是产生互相渗透、不断流变的文化版图的重要原因，全球文化因为旅游与移民的虚体化，超越了文化体、超越了国境线，在此过程中，有的文化兴、有的文化衰、有的文化融、有的文化灭，文化因而成为其今天所展现的样貌。一叶可以知秋，旅游因此在很大程度上标志了文化兴衰、文明衰败，是理解世界文明史的一条重要线索。

（一）文化交融史中的旅游线索

世界文明的发展历史，是地区史向全球史演变的过程，是从地球走向地球村的过程，人类历史是一部相互影响的通史，这部通史中的关键处，处处是旅游者的足迹。

1. 原始文明时代，由旅行引发的人类定居格局

人类自诞生以来，就不满足于周围环境对自身的束缚，同时，为避开洪水、大火、干旱、地震等自然灾难的迫害，原始人群开始了长期的迁徙，这是人类历史上最早的旅游。美国华盛顿大学的生物学家坦普莱顿在发表于美国《2005体质人类学年鉴》上的研究成果中[②]，通过DNA分析

[①] 本部分史料主要参考斯塔夫里阿诺斯《全球通史》及彭顺生《世界旅游发展史》。
[②] 《人类曾经三度"走出非洲"》，《新京报》2006年2月16日。

方法证实人类起源于非洲，非洲古人类就曾三次走出非洲，在 190 万年前人类就已经有"走出非洲"的经历，此后人类在 42 万~84 万年前曾走出非洲，之后又于 8 万~15 万年前再次大规模向外迁徙。他通过基因分析发现，走出非洲的直立人与当地人群之间有着无所不在的基因交流，一批批走出非洲的现代人相互融合，构成现代的世界人群。"现代人主要起源于非洲，但也并非绝对。当我们检测了更多区域的人类 DNA 后，对人类进化更深入的见识肯定会随之而来。人群是一次又一次地扩张、走出非洲，但是这些扩张的结果是杂交，而不是毁灭性的完全替代，这种杂交的结果加强了全世界人群之间的遗传联系"。现代人类的分布格局，起源于旅游活动，在旅游过程中发现了更适于定居的地点时，部分人的旅游会转化为定居，余下的人继续旅游迁徙，这就是现代人类定居格局的源头。

2. 神话时代，旅游是神力的体现，是远大的人类理想

无论是东方还是西方，其神话传统中的神、帝、仙和英雄们，都是大旅行家，旅游是其神力的体现，这说明了民间对旅行的原始崇拜，说明旅行是人类在褴褛时期的远大理想。中国很早就有伏羲氏始乘桴的传说，黄帝"作舟车以济不通，旁行天下"，尧"身涉流上沙，西见王母，地封独山"，舜遍游名山大川，晚年"南巡狩，崩于苍梧之野"，大禹为治水"久旅忘家"。西方的《荷马史诗》《神谱》《变形记》《埃阿斯》等传说中，有不少旅行的情节，旅行、旅行者、航行、行船等词语在其中大量出现。古希腊长诗《阿耳戈船英雄记》描写了神与英雄共同旅行的故事。

3. 古典文明时代，旅行串联世界

公元 1500 年前的世界，诸帝国兴衰不一，时兴时亡，交通渠道时畅时阻，文明的交流不是常态，这其中，旅行家是世界文明版图上最主要的沟通者。意大利人马可·波罗为欧洲人发现了元大都的辉煌；穆斯林伊本·拔图塔从摩洛哥出发，参拜圣地麦加，经撒马尔罕旅行到印度，回到摩洛哥后又继续旅行，渡海北上西班牙，泛舟南下中非，最后抵达延巴克图；景教僧侣拉班·巴·索班，生于北京，由东往西，横穿欧亚大陆，抵达位于美索不达米亚的蒙古朝廷，经君士坦西堡至那不勒斯、罗马、巴黎、伦敦。旅行家脚步的背后，希腊中东文化从地中海东部向四面八方传

播，传播到西欧、北非、印度，并在一定程度上传播到中国和日本；地区贸易大为增加，罗马的亚麻布、印度的香料宝石、东南亚的香料和中国的丝绸形成大的贸易网络；伊斯兰教扩张到中亚、印度、东南亚和非洲内地。彼时，旅行者的网络就是世界沟通的互联网。

4. 全球文化融合期，旅行家揭开的世界文明交融大幕

1500 年前后是人类历史的转折点，哥伦布开辟了横渡大西洋到美洲的航路，先后到达巴哈马群岛、古巴、海地、多米尼加、特立尼达等岛，在帕里亚湾南岸首次登上美洲大陆。达伽马、麦哲伦均以远洋旅行家的形象揭开历史大幕，尼罗河流域、两河流域、印度河流域、黄河流域的各古代文明相互交融，南非的布须曼人、有教养的中国官吏、原始的巴塔哥尼亚人，天涯海角，最终联系在一起。

5. 工业革命后，移动文明时代到来

工业革命的到来，革新了全球格局、技术和社会，大众旅游者成为世界文化交流中的重要标志，从 1841 年托马斯·库克第一次组织大众旅游，到 1864 年，经其组织的旅游人次已达 100 万。此后世界旅游企业风起云涌，旅游者人次翻倍增加，旅游业成为很多国家的经济支柱，现代旅游逐渐发展成为世界最大的产业，旅游成为人类基本的生活方式和本能需求，全球文明逐渐进入移动文明时代。

（二）大国崛起史、技术进步史、宗教传播史中的旅游线索

在文明发展的大脉络之外，旅游还是几条文明发展支线的重要线索，主要包括三个方面。

第一，大国崛起史也是旅游强国史。世界发展过程中曾经有过几波的大国崛起史，这些大国崛起史也可以看做是旅游强国史，旅游在其发展过程中，起到了至关重要的作用。古典时代，四大文明古国的崛起与旅游活动的发展暗相呼应。古埃及地处亚、非、欧三洲交通要冲，地势平坦，苏伊士运河是连接三大洲的交通要道，尼罗河贯穿南北，海岸线长 1700 公里，埃及这种地理条件，既是其作为四大文明古国之一崛起的根本原因，也为古代埃及人外出旅行提供了有利的条件。古埃及人喜沿尼罗河旅行，骆驼、马车、毛驴和水上船只为埃及人旅游提供了交通工具，骑毛驴经商的行游商人、宗教旅行者、算命先生、海上探险家等，均是埃及大国崛起

过程中的必然产物。古埃及的商务旅行达到相当的频度，借助商人的旅行活动，古埃及的文明传入了欧洲，影响了柏拉图等一代智者。文明古国，必交通发达，也必旅游发达。古典时代，旅游活动繁盛与大国崛起，是优异地理条件上长出的并蒂之花。近现代崛起的超级大国也大多是旅行强国，葡萄牙、西班牙用国家力量支持航海旅行冒险，哥伦布、麦哲伦的旅行发展令这两个国家成为第一世界大国；荷兰依靠有利的地理位置和良好的商业信誉，设计了造价低廉的船只，从远洋旅行的贸易中获得丰厚利润，垄断了当时全球贸易的一半；工业革命时期，英、法等工业强国崛起，技术与社会的进步，马上带来旅游活动的变化，1558 年英女王伊丽莎白一世即位，此后英国贵族纷纷将子弟送到欧洲大陆，接受新思想、学习文化和政治体系，中产阶级亦随之效仿，为观念的传播创造了条件，史称"海外大旅行"；1620 年，五月花号载着一百多名英国清教徒来到北美大陆，开始了美国新梦；反过来，中国清代闭关锁国，旅游活动亦随之受到抑制，造成的是大国的衰落。

第二，旅游形式的变革史是一部技术进步史。旅游业发展的历史，也是一部人类技术进步史。单以交通发展史为例，交通方式决定旅游方式，这是旅游发展过程中的重要规律，古代是"细雨骑驴入剑门"，15 世纪中国远洋船技术的发展，令郑和得以远赴南洋；1825 年铁路的开通开启了大众旅游时代，近代旅行社得以登上历史舞台；1886 年现代汽车诞生，旅游者的身份逐步由贵族走向大众；1950 年世界进入航空旅游时代，决定了越洋旅游的现代格局；1964 年第一条高速铁路在日本出现，此后高速铁路迅速发展，意大利、德国、英国、苏联、西班牙等国先后建成高速铁路，世界旅游业格局再次为之一变[1]。世界交通史历经几次变局，旅游版图越扩越大，旅游格局变动剧烈，国际旅游投资流动趋快，新的旅游方式和形态层出不穷，旅游需求越来越旺盛，可以说，交通是旅游业的第一推动力，从旅游活动的发展历史中，可以窥见人类技术发展史。

第三，宗教传播依赖于旅行活动。宗教的传播，依赖于旅行活动，以

---

[1] 赵中华：《区域旅游的交通组织与管理》，华东师范大学博士论文。

佛教传入中国为例，史籍记载，汉明帝永平七年（公元64年）派遣使者十二人前往西域访求佛法，公元67年他们同两位印度的僧人迦叶摩腾和竺法兰回到洛阳，带回经书和佛像，开始翻译一部分佛经，这相传就是现存的《四十二章经》，是《阿含经》的节要译本，同时在首都建造了中国第一个佛教寺院，就是今天还存在的白马寺，这是较早的佛教传入中国的记录①。承汉之后，天竺、安息、康居的沙门如昙柯迦罗、昙谛、康僧铠等先后来到魏都洛阳，从事译经；支谦、僧会等前往吴都建业（今江苏南京）弘法。在南北朝时期，有大批外国僧人到中国弘法，其中著名的有求那跋摩、求那跋陀罗、真谛、菩提流支、勒那摩提等。中国也有一批信徒去印度游学，如著名的法显、智猛、宋云、惠生等曾去北印度巡礼，携回大批佛经。唐代玄奘赴印度取经，此后的佛教传播仍大量依赖于旅行活动②，宗教传播史，是一部脚的历史。

二 文化资源是国家竞争力的底座

一般认为，"全球化的时代是文化竞争的时代，文化在综合国力竞争中的地位日益重要，国家竞争中仅凭经济、军事实力很难完全取得优势。一个国家要想真正成为大国强国，不仅要有形的作为硬实力，还需要软的实力，文化是国家竞争力的重要底座"③。但文化资源的丰厚程度和国家竞争力之间，却存在复杂的关系，我们可以通过数据分析研究这两者的联系。

我们采用两方面的数据来表示国家竞争力和文化资源的丰富程度。自1979年以来，总部设在瑞士日内瓦的世界经济论坛每年发布一份全球竞争力报告，报告中构建了全球竞争力的计算模型，这一指数包含了制度、基础设施和宏观经济稳定性等12个竞争力因素，通过模型计算，可得出世界各国的竞争力指数。此外，自2007年开始，世界经济论坛也开始发布《旅游业竞争力报告》，报告分析与对比了全球133个经济体的

---

① 赵朴初：《佛教常识答问》。
② 百度百科，中国佛教词条。
③ 《金铁霖：文化是国家竞争力的重要底座》，http://finance.qq.com/a/20091207/005809.htm。

旅游业及其发展背景，并综合政策背景、环境可持续性、安全、健康与水环境、旅游业的优先权、基础设施、旅游设施、通信设施、价格竞争力、人力资源、旅游业开放性、自然资源与文化资源等 14 大类共 73 个指标构建国家旅游竞争力模型。在其中的自然资源与文化资源指标中，专门包含了世界各国的文化资源指标，如各国世界文化遗产的数量，运动场所数量，世界级节事及会展的数量，创意型产业如手工艺品、建筑、时尚、音乐、书籍、新闻、绘画等的出口额，可以用此衡量一国文化资源的丰厚程度。

分析各国的文化资源赋存度和国家竞争力可知，存在四种不同类型的国家，第一类国家是文化资源较丰厚、国家竞争力较强的国家，例如瑞士文化资源赋存度居世界第九，国家竞争力居全球第一；又如日本文化资源赋存度世界居第十二位，国家竞争力居世界第十位，两项指标均居世界第一集团。第二类国家是文化资源赋存度较高、国家竞争力较弱的国家，如摩洛哥、阿根廷、希腊等。第三类国家是文化资源赋存度较低、国家竞争力较强的国家，如沙特阿拉伯、文莱、科威特等。第四类是文化资源赋存度和国家竞争力均较低的国家，如卢旺达、菲律宾等。总体来看，第二、第三类国家的数量都较少，世界各国的主体主要是两类国家，文化资源较丰富的国家，国家竞争力也较强，文化资源较贫瘠的国家，国家竞争力也较弱，这说明文化资源和国家竞争力之间存在着一定的关系。

表 11-1 文化资源—国家竞争力维度上的国家或地区类型

文化资源较富、国家竞争力较强国	文化资源较富、国家竞争力较弱国
瑞士、新加坡、瑞典、芬兰、加拿大、美国、荷兰、德国、丹麦、日本、英国、卡塔尔、比利时、挪威、奥地利、法国、澳大利亚、马来西亚、卢森堡、韩国、新西兰、中国、阿拉伯联合酋长国、爱尔兰、冰岛、智利、爱沙尼亚、巴林、西班牙、泰国、捷克、突尼斯、波兰、巴巴多斯、意大利、立陶宛、葡萄牙、印度尼西亚、塞浦路斯、匈牙利、南非、马耳他、巴西、印度、墨西哥、土耳其、黑山共和国、哥斯达黎加、伊朗、乌拉圭、拉脱维亚、越南、秘鲁、俄罗斯	斯洛伐克、摩洛哥、克罗地亚、阿根廷、希腊、塞尔维亚、埃及、蒙古、玻利维亚、巴基斯坦

续表

文化资源较贫、国家竞争力较强国	文化资源较贫、国家竞争力较弱国
沙特阿拉伯、文莱、波多黎各、阿曼、科威特、巴拿马、斯里兰卡、阿塞拜疆、毛里求斯、斯洛文尼亚、哥伦比亚	卢旺达、约旦、哈萨克斯坦、保加利亚、菲律宾、阿尔巴尼亚、博茨瓦纳、马其顿、特立尼达和多巴哥、纳米比亚、危地马拉、乌克兰、洪都拉斯、阿尔巴尼亚、格鲁吉亚、黎巴嫩、萨尔瓦多、摩尔多瓦、亚美尼亚、柬埔寨、叙利亚、冈比亚、波黑、厄瓜多尔、肯尼亚、贝宁共和国、塔吉克斯坦、牙买加、埃塞俄比亚、圭亚那、多米尼加共和国、孟加拉国、塞内加尔、赞比亚、加纳、尼加拉瓜、喀麦隆、佛得角、马拉维、乌干达、坦桑尼亚、巴拉圭、委内瑞拉、尼泊尔、吉尔吉斯斯坦、尼日利亚、马里、科特迪瓦、马达加斯加岛、东帝汶、津巴布韦、莫桑比克、斯威士兰、莱索托、布斯纳法索、毛里塔尼亚、安哥拉、布隆迪、乍得

数据处理方法：在总计 130 多个国家中，国家竞争力排名在前 70 位的为较强国，70 位以后的为较弱国，文化赋存度排名在前 70 位的为较富赋存国，70 位后的为较贫赋存国。

三 文化对国家竞争力的杠杆作用各有不同

尽管文化与国家竞争力之间存在密切的联系，但比较一个国家的国家竞争力和文化资源丰富程度，会发现各国的文化资源向国家竞争力转化的过程中，效率各有不同，文化作为一种资源，要变为国家竞争力，需要经过一系列的杠杆效应。可以从图 11-1 中观察到这种杠杆效应，图中横轴是各国的文化资源赋存度，纵轴是国家竞争力，斜线是从散点中拟合出来的趋势线，其斜率为平均的文化对国家竞争力的杠杆率。可以发现，存在三类不同的国家，第一类国家文化资源异常丰富，而其国家竞争力相对较低，文化资源没有充分转化为国家竞争力，我们称之为文化低杠杆型国家；第二类国家其文化资源的丰富程度与国家竞争力相当，文化资源等效转化成为国家竞争力，我们称之为文化等杠杆型国家；第三类国家竞争力水平大于其文化资源赋存度水平，文化转化为国家竞争力的效率很高，我们称之为文化高杠杆型国家。

例如瑞士，其文化资源赋存度是 6.03，国家竞争力是 5.74，位于图 11-1 中斜线以上，我们将之归为文化高杠杆型国家；中国的文化赋存度

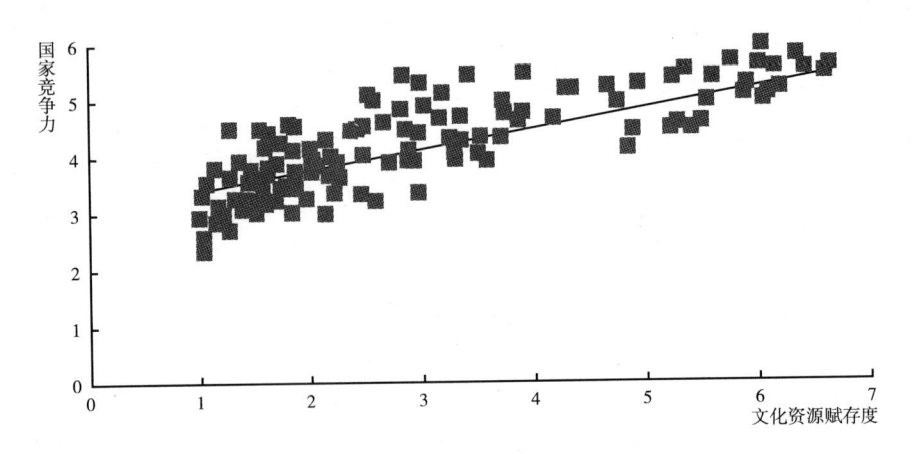

[图表：横轴为文化资源赋存度（0-7），纵轴为国家竞争力（0-6），散点图显示正相关关系]

图 11-1　各国文化资源赋存度与国家竞争力的关系

是 5.53，国家竞争力是 4.9，在图中斜线的附近，我们称之为文化等杠杆型国家；巴基斯坦文化赋存度是 2.58，国家竞争力是 3.58，落在斜线下方，我们称之为文化低杠杆国家。用这一套方法，我们可以将世界各国归入不同的类别（见表 11-2）。

表 11-2　不同的文化-国家竞争力关系类型及其代表国家

文化低杠杆型国家	文化等杠杆型国家	文化高杠杆型国家
希腊、乍得、西班牙、意大利、葡萄牙、布隆迪、安哥拉、墨西哥、土耳其、巴里、巴基斯坦、毛里塔尼亚、津巴布韦、波兰、印度、捷克、巴西、莫桑比克、布基纳法索、尼日利亚、克罗地亚、莱索托、阿根廷、吉尔吉斯斯坦、马达加斯加、委内瑞拉、斯威士兰	科特迪瓦、东帝汶、巴拉圭、坦桑尼亚、尼泊尔、塞维利亚、罗马尼亚、玻利维亚、俄罗斯、匈牙利、马拉维、尼加拉瓜、埃及、乌干达、厄瓜多尔、韩国、越南、埃塞俄比亚、塞内加尔、波黑、多米尼加、蒙古、加纳、哥伦比亚、秘鲁、赞比亚、佛得角、中国、喀麦隆、牙买加、乌拉圭、孟加拉国、摩洛哥、叙利亚、阿尔及利亚、亚美尼亚、斯洛伐克、黑山、格鲁吉亚、印度尼西亚、法国、圭亚那、肯尼亚、塔吉克斯坦、贝宁共和国、危地马拉、泰国、伊朗、比利时、柬埔寨、马其顿、冈比亚、马耳他、塞浦路斯、奥地利、黎巴嫩、菲律宾、乌克兰、萨尔瓦多、洪都拉斯、斯洛文尼亚、阿尔巴尼亚、英国、摩尔多瓦、南非、爱尔兰、特立尼达和多巴哥	德国、拉脱维亚、澳大利亚、立陶宛、博茨瓦纳、美国、纳米比亚、瑞典、日本、约旦、巴巴多斯、阿塞拜疆、哥斯达黎加、斯里兰卡、荷兰、突尼斯、巴林、哈萨克斯坦、阿拉伯联合酋长国、保加利亚、智利、加拿大、毛里求斯、巴拿马、爱沙尼亚、卢旺达、挪威、冰岛、丹麦、瑞士、马来西亚、阿曼、新西兰、科威特、芬兰、波多黎各、卢森堡、文莱、以色列、卡塔尔、新加坡、沙特阿拉伯

文化在各国的国家竞争力中发挥的作用如此不同，一定需要一批能将文化资源大规模资本化的资本产业，一批能将文化资源成批量产业化的中介产业，一批能将文化资源高效率转化为国家竞争力的转换产业，世界产业门类如此之多，但各国普遍拥有并能发挥如此巨大作用的产业并不多，旅游业是其中最为重要的一个。

四 旅游业是变文化为国家竞争力的桥梁

（一）旅游业与文化资源存在直接的关系

与文化资源赋存程度与国家竞争力的关系相比，文化资源赋存度与旅游业发展程度之间的关系更直接，旅游业直接将文化引向产业。图 11 - 2 是文化资源赋存度与国家旅游竞争力的散点图，图形更接近拟合的直线，计算文化资源赋存度和国家旅游竞争力的相关系数为 0.8，高于文化资源赋存度与国家竞争力的相关系数 0.736，文化资源转化为旅游业竞争力的过程更为直接。

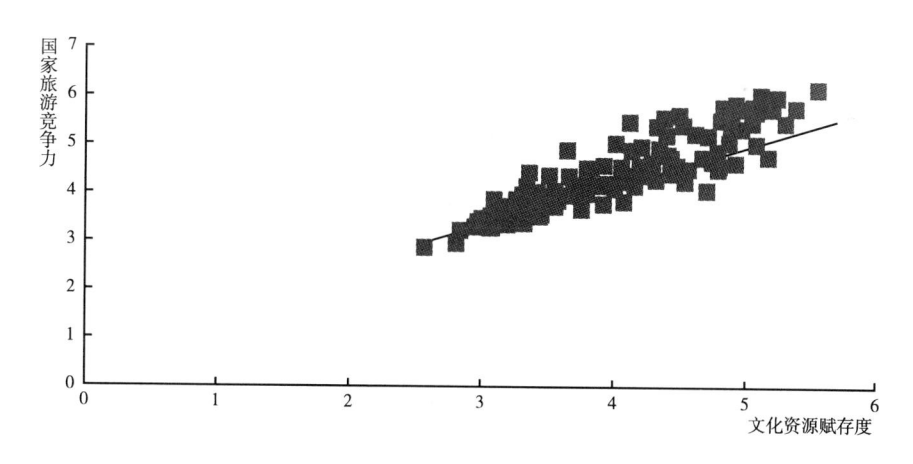

图 11 - 2　国家旅游竞争力与文化资源赋存度存在直接关系

（二）旅游业与国家竞争力存在直接的关系

旅游业与国家竞争力的关系也更为直接，经计算国家旅游竞争力和国家竞争力的相关系数为 0.89，高于文化资源赋存度与国家竞争力的相关系数 0.736，旅游竞争力直接将产业引向国家竞争力。

(三) 旅游业是使文化发挥更大的国家竞争力效应的杠杆产业

旅游业与文化资源、国家竞争力，都有直接的输出和转换关系，并且这种关系是一种放大关系，发展良好的国家旅游业通过产业转换，放大了文化的影响力，形成了文化资源对国家竞争力的倍增效应。从相关数据来看，旅游竞争力越强的国家，其文化杠杆作用就越明显，文化高杠杆型国家，往往也是旅游竞争力的强国。可以发现在文化高杠杆型国家中，存在非常明显的旅游竞争力越强、正向的文化杠杆效应就越大的现象，旅游业是使文化发挥更大的国家竞争力效应的杠杆产业。

(四) 旅游业已经是世界上最大的文化转换产业

从产业比较的角度看，有一系列能将文化的效应放大的产业，而旅游业是其中规模最大、与需求最接近、形式最多样、效益最广泛的产业。美国著名学者丹尼尔·贝尔在他1973年出版的《后工业社会的来临》一书中把旅游产业说成是世界上最大的混合产业，这一预言为世界旅游组织 *Tourism Hightlight 2012* 中的数据所证实，2011年全球国际旅游者达9.8亿人，国际旅游总收入1万亿美元，旅游增加值占全球GDP的5%，旅游就业人口占全球就业人口的6%~7%，旅游出口占全球商品贸易份额的30%、占全球贸易份额的6%，旅游业已经成为全球最大的产业，当然也是全球最大的文化转化产业，以中国的旅游产业为例，其产值远远超过传媒、动漫、电影等其他文化产业。

五 文化-旅游-国家竞争力转化的四种范式

在文化通过旅游业转化为国家竞争力的过程中，主要存在四种基本范式。

范式一：直接转化型。将文化资源直接转化为旅游产品，形成旅游吸引力，在此基础上树立国家形象，通过旅游业的发展，扩大国家影响力。这一类国家，其国家形象一般就是其旅游形象，如斐济、马尔代夫、泰国等。

范式二：复合转化型。通过复合的手段，深度发挥旅游业对文化的放大作用，进而将旅游业上升为国家战略，深入提升国家竞争力，如东亚的日本、韩国等。

专栏11-3　日本旅游业的作用

日本在20世纪70年代到80年代间,深入发展旅游业,综合利用推、拉等多种手段,将文化驱动的旅游的发展放入经济转型、国家外交、文化交流、国民福利等宏观视角之中,通过旅游媒介体的联系放大文化效应,使之成为日本进一步发展的动力,这令日本成为世界上不多的成功跨越中等收入陷阱的国家。日本的文化向国家竞争力成功转化的过程中,深度利用了旅游业的力量,第一,日本将旅游业作为文化资本的输出器。20世纪70~80年代,伴随日本出境旅游的快速发展,越来越多的旅游企业走向海外,越来越多的国内资本围绕日本出境游客在世界各地开展文化投资,使得国内资本获得较高的利润回流,很好地引领了日本"海外投资"的国家发展战略,日本文化、日本的生活方式亦随游客输出到国际上。第二,日本将旅游业作为国家价值体系的输出载体,20世纪70年代进入中等收入阶段后,日本提出"国际国家"战略,以重塑日本国际形象,推动实施日本文化"走出去",建设文化大国和政治大国,日本努力将出境旅游与国家价值体系输出相结合,将出境旅游纳入日本国家文化价值输出战略的内容,将出境旅游的发展与日本文化、技术、资本、艺术、国家形象等国家价值体系相结合,推动实施日本"国际国家战略"。出境旅游成为日本国家价值体系输出的有效载体。第三,日本将旅游业作为文化外交的润滑剂,20世纪70~80年代,日本果断地将发展出境旅游作为一种应对手段,转移日本旅游发展重心,鼓励国民出境旅游,借助日本国民出境旅游的渠道,以实现日本与世界的"再平衡",日本旅游在国际协调中的缓冲功能十分突出。第四,日本将旅游作为国内文化建设的推进器,日本将巨大的国内旅游需求与国内文化建设相结合,借助1969年和1977年两个国土综合开发计划,实现了旅游与国内文化、国土开发的深入互动,1975年之后日本极力推广"一村一品"运动,1977年日本开展第三次全国综合开发计划,注重治理自然环境和生活环境,日本各地的文化特色在历次开发中被保护、突出出来,形成了国内生机蓬勃、特色各异的地方旅游文化环境,突出了同中有异的日本文化[1]。

---

[1] 参见戴学锋主持、中国社会科学院财经战略研究院课题"国家战略视角的中国旅游业发展战略"的成果。

范式三：文化枢纽型。有一些国家或者城市，其本身文化资源不太丰厚，却利用其交通上的枢纽地位，聚集文化、集散文化，成为重要的旅游枢纽国，例如阿拉伯联合酋长国的迪拜和新加坡。新加坡文化资源无法与文化大国相比，但拥有优异的区位条件，它居于东南亚地区的中心，是太平洋和印度洋两大洋的交通要冲，是亚洲、欧洲、非洲等四大洲的海上交通枢纽，新加坡利用这样的优势，将其自身发展成为东南亚的"旅游中心"（tourism hub），进入东南亚的"首要节点"（primal node），能站在东南亚文化和旅游中心的位置上从东南亚不断做大的整体旅游格局中获取好处。早在20世纪60年代，新加坡就力图将其自身建设成为西方游客了解和进入亚洲的门户，因此力图塑造新加坡"亚洲集锦"（Instant Asia）的形象，使西方游客在新加坡就可以迅速体验到亚洲的文化特质，这一时期新加坡开发的旅游景点可以让游客一站式了解亚洲的文化特点，如亚洲文化集锦园（Instant Asia Cultural Show）、新加坡的手工艺基地等。从1996年起，新加坡旅游界提出了无限制旅游（tourism unlimited）的概念，旨在打开传统的地理边界，打包互补的产品，加强新加坡与所处区域的联系。依托东南亚的整体文化资源，新加坡的国家竞争力和旅游业的影响力不断提升，超过了周边文化更丰富厚重的国家。

范式四：旅游文明体型。有一类国家，其文化影响溢出国界，例如历史上的中国，在国界线以外，有一个更大的"中华文明体"；又如英国、法国、西班牙等国家，在海外有大量的前殖民地，这些国家的文化－旅游－国家竞争力的转化，是一种文明体式的转化。例如法国，其前殖民地包括安圭拉、安提瓜和巴布达、多米尼克、多米尼加共和国、巴西、法属圭亚那、塞内加尔、毛里求斯、留尼汪、塞舌尔、摩洛哥、阿尔及利亚、突尼斯、贝宁、布基纳法索、科特迪瓦、几内亚、塞内加尔、喀麦隆等一大批国家，这些国家形成了一个法国文化的虚拟文明体，这些旅游目的地到今天仍然在推广法国文化、发展法国文化，用法国的生活方式影响世界旅游者，甚至为法国文化提供海外的动力。再如今天的美国，是世界第一大文明体，到世界各地旅游，都能看到麦当劳，都能喝到可口可乐，都能住到美式酒店，听到美国的流行音乐，看到美国的电影，美国人利用其文影响力，制定了一套隐形的生活标准，这种标准更多地在美国以外的地方发挥作用，用旅游加休闲的方式深刻融入世界文体体系中去，影响世界文化，扩散美国的影响力，这是一种最深入、最广泛的文化提升国家竞争力的方式。

第三节　中国文化 - 旅游战略

一　构筑旅游的文化观、文化的旅游观，建立新的文化旅游战略

文化与旅游关系如此密切，要提升国家竞争力，要有两个互为补充的方向的观念，一个方向是旅游的文化观，旅游的发展，要基于文化、发展文化、展现文化、保护文化，要为文化服务；另一个方向是文化的旅游观，要利用文化发展旅游，文化要为旅游业输送能量，令旅游业更有效地转化为国家竞争力，在国家战略体系下，两个方向互为支撑，缺一不可。

（一）旅游是推动中华文明复兴的重要方式

中华文明的伟大复兴，要体现在用上，要将文化转化到生活中，要使文化成为日常使用的语言和文字，要让更多的人知道中华文化、使用中华文化、推广中华文化，要让文化在产业的环境中持续发展，必须要依赖于文化的深入消费端，要发挥旅游渠道的力量。2011年，我国旅游业共接待国内旅游者26.41亿人次，这是世界上最大的通过移动深入寻找、传习、感知中国文化的市场；接待入境游客1.35亿人次，天地为院、人民为师，这是世界上最大的孔子学院；中国公民出境者达到7025.00万人次，全球各大旅游目的地都因此使用中文，一起过中国农历新年，用中文问好，每个中国游客都成为了中国文化的使者。中国的旅游业发展得是否成功，中国的文化是否能够通过旅游输送出去，中华文明是否能够借旅游进一步发展，中国的旅游者是否能更大程度地影响世界文化，是评价中华文明复兴与否的重要指标。

（二）旅游是思想文化交流、交融、交锋的主要阵地

如《中共中央关于深化文化体制改革推动社会主义文化大发展大繁荣若干重大问题的决定》所言，"当今世界正处在大发展大变革大调整时

期，世界多极化、经济全球化深入发展，科学技术日新月异，各种思想文化交流交融交锋更加频繁，文化在综合国力竞争中的地位和作用更加凸显，维护国家文化安全任务更加艰巨，增强国家文化软实力、中华文化国际影响力的要求更加紧迫"。世界的多元文化格局，不是在各自闭关锁国的环境中发展的，文化与文化之间，不仅有交流，还有交融，有交锋，而旅游过程中的文化接触，是文化交流交融交锋的重要平台和战场，对旅游业的发展、旅游业对文化的转化，要站在文化交流、交融、交锋的视角上看，发展旅游业，是在扩大中华文化的交流面、加速先进文化的相互交融。

（三）旅游是文化产业化的主体

旅游是文化产业化的最主要的介质，是文化产业化的主体，通过旅游先行带动文化产业化，可以进一步推动相关文化介质性产业的发展，最终起到带动全盘的作用。旅游对文化最有效的转化、最实际的保护和最有力的发展，是通过产业化的路径实现的，文化要发展，必须要走产业化的道路，而旅游业是文化产业化最可凭借、最可发挥效果、最能产生千变万化的正向效果的产业，旅游业比其他文化产业的规模都要大得多，是最直接的文化转化为消费的渠道，拥有最丰富的业态，能产生最广泛的文化影响，文化的产业化，要依靠旅游，旅游的发展，也要充分考虑文化产业化之路。

（四）旅游是丰富人民群众精神文化生活的主要方面

人民群众高涨的精神文化需求与相对匮乏的文化产品之间的矛盾，需要旅游业去填补，特别是在新的技术环境下，文化的供给和消费均在发生重大变革。今日的文化消费呈现如下特点：一是文化消费的常态化，基于互联网、新媒体的发展，消费者对文化内容空前渴求；二是文化消费内涵的广义化，文化消费与旅游消费、休闲消费等结合在一起，成为日常生活的重要内容；三是文化消费的社会化，文化的消费通过人际网络联系在一起，分享、合作、贡献成为文化消费的核心价值；四是消费方式的即时性、互动性，随时随地发生文化消费，又通过互动而启动新一轮文化消费，消费热点潮涌不断，碎片化的文化内容被跨媒体组织起来，短、平、快、频成为文化消费的重要特点；五是消费内容的全面革新。在此环境下，满足新兴的文化需求成为旅游业的重要任务。

二 把握战略性文化旅游资源

旅游要发挥更重要的战略功能,就要把握大文化的视阈,构筑广义的旅游文化资源观,旅游业的战略性文化资源包括五个方面。

(一)礼——秩序与核心价值观

旅游业的竞争,归根到底是文化的竞争,文化的竞争,归根到底是核心价值观的竞争,有什么样的核心竞争观,就会有什么样的文化观念、行为取向、社会结构、产业结构,就会有什么样的旅游产品、旅游体验、旅游市场和旅游产业。

中国是伦理本位社会,礼在中国文化中处在拱顶的位置,是处理人际关系的根本准则,礼的作用由于人与人的交流和服务而得以展现,礼是中国文化的载体。

中国传统"礼"的根本在于处理人与人、身与心的关系,由吾之身,及人之身,"礼"因此成为人的修炼、成为人与人的交际、成为社会运行的基本秩序和核心价值观。孟子曰,"仁,人心也"[1],仁亦指二人[2],指人际关系,"仁"是"礼"的根本指向。荀子所归纳的君君、臣臣、父父、子子等,表达了在"礼"运行的基本人际层面,君与士的"礼"、父与子的"礼"、兄与弟的"礼"、将领与谋士的"礼"、"君"与食客的"礼"、艺术家与欣赏者的"礼"、医与患的"礼"、游侠与知己的"礼"、百工与顾客的"礼",千丝万缕的秩序关系超越了简单的契约关系,成为中国社会运行的根基,"礼"的社会因而也是中国的最大吸引力之所在。

中国的文化秩序,其一重人,讲求以人为本,孔子说,"天地之性人为贵","仁者,爱人","人本"是中国哲学的"道",《礼记·中庸》指出,"道不远人,人之为道而无人,不可以为道",荀子强调"道者,人之道也"。中国哲学中的"天道"其实是"人道",《老子》中多次谈论"天道",都是借题发挥谈论人道,如"功成身退,天之道","天之道,不争而善胜"等。张东荪先生在《理性与民主》中提到,中国式的"自

---

[1] 孟子:《孟子·告子上》。
[2] 孙隆基:《中国文化的深层次结构》,广西师范大学出版社,2011,第33页。

由"是"无人而不自得"中的"自得",这与西方的"天道"是很不一样的。

其二重群,讲究推己由人,中国是关系社会,群是最重要的社会关系,《荀子》说,"人能群,彼不能群,人何以能群:曰分。分何以能行?曰义",道出了中式人际关系的核心。

其三重心,中国文化是心的文化,王阳明认为"心明便是天理",讲求人心的修养,认为心是最高的准则,"心外无物""心外无理""凡知觉处便是心"[①]。

其四重和,和为贵,和为美,如张海晏所论述的:先秦诸子即开始对"和"的意蕴、价值、实现途径和理想状态进行理论阐发,使之成为中华民族精神之自觉。"和"成为涵盖自然(天地人)、社会(群家己)、内心(情欲意)等层面与音乐、绘画、饮食和养生等领域的基本原则,也是修身、齐家、治国、平天下的本质规定。……中国文化所谓"和",是"异"中之"和",无"异"就无"和"。古人对"和"与"同"的异同与优劣有着深刻的洞识,孔子明确提出"和而不同"的命题,并把和同与否作为区分君子与小人的一个标准:"君子和而不同,小人同而不和。"

电影《卧虎藏龙》借武侠电影的形式,讲述了一个中国古代"克己复礼"的故事,向世界呈现了一个和西方完全不同的价值世界,轰动全球,充分说明了"礼"的价值。今天的中国旅游,游客看故宫,看宏村,看周庄,看丽江,看乔家大院,看少林寺,看布达拉宫,看到的是一个"物"的世界,体会的是一个"礼"的世界,和外在的形相比,中国文化的内在秩序是更内在的吸引力。

今天的中国,有了更丰富的价值观,党的十八大报告提出,社会主义核心价值观包括"富强、民主、文明、和谐,自由、平等、公正、法治,爱国、敬业、诚信、友善"十二个特征,"礼"的世界被大大扩充了,如同"美国梦"是美国旅游业发展的最根本依托一般,此十二个特征是当代中国旅游业发展最基础的资源、最根本的依托。

---

① 王阳明:《传习录》。

（二）文——文字

国学大师饶宗颐认为，"造就中华文化核心的是汉字，而且它成为中国精神文明的旗帜"，台湾诗人余光中说，"中华文化就是一个很大的圈，圆心无处不在，圆周无迹可寻，中文就是它的半径，中文走得越远，圆就越大"。马未都说，"我们博大精深、灿烂无比的文化是建立在汉字基础上的，离开了汉字，我们民族就是无源之水、无本之木"。文字的重要性不独对于中国文明而言如此，世界各国文化中，文字都是基本元素，也是核心的旅游资源。古代巴别塔的故事，暗示了文字在人类文明起源时点上的重要性，人类有古埃及的象形文字、古巴比伦的楔形文字、古印度哈拉巴文字、古中国甲骨文等，文字是人类在无限期博弈中形成的契约，是各民族的文化纽带，也是传递文化影响力的纽带。

对于中国旅游而言，汉字是一块最大的招牌，汉字是活着的文化遗产，仓颉造字、秦始皇统一汉字、许慎撰写《说文解字》、鲁壁出书、魏孝文帝废鲜卑语、活字印刷、甲骨文的发现、汉字拉丁化的尝试、简化汉字，到今天汉字随着孔子学院和中国旅游者传遍世界，到网络语言的兴起，华夏文明发展的历史，是一部汉字史。

文字的交流折射出民族实力的竞争与平衡，是大国兴衰的基本符号，是国家"硬实力"与"软实力"的互动和平衡，历史上汉语、拉丁语、法语都曾独领风骚，展现着国家实力，今天英语独霸天下，成为英、美最大的出口产业，并孕育了支撑全球经济的美式思维。今天的中国要和平崛起，必然要回归到汉字的影响力上。

今天，在中国的电影、电视、小说、戏剧都未能真正影响世界的时候，旅游一枝独秀，成为传播汉字最主要的载体，在今天的世界各大旅游目的地，汉字都已经成为基本的导视文字，汉语成为各国旅游商店里导购的语言，"欢迎光临"和"谢谢"成为世界通用语，旅游正发挥着比孔子学院更深入的汉字传播作用，中国的旅游者正成为微小繁密、无处不在的"移动的孔子学院"，汉字不仅成为旅游资源，而且正在成为服务标准。

（三）物——物质文化

物质不是单纯的物件，物质裹挟情感，承载历史记忆，附带民族的美学评价，与文化生活紧密相关。这在中国尤其如此，几千年的历史，所有山川湖泊，均已有人评价、传颂，看物质，同时是在看文化，因此物质也是文化。对旅游有意义的物质文化主要包括如下四类。

——人文化的水域风光、生物景观、天象与气候景观。中国的山水，是人文化的山水，山、河、湖、泊，其实是人文的山、河、湖、泊，一物一树，都往往附带山怪神玄的传说、文人雅士的赞美，是文化性的山川峦，孔子登泰山，泰山是人格化的泰山，屈原投汨罗，汨罗是人格化的汨罗，旅游文化的重要一部分，是文化山河。

——遗址遗迹。中国大地遍布历史遗迹，对于这些历史遗迹的旅游价值，要从旅游体验的角度去评判，所有的遗迹都可以恢复，但投入和产出比多有不同，研究遗址，难在巧用和舍弃。

——建筑与设施。建筑是文化的主要承载体，是旅游的主要吸引物，建筑间的关系也是重要的旅游资源，单个的建筑和数幢建筑的组合大有不同，建筑一旦成群，便产生排布的文化、邻里的文化、道路街巷的文化，安徽的西递、宏村，最大的价值在于建筑群所传递出来的中国传统文化秩序。

——旅游商品。相比山河、文物，旅游商品是小物件，但传统旅游商品承载的是工艺、艺人和传统，新兴旅游商品承载的是时尚、设计和创意，可谓小物大文章。旅游商品常常和"死"的摆设联系在一起，但好的旅游商品必须是活的，从旅游商品中要看出流动的艺术、变幻的时尚、新的生活方式，必须要创造活的艺术、活的生活，艺术和生活要合一，就要摆脱传统的老观念。

(四) 艺——非物质文化

东方有六艺，礼、乐、射、御、书、数，西方也有六艺，剑术、骑术、游泳、狩猎、棋艺、吟诗，大同小异，从今天的眼光看，都是非物质文化遗产。根据联合国教科文组织《保护非物质文化遗产公约》(Convention for the Safeguarding of the Intangible Cultural Heritage) 的定义，"非遗"是指"被各群体、团体，有时为个人视为其文化遗产的各种实践、表演、表现形式、知识和技能及其有关的工具、实物、工艺品和文化场所"。

非物质文化遗产与旅游业发展具有天然的结合点，全国的民俗村、民族村、艺术表演等,遍地开花,政府、景区景点、旅行社、旅游媒体,各个层面都在深入挖掘和利用非物质文化遗产。但艺的利用,关键是三点:第一是对人的保护和利用,利用非物质文化遗产,关键是发现藏在民间的"达人";第二是文化与土壤的合一,利用非物质文化遗产,要结合文化生长的土壤;第三是建立非物质文化遗产与旅游利用的良性互动的机制。

(五) 网——社会网络

社会网络的组织形式是文化的方面,也是旅游业发展的重要依托,人们到一地旅游,不仅看物、看人,也看交际、人情,麦加的教徒网络、泸沽湖的走婚网络、福建土楼的宗法网络、纽约的时尚网络、硅谷的科技网络,都有着不同寻常的文化吸引力,社会网络是重要的旅游资源,也是最容易被忽视的旅游资源。

旅游业利用社会网络资源,存在四个层面。

第一个层面是切片式的利用,可以通过一个点展现一个世界,例如看一场婚礼,参加一次堂会,旁观一场典礼,加入一场派对,都是掀开社会网络的一角,展现一个社会的根系。

第二个层面是枝权式的利用,发展社区旅游,令游客进入社区、观察社区、体验社区,成为社区暂时的一员,上海的田子坊,原住民、开发商、租户、商家、艺术家、上海本地的休闲客和外地的游客交织成一个新的社会网络,游客成为网络中的一个组成部分。

第三个层面是根系式的利用,令游客完全投入一个社会——近年随着第二居所的兴盛,发展了大量的休闲地产,这实际上是提供了一种游客沉浸入当地社会的方式。

第四个层面是云网络的利用,"微消费、动旅游、云服务"已经成为当代旅游的新趋势,这背后的基础就是新的社会关系和社会网络。例如近年"沙发客"成为令人瞩目的新业态,"沙发客"顾名思义就是"睡别人的沙发",这种概念由美国一个叫范特的年轻人在2003年1月1日创立的,"沙发客"创造了一种"以旅交友"的新生活方式,让你到异国旅行时可以免费睡他家的沙发,并在主人的引领下对当地的美景有更全面的了解。这种互助游的方式不仅为个人节省了大量的旅游费用,获得一个免费又地道的"导游",还可以体会到当地的风土人情。沙发客的网站一经推出即引领风尚，会员遍布世界各大国家和城市，每周都有上万新会员加入沙发冲浪大家庭[①]。"沙发客"现象是一种典型的基于人际网络的新业态，是新旅游业态，也是新生活方式。

三 构建新型旅游文化

文化与旅游的结合，关键是不断推动文化创新，通过创新的资源观认识文化、创新的产品观转化文化、创新的产业观发展文化。

(一) 把握四个方面

文化创新，主要在于把握四个方面。

一是异质文化。旅游目的地对异质文化的把握是发挥特色的根本，对海外要弘扬中国特色，在国内要弘扬地方特色和民族特色，在本地要弘扬自我特色。这就需要从各个方面研究历史化、民族化、乡土化、个性化等问题。

二是同质文化。大众化的旅游需要商业化的运作，也要求现代化的设施。从这一点来说，世界各个国家，国内各个旅游区（点）都是相同的。如对住宿设施、厕所设施以及各类公共设施，都要提升到文化高度来认识、来操作、来努力达标，这就要求国际化、现代化、标准化。客人希望看到最好的景观，绝对排斥恶劣的厕所。

三是异质文化与同质文化的有机结合。这就要求一部分相应的设施要达到异质外观、同质内涵，民族化的形式、现代化的内容。

四是管理和服务文化，本质上也是同质文化，具有相通性、普遍性。

(二) 适应需求，提升品位

从产业发展角度看，历史价值、文化价值、科研价值与体验价值、市场价值、旅游价值间不能画等号。有很多东西是可以画等号的，但是有些东西是不能画等号的。旅游侧重市场化，所以要适应需求、提升品位，同时要避免低俗化，这就要挖掘、深化与衔接。从方法上来说，小题大做、大题深做、偏题正做、虚题实做、快题慢做、同题异做、静题活做、老题巧做、中题洋做、洋题中做，各方面的案例都很多。

---

① 引自百度百科"沙发客"词条，http://baike.baidu.com/view/1892296.htm。

小题大做。泰宁是福建闽西山区的一个县，该县旅游从在县城做一组雕塑开始，花了1500万元，几乎占了当年县财政的1/3，这组雕塑总占地面积19102平方米，以19组青铜雕塑和1组风水轮主题雕塑，再现从战国末年至红军北上长征2200年来泰宁历史长河中的重大事件和重要人物，铜雕群沿着240米的古城墙摆放，由81个人物、11头牛、8头马等组成，占了一个街区。这片雕塑带动了周围的城区发展，开发商纷纷进入，建别墅区，建文化园，县政府通过土地增值收获了30亿元。雕塑是小题，但这组雕塑树立了泰宁的品牌、优化了城市环境，现在泰宁在整个福建西部已经变成一颗"明珠"。

大题深做。大文化选题，可以深做、长做。华侨城提出的"优质生活的创想家"，是重要的文化选题，从最初的"旅游+地产"做起，华侨城打造一个以文化为核心、旅游为主导的"大服务"产业格局，"文化+旅游+地产+商业+娱乐+传媒+……"，切口很深、产业很长。从以锦绣中华为代表的第一代静态微缩景观型主题公园，到以欢乐谷为代表的第二代互动游乐型主题公园，再到以东部华侨城为代表的生态旅游度假景区，再到上海苏河湾、欢乐海岸，武汉华侨城，云南华侨城，天津华侨城、"麦鲁小城"儿童职业体验乐园，不断推出新的旅游项目，令游客目不暇接，上下贯通的"文化+旅游"产业链，也令华侨城的竞争优势显著增强。

偏题正做。文化有正题，有偏题，正题难以打开市场时，融入偏题，偏题正做，可突出重围。如杭州的黄龙洞，"正题"是江南园林，做"正题"，很容易变成传统产品，竞争激烈，1985年黄龙洞引入戏曲表演，逐步建设发展成拥有杭州黄龙越剧团和杭州黄龙杭剧团、突出江南戏曲文化内涵的综合性主题文化景区，"偏题正做"，"正题"和"偏题"做在一起，产生了化学反应，黄龙洞不断加强对戏曲资源的利用和开发，使剧目兼具艺术化的动作表演、曲折的故事情节、栩栩如生的人物形象、优美动听的音乐，满足人们听觉、视觉、感觉上的多重审美需求。这几年，黄龙洞更投入重金，成功复活了杭州地方戏——杭剧。戏曲文化的"偏题"，叠加到"江南旅游"的正题中，实现了旅游与戏曲文化的互动发展，既培养了戏曲文化消费群，又促进了旅游经济的发展，开拓了更广泛的客源市场。

虚题实做。文化往往具有无形性，是"虚题"，但"虚题"可以实做。例如太极文化，无形的东西很多，武当山太极湖设计了一个太极功夫主题公园——武当功夫城，将虚题实做。根据设计方案，自游客踏入缤纷绚烂的购物中心开始，便置身于神奇迷离的幻境之中。几条幽邃的山谷自广场蜿蜒而出，分别通向三个独立而别具匠心的主题游乐体验区：修行谷、侠客江湖、宗师幻境。……在这里，无论是小朋友喜欢的麦兜功夫学校，还是刺激好玩的美猴王黑暗之旅以及感悟灵动山水的"飞越武当山"体验项目、气势恢弘的太极宗师张三丰实景功夫表演等，无不让游客感到进入了一个扣人心弦的功夫乐园。

快题慢做。快文化的内容，可以用慢文化的节奏表现出来，例如邮局文化，追求一个"速"字，青岛邮电博物馆在表现老邮局文化时，反而用"慢"来表现，这里推出一种"慢递服务"，游客可以在这里挑选一张明信片，写上想对家人或者对自己说的话，并亲手盖上慢递小站的纪念邮戳，然后设定好寄出的时间，比如生日、结婚纪念日等，寄出的时间可以是一年后，也可以是十年、二十年，甚至是更远的未来。

同题异做。同样的文化选题，可以做出不同的旅游体验来。例如河南的太行山脉，景观相近，文化相通，河南太行九莲山景区推出的小西天景区，选择了做"异质文化"，在这个景区里，门票变成"护照"、检票处变成"通关口岸"，保安变成"天兵"、接待人员变成"侍女"，几百面帐书旗帜插满景区的各个角落。神秘的文字、奇怪的语言，开始在九莲山内流通。如此场景，既似电影中沉寂千年的古国，又似西方远古的城邦，令人如同进入一个集中西方特色于一身的国度。景区推崇心灵的释放和野性的回归，景区的宣言是："旅游休闲是一种生活品质，您有权游手好闲、好吃懒做；自己的生活态度自己决定，您有权懒惰、无知、说谎等；身体是上天的恩赐，您有权裸体、裸晒、裸奔、裸绘。"①

静题活做。文物是死的，旅游却可以将之活做。如张择端的《清明上河图》，本身是静止的画卷，杭州宋城集团却将之活化，1995年宋城奠基

---

① 《九莲山景区的另类"穿越"》，第一旅游网，2012年4月9日。

时，就提出"建筑为形、文化为魂"的开发理念，宋城不仅复原了宋代的城市，还将开封盘鼓、舞中幡、皮影戏等民间艺术表演，蜡染、制锡、活字印刷等技艺展示融入其中，把各具特色的老作坊展现出来，把各地的老艺人、民间绝技艺人聚集起来，让老街复活，使之成为景区核心的文化体验点，用文化的魂植入建筑的形，宋城成为民俗文化活的博物馆[①]。

老题巧做。山水画廊是老题，加入文化的巧妙点缀，便有了与众不同的个性。湖北宜昌长阳县做清江画廊，文化如盐粒般广撒在长阳土地的各处。游客来到清江画廊，未入景区，便能听到吹打乐队演奏的热闹的土家迎宾曲子，当地200多名被称为"文化工"的民间艺人将独具特色的哭嫁、肉连响、野人舞、打白、山歌等十多种民俗民间文艺节目献给游客，又通过游客传播到四面八方；长阳清江上有11艘有浓郁民族特色的游船，船上的土家族导游对长阳山水、土家风情了如指掌，进餐时，他们会为游客唱上几支"祝酒歌"；游览时，他们会为游客献上"七口茶""黄四姐"等土家民歌。"在长阳，能走路的就会跳舞，能说话的就会唱歌，这是一片文化浸润的土地。"[②]

中题洋做。东方的文化题材，可以借鉴西方的表现手法。灵山梵宫是无锡灵山胜境的一个部分，梵宫内集中了汉传佛教、藏传佛教、南传佛教等世界佛教文化。同时，梵宫还借鉴了大量西方宗教的表现手法，中西合璧、大气磅礴，集世界佛教文化之大成，构建了一个传世之作。

洋题中做。洋题也可以中做，世界飞行大赛，是洋题，1999年，张家界把洋题目引到中国景区里，邀请美国、匈牙利、俄罗斯、捷克、斯洛伐克、立陶宛、德国、法国、哈萨克斯坦等9个国家的15名特技飞行员，穿越天门山。活动是西方的，环境是东方的，洋题中做，创造了一种眼球经济，成功营销了张家界的旅游。

（三）机制先行，牵引文化

文化是系统工程，要牵引文化，不能从说教着手，也不能从片面着手，必须构建系统制度，牵引文化、融合文化、文化创新，必须要靠机制

[①] 《杭州宋城：民俗文化的"活博物馆"》，中国名域网，2011年12月29日。
[②] 《创5A：清江画廊的文化山水》，第一旅游网，2013年1月28日。

创新。文化部门和旅游部门均认识到机制先行的重要性，中共中央推动文化大发展大繁荣的决定明确提出要进一步深化改革开放，加快构建有利于文化繁荣发展的体制机制，指出"文化引领时代风气之先，是最需要创新的领域。必须牢牢把握正确方向，加快推进文化体制改革，建立健全党委领导、政府管理、行业自律、社会监督、企事业单位依法运营的文化管理体制和富有活力的文化产品生产经营机制，发挥市场在文化资源配置中的积极作用，创新文化'走出去'模式，为文化繁荣发展提供强大动力"，并提出了深化国有文化单位改革、健全现代文化市场体系、创新文化管理体制、完善政策保障机制等发展方向。国务院关于加快发展旅游业的意见亦将深化旅游业改革开放作为发展旅游业的首要任务。

从具体发展案例来看，成都的五朵金花、上海的田子坊景区成功的背后，都是机制驱动，其核心是瞄准核心障碍，创建机制环境，主导产业发展，实现文化创新。

专栏11-4 上海田子坊——机制推动下的社区更新

1. 区域背景

田子坊地区，是上海打浦桥街道下属的三条里弄，为主的田子坊是上海市卢湾区境内长度仅为420公尺的一条小里弄街坊，田子坊地区的主要特点有三个。

（1）历史建筑集中，颇具保护价值。这里既有旧式里弄，又有新式里弄，还有花园住宅。建筑风格包容了折中主义风格、英国新文艺复兴风格、现代主义风格、中国传统砖木结构风格，还有西班牙建筑风格、英国城堡式建筑风格和巴洛克风格等。其中尤以石库门建筑的存量最为丰富，多达20余种不同形态。不同建筑风貌的交融共存，向世人展现了上海由江南乡村民居走向法租界洋楼的变迁脉络，呈现出中西合璧、厂舍同处的独特风韵。

（2）建筑和人口密度高，发展空间极其有限。田子坊等三条小弄（210弄、248弄、274弄）2公顷范围内居住着671户人家，居住人口达1600人左右，远高于上海市区的平均人口密度。

（3）区位优势良好，临近淮海路。与新天地遥相呼应，在上海中心城区南冀，与豫园商城、徐家汇商圈呈笔架山的格局。

2. 发展的核心障碍

作为大都市中心城区，田子坊发展旅游业的最大障碍是产权问题。与我国大部分旧城区情况相似，田子坊房屋产权错综复杂，分散在不同的主体手中，很多建筑都分属产权人所有。产权分散，令集中经营和产权交易极为困难，阻碍了民居向旅游休闲设施的转化，亦阻碍了旅游休闲文化的形成，旅游休闲业因而很难发展。

3. 主要的制度创新

第一，两级政府三级管理，激发街道积极性。上海将北京的"两级政府三级管理"的体制加以发展，将第三级管理组织即街道办事处视为一级准政府，并赋予街道更多的财权事权，特别是建立了街道能从其自身经济发展中受益的财税制度，盘活了街道的主体意识。

第二，街道搭建平台，引外力解决产权问题。街道协助投资者介入田子坊开发，投资者以五年为期限租借了大量分属于不同产权人的房屋，整合成可开发房产，对其进行整体改造，再投入市场，租给经营者，形成了一种新的城市房产运营模式，田子坊因此集聚了大量的创意产业公司。

第三，建立管理体系，调动多方积极性。田子坊区域建立了联席会议、管理委员会、商家协会三方管理的组织管理系统，充分发挥政府、街道、各部门及企业的积极性。其中管理委员会由副区长任主任，所在街道主任为常务副主任。

第四，居改非。2008年街道向政府申请了居改非试点，向区政府提交了《关于卢湾区田子坊地区转租实行审批制的申请报告》并获批准，卢湾区工商局专门制定了《田子坊内工商注册登记流程》，卢湾区房地局制定了《田子坊地区居改非受理流程》，令田子坊的创意产业走上"地面"，解决了法律上的后顾之忧。

第五，知识产权保护。由区知识产权局支持，由企业发起知识产权保护联盟，签署了《知识产权保护公约》，保障了创意的收益权，制订了《田子坊创新产业集聚区产业导向目录》，对鼓励类、限制类、禁止类行业分类管理，以引导业态发展，通过政府的政策服务，田子坊走上了制度化发展的道路。

4. 形成的田子坊模式

"三不变，六改变"。三不变，即原住民产权不变、原建筑结构不变、原里弄风貌不变；六改变，即变住户为租户、就业者，变住户人口为国际化就业人口，变居住功能为综合商业功能，变居住社区为国际化休闲区，公共资源的配置从少数人选择走向多数人选择，政府由领导经济变为服务经济。在田子坊出租房屋的居民中，有50%的房屋是整幢出租的，泰康路210弄出租户的分布面已波及75%的单元（门牌），泰康路210弄、248弄、274弄671户居民，已有340户开出租店，占居民总数的50.7%，成为独立的利益主体群。而政府则主要致力于改善环境，改善居住条件。

田子坊模式令收益的大头归居民，而且使利益的获取走向稳定性和长期化，即居民长期收租金，政府长期征税。从政府角度分析，每年能有300万~400万元的税金收入；从街区居民角度分析，凡是已经出租住房者，若平均以出租25平方米左右的面积计算，房租月收入稳定地保持在5000元左右的水平。形成了富民又富政府的良性收益格局。

5. 成效

如今的田子坊，已有153家企业入驻，19个国家参与，870人就业，另有87个外籍人士在此工作，集聚了自主绘制、自主设计、自主生产的创意产业，涵盖了画廊、摄影工作室、陶艺工作室、文化策划公司、电影公司、音乐工坊等文化行业。多年以来，田子坊屡获中国最佳创意产业园区、上海十大时尚地标、最具影响力品牌等称号或殊荣，已是上海旅游的必去之地，与新天地代表了两种文化、两类开发模式。

田子坊模式，促成了新文化的形成，激发了市场积极性，通过市场实现了居住人群和消费人群的更新，进而将传统的市井文化更新为市井、时尚、艺术、休闲等交融的现代新文化，这反过来进一步推动了旅游休闲业的发展，田子坊街区亦因而实现了城市的有机更新。田子坊模式，将开发由短期的一次性开发转为长期的渐进式开发，由政府的一次性规划转为居民、投资者、政府间的重复博弈，这种模式下，政府投入极少，并且保留了旧城风貌，是一种真正的有机更新模式。

（四）注重细节，一步到位

文化的感觉不仅体现在大面上，更体现在细节上。细节产生吸引力，细节创造竞争力。常常是细节，使旅游者产生好或不好的感觉。但设计者、建设者、管理者和服务者，往往对细节不够注重，甚至漫不经心。也正是在细节上，体现了文野之分、高下之分。细节的一丝不苟，不仅体现了严谨的工作精神，更表现出深厚的人文关怀态度，即时时、事事、处处为客人着想。

要使我国的旅游目的地的综合素质尽快达到国际水平，进一步达到国际先进水平，也必须在细节上下大工夫，通过把握细节，争取一步到位。从投入产出的高度看，细节不需要大投资，却能得到好的效果。或者说，不需要资金的大投入，却需要文化的大投入；不需要硬件的大投入，却需要软件的大投入，需要旅游工作者文化意识和文化素质的大提高。总之，起点是客人，要以人为本；终点是细节，要以文化为本。

浙江乌镇的西栅的旅游开发，是注重细节的典范。古镇旅游开发是旧题，但乌镇的西栅做出了新模式。与周庄、西塘等观光旅游的路子不同，西栅把古镇整体开发，形成了一个一流的主题度假酒店群，古镇里有3个会所、67栋民宿，再加上小桥、商店、餐饮，几乎每间房子都通水路、通陆路，坐船可以过去，走路也可以过去，融合了观光与度假功能，形成了一个完整的社区。西栅的开发做了六年时间，设计师就是开发商，对每一栋老房子都琢磨，晚上画图，第二天就跟工匠商量。房子拆的时候，一砖一瓦、一木一石都编号，再把它恢复起来，同时把一些现代化生活需要的东西融入进去，注重方方面面的细节，这就建出了一个精品。

参考文献

[1] 王恩涌：《王恩涌文化地理随笔》，商务印书馆，2010。
[2] 汤因比：《汤因比论汤因比：汤因比·厄本对话录》，商务印书馆，2012。
[3] 斯塔夫里阿诺斯：《全球通史》，上海社会科学院出版社，1999。
[4] 彭顺生：《世界旅游发展史》，中国旅游出版社，2006。
[5] 赵中华：《区域旅游的交通组织与管理》，华东师范大学博士论文。

[6] 赵朴初:《佛教常识答问》,华文出版社,2011。
[7] 金铁霖: 《文化是国家竞争力的重要底座》, http://finance.qq.com/a/20091207/005809.htm。
[8] 世界经济论坛:《2012~2013 全球竞争力报告》,2012。
[9] 世界经济论坛:《旅游业竞争力报告》,2012。
[10] 杨伯峻:《孟子译注》,中华书局,2008。
[11] 孙隆基:《中国文化的深层次结构》,广西师范大学出版社,2011。
[12] 王阳明:《传习录》,中州古籍出版社,2008。
[13] 《汉字五千年》编委会:《汉字五千年》,新星出版社,2009。

第十二章 大智慧视阈下的广义旅游

在传统旅游业发展环境下，广义旅游有其关系和规律，而在基于网络的新环境下，要素之间的关系和规律是在原有的基础上增加了新的要素，即旅游信息要素，该要素对传统要素的提升提供支撑，更重要的是旅游信息要素还带来了旅游业新的变革和业态。旅游信息随着信息技术的发展，一直在不断地冲击传统旅游业的发展。从起初的基于工作站的个人终端电脑操作系统的旅游信息管理系统（如 Sabra），到基于虚拟专线（VPN）的旅游信息管理系统（如 GDS），到个人电脑的互联网的旅游信息管理系统（如旅游网站），到基于手机（及其他移动终端）的移动互联网的旅游信息管理系统（如 APP，微信），这些都对传统旅游要素资源的发掘和提升形成了巨大影响，今后，随着愈来愈多新的信息（通信）技术的应用，旅游信息要素对广义旅游的要素影响会不断出现倍增的效果。

当今时代，随着物联网、移动通信、云计算等技术的不断成熟，旅游信息要素的作用被提升到一个新的阶段——智慧阶段。该阶段，科技应用、科技管理与人文思想有机结合的新理念，作为可持续发展的理念在现代科技条件下的延伸，强调和谐及造福人类。综合体现在旅游信息服务层面、管理层面、营销层面等多个层面，大大提高了旅游产业运行的效率，提高了旅游者的满意程度，我们可以称之为大智慧。大智慧是把累积的知识、人的智慧、科技发展带来的巨大变革融为一体，使人类生产、生活产生翻天覆地变革的原动力。大智慧视阈下的广义旅游体现在一种从关注和满足个体细节服务出发辐射出的无穷大智慧。其内部可以无限小，外延可以无限大。从"微"出发，无数"微"互联互通结合成智慧旅游，由小构成大，由大涵盖小，大小结合诠释大智慧。

第一节　旅游信息视角下的广义旅游

相对于传统旅游，广义旅游不仅是原来基础上的扩展和深化，更是一种创新与优化，不仅停留在理论上，更注重实践。旅游信息作为散客时代背景下最重要的旅游要素之一，贯穿于旅游活动的始终。从旅游信息的视角下看广义旅游，能够更深刻地认识和解释新的旅游现象。

一　旅游信息视角下的广义旅游资源

如前所述，广义旅游资源包括景观资源、环境资源、社会资源、精神资源、产业资源和品牌资源六大类。广义旅游资源的本质不是"景"，而是"境"，环境是最优最好的旅游资源。广义旅游资源开发的核心是形成某种对游客的吸引力，旅游资源只有被人们认知才能形成吸引力，如果没有旅游信息作为旅游资源吸引力对外传播的载体，就没有对旅游资源的认知和了解，也就不能形成旅游资源特有的价值。旅游信息能够充分展示旅游资源的特质，让游客能够在旅行前对旅游资源从多角度、多层面、多形式进行了解，让旅游资源更加可视化、形象化，有更强的亲和力、吸引力、竞争力。

随着散客市场的蓬勃发展，旅游信息也已经逐渐成为一种旅游资源，经过加工的旅游信息具有差异性，能形成独特的吸引力。信息技术与旅游业的融合不断孵化出更多的旅游资源种类和形式，扩充了旅游资源的范畴。

二　旅游信息视角下的广义旅游开发

广义旅游开发在开发客体上具有广泛的时空、资源、环境、城乡和产业的跨界性和融合性，在开发主体、开发方式和开发环境上具有多样性和复杂性，涉及各类旅游信息及相关信息。在开发决策过程中，对于旅游信息的掌握程度，是影响旅游开发决策制定和实施的重要因素，并在一定程度上影响着旅游资源开发的广度和深度。

广义旅游开发需要借助对各类旅游信息的有效整合来提高开发的效率

和效果。在开发决策阶段，首先要充分了解国内外相关资源开发的信息，了解潜在目标客户对于相关产品的需求信息，了解潜在竞争对手的信息；在实际开发阶段，也要充分整合各种资源、环境、产业、时空信息，形成有竞争力的开发效果；在投入运行阶段，更需要将开发过程中形成的、对未来营销有价值的信息进行有效组织和传播。

三 旅游信息视角下的广义旅游规划

旅游规划是对目的地或景区长期发展的综合平衡、战略指引与保护控制，从而使其实现有序发展的目标。旅游规划是为旅游的发展设计的一个框架，所以这个框架必须是长期的、稳定的、必要的[①]。广义旅游将旅游规划依托的旅游资源、旅游环境和旅游需求等要素进行了延伸和完善，重新建立起基于旅游供需双方的认识基础，强调旅游业的可持续发展。

广义旅游规划面对的需求具有相对稳定与复杂多变的双重特征。一方面，散客旅游兴起，传统的团队旅游市场向散客旅游市场转型，整个需求市场呈现一些共性的需求特征；另一方面，散客群体本身具有很强的个性化特征。这对广义旅游规划提出了更高的要求，只有充分理解和把握旅游信息所全面传达的需要及供给方面的特性，站在信息资源引导自然资源、社会资源、人文资源开发利用的高度上，才能更好地做出各种旅游规划。

四 旅游信息视角下的广义旅游产业

当今，旅游业与其他产业的融合已经成为一大发展趋势，并且融合在不断加速。广义旅游学从产业的角度强调"全域旅游"的概念，认为旅游的发展不是孤军奋战，而是各产业在融合中共同发展着的，形成产业之间的交叉和产业之间的渗透，有些则通过产业之间的聚变反应创造了全新的产业。在众多的融合中，旅游业与信息技术产业的融合尤为突出，一方面，随着散客时代的深入发展，旅游信息需求旺盛，旅游信息化需求也旺盛；另一方面，信息技术的突飞猛进为旅游业发展创造了巨大推动力，加速了旅游产业与其他产业之间的融合，同时孵化出众多的产业形态，创造

---

① http://baike.baidu.com/view/960458.htm.

更大的经济价值和社会价值。

旅游信息已经渗透到全域旅游中，散客时代的突出特征之一就是旅游者对于旅游信息的需求全面性和系统性，而且这贯穿于旅游活动的前、中、后全过程，作为旅游业新的要素之一，旅游信息在旅游产业与其他产业融合的过程中，已经成为不可或缺的因素。对旅游信息的处理能力在一定程度上成为旅游产业发展水平的标志。从国际上看，旅游产业越发达的国家，对旅游信息的全域处理能力越强，且对旅游信息的开发利用越深，对旅游产业发展的促进作用也越大。

旅游信息化刺激着广义旅游产业的发展，信息技术产业与旅游业的融合已经产生巨大的生命力和创造力。旅游信息化的发展对于旅游业的促进作用和孵化作用也得到了实践证明。旅游信息化的深入发展拉动了广义旅游产业的信息流和商务流，创造了文化流和科技流，刺激着广义旅游产业的大发展，形成了一些具有强大生命力的全新产业组织和产业形态，创造了很多新的产业发展空间。

五　旅游信息视角下的广义旅游市场

对于一个旅游目的地来说，旅游业的成功发展，主要有赖于两个"轮子"的有效运作，一个"轮子"是产品开发，另一个"轮子"则是市场营销，两者缺一不可。从运行机制上看，旅游的商品化销售和产业化经营始终是以市场经济为基础而发端、发展和兴盛的。从旅游信息的视角看，旅游产品开发离不开各种信息资源的重组、升华，旅游产品的营销离不开借助多种信息表现形式的传播。

旅游产品的开发首先需要了解旅游资源和旅游需求市场的特征，实现二者的有效匹配才能保障旅游产品开发的成功。旅游信息在旅游资源和旅游需要之间扮演着非常重要的桥梁作用。另外，旅游产品的形式也因为旅游信息而呈现多样化。游客信息需求带动了新型旅游产品的发明和生产，如电子导游。

旅游目的地的营销，再也不是靠大量形象宣传片所能够统领的。散客时代需要的是更加细致、深入的旅游目的地人文、社会、交通、服务等全方位的信息，这些信息通过各种传播渠道广泛发布，在旅游目的地和游客之间、游客与游客之间、旅游企业与游客之间形成多层次的传播，才能形成泛在化的旅游目的地信息供给，也才能最大限度地使旅游目的地"暴露"于潜在消费者面前。

第二节　旅游信息服务的大智慧

智慧是经过全面整合知识而形成的，是最高层次的，智慧有颠覆性[1]。与过去 30 年的旅游业发展环境相比，当今旅游业发展所依托的经济、技术、社会、人文环境已经发生巨变，不仅出游方式上正在经历从团队旅游向散客旅游的转变，技术环境也已经发生巨变，技术手段使得智能化程度越来越高，对于散客的旅游信息供给层面也越来越分众化，散客对于信息的精细化、精准性、时效性要求也越来越高。旅游管理部门对于游客的管理、旅游企业对游客的宣传促销和落地服务、旅游相关产业与旅游业的融合和产业链合作，都因为旅游信息传播方式的改变而发生了很多变化。

一　从旅游信息到旅游信息服务

散客市场主体地位的巩固将旅游信息需求置于突出位置，对于旅游信息的加工和传播贯穿旅游活动的始终。为满足游客的信息需求，使旅游业实现更大时空上的扩展与延伸，旅游信息服务的重要性也逐渐显现。由于旅游信息广泛散布在旅游业的不同主体间，且旅游信息加工、传播的时效性非常强，所以对于游客、旅游企业和旅游管理部门而言，旅游信息服务是实现旅游信息价值的集中体现，也是旅游信息深度综合利用的产出。

二　旅游信息服务的泛在化

泛在化的含义指的是网络无所不在，网络已全面融入人们的生活之中，无所不在地为人们提供各种服务，计算不再局限于桌面，用户可以通过手持设备、可穿戴设备或其他常规、非常规计算设备，无障碍地享用计

---

[1]　魏小安博客：《用智慧谋取智慧》，http://blog.sina.com.cn/s/blog_61d172d201017xc1.html。

算能力和信息资源。旅游者可以在任何时间、任何地点，通过任何媒介获取旅游信息服务，主要是依托云计算平台、泛在计算、移动互联网等技术手段，这被称为泛在化的旅游信息服务。智慧旅游是旅游者个体在旅游活动过程中所接受的泛在化的旅游信息服务。

传统的旅游信息服务提供是非定制化的、面向所有（潜在）旅游者的，是由某种机构借助某种手段来实现信息服务提供，如通过广告（电视、互联网、广播等）为客源地的潜在旅游者提供目的地旅游信息，为在旅途中的旅游者通过手机短信提供天气等信息服务，为到达目的地的旅游者提供本地旅游信息服务（通过导游服务、游客咨询中心放置的各类印刷品、各类指示牌、大屏幕、查询终端等），这些旅游信息服务都是相对独立的、由不同机构提供的、需要旅游者去分别关注并获取的，因而旅游者所获取的相关信息是孤立的、散乱的、需要进一步由旅游者来判别的，而且信息服务提供手段也是"互不联通的"。泛在化的旅游信息服务则由于技术上有了很好的基础，各种平台和系统在相互信息共享和调用方面有了新的机制，信息调用的成本大大降低、效率大大提升，而且信息的表现方式更加灵活多样，适应不同媒介和载体对于旅游信息的要求，旅游信息的各种属性得到充分挖掘并与游客的各种信息有机关联，最大限度地满足了游客对旅游信息服务的需求。

旅游信息服务的泛在化成为继移动商务之后的泛在商务的基础，旅游者随时随地获取实效性、个性化的旅游信息服务，大大激发了旅游者的消费欲望，为旅游产业带来了新的增长空间，也为各类技术导向型产业将其产品和服务延伸到旅游业提供了平台。泛在商务在旅游业的应用将打破原有产业链运行的模式，突破原有产业发展空间的局限，改变旅游业运行主体之间的协作关系，围绕旅游者即时需求开展有效的旅游信息服务。

三 大数据下的大智慧

对于旅游业而言，旅游环境、旅游业务、旅游者的信息量在膨胀（爆炸）式增长。这些数据以不同的形式以及通过不同的渠道呈现出来，有来自物联网传感器的数字信息；有的呈现碎片化，散落在微博、微信、个人博客空间、论坛中；有的集中于网络预订、网络营销数据上，旅游消费者的偏好、习惯、需求信息、旅游体验及分享，甚至越来越多地表现在旅行路径中智能手机的搜索和攻略等信息消费上。在数据获取方式上有动态的实时数据和静态的非实时数据等，在数据载体上则主要表现为图片、视频、声音、文字等。这些构成了旅游业的大数据。

从目前的发展来看，大数据在旅游业的应用，主要集中于数据分析与挖掘阶段，由此，也催生出数据挖掘相关的技术企业。例如，旅游计划网站 Hopper 从网络上搜索数据，分类汇总，为游客推荐最佳旅游景点，目前已搜集到 5 亿个旅游相关的网页及信息。山东省将整合公安、交通、环保、国土、城乡建设、商务、航空、邮政、电信、气象等方面涉及旅游的数据，与百度、谷歌、淘宝等主要网络搜索引擎和旅游电子运营商合作，建立社会数据和旅游及相关部门数据合一的旅游大数据资源。

旅游管理部门需要在游客旅行活动过程中所有数据、旅游企业经营活动中所有数据、旅游管理部门旅游管理和目的地促销活动中所有数据的持续累积和数据挖掘分析的基础上，形成旅游产业发展的宏观视图与旅游产业运行的微观视图，从而为旅游业各类决策提供可靠的依据和支撑，进一步优化旅游业发展效益和效用，促进旅游业转型升级；需要通过使用大数据，引导整个行业健康发展，从规划决策、旅游营销、旅游市场监管等多个层面，破解影响旅游业发展的难题，为旅游业未来的发展创造良好环境。

旅游企业需要逐步根据大数据的分析和挖掘结果来指导企业的经营管理。酒店更加精准地根据顾客特征和偏好推荐有吸引力的旅游产品和服务；旅游景区更好地进行客流疏导和调控；旅行社更方便地整合各种旅游信息资源从而开发出更加有针对性和个性化的旅游路线和旅游产品等。

大数据的技术和市场正在快速发展，随着大数据所蕴涵价值的不断释放，旅游业大数据应用的未来必定是丰富多彩的，也会为旅游业的发展注入一股新的朝气和活力，发展前景广阔而且具有超越传统旅游业发展的特殊价值——集约及融合发展价值、管理及效率提升价值、产业结构优化价值、人才开发价值、精准营销价值、服务满溢价值，带来旅游业发展的新智慧。

四　大智慧下的旅游信息服务

游客出游方式的转变客观上也带动游客需求的变化，散客时代游客需求的突出特征是对于旅游信息的需求旺盛，而且呈现出在量上的丰富性和质上的高标准。具体而言，在信息的需求范畴和过程中，游客不再仅仅满足传统的六要素的信息需求，而且对于其他相关信息的需求更加旺盛起来，包括气候信息、文化信息、政治环境等。而在旅游过程中，游客的信息需求也不再仅仅集中在出游前阶段，在旅游过程中，游客希望随时随地获取信息，在旅游后，游客需要分享旅游心情的需求也不容忽视。就旅游信息的质量要求而言，体现为游客信息需求的全面性、系统性、及时性、准确性、可获取性、便捷性和个性化。游客的这些需求在传统的服务模式下得不到充分满足，旅游业转型升级成为迫切要求。

旅游信息服务的大智慧体现在信息服务的内容、手段、模式和管理等方面。智慧环境为旅游信息服务的各个参与者搭建了先进的网络基础和流通共享平台，通过云计算技术将旅游信息以及相关信息存储在同一个"云池"，确保了旅游信息的全面性、实时性、系统性和关联性，使旅游者能够随时随地获取最新的旅游信息，而且无论旅游者接触到什么样的旅游信息服务环境，通过什么样的手段和设备，他所获得的旅游信息始终是全面的、有价值的。

五　广义旅游的大智慧

作为信息密集型的行业之一，旅游业对信息的依赖程度非常高。从信息技术与旅游业的融合发展角度理解广义旅游中的大智慧，集中体现在"云"与"微"两点上。"云"就是旅游业的云服务，"微"是指微旅游。前者指的是广度，后者则侧重于深度。云服务体现在微旅游上，而微旅游需要云服务的支撑，云服务为微旅游提供的具体支撑表现在技术手段、系统平台和运营管理三个方面。

（一）技术手段支撑

云服务将云计算技术转化为现实的生产力，推动社会生产进步。云计算技术推动信息网络技术设施、信息共享基础设施等城市基础设施数字化、信息化和智能化。这些基础为旅游运营服务体系的构建搭建了平台，提供了技术服务手段和媒介，从而带来整个旅游业服务水平的提升。

云计算最突出的应用表现在对于旅游业以及关联产业内部信息资源和外部信息资源的共享上，可以安全可靠地将各种采集信息和控制信息进行实时、准确、可靠的传递，把信息安全、快捷、可靠地送到城市的各个地方[1]，为打破旅游信息壁垒、实现各类旅游信息的共享提供基础。

（二）系统平台支撑

云计算技术在全社会各个领域的应用，尤其是旅游业、旅游业基础设施以及旅游业关联产业等领域的应用，为微旅游的发展提供了系统平台支撑，具体表现在 SAAS、IAAS、PAAS 三大服务模式上。

SAAS（software-as-a-service）针对服务供给方，将购买改为租用软件的服务平台，用户可以根据自己实际需要，按照使用量和时长支付费用，无须维护和升级，节省成本，实现效用最大化。SAAS 平台为微旅游的普及提供了供给方实现经济效用的可行性。

IAAS（infrastructure-as-a-service）是针对基础设施管理的服务模式。SAAS 模式不承担设施的维护与更新，而 IAAS 提供存储和数据库服务，可以为用户提供公共服务器池，保证服务的共享性。IAAS 为微旅游的实现提供后台支撑，一方面保证服务内容的实时更新和完善，另一方面为信息共享提供支撑。

PAAS（platform-as-a-service）是针对消费者的。PAAS 将软件研发的平台作为一种服务模式交给用户，将用户采用的开发语言和工具部署到供应商的云计算基础设施上去。充分尊重用户的需求和使用习惯，为个性化的微旅游提供支撑。

（三）运营管理支撑

云服务为建立面向全社会的综合应用管理平台提供了思路和方法，为真正实现节约化管理创造条件。创新的城市管理手段也会应用于旅游服务的运作与管理中，将新公共服务理论的思想应用于运营管理中。广义旅游

---

[1] 陈立、李春香、李志勇：《浅议智慧城市的"躯体、经络与大脑"》，《计算机光盘软件与应用》2012 年第 8 期。

的运营管理中，政府不再是领导者，而是服务者；不再是唯一的参与者，而是全社会共同参与管理中的主要一方。改变传统的"应付式"管理，实现各部门、各环节的协同运作；同时，借助先进的技术手段，让更多的组织机构和企业参与管理；借鉴城市管理的先进成果，例如，"网格化"管理，将管理工作落实到人；调动工作人员的积极性，实现旅游运营与管理效益的提升。

云服务为广义旅游带来了新的发展动力，引领了更加智能化的服务管理理念，创造了更加人性化、智慧化的手段，创新了旅游信息服务的模式。对于旅游者而言，云服务的思想切合其对于各类信息的需求，使其能够方便地获取旅游全过程中各个环节所需要的信息；对于旅游企业而言，云计算的运营模式为企业节省了硬件和软件的投入，也节省了人力资本，通过信息互换，企业能够更加准确地把握市场动态；对于旅游管理部门而言，云计算的应用可有效改变现在各部门之间的封闭状态，实现联动状态下的分工与合作，提高政府的办事效率。

第三节 大智慧下的微创新

一 微需求的增速与规模

随着散客市场主体地位的巩固，旅游者的个性化需求特征明显起来，这种个性化的需求不仅表现在旅游需求的内容更加广泛上，旅游需求不再千篇一律，除了传统的旅游消费需求外，更多的旅游者对于信息、文化等其他产品需求旺盛，还表现旅游需求的细节化上，更加关注细微的服务，也就是精细化服务。对应旅游者的精细化服务需求，自媒体、微博等服务方式受到极大欢迎，成就旅游微群体的蓬勃壮大。

区别于传统的团队旅游，散客更加个体化，其个性化需求明显。传统的标准化、流程化服务已经不能适应散客市场的需求。例如，市场出现新的特征，突出表现在信息需求的全面性、系统性、及时性、便捷性、创新性上。而在市场竞争越发激烈的现代，信息流也成为旅游企业的重要资源，甚至成为旅游企业的生命线。因此，无论是对于旅游者还是旅游企而言，信息的地位和作用都表现得尤为突出。

作为自助旅游的一种，自驾游受到越来越多旅游者的青睐。2012年十一黄金周期间，北京居民出京游人数同比提高12%，自驾游比例提升32%。黄金周期间进、出京方向的小客车数量超过100万辆，自驾游、民俗游、度假游等短途旅游发展迅速。还出现自驾游专门网站，以满足自驾游客对于旅游信息的需求（见图12-1）。

图 12-1 自驾游网站

资料来源：http://www.zijiayoucn.com/。

（一）个性化成就微群体

这里的旅游微群体之"微"表现在两个方面：一是现实旅游活动的参与者人数较少，一家人或者几个朋友，更或者单个旅游者自己出去旅游已经不罕见；二是旅游分享在微群体之间传播，现在微群体互动的媒介层出不穷，具有同样兴趣爱好或者特征的人很容易形成一个关系网，能够聚合有相同爱好或者相同标签的朋友们，将所有与之相应的话题全部聚拢在微群里面。志趣相投的人们以微传播的形式可更加方便地进行参与和交流，发展微关系。

在散客时代，旅游微群体成为主要参与者。在旅游方面具有相同行为意向的潜在旅游者通过网络集合，进行旅游的现象逐渐兴起，这赋予旅游更多结伴交友的功能和效用。这一现象也被旅行社挖掘和加工，个性化、定制化的小团体旅游逐渐成为旅行社关注的重点产品。旅游微群体也成为散客市场上的主要发展趋势。

（二）微时代彰显自实现

自媒体（We Media）是学者们分析博客时引入的一个概念，意思是进入门槛低，可以自由选择①。自媒体充分尊重全民的参与权和自主选择权，改变传统媒体中的主动发布与被动接受模式。在自媒体上，任何一个"草根"都可以发布信息、参与评论。自媒体的表现形式主要包括：即时通信、博客（包括微博）、播客等。传统媒体以往在发布新闻后就告一段落，而自媒体由于其自身特性，信息反馈的速度和数量都相当惊人②。因此，这些媒体参与门槛低，发展迅速，拥有大批的粉丝用户，已经融入现代生活，甚至成为人们沟通交流的主要工具之一。

自媒体是当代社会个体自我关注与自我表达欲望得到一定满足的集中体现，因此，"自"是个体的实现，"自"是个性的张扬，"自"是自由的渠道，"自"是民主的基础。而微时代带来的简便操作、较低的门槛和成本，为自表达创造了可能。"微"的另一面就表现在"自"，微时代下的微创新注重自我表达和互动，在微传播中实现每一社会个体的贡献。

总体而言，"微"创造"自"，"自"需要"微"。自是人本的需求，细致的要求。"微"的另一面是"自"、自媒体、自实现。社会进步形成了微的基础，市场竞争推动了微的发展，技术进步创造了微的条件，个性张扬产生了微的动力。

（三）微传播引领微时代

"微博"即微型博客（MicroBlog），是随 Web 3.0 兴起的一类开放互联网社交服务，国际上最知名的"微博"网站是 Twitter，截止到 2010 年 10 月，Twitter 的独立访问用户已达 3200 万人次，超过 Digg、LinkedIn 等网站③。2009 年下半年以来，新浪、腾讯、搜狐、网易等门户网站也纷纷

---

① 邓新民：《自媒体：新媒体发展的最新阶段及其特点》，《探索》2006 年第 2 期。
② 马晓刚：《自媒体的兴起与传统媒体的选择》，《传媒观察》2006 年第 5 期。
③ 中国电子商务研究中心：《浅谈"微博"的兴起与网络营销价值》，http://www.100ec.cn/detail--5531469.html。

开启或测试微博功能，加上专门的微博网站老牌的如"饭否""叽歪"，新兴的如"雷猴"等，微博在中国形成了一股潮流，甚至成为一个抵御经济寒冬的重要手段①。

2009年8月，中国最大的门户网站新浪网推出了"新浪微博"，成为门户网站中第一家开设并提供微博这种即时通信服务的网站，并在国内迅速发展。据中国互联网络信息中心（CNNIC）统计，截止到2012年6月底，中国网民规模达到4.85亿，而新浪微博注册会员达1.4亿。新浪微博用14个月就已经实现传统收音机38年、电视13年、互联网4年的普及率，创造了传播史上的奇迹。互联网的发展趋向多元化，微博作为一种新兴产物，方便、快捷，受到大多数人的青睐，发展迅速。

微博只是一个代表，进入2010年以来，微时代悄然体现在社会生活的各个方面。

微成为一种社会现象，微成为一种流行语，比如微小说、微故事、微电影、微分析、微评论、微表情、微行为等，一切都与微联系在一起。微不仅仅体现在小，还体现在其渗透到每一个细微的环节和角落，可以说无处不在，一个微时代已经到来。

二　微时代的演化与发展

当代社会的快速发展的状态与信息传播即时性等需求使得"大""长"等形容词难以符合要求。而微博、微信、微电影等微事物引领的微时代在此情况下浮出水面，有其存在的价值。微时代具有流动的传播、迷你的传播、瞬时的传播、扁平化的传播②等特征，微时代的载体多样化，操作便捷化，传播社交圈松散化，人气聚集效应明显，有利于简化信息传播的媒介、节省信息传播的成本、加快信息传播的速度、扩大传播的影响力。同时，微时代激发出了许多创意，这体现在很多领域，例如在市场营销领域的微博营销，就已经显示出强大的发展潜力。

首先是微时间，社会生活越来越紧张，时间被分割。其次是微消费，

---

① 《微博兴起：中国年轻人迎来网络"直播"时代》，http://news.xinhuanet.com/politics/2009-12/25/content_12704388_1.htm。
② 林群：《理性面对传播的"微时代"》，《青年记者》2010年第1期。

尤其是中产阶层，有足够的消费欲望，但缺乏相应的消费能力，常常是化整为零，形成微消费。微是分割的结果，形成了新的生活方式，微体验总比不体验要好，日子是一分一秒过的，饭是一口一口吃的，微使我们从大而无当回到日常，日常使我们感受具体的幸福。这是微的发育基础，也是微的发展前景。故事都是由一个个情节组成的，江河是由一滴滴水融合在一起的，"云"由微构成，无数的微互联又形成强大的"云"，微是和谐社会构建的基础，微希望才是真希望，微生活才是真生活。

三　微技术的应用与创新

（一）移动互联网技术

移动互联网是移动和互联网融合的产物，继承了移动随时、随地、随身和互联网分享、开放、互动的优势，是整合二者优势的"升级版本"，即运营商提供无线接入，互联网企业提供各种成熟的应用[1]。移动互联网的基本特征就是：用户身份可识别、随时随地、开放、互动和用户更方便的参与。移动互联技术应用于生产生活中，改变着原有的模式，移动互联技术将网络带入生活中各个网络覆盖的角落，用户不再受到位置移动的限制，可以随时随地获得服务。也就是说，移动互联技术为微服务提供了技术支撑，将互联网服务的范畴扩展到细微之处，微信等微传播媒介得以应用。

（二）物联网技术

利用物联网技术发展智能旅游的领域十分广泛，包括智能酒店管理系统、景区RFID智能门票系统、景区智能远程视频监控系统、智能导游系统等。智能酒店管理系统：通过联网技术随时随地预订酒店，包含无线智能酒店系统、订房信息系统等。景区RFID智能门票系统：通过RFID技术，对景区的门票的防伪、销售和检票进行处理，包括防伪系统和检票系统等。智能导游系统：包括显示交互子系统、无线数据传输子系统、GPS定位子系统和处理器等。景区智能远程视频监控系统：整合摄像机、视频

---

[1] 互动百科：移动互联网，http://www.baike.com/wiki/%E7%A7%BB%E5%8A%A8%E4%BA%92%E8%81%94%E7%BD%91。

服务器和联网技术，对景区游客进行集体监控，便于安全保护、适时疏散和信息互动。包含数据采集系统、图像分析系统和智能信息传递系统等。

（三）传感技术

传感技术是关于从自然信源获取信息，并对之进行处理（变换）和识别的一门多学科交叉的现代科学与工程技术，它涉及传感器（又称换能器）、信息处理和识别的规划设计、开发、制造（建造）、测试、应用及评价改进等活动。常见的应用技术主要有定位服务和智能感知技术。定位服务，指通过移动终端和移动网络的配合，确定移动用户的实际地理位置，从而提供用户所需要的与位置相关的服务信息的一种移动通信与导航融合的服务形式。智能感知技术是指基于生物特征、以自然语言和动态图像的理解为基础的"以人为中心"的智能信息处理和控制技术，中文信息处理，研究生物特征识别、智能交通等相关领域的系统技术。

旅游是一个位置移动的过程，对于旅游者而言位置服务尤为关键，因为旅游服务的推送、旅游安全救助的维护和实施都要建立在位置服务的基础上。微旅游关注的是个体旅游者的需求和活动，而位置感知技术就是针对个体应用的。因此，将位置感知技术应用于微旅游服务中是必然的，也是必要的。

无论是普适计算还是物联网，定位都是其关键技术之一，位置感知已经被一些研究者引入部分领域的研究工作之中，很多时候，旅游者不但希望能够随时随地地查询信息，更希望旅游移动商务能够考虑到旅游者现在的位置，为用户主动推荐信息。而手机 3G 技术已经趋于成熟并被广泛应用，利用手机实现 GPS 定位等位置感知功能已经成为现实[1]。

（四）云计算技术

云计算是技术革命发展至今的最新成果之一，其主导思想就是将各个分散的信息平台实现无缝链接，从而消除信息孤岛现象，真正实现各类信息的互联互通，实现服务的精细化。因此，云计算不仅代表着一种先进的信息技术，更提供了一种信息服务从细微化出发进行链接的思想，也就是

---

[1] 李新煜：《旅游移动商务中基于位置感知的推荐系统研究》，中国科学技术大学硕士学位论文，2011。

将无数的有限链接起来形成无限，推动一种全新的按需服务模式的出现和应用，体现了大智慧思想。

对于旅游者而言，云计算的思想切合其对于各类信息的需求，使其能够方便地获取旅游全过程中各个环节所需要的信息；对于旅游企业而言，云计算的运营模式为企业节省了硬件和软件的投入，也节省了人力资本，通过信息互换，企业能够更加准确地把握市场动态；对于旅游管理部门而言，云计算的应用有效改变了现在各部门之间的封闭状态，实现联动状态下的分工与合作，提高了政府的办事效率。

云计算是旅游行业提升服务能力和适应用户需求变化的新的信息技术，云计算技术的引入为智慧旅游建设具有动态资源池的高可用旅游资源与服务平台提供了有益的借鉴和思路。其意义在于全社会旅游资源的利用率、服务效率、服务可用性的极大提高。更重要的是，面向旅游产业的核心用户——游客，云计算及其相关新技术的出现，为打造具备个性化用户体验的旅游产品与服务提供了无限的创新可能性。未来面向游客的旅行类应用产品，必将紧密结合LBS（基于位置的服务）、SNS（社交网络，随时获取好友的推荐）甚至AR（增强现实）等云计算应用服务，并将其深刻地植入旅游全过程的吃、住、行、游、购、娱当中，实现无限的创新可能。

典型的移动增强现实应用可以伦敦博物馆推出的"街道博物馆"（Museum of London：Streetmuseum）为例。该应用可以提供一种如同"时光机器"般的游览体验，当游客漫步于伦敦城市街道中时，只要把手机摄像头对准当前所在的位置，应用就会帮你匹配当前位置并在手机的屏幕上显示出该街道几十年前的样子（见图12-2）。

云计算技术利用其海量数据整合、分析和挖掘处理能力，将全行业的旅游相关信息存储在云平台上，逐步构建覆盖各个维度的旅游数据仓库，并建设决策支持分析应用，依托其强大的计算和存储能力，重点实现基于历史数据的趋势分析应用。例如，针对景区等目的地，预测游客流量并给出流量疏导方案；面向旅游服务市场管理与监督，实时分析市场消费热点、服务投诉热点并给出游客消费引导策略和调控重点。通过这些云计算应用，不断提升旅游公共服务和管理科学决策能力。

图 12 – 2　伦敦博物馆基于增强现实技术开发的手机导览
应用——"街道博物馆"

四　微环境促动微创新

相对于其他社会状态的转变与进入，微时代的到来显得更加急促，其发展与普及的速度甚至令人有些难以置信。是什么力量这样强大，推动微时代迅猛发展？原因可以概括为四个：第一，快节奏的社会生活；第二，急躁的社会心态；第三，海量信息的流动；第四，新生代的引领。

（一）快节奏的社会生活

社会生活的快节奏使得人们不能像过去一样有充足的时间了解时事新闻、交流情感与感受，但是这些又是人的基本需求，是不可忽视的需求，那么怎样"快速地"满足这些需求？在这种背景下，人们需要一种区别于传统的、有诸多限制的交流展示平台的新平台出现，它不仅方便交流，还能实现陌生人之间的互动。例如，微博为每条评语提供 140 个字的表述空间，任何一个词语、一个标点符号、一个表情都可以成为发布的内容，而且内容没有限制，只要不发布危害社会的信息就可以。

（二）急躁的社会心态

急躁的社会心态是快节奏社会生活的一个副产品，面对被分割得不能再分割的时间安排，人们已经习惯于匆匆而过。即使在偶尔有闲暇的情况下，也已经没有了耐心。这种情绪传染到整个城市、整个社会，形成一种社会风气，就是浮躁。它体现在说话上，要求简洁、简洁、再简洁。例如，微博语言短短几行字只说有用的话，传递的往往是最核心的信息；

微电影将作者要表达的中心思想凝缩在传统电影的 1/10 时长里，都是为了符合社会的心理需求和阅读规律。

（三）海量信息的流动

信息流成为当代社会中最重要的、最有价值的一条生命线，对信息的需求量大增，无论是市民、旅游者，还是企业、政府，都需要有海量的信息流贯穿于其活动的各个环节。这些信息流不是单一的，而是全面的、广泛的、复杂的，甚至要求双向的信息服务。

（四）新生代的引领

微时代作为一个新的事物，是由年轻人发起的，年轻人比较容易接受和乐于创造新事物，从而引领社会潮流；从围观开始，到行动推进，产生了一波又一波的微浪潮，推动微时代向前发展。调查显示，年轻、高学历的职业群体是微博的核心用户群体，年龄集中在男性（63.8%），25~34岁（56.2%），大学本科或以上学历（74%），遍及公司职员包括中层管理者（接近七成）[1]。也就是说，微博吸引了大量"70后""80后"，这些群体也是当前城市的主流群体，这些人也乐于表达[2]。

对于微时代的到来，一般只是从工具的意义上来理解，这样过于表面化，应当进一步从社会的意义和变革的意义来探讨。微是具体的，不是空洞的；微是个体的，不是抽象的；微是动态的，不是静止的；微是温暖的，不是冰冷的；微是即时的，不是长远的。

微不是偶然的，而是一直存在的。但是并非一直固态、一成不变，而是不断创新，不断向前发展着。现在所说的微，建立在历史的基础上，但已经有了全新的含义。现代社会，倡导以人为本，也就必然是以微为出发点，微在日常生活中：无微不至，微笑，微小，细微，精微，构成了微趋势。

在 2010 年中国互联网大会上，360 安全卫士董事长周鸿祎提出，用户体验的创新是决定互联网应用能否受欢迎的关键因素，这种创新叫"微创新"，"微创新"引领互联网新的趋势和浪潮。微创新是相对于传统理念下倡导的"做大事""战略变革"等而言的，是在现有基础上的微变

---

[1] 肖明超：《媒体称微博带来新话语空间裂变式传播信息》，腾讯网，2012年3月1日，http://news.qq.com/a/20110116/000021.htm。

[2] 程昆：《科普微博："微言"如何实现"大义"》，《科普研究》2012 年第 39 期。

动。营销手段上的一个创意，现有产品上的一个功能提升，甚至人事管理上的一个变动都是不容忽视的，当然，微创新并非一蹴而就，微创新积累的是量变，更需要持续不断，这些微小变动汇集起来，才能实现企业的长远发展和日益壮大。

不仅仅体现在互联网领域，作为一种理念与手段，微创新没有界限，可以应用于任何一个涉及生产、生活和服务管理的部门和个人。只是建立在原有基础上，各类微创新的关注点不同，例如，互联网上的"微创新"规律有两点是很关键的：第一，从小处着眼，贴近用户需求心理，第二，快速出击，不断试错[1]。因此，微创新并非完全摒弃传统基础，而是有选择的修正、创新和完善。

相对于其他行业，旅游企业的生产过程更加需要创意，需要智慧。例如，旅游营销不仅是有效传递信息的问题，更是要创造智慧、提供智慧，把旅游的营销打造成智慧的营销，打造成智慧的产业。现在"编故事""摄影大赛""祈福活动"等创意层出不穷，都是智慧的产物，智慧的代表。并由此深化，创造文化营销和情感营销等系列新方式，如进行社区营销、提倡环保理念的营销等。从现在来看，很多地方的旅游营销已经构造了一个比较好的发展模式，这就是政府、产业、学界、民众和媒体相结合，被称为"官、产、学、民、媒"相结合的总体模式，形成了模式的组合与模式的互动。

五 微创新产生大智慧

现代生活充满着创意、创新。在微环境下的微创新虽然表现在细微之处，但是蕴藏着大智慧。这种大智慧不仅是指抽象的人类的思想哲理，也体现在具体的技术手段应用于生产、生活上产生的智慧化。

微创新并非对原有的全盘否定，而是在此基础上进行的微改动，或增或减或调整，微创新体现在创意产生的生产力上，这种生产力是不容忽视的，往往产生连带反应。当今社会，大智慧集中体现在抛开外在的宏大，关注细微细节。从一点一滴做起，从最现实的、可行的当下入手，将智慧

---

[1] 周鸿祎：《创业就是做微创新》，在 2010 中国互联网大会上的演讲。

融入生活、生产的各个角落。

随着云计算技术、物联网技术等新一代信息技术的出现与应用，现代社会出现了又一次的革新。智慧城市、智慧旅游等词语从概念一步一步走向实践，智慧化的进程为人们的生活带来更多的便捷。量变的积累正在为现代社会注入更多智慧，一些设想正在逐渐变成现实。智能手机等智能终端的普及不断证实着创意、创新中的智慧将产生巨大能量，推动社会进步。

第四节 广义旅游下的微旅游

大智慧视阈下的广义旅游，最终体现在微旅游上。大智慧不仅指的是内容丰富和形式的智能，更重要的是一种旅游业发展的新的思维方式和模式。传统的旅游业发展强调宏观，讲究经济效益、规模效益，而忽视服务细节和旅游者的体验。这不仅造成旅游者满意度低，而且容易造成旅游业发展的桎梏。现在发展强调"以人为本"，重视精细化，从细微之处找到发展的契机与动力。细节化的发展将牵引更多的方面，实现更大范围的发展，而一些新的、未被关注的细节也将扩充着原有的内容和外延，实现更深入的、更广泛的链接。因此，从微细角度理解大智慧是更加具有意义的。

随着个性化的张扬，微需求逐渐浮出水面，改变着传统的内容与模式，相对于大众化的需求，微需求着眼于个性化、精细化，关注个体等微群体的心理感受，在微需求的刺激下，供给方出现更多的微内容，供需双方出现微变化，引导微时代到来；微时代的到来让更多的人关注微需求，又为社会营造一种微环境和氛围；在这种微环境中，新的技术手段得到充分运用，新的管理方法得到验证采纳，新的运营模式得到应用推广，刺激着微创新在各个领域和环境发生；微小之处彰显智慧，在微环境中，微创新层出不穷，微的思想渗透到旅游业，迎合散客市场追求个性化、定制化的需求，呼唤微旅游。

所谓"微旅游"，即指不需要太多的时间，不去太远的地方，不准备太多的行装，不为某个景点而前往，也不必做行前的周密计划，要的只是一种旅程短、费用低又具有特色的休闲之旅。只要利用周末或三天的小长假，到一个不远不近的地方，抛下工作，离开固有模式的生活环境，即便只是到郊外或邻近城市串个门、吃顿美餐、晒晒太阳、赏赏夜景、看场演出这么简单，这也许就是当下"短平快"时代下我们所要的旅行①。微旅游已经逐渐成为当今的旅游时尚，是在微时代下的旅游形态，不仅指时间短、短途、费用少的旅游表象，更强调一种微环境下的旅游：旅游服务的无微不至，旅游服务环节的简化，旅游媒介的便捷化，旅游管理的智能化。

大智慧时代下的微旅游，将无微不至的微，汇集成无处不通的大，大又给予微无时不在的指导，微再不断创新充实着大。微是大的市场基础，大是微的发展结果。这是传统领域的新竞争，也是新领域的深竞争。抓住微消费、动旅游、大智慧，也就抓住了发展前沿。

一 广义旅游的微基础

大与微的辩证关系应用于旅游业，集中体现在旅游电子商务的发展牵动着旅游活动整个流程和各个环节的变革与完善。

旅游电子商务会大行其道。经过多年的探索，旅游电子商务已形成百花齐放的发展势头。技术的进步，使旅游这个最需要智能化的领域得到了支撑。信息化、数字化、智能化是旅游电子商务的三个阶段。互联网、物联网、旅联网，在2012年将会形成完整的服务模式和商业模式，这是旅游发展的前景所在。在旅游电子商务大发展的背景下，大智慧时代背景下的微旅游成为一种趋势。

（一）旅游观念的变化

现在的社会观念已经发生巨大变化，从"不会休息就不会工作"到"工作是为了休闲"，开发观念的变化是从生产者主导到消费者主导，运营观念的变化是从粗放型到精细化。旅游的定位也已经从"事业"到了"产业"，看待旅游的观念从"奢侈的享受"到"人们社会生活必需的一部分"，旅游者不再仅仅追求旅游经历，而是转向旅游体验；旅游企业不再仅仅追求短期赢利，而是转向形象与长远发展；旅游政府管理部门不再仅仅以掌舵者姿态监督管理，而是逐渐向服务者的身份转型；旅游业也不

---

① http：//bjyouth.ynet.com/3.1/1202/24/6821350.html.

再仅仅是"食、住、行、游、购、娱"六大类产业的组合,而是将更多的关联产业纳入其中,不断扩张和孵化出更多的创意产业,向着大旅游的方向发展。

旅游者的权益已经得到关注与尊重,旅游者对于信息的对称性要求,旅游者对于旅游消费的知情权和自主选择权,旅游者对于旅游投诉请求处理的权利,等等,越来越成为旅游管理部门规范的内容和旅游企业公关的重点。可以说,旅游业中的"以人为本"思想正在逐渐显现和深化。

微旅游倡导的观念就是一种人本思想,一种真实享受过程的思想,追求人的心身解放。当微博、微信、微电影等微事物越来越被人们认识、使用、肯定和推广,微旅游产生与发展的思想土壤也正在不断丰厚。

(二)旅游活动方法的变化

随着中国城镇化的高速发展,大城市产生了通病,这就需要新的选择,人大我小,人粗我精,人急我缓,形成快速度的发展、慢节奏的生活。无论什么情况,都需要微,提倡微休闲,比如在楼群之中有适度的休闲空间,在楼宇内有微休闲项目,在忙碌中可以小憩,小而文,小而精,小而美,小生活,小享受,小趣味。这些事情,不需要资金的大投入,但是需要文化和智慧的大投入,更需要以人为本的落实。微生活成为新型旅游生活的新要求。

旅游活动方式逐渐向微方向转变,从团队出游到个体散客出游,旅游活动的参与方式也从纷繁复杂的办理手续发展至"一卡通""一站式"便捷的方式。

在微的基础上,旅游强化动,实现从急到缓,从走到停,从被动到主动的转变。一是旅游过程自然是动的过程,否则只是神游。二是旅游需要活动,在活动中创新产品,创造品牌。越是动,越需要云。云是从群众中来,到群众中去。整合各类资源,借助现代技术,尤其是基于位置的移动服务。无论是旅游活动的参与形式还是手续,都被无限细化、简化。为微旅游的大发展创造了即时条件。

当一种方式不断完善和持续推广应用之后就发展成为一种模式。旅游活动的时间和空间的分割利用成为新潮,由此导致空间模式变化,从围墙式到开放式,从单一到复合,上午观光,下午从容,晚间高峰。时间模式变化,从有限到全天。充分的利用,提高了效益,构造了新模式,为微旅游的发展持续创造条件。

(三) 旅游消费行为的变化

从消费来看,欧美人大手大脚花钱的时代已经过去,各种替代性消费开始产生,一个现象也是从大到微,比如用社区休闲替代长时度假。从中国来说,老一代无消费,以配给为主;这一代大消费,买房买车,公款消费也多;但下一代开始微消费,分段、分时、细分,他们花钱花时间,更追求价值,尤其是追求高性价比。

旅游消费具有极强的独特性,并随着时代的发展、社会的进步出现一些新的特征。首先,旅游消费从非理性走向理性。旅游消费往往会超出人们平时消费几倍甚至几十倍,应当属于理性消费,但是在旅游过程中常常看到非理性消费现象,虽然这类现象在当前的出境旅游活动中还是屡见不鲜的,但必将有一个回归理性的过程。其次,旅游消费过程中更加关注细节。例如,为不同类型、不同习惯喜好的旅游者安排不同的购买方式。最后,旅游消费的网络预付和在线支付现象普遍起来。网络为旅游者提供了一个广阔的信息获取平台,同时也为旅游者提供了在线预订与购买平台,通过网络,旅游者可以很方便地预订和购买旅游产品,不仅能够比较和选择,而且节省了大量时间。

构建大智慧时代背景下的微旅游首先是旅游者消费活动归于理性化的要求,是需要有互联网的普及使用为前提的,微旅游就是从细节做起,从小事做起。因此,旅游消费行为的变化为其发生、发展奠定了基础。

(四) 旅游产品变化

旅游活动不再只走马观花,而更加注重丰富的文化内涵,要求主题鲜明,突出特色,印象深刻;不再仅是大好河山,更要实现各类旅游产品多元化发展。旅游产品形式的变化客观刺激旅游产品营销组合的不断创新,更多更新的营销方式出现,创意被认为是最重要的旅游产品销售要素之一。例如,中青旅利用微博推广的旅游产品活动,不是吸引个人参与,而是带动参与者周边多人参与 (见图 12-5)。

图 12-5　中青旅的微博营销活动

微旅游体现在各类旅游产品的细化、分割和组合上。旅游者对于现有产品的多元化需要以及由此正在不断形成和发展的多元化供给已经为微旅游的发展奠定基础。

(五) 旅游服务渠道变化

旅游服务的渠道和媒介已经逐渐从地图、宣传手册指引到利用手机等智能终端服务转型，传统单纯依靠旅行社、酒店等旅游服务商提供的面对面咨询和接待服务已经逐渐被旅游集散中心、旅游咨询服务站、旅游呼叫中心和旅游触摸屏等服务渠道取代，便携式、操作简易化的服务媒介正在不断向传统服务方式挑战。

而当前，现代旅游服务渠道也正在不断进行提升与完善，通过"三网融合"实现互联互通，建设各地各类旅游服务渠道之间数据云服务中心，建立全面感知的服务体系等已经被列为智慧旅游城市的建设目标之一。在传统的基础上实现特色提升，实现传统与新兴全面整合，为微旅游的无处不在奠定了底层平台和媒介基础。

二 广义旅游的微细节

微旅游是一个过程，也是一个模式，微是细节的放大，微是规模的扩大，所以强化细致入微，细节决定成败，于细微处见精神。

（一）关注市场细分

市场细分是市场营销中的首要工作，是展开其他市场工作的前提和基础。无论是在旅游业还是其他行业，对于市场细分的强调已经不再陌生，而关注市场细分在信息海量化的当代市场显得尤为重要。但是，还是有相当多的旅游目的地在进行旅游业开发和营销过程中，一味地求大求全，只看到自身拥有的丰富的旅游资源，而忽视旅游客源市场的定位与研究，没有一个市场推广的偏重点，甚至跟风模仿现象也屡见不鲜。微技术为旅游市场提供了广阔的借力、丰富的资源，同时带来了庞杂的选择。因此，在微旅游中，对准市场是首要的一步，微精准的市场定位能够在纷繁复杂的信息时代抓住主要矛盾，集中有限的人力、物力、财力进行市场开发与营销，实现成本最小化与收益的最大化。

（二）注重产品细节

旅游产品是旅游资源的精华，成为一个旅游目的地的标签。旅游者随着需求的多样化和精细化，对旅游产品各方面的要求也更高。旅游者能否接受旅游产品，不仅取决于旅游产品包含的旅游资源的质量，还取决于旅游产品的细节。微旅游并非粗线条，而是更加注重旅游产品的细节，在细节中体现水平。旅游线路中涉及的景区、酒店、交通等各类旅游产品的选择和安排，服务的程序与媒介等细节，都会被放大、被重视。在微旅游环境下，旅游产品的细节得到注重、完善和提升。旅游业的微创新就是将最新的、先进的技术手段和管理理念应用其中，在旅游产品和服务中体现出不断地完善。

（三）创造细致感受

旅游者的旅游感受是其对于旅游目的地评价的标准。随着旅游者地位的提升，对于旅游者满意度的关注也越来越多。中国旅游研究院会发布每一季度的全国游客满意度调查报告，一些企业或者研究机构也会定期发布游客满意度调查。大智慧时代为旅游者带来了前所未有的便捷和智能基础，微旅游则将这些技术充分运用到旅游活动的各个角落。在微旅游活动中，旅游者是首要的，一切旅游业活动都是围绕旅游者的感知体验进行的。可以说，微旅游是以游客需求为导向的，为旅游者创造每时每刻、每个环节的细致感受。

大智慧时代的微旅游体现为一种互联互通环境下的细节化旅游。旅游服务内容的无微不至，旅游服务环节的简化，旅游服务媒介的便捷化，旅游规范管理的智能化。

三　广义旅游的微区分

旅游业的各方面的变化组合起来构成了其综合性变化，综合性的变化又为微旅游的发生发展创造了条件，微是市场变化，为旅游业的发展创造了大环境基调。在此环境下产业与产品的对应策略就是分。总体而言，是市场分层，产品分级，服务分档，开发分时。体现在空间区分、时间区分、项目区分三个维度上。

（一）空间区分

从空间区分看，发展微旅游涉及总体布局、资源利用、发展储备。对于一个旅游目的地和一个旅游企业而言，发展微旅游首先需要进行总体定位与布局。针对不同的旅游客源市场制订不同的发展规划。微旅游是短途的周边旅游，是针对近程游客的。但是这个辐射圈有多大，旅游服务内容的量有多大，这些都是需要进行细化区分规划的。形成不同层级、不同长度的微旅游服务非常必要。

资源利用，储备力量。资源利用不仅仅指一个旅游目的地旅游资源的充分开发、利用与展示，还包括利用现有技术手段与营销方式。应对微旅游就是要根据旅游客源地和旅游目的地的特征，借助现有的微传播将旅游资源充分展示、充分营销。应该针对不同地域、不同客源市场采取差别化对待方式。例如，结合微博使用的地域分布特征，在普及率高的地区开展旅游微博营销。另外，发展储备能力就是眼光要放长远，看到发展的潜力与趋势。微博现在势头正热，但是并不排除将来其他形式的传播媒体会超越微博，成为新宠。因此，在发展微旅游的同时，不可对任何一种方式孤注一掷，更不可停滞不前，而要培养灵敏的嗅觉和及时调整的能力，以适应不断变化的市场。

（二）时间区分

微旅游具有时间短、旅途短、过程快的特征，如果把握不好就会错过整个市场。因此，从时间区分看，发展微旅游要在最有利的时间段进行营销推广。虽然，旅游业中的分时营销已经不再陌生，但是发展至今效果并不明显，大量旅游企业和旅游产品在淡季还是会出现闲置亏损。这是旅游业天然的属性，或者说，是旅游的天性。但是，面对这一天性，不能束手无策。顺势而发，开发出四季产品，让微旅游在淡季、旺季都有内容，都有销售渠道。微旅游主要是针对周边地区的，气候相近。那么，针对微旅游如何做到淡季营销呢？

要减少旅游的淡季亏损，实现资源利用的最大化，首先就要研究微旅游的资源属性和媒介属性，微旅游的资源属性是已定的，或者说，发挥创造力进行革新的空间很小，那么微旅游媒介就可以大有作为。微旅游的传播媒介通常是互联网或手机等智能终端的微博、微信等形式。那么，了解这些媒体营销的规律至关重要。以微博为例，微博用户浏览和发布信息的时间存在一定的规律，那么利用微博进行营销时就要尊重这一规律。

（三）项目区分

在项目区分方面，发展微旅游更要注重细化、分时，形成互补互促机制，不可不分轻重，更不可齐头并进。当总体规划落到实施层面就变成一个个的项目，推动项目的实施是实现目标的关键。发展微旅游，并非简单地开通微博、微信等媒介，发布旅游信息，更不是简单地针对客源市场开发短途自助旅游产品就可以了，而是一系列步骤的持续推进。项目区分度要大，按照时间长短分为短期、中期和长期，按照重要度分为关键、重要和一般。做好各个项目的持续化与衔接，形成互补互促机制，保证按时完成。例如，当前处于微博快速发展时期，就要跟上微博营销。今后十年是智慧城市和智慧旅游建设的黄金时期，微旅游也要在这个时期实现快速发展。

四 广义旅游的微深入

在政府层面，仍然局限于传统观念，大旅游雷声隆隆，大项目层出不穷，大市场遍地开花，大文化铺天盖地。但是从市场层面来看，旅游业正在出现新态势，微旅游需要深化。

（一）长链完善，短链创新

旅游发展需要延长产业链，扩大产业面，形成产业群，重点是完善。另外，市场的新变化，产生了短链需求，即尽量减少中间环节，供给与需求更加直接，短链农业已经蔚然成风，短链旅游的发展自然就是微旅游。

旅游业与信息技术产业的融合发展为完善长链提供了更加广阔的空间，在智慧旅游建设过程中，一些新领域得到开发，新产业被不断孵化出来。例如，旅游微博营销领域。在微旅游营造的氛围中，旅游供应商的创造力也被不断激发，对旅游服务进行细化、分割与重组，实现旅游产业链的延长与深化。与此相对应，市场的需求是急迫的、直接的，客观需要旅游供给的及时对接。长链不应成为阻碍旅游服务的障碍，而是应该凭借微旅游为旅游服务创造的便利服务媒介与工具，减少微旅游服务的对接时差，实现供需的直接对接。

（二）长时追求，短时满足

旅游活动实现的条件——在主观上要有旅游的欲望，在客观上有自由支配的费用和闲暇时间。旅游闲暇使我们追求更长的甚至是整块的可自由支配时间，但现状更多的是分割的碎片化的时间，这些时间就形成了微时间。如何解决这一矛盾，是实现旅游大发展的关键议题之一。微旅游就形成了在此基础上的新旅游方式。微旅游可长可短，可以是三两天、一天，或者一个上午等一天中的一个时间段。微旅游虽能满足旅游者的某部分旅游需求，但是无法满足旅游者的长时长距离旅游需求，因此，微旅游对于长线旅游而言并不存在竞争或者取代危机。而旅游者对于某一遥远的旅游目的地的向往，旅游的冲动、欲望还是不能通过微旅游环节满足。

（三）长距优化，短途提升

目前，旅游受到时间、花费、条件等多方面的限制，往往只能形成短途旅游，但是，随着交通运力和经济实力的提升，微旅游的范畴将会不断扩大化，长距离旅游也可能会进入微旅游的服务范畴。微旅游的强调重点将不再只是距离和时间等这些客观条件，而更多的是游客的个体化等主观条件。因此，微旅游将朝着长距优化、短途提升的方向发展。创造条件，努力扩展长距的旅游，丰富服务内容；不断创新，努力优化短途的旅游，提高服务质量。

五 广义旅游的微服务

相对于传统的旅游服务内容，微服务的核心追求的是休闲、随性、自由自在，体现在服务范围的扩展和定制化、细节化服务的增多。在大智慧时代，旅游业实现与其他更多产业的及时关联，旅游业的界限更加模糊，一些旅游者在旅游过程中需要的信息及其他服务都被纳入了旅游服务的内容中。例如，旅游目的地的天气状况。广义旅游环境下，旅游供应商和旅游政府管理部门为旅游者提供的服务内容不能仅停留在传统旅游服务的范畴，而要加入许多新的"微量"元素。在微旅游中，细微的和定制化的旅游信息成为重要的服务内容，应形成更加细分的旅游服务。

（一）微服务的内容

1. 微传播下的旅游微营销

以微博、微电影等为代表开启了以微小、快捷和分享为特征的微传播时代，实现了在网上的个性化订制，以满足差异化需求；改变了受众的信息接收和文化传播方式，为旅游的宣传营销提供了一个更加简便、及时、广泛的渠道和手段。微博的出现和发展成为信息传播历史上的一个奇迹，超越了以往任何一种传播媒介的发展速度，且越来越接近社交化电子商务。随之而来的微博营销也成为一个实践和研究关注的焦点，

区别于传统营销手段，微博营销具有以下几个特征。首先，微博营销最大的特点就是互动性强，这是一个非常注重用户体验的方式，而恰好互联网就是一个注重用户体验的基地。其次，微博营销的成本是非常低的，远远低于CCTV的广告费，对于互联网来说，廉价的就是最好的。再次，微博覆盖范围广。微博营销是基于当前新兴的社交平台运作的，也是一个品牌推广工具，粉丝多了，品牌曝光度的确可以提高，微博足以迅速提升知名度、关注度，短时间内将活动信息在大范围内传达。最后，微博营销

的目标群体的定位更加明确，受众用户更明确——有相同兴趣的群体。微博为具有相同或者相似兴趣爱好的个体提供了便捷的链接方式，甚至可以建立微博群体。这样，可通过微博在这些具有一定特征的群体之间发布和传播信息。

目前，全球范围内，旅游目的地政府、景区、各大旅行社、旅游电商、星级酒店都建立了官方微博，用来提供旅游咨询服务、举办旅游活动、与旅游者进行互动。通过微博开展旅游微营销的形式已经逐渐被大家接受，而旅游者也更加倾向于通过微博关注和获得所喜欢和需要的旅游信息。

微电影作为微传播的又一形式，应用于旅游宣传营销，往往不像微博那样直接。这不同于传统的只有旅游资源介绍的旅游宣传片，显得更加有趣味性。在国外的旅游目的地的官方网站上，这类形式较为普遍，国内也逐渐应用起来。

微电影在旅游宣传营销中的优势主要表现在几个方面。首先，令人印象深刻，趣味性强。就像《非诚勿扰2》所引起的旅游热潮一样，电影背景在一定程度上也会引起观众的震撼，微电影往往围绕一个主题，传达一种思想，引起共鸣，深入观众心灵。适当的突出和放大背景反映出的优质资源也能起到意想不到的效果。其次，内容丰富，传播力度强。微电影时间在300秒以内，具有完整的故事情节。微电影尊重观众的心理时长，包含的内容相对丰富，可以将更多的旅游信息融入其中。

2. 微消费下的旅游微接待

微消费是指易感、便捷、小额的消费，与传统意义上的大众文化消费、精英文化消费各有交集，但强调的是消费的体验与消费的瞬时。消费的内容来源于媒介，更来源于其他用户制作的内容，并以媒介技术的支持为前提，消费主体享受整个消费过程[①]，这里的微消费强调面向个体（小客户）的小额消费。在旅游接待过程中，购物往往成为旅游供应商特别关注的一环，但是，在国内游中，旅游者已经逐渐从传统的非理性消费、

---

① 互动百科：微消费，http://www.baike.com/wiki/%E5%BE%AE%E6%B6%88%E8%B4%B9。

大额消费中觉醒过了，对于旅游消费比较敏感，随着时间的推移和旅游业的发展，这种趋势必将影响到出境游。微消费在旅游接待过程中蕴藏着巨大的竞争力。

微消费具有以下特点。首先，微消费抛弃了传统的大客户模式，而是基于用户的小额支付，东西不会太贵，在消费者的接受范围内，而且要有价值、易于消费。其次，微消费抛弃了传统的以"卖方为中心"的模式，全力拥抱以"用户为中心"的模式，所有创新都是基于对用户的深刻洞察。最后，微消费属于小额消费，很难做到个性化定制，但是散客时代的特征又对于个性化提出一定要求，因此，微消费抛弃了传统的复杂的、奢华的个性化定制，而是把标准化当做第一要务，或者说在标准化的基础上加入个性元素，方便复制，海量扩展。

微消费影响下的旅游接待活动也出现细节变化，旅游接待对应旅游消费。微消费不仅为旅游者节省不必要的开支，而且为旅游者提供更多的选择空间。在旅游过程中，食、住、行、游、购、娱各个环节都涉及旅游消费。在微消费中，旅游者不仅仅在这些方面实现价值，个性化的旅游微需求会将旅游消费牵引到更加广阔和深入的空白区域，开拓出旅游微消费市场。市场需求引导生产，旅游接待也将出现更加丰富多样的表现形式，旅游微接待深入细节，实现精细化。

现代信息技术应用于旅游业，实现与旅游业更加深入的融合发展，旅游信息化发展至更加智慧的阶段，智慧旅游呈现出蓬勃发展的态势。在旅游接待方面，智慧技术已经在景区、酒店、旅游集散中心等地方得到应用，引导旅游微消费。例如，在智慧景区的4D电影院，亲临其境的感受吸引着旅游者在"娱"方面的微消费。

（二）微服务的模式

在传统环境下，旅游服务的流程往往从供应商开始，而微旅游是从旅游者的需求出发对旅游活动进行的调整，无论是在旅游活动的时长、地点安排还是旅游活动过程中的细节服务上，都体现出"以人为本"的思想。旅游服务的环节也发生了变化，根据旅游者的习惯，事先给旅游者一个选择的权利，如果旅游者同意，再进行进一步的服务。也就是说，根据感知技术与行为轨迹分析，微旅游服务系统会主动感知某一时刻或者旅游者到达一个目的地，根据其行为轨迹以及以往的经验分析其可能需要的信息，以手机短信等形式发送给旅游者。而这些信息并不是类似于广告要求强制性接收的，只有在旅游者回复允许的情况下才会提供给旅游者。这既保障了信息服务全面性所需要的时间，不会太匆忙，又充分尊重游客个性化自主选择权利。

旅游服务各个环节之间的界限也变得模糊了，旅游前、旅游中和旅游后所需要的服务不再是清晰明确的。传统模式下，散客旅游者首先产生旅游欲望和动机，在此基础上，要进行相关信息的搜集和整理，这些工作都是在旅游活动之前必须要做的。否则散客旅游者到达旅游目的地之后就会受到很多不确定因素的困扰而产生诸多不便，甚至会影响旅游活动的正常进行。但是，在云服务基础上微旅游打破了传统的旅游前、中、后环节之间的明显界限，旅游信息的搜集不再成为旅游者出行前的必做功课，而可以借助各种微旅游服务智能终端在旅游过程中随时及时地完成，旅游者可以实现"拔腿就走"的旅游。

（三）微服务的媒介

大智慧时代，微旅游服务的一些微工具、微媒介成为旅游服务的主要渠道和途径，如微信、微博。现在更多的年轻人选择旅游目的地的方式已经改变，微博上的海量信息很大程度上会对人们选择旅游目的地产生影响，微信上大量目的地图片、视频的传播，对于很多"微友"造成了很大的影响。这些新媒介对于旅游服务的微小化改变都起了推波助澜的作用。

旅游网站也是旅游服务的最重要媒介之一，在旅游网站上，不仅出现了传统旅游网站的手机版服务平台，还有一些新的旅游服务方式不断产生。例如，旅游服务网站的微旅游频道，以驴妈妈旅游网的"微旅游日"频道为典型（见图12-6、图12-7、图12-8）；微旅游专业图片网站也出现了；等等。这些新形态都表现出微旅游环境中的旅游服务媒介与渠道在细节化和多样性上的不断创新。

驴妈妈旅游网2012年推出"微旅游日"频道，解释什么是微旅游，联合长三角知名景区推出微旅游微攻略、微锦囊、微互动。并针对微旅游提供很多优惠，包括门票价格的折扣、积分派发等，重点推介微旅游活动。

图 12 – 6　杭州旅游手机版

图 12 – 7　驴妈妈旅游网的"微旅游日"频道

（四）微服务的管理

大智慧时代下的微旅游规范管理体现于服务精细化。旅游政府管理部门的管理理念与管理方式都发生了改变。在微旅游中，旅游政府管理部门不再是"掌舵者"，而更多扮演"服务者"的角色。政府不再只用法律法规和强制手段实施旅游监管，而更多地运用市场手段和规范引导方式来服

图 12-8　微旅游　微方案　微活动　微分享——我行我速自助旅行网

务于旅游业。

  智慧化进程引发政务体系的新一轮变革，智慧政务成为众多旅游城市改革的重点项目。智慧政务在信息资源共享、内部办公自动化、在线业务办理、企业诚信服务监督等方面的服务为旅游业的规范发展提供了监督管理平台。在此基础上，旅游服务的管理工作进一步精细化、细微化，更加注重效果。

参考文献

[1] 魏小安：《用智慧谋取智慧》，http://blog.sina.com.cn/s/blog_61d172d201017xc1.html。

[2] 李云鹏、晁夕、沈华玉：《智慧旅游：从旅游信息化到旅游智慧化》，中国旅游出版社，2013。

[3] 陈立、李春香、李志勇：《浅议智慧城市的"躯体、经络与大脑"》，《计算机光盘软件与应用》2012年第8期。

[4] 林群：《理性面对传播的"微时代"》，《青年记者》2010年第1期。

[5] 刘涛：《你好，微生活——拥抱微时代》，《年轻人（B版）》2012年第9期。

[6] 余平：《微时代的微生活》，《网络传播》2011年第5期。

[7] 李莹：《"微时代"下的"微生活"》，《中国消费者》2011年第9期。

[8] 贾壘：《浅谈云计算下的旅游业发展》，《内蒙古统计》2012年第3期。

［9］夏晓君：《云计算引领智慧旅游》，《数字技术与应用》2012 年第 7 期。
［10］谢坚：《云计算在旅游行业的应用》，《信息系统工程》2012 年第 8 期。
［11］陆凯、高冶：《基于云计算的旅游气象服务研究》，《计算机光盘软件与应用》2011 年第 15 期。
［12］席一：《云计算环境下海南国际旅游岛建设》，《科技信息》2010 年第 22 期。
［13］踏莎而行：《小 TAG 有大智慧》，《电子商务世界》2006 年第 5 期。
［14］郭兆辉：《大数据需要大智慧》，《软件和信息服务》2012 年第 5 期。
［15］小黑：《当"微生活"成为一种生活方式》，《年轻人（B 版）》2012 年第 9 期。
［16］王令飞：《微生活—微革命》，《上海信息化》2011 年第 10 期。
［17］谢明：《加快旅游信息化建设深化旅游信息服务》，《图书馆界》2004 年第 2 期。
［18］涂子沛：《大数据》，广西师范大学出版社，2012。
［19］杨衍：《泛在化移动信息服务平台的构建》，《图书馆学研究》2012 年第 13 期。
［20］陈如明：《"泛在化"大势所趋》，《通信产业报》2007 年 11 月 19 日。

第十三章 大服务视阈下的广义旅游

第一节 全球经济已经步入服务经济时代

简单来看,服务业是一组各式各样的经济活动的集合,这些经济活动不直接与商品生产、采掘或农业联系。服务业典型地表现为劳力应用、智力应用和其他形式的人力价值的增加。服务业在国民经济中发挥着重要的作用(参见表13-1)。例如,咨询、金融、银行等商业服务业提高了市场交易的效率,批发、零售、保养维修等贸易服务促进了商品的流通和消费,餐饮、住宿、保健等生活服务业为人们的生活提供了方便,通信、运输等基础性服务业则为整个社会的运转提供了基本的设施。缺少了服务业,很难想象我们的生活将会怎样。

目前,发达国家中服务业增加值占国民经济增加值的比重普遍在60%以上,个别国家甚至已经接近80%,发展中国家的服务业占GDP的比重也在不断提高(参见图13-1和表13-2)。整个人类社会已经步入以服务经济为主导的社会。

表13-1 服务业及其活动列举

服务业列举	与之相关的活动
批发和零售业	商品的销售
运输和仓储	商品的配送和仓储
信息服务	收集和发布纸质和电子媒介的信息(包括声音、图片和影像)
金融和保险	银行、证券、保险等与资金使用和风险管理有关的服务
不动产的出租和租赁	不动产使用权在某有限时期转移

续表

服务业列举	与之相关的活动
科学和技术方面的职业服务	提供专业化的、通常以知识为基础的服务,例如法律、会计、工程、管理咨询等服务
企业和公司的管理	管理企业和公司
行政管理和支持	对非企业类组织的日常管理和支持,如办公室工作助理服务等
教育	教育和培训服务,例如学校和专业的培训中心
健康关护和社会援助	提供保健、治疗和社会援助服务,例如医生、医院和诊所
艺术、娱乐和休闲	提供很宽范围的娱乐和休闲服务,例如博物馆、歌剧院、影院、运动、博彩、旅游
住宿和餐饮业	提供住宿、餐饮和酒水服务
公共管理	对公共设施、机构和项目的管理
其他	提供个人服务、修理和维护服务、职业团体、宗教组织等

一 人类社会的发展进入了服务经济时代

按照经济学家克拉克和费雪的理论（即著名的克拉克-费雪假说），经济增长过程中，人类社会会经历以农业和采掘为特征的农矿业阶段、以产品生产为特征的制造业阶段和以非物质生产为特征的服务业阶段。1973年，美国哈佛大学的贝尔教授在《后工业化社会的来临》一书中将人类社会的演进分为前工业化社会、工业化社会以及后工业化社会，这三个社会中的主导产业分别是农矿业、工业和服务业。

我们利用经济与合作组织（OECD）的数据库，收集了20世纪70年代以来服务业发展的相关数据，对这一趋势进行说明。从图13-1和表13-2中可以看出，不管是美国、法国、日本等发达国家，还是韩国、墨西哥等新兴工业化国家，还是中国这样的发展中国家，服务业增加值在国民经济增加值中的比重都在不断提高。发达国家和部分发展中国家服务业增加值的比重早已超过50%，成为对国民经济增长贡献最大的产业部门。由于正处于高速工业化的过程中，中国制造业增加值的比重一直较大；但是，从20世纪70年代以来，服务业增加值的比重已经从22%增加到2011年的43%。目前，我国制造业增加值的比重稳定在46%左右，按照目前的发展速度，服务业增加值比重将在几年后超过制造业增加值比重，成为贡献最大的部门。

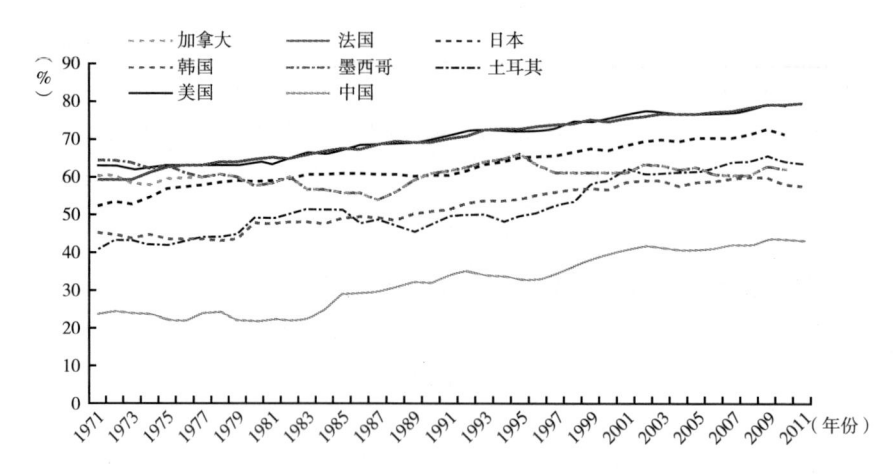

图 13-1　部分国家 1971 年以来服务业增加值比重变化

资料来源：OECD 数据库。

表 13-2　部分国家 1971 年以来服务业增加值比重变化

单位：%

年份	1971	1972	1973	1974	1975	1976	1977	1978	1979	1980
加拿大	60.20	60.53	58.35	57.57	59.45	60.04	60.05	60.12	59.17	59.36
法　国	59.14	58.95	58.96	61.10	62.00	62.67	63.25	63.44	63.72	64.26
日　本	52.34	53.26	52.40	54.38	56.90	57.02	58.06	58.16	58.77	58.94
韩　国	44.99	44.85	43.87	44.91	43.68	43.49	43.63	43.43	43.60	47.83
墨西哥	64.67	64.55	63.69	61.30	61.42	61.71	60.06	60.39	60.04	57.89
土耳其	40.73	42.98	43.17	41.79	41.62	42.77	44.22	44.09	45.04	49.07
美　国	62.94	62.73	61.88	62.41	63.08	62.86	62.79	62.76	62.82	63.71
中　国	23.77	24.16	23.59	23.47	22.00	21.90	23.64	23.94	21.63	21.60
年份	1981	1982	1983	1984	1985	1986	1987	1988	1989	1990
加拿大	60.02	62.13	62.03	61.11	61.43	63.78	63.70	63.61	64.36	65.83
法　国	65.08	65.14	65.89	66.75	67.00	67.55	68.36	68.78	69.14	69.22
日　本	59.16	59.83	60.64	60.23	60.41	60.94	61.16	60.62	60.40	59.94
韩　国	47.52	48.21	48.16	47.87	48.80	49.10	49.32	48.99	50.58	51.15
墨西哥	58.54	59.48	56.78	56.23	55.72	55.58	53.89	55.71	59.49	60.98
土耳其	48.84	50.07	51.34	51.13	50.98	47.50	48.38	46.67	45.86	47.25
美　国	63.22	64.81	66.24	65.74	66.77	68.16	68.52	68.62	69.17	69.88
中　国	22.01	21.85	22.44	24.78	28.67	29.14	29.64	30.51	32.06	31.54

续表

年份	1991	1992	1993	1994	1995	1996	1997	1998	1999	2000
加拿大	68.02	68.65	68.33	67.26	66.37	66.09	66.64	67.41	66.32	64.52
法国	70.01	70.76	72.09	72.75	72.58	73.45	73.86	73.98	74.43	74.71
日本	60.47	61.74	63.32	64.51	65.45	65.46	65.78	66.59	67.19	67.33
韩国	51.32	52.94	53.44	53.92	54.07	55.26	56.02	56.71	56.75	56.81
墨西哥	61.52	62.33	64.05	64.46	66.10	62.78	61.44	61.50	61.36	61.49
土耳其	49.42	49.90	49.86	48.15	49.80	50.60	52.24	53.42	58.25	59.23
美国	71.31	72.00	72.15	71.73	71.98	72.24	72.84	74.60	74.73	75.37
中国	33.69	34.76	33.72	33.57	32.86	32.77	34.17	36.23	37.77	39.02

年份	2001	2002	2003	2004	2005	2006	2007	2008	2009	2010
加拿大	65.88	66.85	66.65	66.21	65.80	66.45	66.77	66.06	—	—
法国	75.05	75.69	76.45	76.66	77.07	77.52	77.55	78.04	79.02	79.27
日本	68.57	69.40	69.55	69.63	70.65	70.71	70.64	71.32	72.79	71.35
韩国	58.50	59.29	59.12	57.59	58.42	59.12	59.44	60.27	59.87	58.01
墨西哥	61.62	62.95	63.13	61.95	62.50	60.89	60.72	59.97	62.49	62.21
土耳其	62.06	60.77	60.84	61.32	61.34	62.40	63.70	64.34	65.60	64.13
美国	76.52	77.19	77.23	76.62	76.60	76.72	76.88	77.65	79.28	78.82
中国	40.46	41.47	41.23	40.38	40.51	40.94	41.89	41.82	43.43	43.24

资料来源：OECD 数据库。

从劳动力人口就业构成来看（详见表 13-3 和图 13-2），服务业在整个国民经济中的地位也在不断上升。其中，由于基数高，一些老牌资本主义国家的上升幅度较小，但是绝对比重已经很高。例如，英国、美国、加拿大、法国等国家中服务业就业人口的比重已经超过或接近 80%。一些新兴发展中国家的服务业就业比重上升很快。例如，20 世纪 70 年代初期，韩国只有约 30% 的就业人口在服务业中就业，到了 2010 年，这一比重已经提高到接近 69%；同样，土耳其的服务业就业比重也从 1971 年的不到 21% 上升到 2010 年的 48%。表 13-3 中我们还列出了西方七国集团（G7，指美国、日本、德国、法国、英国、意大利和加拿大这七个西方国家中经济规模最大的国家，它们的 GDP 占全球总额的一半还多）服务业人口就业比重的平均值变化情况。可以看出，1971 年的时候这一指标是 53.02%，到 2009 年，已经上升到 75.79%。

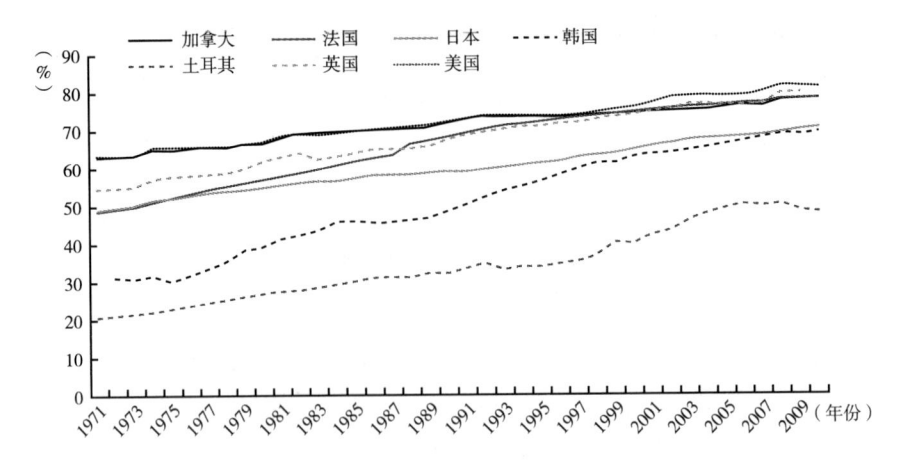

图 13-2　部分国家 1971 年以来服务业就业比重变化

资料来源：OECD 数据库。

由于数据连续性问题，一些重要国家的数据未能纳入表 13-2 和表 13-3 进行比较。我们单独对此做一些说明。2009 年，俄罗斯、印度（都是除发达国家外经济规模较大的国家）服务业增加值比重分别为 61.67% 和 55.20%；同一年，巴西服务业就业人口占总就业人口的比重为 61.10%。在这三个国家中，服务业在经济中的地位都已经非常重要。

在全球经济已经转变为以服务经济为主体的背景下，随着服务精细化的发展，一些管理专家还提出了超越服务经济的新概念，但并未改变服务经济社会的本质。例如，1999 年，美国管理咨询专家约瑟夫·派恩（B. Joseph Pine）和詹姆斯·吉尔摩（James H. Gilmore）出版了《体验经济》一书，宣称西方国家开始进入体验经济时代。按照派恩的解释，服务经济与体验经济的差异在于，服务是指由市场一般性需求决定的大批量生产；若某一项服务被赋予个性化之后，变得值得记忆，顾客愿意为这种经历付更高的费用，这才是体验经济。因此，派恩将"一项服务的顾客定制化"看做是"一种体验"。从这个意义上来看，体验经济仍然没有超出服务经济的范畴，只是更关注顾客个性化的记忆和经历而已。服务经济仍主导着世界经济的发展。

表 13-3　部分国家 1971 年以来服务业就业比重变化

单位：%

年份	1971	1972	1973	1974	1975	1976	1977	1978	1979	1980
加拿大	62.76	62.81	63.15	64.63	64.81	65.43	65.78	65.54	66.19	66.38
法　国	48.56	49.17	49.82	50.99	52.12	53.06	54.12	55.00	55.67	56.74
日　本	48.97	49.38	50.11	51.48	51.98	52.77	53.29	53.88	54.24	54.72
韩　国	—	31.04	30.79	31.38	30.04	31.88	33.21	35.30	38.23	39.13
土耳其	20.82	21.33	21.72	22.30	23.30	23.86	24.78	25.57	26.39	27.00
英　国	54.30	54.72	55.14	56.82	57.63	57.79	58.16	58.70	59.74	61.56
美　国	63.18	62.74	63.47	65.41	65.43	65.57	65.36	65.33	66.08	66.58
G7	53.02	53.90	54.18	54.96	56.53	57.12	57.66	58.05	58.47	59.11

年份	1981	1982	1983	1984	1985	1986	1987	1988	1989	1990
加拿大	68.29	69.04	69.17	69.48	69.40	69.87	69.90	69.97	70.79	72.04
法　国	57.44	58.49	59.58	60.67	61.60	62.47	63.28	66.20	67.05	67.98
日　本	55.43	55.97	56.30	56.36	57.06	57.94	57.98	58.19	58.71	58.86
韩　国	41.07	42.10	43.40	45.57	45.97	45.48	45.61	46.22	46.68	48.57
土耳其	27.48	27.89	28.62	29.18	30.02	30.96	31.19	31.01	32.16	31.98
英　国	62.75	63.99	62.16	62.89	63.67	64.79	64.77	65.09	65.55	67.52
美　国	68.19	68.63	68.37	68.99	69.43	70.04	70.31	70.61	71.09	71.95
G7	59.87	61.08	61.77	61.98	62.59	63.22	64.03	64.36	64.89	65.45

年份	1991	1992	1993	1994	1995	1996	1997	1998	1999	2000
加拿大	72.79	73.46	73.43	73.31	73.53	73.34	73.37	73.57	73.62	74.23
法　国	69.06	70.30	70.92	71.36	72.04	72.57	73.16	73.79	74.04	74.35
日　本	59.01	59.78	60.19	60.76	61.24	61.57	62.70	63.15	63.71	64.63
韩　国	50.21	52.50	53.82	54.79	56.22	57.80	60.00	61.14	61.25	62.56
土耳其	33.59	34.91	33.44	33.87	33.74	34.58	35.32	36.48	40.02	39.73
英　国	68.44	69.12	70.31	70.67	70.78	71.44	71.80	72.62	73.28	73.98
美　国	72.65	73.37	73.23	73.24	73.44	73.49	73.80	74.47	75.19	75.85
G7	65.53	66.21	66.98	67.42	67.87	68.33	68.65	69.18	69.82	70.48

年份	2001	2002	2003	2004	2005	2006	2007	2008	2009	2010
加拿大	74.17	74.39	74.43	74.64	75.31	75.92	76.10	77.42	77.61	78.08
法　国	74.91	75.29	75.67	76.00	76.29	76.61	76.85	77.49	—	—
日　本	65.64	66.10	67.10	67.64	67.71	67.89	68.46	68.91	69.70	70.22
韩　国	63.35	63.58	64.43	65.21	65.96	66.72	67.33	68.54	68.48	68.87
土耳其	42.08	43.37	46.01	47.98	49.21	49.80	49.52	50.06	48.62	48.06
英　国	74.72	75.40	76.72	76.37	76.57	75.96	77.00	79.31	79.60	—
美　国	76.72	78.33	78.44	78.64	78.52	78.78	79.46	80.90	81.24	81.09
G7	71.15	71.91	72.88	73.44	73.82	73.94	74.08	—	75.79	—

资料来源：OECD 数据库。

二 制造业向服务业的转型

除了服务业本身在国民经济中获得更重要地位之外,人类社会进入服务经济社会的一个重要表现,就是一些领先的制造业企业开始向服务业转型。这种转型,一方面契合了成本变化和技术发展的趋势;另一方面也迎合了消费者对最终需求的追求。

首先,从成本变化和技术发展的因素来看。全球范围内的劳动力成本上升是一个持续普遍的现象,随着全球一体化的深入,这一趋势还在加快。许多制造业企业已经感到巨大的压力。2009年6月,美国通用汽车公司向美国法院申请破产保护,成为金融危机中最具有标志性的事件之一。通用汽车公司破产的原因很多,其中一个很重要的原因就是劳动力成本远远高于日本、韩国等竞争对手。在成功进行破产重组后,通用汽车开始有计划地增加工业机器人在生产线上的比重,力图减少对人力的依赖。与此同时,精密仪器制造技术和加工工艺的发展也使得工业机器人的关键零部件如减速机、伺服电机、控制器等有了很大的突破和进步,信息和通信技术在工厂中的广泛运用也为全自动化生产提供了基础设施保障。如果这一趋势继续发展,我们将看到未来工业制造业领域中出现所谓的无人生产线甚至无人工厂,所有的生产工作都将由工业机器人来完成。到了那时,工厂员工的数量将会大幅度减少,而且员工将主要由德鲁克所言的"知识工人"构成,他们的工作不再是直接生产,也不再是操作机器,而是对全自动运行的生产线进行控制、检查、维护和保养。从某种意义上说,纯粹的"制造"环节在制造业工厂中的重要性将不断下降,更多的资金、知识、技术和人才将会被配置到与设计、销售和使用制造业产品有关的"服务"环节。

其次,从消费者需求的角度来说,不管是企业用户还是最终的居民用户,其购买某个制造业产品的实质并不是希望拥有该产品本身,而是希望通过该产品满足某种最终需求。例如,企业购买复印机的目的不是获得机器,而是为了获得复印件。消费者购买 MP3 的目的不是为了获得播放器,而是为了更方便地欣赏音乐。女性购买化妆品的目的不是简单地涂脂抹粉,而是为了获得美的感觉和评价。再如,为了更好地满足手机用户对使用手机的最终需求,手机制造业中的主要企业都投入大量人力、物力用于发展能让用户更方便、更高效率地使用手机的软件、工具和服务。目前，微软、谷歌、苹果等企业的手机业务都不以手机终端制造获利，而都是以随后提供的基于互联网的信息和软件服务获利。这一行业的传统赢利模式正在被颠覆。

从而，在今天的制造业版图中，不管是何种类型的消费者，消费都不再是一种通过产品销售完成的一次性交易，而变为一种持续的过程。这一过程的核心是通过服务提供实现与消费者长期、多次的交易，在满足其最终需求的同时获得较高的收益。这将促进制造业企业向服务业企业转型。例如，在汽车产品领域，这意味着企业的业务从在单一时间、单一地点销售一辆汽车向位于不同空间、长时期中的消费者提供快速、可靠、灵活、安全的交通工具转变。如图13-3所示，伴随着汽车这一制造业产品的销售，在其生命周期中制造业企业可能提供多种配套服务，包括了购买前的咨询服务、使用产品和维护保养产品的服务以及最终处置产品的服务。这种转化实质上体现出一个公司在如何评价顾客的最根本需求并满足这种需求方面发生了重大的变化。

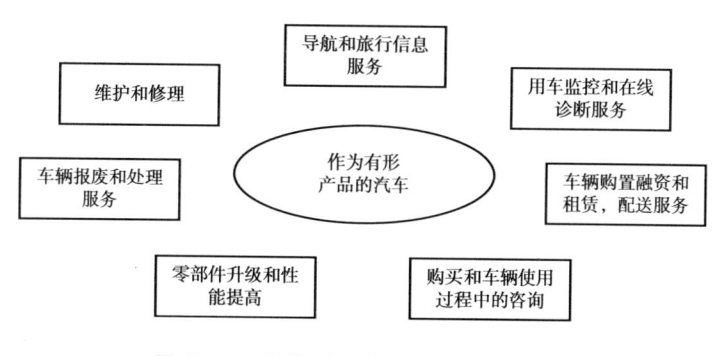

图13-3　围绕"汽车"发生的服务活动

这样的转型例子并不少见。从表13-4中可以看出，一批世界知名的制造业企业，甚至采掘业企业，都在近年来尝试从制造业向服务业转型。例如，福特汽车公司通过旗下的"福特金融"（Ford Finance）为消费者提供购车贷款和汽车租赁服务；通过"Kwikfit"提供汽车维修保养服务。在消费者开车出行的时候，福特还通过"Wingcast"提供导航、新闻、娱乐等车内信息服务。福特公司实际上已经不是一个纯粹的制造业企业。在这方面转型最彻底的可能要数IBM。2000年，IBM还是一个以硬件为主

表 13-4　制造业公司向服务业转型的列举

公司	制造业产品	转型内容	满足消费者何种最终需求
IBM	电脑和服务器	开发应用于电脑和服务器的软件，提供将硬件与软件结合的解决方案	解决业务问题
阿斯利康	癌症治疗药物	购买了专门医治癌症病人的萨利克健康中心（Salick Health Care），提供全面的癌症治疗和康复服务	治疗癌症
菲亚特	汽车	成立了拓路保险（Toro Assicurazioni）公司，该公司是意大利第三大保险集团，其业务涵盖保险领域所有险种，为出行者提供全面的保险服务	驾车出行
福特	汽车	通过福特金融（Ford Finance）提供购车贷款和租赁服务；通过 Kwikfit 提供汽车维修保养服务；通过 Wingcast 提供导航、新闻、娱乐等车内信息服务；通过 Fordjourney.com 提供网上购车服务	驾车出行
通用电气	医疗诊断设备	提供医疗设备检查结果的分析和诊断服务	诊断
利勃海尔	起重机	提供编程和软件服务，以更好地控制起重机；远程运转和测试	吊装
力拓集团	煤	电厂设计及运营咨询，环境保护咨询	动力/能源
罗尔斯·罗伊斯	航空发动机	按照飞行小时计价，向航空公司租赁和销售航空发动机；航空发动机维修和养护	航空飞行
施乐	复印机	复印设备的保养和租赁服务，打印外包服务	复印

的公司；到 2011 年，其硬件收入大幅度减少了约 50%，而软件收入和服务收入几乎增长了 1 倍或以上（见表 13-5）。

表 13-5　IBM 2000 年与 2011 年的收入和利润构成对比

单位：10 亿美元

	硬件和金融业务收入	软件收入	服务收入	硬件和金融业务利润	软件利润	服务利润
2000	41.2	12.6	33.2	3.3	2.6	3.7
2011	21.2	25.0	60.2	3.6	10.0	9.3

注：此处利润均为税前利润。
资料来源：IBM 2001 年年报和 2011 年年报。

专栏 13-1　IBM 从制造业向服务业的转型

2011 年，IBM 总收入达到 1070 亿美元，税前利润达到了史无前例的 216 亿美元，成为世界上最赚钱的 IT 公司之一。从 IBM 今天的盛势，我们已经看不到它在 20 世纪 90 年代初的颓态。当时，IBM 还是一家以硬件制造为主要业务的公司，1990 年仅硬件业务的营业收入就达 378 亿美元，占公司总收入的 43%。由于市场环境的变化和企业自身策略的失误，IBM 连续三年营业额大幅缩减，单是 1993 年就缩减了 81 亿美元，有分析师甚至将 IBM 比作"一头落寞的恐龙在走向死亡"。但是，紧接着的变化让全球媒体都不禁咋舌：IBM 在短短几年里力挽狂澜，不仅远离了死亡边缘，而且还成为全球第一个年收入突破 1000 亿元的 IT 公司。

从 20 世纪 90 年代初到现在，IBM 连续三任 CEO 郭士纳、彭明盛和罗睿兰的战略部署很明确：为 IBM 找到更丰厚、更具有可持续性的业务。从 2004 年 IBM 高调宣布准备收购普华永道，并将 PC 部门销售给联想之后，IBM 的战略思路已经清楚地展现在世人面前：逐步放弃自己一直引以为豪的"IT 制造商"称号，全面转型成为 IT 服务商。经过一系列的出售和并购，IBM 放弃了自己曾经最擅长的制造业务，甚至是服务器制造业务，顺利实现了从纯粹制造商到全面服务商的转变：1994 年 IBM 从服务业获得的收入仅为 97.1 亿美元，到 2001 年这一数字已变为 349 亿美元，占总收入的 42%，服务业首次超过硬件成为 IBM 的第一收入来源。2004 年，IBM 公司来自服务业的营业收入达到 462 亿美元，占整个营业收入的一半左右。2011 年，服务业务收入约为 600 亿美元，占 IBM 总收入的 56%；制造业收入只有 190 亿美元，不到公司总收入的 18%。

多年以前，面对众多主张把 IBM 拆分掉的反对声音，郭士纳毅然决定保持一个完整的 IBM，因为他觉得 IBM 的优势在于"整合"。如果说 IT 需求是一条生产线，那就让 IBM 成为生产线最后一个组装环节。显而易见，这个环节最接近客户，同时最具利润空间。彭明盛认为，软件和服务这两种"最好的业务"能给 IBM 带来未来。到目前为止，不论从企业经营状况，还是给外界的口碑看，IBM 均已从硬件供应商成功转型为"为客户解决问题"的信息技术服务公司，他们把自己塑造成"在自身管理和业务方面全面网络化的电子商务公司，以及电子商务解决方案的提供者"。作为 IT 服务领域的领头羊，与微软、惠普和戴尔等新老对手相比，IBM 最大的优势就是整体优势——可以为客户提供从操作系统到服务器到处理器等一揽子产品，这让客户真正放心 IBM 的整合实力。事实上，客户根本不关心从哪家公司买哪种硬件产品和软件产品，而是关心如何整合大堆产品来解决企业所遇到的具体问题。提供软硬件产品的公司很多，但只有 IBM 等少数公司真正有能力把多个产品变成"最终产品"——整体解决方案。

战略转型取得了市场的认可。在过去的 5 年中，IBM 为投资者创造了巨大的价值：企业的市值增加了 700 亿美元，通过股份回购和现金分红将为股东创造了 650 亿美元的回报，股东总收益增加了 1350 亿美元。在 2011 年的年报中，IBM 现任 CEO 罗睿兰描绘了公司几年后的蓝图，到 2015 年，IBM 的总收入将增长约 200 亿美元，一半以上的利润将来自服务业务，为股东创造的每股净收益将从 2011 年的 13.44 美元提高到至少 20 美元，这些数字意味着除了收入和利润绝对数的增长外，IBM 的市值还将大幅度提高。预计通过股票回购和现金分红将为股东创造约 700 亿美元的回报。

资料来源：周彦撰《IBM：占据最肥美的草原》，《浙商》2006 年第 1 期。

当然，在目前不断动态变化的产业版图中，绝不只存在制造业企业向服务活动的转化，也存在服务业企业向制造业活动转化的可能。一些大型的服务企业虽以提供服务产品为主，但同时通过涉足制造业来支持其服务产品。例如，麦当劳这样的大型连锁快餐公司对生产设备有很高的要求，因此有可能会通过购并、新建的方式进入餐厅设备制造业中。再如，与计算机制造业领域中价值链不断分解形成"反动"的是，一些计算机芯片设计公司开始试图进入半导体生产领域，目的是控制质量、保证生产供应以及更好地保护芯片设计方面的知识产权。

三 信息和通信技术下的服务业

（一）信息和通信技术对服务业的影响

自从瓦特发明蒸汽机以来，人类在科学技术领域取得的最大进展可能要数"二战"以来尤其是 20 世纪 80 年代个人电脑出现以来一直在演化创新的信息和通信技术。在这些技术的影响下，人们可以通过互联网更大规模、更高效率、更低成本地传递"信息",一些以"信息"为主要产品的服务业正在发生激烈的变革;另一些虽然不以"信息"为主要产品但是其价值链环节中包含"信息"传递的服务业也受到了很大的影响。

从以"信息"为主要产品的服务业来看,银行、保险、证券、会计、教育、广播、电影、电视、新闻、出版等行业近年来已经有很大的变化。例如,2011年1月,通过亚马逊网站销售的电子书的数量首次超过纸版书;2012年12月31日,美国历史最悠久的杂志之一——《新闻周刊》——出版了最后一期印刷版的杂志,并宣布2013年将全部转向数字版。而在2012年上半年,《纽约时报》电子版的订户数量已经超过纸质版订户数。再如,作为全球市值最高的商业银行,中国工商银行2012年上半年的电子银行业务交易额高达160万亿元,为2011年中国GDP的3.4倍。目前,该行每100笔业务中就有73笔是通过电子渠道办理的。在教育、广播、证券等其他类似行业中,互联网也在悄然改变着产业形态,一些发达国家已经出现没有实体资源、完全依赖于互联网发展的教育机构、出版机构、证券机构和广播公司。

在价值链环节中包含"信息"传递的服务业中,如旅行社、酒店、餐饮、零售、交通运输和医院等,传统的交易和运营方式正在被改写。例如,传统的零售业正在被网上购物迎头赶上,淘宝和天猫2012年前11个月的销售额已经超过1万亿元,而中国内地2011年只有18个省的GDP超过1万亿元。在民用航空业中,从购票到值机的多个服务环节已经可以完全不依赖于人工服务完成。2011年8月,国际航空运输协会(IATA)发布报告称,从2004年11月开始在全球范围内推广电子客票(ET)、通用自助值机(CUSS)和二维条码登机牌(BCBP)等业务近7年来,整个航空运输业节省了550亿美元成本。在传统的酒店、餐饮等行业,信息技术的运用也已渗透到企业运营的方方面面。例如,以酒店、餐饮消费信息整合及评价为主要业务的大众点评、到到网等网络企业已经取代了以往口口相传的口碑,为消费者选择合适的产品提供帮助,并极大地促进了企业服务质量的提升。

以信息和通信技术为竞争利器,一批纯粹的电子商务企业在服务业领域所向披靡，服务企业中的"去人化"，甚至"去服务化"倾向开始出现。例如，一些将互联网作为重要销售和预订手段的企业纷纷推出"免配送费""双倍积分"等奖励，鼓励消费者不是通过与人打交道，而是通过与机器打交道的方式完成交易，以降低运营成本。如今，传统服务业企业——在中国可以回溯到王府井百货甚至民国时期的茶馆——赖以生存并保有忠诚顾客的"服务接触"似乎不那么重要了。

（二）服务业企业更需要扬"服务"之长

在很多行业中，竞争力强弱越来越取决于是否拥有信息技术及如何应用信息技术。在这样的现实压力下，国内外服务企业纷纷开始了信息化改造的实践。可以说，不信息化是死路一条；但是，光信息化而不对传统的运营模式进行修正也是死路一条。原因在于，信息化改造只是"避短"，传统服务企业还必须"扬长"才能够应对新兴在线企业的挑战。这里的关键问题是，传统线下企业的"长"究竟在哪里？这个问题也许没有唯一的标准答案。我们给出的一个答案是，在线企业的劣势——"服务"——也就是传统企业的优势。这样说的原因在于，尽管有些顾客会出于省钱的原因选择"人机对话"式的服务，但是冷冰冰的机器不可能满足那些希望有人情味的顾客的需求。

我们选择传统的旅行社企业为例加以说明。随着信息技术的发展，传统旅行社的业务受到了较大的冲击。其中，主要的冲击来自两个方面，一是在线旅行社（即第三方预订网站，online travel agencies），另一个是在线社交媒体（点评及评价网站，social media）。传统旅行社面临的这两方面冲击与旅行社企业的商业模式紧密相关。首先，旅行社企业批量购买机位、住宿床位和景点门票，然后将其出售给散客，通过批零差价赚取利润；其次，旅行社企业依靠自己的专业经验为旅游者提供诸如景点选择、线路设计、游览指南等方面的信息和服务，获得收入和利润。不幸的是，在互联网技术和相应的基础设施建设大发展的年代，旅行社企业所赖以生存的上述两种商业赢利模式都受到了挑战。例如，诸如Expedia、Orbitz、携程、艺龙等类型的在线旅行社能够更大批量地购买机位和床位（尤其是利用饭店产业零散的特点获得谈判时的有利地位），获得价格方面的优势；另一方面，诸如Tripadvisor、大众点评网等类型的在线社交媒体利用庞大的用户资源，综合、整理、归类并发布大量与旅游路线设计和景点选择有关的游记、攻略等，获得了信息方面的优势。

目前，无论从全球范围内看，还是从国内看，信息化大潮都催生了一批基于互联网发展的旅行社企业，这些新贵企业后来居上，发展势头远远超过老牌的传统旅行社企业。例如，2009年全球最大的10家旅行社企业中，Expedia、Travelport和Sabre分别位列第五、第七和第八，营业额都接近或超过100亿美元。其中，Expedia的营业额已经超过186亿美元，只比日本交通公社少，超越指日可待。在国内，单从营业额和顾客人次数来看，携程已经是当之无愧的行业老大。在互联网旅行社大行其道的当下，无论是在欧美，还是在亚太，都出现了传统旅行社成批倒下的现象。

旅行社企业该如何应对？本质上，旅行社是一个提供"方便、有保证的服务"的行业，销售人员的丰富旅游知识、计调人员的精心组合、导游人员的时刻关注能够使旅游者在从购买到消费的整个环节实现无缝连接，旅游者需要做的只是安心享受旅游过程。反过来看在线旅行社，随着信息技术进步带来的旅游产品价值链分解，在线旅行社企业能够将原来非标准化的旅游产品分拆，只经营其中某一项或某几项标准化的产品并从中获利。因此，线上旅行社的产品大多以标准化的、无须人员现场提供服务的机票产品和客房产品为主。从而，无论在线旅行社在电话预订或网络预订环节做得多么出色，它们的服务人员仍然无法随时面对面地融入旅游者的旅游活动中来并为旅游者提供及时的帮助。相对而言，在线旅行社更难保证旅行经历和服务的质量；而各种社交网站所提供的游记、攻略等信息也具有相当的主观性。当你选择一个在线旅行社，自行预订一切、参考各种攻略信息并最终完成度假的时候，你发现自己在旅程中遇到的种种麻烦恰恰是传统旅游企业能够替你解决的。例如，飞机晚点到达目的地后无法找到合适的交通工具到达酒店；到达酒店后发现酒店周边环境和所安排的房间不如意；一天想多看几个景点却需要在当地交通系统中疲于奔命；等等。应该说，旅行社能够为我们规划更方便、更可靠、更具有针对性的服务。

可见，为消费者提供好服务，是传统旅行社企业应对竞争的重要手段，否则，它们与在线旅行社相比没有任何优势可言。这一点对于其他类型的服务企业也是成立的。

第二节　从中国制造到中国服务

中国经济从制造业向服务业的转型，不仅仅是美、欧、日等发达国家经历过的经济社会发展规律在中国的翻版，更是中国人民、企业和政府的共识，并受到了社会各方力量的积极推动。

一　中国经济从制造到服务的转型

自改革开放以来，中国经济发挥了劳动力和土地等资源成本低的比较优势，通过"两头在外"的出口导向型发展模式，引进技术、资金和原材料，在国内生产加工制造业产品并出口到国际市场。通过这种模式，中国在短短30多年的时间里从一个制造业弱国成长为一个制造业大国，在国际上被称为"世界工厂"。

2011年，我国规模以上工业主营业务收入达到84.2万亿元，比2002年增长6.7倍；资产总计达到67.6万亿元，增长3.6倍；利润总额达到6.1万亿元，增长9.6倍。目前，我国制造业产出占世界的比重约为20%，已经超过美国成为全球制造业第一大国。来自原工业和信息化部的数据表明，在世界500种主要工业品中，我国有220种产品产量居全球第一位。例如，2011年，中国粗钢产量位居世界第一，占全球粗钢产量的44.7%；电解铝产量位居世界第一，占世界产量的40%；造船完工量位占世界市场份额的42%；汽车产量由2005年的570.49万辆增至2011年的1841.9万辆，连续三年超过美国位居世界第一。2011年，中国彩电、手机、计算机的产量都位居世界第一，占全球出货量的比重分别达到48.8%、70.6%和90.6%。

然而，最近一些年的形势表明，在中国制造业一路高歌猛进的同时，国内外各种因素的共同作用也带来了种种问题，并成为中国经济从制造业向服务业转变的推力和拉力。

（一）促进制造业向服务业转型的推力

1. 资源和环境压力增大，可持续发展受到威胁

长期以来，中国工业粗放式的高速发展对资源和环境造成了巨大的压

力。环境保护部环境规划院于2012年公布的《2009年中国环境经济核算报告》称,"十一五"期间我国资源产出率处于320~350美元/吨的水平,且有下降的趋势,而目前先进国家已达到2500~3500美元/吨。这一报告指出,我国2009年因环境退化和生态破坏造成的损失成本合计13916.2亿元,较上年增加9.2%,约占当年GDP的3.8%。如果还是以资源的高消耗、环境的高污染换取工业和制造业的高速增长,来为全世界生产产品,我国的资源环境不能支撑,世界的资源环境也难以支撑。

2. 劳动力成本的上升和转移

根据罗斯托的"经济成长阶段论",一国经济起飞后,大量劳动力将从第一产业转移到制造业,这也正是我们在过去30年中所看到的所谓"农民工"潮在中国不断扩大的原因。然而,随着劳动力转移接近尾声和人口老龄化趋势的出现,中国的"人口红利"期即将结束。在巨大的成本压力下,一些跨国公司已经开始向劳动力成本更低的周边国家转移产业;另一些制造业公司则开始谋划用机器人代替人力(见专栏13-2)。长期来看,产业结构调整势在必行,国民经济向服务业的转型将是其中的一个重点。

3. 制造业竞争力迫切需要提升

众所周知,我国制造业的竞争力还不强,主要原因是我们在制造业价值链中处于弱势地位。20世纪90年代后,随着信息与通信技术的发展,全球变"扁"并成为一个地球村,制造业和服务业中的价值链不断分解与重新组合,以寻求最低的生产价格和最高的生产效率。目前,制造业的价值链大致可以分为研发设计、原材料和零部件供应、生产制造、产品储运、批发零售和售后服务等几大环节。一般来说,利润率最高的是研发和销售两个环节,而这两个环节的高利润又来自发达国家的主导企业——例如苹果、耐克——对整个价值链的有力控制。中国工业企业现在大多处于全球制造业价值链的低端环节,未来要提升竞争力,必须要进入高端的设计、营销、售后等相关服务业领域中。

专栏13-2 富士康推进全自动化工厂战略

2011年,中国最大的制造业公司是富士康科技集团。富士康也是全球最大的电子代工厂商，2011年在《财富》全球企业500强中排名第60位。富士康仅在大陆就雇佣近120万名员工，其中多数从事电子产品制造工作。得益于大陆廉价的土地资源和劳动力资源，再加上合理的企业发展战略及严格的管理，富士康创造了企业发展史上的高速增长奇迹。

随着大陆劳动力成本的迅速上升和来自国内外的保护劳动者呼声的压力，以控制成本能力著称的富士康也在考虑一个重大的战略调整：计划在生产线上大量使用机器人。2012年6月，鸿海集团董事长郭台铭在公司年度股东大会上称，未来5~10年内，公司在中国大陆地区将有首批全自动化工厂投运，用自动化尽量取代单调重复的组装工作。

此前，面对劳动力成本上升、人口结构变化等困境，鸿海集团旗下的富士康在大陆地区的工厂进行了数次加薪，并将工厂迁往劳动力充足的内陆省份。不过即使如此，内陆省份的新工厂仍未能招到足够的工人。2011年8月，富士康宣布，未来3年在组装工厂中部署100万台工业机器人。当年11月，郭台铭明确表示2012年富士康将以日产千台的速度制造30万台机器人，用于单调、危险性强的工作。

专门为富士康提供机器人设备的瑞士ABB集团北亚区和中国公司离散自动化与运动控制业务部负责人顾纯元对此评价说，"机器人生产的成本不会增加，只需维护费用，相对中国劳动力不断上涨的趋势，自动化的成本是可控的"。顾纯元称，"此外，机器人的优势在于其可从事高重复性的工作，不会疲劳"。使用机器人之后，产品成品率更高，而且可针对每一台机器人进行校准。工人相对流动性较大，技术动作难以做到标准化，对每件产品的质量把控也难以回溯到每个环节。而这恰恰是自动化机器人的优势。

郭台铭指出，鸿海在自动化领域一直领先同行。未来，从苹果智能手机、平板电脑到电视框架基座和导光模块，鸿海都希望全以自动化设备完成生产，并将对装配线员工进行培训，希望将他们升级为产品设计人员或工程师。

作为一个拥有13亿人口的发展中大国，中国劳动力资源本应充沛。然而，在改革开放30多年后，受经济发展的推动，中国的社会、政治都正在经历巨变，这反过来又推动着企业必须改变运营的方式。富士康在工厂中部署工业机器人的做法是其中的一个缩影。

资料来源：李跃群撰《台湾郭台铭谈机器人战略 5～10 年自动化工厂投产》，《东方早报》2012 年 6 月 19 日。

（二）拉动制造业向服务业转型的力量

1. 城镇化的深入对服务业产生了更大的需求

2011 年中国人均 GDP 超过 5000 美元，城市化率才刚刚超过 50%。然而，根据钱纳里等人的"发展模式"中所列城市化与人均 GDP 之间关系的一般规律，人均 GDP 在 4000～5000 美元时一般对应 55%～70% 的城市化率。可见我国的城市化水平还较低。党的十八大提出继续推进城镇化的战略，未来我国的城镇化速度还会加快，为服务业提供的发展空间非常广阔。城镇化将促进居民消费量增长和消费结构升级，增加对交通运输、物流、旅游、医疗卫生、文化教育等服务行业的需求并拉动这些行业的发展。

2. 居民的时间价值增加，对服务有更多需求

随着人们生活节奏的加快，我国居民的时间价值在迅速增加。这种增加导致的结果是，人们在有限的时间里不太可能像改革开放初期一样各种生活琐事事事皆由自己动手，而是会购买现成的服务产品，提高自己的生活质量。大力发展生活性服务业，将有利于扩大这种内源性需求，提高人民的生活质量。诸如餐饮业、住宿业、养老服务业、教育等行业的发展，将能够让居民从繁重的家务劳动中脱身，实现个人能力更高价值的利用，为社会创造出多赢的消费结构。

3. 更多地消费服务而不是消费制造业产品

中国拥有 13 亿人口，占世界人口的 22%，如果按照欧美的消费方式——例如每个家庭一辆车甚至两辆车——扩大我国的消费需求，全世界的钢铁资源和石油资源可能都不够用。中国的国情决定了我们在某些消费领域不能完全模仿西方国家资本密集型的自助式或自动化的服务方式，而应该采用人力密集但消耗资本和资源较少的服务方式。例如，我们的交通出行不太可能以私人轿车为主导，而必须以公共交通为主导，此类服务行业的发展将对资源利用和环境保护有重要的意义。

(三) 服务业在国民经济中的地位越来越重要

在上述因素的推动和拉动下,再加上农业占国民经济增加值比重和就业人数比重的双双下降,我国服务业在国民经济中的地位越来越重要。

从表 13-6 中我们可以看出,第三产业在 1971 年的时候是三大部门中就业比重最低的部门,只占总就业量的 9.1%;到 2011 年,服务业占总就业量的比重已经达到 35.7%,已经成为我国就业人数最多的就业部门。这 40 年间,我国农业就业人口比重从 79.7% 降低到 34.8%,下降了约 45 个百分点。从农村中转移出来的大部分劳动力,都进入了服务业中。

表 13-6 三次产业就业占总就业比重

单位:%

年份	第三产业	第二产业	第一产业	年份	第三产业	第二产业	第一产业
1971	9.1	11.2	79.7	1992	19.8	21.7	58.5
1972	9.2	11.9	78.9	1993	21.2	22.4	56.4
1973	9	12.3	78.7	1994	23	22.7	54.3
1974	9.2	12.6	78.2	1995	24.8	23	52.2
1975	9.3	13.5	77.2	1996	26	23.5	50.5
1976	9.7	14.5	75.8	1997	26.4	23.7	49.9
1977	10.7	14.8	74.5	1998	26.7	23.5	49.8
1978	12.2	17.3	70.5	1999	26.9	23	50.1
1979	12.6	17.6	69.8	2000	27.5	22.5	50
1980	13.1	18.2	68.7	2001	27.7	22.3	50
1981	13.6	18.3	68.1	2002	28.6	21.4	50
1982	13.5	18.4	68.1	2003	29.3	21.6	49.1
1983	14.2	18.7	67.1	2004	30.6	22.5	46.9
1984	16.1	19.9	64	2005	31.4	23.8	44.8
1985	16.8	20.8	62.4	2006	32.2	25.2	42.6
1986	17.2	21.9	60.9	2007	32.4	26.8	40.8
1987	17.8	22.2	60	2008	33.2	27.2	39.6
1988	18.3	22.4	59.3	2009	34.1	27.8	38.1
1989	18.3	21.6	60.1	2010	34.6	28.7	36.7
1990	18.5	21.4	60.1	2011	35.7	29.5	34.8
1991	18.9	21.4	59.7				

资料来源:中国经济信息网数据库。

从表13-7中我们可以看出，1980年，我国服务业占GDP的比重只有不到22%，还不到制造业比重的一半，也大大低于农业。一直到1985年，服务业的比重才超过农业，并不断接近工业增加值的比重。此后20多年间，服务业在国民经济中的比重在不断提升。到2011年，我国服务业占GDP的比重已经达到43.4%，与工业的差距缩小到3个百分点。

表13-7 三次产业增加值占GDP比重

单位：%

年份	第三产业	第二产业	第一产业	年份	第三产业	第二产业	第一产业
1971	23.8	42.0	34.2	1992	34.8	43.5	21.8
1972	24.2	42.8	33.0	1993	33.7	46.6	19.7
1973	23.6	42.9	33.5	1994	33.6	46.6	19.9
1974	23.5	42.5	34.0	1995	32.9	47.2	20.0
1975	22.0	45.5	32.5	1996	32.8	47.5	19.7
1976	21.9	45.2	32.9	1997	34.2	47.5	18.3
1977	23.6	46.9	29.5	1998	36.2	46.2	17.6
1978	23.9	47.9	28.2	1999	37.8	45.8	16.5
1979	21.6	47.1	31.3	2000	39.0	45.9	15.1
1980	21.6	48.2	30.2	2001	40.5	45.2	14.4
1981	22.0	46.1	31.9	2002	41.5	44.8	13.7
1982	21.8	44.8	33.4	2003	41.2	46.0	12.8
1983	22.4	44.4	33.2	2004	40.4	46.2	13.4
1984	24.8	43.1	32.1	2005	40.5	47.4	12.1
1985	28.7	42.9	28.4	2006	40.9	47.9	11.1
1986	29.1	43.7	27.1	2007	41.9	47.3	10.8
1987	29.6	43.6	26.8	2008	41.8	47.4	10.7
1988	30.5	43.8	25.7	2009	43.4	46.2	10.3
1989	32.1	42.8	25.1	2010	43.2	46.7	10.1
1990	31.5	41.3	27.1	2011	43.4	46.6	10.0
1991	33.7	41.8	24.5				

资料来源：中国经济信息网数据库。

从上述数据可以看出，不管是从就业来看，还是从增加值比重来看，服务业在我国国民经济中的地位都越来越重要。

二 中国服务的内涵

"中国制造"的概念早已在官方和民间广为使用，而"中国服务"这一概念提出的时间并不长，其内涵现在还处于讨论之中。综合已有的一些观点，结合目前制造业与某些服务业相互交融而又与另一些服务业相对独立的特点，"中国服务"的核心内涵至少应该包括两个部分：第一，超越制造业价值链中单纯的制造环节，重视培育中国企业在制造业价值链高端环节和金融、贸易、信息等相关专业服务领域的竞争力，促进中国竞争优势的转变。这一意义上的"中国服务"是依托于制造业的。第二，超越制造业本身，重视培育中国企业在旅游、住宿、餐饮、娱乐、休闲、艺术、养老、医疗和教育培训等社会服务业中的竞争力，打造一批既具有国际水平又具有中国特色的服务产品和龙头企业。这一意义上的"中国服务"基本上是独立于制造业的。

（一）依托于制造业的"中国服务"

前面已经提到，今天的全球制造业已被分解为由众多企业参与的、首尾相连的价值链环节，其中价值增值最大的环节往往掌握在西方发达国家跨国公司的手中。以苹果公司 iPad 生产的价值链为例，苹果公司主要负责研发和销售这两个利润最丰厚的环节。iPad 的主要部件采购自世界各地的企业，由韩国三星提供芯片、LG 提供显示屏面板、日本东芝提供闪存、美国德州仪器提供触摸屏驱动芯片、中国台湾新普科技提供锂电池。作为世界工厂，中国大陆承接了其价值链中最廉价的一个环节——制造：富士康为苹果组装一台售价为 729 美元的 iPad2 平板电脑，只收入 10 美元。近年来，富士康母公司鸿海集团的利润率从 2006 年的 5.9% 降到 2011 年的 2% 左右。而苹果公司 2011 年的毛利润超过了 40%。2011 年，苹果公司的净利润为 337.9 亿美元，比中国电子信息百强企业加起来的利润还多 1 倍多。

富士康和苹果的例子只是全球制造业价值链重造中发展中国家企业与发达国家企业在价值体系中相对位置的一个缩影。推而广之，虽然目前很多制造业产品都贴上了"中国制造"的标签，但是中国人顶多只是按照图纸把产品生产出来，而不是依靠自己的力量把图纸创造出来。近年来政府和社会都在呼吁从"中国制造"到"中国创造"的转变。这一转变的实质是创新。可以看出，制造业价值链中的主要创新实际上产生于价值链中的服务环节，例如研发设计新产品、进行有效的市场营销。因此，要想实现从中国制造向中国创造的转变，关键在于一些基于制造业发展起来的生产性服务业。这些服务业包括研发、咨询、广告,以及更大范围内的金融、投资、会计等。

在这一类型的中国服务发展过程中,由于受到现有垂直分工体系的影响,"中国服务"的创新工作面临较多困难,还有相当长的路要走。

(二) 独立于制造业的"中国服务"

独立于制造业的"中国服务",主要由住宿、餐饮、养老、医疗等一些向社会大众提供最终服务的生活服务业构成。如果说依托于制造业的"中国服务"的发展主要受到工业生产领域分工深化的推动的话,独立于制造业的"中国服务"则主要受到了整个社会分工深化的影响,其发展水平的高低标志着一个国家居民生活质量和生活水平的高低。与上一类"中国服务"相比,独立于制造业的"中国服务"有下面几个方面的特征。

首先,因为涉及民生问题,这类中国服务不仅具有经济功能,还具有较重要的社会功能,如教育和医疗等服务行业都承担了重要的社会服务功能;其次,此类中国服务主要满足的是老百姓的最终需求而非企业的中间需求;再次,这类中国服务的分工深化方向以水平切割细分为主,即不同类型的服务业企业可以同时满足不同结构类型的需求,相互之间不构成上下游生产关系;最后,此类服务业大多使用劳动密集型生产技术,吸纳就业的能力强;另外,此类服务业大多比较零散,一般以城市和地区为边界,界内企业竞争相对激烈,但与界外企业的竞争较少。

我们在表13-8中列出了两类"中国服务"的差异,供读者进一步进行比较。

表13-8 两类"中国服务"的比较

	依托于制造业的"中国服务"	独立于制造业的"中国服务"
代表行业列举	广告、科技、金融	住宿、餐饮、养老、医疗
主要功能和作用	以经济功能和作用为主	经济和社会功能并重
满足的需求	企业需求为主	个人需求为主
发展推动力量	工业生产分工的深化	社会整体分工的深化
分工深化方向	纵向切割细分为主	水平切割细分为主
创造就业的能力	较弱	较强
市场分割程度	国际统一市场	以城市和地区为边界的市场

资料来源:作者整理。

（三）"中国服务"的提出符合中国经济社会内在发展路径的要求

首先，"中国服务"顺应了通过扩大内需促进经济增长的思路。

中国经济的增长中内需推动乏力一直广受诟病。近年来，由于出口增速大幅下滑、投资增速放缓，内需增长备受关注。2012年年末的中央经济工作会议再次指出，"要牢牢把握扩大内需这一战略基点，培育一批拉动力强的消费增长点，增强消费对经济增长的基础作用"。"中国服务"概念一直坚持以国内居民为服务的主体和基础。首旅集团董事长段强等倡导者始终强调，"中国服务"应立足于国民消费，服务大众民生。"中国服务"的提出和发展，实际上是将我们的发展精力从"为全人类制造"中转移出一部分来，实现"为全中国服务"，这与中国经济进入以"内需促增长"的阶段是一致的。

其次，"中国服务"有助于解决人和社会的"异化"问题。

从改革开放以来，尤其是1992年后实施市场化改革以来，我国一直处于高速工业化和城镇化的进程之中。短短几十年间，中国传统的社会结构和生活方式发生了很大的变化。例如，随着进城务工的农民工数量的增加，大量农村人口每年要么在城市与乡村之间迁徙，要么举家移入城乡接合部，过上了与原有生活全然不同的日子。再如，不管是蓝领还是白领抑或所谓"金领"，各类打工人士都逐渐成为大工业化下庞大的社会机器上的一颗螺丝钉，工作和生活节奏都越来越快，虽然想极力摆脱却无能为力；一些下岗、失业或失地的工人和农民由于缺乏必要的技能，难以找到合适的工作；"冷漠""拥堵""污染"等各种各样的社会病、城市病也开始在中国出现。解决人和社会的"异化"问题，中国服务可以发挥重要作用。例如，发展住宿、餐饮、旅游、休闲等领域中的"中国服务"，有利于增加就业，特别是能让一批技能水平较低的下岗工人和农村务工人员在城市中找到一个门槛低的工作；有利于加强人和人之间的交往和联系；有利于减少人们的家务劳动时间，让人们的生活节奏可以暂时慢下来，通过各种休闲活动陶冶自己的身心。

再次，借助"中国服务"弘扬中国文化精髓。

2010年，中国GDP超越日本，成为全球第二大经济体。全世界都在关注中国的崛起，并再次引发了一波"中国威胁论"的浪潮。然而，我们必须清晰地认识到,中国目前还不能被称为世界强国。主要原因就是中国文化对世界文化的影响极弱。只有成为文化大国,才可能成为世界强国,英、美等国家的发展历史无不说明了这一点。正因为如此,近年来国家极为重视文化建设和推广。在这一方面,"中国服务"可以发挥重要作用,我们可以通过教育、演艺、旅游、餐饮、影视等各种形式将中国文化介绍给世界,更可以通过人员的服务传递中国传统的优秀价值观和人生观。在这一过程中,我们必须防止将中国文化简单符号化和形式化,在提供中国服务的时候摆脱千篇一律的"仿古建筑"+"中式家具"+"民族服装"的单调组合,而在其中融入中国文化的精髓。例如,中国传统文化中"温良恭俭让"的处世原则就可以应用到对服务人员的培训中。

总之,在过去几十年中,我们重视发展经济、重视城市建设、重视制造业,与此同时,我们失去了很多。我们认为,提出"中国服务",反映出中国从世界工厂(输出制造业产品)到世界商场(消费制造业产品)再到服务中国(消费服务产品)的必然过渡;通过先做好"为全中国服务",中国服务企业一定会在未来实现"为全人类服务",将中国文化发扬光大。

三 旅游业应成为中国服务的龙头和代表

从规模和发展速度来看,近年来旅游、交通运输、餐饮、酒店等生活性服务业增长迅速。而金融服务业、专业服务业、信息服务业、研发及科技服务业等在发达国家已成为支柱产业的生产性服务业在中国的发展还远远不足。出现这一现象的主要原因在于生产性服务业的发展对制造产业的发展有较多的依赖性、受政府管制较多、对创新的要求也较高,而同样的因素对生活型服务业并不构成影响。由于旅游业具有一系列的重要特征,旅游业应该成为独立于制造业的"中国服务"的龙头和代表。

(一)产业规模大、发展基础好

旅游业是我国各服务业中产业规模最大、发展基础最好的产业之一。2011年,我国服务贸易进出口总额为4191亿美元,其中出口为1821亿美元,旅游贸易出口占服务贸易出口总值的26.6%,是所有服务业中出口额最大的部门。

（二）旅游业是国家（地区）形象的代表

狭义的旅游业涵盖交通、餐饮、住宿、娱乐、购物、景区等子行业。这些子行业几乎是社会服务业中的窗口行业，形成了国内外旅游和旅行者对到访目的地的印象。旅游业也是我国最先与国际水平接轨的服务行业，在长期的学习发展中积累了很多先进的服务经验、制订了一批领先的服务标准、培养了大量具有较高水平的服务人员。从服务的规范性、礼貌性、技术性和外语水平等各个方面综合考察，旅游业当之无愧地代表了中国形象。

（三）带动作用和影响大

旅游业的带动作用大，影响面广。旅游产品和服务的提供涉及多个产业部门，这些产业部门的发展对工业、农业、商业、建筑业、科教文化等产业和事业部门又有重要的带动作用。旅游业的带动作用也得到了国家层面的肯定。

（四）发展前景广阔

从 20 世纪 90 年代开始，世界旅游市场的旅游者人数一直以年均 4% 以上的速度增长，高于同期全球 GDP 的平均增速。其中亚太地区的旅游者年均增长率达 7.5% 左右，高于世界平均水平，是世界旅游市场中增长最快的地区。在亚太市场中，中国市场的增长又是最突出的。2012 年，我国人均 GDP 已超过 6100 美元，已经进入旅游休闲业快速发展的阶段，近年来出境旅游市场、经济型饭店和航空运输业的高速增长，无不说明我国居民对旅游产业的需求强劲。因此，从长远发展来看，我国经济仍将保持平稳较快增长，休闲制度改革还将深化，我国居民的可自由支配收入将进一步提高，用于旅游休闲的时间将更有保障，旅游产业发展前景广阔。

（五）市场化运营程度高

旅游业是服务业中市场化运营程度最高的产业之一。目前，旅游业中的住宿业、餐饮业、娱乐业和购物业都已是完全市场化运作的行业，交通运输业内只有铁路运输中还存在较多非竞争性因素，景区景点中一部分涉及垄断性资源的吸引物存在非竞争性。从表 13-9 中发现，与部分市场化程度较低的服务业相比，旅游业中的竞争性活动与非竞争性活动间不构成上下游生产关系，这对于竞争性活动部门的市场化发展是非常有利的。当前，在我国旅游产业中已经涌现出国航、首旅、锦江等一批经过市场竞争洗礼、具有较高运营水平的大型企业。它们将成为未来建设"中国服务"的中坚力量。

表 13-9 部分服务产业中的竞争性和非竞争性成分

部门	通常属于非竞争性的活动	竞争性活动
通信服务	提供一个全面的、遍及各处的网络，为面积较广且分散的农村地区居民提供电话服务	长话服务，移动通信服务，增值服务，为高容量的商业消费者提供的专门性服务，通过宽带网络提供的服务
电力服务	全国跨地区的高电压电力输送，各个地区内到用户的电力网络	发电，电力的"零售"或"营销"活动，电力市场的交易活动
邮政服务	单位和居民户非紧急邮件的门对门递送	邮件的运输，快件或包裹的递送，为高业务量的商业消费者提供邮件服务
航空服务	机场服务，例如起飞和落地	飞行器运营，维护设施服务，货物运输
铁路	铁轨和信号基础设施	列车的运营，维护服务
海事运输	港口设施（在某些城市）	航行服务，港口服务
旅游	景区、遗迹等自然和文化吸引物，部分交通设施	住宿，餐饮，娱乐，购物

（六）可贸易性条件好

服务贸易协定（General Agreement on Trade in Services，GATS）定义了四种模式的服务贸易：第一种是过境交付，即从一缔约方境内向任何其他缔约方境内提供服务（类似于商品贸易）；第二种是消费者移动，在一缔约方境内向任何其他缔约方的服务消费者提供服务（例如旅游业）；第三种是商业存在，一缔约方在其他任何缔约方境内通过提供服务的实体性介入而提供的服务（例如银行业）；第四种是自然人移动，一缔约方的自然人在其他任何缔约方境内提供服务（例如咨询）。与"消费者移动"型服务贸易相比，世界各国对其他三种服务贸易设置了较多的市场准入壁垒。这些市场进入壁垒包括：禁止外国的服务提供者进入本国市场；限制本国企业从外国公司获得服务，例如广告、会计和管理咨询；服务供给的工作只限于本国的公民，例如教育、法律、保险等产业；政府服务采购只向国内供给者招标；限制跨境的电子交易和信息流动；要求跨境交易经由授权的或某一垄断的网络提供；对在某一部门中外国投资的总数量进行限制；对在某一部门中外国公司的数量或员工的数量进行限制，以及对外国公司在本国雇佣人员数量的限制；对外国服务业企业更高的最低投资额限制；对投资地点的限制；等等。即使外国企业进入本国市场，在未来的运营过程中，也会遭遇到较多的限制。

因此，大多数中国服务企业要想走出国门，到其他国家开展业务，困难较多。然而，旅游产业天然的"消费者趋近生产者"的特征，决定了旅游业是一个将国际贸易本地化的产业，可以绕开各种贸易壁垒扩大产业规模。此处还要指出的是，虽然目前中国旅游服务贸易的逆差不断扩大，但是我们必须认识到这是现阶段社会、政治、经济、文化等共同作用的结果，是不依人的意志转移的，未来这种逆差还将继续扩大，对此不必过度关注。政策着力点还是应该放到如何扩大入境规模上。

第三节　广义旅游与大服务

一　广义旅游与中国经济社会发展

广义旅游概念的提出，实际上是我国政治、经济、文化、社会、生态等各方面宏观环境共同作用的结果，是中国经济社会发展到了一定阶段的必然产物。从政治上看，党和政府越来越重视广大人民群众的民生和福利；从经济上看，促进内需、转变经济增长方式一直是近年来经济工作的重心；从文化上看，我们开始强调弘扬中华文化、加强我国的文化影响力；从社会因素看，城乡统筹发展和社会协调发展成为政策制定的出发点；从生态上看，环境保护和可持续发展已经成为官方和民间的共识。

从以下几个方面看，广义旅游概念的提出，有利于从资源开发、民生需求和产业带动等方面促进社会经济发展。

（一）提出广义旅游概念，有利于更好地开发和利用旅游资源

中国是世界上历史延续最长、地理环境最复杂、最美丽多彩的国家，各类旅游资源都非常丰富，发展旅游业具有得天独厚的优势。

旅游资源种类繁多，分布范围广，规模差异大，而且，旅游资源与农业、矿业等基础性资源不同，无法以实体初级产品的方式加工并以物质的形式输出到外地或外国市场，只能在本地开发、生产、消费；此外，依附于旅游资源的生产和消费的过程同时发生，无法分离。上述特征决定了旅游资源的开发和利用非常复杂，不是一个简单的工作。此外，旅游资源能否成功地转化为现实的生产力、转变为受人们欢迎的旅游产品，还受到了社会经济中各类相关因素的影响。因此，只有将旅游业看做是整体性、综合性、战略性的大产业部门，举全社会之力办旅游，才能够真正做好旅游资源的开发。广义旅游概念的提出，有利于我们增强统筹、整合、协调各类旅游资源和旅游公共服务体系的能力，实现旅游资源的更有效开发和产业的更好发展。

（二）提出广义旅游概念，有利于更好地满足人民群众的需求

提出广义旅游概念的目的，就是为了让中国人在中国的土地上更为自由、方便地旅行和旅游，去观赏祖国的大好河山，感受历史和文化的积淀，体验各不相同的风土人情。2009年颁布的国务院41号文件提出"把旅游业培育成国民经济的战略性支柱产业和人民群众更加满意的现代服务业"，指明了旅游产业发展的目标和重点。但显而易见的是，当人们在相对陌生的环境下旅行和旅游时，他们满意与否显然绝不仅仅取决于"吃住行游购娱"这几个狭义的旅游业构成部分，更取决于整个旅游目的的大环境。由于考虑到这一点，一些政府部门和机构已经在采取积极有效的做法，改善整个旅游目的地的大环境。例如，北京市旅游发展委员会联合包括13个中央部委在内的80个单位，共同推动首都旅游产业的整合发展。中国旅游研究院于2010年开始组织实施的"全国游客满意度调查"中，将目的地安全、信息化程度、市容市貌、卫生状况与公共厕所等方面的内容也纳入了评价指标体系中。

(三) 提出广义旅游概念，有利于利用优势产业示范、带动劣势产业

旅游业是我国最早改革开放的服务行业，经过30多年的国际化、市场化洗礼，旅游业的服务质量在社会服务业中处于较高的水平，旅游行业中一些先进的做法——饭店星级评定标准、旅游景区质量等级评定标准——也已经在社会服务业中得到了广泛的应用。然而，不可否认的是，旅游业中优秀企业管理实践的示范、推广、带动作用并未完全得到发挥，社会服务业中很多发展水平较低的行业和部门有待进一步提高。在这一方面，提出广义旅游概念，有利于促进旅游业内各种知识、技能和经验的传递，以实现整个产业的共同提高和发展。

二 广义旅游是一切满足旅游者需求的服务业的总和

根据中国经济信息网数据库的相关资料，2010年，全国社会消费品零售总额15.7万亿元，其中生活性服务业总收入约为3.5万亿元，占社会消费品零售总额的22%；从业人员近7300万人，占全国从业人员总数的9%。在上述社会消费品零售额和就业人数中，旅游业占了很大的比重。从旅游者的角度看，旅游活动涉及两方面的需求，一是对移动的需求，二是一定时间段内在目的地生活的需求。当旅游活动以度假旅游和休闲旅游的形式进行时，对移动的需求较少，对目的地的生活需求相对较多；当旅游活动以商务旅游和观光旅游的形式进行时，对移动的需求较多，对目的地的生活需求相对较少。不管是何种类型的旅游活动，都需要直接消费交通运输、住宿、餐饮、娱乐、银行、通信、零售等与老百姓日常生活密切相关的服务业产品。从这个角度出发，我们认为可以将广义旅游看做是一切满足旅游者需求的服务业的总和。

随着中国旅游业从点线旅游向板块旅游、从观光旅游向休闲度假旅游的转变，国内已经涌现出三亚、丽江、厦门等一批度假旅游目的地，旅游者在这类目的地停留的时间很长，对当地服务业提出了更高的要求。我们在专栏13-3中对此进行了较为详细的说明。

专栏13-3 外地游客对三亚社会服务业提出要求

随着可支配收入的提高和消费观念的改变，一些有经济实力的老人纷纷选择候鸟式的异地养老。而拥有得天独厚的气候地理条件的三亚也成为外地老人异地养老的首选目的地。据不完全统计，全国各地每年冬天到三亚过冬的老人超过40万人。这些老年人——其实质是度假旅游者——的数量已经超过三亚市市区常住人口的数量。当地人把他们称为"候鸟老人"。

"候鸟老人"的到来向社会服务提出了新的挑战。例如，老人异地养老最怕的就是生病，因为在三亚看病后，医疗费却要回原籍才能报销。如果医保在黑龙江，在三亚住院花了三四千元，就非常尴尬，回去报销可能还抵不上来回的机票钱。有关部门已经注意到这一问题并开始推进异地医保结算，医疗保险报销无法实现跨地区转移办理的难题开始得到解决。根据记者的了解，海南省农垦三亚医院、三亚市人民医院已和黑龙江等省市社保局签订合作协议，当地参保人员在三亚可异地报销。实行异地医保结算后，在黑龙江省等省市社保局参保的人员在三亚住院时，办理住院登记时只要提供医疗保险卡、身份证和预交押金等，出院时就可以在该院医保窗口办理异地结算手续。这大大方便了外来老年旅游者。

"候鸟老人"在三亚居住时间较长，对服务业的要求也扩大到其他相关服务业中。2011年11月，海南《南国都市报》的记者和编辑走进社区，与读者见面，听取老百姓的心声。除三亚市民外，有不少"候鸟老人"赶到了现场，为建设文明三亚提出建议。许多"候鸟老人"就噪声污染、治安、道路等与百姓生活密切相关的民生问题与《南国都市报》的记者编辑进行了交流。例如，77岁的黄奶奶是吉林人，她是一位来三亚过冬的"候鸟老人"。黄奶奶说，她走在三亚街头时，经常会遇到一些游客向她问哪条路该怎么走，"我们外地人根本不清楚这里的各条路线，那就需要看路牌了"。黄奶奶说，像西安等城市，路面的标识很详细，每到一个路口，都会有一个牌子指明各个路段的走向，三亚是旅游城市，路标牌却不清楚，常常闹得他们这些游客糊涂了，希望政府能够进一步完善路标，将路标合理化，在路标上标明方向"东南西北"，写明与该路段相连的下一个路段的路名，那样游客就不会走冤枉路了。

随着旅游者尤其是长期度假旅游者数量的增多，与三亚类似的旅游目的地的医疗、保险、社区服务等大服务业的运行应该进行调整，以更好地为人民群众的旅游消费需求服务。

资料来源：

《建文明三亚　候鸟老人谏言多》，《南国都市报》2011年11月28日第9版；利声富：《三亚成异地养老首选　每年40余万老人到三亚"猫冬"》，《南国都市报》2012年10月21日第4版。

三　广义旅游需要大服务

从前面的论述可以看出，由于广义旅游活动涉及的范围很广，要想为旅游者提供满意的服务，仅仅依靠传统的饭店、旅行社、景区等企业，远远不够。我们需要从不同层面扩大旅游服务的范围，更好地促进广义旅游活动的开展。

（一）各种旅游服务提供者各司其职、相互配合，提供更为齐全的旅游服务

从服务提供者的角度来看，目前在旅游市场中提供旅游服务的主体是旅游企业和政府部门。但是，这两大主体所提供的服务与人民群众的需求间有较大的不匹配之处，而一些非旅游企业和非政府组织所提供的服务还相当有限。

1. 旅游企业的服务

我国已经是世界上最大的国内旅游目的地，然而我国居民的人均出游率只有发达国家的1/7左右。虽然出游率低的原因很多，但是，旅游服务不丰富是一个重要原因。目前，饭店、旅行社、景区、旅游餐饮等旅游企业提供的服务在种类、档次、特色等各个方面都还有所欠缺，还有很多市场空白需要填补。例如，我国的大型旅行社几乎都以观光产品为主流产品，近年来会展、度假旅游才开始得到发展。但是，在所有旅游活动中利润率最高、稳定性最强的商务旅游服务领域，我们还缺少诸如美运通、HRG、BCD等专业的、以商旅服务为主要业务的企业。再如，随着我国居民消费意识的提高和家庭收入的增加，一些富裕的家庭有带老人出境旅游的较大需求，但是市场中能够满足这部分需求的旅行社还不多。

总之，随着旅游者数量的增加、需求的多样化和覆盖地域的扩大，旅游企业的服务应该与时俱进，让旅游者有更多的选择。

2. 非旅游企业服务

旅游者在目的地停留期间，除了消费旅游企业提供的服务以外，还不可避免地会消费交通、通信、零售、金融等各类服务，这些非传统旅游企业机构提供的服务，也构成了旅游者对旅游目的地的整体印象。因此，旅游业不仅仅是旅游企业的事情，也是旅游目的地所有服务企业的事情。实际上，经过长期的宣传和推广，旅游行业的服务意识和服务做法已经渗透到社会服务业的各行各业，对提高目的地整体服务水平起到了较大的推动作用。从更大的范围来说，市容市貌、环境卫生、公共安全等公共服务等也是构成旅游者整体满意度的部分。这就要求旅游目的地的政府部门高度重视提高非旅游类企业和公共服务单位的服务意识和服务技能，更好地为旅游者提供整体服务。

3. 政府服务

我国已经基本建立市场经济体制，旅游业是最早引入市场竞争的产业之一。在目前的环境下，旅游吸引物资源的开发和生产性资源的配置应主要依靠市场，这已经成为全行业的共识。但是，这并不等于政府主管部门可以无所作为。在市场环境还较不规范、相关法规还较不健全、相关公共服务还比较欠缺的情况下，政府应加大对旅游市场的服务力度，有所为有所不为。政府的作用主要应体现在规划立法、秩序监管、宣传促销、安全保障、信息服务等几个方面，而不是直接干涉市场的运行和企业的经营，甚至直接提供本该由企业提供的产品和服务。我们需要政府部门更积极有效地履行其职能，避免出现"越位""错位""缺位"等不当管理行为。

例如，全国各地都曾经出现户外探险旅游活动人员伤亡的事故。原因虽然很多，但是政府服务的缺位是其中的一个重要原因。一方面，在市场监管方面，由于责权不明确，我们对探险旅游方面的组织机构缺乏必要的管理；另一方面，在遇到紧急情况的时候没有专业的救援力量，甚至出现必须依赖民间救援队才能施救的情况。探险旅游在我国方兴未艾，政府部门应该对此类旅游活动的组织、运营、保障采取更多的监管措施。例如，采取培训、教育和资质认定相结合的管理模式；一些具有专业技能和设备的安全保障队伍也需要逐步建立，以保障旅游者的安全。

4. 非政府组织服务

除了企业组织和政府部门之外，非政府组织也可以在旅游服务提供方面发挥重要作用。例如，美国汽车协会（AAA）与高速公路沿线的旅馆合作，专门编制了名为"旅行者""旅行住房优惠"等的各种住宿折扣小册子，上面除标明有关旅馆的标准、价格外，还告知人们抵达旅馆的行车路线和联系电话。这些小册子放在高速公路沿线的旅游信息中心、麦当劳餐店或加油站等地方，供旅游者免费索取，大大方便了旅游者。除了提供基本的服务信息之外，一些非政府组织还对服务企业进行非营利性的评级，为旅游者选择旅游服务供应商提供了更大的方便。

5. 志愿者服务

目前，我国的社会结构和组织形式正在发生重要的变化，单一的服务主体和服务方式已不能满足社会发展的需要，社会服务工作出现了一些新现象。近年来，在志愿精神引导下，社会上的志愿者队伍正在逐步壮大，形成了社会服务的骨干力量。这股力量在旅游服务中，尤其是大型节事旅游活动中发挥了非常关键的作用。例如，2010年世博会期间，上海市组织了一共17万名志愿者参与社会服务。其中世博园区有7万多名，上海各主要景点、交通枢纽和大街小巷密布志愿服务站点，有近10万名志愿者提供服务。这些志愿者为各类人士提供了及时、专业、周到的服务，受到了广大旅游者的好评。未来，此类志愿者服务应该常态化，成为企业服务和政府服务之外的重要补充。

（二）打通旅游服务价值链，提供一体化服务

从旅游者的感受来看，一部分追求低风险、低不确定性并具有较高支付水平的旅游者希望整个旅游过程都得到"无缝"的安排，这推动了旅游服务价值链的整合，一批提供一体化服务的旅游企业开始出现。

在欧洲，几家主要的旅行社都提供一体化的旅游服务。例如，2012年，途易一共拥有248家饭店，床位总数超过15万张；拥有140多架飞机，密集的航线连接了欧洲主要目的地和客源地；途易还运营着两个游轮公司，提供高端游轮产品。通过遍布欧洲的约3500个零售商和强大的互联网销售系统，途易每年招徕的游客超过了3000万人次。这些人中的相

当一部分坐途易的飞机、住途易的饭店、乘途易的游轮,在整个旅游活动过程中,都与途易一家公司打交道,旅游活动之间的衔接和安排非常顺畅,大大提高了游客的满意度。除了途易以外,托马斯·库克、日本交通公社等大型的旅游企业也都实施了一体化运营(见表13-10)。

表13-10 世界知名旅游企业提供的一体化服务

公司	旅游批发	旅游零售	饭店	航空运输	游轮	汽车租赁
托马斯·库克	√	√	√	√	—	—
原任我行*	√	√	√	√	√	√
原第一选择*	√	√	—	√	√	√
途易	√	√	√	√	√	√
瑞威	√	√	√	—	√	—
原胜腾*	√	√	√	—	—	√
日本交通公社	√	√	√	√	√	√
卡尔森	√	√	√	√	√	√
伊波罗之星集团(Grupo Iberostar)	√	√	√	√	√	—
雅高	√	√	√	—	—	—

注:任我行(My Travel)、第一选择(First Choice)已分别被托马斯·库克和途易并购;胜腾在2006年进行了分拆,几大业务板块各自独立。
资料来源:笔者整理。

当然,在很多游客追求所谓"无缝连接"服务、推动一体化程度提高的同时,我们也要看到,在众多低收入顾客追求低成本的推动下,非一体化的专业服务也开始大量出现。例如,随着信息技术不断渗透到旅游服务业中,到到网、穷游网等一些专门提供旅游信息服务的公司应运而生。

(三)不断细分市场,提供全覆盖的服务

随着经济的发展和社会的进步,人们对于旅游体验的需求已呈多样化。有的旅游者热衷于四处观光,有的旅游者开始追求休憩;有的旅游者希望领略都市文明,有的旅游者则希望到自然风景区;有的喜欢人文,有的喜欢探险;有的喜欢动,有的喜欢静;有的希望参与,有的喜欢观赏。然而,目前我国旅游市场的细分还不够充分,尽管旅游者有着多种多样的旅游需求,但是市场并不一定能够满足这些需求。在这一方面,我们的旅游企业应该根据旅游者的需求变化不断调整自己的产品设计思路，积极进行产品和服务创新，不间断地推陈出新，为旅游者提供更多满足他们需求的产品。

在这一方面，国外一些大型旅游企业的成功实践值得我们学习借鉴。我们仍以欧洲最大的旅游企业集团途易为例进行说明（见图13-6）。该集团的旅行产品市场分为主流度假市场、运动休闲市场及专业和新兴市场三大部分，每个部分中都包括众多针对性很强的品牌，面向不同的细分市场。其中，仅运动休闲市场就被分为滨水休闲、探险、滑雪、学生运动休闲和体育运动休闲等五个细分市场，每个细分市场中都包括数个品牌。其中，滨水休闲市场中的品牌有"泊"（The Moorings）、"阳光帆船"（Sunsail）和"乐之船"（Le Boat）；探险市场中的品牌有专事极地特种旅游的"夸克探险"（Quark Expeditions），还有专门经营探险旅游业务的"美洲徒步"（Trck America）、"游隼"（Peregrine）和"出埃及"（Exodus）；滑雪市场中包括了欧洲最大的滑雪度假组团社"雪晶"（Crystal）、"第一选择滑雪"（First Choice Ski）和"汤姆森滑雪"（Thomson Ski）等。在这样密集的细分之下，市场中很小、很专门的旅游者需求都可以得到满足，途易也获得了良好的运营绩效。

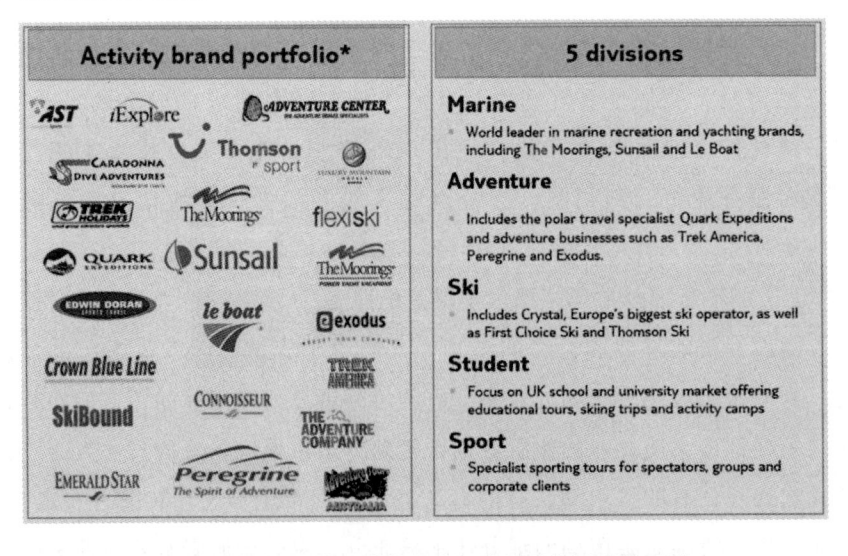

图13-6 途易的运动休闲市场产品品牌及产品系列

四　促进广义旅游服务发展

（一）坚持服务质量第一

在服务质量无法满足旅游者需求的情况下，产业的规模越大，对旅游者的负面影响也越大。发展广义旅游业，必须以服务质量为中心。通过加强标准化、规范市场秩序和品牌化的工作，服务质量才有可能得到保证。

1. 继续加强标准化工作

在全国服务业中，旅游行业是最早利用标准化推进行业管理工作的行业之一。20 多年来，标准化工作在提升行业服务质量和管理水平方面发挥了重要作用，并带动了整个服务业标准化的快速发展。今后，旅游和休闲标准化工作的范围还应该扩大，应该更重视企业标准化工作，切实通过标准化工作提高企业服务质量和管理水平。其中，还要把握标准化与个性化的关系，一般而言，标准是底线，个性求高线，创造是无限。但实际中，往往把标准当做高线，影响了服务的深化。

2. 有效规范市场秩序

广义旅游服务涉及旅游目的地的众多服务行业，部分行业中的企业良莠不齐，服务中存在严重质量问题甚至存在严重损害旅游者利益的做法。2012 年春节期间，三亚发生的系列"宰客"事件令许多游客乘兴而来、败兴而归。这些事件大多不是发生在旅游局行业管理范围内的景区或星级饭店，而是发生在社会餐馆和其他社会服务业中。这对市场秩序规范工作提出了较大的挑战。

3. 依靠品牌保证质量

旅游产品大多属于非物质产品，而且消费者的购买和消费过程往往是分离的，旅游者在购买的时候对所购服务的质量到底如何并不确定。品牌化建设有利于企业和目的地利用品牌传递服务产品的质量稳定性及持续性等重要信息，对于吸引旅游者具有重要的意义。

（二）加强协作

广义旅游服务综合性强、渗透面广、延伸范围大，工业、农业、制造业、商业等产业部门中的很多行业和企业都参与其中，对城市及目的地发展也有很大的带动作用。正是由于涉及面广、交叉环节多，广义旅游活动的发展需要跨行业、跨部门、跨区域的各类机构紧密协作。例如，在部门间协作方面，上海旅游主管部门加强了与工业、农业、宣传、发改、建交、文化、金融、体育、教育、科技、医药、气象等相关部门的合作，重点开发了会展旅游、文化旅游、体育旅游、养生保健旅游、美食旅游以及邮轮游船旅游等多项新产品和多项覆盖长三角的新服务。其中，上海市旅游局与气象局携手，推出了长三角旅游城市气象预报和登高观光指数，让旅游者的出游更为从容。

(三) 与信息技术结合

目前，旅游公共信息服务正在快速迈向智能化、个性化、便捷化，将信息化融入旅游业是大势所趋。广义旅游活动中各种类型的消费需求、各行各业的旅游供给都可以通过信息技术结合在一起，大大减少旅游者的时间和成本，增加旅游企业的收益。在国内的很多城市中，政府主管部门和旅游企业已经开始运用云计算、物联网等新技术，借助便携的终端上网设备，为游客实时提供准确便捷的信息服务。例如，为自助游爱好者设计的"行程规划系统"，可按游客的兴趣爱好、停留天数、出行方式、花费等关键词，自动设计最优线路；再如，"智慧景区管理与导游系统"能精准定位游客所在地，游客自由走动中方圆两米内的景点能够被系统自动"察觉"，并开始通过游客的手机自动播放语音导览。

(四) 全方位创新

广义旅游活动的开展需要我们在各个层面开展全方位的创新。从创新针对的对象而言，首先，我们可以大力开发一批交叉性强的新产品、新服务，创造出新的需求。例如将文教与旅游结合的修学旅游，将度假与商务结合的奖励旅游等。其次，我们可以抓住消费结构和技术变化中存在的机会，抓住市场中的空白点，实现商业模式的创新，例如驴妈妈、穷游网都是此类。再次，在企业运营过程中，我们还可以利用管理模式的创新更好地提高效率、降低成本，例如携程网实施的六西格玛管理。最后，在政府行业管理过程中，我们还应积极尝试体制创新。此外，从不同的职能来看，我们在市场营销、人力资源管理、后勤采购和技术运用等方面也存在较多的创新机会。以市场营销为例，近年来山东旅游业在"好客山东"品牌下延伸推广的"好客山东贺年会""好客山东休闲汇"等子品牌就取得了很好的效果。

（五）以城镇化为契机，促进广义旅游发展

2012年12月，国务院发布了《服务业发展"十二五"规划》（以下简称《规划》）。《规划》强调，发展服务业要与推进城镇化相结合。要"适应城镇化发展的趋势和要求，强化服务产业支撑，增强服务功能，在城镇化进程中完善服务体系，提升城镇宜居宜业水平"。从某种意义上来说，宜居的城镇也是适合休闲观光的城市；宜业的城镇也一定能够吸引公商务旅游者。在城镇化发展进程中，用于交通设施、绿化、垃圾污水处理、文教卫生、商业地产等方面的投资都会增加，这将有助于改善基础设施条件、美化环境、加强城市公共服务能力，对广义旅游活动的发展将起到重要的推动作用。

参考文献

[1] 戴斌：《旅游中的经济现象与经济学视角下的旅游活动——论旅游经济学学科体系的构建》，《旅游学刊》2001年第4期。
[2] 段强：《中国服务纵横谈》，旅游教育出版社，2012。
[3] 张辉：《旅游经济论》，旅游教育出版社，2002。
[4] 张辉等：《转型时期中国旅游产业环境，制度与模式研究》，旅游教育出版社，2005。
[5] 张凌云：《非惯常环境：旅游核心概念的再研究——建构旅游学研究框架的一种尝试》，《旅游学刊》2009年第7期。
[6] 魏小安：《与中国旅游同行——旅游研究与工作方法新论》，旅游教育出版社，2011。

第十四章
对应广义旅游的国际化发展

世界在变小,世界是平的。在贸易自由化、区域性经济合作和跨国企业全球扩张这三种互动力量的强劲推动下,国与国之间的经济联系日益紧密,各国的产业发展早已不能独善其身,中国的旅游产业也面临着国际化和全球化发展大潮的冲击。旅游产业如何国际化涵盖许许多多的内容,与广义旅游处处衔接。而对应广义旅游的国际化,也是中国旅游的发展趋势。

第一节 关于国际化

一 国际化定义

从经济学的角度来看,国际化的概念主要是指企业的商业活动走出单一国家的边界深入国际市场的过程(Susman,1988),从中引申出跨国经营的企业发展战略(如跨国公司的海外投资形态,Dunning,2000)、参与国际分工的产业发展路径(如计算机产业的软件外包)和构建区域经济合作的国家发展战略(如欧洲共同市场或东盟10+3的自由贸易协定)等从微观到宏观的诸多内容。

中国经济自改革开放以来就逐渐步入国际化的轨道,外资的进入、特区的建立和沿海省份加工贸易的发展皆可视为其重要的标志。进入20世纪90年代,招商引资、用对外贸易拉动国内经济成长成为中国政府的国策,并以加入世界贸易组织的契机倒逼国内市场的开放,长达十数年的积极努力使中国经济的对外开放程度大为提高。2002年中国终于迈进WTO

的门槛，正迎来世纪之交的全球化浪潮，中国制造业中的对外加工业已成为世界制造业国际分工的重要一环。世界产品，中国制造，中国已成为世界最大的出口国和主要原材料的最大进口国，中国经济的世界影响力随着国际化程度的提高而递增。

就世界旅游业的发展而言，国际化是随着各国旅游者走出国门的脚步而发生的。虽然旅行是个人化的行为，但当数量众多的旅行者汇集成百万人的洪流，就会给客源地国家和目的地国家的旅游市场带来深刻的变化：旅游产业的结构与形态，旅游企业的竞争策略，以及目的地区域的城市与乡村发展都会因此而改变。游人所及还会对目的地国家的政治和社会发展带来冲击，对包括文化风俗等诸多方面都带来潜移默化的影响，游客也会凝视自己的社会与文化，移风易俗，无远弗届（Lanfant，1980）。与制造业的国际化发展围绕产品成本降低和资源有效利用的规模化布局相类似，旅游产业的国际化发展是随着游客购买海外旅游服务而发生的，旅游产业的规模越大，产品服务的范围越广，旅游服务提供者的国际化整合优势就越明显，旅游企业品牌的国际竞争力就越强。因此，产业规模和服务品牌就成为衡量世界旅游强国的标志，也是产业发展的国际化程度的标志。

随着中国经济的成长和国民收入的增加，中国旅游业的国际地位一直在上升。2011年，中国在游客到达人数和出国人数的世界排名上均列第三位，而中国国内旅游市场的经济规模已居世界第一位，2012年国内旅游出行人数达29.6亿人次，国内旅游收入为22706亿元。同年，中国出国游人数达8300万人次，其中因私出国人数达7700万人次，占全部出国游人数的92.6%[①]。预计中国出国旅游人数将在2013年超过德国和美国居世界第一位，与改革初期中国人很少出国且多为公务出国的情形相比，中国旅游业的发展的确令国人骄傲。

中国的世界旅游大国地位已毋庸置疑，但旅游强国的地位还远未确立。中国的人均收入仍远落后于西方国家，国人的人均旅游消费还处于较低的水平。相较于先进国家，在旅游产业跨国经营的规模、品牌知名度和

---

① 国家统计局：《2012年国民经济和社会发展统计公报》。

影响力、产业国际化、市场化和信息化发展等诸多方面，中国的旅游产业还有巨大的追赶空间。

二 中国旅游国际化进程

1978 年，还处在计划经济下的中国旅行业距市场经济还很遥远，旅游相关单位全部是事业单位，旅游作为外事接待的一部分，由政府外事部门管理，从旅行社、酒店到景区都在按照计划经济的体制运营，不知资产责任和自负盈亏为何物。由于户口、票证、单位等诸多对人口流动的体制性限制、较低的人均收入和"先生产后生活"等体制性的闲暇安排的缺位，绝大部分的中国居民当时还没有旅游消费的可能，旅行也仅限于直线的探亲活动，这导致国内旅游业的发展极为有限。中国的旅行业走的是先国际（International Inbound，外国游客进来）、后国内（Domestic Tourism，国内旅游）、再双向（Inbound & Outbound）的发展道路，中国旅游业的国际化实践是从接待入境的外国游客开始的。为了做好这一业务，中国必须了解外国游客的消费习惯，学习国际商业惯例，适应国际市场的需要。在改革开放的初期阶段，进入中国最早的外资都与旅游业有关，如第一家中外合资公司是北京航空食品有限公司[①]，紧随其后被批准的是北京建国饭店、长城饭店、广州白天鹅酒店等。这些合资企业带来了新的经营理念、管理技术以及与市场挂钩的业态，并以高效率、高收益的表现为中国旅游业树立了追赶的榜样。这是被动的国际化阶段，也不可避免地留下被牵着走的烙印。但从产业发展的角度来看，由于起步就瞄准国外市场，硬件建设的起点是很高的，但管理模式等软件建设特别是企业文化等还处于落后追赶之中。例如中国的酒店业，由于没有国外客源和缺乏管理现代酒店业的经验，不得不与外商合资经营，且外资多以轻资产的方式进入合资企业，即外资与中方签订长期管理合同，依靠品牌及管理输出来入股，并不直接或很少做酒店投资。这样的结果使外资在实质资本投入很少的情况下取得大部分中国高星级酒店的管理控制权，也拿走了这些酒店的相当大

[①] 该公司 1980 年 5 月 1 日在北京正式挂牌，取得了国家外资委发放的中外合资企业第"001 号"执照，新华网。

比例的利润。

直到20世纪90年代中期，中国旅游业一直以工业化初期甚至手工业的旅游运作方式（如人力记账），以做学徒的态度，对应国际上已进入工业化后期的国家旅游产业的运作方式。但落后的中国也有后发的优势，凭借经济转型中政府对产业发展的巨大影响力，中国可以在短时间内大力引进国际旅游业的先进管理方式，标准化的实施就是典型的例子。借鉴多方面的国际经验，中国在90年代由国家旅游局制定并推行了一系列旅游产业标准，包括《旅游饭店星级标准》（1993）、《中国优秀旅游城市创建标准》（1994）、《内河游船星级标准》（1995）、《旅行社资质等级标准》（1997）和《旅游区（点）质量等级服务标准》（1999）等，在10年间使中国旅游产业的规范化经营和服务质量有非常大的改进。应该看到，服务标准化是工业化社会中产业规模化和标准化发展的一部分，检视上述这些中国旅游产业的标准，很容易发现其内在精神与工业化大批量生产的要求是完全一致的，即实行专业分工与专业化，通过规模效益降低成本，用标准化实现管理效率的提高等（诺木汗，2011）。这些在旅游产业实施的国际化、标准化折射出中国在该阶段迅速的工业化、城镇化与技术进步给社会生活带来的冲击与影响，也表现出中国旅游产业（包括相关政府部门和产业）的开放心胸、学习精神和实践态度（魏小安，1996）。

从20世纪90年代末期开始，中国为加入世界贸易组织开始实施包括降低关税和市场准入门槛等自由化措施在内的市场开放时间表，中国经济，特别是第三产业部门包括金融、通信、物流、商业零售和旅游等服务产业，与世界市场大踏步接轨。在这个过程中，随着世纪之交全球化和信息革命的大潮，中国经济在之前20年量的积累基础上开始规模上的飞跃。中国制造业中的出口加工行业已成为跨国公司全球化产业布局的一部分，中国旅游业卷入国际产业分工的态势也十分明显，国际酒店集团在中国的连锁扩展进一步加快，将国内大多数高星级酒店通过委托管理的方式尽入囊中。此时西方先进国家已大踏步地进入后工业化时代，中国旅游业的国际化努力，仍然是追赶第一梯队的马拉松长跑，总体上仍然是落后的。

35年过去了，中国旅游业完成了从事业型向产业型的转变，旅游业的国内产业结构已相当完整，中国国内游的营运收入已超过入境游。近年来，中国国内旅游消费值每年以双位数字攀升，而入境旅游上升的速度则逐年变缓①，旅游接待设施的客源也由国外旅客变为国内旅客，这是一个深刻的变化。未来 10 年，中国旅游业的国际化发展将进入一个新的阶段，每年赴海外的中国游客很快会超过 1 亿人。伴随着滔滔人流，会出现中国旅游业海外投资和海外经营的高潮，投资的范围将涵盖旅行社、酒店、景区、娱乐业等旅游主业和相关产业（如商业、交通、物流、网络媒体等）。这一波国际扩展的胜负关键，在于中国旅游业能否在国际化经营上再上层楼，进入引跑行业发展的领先阵营，即在国际化经营的规模上显著扩大，提高在世界旅游市场的占有率，并建立起有国际知名度高的品牌。

国际竞争国内化，国内市场国际化，已经是大势所趋。一步先，步步先；一步赶不上，步步赶不上，不仅丧失规则参与权、秩序维护权、价格制定权、发展话语权，甚至连生存权也没有②。所以中国旅游产业不能再亦步亦趋，需要抓住国际产业发展新机会，并领先实践，才可能实现中国经验国际化和对国际市场发展动向的关键影响力。这是一个经济大国的必然，也是一个未来的旅游强国的责任。

第二节　国际化先从自己做起

从广义旅游的角度来看，国际化首先要从自己做起，有了制度和运行的国际化，中国旅游的国际化才有基础，"走出去"才有条件。这主要体现在国民权利、国土开放、市场导向与多元参与这四个方面。

一　国民休闲权利：确认、扩大与责任

第一是国民权利的确认。从中国旅游先国际后国内的发展历程来看，国民与旅游相关的休闲权利的确认是逐步发展的。20 世纪 80 年代初期开始的农业改革，在推行按人口土地承包与家庭生产责任制的过程中给予乡村居民平等的土地申领权和承包权，这就在客观上废止了"家庭出身"

---

① 历年中国旅游统计。
② 魏小安：《杭州旅游：新城市，新模式，新发展之二》，魏小安的博客，weixiaoan. i. sohu. com/blog/view/211405653. htm。

这一把公民分成三六九等的歧视性政策，影响深远。之后计划经济的退出、票证配给体系的消亡与市场经济的发展使依附于村社和单位的中国公民有了迁徙择业的空间。1994年通过、1995年生效实施的《中华人民共和国劳动法》，第一次为中国国土上的劳动关系与工作者权利建立了全国统一的法律框架，即无论工作于何种环境，工作者应享有平等的就业权利、享受节假日的权利、对超时工作限制的权利等。改革开放所带来的中国社会进步中，公民基本人权包括休闲权利的建立是至关重要的方面，没有公民的迁徙自由，没有工作之外休息与休假时间的保障，国民旅游根本无从说起。

同时我们也必须清醒地看到，国民的基本权利在法律保护与社会现实之间仍有较大的落差，法律所赋予的对国民工作与休闲权利的保障仍然非常不充分，这也正好反映了中国社会仍处于工业化与城镇化快速发展阶段的时代特征。西方国家对国民基本人权的确立是与工业化与城镇化的发展所带来的工作者工作与休闲权利的确认紧密联系的，工作时间的减少与休闲权利的扩大与资本主义市场经济的发展并不矛盾（Hargreaves，1986）。除了有规律的休闲活动有助于提高劳工的工作效率之外，大规模的国民休闲还创造出新的社会需求，促进新的产业发展（如交通、度假旅馆等），成为利润积累与资本扩张的新契机。此外，国民休闲活动还可以形塑主流文化认同（如国家认同、社会价值认同等），营造公共道德和共同体社会意识，从而有助于维持现存的政治秩序与社会秩序。

第二是国民休闲权利的扩大。近年来中国共产党的执政路线开始强调社会发展必须以人为本，提出建立和谐社会等主张，并尝试解决城市农民工生存保障、农民工子女入学等公民待遇不平等问题，这客观上是落实与保障公民基本人权的体现（包括自由迁徙、生存保障、平等教育权等）。在与旅游产业密切相关的劳动者工作时间与休闲权方面，也开始有新的改革呼声与尝试，如对外资企业中劳工的工作时间和休假权利的规定与监督，对黄金周休假制度的检讨，增加清明节休假等民俗节日的国民休假、提倡弹性休假制度、公民因私出国护照申请的开放等。这些新推出的政策和凝聚的社会共识，正反映了现阶段中国工业化和城镇化发展的阶段性要求，必将导致法律保护下的新的公民权利的拓展（如反对种族歧视和宗教歧视、女性权利、同性恋权利、儿童身心保护等）以及国民休闲权利的进一步扩大和旅游产业发展的更大空间。

　　从国际经验来看，在后工业化的社会中服务业取代制造业成为最主要的产业部门，国民需求的重心转向服务业，对生活品质、身心健康和自我发展提出更高的要求，出现了观光式旅游让步于体验式旅游、特色休闲、个性化服务等旅游产业的新现象。这种转向绝不简单是后工业化过程在服务产业的深化，而是在更广泛的层面上公民社会的发展在超越工业化和标准化的体制束缚，争取个体和群体表达的不同声音，是和而不同的体现。全球化不仅把中国变为世界工厂，也带来后工业化的强大影响。已基本完成工业化的中国沿海城市正步入后工业化的时代，中国人对公民权利包括休闲权利的观念日益与时俱进，出现休闲产品个性化、社区休闲多样化，要求更多的城市公共休闲空间、公共休闲政策参与和在休闲时间的志愿者活动等，中国人的休闲观在快速与国际接轨。

　　第三是国民权利和责任。权利与责任是一体两面的，不负责任的权利是危险的权利，国民的休闲度假权利也是一样。人类发展进入后工业化社会，对工业化时代带来的消费主义与不计环境代价的经济成长出现了很多反省与批评，从20世纪80年代罗马俱乐部提出零增长的讨论到近些年关于应对地球气候危机而减碳节能的国际努力（米都斯，1997），直到"第三次工业革命"的主张，将可再生能源和互联网技术的结合看成是21世纪前半叶世界经济发展的主要方向（Rifkin，2011）。与这些环保主张相对应的是绿色旅游的概念成为国际旅游者和各国旅游业者应共同遵循的新观念。绿色旅游是指所有旅游参与者在旅游产业链的各个环节中，都秉持尊重自然、珍惜环境、维护乡土文化，从而达到社会公平、经济发展和生态环境永续的结果。为了达致这样的目标，联合国教科文组织（UNESCO）、国际旅游组织（WTO）、众多旅游产业及专业组织已经在2008年制定与推出了"全球可持续旅游准则"[①]（Global Sustainable Tourism Criteria），并在2012年推出经过广泛征求意见后修订的第二版，适用于旅游业与酒店业。这一自愿性的企业社会责任规范涵盖了四个方面

[①] 参见 http://www.gstcouncil.org/sustainable-tourism-gstc-criteria.html。

的旅游业社会责任议题，共 37 条最低标准，包括有效的可持续规划、增强在地社区的社会利益与经济利益、增进文化遗产的价值和尽可能不破坏环境。这一标准在中国还没有成为国家标准或业界标准，如果有更多的政府官员、旅游开发商和旅游业者接受这些可持续旅游的理念，对中国旅游产业的发展未来可谓意义重大。

另外，中国国民休闲权利的观念演进必须考虑对中国旅游人口的巨大数量和流量的把握。以什么速度增长、以多大数量出行、到哪里度假休闲、从事什么活动、进行多长时间、花多少钱等这些旅游产业管理的常识性问题，当遇到中国旅游人口的巨大数量、增量与流量问题时，就会变成对空间与资源的巨大挑战。笔者曾于 2012 年就自驾游问题将中国与美国这两个国土面积接近的国家做过简单的比较，在对比两国的汽车拥有量、公路通车里程、交通产业结构（航空、铁路、公路等产业构成）、交通流量等相关数据的基础上，考量中国国民经济在上述领域的增长情形（如中国私人汽车的拥有量以目前每年超过 1000 万辆的速度成长），得出中国自驾游将仅有 10~15 年的黄金发展期，之后中国的公路空间将无法承载进一步增加的汽车交通流量这一结论。这个估计还没有考虑再进一步发展的资源和环境压力——如果中国家庭汽车拥有量向美国现阶段的平均值看齐增长，将会消耗多少能源、矿产资源和相关产业资源，会对中国和世界产生怎样的气体排放、二氧化碳污染和其他无法负荷的环境破坏。2008 年欧洲议会（COE）提出了一份标题为"大量游客进入欧洲：是威胁还是机会？"的报告[1]，指出必须兼顾环境保护、生活品质、文化多样性、社会公平性和经济繁荣的原则，制定强有力的政策支持可持续发展，才能确保以质量为导向的旅游业发展。

中国的国内旅游人数在过去 10 年增长 10 倍以上（2000 年的该项数字为不到 2 亿人次），如果这个数字在未来 10 年再增加几倍会怎样，比如说 120 亿人次[2]？中国旅游业需要怎样的景区、酒店、购物等主业服务能力和交通、物流等产业配套设施？如果中国出国游客的数字达到每年

---

[1] 参见 Mass tourism in Europe: a threat or an opportunity? http://assembly.coe.int。
[2] 从比例上说，这样的数字并非高不可攀，如 2012 年我国台湾的旅游人次就达 2.7 亿人次，超过人口总数的 10 倍。

2亿~3亿人次会对世界旅游产业产生怎样的冲击？这是中国旅游发展的大难题，也是攸关世界旅游发展的大难题。中国的政府、国民和旅游业很可能在未来十年就面临这样的问题：我们是否要对国民休闲的责任开始有更多的强调？我们是否需要在休闲权利观日益与国际接轨的时刻，改变与西方国家不同的休闲观念？这些问题值得认真思索与解答。

二 国土空间：向国民的开放与永续经营

中国有广阔的国土，但从国民旅游的角度来看，广阔天地还没有向国民全面开放。国民享有在国土空间内广泛的休闲权利是公民基本权利的一部分，国民也有权利过问属于公有的国土空间的使用方式和保护方式。国土开放包括陆地（山地、森林、沙漠等各种能够提供特殊景观的地域）、水域、海域、空域和其他公共空间。

改革开放以来，中国的国土向国民旅游开放是一个渐进的过程，对国土的管控也经历了军事优先、GDP优先和生态维护优先这样几个阶段。例如内蒙古满洲里市由于地处边境，尽管有旅游通航的需求，当国防的边防边境管制需求压倒旅游的消费者需求时，建设机场的提议曾大费周章，到2003年才获准建设。中国的沿海海域、内地空域目前仍大部分没有开放，这就妨碍了海域水面、水下旅游活动和空中旅游项目的开展，中国的游艇经济、通用航空产业也就无法获得赖以成长的空间①，在这些方面中国与很多国家比仍存有较大的差距。再如，目前中国国家森林公园的使用政策是实验区可以开发，缓冲区可以开放，核心区不对旅游开放，森林公园内部也少对儿童等特殊群体开放的营地设施。而西方国家的国家森林体系是完全对国民开放的（通常会收取森林公园的入门费），并且大多有对少年儿童相关组织免费提供的营地（如美国的童子军营地）。

国家的领土空间是全民的资产，其使用应该是一个永续经营、保值增值的过程，如此才可以为今天的国民和他们的子孙后代留下可以长期使用的宝贵资源。但在中国，国土空间的保护犹如经济学的外部性问题，不但少人问津，而且常有局限于眼前的经济利益、对公共资源竭泽而渔的情

---

① 《我国5月有望全面开放低空领域》，中国新闻网人大会议系列报道，2013年3月8日。

形。例如内蒙古有巨量的煤炭蕴藏，在 GDP 增长优先的政策引导下，很多露天煤矿的开采完全不顾地形地貌的维护，导致满地疮痍、地下水下降，草原生态被从根本上破坏。还有内陆湖泊，本是公共资源，却被养殖户承包或种植户围垦，养殖和围垦造成污染、破坏了湖光水色，当然也葬送了最好的旅游资源，如云南的滇池就是这样的例子。

西方国家由于悠久的私人所有制的历史传统，有相当数量的土地归私人所有，近年来有所谓公民的国土空间使用权应该平等的立法议题。例如英国就有喜欢户外运动的民众要求私人领地中的乡野空间也应允许游客有穿行的权利（right to roam），因而有"古道穿行运动"及保护游客穿行权利的立法案通过［Countryside and Rights of Way（CROW）Act 2000］。但在生态脆弱的区域，这种游客的自由穿行很可能对环境带来破坏性的影响，因此也必须对其加以某种限制①。对比之下，中国的绝大部分资源归国家所有，国土开放应该是中国的后发优势。但中国人口的巨大基数也很可能使未来的国土开放必须妥善考虑保护环境这个前提。

国土开放还包括远海海域对国民旅游的开放，如南海诸岛。由于对这些海域的某些部分中国与相邻国家还存在领土争议，国民旅游向这些区域的推展还能起到国民外交的功用。此外，国家领空的第五航权开放也是国土开放的内容，中国的民用航空产业必须利用对等的第五航权开放才能更多地进入国际市场。航权开放还可以因为提高交易效率、增加贸易机会和促进信息共享促进经济增长尤其是服务业发展（Williams and V. Balaz，2009）。

最后，国土空间的开放还包括政府等占用的公共资源对国民开放，如美国的国会和白宫，英国的白金汉宫等皆有对民众开放参观的时间表。相较之下，各省市的政府办公设施等也应该适当向中外民众开放。

三　市场导向：国有向民营的转身

近年来，中国的经济发展中有所谓"国进民退"的现象，即国有企业凭借其"共和国长子"的身份，垄断某些资源或低价取得某些资源如

---

① 见英文自由百科中"Freedom to roam"栏目。

土地，在相关行业的经营中造成排挤民营企业的效果。从中国的旅游市场来看，大型的旅游集团多为国有，2011 年中国旅游产业 20 强中大多数为国有公司，如港中旅集团、北京首旅集团、华侨城集团和国旅集团分别排在第一、第三、第四与第五位[1]。这种国有旅游企业风景这边独好的局面是中国旅游产业现阶段发展的特征，不是市场经济高度发展的结果。恰恰相反，这反映了中国经济的制度转型还远没有完成，市场经济在旅游业的发展还任重而道远。

从世界各国市场经济发展的成功经验来看，国有经济确有存在的理由。美国这个资本主义高度发达的国家，来自政府部门的产出仍然占国民收入的 20% 左右。像国防、外交、安全、卫生防疫和市场监管这些中央政府提供的公共服务和市政、警察、教育等地方政府所完成的公共服务，市场是无法或难以有效提供的。

在国外旅游产业中，也确有公共服务的运作空间存在，如美国的国家公园体系、各国城市公共休闲空间的提供与管理等，但也仅此而已。而在旅游产业中，连旅行社、酒店都还由国有企业经营的情况在市场经济主导的国家就很少见了，目前国际上知名的跨国旅游集团没有一家是国有企业就是明证。按照市场经济的竞争规律，能够由商业企业或非政府企业提供的服务没必要由国有企业去完成，因为这些国企的预算软约束机制和企业领导人的政治任命，总是会使政府偏好优先于市场需要，最终导致企业偏离市场经营的目标，造成长期经济效益的低下和资源的浪费，结果是国有资产的流失和纳税人血汗的虚耗。

再从中国各地旅游市场的产业建设来看，政府这只"看得见的手"也变成了闲不住的手，无处不在。表现在酒店与景区建设上，各地盲目追求高星级酒店、4A 或 5A 景区的面子工程、政绩工程普遍存在，也造成很多酒店和景区经营效益差、投资无法收回的后果。这种罔顾市场定位，仅凭官员好恶就非要上马的做法的流行，也为官员腐败、国产资源流失制造了大量机会。

从中国旅游业走向国际市场的角度来看，目前国有企业独大的情形也

---

[1] 见国家旅游局网站。

非常不利。海外直接投资的国际通例是由私人企业进行，通常采取创业、并购、合资等形式，所在国政府对外国国有企业在本地注册经营、购买资产、并购本地企业或合资经营通常采取非常谨慎的态度。

因此，无论从维护公平竞争和市场秩序以推动市场经济健康发展，还是从促进社会资源利用的优化和国内旅游产业经营效率的提高，或是从中国旅游产业进军国际市场和增强国际竞争力来看，中国旅游产业中的国有企业都必须完成向民营化的转身。当然，这个转变需要一个过程，需要创新摸索的时间，也需要社会的支持和对转变方式尝试的宽容。

四　多元参与观：政府、国企、民企、NGO 等各司其职[①]

从世界旅游市场的发展来看，旅游市场的参与者包括立法机构、政府、企业（包括国有与民营企业）、非政府组织、所在社区和旅游消费者等多元成分，绝不由政府或少数垄断组织包办。各方面力量各司其职、通力合作，则公共服务提供充分、市场经济稳定发展、消费者充分实现休闲权利。

西方国家在完成工业化与城镇化之后，开始进入后工业化阶段，政府功能（包括中央政府和地方政府）也开始转型。就国民休闲活动而言，社区的休闲需求开始在地方政府的政策制定与执行中受到强调，提供休闲服务逐渐成为政府公共服务的重要内容。政府国民休闲政策的出发点不再是维护既有社会秩序的政治意识形态，而指向通过发展丰富的休闲活动提升国民的生活品质和包容社区的多元文化。在地方政府提供的公共休闲设施与休闲服务方面，出现了很多面向市民生活的改变，包括公共休闲环境的充分与便捷、住民导向、低价开放、前瞻设计、安全措施、多元设施、贴心服务和专业管理等。这些国外服务型政府的宝贵实践正是下阶段中国各级政府，特别是沿海地区城镇化已完成的城市政府，可以尝试去学习与创新的方向。

---

① 本节的讨论主要放在政府行为与非政府组织活动上，企业行为的国际化在第十五章会有较详尽的叙述。

2007年爆发的美国房地产不良债务引发的金融危机和随后欧元区国家发生的国家信用危机充分暴露了资本主义市场运行中监督与管理缺位的严重后果。对这些弊病的矫治必须有立法机构、政府机关、自由媒体、民营机构和民众的合作与互相监督才能完成，这也说明了市场参与者要与时俱进并各司其职的重要性。如果单独依赖某个参与者如企业或政府，则无法监督制衡，必然形成既得利益的独大，最后付出牺牲消费者和国民血汗的代价。

服务型的政府需要有非政府组织和公民志愿者的有力支持才能成功。例如美国国家公园中的营地大多由非政府组织自我管理，它们执行的营地标准并不由政府规定，而是来自国家游憩与公园协会（NRPA）这个专业团体所制定的行业标准[①]。NRPA在美国休闲产业中地位崇高，其所倡议的多项有关游憩活动与公共建设的标准被各级政府与专业组织接受。NRPA还推出对公园管理的评估标准和认证体系，包括对公园系统长期性规划与开发的具体要求，如环境评估、资源保护、公共安全、开放性与非歧视设施（如老年与残疾人）等，有效促进了这些公共休闲机构的管理水平的提高。

再如英国从20世纪90年代的政府改革尝试中开始引进对政府某些公共服务机构的第三方委托管理，如政府所属的博物馆、艺术中心等，这些第三方机构多为有专业知识与经验的民间非营利团体，通过它们自治管理的公共服务机构提升了服务效率，民众的满意度也大为提高。

欧洲乡村旅游发展的经验则提供了另一个市场参与者多元合作的例子。欧盟在推进欧盟国家农业多元发展的常年性融资项目LEADER时，强调被资助的各地乡村的多元发展方案中必须有地方行动团体［Local Action Group（LAG）］作为合作伙伴参与，其成员包括非营利组织和地方政府，吸收这些合作伙伴参加的目的重在建立正确的发展机制和取得项目完成的实效[②]。

---

① 该协会拥有21000名会员，包括来自全美9000个公园及休闲组织的代表（2009年数字），见该协会网站。
② http://ec.europa.eu/agriculture/rur/leaderplus/index_en.htm.

中国的旅游产业需要广泛借鉴这些成功的国际经验，在旅游产业的战略制定、政策研究、规划设计和建设运营等各个方面采用前瞻、创意、多元的运作方式，将政府支持、非政府组织合作和商业运行相结合，才会开拓出更完善可行的旅游发展的思路、取得更全面的产业格局的突破。

第三节　国际化发展

一　国际化的休闲产品和服务

改革开放以来，中国旅游产业取得了举世瞩目的发展，快速交通网络（飞机、高铁与高速公路等）的建立、具有各种星级的酒店与餐饮业的产业体系的逐渐完备，以及行业各种服务标准的广泛推行，使得向游客行住食方面提供的产品或服务已逐渐接近国际先进水平，但在休闲产品的多样性与国际化接轨方面仍有相当多的差距，有很多在国际市场上已广为接受的休闲产品或创意产品，在中国旅游市场中仍很难见到或很不完备，反映出中国旅游产业以观光产品为主的现状。

从国际市场上近年最流行的休闲度假产品来看，除了传统的"3S"（阳光、沙滩和临海）产品之外，还有非常多的高度体验性和地域特色的休闲产品。

1. 自然挑战类产品（Nature Challenge Activities，NCA）[①]

这类活动均在野外的自然环境中进行，涉及空气、水、土地、动物、植物与冰雪这六大类自然元素，包括如下内容。

a. 空中活动（air sports），如热气球、跳伞（包括定向、特技、水上等）、滑翔伞、滑翔机、低速飞行器（micro-lighting）、轻型飞机、软翼飞行器、星相观测等。

b. 水面活动（Water sports），如浮潜、冲浪、滑水、划艇、皮筏、帆

[①] Lee Davidson & Robert A. Stebbins (2011), Serious Leisure and Nature Sustainable Consumption in the Outdoors, Palgrave Macmillan (UK).

船等。

c. 野外穿行（trekking），如越野步行、山地自行车、山地骑马、沙地滑行、非器械登山（climbing）、野外定向、洞穴探险（caving）等。

d. 野外动物相关活动，如钓鱼、狩猎、鸟类观赏、昆虫类观赏等。

e. 野外植物群观赏，如野外摄影（动植物、风光、水下）、采集（植物、昆虫、矿物、化石）等。

f. 冰雪活动，如长距离滑雪、雪鞋越野、雪橇、雪橇犬（Skijoring）、机动雪橇等。

2. 极限运动类产品（Extreme Sports）

极限运动包括下列原则：极限运动是和自然的结合（高山溪流、蓝天大海等都是极限运动者的表演场所，强调在户外自然环境中挑战人类的生命极限），极限运动是一种非常个人化的运动（强调的是个人的技术、勇气和冒险精神）。极限运动是结合了一些难度较高且挑战性较大之组合运动项目的统称。包括：a. 滑板类活动，如滑板、雪板、极限滑水、自由滑雪、风筝冲浪、单板滑雪、陆上风帆等；b. 攀岩登山类活动，如攀岩、冰攀、运动型登山、岩壁垂降等；c. 空中活动，如特技飞行、极限跳伞、高空弹跳、飞鼠装滑翔运动、悬挂式滑翔等；d. 水下活动：洞穴潜水、器械潜水等；e. 速度竞技活动，如直排轮、极限单车、越野摩托车、赛车等。

上述两类休闲活动的开展皆需要很高的国土开放程度（如森林山地、低空空域、沿海水域等）、专属的场地设施（如旅游机场、旅游码头、赛车场、马场、训练场馆等）、专业的产品制造与维修，与相关休闲活动的技术安全标准。而推广这些休闲项目，除了要借助市场行销外，还需要引进与培养国际化的专业人才，引入现代化的训练设施，与发展相关的专业组织（如飞行俱乐部、马术俱乐部、跳伞俱乐部、滑雪俱乐部、极限运动协会等）。

3. 身心调整类产品

a. 精神或宗教：朝圣、静修、行脚、禅修等；b. 身心治疗：医疗、美容、瑜伽、辟谷等；c. 实践行为：宣教、志愿者等；d. 粉丝行为：观赛、赶场、集会等。

4. 有地域特色、文化意涵和品牌关联的产品

a. 细分的文化类产品（如河谷酒庄之旅、海岸城堡之旅等）；b. 独特的饮食类产品；c. 独特的手工艺产品；d. 有收藏价值的限量品牌产品等。

身处网络化和全球化时代，文化的相互影响日益超越国界与文化的藩篱，中国的游客需求不会长期落在西方国家的消费潮流后面。都市或乡村中较年轻、有知识的消费人群（如白领阶层等）正出现无国界的文化认同现象，这些e世代的消费者认同国际流行文化，用智能手机搜寻信息，用"脸书"类的社会媒体共享信息，会与世界各地的同辈人同步接受新观念、新技术，尝试新产品，拥抱新的生活方式。因此，那些看起来很遥远陌生的产品，只要有适当的传播方式和尝试活动就可以很快在中国蔚然成风。

从上述休闲产品的范围也可以看出国际旅游市场走向休闲体验式和个性化产品的趋势，旅游产品必须走细分和专业的路线，才能提供面向市场的个性化服务。而要推出上述类型的休闲产品，目前中国扎堆式的景区活动或近郊封闭式的会议度假村模式会受到很大的挑战。这些休闲活动往往需要较大空间间隔、较长距离、多站式和多样化的活动安排，因此要求度假地的建设拥有大纵深的景点安排、分散式的接待区域与广泛快速的救援能力等。这些都是中国的旅游业者在未来发展中需要时间、经验与创意去打造的。

二 国际化发展战略与经营手段

中国已成为世界旅游大国，但主要以数量取胜而非质量取胜。中国的旅游产业集团的规模优势仅立足于国内，且多占据的是中低端市场。国内旅游市场上基本上是同质性的产品竞争，包括城市度假产品、乡村旅游产品、旅游纪念品等皆出现雷同的现象，如各地的印象系列歌舞，城市周边的土鸡炖鱼农家饭，以及各地景区入口区商店出售的粗制滥造、如出一源的旅游工艺品。这些现象既是工业化发展初期旅游服务业不够发达的自然表现，也反映出中国旅游产业的国际化还远没有走出自

主竞争的道路，很多旅游产品只是限于生存，难以持续发展。中国的旅游产业必须借鉴工业化成熟期的发展手段和发挥后工业化的文化创意，才有望展现规模化优势，建立国际知名品牌，掌握信息化技术和实现多元与可持续发展。

1. 规模化的跨国旅游集团发展模式

纵观西方的国际旅游产业发展，各旅游强国均有领军的跨国旅游集团，如美国的万豪酒店集团（Marriott）和喜达屋酒店集团（Starwood）、英国的洲际酒店集团（IHG）、德国的途易集团（TUI）、法国的雅高集团（Accor）等。这些旅游集团均资产雄厚、规模巨大，员工人数达十几万人，在业界举足轻重。这些集团中，有的整合多个相关行业，有的专攻某领域，还有些更大型的跨国集团涉足包括旅游产业在内的更广泛商业领域（旅游产业收入仅占其总收入的一小部分）[①]，但都是卓然有成，可谓群星灿烂。中国旅游产业的领先集团与之相比，目前都还仅立足于国内旅游市场，在跨国业务发展的规模和竞争品牌方面远远落后于上述国际知名的跨国旅游集团。

专栏 14-1　跨国旅游集团

法国雅高集团是一家经营酒店业的跨国集团，2012 年的营业收入达 56.5 亿欧元。尽管受到全球金融风暴的影响，雅高在近年的规模扩张仍然没有减速，仅 2012 年就完成了 210 家新酒店（38000 个房间）的开业，使其全球掌管的酒店数目达到 3516 家（450487 个房间），稳居全球酒店产业的前三名[②]。雅高集团 1967 年在法国起家，通过合资、并购、租赁、管理合同等多种方式发展酒店业务，很快扩展到欧洲全境和其他地区。2012 年集团全球营业收入中欧洲部分占据的比重高达 71%，在北美的业务因出售美国连锁酒店品牌六号汽车旅馆（Motel 6）而大为减

[①] 如美国的华特迪士尼公司以迪斯尼主题公园闻名，但其电视网络媒体收入占集团收入的七成。法国的威望迪环球集团以环球影城闻名，但其主要业务收入为公共环境服务和传媒通信。

[②] 此段及下表引述的数字皆引自该公司 2012 年报，见公司网站 http://www.accor.com/en.html。

少,但在亚太地区进展顺利。雅高集团对新兴市场(如以"金砖四国"为代表的中国、印度和巴西等国家)高度重视,下辖的酒店规模近年来在这些国家增长很快。2012年在中国与巴西的酒店数量分别达到127家(31000个房间)和167家,在未来三年内还将在这两个国家再各开业100家酒店。

表 14-1 雅高集团情况

单位:百万欧元,%

区域	金额	占比
法国	215.7	41
欧洲(不含法国)	157.8	30
北美	5.3	1
南美洲	42.1	8
非洲	21.0	4
亚太	57.9	11
其他	26.3	5
全球总计	526	100

跨国旅游集团发展策略的一个特点是跟随本国游客的脚步走向世界,先在本国和周边国家建立市场基础和管理框架,然后逐步推展,经营全球。例如著名的洲际酒店集团(IHG)由泛美航空公司的创办人胡安·特里普于1946年创立于巴西,最初的目的是为泛美航空的机组人员服务,随着航空公司航线的扩展而逐步扩展到全世界。该公司几经转手,现在的IHG控股公司是在英国伦敦上市的公司。到2012年底该集团所属的酒店在全球达4602家(总共675982个房间),其中连锁经营的酒店数目为3934家,管理合同经营的酒店数目为658家,自己拥有的酒店仅10家[①](对这种轻资产的经营策略在下一节还有更详细的讨论)。值得注意的是该集团相当重视中国市场的巨大消费能力和发展潜力,特别在管理架构上成立了大中华区。

---

① 所引数据皆出于2012年度洲际酒店集团公司年报,见 http://www.ihgplc.com。

表 14-2　洲际酒店集团情况

单位：百万美元,%

区域	金额	占比
北美	837	45.6
欧洲	436	23.8
中东-亚-非洲	218	11.9
大中华区	230	12.5
中南美	114	6.2
全球总计	1835	100.0

从表 14-2 可以看出该集团的营业收入的全球分布（其 2012 年度的税前利润为 5.56 亿美元），反映出该集团以美国为大本营发展出来的全球化发展策略已稳步实现。考虑到中国游客走向世界的脚步刚刚开始，大规模的海外休闲度假、商务探亲的人潮将洪波涌起，中国旅游产业是否已做好准备，开始制定属于自己的宏图大计，踏上开拓世界市场的征程？

2. 创意竞争与品牌策略

旅游市场是高度竞争的市场，又是以质量取胜的市场，靠的是优质服务打动旅游消费者的心。谁能给旅游者带来独特美好的消费体验，谁就能留住客群；谁能长期锁定客群，谁就能够稳定占有市场份额；谁能在开拓市场和产品上推陈出新，谁就具有产业的竞争力；谁能长期保有竞争优势，谁就具有可持续成长的品牌。因此，旅游市场上的领先集团不论是专业经营还是跨业经营，也不论主要是在哪一个市场经营，都是靠优质服务，靠服务与产品创新，靠建立可持久经营的品牌。这一点也是中国旅游业走向国际化亟须借鉴的方面。

国际知名的旅游集团在国际旅游市场上都是创意竞争和品牌经营的高手。例如1980年成立的美国喜达屋酒店集团（Starwood）以经营精致和豪华酒店而著名，在全球拥有1134家酒店，近一半在北美区（576家），其次为亚太区（243家）。该集团的经营策略是强调旅店设计的独特性和酒店服务的优质性，拥有9个各具特色的酒店品牌，包括圣瑞吉、威斯汀、喜来登、W系列等。该集团的主打品牌是喜来登酒店和威斯汀酒店，占该集团全部酒店数目的46.5%和房间总数的66.9%。这两个品牌年代久远，其命名可追溯到 20 世纪 30 年代。而圣瑞吉酒店（1999 年推出）和 W 酒店（1998 年推出）则是该集团近十几年的新品牌。其中圣瑞吉酒店是该集团豪华酒店的顶级品牌，全球仅 30 家，而 W 酒店走的是豪华主题设计酒店（luxury boutique hotel）的路子，主题与地域特色结合，绝不重复。W 酒店的经营理念在于成为所在城市文化的中心，以时尚、简约、注重艺术与流行文化等创新风格吸引高端客户，结合当地特色发展出令人印象深刻的设计，其与一般酒店的最大差别是每间客房都有风格各异的主题设计①（如香港 W 酒店以自然及"金木水火土"五行作设计概念），令入住旅客惊艳。

表 14－3　2012 年喜达屋酒店集团品牌酒店的全球分布

单位：家，%

	酒店家数	占比	房间数	占比
圣瑞吉 St. Regis	30	2.6	6400	1.9
豪华精选 Luxury Collection	85	7.5	16400	4.9
W 系列	44	3.9	12400	3.7
威斯汀 Westin	192	16.9	74600	22.2
艾美 LeMéridien	96	8.5	25400	7.6
喜来登 Sheraton	427	37.7	149800	44.7
福朋 Four Points	171	15.1	30900	9.2
雅乐轩 Aloft	62	5.5	9900	3.0
威斯汀副牌 Element	10	0.9	1600	0.5
其他独立酒店	17	1.5	8000	2.4
全球总计	1134	100.0	335400	100.0

美国万豪酒店集团的品牌策略则非常不同于喜达屋集团，该集团在全球 74 个国家拥有 3801 家酒店（660394 个房间），2012 年的营业收入达 118 亿美元，净收入达 5.7 亿美元②。该集团执行的是多品牌战略，对市

---

① 参见该酒店网站，http：//www.starwoodhotels.com/whotels/index.html。
② 该集团数据均引自 2012 年公司年报，见公司网站，http：//www.marriott.com/marriott/aboutmarriott.mi。

场做出区隔。除了顶级豪华酒店（如丽思卡尔顿品牌）之外，豪华酒店强调的是完整全面的服务（full service），便捷酒店强调的是舒适和有限服务（limited service）。在区隔后的两大类型的酒店中又各自有差异品牌，以便尽可能面对所有旅游者的消费需要，其全球酒店品牌的分布见表14-4。

表14-4　2012年万豪酒店集团全球酒店分布

	酒店家数（家）	占比（%）	房间数（间）	占比（%）
北美-full service 万豪等七个品牌酒店	477	12.5	191236	29.0
北美-limited-service 万怡等五个品牌酒店	2657	69.9	313067	47.4
国际-万豪等8个品牌酒店	395	10.4	105425	16.0
顶级豪华-丽思卡尔顿等五个品牌酒店	123	3.2	28553	4.3
财务另列的合资酒店	84	2.2	9084	1.4
分时度假酒店	65	1.7	13029	2.0
全球总量	3801	100.0	660394	100.0

英国的洲际酒店集团在大中华地区的品牌布局从表14-5中可见一斑。该集团的主攻方向显然放在高端酒店方面（如洲际酒店、皇冠假日酒店和假日酒店），值得注意的是尽管该集团在大中华区所属的酒店数目已达187家，但绝大部分采取管理合同的经营方式（182家，高达97.3%），还有4家以连锁方式经营，以集团自己投资方式经营的酒店仅有一家。这种轻资产的经营方式极大地减少了在中国这样的新兴市场中可能承受的投资风险和运营风险，也值得中国旅游产业借鉴。

表14-5　2012年洲际酒店集团大中华区酒店布局

按品牌划分	酒店数（家）	占比（%）	房间数（间）	占比（%）
洲际酒店	22	11.8	9373	15.2
皇冠假日酒店	60	32.1	21452	34.8

续表

按品牌划分	酒店数（家）	占比（%）	房间数（间）	占比（%）
假日酒店	64	34.2	20777	33.7
快捷假日酒店	37	19.8	9453	15.3
英迪格酒店	3	1.6	405	0.7
其他	1	0.5	141	0.2
总计	187	100.0	61601	100.0
按经营方式划分				
连锁经营	4	2.1	2184	3.5
管理合同	182	97.3	58914	95.6
独资	1	0.5	503	0.8

依靠创意、建立品牌不仅是酒店行业的竞争策略，旅游产业的其他部门在经营创意上也不遑多让。这里举一个英国伦敦泰德现代美术馆的例子，说明创意文化怎样使这一古老城市的废旧建筑转化为新的休闲中心。

专栏 14-2 创意之路

位居泰晤士河畔的泰德美术馆的前身是一个废弃的火力发电厂，从1981年起已空置多年，后作为20世纪末伦敦都市景观工程的一部分被改造出新生命。通过极富创意的设计，原本厂房内居于地下的三个巨型储油槽被改造成为表演厅、艺廊和美术馆的办公空间，并利用斜坡通道前往地面；而原来放置涡轮发电机的高大机房则改造成面积达1700平方米的当代艺术展厅，每年秋季到春季的现代装置展在这里展开重头戏；原来的附属厂房则被开发成拥有数层回廊的商店、咖啡馆、画廊与餐厅的组合空间。旧电厂转变为创意文化空间，成为国际知名的美术馆，也成为伦敦的新地标[①]。这个美术馆对公众免费开放，2000年刚开幕就创下525万人次的游客量。泰德美术馆的成功除了设计和改造的贡献外，还在于采取了新的经营方式。这家国家级的艺文机构除了接受政府补助外，还由知名企业（Unilever）长期赞助其当代艺术展厅，并采用非部门公营机构（NDPBs, Non-departmental public bodies）的管理机制。这种机制与传统条条管理的

---

① 参见谢统胜、李惠蓁《不列颠文件：当空间与艺术相遇》，（台北）典藏出版，2011。

机制不同，即使是具隶属关系的上级，也只能在机构目的的设定上发挥影响力，而不能直接干涉该机构的运行。这种运作机制的好处是让公立文化机构不必受制于政府的官僚体制，可以灵活经营，发挥文化机构的最大功效。如果是传统的政府体制，预算只能来自政府相关机构，无法接受民间机构的资金捐助，领导人也必须是具有本国国籍的政府官员，有专业能力、有影响力的外籍人士无法出任。这些都由泰德美术馆的创新经营方式而改变。

泰德美术馆的例子有几层意义：首先，推陈出新，化旧工厂为美术馆，并通过桥梁通道与周边名胜连为一体，点石成金；其次，美术馆具有多重功能包括餐饮购物等商业空间，吸引各类人群；再次，拥有多元融资及非部门公营机构的管理模式，经营方式先进；最后，年度大展造成每季轰动与长期影响力。这个案例也为目前中国很多地方的文物与旅游部门的冲突、长期以来纠缠不休的条块之争提供了新的化解途径。另一个例子是用新渠道提高旅游商品销售额。

专栏 14-3　新渠道

根据战略咨询机构贝恩公司《2011 年中国奢侈品市场研究报告》，2010 年中国国内奢侈品市场规模达 871 亿元[①]，而同年中国人在欧洲市场购买奢侈品累计消费近 500 亿美元，大约是国内奢侈品市场的 3 倍。中国人在境外购买和消费奢侈品的数量已成为世界第一，但出手豪气的中国游客在国内却很少有免税购物的空间。韩国乐天（LOTTE）免税店的经营方式则提示旅游购物的新渠道：1980 年创立的乐天是韩国最大的免税运营商，运用高效的运营管理机制、完善的采购体系和先进的营销系统，近十年乐天免税店的复合年均增长率高达 24%，2010 年实现销售额 20 亿美元，在全球同类运营商中排名第六，占全球免税市场份额的 5%。我国免税业 2011 年的零售额为 18.86 亿美元，还不及乐天一家的零售业绩（杨劲松，2012）。

---

① 新华网，2011 年 12 月 16 日。

中国缺乏自己的经营免税店的大型企业，部分原因是中国免税业缺乏有力的政策支撑，在特许经营、免税对象、免税限额、提货方式、相关政府部门协调等多方面存在限制。出境游客返回时没有相应的国内消费渠道（如市内免税店），只好到国外消费，国内精品也因此无法进入免税店系统的销售渠道。旅游业的国际化发展不仅要求旅游业者调整发展战略，也要求专业组织和政府学习国际经验，推出更有利于旅游产业发展、富有前瞻性并切实可行的政策来。

三　资本运营国际化与多元发展

自从 1993 年锦江投资在上海证券交易所上市以来，截至 2011 年 12 月 31 日，国内在上海证券交易所和深圳证券交易所上市的旅游公司共有 35 家（景区类上市公司 10 家、酒店类上市公司 12 家、综合类上市公司 13 家）。整体而言，中国旅游产业的融资市场还很不发达，上市公司的数量太少。已上市的旅游公司的资本结构中，负债融资较低，而且主要是由流动负债组成，说明旅游企业短期还债压力比较大。目前我国旅游上市公司的资产负债比例平均为 40% 左右，低于其他行业。融资方式主要为银行借款，其次是商业信用，很少有企业债券和租赁等融资形式，而这两种融资渠道不仅可以使债务期限结构合理化，还可以拓宽旅游上市公司的债权融资渠道（张满林、张永光，2012）。

国际市场上的融资渠道更为多样化，且成本较低。跨国旅游集团的融资方式也多种多样，除了发债、增资、管理合同、连锁授权和战略结盟等西方公司熟知的融资方式外，他们也接受私募基金、主权基金等的资金押注。此外，跨国旅游集团的品牌知名度高，公司的商誉和无形资产估值很高，也非常有助于降低融资成本和提高融资额度。中国旅游企业要走出国门，就要善用国际融资的机会。目前中国旅游业仅有携程等几家公司有在国外市场融资的经历，相关经验显然不足。中国国有旅游集团的较强实力主要来自政府拥有土地资源、国有企业拥有特权拿地（如旅游地产用地的取得）的特权，并非来自这些集团的较强的竞争能力和资本运作能力，中国国有旅游企业的真正实力将在开拓海外业务的战场上受到检验。

中国目前的外汇储备高达 3 万亿美元。这些外汇储备无法用于国内投资（因为会增加本国货币供给而助长通货膨胀），却大可以作为主权基金为中国旅游产业的海外投资与营运出力。这种主权基金还可以作为中国在海外的旅游产业的专项配套资金使用，一方面因专门投资旅游产业，透明度高而减少外国的疑虑；另一方面还可以名正言顺地帮助中国旅游企业，帮它们克服走出国门投资海外的初期阶段的种种融资困难。

中国旅游产业的国际化运作方式除了可以海外投资（独资合资合作等）、海外融资（海外贷款、海外上市、海外债券），海外营运（主动参与、主导国际化分工，内部化或外包）和海外扩张（并购、连锁经营、战略合作等）之外，还包括发起相关专业组织，召开旅游相关议题的研讨会，制定相关行业的国际标准、维护国际旅游市场秩序、开展国际旅游合作等。

人民币的国际化进程也为中国旅游产业的发展带来新的机会，人民币可能成为国际旅游产品报价、旅游贸易清算、旅游产品支付的基础货币。随着人民币流通范围的扩大，会有更多的国家选择人民币为外汇储备货币。这些都给中国旅游企业降低了国际运营中由于外汇波动带来的风险，意义重大。如果中国经济表现稳健，人民币还将缓步升值，也会助力人民币在国际金融领域中影响的扩大。

中国游客正在走向世界，中国人海外游的形式也会更多样化，除了传统的观光型组团和商务客之外，非移民的国外异地居所、国外探亲、国外观赛、自由行、特种旅游等个性化的出国旅游需求也会越来越多。随着更多中国游客的脚步，中国旅游资本的国际化扩张也必然发生，如交通业的机场投资和车辆租赁经营、酒店业的中国品牌连锁、物流业的基地与网络建设、国外免税店和专卖店、旅游金融服务业的海外业务等。巨量的中国出国游客为国内旅游业的海外发展带来黄金机会，中国旅游业产业资本的国际化发展已如上弦之箭。

法国雅高集团的国际化发展历程可以作为参照。该公司的海外扩张策略以客源追随为导向，以地缘经济和地缘政治为路径，及时抓住和把握了全球旅游业迅速发展的时机，实现了从国内、欧洲、原法属殖民地、其他市场到全球范围的跨国发展。从客源追随方面看，雅高集团选择在法国公民出境目的地建立饭店，以接待和服务本国客人为主；从地缘经济角度看，雅高集团选择原法属殖民地的非洲和中东地区建立饭店，以接待和服务在当地投资和工作的法国人员和旅游者；从地缘政治角度看，雅高集团选择投资环境好、市场开放程度高的美洲和亚洲建立酒店，满足法国公民和外国旅游者的需求。其发展战略的最主要特点是根据客源需求发展业务，最大限度地降低了投资风险，获得了较好的收益（韩秀申、张健，2011）。

四 信息化提供新市场新手段

电子商务领域是信息化冲击旅游产业的新战场。在传统的旅游产业链中（从产品供应商到最终消费者）加入了网络营销平台和在线媒体两个环节，使整个行业发生了根本性的变革。目前，中国网络营销平台发展很快，消费者对旅游产品的查询和预订、提高消费便利性有很高需求。而在线媒体，则通过提供搜索、社交媒体、移动应用等功能为消费者提供了比较和选择，给消费者带来更高性价比的产品。在社会化的互联网上，是真实的亲朋好友在交换产品买卖的资讯，这意味着人正在成为营销的中心，社交媒体正在转为社交商务包括国际商务的平台。但目前中国网络的国际链接仍然处于政府的管制之中，如 Facebook[①] 这样的全球社交网站和 YouTube 这样的影像传输网站仍无法在中国使用。尽管中国也有了类似的社交网站（如人人网）和音像传输网（如土豆网），但局限在中国国内的网络使用还是会在相当程度上影响到中国旅游产业的国际拓展。高速、低价、便捷与连通性仍然是中国旅游产业网络平台国际化发展的方向。

智能手机给消费者带来无所不在的便利性，高速上网和丰富的应用软件开始全面接入旅游产业。从产品性价比较、酒店客房预订、景点搜索到消费者反馈等方方面面，通过手机实现的移动服务颠覆了传统的旅游服务。凭借社交媒体以及 GPS 定位功能，旅游信息服务已走向实时、便捷、可搜索、可比较与可分享。2012 年中国新增移动电话用户 1.25 亿户，年末总数达到 11.1 亿户，其中 3G 移动电话用户 2.3 亿户。同年，中国互联网上网人数达 5.64 亿人，其中宽带上网人数 5.30 亿人，互联网普及率达

[①] 该社交网站 2013 年第一季度的全球用户（中国除外）高达 11.1 亿人。

到42.1%①，手机终端正成为世界旅游信息大战的新武器，而中国正成为主战场。

2012年查询旅游信息的手机用户全球预计增长51%，18%的手机用户将用手机预订酒店和机票。手机给在线旅游业带来了巨大的想象空间，正在改变从旅行规划到旅行体验的各个阶段。从美国等发达国家不同类型的旅游细分市场看，在线订购的比例和传统渠道订购的比例截然不同。休闲旅游的人群中有60%选择在线渠道进行订购，而商务出行中这一比例仅仅为30%②。这一点很容易理解，因为商务出行常常由公司定制的旅游服务商提供资讯，无须出差者操心；而休闲度假是自己花钱、自己决策，当然会做更多的比较。

中国游客正在大步走出国门，最初走马观花的国外之旅基本要依靠国内旅行社的帮助去组织行程，但更深度的旅游方式必然要依赖网络技术与通信技术。这些中国的旅行者会使用哪种行动电话、进入哪些网络系统、依赖哪些搜寻引擎、来到哪些网站或社交媒体寻找相关资讯？他们的购物平台、支付方式、运输方式有哪些？还有那些服务于中国游客到海外的中国旅游业者，他们的通信网络与信息手段如何？他们的服务平台如何？他们的救援手段如何？这些问题透露的既是诱人的机会也是巨大的挑战。未来几年，中国北斗系统会进入商业应用，加上云计算等带来的企业数字管理和网络计算能力整合的新平台，旅游信息的实时实地传输会更加便捷，中国的旅游企业正面临通过信息化提高产业竞争力的绝好机会。

五　多元化与可持续成长：面对现在，面向未来

中国的巨大人口基数和快速的经济成长给全球构成严重的资源压力，中国因此面临经济转型的巨大挑战，国民经济的成长模式必须从资源争夺与榨取转为资源节约与优化，旅游产业也不例外。2013年的中国屡次遭受严重雾霾的侵袭，受影响的地域遍及大河上下与大江南北。人们不敢开窗、不敢出门，不敢张嘴呼吸，从政府首脑到平民都在问，我们要怎么解

---

① 2012年中国国民经济统计公报。
② 波士顿咨询公司：《2011中国在线旅游市场发展趋势》。

决这个日益严重的环境灾难？

如果可持续成长是未来唯一可行的发展道路，问题就不是做不做而是怎样做。在美国绿色商业（GreenBiz.com）的网站上，绿色环保策略被描述为CRED，可信（Credibility）、关联（Relevance）、有效讯息（Effective messaging）与差异（Differentiation）。

"可信"是指策略和信息都要以可靠的事实为根据，取信于人，取信于己。例如一家生产洗洁精的公司经过多次攻关，终于由几乎是纯植物的生物原料来生产洗洁精，并经过洗涤的对比试验，结果不低于或优于原来产品，且成本并未增加。这就是可信。

"关联"是利用绿色产品或绿色经营为公司创造价值。正确的绿色产品或经营不仅要能达成短期企业目标，还要能确保企业持久的赢利与发展能力。例如假日酒店在加拿大温哥华盖了该集团全球第一家绿色环保酒店，成本提高15%，但长期的能源节省会降低酒店的营运成本，而顾客对环保酒店的钟爱使该家酒店的入住率高达90%，大大高于竞争对手，使公司大为受益。

"有效讯息"是执行绿色策略的公司要把你的实践成果有效地传达给外界，用人们容易理解、容易记住的语言宣扬公司的理念和实践，说服媒体、说服客户、说服股东和说服社会。

"差异"是你提供的绿色产品或服务要尽可能比别人出色，有独特性。差异化意味着你的公司的环保竞争力是整体竞争力的一环，是品牌、商誉和社会影响非常重要的一部分。

专栏14-4　绿色发展

以酒店业来讲，目前绿色酒店的国际标准在国际市场已经实行多年，从建筑材料的挑选、建筑设计的考量到能源利用的效率、资源的循环利用、各部门的低碳环保等（如客房部的洗衣服务、行政部门的无纸办公），皆有相当详尽的规定。问题只在于要不要做，在哪方面做和能否坚持到底。打开法国雅高集团的2012年年报，在传统的资产负债、公司业绩、税后利润、现金使用、股价股息等内容之外，有相当篇幅讲的是公司在如何积极努力地落实该集团实施的"地球21策略"（Planet 21

Strategy）。这个策略是雅高集团自己制定的可持续发展战略和绿色酒店经营标准，包括 21 个大项，涵盖酒店经营的方方面面。雅高集团决心通过公司的 145000 个员工去影响百万人次的入住旅客，共同努力去达成该集团要在 2015 年达到的目标。包括①：

a. 在自己投资的旅馆减少 10% 的能耗和 15% 的用水；b. 让 95% 的员工受到疾病防治的教育；c. 在 85% 的所属酒店里使用环保标签；d. 在至少 80% 的所属酒店中提供更健康的饮食；e. 停止在酒店餐厅提供濒危海洋水产等。

雅高集团的年报上还载有相当详尽的过去一年公司在可持续成长方面的进展数据，类似的内容也可以从其他跨国旅游集团的年报上一一找到。实际上，可持续成长已成为这些公司新的竞争策略、产品创新和品牌建设的组成部分，其前瞻目光、积极态度和知行合一的产业实践值得中国旅游产业和旅游者学习。

结　　语

从上文有关国际化的探讨来看，中国旅游产业的国际化发展已经可以建立起相当明确的主要发展目标，包括：a. 提倡和拓展国民休闲的权利和责任，向国民开放更多的国土空间；b. 建构可持续成长的旅游产业发展战略；c. 面向国际市场，建设规模宏大、特色显著、服务一流、国际品牌的旅游集团；d. 建立产品丰富、国际一流的休闲度假目的地；e. 建立为中国公司和国际商务旅客提供服务的商旅全球网络；f. 按照中国公民出境旅游的实际需求，建立完整的海外接待和支援体系；g. 培育世界华人旅游圈，创造新的世界旅游格局。

放眼世界，国际旅游业已成为世界经济增长的重要引擎。2012 年 6

---

① 参见雅高集团 2012 年年报和公司网站资讯。其中健康食品相关的标准包括：营养均衡、环保体现、生物多元、当地特色和支持农业永续经营。

月，G20 在墨西哥的会议宣言上第一次把旅游业作为世界经济成长的一极。2011 年世界旅游收入首超 1 万亿美元，2012 年世界出国游客人数第一次达到 10 亿人。这个空前的数字纪录很快将会被中国游客的井喷增长而打破，中国旅游业的国际化将以空前的速度和规模深入发展。

参考文献

[1] 魏小安：《旅游发展与管理》，旅游教育出版社，1996。
[2] 谢统胜、李惠蓁：《不列颠文件：当空间与艺术相遇》，（台北）典藏出版，2011。
[3] 张满林、张永光：《我国旅游类上市公司债务融资与绩效的相关性研究》，《经济研究参考》2012 年第 47 期。
[4] 杨劲松：《我国国际旅游中的免税业发展问题探析》，《对外经贸实务》2012 年第 8 期。
[5] 丹尼斯·米都斯等：《增长的极限》，吉林人民出版社，1997。该书的英文版出于 1972 年，是向罗马俱乐部提出的世界发展趋势的报告。
[6] 韩秀申、张健：《中国酒店业"走出去"与国际经验借鉴：以法国雅高集团为例》，《国际经济合作》2011 年第 12 期。
[7] 诺木汗：《休闲标准国际化思考》，该文载于魏小安、张灵光主编《共同的事业：中国休闲标准化发展导引》，中国计量出版社，2011。
[8] Davidson L. & R. A. Stebbins, *Serious Leisure and Nature Sustainable Consumption in the Outdoors*, Palgrave Macmillan（UK），2011.
[9] Dunning, John H., "The Eclectic Paradigm as an Envelope for Economic and Business Theories of MNE Activity", *International Business Review*, Vol. 9, Issue 2, 2000, April.
[10] Hargreaves, J., *Sport, Power and Culture-A Social and Historical Analysis of Popular Sports in Britain*, Cambridge: Polity Press, 1986.
[11] Jeremy Rifkin. *The Third Industrial Revolution: How Lateral Power is Transforming Energy, the Economy, and the World*; Palgrave Macmillan, 2011.
[12] Lanfant, Marie-Françoise, "Tourism in the Process of Internationalization", *International Social Science Journal*, (Unesco), Vol. XXXII, No. 1, 1980.
[13] Susman, Gerald I., *Small and Medium-sized Enterprises and the Global Economy*. Welch & Luostarinen, Edward Elgar Publishing, 1988.
[14] Williams A. M. and V. Balaz "Low Cost Carriers, Economies of Flows, and Regional Externalities", *Regional Studies*, 2009.

第十五章 对应广义旅游的大管理*

第一节 旅游大管理概述

一 旅游大管理的概念

旅游管理方式是与旅游业自身发展阶段和旅游业特征不断凸显紧密相连的。旅游业发展早期,在产业特点上,对应的是以团队旅游为主体的市场结构,是游客在少数几个知名景区"走马观花"式的观光游览和满足于"到此一游"的浅层次诉求。这一时期,旅游业还基本上停留在"小旅游"的状况。同时,在产业规模上,入境旅游刚开始起步(1978年旅游外汇收入只有2.63亿美元);国内旅游市场还基本没有形成;出境旅游更是少之又少。由于产业规模很小,旅游业除了增加国家外汇方面的作用外,对经济社会发展的综合带动还不明显。1979年1月2日,邓小平同志在同国家旅游总局负责人的谈话中提出:"旅游这个行业,要变成综合性的行业。"① 1979年1月6日,邓小平同志在同国务院负责人谈话时又讲道:"发展旅游要和城市建设综合起来考虑。"② 这两次谈话,一方面充分反映了邓小平同志深刻认识到,旅游业涉及经济、政治、社会、文化等

---

* 旅游管理也包含很多内容,既有旅游饭店、旅行社等旅游企业的管理,也有旅游部门对旅游业进行的行业管理。本章所讨论的对应广义旅游的大管理仅仅指以政府部门为主的公共管理。

① 《邓小平论旅游》第4页。
② 《邓小平论旅游》第5页。

众多领域；但另一方面，邓小平同志之所以说"要变成"，表明在旅游业发展的早期，产业体量不够，影响不大，还没有体现出综合性产业的特征。因此，在这一时期，由旅游部门行使简单的行政管理，基本能够应对旅游业发展中遇到的主要问题。

随着旅游业的快速发展，旅游资源范围不断扩大，旅游产业链条不断延长，旅游市场边界不断拓展，旅游业与其他相关产业和领域的融合不断深化，新的旅游产品、旅游业态不断涌现，旅游业逐渐从一个"小"产业变成了"大"产业。同时，旅游产业规模的扩大，使得旅游业的综合性产业特征逐步显现，综合带动作用日益突出。这个时候，传统的"小"旅游管理就很难适应旅游业快速发展的需要。"小马拉大车"，成为旅游管理与旅游产业发展矛盾的生动写照。2013年3月22日，习近平主席在俄罗斯中国旅游年开幕式上的致辞中讲道，"旅游是综合性产业，是拉动经济发展的重要动力"，同时特别提到"旅游是传播文明、交流文化、增进友谊的桥梁，是人民生活水平提高的一个重要指标"。这意味着经过30多年的发展，旅游业已经成为综合性产业，成为与人民生活息息相关的产业。面对"大"旅游的出现，迫切需要旅游"大"管理以开创旅游业发展新的局面，使旅游业在国家"五位一体"建设中发挥更加突出的作用。

一般而言，管理是在特定的环境下，对组织所拥有的资源进行有效的计划、组织、领导和控制。对应广义旅游的大管理指的是，社会公共组织特别是政府部门从保障旅游权利，有效满足游客需求出发，为提高人民群众满意度，促进旅游业健康发展，更好发挥旅游综合带动功能，通过整合行政资源等各种管理资源，对旅游业实行的全面、复合的公共管理。按照管理要素（管理主体、管理客体、管理目的和管理环境）区分，广义旅游的大管理与狭义旅游的小管理的区别主要如表15-1所示。

表15-1 广义旅游的大管理与狭义旅游的小管理的区别

	广义旅游的大管理	狭义旅游的小管理
管理主体	以政府部门为主的各种社会组织，实施管理的政府部门包括与旅游活动相关的各个部门，并不局限于旅游行政部门	旅游行政部门

续表

	广义旅游的大管理	狭义旅游的小管理
管理客体	与旅游需求和供给相关的各个环节和各个方面	一般仅仅包括旅游经济活动,在实践中一般局限在旅游行政部门所管理的旅行社、旅游星级饭店、旅游A级景区等
管理目的	提高人民群众满意度,促进旅游业健康发展,更好地发挥旅游综合带动功能	规范旅游经济秩序,保障旅游经济活动正常运行
管理环境	旅游已经成为人民群众生活的重要组成部分;旅游边界更加模糊,旅游业与相关产业和领域的广泛融合;旅游在区域发展中的综合功能不断凸显	旅游活动没有大规模普及;旅游还主要是一种经济现象

二 旅游大管理的框架

总体而言,对应广义旅游的大管理并不局限于经济管理,而是覆盖经济、政治、社会、文化、生态的综合管理。对应广义旅游的大管理并不局限于旅游部门,而是涉及与旅游业发展相关的众多政府部门以及非政府组织。对应广义旅游的大管理并不仅仅是一般意义上的行业监管,同时包含一部分促进旅游业发展的内容。其框架如图15-1所示。

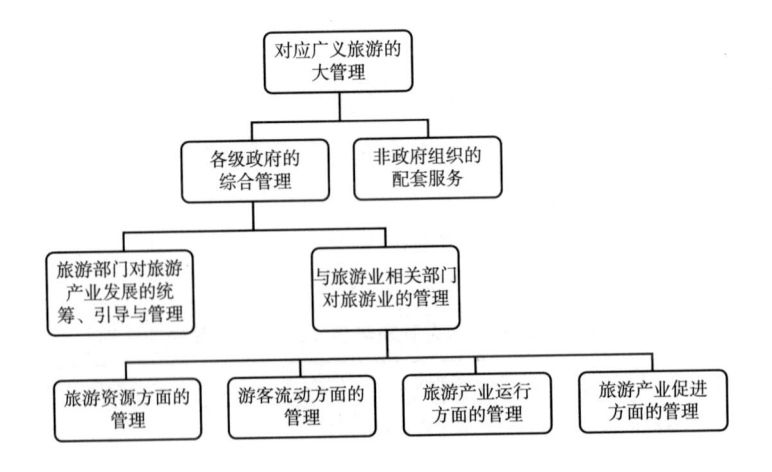

图15-1 对应广义旅游的大管理框架

根据国务院各部门的"三定"方案，除了旅游局直接管理旅游业发展之外，还有 38 个部门不同程度地涉及旅游业发展。

（一）旅游部门对旅游业的管理

根据 2008 年国务院机构改革方案，赋予国家旅游局的职能主要有八个方面。主要是：

（1）统筹协调旅游业发展，制定发展政策、规划和标准，起草相关法律法规草案和规章并监督实施，指导地方旅游工作。

（2）制定国内旅游、入境旅游和出境旅游的市场开发战略并组织实施，组织国家旅游整体形象的对外宣传和重大推广活动。指导我国驻外旅游办事机构的工作。

（3）组织旅游资源的普查、规划、开发和相关保护工作。指导重点旅游区域、旅游目的地和旅游线路的规划开发，引导休闲度假。监测旅游经济运行，负责旅游统计及行业信息发布。协调和指导假日旅游和红色旅游工作。

（4）承担规范旅游市场秩序、监督管理服务质量、维护旅游消费者和经营者合法权益的责任。规范旅游企业和从业人员的经营行为和服务行为。组织拟定旅游区、旅游设施、旅游服务、旅游产品等方面的标准并组织实施。负责旅游安全的综合协调和监督管理，指导应急救援工作。指导旅游行业精神文明建设和诚信体系建设，指导行业组织的业务工作。

（5）推动旅游国际交流与合作，承担与国际旅游组织合作的相关事务。制定出国旅游和边境旅游政策并组织实施。依法审批外国在我国境内设立的旅游机构，审查外商投资旅行社市场准入资格，依法审批经营国际旅游业务的旅行社，审批出国（境）旅游、边境旅游。承担特种旅游的相关工作。

（6）会同有关部门制定赴港澳台旅游政策并组织实施，指导对港澳台旅游市场的推广工作。按规定承担大陆居民赴港澳台旅游的有关事务，依法审批港澳台在大陆设立的旅游机构，审查港澳台投资旅行社市场准入资格。

（7）制定并组织实施旅游人才规划，指导旅游培训工作。会同有关部门制定旅游从业人员的职业资格标准和等级标准并指导实施。

(8) 承办国务院交办的其他事项。

（二）与旅游相关部门对旅游业的管理

根据国务院的"三定"方案，许多非旅游部门的职能也与旅游业发展直接或者间接相关。主要体现在四个方面。

1. 旅游资源方面的管理（11个部门）

民委：主要涉及民族资源转化为民族旅游产品的问题。

环保部门：主要涉及具备游览条件的自然保护区如何建设成为生态旅游景区点的问题。

城乡建设部门：主要涉及历史文化名城（镇、村）、国家级风景名胜区、世界自然遗产等旅游化利用的问题。

水利部门：水利部专门成立了一个水利风景区建设与管理领导小组办公室，推动水利风景区的建设与发展。

农业部门：农业部设定了拟定休闲农业、旅游农业等农村二、三产业发展政策、规划和有关标准并组织实施的职能。这与乡村旅游发展紧密相关。

文化部门：其管理的非物质文化遗产、文化演出和娱乐、文化产业基地等文化资源往往也是文化旅游发展的重要内容。

体育部门：其管理的体育场馆、体育运动基地以及大型体育赛事活动与旅游业发展有很多交集，是发展体育旅游的重要依托。

林业部门：其管理的森林和陆生野生动物类型自然保护区、森林公园等往往也是重要的旅游资源。

宗教部门：其管理的寺庙等宗教活动场所也是旅游的重要场所。

海洋部门：其管理的海岛以及海洋自然保护区等资源是发展海洋旅游的重要载体。

中医药管理部门：许多中医药资源也是发展养生养老旅游的重要载体。

2. 游客流动方面的管理（4个部门）

外交部门：负责保护境外中国公民的合法权益，参与处置境内涉外突发事件，以及签证方面的工作。这同入境、出境旅游业发展紧密相关。

公安部门：与旅游业发展联系颇多。其负责的出入境管理政策、国籍和口岸签证事务、对外国人开放地区的审核报批、公布工作直接对我国入境、出境旅游产生影响。其负责的查处道路交通违法行为和交通事故等又同旅游六要素中的"行"联系紧密。其负责的边防合作职能直接影响边境旅游的发展。开办旅馆必须经过公安机关特种行业经营的行政许可等有关规定也对旅游六要素中的"住"产生相应影响。

港澳部门：负责的港澳事务涉及内地居民赴港澳旅游等方面的政策。

对台部门：负责的对台事务涉及大陆居民赴台旅游等方面的政策。

3. 旅游产业运行方面的管理（5个部门）

工商管理部门：负责个体工商户、私营企业经营行为的服务和监督管理；指导广告业发展，负责广告活动的监督管理；依法查处不正当竞争、商业贿赂、走私贩私等经济违法行为；组织开展有关服务领域消费维权等方面的工作。旅游企业作为市场主体，自然要受到工商部门的管理；而为维护旅游市场秩序开展旅游综合执法往往也要借助工商部门的力量。

质检部门：负责客运索道、大型游乐设施、场（厂）内专用机动车辆等特种设备的安全监察、监督工作。这与旅游安全息息相关。

税务部门：负责包括旅游企业在内的企业税务征收。

安监部门：负责安全生产方面的工作，对旅游安全方面的问题负有一定的职责。

统计部门：负责指导旅游行业统计工作，此外旅游卫星账户也需要依托统计部门的国民经济统计数据进行核算。

4. 旅游产业促进方面的管理（18个部门）

发展改革部门：负责研究社会发展领域投融资政策和规模、投资计划，安排国家级建设项目的国家财政性建设资金、部门和地方专项及补助性投资，协调重大建设项目前期和建设过程中的相关工作等。这些职责的履行对旅游项目建设有很大的影响。

财政部门：负责安排旅游发展资金以及制定相应的税收政策。这是旅游业发展财税支持政策的主要制定部门。

国土资源部门：负责各种土地政策的制定。旅游用地类型复杂，不同的土地政策对旅游项目建设有重大的影响。

民政部门：负责社会团体、基金会、民办非企业单位的登记。旅游协会注册登记方面的工作与其相关。

人力资源和社会保障部门：负责专项就业资金使用以及就业援助和特殊群体就业政策、国（境）外人员入境就业管理政策。这些政策与旅游就业工作相关联。

商务部门：负责商贸服务业的行业管理工作，这其中包括旅游活动的相关要素。

标准委：负责部门和行业标准的计划、审查和实施情况监督，负责对口部门和行业的标准化技术委员会的协调和指导工作。旅游标准是服务领域标准的重要组成部分，旅游标准化工作与标准委工作有很大关联。

教育部门：其负责的教育工作特别是职业教育方面的管理职能与旅游教育有关系。

卫生部门：其负责卫生、医疗方面的职能与旅游业有一定关联。

科技部门：负责科学技术方面的管理工作。旅游业作为科技运用的一个领域，与科技部门有一定关联。

工业和信息化部门：负责信息化管理方面的工作。智慧旅游等方面的工作与此相关。

交通运输部门：负责交通运输建设管理方面的工作，对旅游道路基础设施以及旅游航线等产生影响。

人民银行：负责金融政策的制定，对旅游业发展有较大影响。

国资部门：负责国有资产的代管工作。目前像港中旅、华侨城等还属于国有企业，其发展会受到国资委管理的影响。

证监部门：负责证券管理方面的工作。旅游企业中的上市公司监管以及新的旅游企业上市融资都属于证监会的职责范畴。

银监部门：负责对金融企业的监管。其监管行为会对旅游企业融资产生一定的影响。

保监部门：负责险种管理等方面的工作。旅游保险事宜与保监部门职能相关。

气象部门：负责气象预报等方面工作，其对旅游城市及景区点的气象预报服务实际也是对游客提供公共服务的一部分。

第二节　旅游大管理的背景

一　旅游管理的历史回顾

（一）计划经济下的企业管理

中国旅游业是从外事接待事业脱胎而来的。自其诞生之日起，就处于政府的行政管制之下，实行的是政府直接管理的计划经济模式。早期旅游行业管理的主要对象是旅行社和旅游饭店（时称涉外饭店）。1964年12月在国旅总社的基础上设立了中国旅行游览事业管理局（国家旅游局的前身），作为外交部代管的国务院直属机构，与国旅总社两块牌子一套班子。1978年3月，中国旅行游览事业管理局改为直属国务院的管理总局（1982年8月更名为国家旅游局）。在1979年8月6日国务院批转中国旅行游览事业管理总局《关于改变全国高级饭店管理体制的建议》中，原则同意：各省、自治区、直辖市要把现有适宜接待旅游外宾的高级饭店的1/2或2/3划归地方旅游局或国际旅行社分（支）社管理，移交工作在年底前完成。这也反映出当时旅游管理部门和直属旅游企业之间难以分清的关系。在计划经济时期，旅游政府部门直接管理旅游企业可以最大限度地为企业发展提供必要的资源，但是随着市场经济的逐步发育，政企不分的种种弊病就开始显现，由于旅游企业对政府的依赖性太强，其市场生存能力很差，一些旅游企业因经营不善长期处于亏损的状态。此外政企不分也容易带来腐败的问题。正因如此，从20世纪80年代起，中央就开始努力推进政企分开，但是这一工作直到1992年初步确定社会主义市场经济方向以后的第六年才开始取得重大突破。比如，在国发〔1985〕14号文件《国务院批转国家旅游局关于当前旅游体制改革几个问题的报告的通知》中，就强调"政企职责分开"，提出，"国家旅游局作为国务院的职能部门，要面向全行业，统管全国旅游事业"。但是也提出"全国性的旅行社，其旅游业务归口国家旅游局领导，地方性的旅行社，其旅游业务归口地方旅游行政管理部门领导"。这一时期，虽然旅游行政部门与企业名义上实行政企分开，但仍掌握着旅行社的外联通知权、旅游包价定价权等涉外经营权（直到 1985 年 1 月，外联权和签证通知权才向省级机构下放）；而绝大多数省一级和市一级旅游行政部门都有自己下属的旅游饭店，在个别地方，旅游部门还直接负责管理旅游风景区的经营。由于过多地关注自己下属企业的发展，不仅分散了旅游行政部门对行业的注意，而且也不符合市场经济条件下市场主体的公平性原则。

（二）市场经济条件下的行业管理

1988 年 10 月，国务院发布了国家旅游局"三定"方案。要求根据政企分开和精简、统一、效能的原则，转变职能，加强对旅游全行业的政策指导和宏观调控，逐步建立适应我国旅游发展形势的运转协调、灵活高效的行政管理机构，并明确了国家旅游局的 12 项主要职责。这一方案为推进政府与企业职能的清晰化，推动旅游业逐步转到经济管理的轨道上奠定了基础。随着建立社会主义市场经济体制目标的初步确定，旅游行政部门加快了从企业管理向行业管理的转变。1994 年 3 月，国务院办公厅又批准了《国家旅游局职能配置、内设机构和人员编制方案》，把属于企业自主经营范围内的权限进一步下放给企业。取消对旅游饭店客房价格、旅行社餐费、旅游车船交通费、接团手续费的国家定价和旅游价格地区类别的划分。经营国内旅游业务的旅行社的审批权也下放给地方。1998 年底，国旅总社与国家旅游局脱钩。1999 年 5 月，北京旅游局直属企业分离出来组建北京旅游集团，并由此带动了各地的体制变化，标志着旅游企业体制改革完成阶段性任务。随着改革开放的日趋深入、经济社会的加快转型，旅游业实践的不断丰富以及对于旅游业发展规律认识的逐渐深化，旅游管理模式从内容、范围、方式和手段等方面都较改革开放初期有了很大的不同。

到 20 世纪末，旅游行业管理的重点仍是旅行社和饭店行业。1999 年提出建设世界旅游强国的宏伟目标后，管理工作的重点也随之发生变化，提出了大旅游、大市场、大产业的观念，相继发布了一系列行业性管理规章和办法，旅游管理向纵深发展。2000 年，国务院发布《全国年节及纪念日放假办法》，之后又发布《关于进一步发展假日旅游的意见》，设立了全国假日旅游部际协调会议制度，使旅游管理从供给管理开始向需求管理延伸。进入 21 世纪后，国家旅游局相继发布了《旅游发展规划管理暂行办法》《导游人员管理条例》《旅游区（点）质量等级的划分与评定》《中国公民出国旅游管理办法》《旅游规划通则》等一系列行业性管理条例和办法，开始评选中国优秀旅游城市、旅游强县、中国最佳旅游城市等活动，推动了行业管理向纵深发展。2001年4月，《国务院关于进一步加快旅游业发展的通知》（以下简称《通知》）提出要树立大旅游观念，充分调动各方面积极性，进一步发挥旅游业作为国民经济新增长点的作用。并明确要求，加强部门协同和地区合作，有效整合"行、游、住、食、购、娱"等要素，完善旅游产业体系，促进相关产业共同发展。各地在发展当地旅游的同时，要加强与周边地区协作配合，互通信息，客源共享，实现优势互补，形成跨地区的旅游联合。公安、交通、工商、卫生、环保、旅游等部门要紧密配合，切实做好重点旅游景区（点）和旅游城市的社会治安、交通疏导、运输安全、卫生防疫、紧急救援和环境保护工作，确保旅游安全，打造良好的旅游环境。为更好地规范旅游市场秩序，《通知》还特别强调要强化有关部门的联合执法。这标志着旅游业从单一行业管理开始逐渐向跨部门、跨区域的复合管理转变。

（三）市场经济逐步成熟后的公共管理

社会市场经济体制走向成熟是一个长期的过程。在这一过程当中，作为市场经济主体的旅游企业逐渐成熟，逐渐学会按照市场经济规律办事。这就意味着旅游行政管理部门管理的重点必须从规范引导市场主体转移到对于旅游发展更为基础性、更具战略意义的公共管理上来。2001年，国务院批转《关于行政审批制度改革工作的实施意见》，提出合法、合理、效能、责任、监督五个原则，提出要以较少的行政资源投入实现最佳的政府工作目标的要求，国家旅游局配合国务院进行了行政审批工作，为制度改革提供了新的标准。旅游管理方式发生了较大的变化，强化了公共服务意识。特别是随着旅游市场的进一步扩大，除了旅游企业之间的竞争之外，旅游目的地之间的竞争也更加剧烈。而增强目的地吸引力的重要途径是提高旅游公共服务水平。比如，为了给自驾车游客提供旅游指示，许多地方的高速公路上都有相应的旅游景区指示牌；一些地区在高速公路出口还免费向自驾车游客发放旅游地图。近年来，针对散客旅游的快速兴起，一些旅游城市纷纷建设起各自的散客旅游中心，在机场、火车站和城市中心地区设立旅游咨询中心，为游客提供了极大的便利。实际上，对于一个国家而言，吸引国际游客离不开公共服务；对于一个地区来讲，要吸引区外游客，同样需要不断提高公共服务水平。而提供公共服务恰恰是政府部门的基本职责，也是未来完善旅游管理的主要方向。2009 年 12 月，国务院出台《关于加快发展旅游业的意见》（国发〔2009〕41 号）明确提出了把旅游业培育成国民经济战略性支柱产业和人民群众更加满意的现代服务业两大战略目标。其中提到的深化旅游业改革开放、优化旅游消费环境等十项任务和加强规划与法制建设、加强旅游市场监管和诚信建设等七项保障措施，都很鲜明地突出了公共管理的思想，同时强调了地方各级政府和相关部门推进旅游业发展的职责。而这也为进一步优化和完善旅游管理指明了方向。

中国旅游管理方式从企业管理到行业管理再到公共管理的演变过程也正是从小旅游向大旅游发展转变的过程，也是从小管理向大管理转变的过程。未来，沿着这一方向加快推动形成广义旅游的大管理，将为旅游业的持续健康发展提供坚强的保障，同时为加快转变政府职能、建设服务性政府提供新的路径。

二　旅游管理面临的矛盾

改革开放以来，旅游管理的内容、方式等都在不断发生转变，并在实践中对旅游业的快速发展起到了一定的推动作用。但是出于主客观方面的原因，虽然有旅游大管理的雏形，但是与旅游业发展要求相适应的大管理体制还远未形成。这主要表现在以下四个方面。

（一）手段薄弱，管理不足

对旅游业发展的主管部门而言，在很长一段时间，主要依托的法律手段只有国务院颁布的三个条例——《旅行社条例》《中国公民出国旅游管理办法》《导游人员管理条例》。在面临纷繁的旅游业发展问题的时候，旅游部门往往显得力不从心。比如，在一些地方旅游市场反映突出的"黑车""黑导"问题，旅游部门虽然想严厉查处、净化市场，但是在实践中又感到法律依据不足。此外，面对大量旅游新业态的发展，由于没有相应的管理跟进和规则跟进，造成了旅游市场的鱼龙混杂。比如说，快速发展的在线旅游，由于不在传统旅行社的管理范围之内，政府既不能对其中存在的问题进行管理，也没有相应的行业协会来进行规范。再比如，对生态旅游、红色旅游等新型旅游产品，也往往是只有概念，而没有对应的管理措施。虽然《旅游法》的出台有助于进一步明确各方面在旅游业发展中的责任，但是要形成符合市场经济发展规律的管理手段，还有很长的路要走。

（二）职责交叉，管理混乱

由于职责不清和职责交叉，在一些领域存在多头管理。在争夺管理权限的时候，各部门各不相让，但是在出现问题的时候，又往往是彼此推诿。比如，在饭店管理方面，旅游部门是管理旅游星级饭店，商务部门的机构职能又是管理住宿设施。二者之间的管理职能冲突在一定程度上影响了饭店行业的发展，也影响了政府的公信力。在旅游景区的规划、开发和经营方面，职能交叉的问题更为突出。我国的自然、人文旅游景区资源分属不同的部门，"风景名胜区""国家森林公园""自然保护区""地质公园""水利风景区"等分别归口住建部、林业局、环保部、国土资源部、水利部管理，各类"文保单位"归口文物局管理，宗教场所隶属宗教局管理。此外，在同一个景区内部的管理，也往往涉及建设、文物、林业、水利、卫生、旅游等多个部门。还有的景区同时涉及部门与地方之间管理的冲突。虽然这种分头管理的初衷是为了加强对各类旅游资源的专业化管理，避免对旅游资源的过度开发和破坏，但是这种管理的分割也在一定程度上破坏了旅游市场主体在旅游产业链上的分工协作和经济联系，破坏了旅游业发展的整体性。而受部门本位主义的影响，旅游景区的管理分割还使得旅游景区的整体保护与利用面对很大困难，制约了旅游景区的健康发展。

（三）职能分散，统筹协调难

旅游业具有综合性强、涉及面宽、带动面大的特点，涉及吃、住、行、游、购、娱等众多领域。据研究，与旅游相关的行业超过110个，同时，发展旅游业对国家发展的许多方面都有带动作用。对于这样一个综合性产业，其健康发展并不单单取决于旅游部门，还需要相关政府部门共同推动。比如，游客出行涉及交通部门；游客在外就餐，涉及食品安全部门；游客参加游艺活动，其游艺设备的安全问题又与质检部门的工作紧密相关。目前的政府部门划分有利于明确分工，但过于刚性的职责分工也易导致各自为战，互不配合。虽然旅游部门是推动旅游业发展的主管部门，但旅游部门自身职能有限，不可能凭一己之力推动旅游业的发展；另外，各部门现有的管理规定往往存在一定的滞后性，与快速发展的旅游需求形成冲突。比如，许多规划部门对城市公共设施进行规划的依据还是常住人口，并没有考虑到大量的外来游客需求。在一些旅游热点城市，游客数量往往是当地居民数量的几十倍，对游客需求考虑不足，直接导致了游客满意度的下降以及游客与当地居民由于争夺有限公共资源而产生矛盾。此外，旅游部门所了解的游客诉求、旅游业发展规律等信息，又缺少反馈至各相关部门的相应机制。因此，这就需要一个更高层次的统筹协调和管理机制来整合各部门的力量，更好地为游客提供服务。

（四）零敲碎打，缺乏体系

从现有的旅游管理看，"头痛医头、脚痛医脚"的现象比较普遍，缺乏对旅游管理的整体考虑。比如，对游客反映强烈的旅游市场秩序问题，由于没有从制度上理顺管理关系，只是用运动式的办法进行治理整顿，其结果只能是治标不治本。此外，由于法律手段相对缺乏，从中央到地方推动旅游业发展、完善旅游管理，很大程度上是通过政府出台相关的文件来进行。这种推进方式虽然比较灵活，也能体现特定时期旅游业发展的特点，但是也存在着规范力度不强等问题。特别是政府换届等问题，使得推进旅游管理的持续性不强。为解决旅游管理层级不高、权威性不强等问题，全国人大 2009 年着手《旅游法》的制定工作。2011 年，《旅游法》进入全国人大立法计划，经过三次审议，终于得以出台。《旅游法》的出台将为落实旅游管理职责、提升旅游管理水平带来重要契机。未来需要通过形成体系化、制度化的旅游管理格局，以更好地促进旅游业这一综合性产业的健康发展。

总体来看，旅游管理面临的矛盾，有旅游管理自身存在的问题，但更多的是中国在建立社会主义市场经济过程中，职能调整和优化不到位映射到旅游领域的问题。面对这些矛盾，既要把握旅游业的个性特征，又要有整体思维，在旅游业发展过程中逐步加以解决。

第三节 旅游大管理的思路和方向

旅游大管理的目标在于按照旅游业综合性产业的特征要求，立足于充分发挥旅游业的综合带动效应去开展旅游管理。因此，这就需要打破过去旅游管理的狭隘思维，以一个全新的旅游管理视角，把旅游管理水平和旅游业发展水平推进到一个新的阶段。

随着旅游业的不断发展，旅游业的综合效应越来越受到地方党委政府的关注，把旅游业发展放到地方经济社会发展总体战略中加以推进正在成为各个地方的共识。因此，推动旅游大管理的基本思路就是不把旅游管理局限在一个具体的行业管理上，而是把旅游业作为政府管理经济社会各个方面、促进区域发展的突破口和切入点。一方面，通过促进旅游业发展来带动一个区域的整体发展；另一方面，从游客需求的角度来审视地方现行管理中存在的问题和矛盾，通过同时满足地方居民和外来游客的需求来提升地方的管理水平。

一 旅游业的综合效应

之所以要对旅游业进行大管理，其核心就在于旅游业有其他产业所不具备的综合效应。因此，要坚定旅游大管理的方向，首先就应该对旅游的综合效应有全面的认识。

旅游效应的本质是市场效应，即通过旅游业的发展激发需求、创造需求，使与旅游相关的各种价值在市场上得以体现，从而在市场经济体制下给予旅游关联的各种要素带来发展的机会。因此，无论是体现更为直接的经济收益还是体现更为间接的社会效应、生态效应、文化效应，在很大程度上是因为旅游活动带来的市场为相关对象带来了利益，从而使得对应的效应能够被激发。比如，旅游活动对目的地居民文明程度的提高，看似和市场没有直接关系，但在一定意义上也源于旅游市场对居民文明提出了要求。因为如果没有目的地居民的友善，目的地的吸引力就会大打折扣，而这将减少其通过旅游活动获取的收益。而旅游目的地环境保护的改善，很大程度也是因为当地居民通过实践，发现直接消耗环境带来的收益低，利用环境去发展旅游业的价值大。旅游正是通过市场这只"看不见的手",使其综合效应得以充分释放。当然需要指出的是,旅游可能带来的负面效应也同市场有关。但正如我们不能因为市场有缺陷就否定市场经济的巨大作用一样,我们也不必因为旅游可能存在的负面影响而否认其巨大的正面效应。此外,从经济学的角度看,旅游业是一个具有很强正外部性的产业。经济外部性是经济主体的经济活动对他人和社会产生有利或者不利的影响,但不需要他人对此支付报酬或进行补偿的活动。外部性的两种主要类型是正外部性和负外部性。正外部性是某个经济行为使他人或社会受益,而受益者无须花费代价,负外部性是某个经济行为使他人或社会受损,而造成外部不经济的人却没有为此承担成本。不论是正的外部性还是负的外部性,对经济个体(厂商或者个人)而言,消除外部性的基本思路是使外部性内部化。因此经济个体从自身利益最大化出发,如果其行为有正外部性,会通过适当的方式尽可能实现其应有的价值,比如发明家申请专利的行为。但是对一个产业来说,没有必要也不可能使其外部性内部化。而旅游业由于自身的特点,恰恰是一个正外部性很强的产业,这种正外部性的直接体现就是旅游业的各种正面效应。

　　大体上讲,旅游的综合效应主要体现在以下七个方面。一是产业带动效应。旅游业是一个综合性产业,可把旅游消费的各个环节联为一体,提供"一条龙"服务,通过产业关联带动,推动和刺激经济的增长。旅游业的发展有助于带来"一业兴、百业旺"的产业发展格局,从而推动产业结构不断优化。二是经济吸引效应。以旅游业为重点进行发展,在区域内围绕旅游经济形成一个对客源、资本、产业的引力场,从而大大提升旅游的经济效应。三是社会和谐效应。旅游业的发展可以为弱势群体提供生存和发展的可能,创造更多的就业机会,缩小不同群体间的贫富差距,因此,旅游业的发展有利于保障和改善民生,促进社会公平正义,从而有利于推动建设和谐社会。四是文化兴盛效应。旅游与文化密不可分,旅游产业的发展为文化产业的发展开辟了广阔的市场空间,有利于促进文化的大发展大繁荣。旅游业的发展可以促进传统文化发掘、延续文化传承,进而强化本地的文化自信;同时,旅游还可以促进文化交流与开放,推动新文化的完善与创造。五是生态文明效应。良好的生态是旅游业健康发展的基本前提，科学的旅游发展有利于形成节约能源资源和保护生态环境的产业结构、增长方式、消费模式，有利于建设生态文明。六是品牌提升效应。旅游的形象归根结底是目的地的形象，旅游业发展的过程就是地方品牌不断提升的过程。旅游不仅造就了品牌，传播了品牌，还会给地方带来一系列的衍生效益。七是人的发展效应。旅游经济是人文经济、人气经济、人为经济和人本经济，"人"归根到底是旅游的核心发展要素，人的发展是旅游业发展的主要目的之一。旅游的发展是"以人为本"的发展，旅游业作为朝阳产业有利于塑造出一群朝气蓬勃的人。

二 旅游大管理的探索

过去各级政府部门虽然不一定有自觉的旅游大管理意识，但是在实践方面，许多地方在发展旅游业上的做法却在不同程度上体现了旅游大管理的思维，也因此促进了旅游业的快速发展，并对推动地方经济社会发展产生了积极的作用。这些有益的实践为推动旅游大管理提供了更加明晰的思路，有助于进一步凝聚旅游大管理的共识，完善旅游大管理的内容。比较典型的例子有两个，一是优秀旅游城市创建，二是地方旅游业发展大会的模式。

（一）优秀旅游城市创建

创建中国优秀旅游城市是经国务院批准、由国家旅游局推出，在全国范围内开展的一项大型活动。从1995年开始，国家旅游局以优化城市旅游环境、提升城市旅游功能、促进城市现代化和国际化为目标，积极倡导和推动在全国范围内开展创建"中国优秀旅游城市"活动，得到了各省、自治区、直辖市、地级和县级城市的积极响应。截至2007年底，全国共有306个城市通过了创优验收，所有的直辖市、副省级城市和省会城市都已跻身"中国优秀旅游城市"行列。通过中国优秀旅游城市创建活动，开创了旅游业管理新的工作方式和工作手段，加强了旅游局与相关部门及各级政府的综合协调能力，拓展了旅游业的管理范围，在满足旅游者需求的同时将诸多相关利益者纳入其中，扩大了旅游业的影响。具体来说，一是形成了"政府主导、部门联动、社会参与、分工负责、整体推进"的工作机制；同时，通过这一举措调动了地方政府领导的积极性，使旅游业从行业自身发展扩展到了促进社会的全面发展。二是创建中国优秀旅游城市，对城市的现代服务业提出了更高的要求，有效地刺激交通运输、商业、餐饮、服务、贸易、金融等相关行业的发展，从而全面拉动社会经济的突破发展。三是创建中国优秀旅游城市，涵盖了城市的经济、政治、社会、文化、生态等各方面内容，对城市的建设和管理水平提出了很高的要求。在标准的引导下进行创建工作，客观上提升了城市的建设和管理水平，完善和丰富了城市的旅游功能，加快了城市与国际接轨的步伐。四是创建优秀城市成为加快改善城市投资环境、加快城市基础设施建设、完善城市功能、改善人居环境、完善城市管理机制的强有力抓手，也是推进城市现代化进程、提高社会文明与和谐程度、增强区域活力、形成区域经济中心的重要步骤。

此后，国家旅游局在优秀旅游城市的基础上，又推出了最佳旅游城市和旅游强县等以推动旅游目的地发展为主要载体的工作手段，也取得了较好的效果。可以说，创建优秀旅游城市是旅游行政主管部门发动的、各地政府直接领导的、以推动城市旅游目的地形成旅游大管理格局为目的的一次积极探索。当然，这种以"考试验收"来促进旅游大管理的方式缺少持续性，也难以形成长期有效的旅游大管理工作机制，一旦完成了创建工作，地方旅游大管理的方式就可能弱化。但是，优秀旅游城市创建体现了旅游大管理的巨大力量，指明了旅游行政管理的重要方向。

（二）地方旅游业发展大会

在20世纪90年代开展的优秀旅游城市创建活动是旅游行政主管部门率先发动，各级地方政府积极响应的一次推动旅游大管理的实践。进入21世纪以后，随着旅游业规模的快速扩大，特别是国内旅游业的快速兴起，旅游业对地方经济社会发展的带动作用得到更加充分的释放，许多地方也在思索用一种什么样的工作载体来更好地调动各方面的力量，以推进旅游大管理，实现旅游业的跨越式发展。在这一阶段，四川省2003年创造性地在全国范围内首次召开了高规格的旅游产业发展大会，这次大会的召开不仅极大地促进了四川旅游业的全面发展，同时也对全国各地产生了深远影响。此后10年，全国2/3的省（区、直辖市）都召开了这种高规格的旅游业产业发展大会，如贵州省，从2006年开始，截至2013年，已经连续召开八届旅游业发展大会。旅游产业发展大会的工作模式，一般是有党委和政府的"一把手"出席，各地市党政领导以及与旅游业发展有关部门负责同志，还有重点旅游企业等各方面代表参加。这种大会不同于一般的部门会议或者行业工作会议，可以有效地动员各方面资源，特别是行政资源，去解决旅游业发展中存在的重大问题，因此在实践中发挥了积极的影响。

一般而言，地方的党委政府"一把手"除了全局性会议以外，只会出席一些重要领域召开的专题性会议。各地要以高规格召开旅游业发展大会的方式来推动旅游业发展，其实正是因为认识到旅游业作为一个综合性产业对各方面的发展都有很好的促进作用，认识到抓旅游业发展实际上就是在抓全局工作。可以说，地方旅游业发展大会进一步促进了各地旅游大管理思路的形成。

专栏 15-1　四川旅游业发展大会

作为一个西部省份，如何更好地推动经济社会发展，实现人民群众增收致富，同时保护好秀美山川是国家提出西部大开发战略之后，四川省党政主管必须思考的问题。四川省具有良好的旅游资源，发展旅游业具有很大的潜力。2003 年，四川省委、省政府从四川发展全局出发，做出了召开旅游业发展大会的决定。8 月 26 日，四川省旅游发展大会在乐山市的峨眉山召开。四川省委书记、省人大常委会主任、省长、省政协主席以及在家的所有省委常委以及省人大常委会、省政府、省政协的负责人都出席了会议。全省 21 个市、州的党政"一把手"以及市州计委、交通局、建委、旅游局、相关局委办的负责人，旅游资源大县和重点旅游景区的负责人，重点旅游企业的负责人，部分省市旅游局的负责人参加了会议。这次会议成为四川省委、省政府为创建旅游经济强省而主办的一次规格最高、规模最大、内容最为深刻的大会。此次会议提出了各市州要加快建立旅游产业发展领导小组，党政"一把手"要亲自抓、负总责，分管领导具体抓、相关部门具体落实；要制定科学的考核制度，将旅游发展的年度目标和阶段目标纳入政府目标考核体系，建立目标责任制，推动旅游产业加快发展。此外，围绕全省旅游业发展大会，还重点解决了大会举办地旅游业发展中的一系列重大问题，有效促进了当地经济、社会的发展。以此为起点，四川省连续召开了数届旅游业发展大会，极大地推动了四川旅游业的快速发展。

总体来看，旅游大管理已经成为旅游部门和许多地方政府的共识。但值得注意的是，对旅游大管理的探索还主要停留在"运动式"的管理上，还主要是通过地方党政主要领导的亲自发动来推进，其解决的也主要是增加财政投入等一般性问题，对旅游业发展中存在的一些深层次矛盾和问题触及得还不多。由于还没有很好形成与旅游业特征相适应的体制机制，因此旅游大管理的推进容易因为领导的更替而出现反复。这也是未来旅游大管理亟须解决的问题。

三 旅游大管理的主要方向

党的十八大报告明确提出，"经济体制改革的核心问题是处理好政府和市场的关系"。这就要求在实施政府管理的时候要解决政府缺位、错位和不到位的问题。同时十八大报告还提出"建设职能科学、结构优化、廉洁高效、人民满意的服务型政府"的目标。对旅游大管理来说，必须按照建设社会主义市场经济的要求，一方面将市场能够解决的问题交给市场去解决；另一方面，又必须完成好政府在市场经济当中应尽的职责，以促进旅游业健康发展。具体而言，旅游大管理的主要方向有以下五个。

（一）从被动管理到主动管理

过去旅游业的管理很多处于一种自发和被动的状态。出现这种情况的原因之一是旅游业发展对经济社会发展的影响还不够，各方面对旅游业的重视不够，因此对旅游管理的重视也不够；原因之二是依靠旅游部门自身职能无法完成对旅游业的大管理，而相关部门在行使职能时又对旅游业考虑得不足。因此，当旅游业发展出现问题时，很多都是应急式、补救式地去处理，很少从源头、从根本上去理顺管理关系，也很少主动地按照旅游业发展的特征和自身规律去进行管理。随着旅游业的不断发展，各方面对旅游业的规律和作用认识得更加清晰，开始主动根据旅游业发展的需要对一些重点环节进行管理。比如，2006 年为提高数千家非星级住宿接待单位的服务水平，做好奥运会的住宿服务接待工作，北京旅游部门联合商务部门、奥组委运动服务等部门联合制定了《住宿业服务质量标准与评定》，对住宿服务单位需要达到的基本标准进行了规定。而为了做好 2010 年上海世博会等大型活动的住宿服务工作，上海市政府 2009 年专门出台了《上海市旅馆业管理办法》，要求旅游管理部门建立重大节庆活动旅馆住宿需求分析系统，并制定相关保障预案；在重大节庆活动期间及之前的规定时间，通过相关媒体发布来沪旅客住宿量预测、旅馆服务指引以及旅馆出租率、平均房费等信息；同时，对组织家庭临时住宿服务的相关规则和程序等进行了规定。从实践来看，这些主动管理的措施都收到了很好的效果。未来，随着旅游业在经济社会发展战略中地位的不断提升，包括旅游部门在内的各政府部门将在党委政府的统一领导下，对旅游管理主动进行通盘考虑，提高旅游管理的水平。

（二）从局部管理到全面管理

过去对旅游的管理侧重于点状管理，比如具体到对旅游饭店的管理、对旅游景区的管理等。此外，以对旅行社的管理为抓手，对涉及旅游线路的一些方面进行管理，比如对参加旅游团的游客在旅游购物过程中发生的纠纷进行管理。但是伴随大众旅游时代的到来，特别是散客旅游时代的兴起，仅仅停留在点和线上的管理很难适应旅游业发展的客观需要。因此由点、线扩展到面的管理成为旅游大管理发展的重要方向。随着旅游的不断深化，游客出游已经不再仅仅停留在对一个景区的观光，而是注重在旅游过程中对一个地区文化和生活等各方面的综合体验，这就意味着旅游目的地开始在旅游业发展中占据主导地位，旅游目的地之间的竞争成为旅游竞争的主要矛盾，因此以城市为主要载体的旅游目的地也必将成为旅游大管理的主战场，而各旅游目的地在实施旅游全面管理上的成效也将直接影响目的地之间的竞争结果。

此外，旅游的全面管理还体现在管理主体的多元化方面，即除了政府部门实施的管理，还需要考虑行业协会的管理。从发达国家旅游管理的经验看，随着市场经济的不断完善，行业协会作为行业自律组织，作为政府和企业之间的桥梁和纽带，对旅游业发展起着不可替代的作用。可以预见，随着旅游大管理的不断完善，未来行业协会等中介组织和政府之间的协作和互动将更加频繁。这也有利于提高旅游管理水平。

（三）从直接管理到强化服务

从产业的角度看，旅游业市场化程度较高，政府的管理一定不能干扰市场规则的运行，一定要充分发挥市场在资源配置中的基础性作用。除此之外，市场经济条件下，政府的重要职能之一就是完善公共服务。对旅游业发展来说，公共服务更为重要。在20世纪90年代，在旅游部门推动下，许多地方加强了旅游标识系统建设、旅游厕所建设等旅游业发展中反映突出的问题，取得了很好的成效。此后一些旅游目的地政府在旅游业发展中更加重视旅游公共服务建设，比如通过提供旅游公共服务信息，建立散客集散中心、旅游咨询中心等方式来为游客提供更多便利。未来如何更好地为旅游业发展提供公共服务将成为旅游大管理的关键所在。

此外，需要指出的是，政府从直接管理向强化服务的转变还需要寓管理于服务当中，彻底转变管理方式。比如，旅游部门本身对企业的管理职能比较弱，因此很早就放弃了对旅游企业的直接干预，但是旅游部门通过星级饭店标准和A级景区标准的管理方式，有力地推动了旅游企业服务水平的提高，同时体现了自身管理的权威。这种以服务发展为落脚点的管理，也为政府职能的转变、建设服务型政府，为旅游大管理提供了方向。

（四）从部门管理到综合协调

旅游业综合性强，产业边界模糊，旅游业和其他产业的融合发展已经成为新时期旅游业发展的一个重要特点。《国务院关于加快发展旅游业的意见》（国发〔2009〕41号）就明确提出，"大力推进旅游与文化、体育、农业、工业、林业、商业、水利、地质、海洋、环保、气象等相关产业和行业的融合发展"。面对这样的情况，旅游大管理不可能由旅游部门或者哪个部门单独实施，只能通过综合协调的方式，才能更好地整合管理资源，促进旅游业以及与旅游业相关产业的发展。

专栏15-2　杭州促进旅游业与十大特色潜力产业的融合发展

2007年下半年，杭州市委、市政府在全国率先提出培育发展"十大特色潜力行业"，并由市政府办公厅专门制定了十大特色潜力行业发展规划，内容涵盖"美食、茶楼、演艺、疗休养、化妆、保健、女装、婴童、运动休闲、工艺美术"等行业，涉及中外游客在杭州的"吃、住、行、游、购、娱"的各个方面。这些潜力行业一方面可以成为杭州市民日常休闲的重要内容，另一方面也是杭州吸引外来游客的新型旅游产品，是推进杭州旅游产业转型升级的重要组成部分。为此，杭州市委、市政府整合各方资源，具体由杭州市旅游委负责推动实施，组织杭州13个区县（市）以及18个特潜行业协会，形成合力，使十大特色潜力行业与旅游休闲业融合发展，极大推进了杭州休闲度假、旅游观光、商务会展"三位一体"的发展，延展了旅游休闲产业空间结构布局。

（五）从供给导向管理到需求导向管理

与早期国民经济整体上属于短缺经济一样，旅游产业早期总体上也处于短缺状态，因此多年来旅游业的重点在供给管理。但随着旅游接待服务设施的逐渐完善和供给不断增加，除一些垄断性的旅游吸引物供给无法增长以及"黄金周"期间旅游供给紧张之外，在多数时段，大多数产品整体上处于供过于求的状况，旅游管理的重点也在一定程度上转向需求管理。比如，市场营销是国家和地方扩大外需和内需的重要举措，也是旅游业非常突出的特色，是全世界普遍性的做法，反映了旅游内在规律的要求，是需求管理中非常重要的一项。假日制度改革也是一项重要的需求管理政策，围绕假日制度的变化采取了一系列的需求管理措施，如"黄金周"的预报制度、紧急救援制度等。

此外，强调需求管理除了要更好地释放旅游需求以外，更重要的是要从需求方的角度，特别是游客的角度审视现有的管理制度、管理方式中，有哪些不符合游客的要求。要通过改革各个政府部门现有的政策和规定，更好地为游客提供服务。

第四节 旅游大管理的领域和方式

旅游大管理涉及的内容很多，但主要是围绕旅游活动和旅游生产进行的管理，因此旅游活动的各个环节旅游管理都应该覆盖到；同时，促进旅游业发展还需要土地、资金、人才、技术等方面的支撑，而这也应该是旅游大管理考虑的内容。

一　保障旅游消费活动的顺利进行

保障旅游消费活动的顺利进行是政府推动旅游产业发展的需求，也是保障游客旅游权利的基本体现。和一般消费活动不同，旅游消费更为复杂，链条更长，因此政府要保障旅游消费活动的顺利进行，需要下更多的工夫。

（一）旅行业务的管理

在以团队旅游为主要旅游方式的时代，传统的旅行业务就是旅行社组织的业务。管理好了旅行社，实际上就管好了旅行业务。随着互联网时代的到来和散客旅游的兴起，旅行社组织的团队游客在整个游客当中的比重逐年下降，更多旅行服务商和游客通过网络实现沟通和交易。像携程、艺龙、去哪儿、途牛、驴妈妈等一系列在线旅游服务企业的快速发展极大地改变了旅行服务的竞争格局。此外，还有大量"旅游俱乐部"等，通过网络组织具有共同兴趣爱好的游客外出旅游。这些新的旅行业务方式在为游客出游带来极大便利的同时，产生了一系列新的问题。比如近年来就有多起"驴友"通过网络发帖组团出游后的安全事故。对于这些问题，现行的规定和管理都存在空白，因此也不利于这类新型旅游方式的发展。未来，需要抓紧制定有关管理规定，以应对新的发展需要，促进各类旅游活动和旅游交易行为的健康发展。

（二）对旅游交通的管理

旅游交通实际上有双重属性。一方面是交通工具，另一方面是游客出游的重要载体，是旅游要素的首要环节。目前对于交通的管理，主要是交通部门对交通设施、公安部门对交通安全等方面的基本需求管理，但在满足旅游这种更高的需求方面还有一定的差距。而弥补这些差距，正是旅游交通管理需要努力的方向。大体上讲，对旅游交通的管理主要涉及以下方面。

一是旅游交通附属设施管理。其一，主要公路的标示标牌管理。通过旅游部门和交通部门的共同推动，多数地区高速公路都设有旅游标示标牌，这为旅游特别是自驾车旅游提供了便利。其二，完善高速公路服务区、加油站等对游客的配套服务。比如，2012年广东省旅游部门就同石化部门合作，尝试在加油站设立旅游问讯中心和特色旅游产品购物中心，以此来进一步拓展旅游服务内容。

二是旅游大巴管理。旅游大巴作为运载旅游团队游客的主要交通工具，不同于一般的客运大巴。完善旅游大巴的管理既包括旅游大巴的运行管理（比如，海南省就尝试对旅游大巴排班班次等内容进行管理），也包括旅游大巴的安全管理等。

三是旅游观光巴士管理。进行旅游观光巴士管理既要合理设置观光线路，安排好站点，又要在城市交通压力较大的情况下，做好观光巴士和城市交通巴士之间的统筹协调。

四是高铁旅游管理。中国高铁的快速发展，给旅游业，特别是高铁沿线的旅游业发展带来了新的机遇。同时高铁作为快捷的旅行工具，本身就可以被赋予更多旅游的内容。因此，通过协调管理实现高铁与旅游业的共同发展就很有必要。此外，在高铁列车内部设施和服务方面更好地贴近游客的需求，也是高铁旅游发展中需要着重考虑的。

五是邮轮游艇旅游管理。邮轮旅游最大的特点是把邮轮本身作为旅游的重要吸引要素。这使其超越了一般的交通工具定位。邮轮旅游发展很快，但是对邮轮旅游的管理还比较欠缺。比如邮轮母港的建设、通关手续的完善等。游艇旅游作为一种新型的高端旅游方式正在成为一种重要的涉水旅游项目，但是目前的一些管理规定不同程度地抑制了游艇旅游的发展，需要在今后的发展中不断加以改进。

（三）旅游吸引物的管理

旅游吸引物是旅游消费中非常重要的一环。旅游吸引物既包括传统的自然旅游景区景点、人文旅游景区景点，也包括大量从社会资源中转化而来的新型旅游产品。而对旅游吸引物的管理同时涉及这两个方面的内容。在中国，传统自然类旅游资源、人文类旅游资源的管理权限往往根据不同的属性被划分给不同的部门。过去，这些资源管理的部门往往重视的是与本部门职责相关的利益，因而容易忽视资源的旅游化利用。比如过去林业部门对林业资源的利用主要是木材加工，使得这些资源没有很好地发挥其旅游价值。随着旅游市场的快速扩大，各个资源管理部门普遍重视利用其管辖的资源发展旅游业，比如林业部门利用林业资源发展森林旅游，水利部门利用水利资源发展水利风景区。虽然各部门发展旅游业的意愿很强，但是其对资源在旅游化利用方面的管理水平却是良莠不齐。此外，一些资源管理交叉的地区，由于缺少有效的协调，影响了旅游业的发展。未来需要强化资源管理部门与旅游部门的合作，在做好保护的前提下，推动这些资源按照旅游市场需要的方式进行开发利用，提高其管理水平。

随着旅游业的进一步发展，许多游客已经不把参观传统的旅游景区作为旅游的主要内容。与此同时，一些社会资源开始受到游客的关注，并在一个地区的旅游业发展中扮演着独特而重要的角色。早在2005年，杭州就在全市范围内推出了100个社会资源国际访问点，通过对这些社会资源的有效管理，既丰富了旅游的内容，也延伸了旅游管理。2012年，北京市也开始将社会单位旅游资源向游客开放，并由北京市政府办公厅专门下发了《关于鼓励北京地区企事业单位和政府部门设立旅游开放日的指导意见》，在推动北京旅游资源多样化的同时，更好地发挥了社会资源的经济效益和社会效益。从旅游业的角度看，没有不可利用的资源，只要善于创造和发现，多数资源可以成为新的、独特的旅游吸引物。因此，未来如何管理新兴的旅游吸引物也成为旅游大管理的重要课题。

（四）旅游住宿业的管理

目前，对旅游住宿业的管理除了公安部门的治安管理之外，主要是对其服务质量方面的管理。总体来看，旅游部门20年星级饭店标准的实施，大大提高了中国旅游住宿业的整体服务水平。但是值得注意的是，仅仅依靠单一的星级饭店标准已经很难满足旅游住宿业快速发展的需求。如何在标准化的基础上更好地满足游客个性化的住宿需求，是旅游住宿业管理必须考虑的问题。未来要根据不同的需求、通过不同的标准设置引导不同类型的酒店发展，如度假酒店、会议酒店、养生酒店、家庭酒店等各类主题酒店的发展。同时，还要注意引导新型旅游住宿设施的发展，比如自驾车营地建设等。此外，如北京在奥运会期间推出的"奥运人家"，也突破了对传统旅游住宿业的认识，拓展了旅游住宿业的管理范畴，值得未来在实施相关管理时借鉴。

（五）旅游餐饮的管理

餐饮是旅游消费中的一项重要内容。从理论上讲，一个地方的所有餐厅都可以成为游客选择的潜在餐厅，但是在实际上，只有部分具有特色的餐厅才会成为多数游客光顾的对象。不过，目前我们对旅游餐饮的管理还缺少相应的手段，这不利于旅游餐饮的健康发展。在这方面，香港旅游发展局通过"优质旅游服务"计划引导餐厅提高服务质量的方式值得借鉴。香港旅游发展局依据"餐馆环境清洁卫生，食品质量可靠；菜单内容清晰明确，餐饮价格清楚列明；一线员工提供热忱周到的顾客服务，并具备丰富的产品知识"这三项标准对申请的餐厅进行每年一次的评审。对获得认可的餐厅，允许其贴上"优质旅游服务"的标志。这样的方式既可以引导社会餐厅更好地服务游客，也为游客选择餐饮服务提供了很好的参照。

（六）旅游购物的管理

过去旅游部门主要是通过"旅游购物定点"等方式来对旅游购物点进行管理。随着定点管理的取消，旅游部门对旅游购物的管理显得非常薄弱。但在旅游活动中，购物是一个非常重要的环节，购物在旅游消费中所占的比重也很高，同时旅游购物是旅游市场秩序中一个出问题比较多的领域，因此有必要加强和改善对旅游购物的管理。未来，一方面，旅游部门要与工商等部门加强对旅游购物点的管理，重点防止出现旅游购物中的欺诈行为，对违规的旅游购物点进行处罚；另一方面，要引导和调动制造业等方面的资源，使旅游商品与游客需求更好地对接，比如，北京推出的"北京礼物"产业项目，通过特许经营的模式，并以旗舰店为核心控制商品质量，实现了多企业合作和多产业联盟，成为政府部门进行旅游购物管理的有益尝试。

（七）旅游娱乐的管理

旅游娱乐主要有观赏性的娱乐活动和参与性的娱乐活动。对观赏性的娱乐活动，主要对其娱乐内容方面进行管理和引导，目前对此的管理主要是文化部门从文化市场秩序的角度出发，防止文化表演活动中出现庸俗和不健康的东西。但是除此之外，要将文娱表演更好地与旅游市场结合起来，引导旅游演艺的发展，还需要有更多的措施。对参与性的娱乐活动，主要侧重点是娱乐设施安全方面的管理，未来在这方面还需要加强和完善。

二 规范引导旅游产业健康发展

按照经济学的一般理论，生产要素指的是进行社会生产经营活动时所需要的各种社会资源，主要包括土地、资金、劳动力、技术等方面的内容。对旅游业的发展来说，同样离不开这四个方面的内容。一方面，旅游业嵌入整个社会生产经营活动中，对这四个方面进行的管理必然会作用到旅游业发展上来。比如，国家调整利率政策，会对包括旅游业在内的各种行业的资金使用产生影响；另外，旅游业由于自身的特征，对这四个方面的管理也有一些特殊的需求，而这正是在规范引导旅游产业健康发展时需要着力考虑的地方。

（一）旅游用地管理

土地问题是影响旅游供给的重大问题，也是从源头规范引导旅游业健康发展应该解决的现实问题。从旅游用地的经营主体看，既有各级政府，又有旅游开发企业和集体组织；从土地用途看，有风景名胜区、乡村旅游区、酒店宾馆、主题公园等；从土地类型看，既涉及耕地、园地、林地、草地、商服用地、公共管理与公共服务用地、水域及水利设施用地，也涉及交通运输用地、住宅用地以及其他未利用地；从用地性质看，既有国有农用地、建设用地、未利用地，又有集体所有的农用地、宅基地以及未利用地；从用地取得方式看，既有国有土地的划拨、出让、出租、入股，又有集体土地的承包、租赁等。旅游业自身的综合性和我国土地政策的复杂性，使得旅游用地的管理变得更为困难。除此之外，在旅游业发展中，许多地方由于旅游规划缺乏与土地利用总体规划的衔接，造成旅游项目难以落地；一些现行的土地政策不符合旅游用地的特征，也影响了旅游业的健康发展，比如，许多旅游度假酒店项目容积率在 0.1~0.4 之间才能保证游客的舒适度，但是一些地方简单地从集约节约用地出发要求旅游项目容积率在 0.8 以上，这就不符合实际。

目前，各地也在结合自身的发展实际，探索一些旅游用地管理的方法。一些地方国土部门在编制土地利用总体规划的时候，明确要求要征求旅游主管部门的意见，做好与旅游发展规划的衔接；一些地方出台政策，鼓励利用荒山、荒坡、荒滩、废弃矿山和石漠化土地等开发旅游项目；一些地方在旅游项目开发中，健全收益分配机制，探索用土地入股等方式，使失地农民能更好地分享旅游业发展带来的收益。从未来旅游用地的管理看，需要用"差别化管理"的思路，一方面保障带动效益大的旅游项目的土地供应；另一方面通过进一步细化政策，引导集约节约旅游用地。提高旅游用地的科学管理水平。

（二）旅游投资管理

一般而言，在市场经济中，投资主体可以根据市场的变化自行选择投资项目。但是在现实发展中，为了避免盲目投资的行为，也需要采取一定的管理措施对相关的投资进行引导，不过这种管理应该适度，不能因此破坏市场机制的作用。大体上讲，对旅游投资的管理主要应从三个方面入手。一是对旅游公共服务设施的投资。旅游业尽管有很强的产业属性，但是很多旅游项目具有公共产品的性质。对这部分旅游公共设施，需要根据游客增长的需要，在地方市政规划建设以及财政资金安排上予以统筹考虑。二是引导规范社会旅游投资行为。目前，我国对投资的引导主要是通过发展改革部门编制产业结构调整指导目录等方式，确定鼓励类、限制类和淘汰类的产业，作为投资立项审批的直接依据。比如，在2011年国家发展和改革委员会编制的指导目录中，旅游基础设施建设、旅游信息服务、旅游资源综合开发服务、旅游商品和纪念品开发等都被列为鼓励类项目；超标准的城市游憩集会广场项目、高尔夫球场、赛马场等被列为限制类项目；超过生态承载力的旅游活动被列为淘汰类项目。当然从发展的角度看，针对旅游业的指导目录还比较粗放，在实际中也不同程度地存在"一刀切"等问题。未来还需要进一步细化和科学化。三是旅游投资信息平台的建设。从政府管理投资来讲，更为重要的任务是为投资者提供准确的产业信息和推动投资方和投资方之间的有效对接。比如，公布一个地区的饭店数量、饭店客房出租率等信息，本身就有助于投资者做出饭店投资的决策，进而通过市场的力量实现饭店总体的供求平衡。再如，政府部门和一些社会组织通过向社会发布旅游招商引资项目以及组织旅游投资洽谈会等方式，也可以帮助有意愿投资旅游业的投资商合理选择旅游项目。

（三）旅游人才的管理

教育是政府公共服务的重要内容。对旅游人才的管理首先就是做好旅游教育方面的工作。目前，旅游教育领域存在的普遍问题是对旅游教育的定位不清，造成了旅游人才的供需脱节。一方面快速发展的旅游业，由于缺乏受过较好培训的劳动力而难以提高旅游服务质量；另一方面，大量旅游院校培养的学生毕业之后找不到工作。目前，全国一些旅游职业院校通过校企对接等新型培养方式来解决这一难题，取得了一定成效。从政府角度看，需要打破计划经济的思维方式，按照市场经济发展的要求，调整管理方式，推动学校之间的竞争，以适应旅游业发展对人才的需要。

除了教育之外，对旅游人才的管理还包括对旅游人才的培训。在市场经济中，人才培训主要应该由旅游企业自己完成。政府工作的重点应该是对特定群体的培训，以及对一些弱势就业群体的培训。比如，在地方公共财政投入的就业培训中要统筹考虑旅游服务技能方面的培训。

（四）旅游技术的管理

2009年国务院41号文件提出了把旅游业建设成为人民群众更加满意的现代服务业的目标。要提高旅游业的现代化水平，很大程度在于提高旅游业服务的效率，而效率提高主要取决于技术。旅游业不是现代技术的创新领域，而是现代技术的应用领域。因此，对旅游技术的管理主要是采取有效措施，推动现代技术更多地运用到旅游业。比如，从2010年开始，国家旅游局和地方旅游部门就在积极推动"智慧旅游"建设，以全面提高旅游信息化服务水平。

第五节 旅游大管理的机制和机构

旅游大管理是一个系统工程，需要从机制和机构上予以保障，才能顺利推进。大体而言，主要涉及四个方面。

一 旅游业管理的统筹协调机制

从理论上讲，如果旅游业发展的各种需求都能很好地体现到各个相关部门的管理职能中，同时各个部门和地区都能从旅游业发展的大局出发，超越部门自身，实现良好的合作，旅游大管理只要彼此各司其职就大体可以实现。但是在现实中，这种理想状况很难出现，而要解决旅游业这一综合产业发展中面临的各种问题，往往需要通过各种机制和机构的设计来统筹协调旅游业的发展，从而为旅游大管理提供有力的保障。2013年出台的《旅游法》明确规定："国务院建立健全旅游综合协调机制，对旅游业发展进行综合协调。县级以上地方人民政府要明确相关部门或者机构，对本地区旅游业发展和监督管理进行统筹协调。"因此推进旅游大管理，建立相应的统筹协调机制是首要的任务。

（一）建立跨部门的统筹协调机制

跨部门的统筹协调机制主要包括两种：一种是各级政府主导下，统筹协调涉旅相关部门进行的综合管理；另一种是针对旅游业发展中的一些具体事宜，建立的协调机制。比如，在旅游宣传推广方面，旅游与外宣、广电和新闻出版等部门的协调；在旅游规划方面，旅游与土地、城建等部门的协调；在旅游安全方面，旅游与公安、质监、保险等部门的协调。此处主要分析第一种统筹协调机制。

1. 国家层面的统筹协调机构

在部门职能分割客观存在的情况下，成立相应的跨部门旅游协调机构是许多国家的做法。比如，泰国专门成立了由内务部、交通部、外交部、国家环境委员会、国家经济和发展委员会、立法委员会的高级官员、泰国航空公司总裁、泰国国家旅游局局长、行业工会领袖等人士组成的旅游管理委员会作为最高层次的旅游管理和协调机构。比如，德国在联邦众议院和参议院中专门设置了旅游委员会，2012年通过该委员会的协调，将旅游住宿业的增值税从19%下调到7%。

在中国旅游业发展之初，在很长一段时期都设置了旅游协调机构。1978年，中央成立旅游工作领导小组。领导小组对于确定旅游业发展之初的大政方针，决定一系列发展初期的重要事宜发挥了积极作用。1986

年，国务院重新成立了旅游协调领导小组，决定旅游发展的大政方针，协调各方面的关系，由办公室操作具体事务，比如当时解决长江三峡的旅游发展问题和一些重点旅游景区的建设项目等。1988年，国务院撤销了旅游协调领导小组，成立了旅游事业委员会。旅游事业委员会自成立以来共召开了12次会议，每次会议都解决重大问题，提高了办事效率，发挥了较大作用。国家旅游事业委员会在国务院清理非常设机构中被撤销以后，根据1999年全国休假制度调整后假日旅游迅猛发展的需求，国务院又设立假日旅游部际协调会议，由14个部委组成，国务院副秘书长兼任协调会议主任。下设办公室，放在国家旅游局。在2005年，为促进红色旅游发展，又成立了包括中央部门在内的14个部门的全国红色旅游工作协调小组。随着《旅游法》中"国务院建立健全旅游综合协调机制"规定的落实，国家层面对旅游业发展的统筹协调将迈上新的台阶。

2. 地方层面的统筹协调机构

从地方层面看，各地大多非常重视为统筹协调旅游业发展提供组织保障。28个省（区、市）成立了高规格的旅游业发展领导小组，其中有12个地方是由省长（主席、书记）担任产业发展领导小组组长；另外16个省（区市）是由副省长（副主席、副市长）牵头。虽然各地普遍重视旅游业发展统筹协调机制的建立，但由于这些领导小组都是非常设的临时机构，如果担任领导小组组长的领导重视不够（在现实中，政府高层领导往往担任多个非常设机构的兼职领导），加之缺少需要统筹协调的重大议题，这类机构发挥的作用有限。因此，对地方旅游业发展来讲，重要的不是有无统筹协调机构，而是能否很好发挥统筹协调机构的作用。

一般而言，一项事务涉及的范围越广、协调的难度越大，越需要成立高规格的协调机构。比如，在首都，除了城市自身的发展资源外，还有其他中央部门管理的资源；而省会城市同样如此，其区域内的资源不是都归城市管辖。面对这样的情况，成立更高规格的统筹协调机构是一个值得考虑的选择。比如，北京市组建的首都规划委员会，就由北京市市委书记担任主任，其成员不仅包括中央的建设部门、发展改革部门、财政部门、国土部门、文物部门、金融部门，甚至还包括军队的有关单位。再如，首都绿化委员会由北京市市长担任主任，其成员单位包括农业部门、财政部门、建设部门、旅游部门、林业部门、发展改革部门以及党和军队的一些机构。从广义旅游的角度看，根据其需要协调发展的旅游资源以及涉及的旅游环节，鼓励各地成立更有效的旅游业发展统筹协调机构十分必要。

（二）赋予旅游部门更多协调职能

成立高规格的旅游综合协调机构有利于解决旅游业发展中的重大问题，但是由于高规格的协调机构往往是通过会议的形式来就重大问题进行决策部署，而召开会议的次数不可能过多，因此对旅游业日常发展中需要统筹协调的事务，就有必要赋予一个职能部门一定的协调职能来执行。从国务院"三定"方案赋予国家旅游局的职能看，第一条就是"统筹协调旅游业发展"。但是在现实运行中，由于旅游局的行政级别与履行职能不甚对称，加之缺少相应的工作手段，使得在履行统筹协调旅游业发展职能方面显得力度不够。从地方经验看，比较典型的做法是将旅游局升格为旅游委，以此为平台来提高旅游部门的综合协调能力。

2001年，杭州市撤销了旅游局，成立旅游委员会，同时新增了两项重要职能，一是为解决西湖区域旅游业发展混乱的问题、促进西湖整体的保护和利用，杭州旅游委被赋予了指导西湖风景名胜区、旅游度假区、自然保护区及"三江两湖一山一河"重点建设项目的规划编制和方案的审查、审批工作，赋予了旅游委员会西湖风景名胜区建设项目审查和旅游项目建设方案审查联席会议的召集工作。二是为了更好地发挥旅游业在城市经济转型发展中的引领作用，旅游委员会还被赋予旅游商贸系统有关工作的综合协调，组织协调城市旅游环境和基础设施、旅游交通、商贸购物、餐饮、住宿、旅游文化娱乐等各类资源的整合、优化配置与规划指导工作职能。

2009年，为推动海南国际旅游岛建设，海南省委、省政府在机构改革中将海南省旅游局升格为海南省旅游发展委员会，纳入省政府组成部门，赋予省旅游委统筹协调全省旅游业发展、编制旅游功能区规划和组织重要旅游项目建设论证及审核、牵头组织推进国际旅游岛建设、协调旅游产业对外开放、组织协调重大旅游节庆活动、旅游宣传推广以及旅游市场规范管理等14项职责。

2011年，北京市从首都建设的大局出发，对现有的旅游机构进行了改革，成立了北京市旅游发展委员会，改变了过去单一部门单打独斗的局面，初步建立起与首都旅游产业相关的中央在京部门、单位、大型国企等组成的相关协调机构，强化了在资源整合、产品开发、服务创新、市场监管等方面的协调配合。此外，还初步建立起了市交通委、商务委、文化局等 6 个部门的相关负责人担任旅游委兼职委员和领导班子成员的制度，进一步增强了旅游委的协调能力。

（三）加强对旅游业发展重大问题的协调

任何组织都是为解决具体的问题而成立的，旅游业发展的统筹协调机制和机构也不例外。因此在旅游部门和涉旅部门各司其职推动旅游业发展之外，需要就旅游业发展中的重大问题进行统筹协调。大体而言，需要协调的重大问题主要有：规划、政策和一些重要的旅游活动和建设项目。

1. 加强规划层面的协调

规划是对未来整体性、长期性、基本性问题的思考、考量并设计整套行动方案，也是政府部门实施公共管理的重要职能。因此，在规划层面对旅游业发展中的问题进行协调是旅游业公共设施、重大项目能够"落地"的关键所在。具体方式主要有两种。一种方式是在区域涉及空间布局的发展规划中充分考虑旅游部门的诉求。比如，秦皇岛市旅游局作为秦皇岛市规划委员会成员单位，可以较好地参与到秦皇岛城市的规划建设中，这有利于城市的规划建设更充分地反映旅游发展的需求。此外，一些地区在编制区域旅游规划时，将规划建设及土地部门纳入其中，有助于实现旅游规划与城乡建设规划和土地利用总体规划的衔接。另一种方式是在一些旅游资源富集、以旅游业为主导产业的地区，围绕旅游业发展来编制高层次的经济社会发展整体规划，并以此整合各方面资源，推动旅游大管理的实现。比如，在国务院将国际旅游岛建设上升为国家战略后，2009 年，海南省旅游委就根据省委、省政府的要求，牵头组织有关部门编制了《海南国际旅游岛建设发展规划纲要》，从空间布局、基础产业、产业发展、保障措施等方面提出了规划要点，并对近期行动计划提出了具体工作安排。之后，海南省政府将该规划纲要上报国家发改委批准实施，使其成为统领和指导海南省各相关部门规划制定的纲领性文件，推动了旅游业发展合力的形成。值得一提的是，海南省为加强在规划层面对旅游业发展的统筹协调，还专门成立了海南省旅游规划委员会，这一机构的设立对于旅游业发展起到了十分重要的作用。

专栏 15 - 3　海南省旅游规划委员会

为在海南国际旅游岛建设中加强对全省旅游产业发展的规划统筹，2010 年 9 月，海南省委、省政府批准设立海南省旅游规划委员会。设主任 1 名，副主任 1 名；主任由省长担任，副主任由分管旅游工作的副省长担任。旅游规划委员会成员由省发展改革委、省旅游委、省农业厅、省财政厅、省文化广电出版体育厅、省监察厅、省国土环境资源厅、省住房城乡建设厅、省交通运输厅、省商务厅、省海洋渔业厅、省林业局等省政府相关职能部门的主要负责人组成。旅规委下设办公室，设在省旅游委，由省旅游委主任兼任，负责旅规委的日常工作。旅游规划委员会履行的职责：一是审查旅游规划和重大旅游项目规划，包括各市县政府和有关单位上报的旅游规划、17 个重点旅游景区和度假区开发规划、22 个特色旅游小镇的旅游开发规划、全省与旅游直接相关的重大专项规划、重大旅游项目规划、主题公园项目规划和高尔夫球场建设总体规划；二是督促检查各项旅游区域规划、专项规划、项目规划和旅游资源开发规划的实施；三是统筹协调全省重点旅游规划的编制、论证和衔接工作等。

2. 加强政策层面的协调

旅游业是需求导向型的产业，推动旅游业的发展离不开相应的政策支撑。但现实的情况是旅游部门自身掌握的政策资源很少，而现行的许多政策又与旅游业的需要不匹配，这直接影响了旅游业的健康发展。因此，这就需要在改革和发展的实践中提出合理的政策需求，以推动相关部门延伸、完善和调整现行政策和规定，这些问题就需要在综合协调机制的框架下予以解决。具体而言，主要包括两个方面的内容：一是推动各级政府制定和实施新的政策时，将政策延伸到旅游业。比如，将支持服务业发展、扶持中小企业发展、扩大就业、促进文化繁荣发展、推进城镇化建设、推动低碳发展等方面的政策运用到旅游业。二是按照旅游业发展的实际需要，上下结合，积极推动现行政策的优化和调整。比如，签证政策调整、旅游用地政策优化、依据常住人口和旅游人口调整城市规划和土地规划等政策都对旅游业发展具有重要影响，但这些政策往往又牵涉面较宽，因此需要在一个综合协调机制下予以解决。

3. 加强对重要的旅游活动和建设项目的协调

大型的旅游活动往往与一个地区整体形象的提升紧密相关，但这些旅游活动往往不是旅游部门单独可以完成的，这就需要通过相应的综合协调机制进行推动。比如，中俄旅游年这一国家性的旅游活动，其组委会成员就不限于旅游部门。而一些重大旅游建设项目，由于影响力大、涉及部门多，也有必要通过旅游统筹协调机制加以推进。此外，由于我国区域之间发展差别很大，"一刀切"的政策不一定适应所有地区旅游业发展的要求，因此对于一些例外性的旅游建设项目也可以在旅游综合协调机制下予以推进。比如，当国家总体上对高尔夫球、主题公园项目进行限制的时候，就可以通过统筹协调机制对在一些地区能否适当发展这些旅游项目进行评估。

二 特定区域旅游业发展的管理机制

在旅游业发展中，旅游资源分布往往与行政区划的划定并不吻合。特别一些旅游资源富集地区由于行政分割的限制，不仅影响了旅游业的发展，而且也不利于这些地区发挥资源优势，推动经济社会的整体发展。因此就需要创新管理体制，以促进旅游业发展，更加充分地释放旅游业的综合带动功能。按照管理力度的强弱，大体上可以分成三种类型。

（一）调整行政区划

一些地区为了更有效地整合旅游资源，通过行政区划重新整合的方式来最大限度地为旅游业发展创造条件。最典型的例子是张家界。为了发展旅游业，1988年国家批准建立了地级大庸市；此后由于"大庸"之名远不及境内所辖中国第一个国家森林公园张家界的知名度高，1994年国务院又将大庸市更名为张家界市。另外一个典型的例子是秦皇岛市的北戴河新区，过去北戴河是秦皇岛旅游业发展的重点区域，由于这一区域开发较早，进一步发展的空间有限，为了更好地发展旅游业，2006年秦皇岛市将原隶属于昌黎县的3个镇、2个乡，原隶属于抚宁县的2个镇，以及团林、渤海两个林场，南戴河、黄金海岸两个旅游度假区进行整合合并，构成了总面积425.8平方公里的北戴河新区，海岸线长82公里，占秦皇岛市海岸线总长度的51%。秦皇岛市希望通过围绕旅游资源调整行政区划的方式，对优质旅游资源进行集中开发，实现旅游业的集聚发展，进而打造以人文和生态为核心的中国北方休闲、旅游、文化新区和国际知名滨海休闲旅游度假胜地。此外，如武当山，过去由于体制不顺，极大地影响了当地旅游业的发展。为解决这一问题，2003年湖北省委、省政府在武当山设立了真正意义上的旅游经济特区，赋予武当山旅游经济特区独立的县一级政府职能，并通过封闭管理，全面负责武当山风景区的保护、管理、开发、利用、规划和建设。通过提升武当山特区的行政权限和采取相关配置措施，武当山旅游业发展取得了显著的成效。最近的例子是海南国际旅游岛先行试验区，2012年，为推动海南国际旅游岛发展，海南省政府从陵水县专门划出一片区域，设立先行试验区管理委员会，由常务副省长兼任管委会主任，代表省政府对此区域和划定的邻接海域实施管理，赋予其相关的省级行政审批权及设区的市和县级行政审批、行政许可、行政收费、行政处罚权。同时在规划、土地、项目、财税、人事、招商等方面给予其更加优惠的政策。

值得注意的是，行政区划调整后虽然以旅游业为特定区域的主导产业，但是在区域内并不排斥其他产业的发展。此外，作为独立的行政区域，它也必然会涉及产业发展之外的社会管理等方面的职能。需要提出的是，按照《国务院关于行政区划管理的规定》，哪怕乡镇一级的设立、撤销、更名和行政区域界线的变更，都需要由省、自治区、直辖市人民政府审批，因此行政区划的调整并不容易。总体来看，对旅游业发展需求迫切、旅游资源丰富但旅游资源分割又很严重的区域而言，这种方式值得尝试；但由于牵涉面太宽，并不适宜在全国大范围推行。

（二）设立旅游功能区

一般而言，一个旅游城市从地域上讲，由于旅游资源品质的不同，不太可能实现全域的发展。因此，从自身城市功能完善角度出发，确定特定的旅游资源富集区作为旅游功能区重点发展，更加符合城市发展的实际。"旅游功能区一般指一定范围内能实现相关资源聚集，有效发挥某种特定功能的地域空间。旅游功能区即按照旅游产业发展需要，在一定的区域内为实现旅游资源聚集，有效发挥特色旅游功能而设置的地域空间"。旅游功能区发展模式，"有利于促进旅游产业集聚发展，有效整合旅游资源，推动旅游产业协作，实现旅游产业的辐射带动"[1]。

由于调整行政区划难度很大，用旅游功能区的方式来推动旅游业的发展正在成为一些地区的探索方向。比如2009年，成都市提出了建设世界现代田园城市的战略目标，并将全市所有区域划分为13个功能区。其中，从旅游资源完整性的角度出发，占成都面积一半的龙门山和龙泉山被确定为生态旅游功能区。由于龙门山功能区涉及成都六个区（市）县，龙泉山功能区涉及五个区（市）县，简单地通过整合部门职能很难实现旅游资源的一体化，而行政区域重新划分的方式因为牵涉区（市）县太多，也不太可行。面对这一困局，成都采取了功能区的方式来解决旅游业发展与现行体制之间的矛盾。首先，功能区专门编制了以保护生态为前提、以旅游业为主导产业的区域战略性规划。这一规划涵盖了生态环境保护、历史文化保护、旅游核心吸引物体系、体育产业、旅游休闲产业、土地利用、旅游城镇体系引导、景观风貌与控制引导、基础设施配套、管理与服务引导规划等与旅游业发展相关的规划内容。另外，为保障规划能够真正落实，成都还建立了由市委常委担任小组组长的生态旅游功能区领导小组，并初步确立了功能区领导小组统一领导、区（市）县为实施主体、按"统规分建"的办法推进的机制。除此之外，领导小组对功能区内重大旅游项目有审查权，同时还对各实施主体进行目标责任考核。除成都之外，2012年11月，北京市人民政府发布《关于做好本市旅游功能区规划建设工作的指导意见》，重点打造旅游功能区，使其成为北京旅游产业发展新的增长点；未来3年重点打造19个大型旅游功能区，建成3个以上综合收入超百亿元的旅游功能区。目前，旅游功能区这一推动旅游大管理的方式越来越受到各地的关注，在城市旅游业发展中扮演着越来越重要的角色。

---

[1] 张纯洁：《浅议旅游功能区》，《中国旅游报》2012年2月29日。

（三）区域合作和跨区域规划

除了上述两种方式，为推动一些跨行政区划的特定区域一体化发展旅游业，提高旅游协同管理水平，还可以采取区域合作的方式。一般而言，这种方式涉及的区域都比较大。比如环渤海、长三角、珠三角区域旅游合作。从实践来看，这种区域合作对推动形成区域性的旅游大市场具有一定的作用，但是这种管理往往只能以比较松散的方式来进行，因此在实践中形成旅游业大管理的力度比较弱，对旅游业发展的推动作用有限。

除此之外，在国家层面还通过编制跨区域的旅游规划来推动跨区域的旅游业整体发展，比如青藏铁路沿线、丝绸之路、香格里拉等跨区域旅游规划，虽然这对协调各方发展有一定作用，但是很难形成有效的旅游大管理。

三 不同层级的旅游管理

在一个国家内，不同层级的对旅游的管理应该有所区别、各有侧重。因此理顺各个层级的旅游管理对形成健康的旅游大管理具有重要作用。一般而言，自上而下，越往上，旅游大管理越宏观，越需要把重点放在制定规则、搭建平台上；越往下，旅游大管理越具体，越需要管理与旅游资源更好地结合。

（一）国家层面的旅游管理

国家层面的旅游管理可以从国际和国内两个视角进行审视。主要有：一是围绕入境旅游和出境旅游开展管理，从入境旅游的角度出发，在国家层面需要整合全国的资源在国际市场上形成一个整体的旅游目的地形象，而对国家旅游形象进行宣传也是很多国家旅游大管理的主要职责。从出境旅游的角度出发，国家需要为本国公民出境旅游提供有效保障。二是开展国际旅游交往，提高本国旅游业的国际话语权，为国家整体外交服务。三是协调各方力量，制定推动旅游业发展的总体政策。从我国旅游业发展的实际情况看，很多影响旅游业发展的政策是由国家有关部门制定的，地方层面政策创新的空间有限。比如，2009年国发41号文件规定旅游饭店实行和工业企业水、电、气同价的政策，由于电的定价权在国家，地方层面就很难落实这一政策。因此，国家层面旅游业发展政策的制定对国家旅游业整体发展具有重要作用。四是制定全国旅游业发展的总体战略，从旅游业发展的一般规律出发，引导全国旅游业可持续发展。五是维护全国统一的旅游大市场，实现旅游目的地之间的良性竞争。从国内旅游看，旅游竞争的主体是国内的各个旅游目的地，这就意味着旅游市场监管的重心应该下移到旅游目的地，国家层面更需要做的是通过制定规则，促进旅游目的地之间的公平竞争。六是支持重点区域的旅游发展。鉴于中国区域旅游业发展和经济发展的不平衡，国家层面应该更多地调动各方面力量，支持具有旅游业发展潜力的落后地区发展旅游业。

（二）省级层面的旅游管理

省作为联结国家和市、县旅游目的地的重要环节，扮演着承上启下的旅游管理角色。鉴于城市旅游目的地是旅游业发展的重要载体，因此从省一级来讲，需要将管理的重心放在服务于旅游目的地的发展上。其主要职责有：一是根据不同城市旅游业的特点，制定旅游发展战略和规划，引导各个城市错位发展，差异化发展。二是在省的权限内，出台支持全省旅游业发展的政策。三是在省内支持重点区域旅游业发展。四是协调引导城市旅游目的地的发展。

需要指出的是，省级层面的旅游管理并不是完全对应行政级别的旅游管理。比如直辖市从行政级别上讲是省一级，但由于它本质上是一个城市，其旅游管理更应该符合城市旅游管理的要求。从这个意义上讲，北京市的旅游管理应该与杭州市的旅游管理相一致，而不是与河北省的旅游管理一样。此外，对一些面积较小的省（区），其旅游管理也应该更多偏向于城市旅游目的地的管理。比如，海南省面积只有3.5万平公里，宁夏回族自治区面积只有6万多平方公里，甚至不如重庆市大，因此这些省（区）虽然行政级别是省级单位，但是更接近于一个独立的旅游目的地，其旅游管理方式应该与一般的省有所区别。

（三）城市层面的旅游管理

城市是旅游业发展的关键所在，因此应该成为旅游管理的重点所在。具体而言，其职责主要有：一是对城市形象进行整体包装与宣传，使旅游成为城市形象的主要载体。二是统筹协调城市的旅游公共服务，改善旅游环境。三是优化城市规划建设，使城市更加适合外地人旅游、本地人休闲。四是对进入城市游客的旅游安全负责。五是制定与整个城市发展方向相衔接的旅游发展规划，引导符合城市发展需要的旅游项目建设。六是维护城市旅游市场秩序，加强对旅游企业经营行为的监管。七是更有效地整合城市内自然资源、人文资源、社会旅游资源，推动其转化为旅游产品。八是在市一级权限范围内，制定扶持旅游业发展的相关政策。

需要指出的是，由于旅游资源禀赋的不同和旅游市场大小的差异，各个城市之间旅游管理的力度应该有所差异，不必强求一致。对以旅游业为主导产业的城市，应该强化旅游管理；对旅游业在城市经济发展中所占比重不高的地方，旅游管理有所侧重即可。

（四）县级层面的旅游管理

在县一级，由于旅游业的规模不大，其重点不应该放在旅游的行业管理上，而应该放在旅游资源的管理上。在这一方面，浙江在县一级推行的旅游资源一体化管理经验值得借鉴。

专栏 15-4 浙江做法

在1998年之前，浙江的天台、桐庐、淳安等县市就率先进行了风景与旅游一体的管理体制改革的初步摸索，并取得了成功。1998年，浙江省委、省政府召开全省旅游工作会议，会上柴松岳省长明确提出，县（市）一级根据"风景与旅游一体，产品与市场结合，开发与保护统一的原则，可以结合当地实际，建立有利于旅游发展的、统一的管理机构。省级有关部门不得横加干涉"。各县市在推进旅游管理体制改革过程中，结合实际，创造了形式多样、行之有效的运行模式。一是把风景名胜区纳入旅游管理部门。比如，天台山国家级风景名胜区成立了"台州天台山风景旅游区管委会"，由一名县委副书记专职担任管委会主任，县风景旅游管理局局长兼任旅管委的常务副主任和天台旅游有限公司董事长、总经理。二是把原分属于几个不同部门的重大景区统一划归旅游部门管理。比如1998年新昌县委县政府把原设立在建设局下的二级局——风景旅游局从建设局分离出来，单独组建，充实完善行政管理职能，升格为一级局。同时创建风景旅游发展总公司，与风景旅游局实行"两块牌子，一套班子"。三是把旅游开发保护管理机构与当地行政管理有机统一起来。比如桐乡市委、市政府在1999年组建了乌镇古镇保护与旅游开发管理委员会，管委会由15个相关部门的主要领导为成员，作为市政府派出机构，负责对乌镇古镇保护与旅游开发的统一规划、指导、协调和管理。

四　政府与非政府组织的分工协作

旅游大管理的主体除了政府部门以外，还有相应的非政府组织。政府和非政府组织基于分工协作进行旅游大管理，有利于旅游业的健康发展。大体而言，非政府组织主要包括行业协会、商会、社会慈善组织、社会中介组织等。而现阶段参与旅游大管理的非政府组织主要是旅游行业协会。在国家层面主要是中国旅游协会。在中国旅游协会指导下，独立开展工作的还有旅行社协会、旅游饭店业协会、旅游车船协会、旅游报刊协会等专业协会，此外还有旅游景区分会、休闲度假分会、旅游教育分会等分会。而在省市层面也多设立有相应的旅游协会。除此之外，一些城市还有导游员协会等以旅游从业人员为主体的协会。目前，各类旅游协会主要的功能是协调关系、提供服务和加强联络，在日常工作中主要是通过举办论坛、会议、活动等方式来强化协会成员的联系和沟通；此外像旅游饭店协会还承担了过去旅游行政部门转移出来的饭店星级评定职能。总体来看，旅游协会推动了旅游大管理的形成，但是由于受大的体制机制等方面的限制，协会等非政府组织在社会大管理中发挥的作用还不够充分。

从世界旅游业发展的情况看，旅游协会等非政府组织在旅游管理中发挥着非常重要的作用，这在市场经济比较成熟的发达国家更为突出。在美国，旅游协会是实施旅游管理的主体，甚至美国海外的推广促销工作都由协会负责。其主要的行业协会组织有四个。美国旅游协会（US）是一个全国性的非营利性民间行业组织，有2100个成员单位，成员包括旅游企业、目的地机构、附属成员及旅游协会，主要职能是推动美国入境旅游和国内旅游的发展，并从事旅游调查研究、信息咨询、行业交流和编制旅游供给和市场开发计划，并代表美国旅游业向美国政府提出大力促进旅游业发展的建设性意见。此外，还负责美国国际旅游交易会、美国旅游网站和美国旅游周等市场推广工作。从其职能看，美国旅游协会承担了许多国家由旅游行政部门担任的工作。除美国旅游协会之外，美国还有旅游批发商协会（USTOA）、旅游代理商协会（ASTA）、全国旅行协会（NTA）等社会中介组织。这些中介组织在推动美国旅游业健康发展方面扮演了重要角色。在法国，作为政府部门的旅游局人数很少，职能也不多，实施旅游管理的主要是非官方性质的法国旅游发展署。其主要职责包括：法国旅游市场的营销与宣传推广、制定和认可企业资质的标准、旅游工程项目策划等。在我国香港地区，直接实施旅游管理的部门主要有三个：作为政府部门的香港旅游事务署、作为半官方机构的香港旅游发展局和作为行业自律组织的香港旅游业议会。具体而言，事务署侧重于制定和统筹落实各项促进旅游业发展的政策、策略和计划；发展局的主要任务是旅游宣传推广；旅游业议会的职责则是监管旅行社，为旅行社提供相应服务。

总体来看，随着我国市场经济的不断完善和政府职能的进一步调整，政府和非政府组织在推进旅游大管理时的协作变得更加重要。长久以来，协会等社会组织被要求必须有挂靠单位才能登记，这一规定使得非政府组织的发育受到很大限制，这也是许多协会被视为"二政府"、不能很好发挥相应作用的重要原因。目前我国正在放宽社团登记的限制，这为未来各类旅游协会的发展创造了有利条件。同时，《国务院关于加快发展旅游业的意见》（国发〔2009〕41号）也明确规定，"旅游行政管理及相关部门要加快职能转变，把应当由企业、行业协会和中介组织承担的职能和机构转移出去。五年内，各级各类旅游行业协会的人员和财务关系要与旅游行政管理等部门脱钩"。2012年国家旅游局又出台了《关于推进旅游行业协会改革发展的指导意见》（旅办发〔2012〕371号），提出"坚持协会改革与政府职能转变相协调，培育发展与规范管理相并重，改革与建设相一致，强化协会沟通、协调、服务、维权、自律的基本功能，发挥协会联系政府、服务会员、促进行业自律的优势功能，逐步建立体制合理、功能完备、结构优化、行为规范的协会体系"。随着这些文件的进一步落实，旅游行业协会将会更加独立地参与到旅游大管理中。可以预见，除了旅游协会之外，未来旅游商会、旅游公益组织等非政府组织也将会不断涌现，更为多元的旅游大管理格局将进一步形成。

从广义旅游业的发展来说，实施全方位的旅游大管理是十分有必要的。因此，不存在坚持不坚持旅游大管理的问题，更需要考虑的是如何进行旅游大管理的问题，特别是如何确定不同管理主体之间的职责的问题。总体而言，国家或地区在发展旅游业中，是采取政府为主体的大管理模式，还是采取协会等非政府组织为主体的大管理模式或者混合模式，取决于这个区域市场经济发育完善的程度、法制环境完善的程度；同时取决于旅游业发展的水平和这个国家或地区的文化传统与行政管理特点。比如欧美国家中，既有美国、法国等旅游非政府组织在管理中作用显著的例子，也有西班牙等以旅游行政部门为主进行管理的例子。同样，日本这样的发达资本主义国家，经济市场化程度很高，但是作为最高旅游行政管理部门的观光厅，近年来在政府机构削减的大背景下反而增加了编制。对中国和国内的旅游目的地而言，既要借鉴其他国家和地区先进的管理经验，也需要结合各自的实际走自己的路，通过更有效的旅游大管理来实现旅游业持续健康快速的发展。

参考文献

[1] 魏小安、曾博伟：《旅游政策与法规》，北京师范大学出版社，2009。
[2] 曾博伟：《旅游资源一体化及其实现形式》，《中国旅游报》2011年3月25日。
[3] 曾博伟：《旅游体制：怎么改？谁来改？》，《南方周末》2012年4月26日。

第十六章
未来的旅游和旅游的未来

实现中华民族的伟大复兴的中国梦,是当今中国的时代强音。从未来的旅游来看,随着需求体系的根本性变化,旅游的未来发展要求供给体系发生根本性的变化。

第一节 加速度发展

一 时代变迁

我们面临的时代是一个技术加速度的时代。李四光先生曾经说过,人类社会以加速度发展,人类旧石器时代百万年,新石器时代几万年,青铜时代几千年,铁器时代两千年,可是蒸汽时代几百年,电器时代一百多年。今天再看,计算机的时代五六十年,网络时代二十年,微博时代两年,这就是技术的加速度发展。这样的技术加速度怎么估计都不会过分,我们现在觉得不可思议的事,过几年就会实现,我们有这个生活经验,已经经历这个过程。正是因为有这样一个过程,才使我们的赶超成为可能,也就是说只要抓住了新技术的应用,我们和发达国家就可以在同一条起跑线上竞争,甚至有可能超过它们,否则我们就只能赶不能超。但是技术也给我们带来了很多拖累,在低技术时代,活得比现在轻松,技术给我们提供了无限的便利,大大提升了生活质量,但是人们觉得生活越来越累,越来越紧张,信息量越来越大,有很多是多余的,并不一定是完全必要的。下一步科学技术还会进一步大发展,基本上形成了一个态势,只要有一个基础科学的创新,这是一种源头的创新,就会形成一个技术流,之后就会形成一个应用群。

2012年诺贝尔物理学奖的获奖题目是《量子的数据测量和量子的切割》，很多记者问这个东西有什么用？获奖者说他也不知道有什么用，当年爱因斯坦提出《相对论》的时候有什么用呢？但是可以说《相对论》从根本上改变了人类的认识，也改变了我们的生活，下一步的科技方向或者影响生活最突出的是量子计算机、纳米技术、3D打印机、基因科学和泛能源。应该说，这是五个会直接影响甚至决定我们生活的科技方向，但是这一切有一个基础就是互联网和计算机的发展。量子计算机一旦形成，现在的电子计算机就进入了史前时代，就像今天看原始人一样。科学技术的发展酝酿着大的突破，这种大突破直接影响着我们的生活，这就使社会的鸿沟进一步缩小。一是平等与个性，互联网的产生大大提升了社会的平等性，在信息方面现在只要能掌握它，能应用它，人与人就大体平等。在信息平等的基础上人的个性化越来越突出。二是系统与组合，社会系统化程度大大提高，生活的组合化程度也大大提高，全面进入了系统与组合共同推进的阶段。近些年已经产生根本突破，这最终会影响生活格局和城市格局。

二 作用

技术加速度发展包括未来科技的发展起到的作用，第一是鸿沟缩小，发达国家和发展中国家的鸿沟缩小了，社会各个阶层间的鸿沟也缩小了。鸿沟缩小就突出了平等与个性，也就是说技术的发展实际上导致了整个社会的变化，最后达到系统与组合的格局。实际上将来的竞争就在于能不能在系统与组合方面有所突破，能有突破就会形成竞争力，没有突破就不行。有一本书——《源创新》，提出了一些概念，第一是"始创新"，科学技术发展形成的这种突破性创新是"始创新"。现在都说中国人的创新性不够，因为我们的技术没有突破，在专利方面也没有很多东西，这就是"钱学森之问"。这本书里谈到中国的创新性不够有各种各样的原因，但是换一个角度看，所有的"始创新"都行吗？绝大部分技术专利形不成商业模式。由此引出了"流创新"的概念。该书作者认为中国人现在"流创新"方面走到了世界前列，但是依然落后，"流创新"就是一般研究的降低成本、提高效率、人才培训、扩充品牌之类。在我们的日常工作里都能接触到这些，中国在这些方面并不落后。但是最重要的创新是"源创新"，作者研究了各种各样的商业模式，最后得出的结论就是"源创新"，即通过两面市场模型，把供应链变成"共赢链"，构造新的模式。如果"源创新"和"流创新"竞争，一定是"源创新"胜出，这实际上就是系统与组合，如何形成"源创新"的商业模式？整合各种各样的"始创新"和"流创新"，那就达到了创新的高端。

三　社会加速度

未来的社会背景是社会发展的加速度。社会加速度有四个方面，第一是全球一体化，是大势所趋。当然有很多人反对一体化，它作为一种趋势，不以人的意志为转移，但是要反对全球一体化的绝对化。有很多人认为全球一体化是以美国为首的发达国家对发展中国家的一种新的殖民和剥夺的形式，不应该跟着美国走，这种观点未免有失偏颇。这是一个加速度发展的过程，全球一体化就是从技术一体化到经济一体化发展过来的。第二是信息网络化，信息网络化现在已经无须论证了，下一步论证的就是速度多快，数据的质量多高。第三是交通立体化，交通立体化在中国最近十年以来突飞猛进，中国的高铁技术已经走到了世界前列，当然这种高铁技术是用钱堆出来的，但是交通立体化构造的社会流动化是根本。第四是达到社会的扁平化。我们现在的社会仍然是比较典型的科层制度的格局，这种制度不可能长远，而且从社会发展的角度来说，这种扁平化所形成的效率是现在的制度比不了的，我们要想提高效率和竞争能力，必然就要追求社会扁平化。这是技术加速度和社会加速度对我们的发展要求。用现在的话来说，就是五位一体的总体布局一定会产生一系列新的要求，只不过我们在社会的发展过程中还没有完全认识到这一步。

四　中国的变化

我们现在的起点和以前截然不同了，第一，从发展阶段来说，我们已经进入了工业化的中后期，沿海发达地区已经进入工业化的后期。第二，我们进入了中等收入国家行列，但是要警惕中等收入陷阱。从这个起点来说，超出时代，理解时代；超出旅游，认识旅游。没有生产方式、发展方式和生活方式的革命就没有中国的未来，旅游在其中可以产生革命性的新作用。这里有三层意思，一是生产方式的变化，从初级生产到智能化生产。二是发展方式的变化，从粗放型转向集约型，这也是倡导多年的，但是现在还没有调整过来。三是生活方式的革命，即低碳、节约、质量、品位。我们现在的生活方式是难以为继的，中国不能走美国的路，如果按照美国高能源消耗和高物质消耗的模式，整个地球也容不下一个中国，就不用再说容纳别人了。奥巴马在2010年说过，很难想象13亿中国人达到美国这样的生活水平。美国的人均能源消耗是多少？如果我们达到美国这样的人均能源消耗，地球上的石油价格得涨到多少？但是，凭什么美国人可以享受这样的生活水平而中国人就不行呢？这就意味着需要一个生活方式的革命。这三个革命在未来若干年中会同时推进，现在生产方式正在进步，发展方式正在改变，可是实际上人们还没有意识到生活方式的革命。为什么旅游在其中可以产生革命性的新作用？这和旅游一系列的特点有关——消耗资源比较少，而且很多资源可以反复使用，这就是在未来发展方式和生活方式革命中的革命性新作用。

第二节 未来的生活与未来的城市

美丽中国是愿景，五位一体是过程。两者的共同指向，是未来。旅游的未来是未来生活越来越重要的组成部分，未来城市是未来旅游的载体，历史与逻辑要一致，探讨旅游发展的起点是未来的生活和未来的城市，由此才能把五位一体的红利发挥到最大。

一 未来有多远

从这个基点出发，确实需要看一下未来，把未来看得准一点。未来有多远？10年、30年、50年，甚至100年，实际上，未来"远在天边，近在眼前"。近期中国发生大范围的雾霾，这和20世纪50年代英国的光化学污染事件相同，但是范围这么大、面积这么广、持续时间这么长、程度这么高的污染，在人类历史上没有过，这说明中国所有的事都是放大的，因为我们有13亿人口,我们所碰到的任何问题严格来说都是人类历史上没有碰到过的。按理来说,在这么一个恶劣的状况下谈未来,有得谈吗?有人会问,我们有未来吗?尤其是年轻人,好像看不到未来,其实不然,这里的核心就是加速度发展。研究未来旅游发展,核心是保障人权、尊重人性、符合人情,判断很多事情将来对不对,标准就是是否符合人性,不管社会怎么变化,人性是永恒的,如果从人性出发,很多事情就有了"根",可以接地气。如果超越了这些,题目越大反而越不行。

再进一步是提升效能、提高品质、实现幸福。从中国发展来说,现在效能方面差很多,因为习惯于GDP至上,习惯于发展主义,认为只要规模上去了,一切都上去了。实际不然,核心在于效能,相应的投资能有多大的产出?能最终形成什么样的能力?从旅游方面来说,这个问题现在也是越来越突出。一是有很多大项目,这些大项目到底能形成什么效果?有很多可能是浪费的,但是这些浪费谁来埋单?政府不会埋单,开发商赚了钱走了,最终倒霉的是老百姓。二是提高品质,品质性的要求是下一步的最高要求,要从追求规模转向追求品质。现在还有一个主流观点,仍然认为中国旅游的发展还是供给跟不上需求。中国旅游现在最大的问题是结构性问题,不能笼统地认为是供给跟不上需求,要保证"黄金周"的需求,还要达到高品质,这是不可能的,"黄金周"需求是阶段性的高峰需求,那时候的要求是安全,这是底线,那个时候还要达到高品质是绝不可能的,全世界哪里都做不到。那要满足何时何地,满足什么样的需求?这里的核心是结构性问题,最终目标是实现幸福。

二 未来生活的内容

未来的生活,可变的是技术因素,不变的是人的需求。两者结合,构造新型生活。

第一是田园生活。未来的生活很大程度上是回归乡野,这就是城乡一体化。中国人,追求家园是几千年的梦想,现在工业化、城市化,只可能有家不可能有园,可是家园的梦想仍然存在。所以需要建设城市园林,拓展休闲环境,用大园来弥补小家,用质量来弥补距离,家门口没有园,但是可以把这里当成一个园,未来的生活一定是田园化的。

第二是生态生活。低碳、环保，与自然生态高度融合。先规划小动物的生存空间，再规划人的生活空间。广州花州市有一个楼盘，100万平方米，定位是度假社区。有一次一个客人在那里吃饭，吃着吃着站起来了，从餐厅的这边，一路走到餐厅那边，他说看见了一只变色龙，很多年没看见过了，跟着就在那儿买了五套房。他们很注重细节，路上修涵洞，有木板栈道，栈道要留一尺高，为了便利爬行动物的通行、小动物的通行。这就是生态的概念，人和小动物和自然相处，看到这种场景都会很感动。

第三是森林生活。森林体现生物多样性，也体现生活品质的多样化。这是最具难度的，但是值得争取。

第四是文化生活。文化要有传统，传统是经典；也要有现代，现代是时尚。文化无穷无尽，容纳个性化。

第五是艺术生活。美就是生活，人的艺术，艺术的人，这是精神生活的最高境界，需要艺术环境、艺术指导、艺术创造。

第六是创造生活。创造需要人的潜能的发挥，是未来生活的本质追求，会构造新的产业、新的发展基地，将来的生活不只是简单的游乐，生活内容充满创造性，这也成为创业基础。

第七是数字生活。信息化形成基础，数字化提供手段，智能化达到目的。包括云系列，现在已经开始，云计算已经变成一种生活方式。

第八是休闲生活。休闲是对可自由支配时间的多样化安排，休闲是生活的1/3。在经济全球化和世界一体化背景下，世界各国政府均着力促进经济发展和解决民生问题。人类社会经过数千年演进，也向着以人为本、提高质量、和谐发展的方向迈进。休闲成为重要的生活方式和基本的生活权利，丰富多彩的休闲产品和高质量的休闲服务是经济发展和社会进步的重要内容。工作时间追求效率，生理时间追求质量，休闲时间追求快乐。所以，我们面临一个1/3的新空间。相应的，1/3的资源应为之倾斜，1/3的人员要为之配置，1/3的精力需为之投入。

第九是运动生活。运动是人的一种天性，这种天性见于生活，所以就需要创造性。现在玩乐的新项目，基本是美国人创造出来的，其次是欧洲人。先创造玩的新项目，然后将其纳入正规运动。不知道未来的运动还有什么，但一定无穷无尽。

第十是健康生活，需要生理健康、心理健康、社会健康，所以需要健康的社区、健康的环境、健康的社会。

第十一是情感生活。我们现在最怕的就是社会的冷漠，如同存在主义的说法，人是人的地狱。但这只是过渡期的现象，一百年之后应该如何？没有丰富情感的社会，是人无法接受的。

第十二是邻里生活。原来生活条件很差，但邻里关系很近，现在都住了楼房，没有邻里了。近在眼前，远在天边，生活的距离很近，但是情感的融合很差。生活在一个人口密集的地方，但是觉得人与人咫尺天涯，这不是好感觉。应该有邻里感觉，度假社区、休闲社区最重要的就是邻里感觉。人都是缺什么想什么，多什么烦什么，所以人追求这些东西，要创造这些东西。

第十三是立体生活。要有立体的产业和立体的空间，尤其是中国，人口多，空间少，必须立体化发展。一是立体的绿化，将来房顶是绿的，可能就是菜地，现在空中菜地很多城市已经开始搞了，在国外更普遍。围墙是一种冷冰冰的东西，可以靠立体绿化形成围墙。这样私密性也有保障，外面看着一排排的树郁郁葱葱，做这些事情并不难。二是立体产业，现在一个最新的概念叫做个人制造业。美国人之所以敢说将来制造业大国还是美国，就是从这个技术基点出发的，这就是立体产业的概念。三是立体空间，山要用，平地也要用，地下也要用，这展现的就是未来的生活场景。加拿大有一个特点，到冬天，地下空间是重要空间，人出行通过地铁，地铁形成商业区，所以很多人到冬天就通过地铁到处走，逛街都到地下逛。可是地面基本不动，所以加拿大到处是森林，郁郁葱葱，不妨碍发展。

第十四是幸福生活。这是现在的主旋律，也是发展的终极目标，旅游休闲就要让来这里的人深入体验。

总体而言，探索未来生活，体验未来生活，就是古代的自然环境和古人的生活态度，加上现代的生活设施和今后的生活方向，这在日常生活中可望而不可即，但是在旅游休闲生活中可以实现，这应当成为广义旅游的基础。

三 经营未来的城市

1. 城市升级

中国的城市化，现在已经出现拐点。过去追求的是大，但是这些年转向深，挖掘城市内涵，追求城市特色，提高幸福指数，这是全国各个城市非常普遍的转型。

之所以产生这种转型，在于城市功能的变化，多数城市都由工业城市起家，现在大家感觉到工业城市再这么往下走也很难了。所以现在环境城市、宜居城市、旅游城市和休闲城市等一系列的城市新理念都提出来了，实际上在自然发展过程中，就会逐步形成一些新的城市类型，所以自然而然会提出新的题目。一个新题目是度假城市；二是文化城市，这是很多城市的领导提出来的；三是创意城市，这是很多城市正在追求的目标；四是科技城市，这是人人都想做但不是人人都能做的。这都属于城市新的发展类型，这些新的发展类型实际上展示了城市的发展前景。

研究城市，有一个基本出发点。城市是生长的，而不仅仅是发展的，这就意味着有其自发自为自在自足的要素，有其内在的规律性。这就像人，我们最熟悉，却最不了解。要形成新型城市观：创造、生活与文化。如果只强调发展还是人定胜天的思路，做规划，大拆大建，就像把有机体大卸八块，这只有解剖学上的意义，而不是生物学和生理学的意义，更不是社会学和心理学上的意义。

2. 城市能力

建设城市，从结果来看，需要相应标准；从起点和过程来看，需要城市能力。

一流能力：投资能力，建设能力，扩张能力，控制能力。

二流能力：文化能力，聚集能力，商业能力，科技能力，吸引能力，公共服务能力。

三流能力：创造能力，环境能力，输出能力，服务能力，休闲能力。

一些城市的一流能力在前面几项，二流能力和三流能力实际是发达国家的一流能力，所以这里需要能力的转化和提升，要把我们的三流能力变成一流能力，把我们的一流能力变成三流能力。中国现在总体处在工业化发展的中后期，所以大家的思路乃至追求的目标都是工业化的目标。但是就发展的过程来看，要从工业化中期到工业化后期，再到后工业化时期。

问题在于，这样的工业化格局在过程中越来越强化，可是人的生活接受这种格局吗？这样的一流能力的一流发挥，实际上达到的是三流结果。敬畏自然、珍视资源、善待文化、尊重前人，这是底线。现在进入大建设时期，千万不能大破坏，但该破坏的已经基本破坏完了。古人有足够的时间和耐心，能做出精品，现在有些东西复制不出来，这不是技术问题，这是文化的传承和手艺的积累。

3. 根本理念

研究未来旅游发展，归纳为五句话：以后工业化的视角，挖掘前工业化的资源，利用工业化的成果，建设超工业化的产品，对应变化中的市场。核心就是这五句话。

挖掘前工业化的资源，就像日常说的一样，吃鸡得吃土鸡，吃鸡蛋得吃土鸡蛋，越是前工业化的资源，现在越升值。可我们毕竟搞了这么多年的工业化，工业化的成果要充分利用，比如城市的基础设施都是工业化的结果，没有这一套基础设施，生活的舒适度和方便度会大幅下降。但是生产的产品应该是超工业化的产品，才可能对应变化中的市场。现在"80后"已经进入市场，再过五年他们就是市场的主流，现在大家关注市场的时候还在关注老年人和中年人，而且往往是中年人在决策，中年人在操作，但是我们对应的市场不是自己，对应的是年轻人的市场，他们的消费方式是什么样的？他们的生活习惯是什么样的？他们在追求什么？很多人看不惯，但是一代更比一代强。

4. 城市优劣

现在各地都在提出"城市群"的概念，而且把城市群当做发展的方向，沈阳经济区八个城市一体化，郑州中原城市群九个城市，武汉的武汉城市圈，也是七八个城市。问题在于，城市群要想真正形成，必须形成自己的分工体系，这是一个城市群成熟的标准。再深一步讨论，实际上就是异质化，这是一个发展过程。如果不强调异质化，那么一体化就立不住，就变成了计划经济条件下的一体化，若干个城市都一样，那无非就是"1＋1＋1"，起不到本质性的城市群作用。所以周边缺什么，就应当做什么。老工业基地要转化成新产业高地，新产业高地缺的恰恰是"新"，还是以工业化为主体，但是大家都以工业化为主体，没有意义。要培育的是具有特色的城市。在这里，每个城市都有发展的约束条件，也都有发展的优势，首先要研究约束条件，把约束条件研究清楚了，好多事情就看清楚了。每个城市都有一大堆优势，项目也有一大堆优势，实实在在把自己的特色搞出来才叫优势。

后工业化阶段的主体是服务和信息，后工业化的主体应该是创新，是智慧，整个发展要谋求创新式的发展和智慧式的发展，这应该是一个新的阶段。我们习惯地以生产者定位，但是城市的发展最终是为市民的，项目的发展最终是为消费者的。

5. 未来城市

最根本的就是要超越城市，创建和经营未来城市。所谓未来城市，就是一切为了人的需求，引领发展潮流。刚才说的几个城市类型，都是这种新的城市类型，这样的城市概括起来是"民俗风、山水画、田园诗、文化歌、生活曲、梦幻情"。

一是山水城市。历史上的城市一般是傍水而生，依山而建。但现在城市水系基本破坏殆尽，山体大面积毁坏，使城市失去了依托。这些问题的解决，就体现了未来的追求。

二是田园城市。这是对农业社会城市的一种怀恋，但不能成为城市的挽歌。从人性出发，对于田园的追求是几千年的固有追求，但是在现代社会，需要创造新的田园城市模式，尤其是要城乡一体化发展，才有可能。

三是生态城市。生态环境的污染，有工业化发展的必然性。所谓不能走先污染、后治理的老路，也只是一厢情愿的说法。但是未来的城市人民，总不能始终在阴霾天气中生活。而山水城市与田园城市，最终也要求好的生态环境。

四是文化城市。充满文化气息，拥有文化性格，形成文化品格，感受文化熏陶，这些是需要时间培育和人才聚集的，不是简单地建设文化设施、搞几个大活动就能出来的。而文化生活恰恰是未来城市的灵魂。

五是创造城市。良好的自然环境、社会环境和人文城市必然形成一个创造城市。创造形成活力，培育一系列新兴产业，构造新的发展基础。

六是数字城市。技术推动发展，技术自身形成加速度发展。数字化手段普及，智能化形成工作和生活的便利，云服务构造出另一种蓝天白云的清新。

七是立体城市。首先是空间的立体运用，人口的聚集不能意味着生活品质的下降，而没有聚集又得不到集约化发展的利益，唯一的路径只有立体化。其次是立体的绿化，从上到下，从内到外，形成立体绿化体系。最后是立体产业，超越传统的三次产业划分方法，构造新型产业体系。

八是情感城市。情感的需求是人类生活永恒的需求，摆脱陌生人的冷漠，达到情感的融合，是未来的向往。情感城市也是邻里城市，要建立新型的邻里关系。现在是空间距离很近，心灵距离很远，只是邻居而不是邻里，这就需要硬件与软件的推进，让人感受温情、感受温暖。

九是休闲城市。对于休闲的追求将成为"第三次工业革命"之后的生活目标，休闲产业已经是世界经济中规模最大的产业。满足休闲需求是城市和区域发展、质量提高的重要内容，是市民生活质量的必要组成部分。休闲以人为本，休闲引人，休闲动人，休闲怡人，休闲养人。休闲是人力资本投资的重要方式，是改变亚健康状态的最积极、最有效、最廉价的手段。休闲创造快乐，休闲创造就业，休闲创造价值。休闲，让生活更美好。休闲是城市功能的完善，城市质量的提升，城市品牌的创造，和谐社会的构建，以人为本的体现。

十是幸福城市。幸福是根本追求，现在已经成为社会的主旋律，也是发展的最终目标。

这十个城市汇总到一起就是未来的城市。

未来城市的参照系，第一个是瑞士日内瓦，诗情画意，日内瓦令人感觉最深的就是湖边上的村庄，每一个村庄都是花园，当地的人大多是农民，他们对家乡的热爱发自内心。所有的房子都有花栏，摆花不是为了自己，而是为了邻里和环境。我们则是把自己家里收拾得干干净净、漂漂亮亮的，可是很少注重环境。日内瓦湖黑天鹅和白天鹅在湖里自然游弋，湖边上有小碎石子，男男女女也趴在上面晒太阳。那种小碎石子与大连金石滩类似，条件并不好，但是给人的整个感觉很好。日内瓦从来不说自己是国际化城市，但好多总部聚集在日内瓦。

第二个是德国的海德堡，第二次世界大战末期，盟军轰炸的时候把德国基本炸平了，只有海德堡没有落下一颗炸弹，因为当时盟军的空军司令在海德堡住过，他说这个地方一颗炸弹都不能投。这里有七八百年的历史，我们可能再过七八百年仍然赶不上人家——就是诗意的栖居、诗意的生活、诗意的工作、诗意的创造。而中国无论特大城市、大城市、中等城市还是小城市，有这样的东西吗？现在这是最迫切需要的东西。

6. 未来环境

第一，未来城市的格局，应当是反城市的，这似乎成为一个悖论，既要城市化的聚集效应，又反对城市对人的压迫，实际上是反对工业化的大城市格局。所以，未来城市的格局应当是分散与集中相结合的格局，或者说是大分散、小集中，分散是与自然交融，集中是谋求城市的集约化和生活的便利化。

第二，未来建筑材料。反厚重，追求轻巧与系统，现在的建筑科技已经可以实现这一点。

第三，未来的建筑风格。反奢华，高端但不奢华，简约而不简单。首先是符合人性的，人性都是朴素的，最好的方式是都显不出来，才有味道。看着还是很自然的东西，但是一进去就不同了。

第四，未来的产业体系，五个重点：体系科技，精准农业，高端制造，个性服务，创意文化。意味着什么产业都有，但是和现在的概念完全不同。

第五，未来的工作形态。家庭式办公，作坊式制造。房里有个地下室，地下室里摆着3D打印机。产品一个一个就出来了。这是加法工业，没有废料，没有污染，当然利润率很高，很赚钱，但是绝不是现在这种大工厂的格局，十几万人一个厂，包括原来的一堆大工厂，傻大黑粗，几万人的工厂聚集，完全不是这个格局，应该是家庭式办公、作坊式制造，这需要公共性协调、个性化分工、娱乐性开展。工作就是娱乐，分工都是个性化的。

第六，未来的环境保护。分布式能源，无害化处理，共享自然。现在这种工业化的东西仍然可以利用，但是要真正追求百年未来，那可能就是分布式能源，平屋顶都是菜地，坡屋顶都是太阳能，完全可以做到。所有的垃圾都是无害化处理，循环利用，反复利用，然后就是自然共享性的资产。

第七，未来的宗教体现。中国基本上是一个泛神论的国家，没有主流宗教，但是将来一定要有宗教体现。科学的终极是哲学，哲学的终极是宗教，所以科学和宗教并不冲突。牛顿最后说上帝是第一推动力，爱因斯坦说我信仰斯宾诺莎的上帝。所以要考虑将来的宗教体现，多元化追求，深度化引导，自由化表现，按照这个要求，深度化引导实际上是心灵引导，追求终极价值。

第八，未来的社会形态。应当是自治性管理和公司化服务相结合，自治性是横向的扁平化，公司化是纵向的垂直性，构造一套未来的社会形态。

从技术角度来说，需要推广几个系统——可再生能源系统，微气候系统，固碳系统，内空间生态系统。要有雨水回收设施，下凹式绿地透水铺装，密闭材料、保温材料，这是很多楼盘已经在使用的技术。简单地说，住健康，可回收，无污染，省资源，要达到人与自然的协调，人与人的和谐，人与自我的一致，这是人的一种终极感受，真正的吸引力在这里。

说到底，就是未来的需求创造未来的城市，未来的城市满足未来的需求。

第三节　未来的旅游与旅游的未来

一　未来的服务

在世界贸易组织的分类中，旅游在服务贸易的大框架之下，属于传统服务业，在中国，它被称为新兴服务业，现在又纳入现代服务业的范畴。无论怎么分，根本在于新型。

第一是"均服务"的态势产生，发展优势显现。"均服务"就是服务的均质化程度越来越高。尤其是从区域来看，这种"均服务"的态势从总体而言奠定了服务基础，提高了服务水平。"均服务"的产生，有三个基本因素——基础设施改善，短线制约弱化，信息高度流通。同时，有三个即时因素——人才全面流动，标准逐步推动，需求逐步启动。所以，提高基础水平，减小区域差距，推动服务均质化，全面提升竞争力，是下一步的重要任务。

第二是"高服务"的品牌集中，市场优势显现。现在国际上大的酒店管理公司很多进入了中国，一系列的高端服务品牌都集中了，这源于我们的市场优势。其中的基本因素，一是全球一体化的发展，中国已经完全纳入国际体系。二是消费市场越来越大，要求也越来越高，从质量要求到品牌要求。三是城市化发展和城市领导人的要求。

第三是"文服务"的经典创造，积淀优势显现。虽然历史上的服务传统中断了，但是毕竟有文化的积淀，这种积淀优势要显现就需要在这方面形成一些经典的创造。

第四是"精服务"的理念推广，国际优势显现。服务的精准化和服务的细致化，这种理念现在已经很普遍了。"均服务"也有国际的"均服务"态势，它在"精服务"方面体现出来。

第五是"情服务"的深入体现，传统优势显现。服务要有人情，任何现代技术也替代不了服务过程中人与人的接触与交往。这种体现在逐步深入，另外一个方面就是在工业化基础上的标准化，这也是一个传统优势。

第六是"泛服务"的链条形成，集群优势显现。这不局限于某一个行业，不局限于某一个领域。比如海尔集团的发展方向是从制造业集团转向渠道集团和服务集团。海尔这么大的制造业企业现在都形成了这样的概念，集群优势在服务链条中开始显现了。

第七是"云服务"的体系完善，网络优势显现。三年以前，云服务是概念，两年以前，云服务是探索，现在云服务已经产品化了，使网络优势更加显现。

从服务的角度来讲，美国制度、欧洲文化、亚洲人情，都有优势、都有特点，将来集大成者有可能在中国，把上述七个方面的优势集中，可建设世界第一，或者第一流的服务体验综合体。

有一个很重要的观点是，将来物品的所有权并不重要，重要的是支配权，这要求形成系列服务体系，比如买汽车和租汽车，租车的性价比更高，但是租车就要求一个完整的服务体系，尤其是网络化的服务体系，它被称作"汽车共享服务"。这大概就是未来的一种方式。

以上谈的三个方面，未来的生活、未来的城市和未来的服务，和旅游的发展息息相关，只不过范围更大一些。要超出旅游、认识旅游。

二　未来的旅游

1. 纵横关系

第一，休闲化、生态化和主题化，是市场的一种追求，从供给的角度看是资本化和证券化。我们对应的是后工业化市场，但是要通过新工业化的供给方式来运作。中国有自己的特点，照搬外国经验是不行的，我们的基础是规模大，在大规模的基础上要做一系列的事情。休闲化意味着旅游的范围扩大，生态化意味着旅游的需求在深入，主题化意味着旅游文化性的要求越来越高，资本化、证券化意味着投入的模式必须改变，客观来说现在也在改变，不仅是全球化的市场，还有全球化的新工业化供给格局都在改变。这些东西在世界范围内可能不对，但在中国的情况下必须这样，这就是从工业的角度来看，是在工业化发展的基础上所形成的要求。

第二是职业化。职业化的发展是现在旅游发展的软肋，很多老总说找个好服务员比找儿媳妇还难，就是因为"人口红利"消失，而劳动力职业化水平不够。另外，旅游的门槛低，整个行业的收入水平不够，高素质的人才凭什么要过来？但是又有这样的需求，解决方式就是大规模定制，大规模定制恰恰适应目前的这种情况，任何个性化需求在庞大的人口基数之下一定会变成规模化。

第三是模块化和智能化，在标准化的基础上会形成模块化，很多事情可以通过模块化具有一种普适性。职业化发展到一定程度就是智能化，这就需要大系统的整合。同时需要创意和执行，这又需要大数据的支撑。

以上，横向看是三种关系，纵向看又是三种关系。横纵方向上，都形成了系统和组合的概念。

2. 市场变化

现在，旅游是生活元素，进一步是生活要素，元素是锦上添花，要素是不可或缺，再进一步就变成了生活的目的。对应这样的背景，第一是旅游行为的普遍化,现在中国的人均出游次数是两次多,美国是七次,严格来说这里不是旅游的概念,有点泛旅游的意思,如果从休闲的角度来说那就毫无疑问了,因为次数都很难统计,所以将来是旅游行为普遍化。第二是旅游生活常态化,这种常态化就是,对个人来说旅游是短期的生活方式,但是对于整个社会来说是恒久的生活形态,每天都有大批量的人在旅游,从社会的角度来说形成了常态。第三是旅游市场全球化,现在已经达到了,不仅外国人进来,中国人也走遍世界。第四是旅游通行便利化,我们现在这方面的差距还比较大,但是便利化的程度也越来越高。北京刚刚开展72小时过境免签证,下一步就是落地签证。除此之外,各方面的变化都会促进旅游通行的便利化。比如选择高铁,非常方便,而且很舒服,和坐飞机完全是两个感受。第五是旅游消费的个性化,要求会越来越高。第六是旅游选择的精准化,因为有个性化的要求所以有精准化的选择。在网络条件下,新一代的消费者产生了,个性化的要求越来越高。

这六个"化"就是未来旅游的市场变化,而且这种变化很快。现在的问题是旅游的主体转化,一般所关注所看到的,尤其是靠自己的生活经验得到的东西还不够。

3. 格局变化

农业社会,与之对应的是少数人的漫游。工业社会,与之对应的是多数人的观光。后工业化社会,与之对应的是全体人的全面休闲。休闲是旅游的蓝海,格局变化的核心就是休闲,对应的是全体人的全面休闲,满足休闲需求、促进休闲资源最佳配置的供给体系构成了休闲产业。随着休闲的重要性逐渐被社会所认可和重视,休闲产业具备了良好的发展机遇。休闲需求涉及方方面面,休闲产业发展也必然包罗万象。发达的休闲服务和繁荣的休闲市场,是一个国家和城市现代化的重要象征。

要从休闲的角度重新定义旅游,休闲不是按摩洗脚、喝酒打牌,休闲是一个大概念,旅游是休闲的一种方式,一般对旅游的理解是观光,观光是休闲的一种方式,是异地休闲。休闲涉及城区休闲、商务休闲、乡村休闲、文化休闲、运动休闲、养生休闲、娱乐休闲和度假发展,当然各种不同的分类还可以有各种不同的方式,但说到底就是这样。休闲从时间上分为三类,一类是小闲,就是日常休闲;一类是中闲,是大周末;一类是大闲，寒暑假和节假日，包括带薪休假。从时间上分是这三大类，从空间上也可以进一步划分，包括家庭休闲：休闲空间的起点。城市休闲体系：休闲空间的延伸。环城市休闲游憩带：休闲空间的拓展。乡村休闲：休闲空间的发散。异地休闲：休闲空间的辐射。网络休闲，休闲空间的创新。最后是互为空间，形成完整的网络体系。

这是从大休闲的角度来分，如果这么来重新定义旅游，旅游就不是传统的概念，这意味着一系列的格局都要变化。

现在要做大的调整，就是以需求来定义产业，以客户来重新调整组织结构，比如中青旅，没有入境旅游、出境旅游和国内旅游这种分类。现在有会展部、度假部、观光部，用客户的不同需求重新调整自己的组织结构，这种组织结构调整后，很有效，这就涉及在新的形势之下如何对应新的变化。从产品的角度来划分需求，然后按照需求重新定义和研究产业的未来。

4. 手段变化

手段变化的根本是智慧旅游，有两个层面。第一个层面是广义的智慧旅游，是针对广义旅游者不断变化和细化的需求，在旅游发展的各个方面，运用智慧的头脑，聚集智慧的团队，采用智慧的手段，达到低成本、高效率、个性化的结果。第二个层面是狭义的智慧旅游，即以互联网为基础，以新技术为手段，以细分化为目标，形成为旅游者全面服务的网络。我们现在说的更多的是狭义的智慧旅游，如果只按照狭义的智慧旅游概念，有好多事情做不下来，从发展的角度来说，一系列的东西都在变化。

第一，旅游电子商务已经形成主流，前些年的难题在不断克服，竞争日益激烈，基本上可以做出一个判断，就是旅游电子商务在市场上的地位逐步提高，甚至占据了主导性地位。这就意味着在未来发展过程中消费者行为会变化，经营者行为也变化。

第二，企业网站的功能多元化，形式多样化，这已经非常普遍了。据统计，全国的旅游网站现在有58000多家，从广义旅游的角度看，基本上每一个经营机构都有一个网站，这就意味着范围越来越大，也达到了足够的深度。

第三，基于位置移动的新经营形态扩展，这是未来的一个方向。因为人越来越追求便利，现在包括旅游电子商务在内，中国移动、中国电信都在做这些事情。

第四，车联网崭露头角，便利化程度大大提高。2012年10月在上海开了一个车联网大会，有上千人参加，这一套方式大体就是"源创新"的模式，现在已经做起来了。

第五，消费者的全面参与和深度参与。一定意义上，旅游消费者本身也是旅游产品的生产者，因为他们参与产品设计和资源配置，直接消费，同时创造。比如自驾车俱乐部，最大的自驾车俱乐部有5万名会员，很多产品就是他们自己设计的，所以他们既是经营者又是消费者，同时还是设计者，严格来说是集中了消费者的服务者。下一步这也会变成主流。

三 旅游的未来

1. 产品系列化

简单说，就是从单一观光到复合型。这些年有一种说法是旅游正在从观光型走向休闲度假型，这种说法把两者对立起来，实际上二者并不冲突，会形成复合型。观光旅游出人气，休闲度假出财气，文化旅游出名气，商务旅游主导，特种旅游补充。每个地方都不可能是单一形态的，原来很多比较单一的地方，比如大景区现在也都在转型，转型的方向是复合型发展。一是因地制宜，二是因市制宜，三是因时制宜，四是因人制宜，时间不同意味着发展阶段不同。

中国旅游现在已经形成大路货铺天盖地的格局，大路货是需要的，另外一方面是精品顶天立地，中国现在有一批世界一流的精品景区和精品酒店，包括精品的旅游演艺节目。不能老说我们落后，很多东西并不落后。从市场的角度来说，产品要分层次，不能说地摊货就得淘汰。地摊货有地摊货的市场，只要产品有市场就是好的，所以普遍性的精品追求，做大做强，这种观念是不完整的，也会形成错误导向。广义旅游不仅是范围的广义，也包括层次的广义，所以追求高、精、尖不是绝对化的。将来也是这样，要对应市场变化和格局变化而变化。

淡化景区、淡化开发，是新要求。强化软开发、适度硬开发。强化景区自然，强化景观，把视觉作为第一要求甚至是唯一要求。而在新的市场需求之下，要求是全方位的，是综合感受，是眼、耳、鼻、舌、身、心、神的全面体验。另外，一流的观光资源已经全面开发，再强调景区则会不断加大开发力度，多花钱，办不好事。因此，应当转向历史文化体验区、休闲游憩区、生态旅游区、旅游度假区、专项旅游区、特色娱乐区等定位。

严格地说，在旅游领域应该消灭"开发"概念，少开发，多利用。提到开发就是修大路盖大楼，这种观念对旅游的发展是不适宜的，尤其从未来来说是完全不适宜的。现在动辄就要研究标志性的建筑，那是迪拜的思路。迪拜模式不是好模式，尤其不能认可这种模式的导向，这种导向没有好处。但这样的东西恰恰是各级领导都在追求的，这是整个民族的狂躁和泡沫化表现，所以，资源是三流的，别想着做一流，但是可以做成最有特色的产品。旅游要警惕泡沫，防止泡沫。

2. 格局系统化

一是市场格局的变化，这种变化是需求多样化、服务即时化。尤其在现在的工业化和城镇化发展狂潮之下，中国人很没有耐心，自然就对服务即时化的要求越来越高，能不能做到？这是可以做到的，在技术上没有问题，而且下一步的技术发展更没有问题，这是市场格局的变化。

二是建筑格局的变化，是分散与集中的格局。不仅要追求大楼，也要追求小房子；不仅要追求高楼，也要追求矮房子；不仅要有"高帅富"，也得有一大堆"屌丝"，"屌丝"就是"矮矬穷"，可能大多数是这样的，建筑格局也是这样的。

三是能源格局的变化，是分布式多元化的能源格局。旅游企业的能源成本越来越高，必须要研究一整套的解决方案。

四是产品格局的变化，单项产品要有，综合产品可能会更多，形成一种新的工作与生活方式。旅游是一种生活方式，将来，人们在旅游的过程中也在工作，一边工作一边玩，旅游回来后，一堆成果也出来了。比如现在有一个职业叫"试睡员"，"试睡员"就是去住酒店，但是要求住一个酒店至少要写两千字的感受，天天吃好的、住好酒店，每天写两千字，一个月挣一万块钱，既然这样的职业都产生了，就意味着将来一系列这样的职业都会产生。

五是服务格局的变化，追求个性化，高端但不奢华。这里的核心是细节的满足，将来真正的竞争力是在舒适、便利和细节。

六是运营格局的变化，这种运营格局的变化。第一是信息要贴身，现在基本上可以达到，但是在运营方面没有完全达到。第二是沟通的实时。第三是产品的细化。现在不是技术问题，但是有一个引进这些技术的成本问题。

七是管理格局的变化，教练式领导，扁平化格局。这是旅游企业的组织结构和运营模式下一步的调整方向。教练式领导就是领导不是简单地发布命令，要更像教练带运动员一样，把员工的潜力激发出来，这在扁平化的格局之下才行。旅游产业要从新兴转向新型，基于人对人的服务、人和人的感情，所以需要也可能创造出新的管理格局。

说到底就是四个竞争。一是效率竞争，效率越高越有竞争力；二是便利化的竞争，这就是客人的本质要求；三是个性的竞争，也是文化的竞争；四是细节竞争，这是服务的竞争。这一系列的格局变化说到底就要求实现这四个竞争。从这个角度来说，我们差距很大，效率竞争现在比不了美国，便利竞争比不了欧洲，个性竞争和细节竞争方面有一些企业达到了，但是总体而言现在还差一块。但是并不意味着没有希望，好的东西都有了，只不过有些好东西大家还不认为是好的。其中一个重要原因就是现在有一种错误的成功观，就是所谓的做大做强，原来一直是"强大"这两个字，我们非得把它颠倒过来说"大强"，也就意味着我们的智慧连古人都不如，还谈何智慧旅游？我们经常把很顺的东西颠倒过来，现在要把被颠倒的东西重新颠倒过来。

3. 产业扩大化

这意味着旅游的发展已经超越传统的"行、游、住、食、购、娱"。这几年强化的是产业融合，如果深入一步，就意味着其他的产业里都有旅游产业了，比如工业旅游，工业是主体功能，但是里面有一部分产生了旅游功能，所以往下推，就意味着一系列新的产业产生了，这一系列新的产业都是旅游业，所以如果还局限于前面的东西显然不行。

4. 城乡一体化

这是乡村旅游的新格局，以农家乐为基础，形成了四个新类型。一是休闲农庄;二是景区依托,即依托大景区形成一系列的设施;三是度假社区;四是庄园文化。四类新的产品,聚集起来就形成了主题镇和专业村,这个格局现在已经产生了,但是还没有普遍化,将来一定会普遍化。比如度假社区,就是在非城市建成区里的楼盘,是第二居所、第一生活。这里面的核心是农村和城市要有不同的要求,这些要求达到了,事就做成了。这就要求严格控制新建筑外立面,引导乡村强化风格、突出风情、发展风物、展现风貌。一方面是农村,应当用景观的概念看待农村;用综合的理念经营农业,通过旅游提高土地利用率,提升农产品的附加值;用人才的观点发动农民,使农民也成为文化传承者、工艺美术师。另一方面是城市,要用抓旅游的理念抓城市,突出人本化和差异性;用抓饭店的理念抓景区,突出精品化和细致化;用抓生活的理念抓休闲,突出舒适性和体验性。

5. 文旅融合化

让历史变得时尚,让文化变得可亲,让自然可以接触,让旅游进入生活。有一本书叫《创造未来文化遗产》,就是想抢占一个制高点,因为那时候文化部门、建筑部门以及林业部门等都对旅游发展存在看法,说旅游破坏环境、破坏文化。的确,也确有一些旅游项目的发展违背了规律,但不能以偏赅全。当时政府和开发商还是传统的思路,换个概念,叫做创建世界文化新产,你们都说"遗产",我说"新产"。今天的精品,就是明天的文物,就是后天的遗产。但是很遗憾,现在看到的只是赝品充斥全中国,很多仿古赝品,而且只仿明清,明清的建筑是最差的,仿的都是历史上最差的。另一类赝品是仿欧洲和美国,欧洲和美国的各种地名都出现中国,不知道中国人的创造力哪儿去了?要研究未来,首先要往前看,然后回过头来看看,今天的垃圾建筑,明天都是建筑垃圾,那么这一代人对后人的责任是什么?

说到底,一是做到五看:想看,可看,好看,耐看,回头看。二是形成五可:可进入,可停留,可欣赏,可享受,可回味。三是强化五个度:差异度,文化度,舒适度,方便度,幸福感。四是建设五个力:视觉震撼力,历史穿透力,文化吸引力,生活沁润力,快乐激荡力。

6. 未来的生活理念

年轻不休闲，老来没文化；今天不养生，明天就养病；今天不会玩，明天就寂寞。可以归纳出"十闲""十养"和"十玩"，这就是我们的明天。

一是十闲：从容人生。得闲空，蓄闲心，做闲事，学闲技，交闲友，聊闲天，处闲境，读闲书，养闲趣，用闲钱。

二是十养：品质生活。山水养生，森林养眼，宗教养心，修炼养气，文化养神，运动养性，物产养形，气候养颜，学习养成，生活养情。

三是十玩：快乐经济。适应玩的心态，研究玩的学问，建设玩的项目，开拓玩的市场，培育玩的氛围，追求玩的艺术，丰富玩的功能，创新玩的产品，创造玩的文化，谋求玩的财富。

与其预测未来，不如创造未来；人生需要理想，理想创造人生。

参考文献

[1] 李四光：《天文　地质　古生物》，科学出版社，1972。
[2] 凯文·凯利：《失控》，新星出版社，2010。
[3] 理查德·佛罗里达：《创意阶层的崛起》，中信出版社，2010。
[4] 路易斯. 芒福德著《城市发展史—起源、演变和前景》，建筑工业出版社，2005。
[5] 刘慈欣著《三体》重庆出版社，2008
[6] 饶宗颐、池田大作、孙立川：《文化艺术之旅—鼎谈集》，广西师范大学出版社，2009。

后记 发展正未有穷期

中国旅游发展到今天,已经走过35年的历程。这是一个艰难曲折的发展历程,也是一个反复认识的历程。从产业范围来看,从20世纪80年代开始,旅游局限于饭店、旅行社、景区三个领域。之后在实践中感受到,这样的方式束手束脚,20世纪90年代初,就明确了行、游、住、食、购、娱六个要素,开始形成大旅游概念。随着市场需求的大规模兴起和变化,产业融合和跨界发展成为普遍现象,只强调六要素也已经不足以应对发展,丰富旅游吸引物、完善旅游目的地,成为各地的普遍追求。这是广义旅游产生的实践基础。

从一个大的过程来看,农业社会所对应的是少数人的旅游,中国古代就有旅游,世界古代也有旅游,但是这种旅游只是少数人的,或者是官员的宦游,或者是文人的漫游,这是农业社会的特点。工业化社会,对应的是多数人的旅游,形成了大规模的旅行团、大规模的交通组织等。过去的35年里,中国旅游业的发展实际上主要对应工业化的过程。从国际竞争的角度看,我们开始是用手工业方式对应发达国家的工业化方式,之后是用工业化方式对应后工业化方式。现在不同了,城市在升级,结构在优化,后工业化时期所对应的旅游内容、渠道和方式都在发生大的变化,这就意味着很多思路必须调整。这是广义旅游学产生的认识基础。

广义旅游的发展需要广义旅游学的支撑。2012年,在鲁勇博士主导下,集合了一批专家,提出广义旅游学的课题。在魏小安教授的统筹下,广义旅游学研究从2012年8月开始启动,探讨大纲,形成框架,分工写作。形成了今天这个成果。在成书过程中,安金明研究员全面组织、主持讨论。呼建梅、姚斌和哈秋华等同志承担了大量协调工作。前后召开4次研讨会，大家各抒己见，争论热烈，按照学理上立得住、学术上展得开、体系上能建立、实践中能引导的想法，最终形成一个创造性的成果，也是集体智慧的成果。经过10个月的辛苦努力，四次大的调整，无数次小的调整，没有这种锲而不舍的精神，很难在这么短的时间内，形成这个成果。

旅游研究涉及四个层面，用旅游语言描述状况，用理论思维解释问题，用综合眼光分析结构，用科学态度探索规律。这四个层面，既是共时态的存在，也是历时态的过程。广义旅游学不仅是解释现实的理论框架，也是对应未来的理论体系。

所谓广义旅游学，一是领域广，超越了传统领域，直接对应21世纪以来的跨界融合和跨界竞争。二是思维广，在学理上深究，广征博引；在思路上深化，广泛探讨。三是视野广，从古到今，从国际到国内，从中央到地方。但一是广而不泛，不是泛泛而谈，而是言之有物；二是广而不滥，言之有理；三是广而不散，形成了自洽的逻辑体系和理论架构。最终要广而深化，能够推动实际的发展，这也是专家的责任。

中国旅游发展的35年，是旅游发展观、价值观逐步培育的35年。旅游产业的价值何在？如果说追求对国民经济有贡献、对地方发展有贡献，这是一个方面的价值，但这种价值只是功利性的价值，作为可持续发展的产业，要寻求更深层的价值脉络。主要有以下几个方面值得重视。第一是大局观。从服从大局、服务大局到融入大局、构造大局。我们多年以来习惯性地说旅游要服从大局、服务大局，实际上有意无意地形成了自我边缘化。从广义旅游来看，尤其是从各地的发展来看，要积极主动纳入中心、融入主流，因为旅游已经成为生活要素，旅游推动工业化，促进城镇化，拉动国际化，完善新农村建设，在各个方面都可以起到积极的作用。第二是形成旅游发展观。在发展过程中，无论是从中央领导到地方领导，乃至旅游局各级领导，实际上都在逐步构建一套新的概念。我们原来说从国计到民生，实际上是国计压倒民生，现在民生就是国计，国家最大的事就是民生，这就构建了旅游发展的新基础。总体而言，要从单一增长到全面发展，从经济目标到体系化目标。进一步看，要保护环境、繁荣文化，形成可持续发展的格局。在发展模式上，从粗放到集约，从规模到质量，从增长到效益。这些事情没有完全完成，严格说也不可能完成，因为这是一个发展过程。但是在这个发展过程中，应当形成一套新的旅游发展观。第三是构造旅游价值观。一是保障权益，平等相待。二是市场完善，服务提升。三是公共属性体现，事业性质回归，形成新的双重性。最终是把以人为本作为出发点，把质量作为全过程的抓手，把提高生活质量作为最终目的，由此构造一个完整的旅游价值观，这个价值观既涉及旅游发展价值，也涉及服务价值，涉及客人在旅游的过程中逐步提升自身价值，并以提高生活质量为最终目的，这就是终极价值。

在思路的形成和方法的运用方面，我们深感，发展要有思想，要上升到哲学层面，形成核心价值。经营要有理念，这需要管理哲学，形成核心竞争力。这样，就需要三维思考：顶天立地，左顾右盼，瞻前顾后，即高度、宽度、长度；也需要宏观思路：五湖四海，高屋建瓴，厚积薄发，举一反三；还需要技术方法：逆向推导，比较鉴别，拆词解句，触类旁通。

广义旅游的直接作用，是推动发展转向。一是有形的产品供给，无形的价值创造；全面的产品供给，无限的价值创造。二是构造新的生活方式，超越日常生活，满足梦幻生活体验。三是提升，工作时间追求效率，生理时间追求质量，休闲时间追求快乐。四是全面转换，从疲劳之旅到快乐之旅，从阅历追求到体验追求，从规模发展到品质发展，从单打独斗到编队出洋，从经济产业到社会产业，从重要产业到综合产业，从产业发展到目的地提升，从国内市场到世界市场，从旅游大国到旅游强国。

广义旅游的根本，是紧扣国家核心利益，谋求旅游长远发展。今天的中国已经成为世界经济大国，但发展面临挑战比过去一点也不少。经过改革开放35年的发展，中国提出了国家核心利益，这是一个标志性的转折点，也是应对发展新格局的必然。但也必须正视的是，现代国家利益不应当转化为民族主义浪潮，更不能转化为民粹主义。我们原来强调中国离不开世界，现在更是世界离不开中国。所以需要创造一种"刚中带柔、柔中寓刚、刚柔相济"的国家战略。

过去，中国主要承接发达国家的产业转移，现在要转型升级、自主创新，意味着竞争范围的扩大和竞争对手的升级。在全球一体化背景之下，深层次的文化因素越来越重要。

不言而喻，在未来发展中，情况将越来越复杂，也必然需要复杂的对应方式。如果说在国家实力中，经济是硬实力，军事是钢实力，科教是长实力，文化是软实力，那么旅游就是巧实力。旅游在其中会发挥巧妙而特殊的作用：一是旅游超越意识形态和社会制度，没有争议；二是促进民间交流，增进了解；三是突出文化差异，潜移默化地产生影响；四是构造产业体系，创造效益；五是树立国家和地方形象，创立品牌；六是巧妙传达国家意志，维护国家利益。

国家利益要靠国家实力保障，国家实力要靠国家战略产业支撑。国家战略是运用国家力量，达成国家总体目标。国家战略产业能整合几乎所有产业，是现有产业转型发展、增值发展、深化发展的催化剂与融合剂；是国家未来战略性发展方向的产业载体；是社会和谐、环境友好的战略工具。发展国家战略产业，在提升国民生活、推进文化复兴、提升软实力、推动产业融合等方面意义重大。第二次世界大战之后，发展旅游已经成为各个国家普遍重视、全面采用的解决问题的方式，旅游发展水平更成为一个国家生活品质的象征。这些年的实践中，旅游作为中国国家外交工具发挥了重要作用，今后，它作为国家经贸工具也将发挥重大作用。由此也可以说，以文化挖掘推动中国旅游升级、通过旅游发展巩固国家核心利益的时代正在来临。

本书由鲁勇主编，魏小安、安金明任副主编。鲁勇博士撰写了本书的前言《现代旅游"起飞"呼唤理论支撑》；魏小安教授撰写了第一章《广义旅游的实践基础》和第十六章《未来的旅游和旅游的未来》；张辉教授撰写了第二章《广义旅游学的理论构建》；王衍用教授撰写了第三章《广义旅游资源》；刘家明研究员撰写了第四章《广义旅游开发》；刘德谦教授撰写了第五章《广义旅游规划》；厉新建教授撰写了第六章《广义旅游产业》；李天元教授撰写了第七章《广义旅游市场》；戴学锋研究员撰写了第八章《城市大视阈下的广义旅游》；诺木汗教授撰写了第九章《大乡村视阈下的广义旅游》和第十四章《对应广义旅游的国际化发展》；张凌云教授撰写了第十章《大休闲视阈下的广义旅游》；金准助理研究员撰写了第十一章《大文化视阈下的广义旅游》；李云鹏副教授撰写了第十二章《大智慧视阈下的广义旅游》；秦宇教授撰写了第十三章《大服务视阈下的广义旅游》；曾博伟博士撰写了第十五章《对应广义旅游的大管理》。

　　文如其人，在阅读中大家会感受到各章作者的不同风格，有的高屋建瓴，有的条分缕析，有的意气风发，有的娓娓道来，有的学理缜密，有的思维发散，这也反映了中国旅游研究百花齐放的状况。因此，在保持大观点不冲突、逻辑框架一致、体例大体相同的情况下，保留多样性，也增加读者阅读的乐趣。当然，作为旅游学界第一部这样的成果，既然具有开创性，也必然有许多不足：一是还略显粗糙，来不及仔细推敲，二是有些观点还有待实践检验，三是作为一种开放性的理论框架，有些内容还不足。本书最终是要接受时间检验的。此中甘苦，如鱼饮水，冷暖自知。读者也自当见仁见智，希望能够得到大家的批评。

　　发展正未有穷期。35年，在一个人的人生历程中，正是从青年到中年的转折，而这对于旅游业来说，可能还是青年时期，但是需要不断深化认识、提升理念。发展是硬道理，巧发展是真道理，科学发展是根本道理。希望广义旅游学问世后，能够在旅游的科学发展和旅游学科的丰富中发挥作用，顺应自然，尊重前人，爱护资源，从容生活，创造幸福。

魏小安　安金明
2013年6月7日

图书在版编目（CIP）数据

广义旅游学/鲁勇主编.—北京：社会科学文献出版社，2013.7
ISBN 978-7-5097-4815-2

Ⅰ.①广… Ⅱ.①鲁… Ⅲ.①旅游学-研究 Ⅳ.①F590

中国版本图书馆 CIP 数据核字（2013）第 148873 号

广义旅游学

主　　编／鲁　勇
副 主 编／魏小安　安金明

出 版 人／谢寿光
出 版 者／社会科学文献出版社
地　　址／北京市西城区北三环中路甲 29 号院 3 号楼华龙大厦
邮政编码／100029

责任部门／皮书出版中心（010）59367127　　责任编辑／陈　颖　桂　芳
电子信箱／pishubu@ssap.cn　　　　　　　　　责任校对／师旭光
项目统筹／任文武　　　　　　　　　　　　　　责任印制／岳　阳
经　　销／社会科学文献出版社市场营销中心（010）59367081　59367089
读者服务／读者服务中心（010）59367028

印　　装／北京季蜂印刷有限公司
开　　本／787mm×1092mm　1/16　　印　张／38.5
版　　次／2013 年 7 月第 1 版　　　　字　数／592 千字
印　　次／2013 年 7 月第 1 次印刷
书　　号／ISBN 978-7-5097-4815-2
定　　价／98.00 元

本书如有破损、缺页、装订错误，请与本社读者服务中心联系更换
△ 版权所有　翻印必究